新世紀
法學叢書

修訂五版

行政法
Administrative Law

黃俊杰
臺南市人

學歷／
臺灣大學法學博士
奧地利維也納大學法學院研究
德國MPI財稅法研究所訪問學者

經歷／
公務員普考、公務員高考、司法官特考與律師高考等國家考試及格
中正大學財經法律學系暨財經法律研究所特聘教授
總統府人權諮詢委員會委員
國家文官學院講座

著作／

1. 法治國家之國家緊急權，2001
2. 稅捐正義，2002
3. 財政憲法，2005
4. 行政罰法，2006
5. 納稅者權利保護，2008
6. 稅法實例演習，2009
7. 行政程序法，2010
8. 行政執行法，2010
9. 公法實例研習，2011
10. 稅捐法定主義，2012
11. 行政救濟法，2013
12. 行政法，2019

三民書局

國家圖書館出版品預行編目資料

行政法 / 黃俊杰著. －－修訂五版一刷. －－臺北市:
三民, 2019
面; 公分. －－(新世紀法學叢書)

ISBN 978－957－14－6502－9 （平裝）
1.行政法

588   107018538

© 行 政 法

著 作 人	黃俊杰
發 行 人	劉振強
著作財產權人	三民書局股份有限公司
發 行 所	三民書局股份有限公司
	地址　臺北市復興北路386號
	電話　(02)25006600
	郵撥帳號　0009998－5
門 市 部	（復北店）臺北市復興北路386號
	（重南店）臺北市重慶南路一段61號
出版日期	初版一刷　2005年9月
	修訂四版一刷　2014年9月
	修訂五版一刷　2019年3月
編　　號	S 585530

行政院新聞局登記證局版臺業字第○二○○號

有著作權・不准侵害

ISBN　978－957－14－6502－9　（平裝）

http://www.sanmin.com.tw　三民網路書店
※本書如有缺頁、破損或裝訂錯誤，請寄回本公司更換。

修訂五版序

　　行政法係具體化之憲法，應以人權保障作為其立法與適用之主軸，遵守依法行政係為確保達成法治國家維護人權之目的。

　　本書之出版，主要係提供初學者、基層民眾、公務員與準備國家考試人員，瞭解學理與接近實務之機會。

　　感謝三民書局全體同仁之熱情協助，讓本書得順利完成更新事宜，謹致最崇高之敬意。

黃　俊　杰　謹識

2019 年 1 月

於中正大學法學院

序

　　行政法係具體化之憲法，應以人權保障作為其立法與適用之主軸，遵守依法行政係為確保達成法治國家維護人權之目的。本書之順利出版，應特別感謝翁岳生教授與朱武獻教授之指導與啟蒙，恩師嚴謹之教誨與真誠之關懷，是策勵筆者努力向學之泉源。

　　其次，要感謝學術界同道、選修「行政法專題研究」之諸位同學、考試院法規會、臺灣省政府法規會、臺南縣政府訴願會與相關公務員訓練機構等，長期提供作者分析學理與接近實務之論辯空間，並加深理解初學者、基層民眾、公務員與準備國家考試人員，期待掌握行政法之辛勞。惟筆者學識經驗均有限，立論缺失之處，敬請學者專家惠賜卓見。

　　最後，三民書局劉振強董事長之厚愛與全體同仁之熱情協助，讓本書得順利完成出版事宜，謹致最崇高之敬意。

黃　俊　杰　謹識

2005 年 7 月

於中正大學法學院

說　明

壹、寫作目的

　　本書之目的，係為行政法初學者撰寫之入門教科書，主要著重行政法規之分析，並儘量以實務見解為輔助案例。

　　本書以「行政法」稱之，即係以「行政」為核心，就行政事務所及之相關法制為其討論範圍。但是，行政法幅員廣闊且變動迅速，故僅擇其要者，嘗試分析之，故得稱為行政法之〈簡明版〉。

　　如讀者於閱讀後欲更進一步研究者，請自行參考作者相關著作所引用之文獻。

貳、裁判文號簡稱

一、院字第 422 號解釋：指司法院院字第 422 號解釋
二、釋字第 768 號解釋：指司法院大法官釋字第 768 號解釋
三、行政法院（52 判 345 判例）：指行政法院 52 年度判字第 345 號判例
四、最高行政法院（107 判 153）：指最高行政法院 107 年度判字第 153 號判決
五、最高法院（103 台上 422）：指最高法院 103 年台上字第 422 號判決
六、公懲會（107 鑑 14207）：指公務員懲戒委員會 107 年度鑑字第 14207 號判決

參、日期、條號、字號：使用阿拉伯數字

【103/08/06】：指民國 103 年 08 月 06 日

肆、本書閱讀方式

　　建議讀者：⑴由【本書架構】進入行政法之領域；⑵由【簡目】之頁碼，搜尋篇章之主題；⑶由【綱要導讀】瞭解章節之核心後，再配合法規與實例掌握其內涵。

本書架構

基礎理論
- 第一章　行政與行政法
- 第二章　行政法基本原則
- 第三章　行政法律關係
- 第四章　行政法解釋與適用

行政組織
- 第五章　行政組織基本概念
- 第六章　公務員
- 第七章　公物、營造物與公企業
- 第八章　中央行政組織與地方自治

行政行為（含程序）
- 第九章　行政處分 ┐
- 第十章　行政契約 │
- 第十一章　行政命令 │
- 第十二章　行政計劃 ├（實體）
- 第十三章　行政罰 │
- 第十四章　事實行為 ┘
- 第十五章　行政程序 ┐（程序）
- 第十六章　行政執行 ┘

權利保護
- 第十七章　訴　願 ┐（行政救濟）
- 第十八章　行政訴訟 ┘
- 第十九章　國家賠償 ┐（國家責任）
- 第二十章　損失補償 ┘

行政法

行政法
Administrative Law

Content

目次

修訂五版序
序
說　明
本書架構

第一篇　基礎理論 1

第一章　行政與行政法 3
第二章　行政法基本原則 33
第三章　行政法律關係 97
第四章　行政法解釋與適用 125

第二篇　行政組織 155

第五章　行政組織基本概念 157
第六章　公務員 179
第七章　公物、營造物與公企業 253
第八章　中央行政組織與地方自治 287

第三篇　行政行為 335

第九章　行政處分 337
第十章　行政契約 391

第十一章　行政命令 ·· 423

第十二章　行政計劃 ·· 457

第十三章　行政罰 ·· 475

第十四章　事實行為 ·· 533

第十五章　行政程序 ·· 549

第十六章　行政執行 ·· 605

第四篇　權利保護 ·· 653

第十七章　訴　願 ·· 655

第十八章　行政訴訟 ·· 703

第十九章　國家賠償 ·· 815

第二十章　損失補償 ·· 855

基礎理論

Administrative Law

第一章　行政與行政法

綱要導讀

壹、權力分立與行政之概念
├一、水平之權力分立
└二、垂直之權力分立
貳、行政之特徵
├一、積極實現公益
├二、任務專業與多元
└三、法之拘束性與自由性
參、行政之種類
├一、傳統類型
│(一)公權力行政與私經濟行政
│　　1.公權力行政
│　　2.私經濟行政
│(二)干涉行政與給付行政
│　　1.干涉行政
│　　2.給付行政
└二、新興類型
　(一)計畫行政
　(二)科技行政
肆、法治國家與行政法
├一、自由形式法治國
├二、社會實質法治國
└三、資訊科技法治國
伍、行政法之性質與類型
├一、行政法之性質
(一)行政法是公法

　　1.行政法是國內公法
　　2.行政法之國際化
(二)其他法律對行政法之影響
　　1.憲　法
　　2.民　法
　　3.刑　法
└二、行政法之類型
(一)普通行政法與特別行政法
(二)一般行政法與特別行政法
(三)平時行政法與緊急行政法
陸、行政法之效力
├一、地之效力
(一)未明定適用區域
(二)明定適用區域
├二、人之效力
└三、時之效力
(一)施行與生效
(二)廢　止
　　1.職權廢止
　　2.當然廢止
(三)暫停適用

壹、權力分立與行政之概念

行政概念本身具有多義性與複雜性，得從其不同特性或觀察面向加以描述，學說上有消極說（控除說）、積極說（國家目的實現說）、特徵描述說等。❶本文擬從權力分立之觀點出發：

一、水平之權力分立

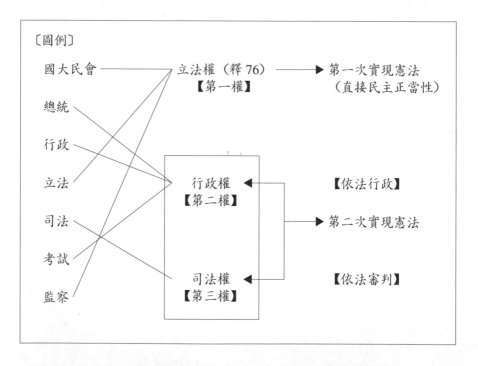

〔圖例〕

國大民會 ────── 立法權（釋76）────► 第一次實現憲法
　　　　　　　　　【第一權】　　　　　　（直接民主正當性）

總統

行政　　　　　　　　　　　　行政權　　　　　【依法行政】
　　　　　　　　　　　　　　【第二權】
立法
　　　　　　　　　　　　　　　　　　　　　► 第二次實現憲法
司法

考試
　　　　　　　　　　　　　　司法權　　　　　【依法審判】
監察　　　　　　　　　　　　【第三權】

我國憲法本文之中央水平權力分立，在國家機關組織方面，形式上似可稱為「七權分立」：❷國民大會、總統、行政（院）、立法（院）、司法（院）、考試（院）、監察（院）。

---

❶　翁岳生，〈行政的概念與種類〉，翁岳生編《行政法》，2000，第2頁以下。

❷　憲法本文第3章至第9章，依序為國民大會、總統、行政、立法、司法、考試、監察。

　　不過，若依權力之性質觀察，釋字第 76 號解釋認為：「……就憲法上之地位及職權之性質而言，應認國民大會、立法院、監察院共同相當於民主國家之國會。」因此屬於「立法權」；總統、行政、考試三者，屬於「行政權」；司法屬於「司法權」。但是，在釋字第 325 號解釋，監察院已非中央民意代表機構，釋字第 76 號解釋不再適用於監察院，而國民大會之相關條文（第 25 條至第 34 條）亦經修憲停止適用。

　　從民意之角度觀察，「立法權」直接代表人民，也就是說具有直接民主正當性之國家權限。因此，所謂第一權，係指權力與民意及正當性之內在關聯性最密切、最接近而言。❸若以實現憲法之角度觀察，立法權屬於第一次實現憲法之權力，因為立法權依據憲法之授權「制定法律」，提供行政權與司法權「依法行政」以及「依法審判」。由於行政權與司法權係適用法律，遂行其國家權力，因此稱為第二次實現憲法。

　　在中央水平之權力分立，行政之範圍，係指純粹立法與司法以外之國家行為。因此，行政應著重其實質意義之內涵與功能，而非組織意義之行政或形式意義之行政。而在權力分立之架構下，針對機關組織之定性，係屬行政或立法，主要應參酌其所行使職權之內容與職權行使所欲達成之目的判斷，而不是單純以組織特徵作為判斷依據。❹

---

❸ 釋字第 499 號解釋謂：「……按國民主權原則，民意代表之權限，應直接源自國民之授權，是以代議民主之正當性，在於民意代表行使選民賦予之職權須遵守與選民約定，任期屆滿，除有不能改選之正當理由外應即改選，乃約定之首要者，否則將失其代表性。……」均明確表示立法權與「民主正當性」之關聯性。

❹ 權力分立之目的，除為防止國家濫權，以保障人民自由權利外，亦在促使國家決定達到儘可能正確之境界。因此，機關組織設計本身明顯絕非目的，而為最適實現國家任務之手段，質言之，並不是先設機關，再決定配置何種任務，而是先確定欲達成何種國家任務，再決定組織如何設計，以助成任務之達成（釋字第 585 號解釋許宗力大法官之部分不同意見書）。

二、垂直之權力分立

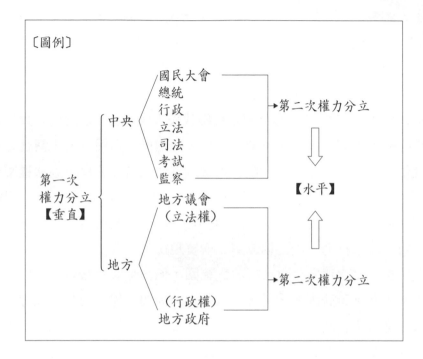

〔圖例〕

中央與地方之關係，稱為垂直之權力分立。中央係指「國家」，地方係指「自治團體」，兩者均為公法人。於此，所謂第一次權力分立，即中央與地方之垂直權力分立，而中央與地方個別之水平之權力分立，稱為第二次權力分立。

由於，憲法第 107 條第 4 款規定，「司法制度」由中央立法並執行之，故在地方水平之權力分立，行政之範圍，係指純粹立法以外之地方行為。換言之，各級自治團體之行為，均有行政性質之內涵。

貳、行政之特徵

行政之特徵，如同其概念之分析，因觀察面向之不同，而有所差異。故僅略述數點如下：

一、積極實現公益

　　行政執行法律，係為公益目的之實現，蓋法律是基於民主法治國原則，由直接代表民意之立法機關，依民主程序制定之，有其民主正當性之基礎，並作為人民權益保障與限制之依據及界限，以建立法治國家之客觀法律秩序。

　　因此，行政程序法第 1 條明示其立法目的，行政行為應遵循公正、公開與民主之程序，確保依法行政之原則，以保障人民權益，提高行政效能，增進人民對行政之信賴。❺

二、任務專業與多元

　　行政並非僅著重機關之組織或層級，而係重視公行政之實質內涵，惟行政任務專業、複雜與多元，絕非國家本身（中央）所得單獨完成，尚須借助地方自治團體針對住民之需求與特色，必要時得將公權力委託個人或團體行使之（國家賠償法第 4 條；釋字第 269 號、第 382 號解釋）。

　　甚至，在自治團體以外依法成立公法人（國家賠償法第 14 條；訴願法第 1 條第 2 項；釋字第 467 號解釋），例如，農田水利會，亦得以實現特定事項之行政任務（釋字第 518 號、第 628 號解釋）。❻

　　行政實現法律所欲達到之公益目的，原則上應採取合作、積極、主動、計畫且全面性之行為，除特殊狀況以外，並非如司法係獨立、消極、被動（不告不理）、個案或歷史性之行為。面對任務多元之行政變遷及需求，各

---

❺　最高行政法院（99 判 453）指出，依行政程序法第 1 條及第 3 條第 1 項規定，行政程序法公布施行後，「除特別法另有規定外，行政程序法之規定為行政程序應遵守之最低規範要求，以保障人民權利。」並參，釋字第 709 號、第 739 號及第 753 號等解釋。

❻　農田水利會，係秉承國家推行農田水利事業之宗旨，由法律賦與其興辦、改善、保養暨管理農田水利事業而設立之公法人。其法律上之性質，與地方自治團體相當，在法律授權範圍內，享有自治之權限（釋字第 518 號及第 628 號解釋）。

類行政組織應互相協力，故行政應具有前瞻性、一體性、計畫性與持續性。

行政旨在執行法律，處理公共事務，形成社會生活，追求全民福祉，進而實現國家目的，雖因任務繁雜、多元，而須分設不同部門，使依不同專業配置不同任務，分別執行，惟設官分職目的絕不在各自為政，而是著眼於分工合作，蓋行政必須有整體之考量，無論如何分工，最終仍須歸屬最高行政首長統籌指揮監督，方能促進合作，提昇效能，並使具有一體性之國家有效運作，此即所謂行政一體原則（釋字第 613 號解釋）。❼

三、法之拘束性與自由性

各種行政功能之履行者，均屬實質意義之行政組織，其行政任務之實現過程，均應受依法行政原則之拘束。

國家機關行使權力均須受法之節制（釋字第 585 號解釋），蓋法治國家係依法治理國家，強調「法治」，而非「人治」，故要求行政行為應受法之支配。

不過，行政任務廣泛、專業且要求效率，因此，行政法規較偏向技術性規範與合目的性規範之特性，且其行為有相當程度之自由形成之空間，行政一體與行政監督同時確保行政目的之實現，並要求行政行為須兼顧合目的性與合法性。

例如，最高行政法院（100 判 295）指出：「……國防部就眷改措施，本應基於其行政之積極性、公益性，酌量當時之社會經濟狀況，財政收支情形，除非涉及公共利益之重大事項，應有法律或法律授權之命令為依據之必要外，也應有其整體性考量之自由形成空間。」

---

❼ 憲法第 53 條明定行政院為國家最高行政機關，其目的在於維護行政一體，使所有國家之行政事務，除憲法別有規定外，均納入以行政院為金字塔頂端之層級式行政體制掌理，經由層級節制，最終並均歸由位階最高之行政院之指揮監督（釋字第 613 號解釋）。

參、行政之種類

行政之種類，因區分標準不同，有不同之分類：

一、傳統類型

依行政之手段與目的兩方面觀察：

㈠公權力行政與私經濟行政

國家為達成行政上之任務，得選擇以公法上行為或私法上行為作為實施之手段（釋字第 540 號解釋）。故此種分類，係依行政之手段，或行政行為所適用法規性質之不同，❽區分行政之類型：

1.公權力行政

公權力行政，得稱為公法行政、國家行政等，係指行政機關居於統治權主體地位，採取公法手段之行政行為。例如，稅捐課徵、取締交通違規等，此等行政行為係以強制力為特徵，直接影響人民權利義務之創設、確認、變更或消滅，故須受嚴格依法行政原則之拘束。

此外，農田水利會既為公法人，其與會員間之權利義務，應屬公法關係，且控制水量及分配灌溉用水，乃至於給水路之維護、修補與管理，皆具有公權力行使之性質（釋字第 518 號、第 628 號解釋）。❾最高行政法院指出，退輔會訂有「國軍退除役官兵輔導委員會榮民總醫院所屬分院人員獎勵金發給要點」，課予受領獎勵金人員遵守公務員服務法及醫師專勤服務

---

❽ 翁岳生，〈行政的概念與種類〉，第 19 頁以下。

❾ 至於，在農田水利會已由法律明定其為公法人，且於行政訴訟制度已全面變革之後，是否仍應循其長久之慣行而保留適用關於私權關係之原理，抑或應將由會員負擔之掌水費暨小給水路、小排水路養護、歲修費，歸屬為公法上之負擔而以法律明定，均應予以檢討（釋字第 518 號解釋）；農田水利事業之餘水管理，為農田水利會自治事項之一，農田水利會並得依法徵收餘水使用費。關於餘水管理，農田水利會組織通則已授予農田水利會得訂定自治規章以限制人民自由權利之自治權限（釋字第 628 號解釋）。

有關規定之義務,如發現有自行開業、兼業或違反有關規定者,除依有關法令懲處外,並追回其自行開業或兼業以後所領全部獎勵金,故取得較優勢之地位。顯見獎勵金發給要點係屬公法法規,而依據獎勵金發給要點核發、追回獎勵金,以及因溢發獎勵金所生之不當得利返還請求權,均屬公法性質,此為多件裁判先例所表示之一致見解(105 裁 1001、105 判 60、104 判 473 等)。針對溢發獎勵金之返還請求,應屬公法上爭議,行政法院自有審判權(106 判 388)。

因此,若人民權利遭受公權力行政之侵害,原則上應循行政爭訟途徑,❿蓋我國目前係採二元訴訟制度,關於民事訴訟與行政訴訟審判權之劃分,應由立法機關通盤衡酌爭議案件之性質及既有訴訟制度之功能(諸如法院組織及人員之配置、相關程序規定、及時有效之權利保護等)決定之(釋字第 448 號、第 466 號及第 691 號解釋);法律未有規定者,應依爭議之性質並考量既有訴訟制度之功能,定其救濟途徑。亦即,關於因私法關係所生之爭議,原則上由普通法院審判;因公法關係所生之爭議,原則上由行政法院審判(釋字第 448 號、第 466 號、第 691 號、第 695 號、第 758 號及第 759 號解釋)。並且,就其損害,得主張國家賠償。

2.私經濟行政

⑴意　義

私經濟行政,得稱為私法行政、國庫行政等,係指行政機關非居於統

---

❿　司法救濟之方式,有不論民事、刑事或行政訴訟之裁判,均由普通法院審理;有於普通法院外,另設行政法院審理行政爭訟事件,我國即從後者。然無論採何種方式,人民於其權利因違法行政處分而遭受侵害時,得向法院請求救濟,則無不同。至立法機關將性質特殊之行政爭訟事件劃歸何種法院審理、適用何種司法程序,則屬立法者之權限,應由立法者衡酌權利之具體內涵、訴訟案件之性質及既有訴訟制度之功能等因素,以法律妥為合理之規定(釋字第 418 號解釋);此外,立法機關亦得依職權衡酌事件之性質、既有訴訟制度之功能及公益之考量,就審判權歸屬或解決紛爭程序另為適當之設計。此種情形一經定為法律,即有拘束全國機關及人民之效力,各級審判機關自亦有遵循之義務(釋字第 540 號解釋)。

治權主體地位，而係處於與私人相當之法律地位，並在私法支配下所為之各種行為，採取私法手段之行政行為（最高行政法院 100 裁 233）。

例如，系爭彰濱工業區土地之出售行為，為行政機關立於私人之地位與人民訂立私法上之買賣契約，屬私經濟行政，行政機關就此所為私經濟行政之意思表示，其僅具有私法效果，尚非基於高權地位行使公權力而對外直接發生具體法律效果之單方行政行為，非屬行政處分之性質（最高行政法院 101 裁 1751）；針對國軍老舊眷村之改建，「原眷戶」資格之取得，實由於主管機關配住而來，此配住關係為行政機關基於管理財物之國庫行政而發生，係私法關係，非公權力之作用。原眷戶領有眷舍居住憑證，享有承購住宅及輔助購宅款之權益，並非行政機關行使公權力所創設，無授益行政處分之存在（102 年 10 月份第 2 次庭長法官聯席會議決議；106 判 639；107 判 173；107 判 232）。

(2)類　型

私經濟行政之形態，一般區分為下列幾種：

A. 行政輔助行為

行政輔助行為，係指行政機關為使行政事務順利運作，以私法形態取得行政必要之物資或勞務，輔助行政目的實現之行為（最高行政法院 93 裁 608）。❶例如，辦公設備用品之購置、機關處所之租借、醫療器材之採購、臨時性工作人員之聘僱等。此外，行政機關將管線維護工程，交由人民承攬，即係處於準私人的法律地位，並在私法支配下所為行政輔助行為，屬於民法承攬契約之類型（最高行政法院 98 判 741）。

B. 行政營利行為

行政營利行為，係行政主體以私法人之組織形態，為增加國庫收入，而從事於經濟營利之行為。例如，行政機關代表國庫出售或出租公有財產，並非行使公權力對外發生法律上效果之單方行政行為，即非行政處分，而屬私法上契約行為（釋字第 448 號解釋）。❷

---

❶ 即以私法手段輔助行政之行為，並非直接達成行政目的。翁岳生，〈行政的概念與種類〉，第 21 頁。

　　固然，行政營利行為，係以營利為目標，原則上適用民事法。但是，行政主體之經濟營利行為，有國庫作為後盾，故得否完全依據市場法則，進而主張契約自由或私法自治，若從實質公平等方面衡量，似有待審酌。

　　例如，中國石油股份有限公司係依公司法規定設立之公營事業，為私法人，與其人員間，為私法上之契約關係，如對之有所爭執，應屬私權爭執，尚不屬行政法院之權限（最高行政法院 93 裁 742）。

C. 行政私法行為

　　行政私法行為，得稱為私法形式之給付行政，係指行政機關直接以私法手段達成行政目的之行為，如對廠商提供低利紓困融資、對清寒學生提供助學貸款或提供民眾生活必需之水、電、瓦斯、大眾運輸之供應等。

　　原則上，行政機關達成行政目的之行為，得選擇私法行為，蓋釋字第 540 號解釋謂：「國家為達成行政上之任務，得選擇以公法上行為或私法上行為作為實施之手段。……主管機關直接興建及分配之住宅，先由有承購、承租或貸款需求者，向主管機關提出申請，經主管機關認定其申請合於法定要件，再由主管機關與申請人訂立私法上之買賣、租賃或借貸契約。此等契約係為推行社會福利並照顧收入較低國民生活之行政目的，所採之私經濟措施，並無任何之權力服從關係。性質上相當於各級政府之主管機關代表國家或地方自治團體與人民發生私法上各該法律關係，尚難逕謂政府機關直接興建國民住宅並參與分配及管理，即為公權力之行使。」

(3)特　　徵

A. 原則：民事爭訟與民事賠償

　　私經濟行政，其行為並非以強制力為特徵，原則上人民有決定是否參與之自主性，且非直接影響人民權利義務之創設、確認、變更或消滅，故較不受嚴格依法行政原則之拘束。若人民權利遭受私經濟行政之侵害，原則上應向普通法院循民事爭訟途徑解決（釋字第 448 號解釋）。 ⑬

---

⑫　最高行政法院（94 裁 382）稱「基於準私人之地位所為之國庫行為」。

⑬　行政法院（48 裁 11 判例）謂：「……原告原服務被告官署之事業課撤銷，經改以水廠技工僱用後，則純屬私經濟關係之僱傭關係，原告對停職期間薪津如

　　例如，釋字第 540 號解釋指出，國民住宅條例係為統籌興建及管理國民住宅，以安定國民生活及增進社會福祉之目的而制定，並由政府機關取得土地興建及分配住宅，以解決收入較低家庭之居住問題，其具體之方法係由政府主管機關取得土地、籌措資金並興建住宅，以收入較低家庭為對象辦理出售、出租、貸款自行建築或獎勵民間投資興建。其中，關於國民住宅之買賣，屬私法關係，國民住宅之所有人或居住人有國民住宅條例第 21 條第 1 項所列各款情形，依同條項前段規定：「國民住宅主管機關得收回該住宅及基地，並得移送法院裁定後強制執行」，係針對特定違約行為之效果賦予執行力之特別規定，此等涉及私權法律關係之事件為民事事件，該條所稱之法院係指普通法院而言。❹

　　至於，就其損害，則係主張民事賠償，而非國家賠償。

　　B. 例外：法規明定

　　原則上，行政機關為達成行政目的，得採取一切合法之行為類型，或以權力行政如行政處分、法規命令等手段達成行政目的，或以非權力行政如行政契約、行政指導等手段達成行政目的，此即行政機關所享有之「手段選擇自由權」（最高行政法院 93 裁 1176）。

　　不過，為避免國家產生由公法遁入私法之現象，私經濟行政之選擇自由，如學者指出，仍應注意法規是否明文禁止及限制，且公法上是否無其他適當方式可供採行，再者，此等行政行為仍受到基本權利之拘束，應在機關管轄權範圍內為之，並遵守內部作業法規之要求。❺

　　應注意的是，基於法律之特別規定，可能影響救濟程序之差異，例如，最高行政法院（98 判 741）指出，政府採購法所稱之「採購」行為即為「行

有爭執，自屬就私法關係有所爭執，顯不得提起訴願。」

❹　例如，行政機關、公立學校或公營事業機構，為安定現職人員生活，提供宿舍予其所屬人員任職期間居住，本屬其依組織法規管理財物之權限內行為（釋字第 557 號解釋）。其所產生之爭執，則進行民事訴訟，參宜蘭地方法院 86 宜簡 162 民事判決與 87 簡上 7 民事確定判決。

❺　翁岳生，〈行政的概念與種類〉，第 23 頁以下。

政輔助行為」之適例,此際政府係處於與私人相當之法律地位,並受私法之支配,其所生法律關係固屬私權性質,惟立法者對於採購爭議之解決,已採用學理上所稱之「雙階理論」,即以廠商與機關間是否進入訂約程序,而分別適用行政爭訟及民事訴訟程序作為雙方爭議之救濟程序,此與釋字第540號解釋理由謂:「……至於申請承購、承租或貸款者,經主管機關認為依相關法規或行使裁量權之結果不符合該當要件,而未能進入訂約程序之情形,既未成立任何私法關係,此等申請人如有不服,須依法提起行政爭訟……」之意旨,即對於同屬私經濟行政之「行政私法」行為所生之爭議,以雙方當事人是否已進入訂約程序,而決定應循行政爭訟或民事訴訟程序謀求救濟之司法實務之看法一致。

換言之,立法者就政府採購法中廠商與機關間關於招標、審標、決標之爭議,規定屬於公法上爭議,其訴訟事件自應由行政法院審判。故廠商對不予發還押標金行為如有爭議,即為關於決標之爭議,屬公法上爭執(最高行政法院97年6月份第3次庭長法官聯席會議決議),仍有行政程序法之適用,並得循序提起行政訴訟,其經異議及申訴程序後,提起行政訴訟,行政法院自有審判權(97判716)。因此,關於政府採購法相關爭議之性質,若為訂約前之爭議者,如政府採購法明文規範之「採購」關於招標、審標、決標之爭議等,則屬公法事件,應循行政爭訟程序謀求救濟;至於,訂約後所生之爭議,因其性質係機關立於私法主體地位所從事之私法行為,屬私權爭議範疇,自不得依行政爭訟程序請求救濟。

㈡干涉行政與給付行政

1.干涉行政

干涉行政,得稱為侵犯行政或干預行政,係指行政機關為維持社會秩序或排除危害公共生活,採取事前禁制或事後處罰之行政行為。例如,限制或禁止行為之處分(吊扣證照、命令停工、禁止行駛……)與剝奪或消滅資格、權利之處分(吊銷證照、命令歇業、命令解散……)(行政罰法第2條第1款與第2款)等,此等行政行為,對人民之自由權利加以干預、限制或侵犯,故應遵守法律保留原則之限制。

2. 給付行政

　　給付行政，得稱為福利行政或服務行政，係以提供人民利益為目的，實現福利國家或給付國家之行政行為。例如，提供職業訓練、社會保險、社會救助、災害救助等。❶給付行政得採取公法或私法之方式，且非直接對人民之自由權利加以干預、限制或侵犯，故法律保留原則之限制程度較干涉行政寬鬆，❷但仍應遵守其他法律原則之拘束。❸

---

❶　最高行政法院（92 判 816）指出：「災害救助，係基於確認國家負有生存照顧義務之給付行政，其旨意係民眾因天然災害生活陷於困境，政府適時予以救助紓困，並非限制相對人之自由與權利，故法律保留原則之適用不若干涉行政之嚴格。通常情形給付行政祇須有國會通過之預算為依據，其措施之合法性即無疑義。」最高行政法院（95 判 1356）指出：「……農業天然災害救助之給付，旨在提供非常災害者之緊急慰助，並非對人民財產權損失之補償，是對於不符合慰助條件者，不予給付，本質上並未涉及人民財產權之限制，不生違反法律保留之問題（釋字第 571 號解釋理由書參照）……。」（100 判 1091）指出：「依大眾捷運法第 7 條及捷運土地開發辦法第 3 條規定可知，本件即採聯合開發方式進行，而獲得開發投資權之人民得與主管機關締結開發契約，並依開發契約取得一定之權益，故其並非干涉行政，而為給付行政之範疇，屬低密度之法律保留事項。」（100 判 1045）指出：「……改建之眷宅乃國家基於給付行政之目的所賦予……。」

❷　關於給付行政措施，應屬低密度法律保留，給付行政措施應對何一群體、何種事項為給付，給付之種類，項目為何，應由行政機關基於其行政之積極性、公益性，酌量當時之社會經濟狀況，財政收支情形，除非涉及公共利益之重大事項，應有法律或法律授權之命令為依據之必要外，自應有行政機關整體性考量之自由形成空間（最高行政法院 103 判 151）。例如，老人福利，係基於確認國家負有生活照顧義務之給付行政，其旨意係為宏揚敬老美德、維護老人健康、安定老人生活、保障老人權益、增進老人福利；並非限制老人之自由與權利，故法律保留原則之適用不若干涉行政之嚴格（93 判 589）；敬老福利生活津貼之核發，目的係為照顧老人生活，增進老人福祉，其業務性質為給付行政（100 判 787）；國軍老舊眷村之改建係屬給付行政範疇，眷改條例賦予原眷戶或違占建戶之權益，依釋字第 443 號解釋理由書意旨，應屬於低密度法律保留規範；亦即國家資源有限，國防部辦理眷村改（遷）建計畫，應考量國家經濟

　　例如，本於憲法促進民生福祉之基本原則，國家應提供各種給付，以保障人民得維持合乎人性尊嚴之基本生活需求，扶助並照顧經濟上弱勢之人民，推行社會安全等民生福利措施。前述措施既涉及國家資源之分配，立法機關就各種社會給付之優先順序、規範目的、受益人範圍、給付方式及額度等項之有關規定，自享有充分之形成自由，斟酌對人民保護照顧之需求及國家財政等社會政策考量，制定法律，將福利資源為限定性之分配。惟鑑於國家資源有限，有關社會政策之立法，必須考量國家之經濟及財政狀況，依資源有效利用之原則，並注意與一般國民間之平等關係，就福利資源為妥善之分配；對於受益人範圍之決定，應斟酌其財力、收入、家計負擔及須照顧之必要性妥為規定，不得僅以受益人之特定職位或身分作為區別對待之唯一依據；關於給付方式及額度之規定，亦應力求與受益人之基本生活需求相當，不得超過達成立法目的所需必要限度而給予明顯過度之照顧（釋字第 485 號、第 727 號解釋）。

　　至於，行政機關訂定之行政命令，若其屬給付性之行政措施具授與人民利益之效果者，亦應受相關憲法原則，尤其是平等原則之拘束。依釋字第 485 號解釋之意旨，在目的上須具資源有效利用、妥善分配之正當性，在手段上須有助於目的之達成且屬客觀上所必要，亦即須考量手段與目的達成間之有效性及合比例性（釋字第 542 號解釋）。

　　給付行政之範圍及程度，雖然受到國家財政能力之限制，❶❾惟拒絕給

　　及財政狀況，以妥善分配福利資源，不得僅側重原眷戶及違占建戶之利益，給予過度之保護，而違背國家資源須合理分配及有效利用原則，忽略訂立眷改條例所欲達成之多重公共利益。故國防部就眷村改建各項措施，除涉及公共利益重大事項應有法律或依法律授權所訂定之命令為依據之必要外，仍有整體性考量之行政裁量空間（107 判 232；107 判 173；106 判 639）。

❶❽　例如，全民健康保險法第 30 條有關加徵滯納金之規定，係為促使投保單位或被保險人履行公法上金錢給付之義務，與強制納保均係實現全民健康保險之合理手段，應無逾越憲法第 23 條規定之必要程度（釋字第 472 號解釋）。

❶❾　例如，犯罪被害人補償事件，是國家對於犯罪被害而死亡者之遺屬之暫時性補償措施，屬於社會福利行政事項，自不能不考量國家財政匱乏之現狀，亦不能

付亦不得恣意為之，例如，對於無力繳納保費者，國家應給予適當之救助，不得逕行拒絕給付，以符憲法推行全民健康保險，保障老弱殘廢、無力生活人民之旨趣（釋字第 472 號解釋）。

二、新興類型

依行政之影響層面與變遷速率兩方面觀察：

㈠計畫行政

計畫行政之影響層面甚為廣泛，並非僅侷限於行政與個人之法律關係，而係可能涉及多數不同利益之人及多數不同行政機關之權限。

就此，行政程序法第 163 條規定，行政計畫，係指行政機關為將來一定期限內達成特定之目的或實現一定之構想，事前就達成該目的或實現該構想有關之方法、步驟或措施等所為之設計與規劃。

而為因應時代之需要，國家應積極在各種領域規劃行政之未來發展，其內容包括事務（環境、經濟、工程⋯⋯）、時間（中期、長期⋯⋯）、空間（國土綜合開發計畫、區域計畫⋯⋯）、效率（文書橫寫、電子化政府⋯⋯）等。

行政機關之計畫裁量權，具有高度之政策形成空間，且其規範依據亦並非以形式意義之法律為限。例如，最高行政法院指出，都市計畫，係指在一定地區內有關都市生活之經濟、交通、衛生、保安、國防、文教、康樂等重要設施，作有計畫之發展，並對土地使用作合理之規劃。都市計畫包括主要計畫及細部計畫行政，涉及一定地域未來發展之綜合預測、評價與規劃。主要計畫係表明都市發展之基本構想，作為擬定細部計畫之準則；細部計畫則作為實施都市計畫之依據，關於細部計畫之內容，為以細部計

不體察該項措施，並非以完全填補被害人之損害為目的之精神，兼慮及行政先例之平等原則，以求公平性及一致性（最高行政法院 93 判 52）；行政機關為順利執行徵收而取得用地，以行政命令規定，於法律所定之補償以外，加給被徵收土地所有權人或其他利害關係人獎勵、補助、救濟等名目之給予，為給付行政之性質，如無違平等原則，尚非不許（103 判 137）。

畫書及計畫圖表明計畫地區範圍內之土地使用分區管制及地區性公共設施用地等事項。內政部核定主要計畫之處分，未經撤銷、廢止或因其他事由失效前，其效力繼續存在，該管直轄市、縣（市）（局）政府及鄉、鎮、縣轄市公所擬定細部計畫之土地使用分區管制及地區性公共設施用地之範圍，自當配合主要計畫並受其拘束。至於，舉辦都市計畫所為之土地徵收，係以都市計畫內容為藍圖，以之實現都市計畫之目標。本件訴訟之程序標的為系爭細部計畫案書、圖依都市計畫法第 23 條公告核定之行政處分，屬計畫行政之範疇，尚與土地徵收行政有別（106 判 345）。

㈡科技行政

　　行政之變遷速率，因資訊科技化之趨勢，不斷要求提升效率，導致電子化政府時代之來臨，更造成傳統行政法產生質變，對於科技之規範難題，國家法制應有因應設計，並與國際規範接軌，例如，無線電波頻率屬於全體國民之公共資源，為避免無線電波頻率之使用互相干擾、確保頻率和諧使用之效率，以維護使用電波之秩序及公共資源，增進重要之公共利益，政府自應妥慎管理。立法機關衡酌上情，於電信法第 48 條第 1 項前段規定，人民使用無線電波頻率，採行事前許可制，其立法目的尚屬正當。上開規定固限制人民使用無線電波頻率之通訊傳播自由，惟為保障合法使用者之權益，防範發生妨害性干擾，並維護無線電波使用秩序及無線電通信安全（聯合國所屬國際電信聯合會——International Telecommunication Union 之無線電規則——Radio Regulations 第 18 條，及聯合國海洋法公約——United Nations Convention on the Law of the Sea 第 109 條參照）。兩相權衡，該條項規定之限制手段自有必要，且有助於上開目的之達成，與比例原則尚無牴觸（釋字第 678 號解釋）。

　　此外，國家若基於特定重大公益之目的而有大規模蒐集、錄存人民指紋、並有建立資料庫儲存之必要者，則應以法律明定其蒐集之目的，其蒐集應與重大公益目的之達成，具有密切之必要性與關聯性，並應明文禁止法定目的外之使用。主管機關尤應配合當代科技發展，運用足以確保資訊正確及安全之方式為之，並對所蒐集之指紋檔案採取組織上與程序上必要

之防護措施，以符憲法保障人民資訊隱私權之本旨（釋字第 603 號解釋）。❷⓿

因應科技時代之來臨，風險管制行政亦將受到重視，釋字第 469 號解釋即指出：「在法律規範之前提下，行政機關並得因職能擴大，為因應伴隨高度工業化或過度開發而產生對環境或衛生等之危害，以及科技設施所引發之危險，而採取危險防止或危險管理之措施，以增進國民生活之安全保障。」甚至，將造成司法審查之難題，例如，釋字第 520 號解釋指出：「引發爭議之電力供應，究以核能抑或其他能源為優，已屬能源政策之專業判斷問題，不應由行使司法權之釋憲機關予以裁決，不在解釋範圍。」

再者，近代航空運輸，已屬人類重要交通工具，航空器之結構精密，其操作具有高度專業性，加以航空器在高空快速飛行，其安全與否，於公共利益有密切關係，故釋字第 510 號解釋指出，民用航空局依據民用航空法之授權發布「航空人員體格檢查標準」，即係基於航空人員之工作特性，針對其執行業務時所應維持體能狀態之必要而設計，係就從事特定職業之人應具備要件所為之規範，非涉裁罰性之處分，與憲法保障人民工作權之規定亦無牴觸。

肆、法治國家與行政法

法治國家，至少應以尊重個人自由與民主法治為出發點，因此，以近代立憲主義後之國家發展，作為討論對象：

一、自由形式法治國

形式意義之法治國家，係自由法治國，重視個人之自由權或防禦權，

---

❷⓿ 例如，面對時至今日複製技術、設備已然普及，則刑事訴訟法第 33 條第 2 項前段規定（無辯護人之被告於審判中得預納費用請求付與卷內筆錄之影本）所稱「影本」，在解釋上應及於複本（如翻拍證物之照片、複製電磁紀錄及電子卷證等）（釋字第 762 號解釋）。

人民要求充分之自由，國家存在之目的，僅係保護公共安全與維持社會秩序。

為維護個人主義與自由主義，國家對於私人之經濟活動，應開放完全自由競爭，故最好政府應「最少統治」。

國家應以形式意義之法律，作為行政行為之依據，即「依法律行政」；若欠缺形式意義法律之規範依據，則無行政行為之空間，即「無法律無行政」。

為避免行政行為恣意侵犯人民之自由權利，故干涉行政應嚴格遵守法律保留之要求。不過，特別權力關係，亦屬此時期之產物。㉑

二、社會實質法治國

實質意義之法治國家，係社會法治國，重視生存權、工作權與環境權等，人民要求實質之公平，國家存在之目的，係為提供人民生存照顧，讓行政成為給付主體，國家成為給付國與福利國。

國家任務，並非僅為消極防止危險或避免行政行為恣意侵犯人民之自由權利，而是應積極地提供服務、扶助弱勢、促進社會均衡與維持經濟穩定成長，故行政範圍不斷擴張，故最好政府應「積極服務」。

因此，無法僅限制以形式意義之法律，作為行政行為之依據，而成為「依法規行政」；若欠缺形式意義法律之規範依據，則仍有行政行為之可能與必要，即「無法律非無行政」。

為積極地提供服務，讓人民對國家之給付有分享權，故給付行政成為行政行為之重要型態，其法律保留之要求似較干涉行政為寬鬆。㉒

至於，特別權力關係，在此時期已逐漸萎縮，而行政救濟範圍則擴大且行政訴訟更趨完備。

㉑ 李惠宗，《行政法要義》，2004，第 16 頁。

㉒ 許宗力，〈論法律保留原則〉，第 209 頁謂：「給付行政應否適用法律保留，⋯⋯應根據社會國基本權理論取向解釋的基本權重要標準、各種公共事務重要性標準以及可能的消極標準作一綜合考察、判斷，才能作出決定。」

三、資訊科技法治國

　　國家任務不斷擴張，行政不斷地專業分工，更因資訊科技與國際化之趨勢，導致法治國並非以僅侷限於國內事務，網際網路帶動行政法學之國際觀，國際網路規範與國際協定，將更影響法治國家與行政法之發展。❷❸

伍、行政法之性質與類型

一、行政法之性質

㈠行政法是公法

1.行政法是國內公法

　　法律有公法與私法之區分，❷❹公法主要係規範公權力之法規，❷❺依其適用領域，得劃分為國際公法與國內公法。

　　國內公法，從狹義之觀點，包括憲法與行政法。行政法係憲法之具體化，或稱具體化之憲法。因此，人權保障為憲法之主要規範目的，亦作為解釋行政法規之主軸。

　　憲法關於國家權力之劃分，若以三權分立為基礎，依其性質水平劃分

---

❷❸　黃錦堂，〈行政法的概念、起源與體系〉，翁岳生編《行政法》，2000，第50頁以下。

❷❹　將法律區分為公法與私法，係採法律二元論之觀點。至於，法律一元論，認為公法與私法無區分之必要；法律三元論，則將法律區分為公法、私法與社會法。公法與私法區別之標準，學說分歧，尚未定論，有利益說、權力說、主體說與修正主體說等。惟在實際運作上，似應依個案綜合判斷之。

❷❺　釋字第312號解釋指出：「行政院發布之中央公教人員福利互助辦法或其他機關自行訂定之福利互助有關規定，係各機關為安定公務人員生活之行政目的而實施之法令，並有提供公款予以補助者，具有公法性質。」釋字第533號解釋指出：「全民健康保險為強制性之社會保險，攸關全體國民福祉至鉅，具公法之性質。」

為「立法權」稱為第一權,「行政權」稱為第二權,「司法權」稱為第三權,三者得簡稱為立法、行政與司法。其中,規範立法之法規,稱為立法法;規範行政之法規,稱為行政法;規範司法之法規,稱為司法法。

從建立法治國家之觀點,行政法應作為人民與國家(公務員)之行為規範與裁判規範之特性,且係一種具有強制實現力之法規範。㉖

2. 行政法之國際化

行政法之國際化,係未來之發展趨勢,故國際法規亦得作為行政法之法源。㉗

例如,釋字第 428 號解釋指出,郵政規則第 227 條規定,各類郵件一經照章投遞或由收件人領取,郵局責任即為完畢。同規則第 228 條規定,收件人接收郵件時,未當場聲明有瑕疵,並已出據領取郵件者,事後不得請求補償,係為確定郵件損失補償責任之要件所為之規定。依郵政法第 3 條規定:「關於各類郵件或其事務,如國際郵政公約或協定有規定者,依其規定。但其規定與本法相牴觸時,除國際郵件事務外,適用本法之規定。」1994 年 9 月 14 日於韓國漢城簽訂,於 1996 年 1 月 1 日起正式生效之萬國郵政公約最後議定書 (Universal Postal Convention, Final Protocol),即有與前開郵政規則相同之規定。我國雖非此公約之締約國,仍可視之為國際間通郵之一般規範。

該公約第 35 條第 1 項規定,掛號函件、保險函件及其他證明函件,凡經按照國內就同類函件所定規章之條件予以投遞者,郵局之責任即告終止。惟同條項第 2 款規定,收件人或郵件退回原局時之寄件人,於國內規章所許可之情況下,對於被竊或毀損郵件(向郵局)提出保留聲明者,郵局仍須負責。亦即依該公約之規定,各類郵件如經照章投遞而收件人於領取郵件時並未提出保留權利之聲明者,各郵局即無須負責。

因此,郵政規則第 227 條及第 228 條之規定,與國際公約之規定相符,並未逾越郵政法第 27 條之授權,亦未增加郵政法關於郵件補償規定所無之

㉖　李惠宗,《行政法要義》,第 22 頁以下。

㉗　黃俊杰,《財政憲法》,2005,第 158 頁以下。

限制，與憲法尚無牴觸。

　　此外，應注意的是，兩公約（公民與政治權利國際公約及經濟社會文化權利國際公約）所揭示保障人權之規定，目前已具有國內法律之效力。例如，釋字第 709 號及第 710 號解釋，已依兩公約所揭示保障人權之規定，作為審查法律是否違憲之基準。

　　再者，釋字第 728 號解釋，憲法增修條文第 10 條第 6 項既然課予國家應促進兩性地位實質平等之義務，並參酌聯合國大會 1979 年 12 月 18 日決議通過之消除對婦女一切形式歧視公約 (Convention on the Elimination of All Forms of Discrimination against Women) 第 2 條、第 5 條之規定，國家對於女性應負有積極之保護義務，藉以實踐兩性地位之實質平等。對於祭祀公業派下員認定制度之設計，有關機關自應與時俱進，於兼顧憲法增修條文課予國家對女性積極保護義務之意旨及法安定性原則，視社會變遷與祭祀公業功能調整之情形，就相關規定適時檢討修正，俾能更符性別平等原則與憲法保障人民結社自由、財產權及契約自由之意旨。

㈡其他法律對行政法之影響

1.憲　法

　　憲法與行政法均為公法之性質，憲法是行政法之母法與上位法，兩者之法位階係上下之隸屬關係，行政法不得牴觸憲法。蓋憲法為國家法秩序中之最高規範，憲法第 171 條與第 172 條規定，法律與命令牴觸憲法者無效。故若以全部國內法作為比較範圍，憲法具有最高性之地位，且為規範違憲審查之基準（釋字第 371 號解釋）。

　　憲法與行政法有抽象與具體之差異，行政法是憲法之具體化，憲法則是較抽象之法規範。事實上，憲法之範圍，至少包括憲法條文、憲法體系與憲法精神。❷❽並且，在具體個案之法規適用順序方面，法院係先選擇低

---

❷❽　憲法解釋不一定要依據憲法條文，憲法精神、憲法體系都可以作為解釋的依據。翁岳生，〈大法官功能演變之探討〉，《法治國家之行政法與司法》，1994，第 420 頁以下；而違背憲法解釋之意旨，亦構成違憲。蓋釋字第 405 號解釋謂：「……立法院行使立法權時，雖有相當廣泛之自由形成空間，但不得逾越

階且具體之行政法，作為裁判依據。

2.民　法

民法與行政法性質不同，民法係私法性質之法規範，行政法則為公法之性質。不過，民法之發源已相當久遠，有許多一般法律共通之基本概念與原理原則，故不可能完全忽略或排斥民法對行政法之影響。例如，行政法院（52 判 345 判例）指出：「公法與私法，雖各具特殊性質，但二者亦有其共通之原理，私法規定之表現一般法理者，應亦可適用於公法關係。」❷❾

因此，在行政法本身已明確規定或明文排除民法適用，或基於行政法特殊性之情況以外，當行政法無明文規定時，則無法拒絕民法對行政法之影響，而其影響程度，則係斟酌行政法本身之明文規定、實務見解與個案之特殊性。

行政法明文規定者，例如，國家賠償法第 5 條規定，國家損害賠償，除依本法規定外，「適用民法規定」；行政程序法第 127 條規定，授予利益之行政處分，其內容係提供一次或連續之金錢或可分物之給付者，經撤銷、廢止或條件成就而有溯及既往失效之情形時，受益人應返還因該處分所受領之給付。其行政處分經確認無效者，亦同。前項返還範圍「準用民法有關不當得利之規定」；第 141 條第 1 項規定，行政契約「準用民法規定之結果為無效者」，無效；第 149 條規定，行政契約，本法未規定者，「準用民法相關之規定」。

實務見解，例如，釋字第 370 號解釋謂：「……被誤准註冊之商標，於註冊後已使用多年，其因持續使用所建立之商譽，亦應予保護。基於對既有法律狀態之尊重及維持，此種誤准註冊之商標，已經過相當期間者，其註冊之瑕疵應視為已治癒，不得復申請評定之。……評定註冊之商標為近

憲法規定及司法院所為之憲法解釋……。」

❷❾ 最高行政法院（98 判 1070；99 判 388）；不過，最高行政法院（92 判 1194）謂：「本院職司行政訴訟，僅依法遵循本院判例而為裁判。最高法院民事判例本院依法並無遵循之必要，上訴人引用最高法院民事判例，本難採憑。」

似而無效，涉及註冊之信賴利益，仍應依誠實及信用方法為之。」

此外，時效係關於請求權之消滅規定，屬實體規定，應依實體從舊原則，最高行政法院（98判1070）謂：「私法上財產方面之法律關係，著重於經濟價值之權利義務關係，公法上之財產關係亦同。民法總則關於時效消滅規定，乃關於請求權之一般規定，於公法上之財產請求權，公法如未另為規定，亦應有其適用。又行政程序法施行前已發生公法上請求權之消滅時效期間，不適用行政程序法第131條第1項規定，應依行政程序法施行前有關法律之規定，無相關法律規定者，類推適用民法消滅時效之規定。」（釋字第474號解釋）

3.刑 法

刑法係國家對於人民行使刑罰權之依據，須符合罪刑法定主義之要求，相對地，對於人民行使處罰權或對於公務員行使懲戒權之行政行為，亦應遵守法律保留原則，即處罰或懲戒法定主義之要求。就此，「行為之處罰，以行為時之法律有明文規定者，為限。」刑法第1條規定之精神，在前述領域，亦應有適用之餘地，例如，行政罰法第4條規定：「違反行政法上義務之處罰，以行為時之法律或自治條例有明文規定者為限。」

不過，若將行政處罰區分為行政秩序罰法與行政刑罰，行政刑罰亦屬刑罰之類型，其規範依據似可稱為特別刑法，故除該行政法本身已明確規定或明文排除刑法適用，或基於行政法特殊性之情況以外，應適用刑法之共通規定與原理原則。

但是，針對行政秩序罰法或對於公務員行使懲戒權之部分，罪刑法定主義與處罰或懲戒法定主義關於法律之規範層級與密度，特別在明確性之程度，仍有些許差異。

在刑罰部分，例如，釋字第522號解釋謂：「刑罰法規關係人民生命、自由及財產權益至鉅，自應依循罪刑法定主義，以制定法律之方式為之，如法律授權主管機關發布命令為補充規定時，須自授權之法律規定中得預見其行為之可罰，方符刑罰明確性原則。」

在行政秩序罰部分，例如，釋字第313號解釋謂：「對人民違反行政法

上義務之行為科處罰鍰,涉及人民權利之限制,其處罰之構成要件及數額,應由法律定之。若法律就其構成要件,授權以命令為補充規定者,授權之內容及範圍應具體明確, 始符合憲法第 23 條以法律限制人民權利之意旨。」

　　在對於公務員行使懲戒權部分,例如,釋字第 433 號解釋:「國家對公務員……懲戒權之行使既係基於國家與公務員間公法上之權利義務關係,與國家對人民犯罪行為所科處之刑罰不盡相同,而懲戒權行使要件及效果應受法律嚴格規範之要求,其程度與刑罰之適用罪刑法定主義,對各個罪名皆明定其構成要件及法律效果者,亦非完全一致。……公務員違反職務上義務之行為態樣及程度均屬多端,依個案之差異情形,容有為不同程度處罰之必要,難以由法律預先加以列舉明定,且國家對公務員之懲戒,與國家刑罰權之行使須嚴格遵守罪刑法定主義,而就犯罪之構成要件與處罰範圍皆須予以明定之情形,有所不同。」

二、行政法之類型

　　行政法之類型,涉及觀察面向之差異:

㈠普通行政法與特別行政法

　　以適用順序為基準,可分為普通行政法與特別行政法,依特別法優於普通法之原則,在具體個案發生時,優先適用特別行政法,而特別行政法未規定部分則適用普通行政法。

　　例如,國家賠償法第 6 條規定:「國家損害賠償,本法及民法以外其他法律有特別規定者,適用其他法律。」而警械使用條例就國家損害賠償之規定,係屬國家損害賠償之特別法。不過,若就國家損害賠償之問題,其他法律之特別規定並不完整,則就欠缺之處,仍應適用普通行政法。

㈡一般行政法與特別行政法

　　以適用範圍為基準,可分為一般行政法與特別行政法。

　　一般行政法係對於所有行政行為原則上均得適用之法規或法律原則,包括行政法法理、行政組織法、行政作用法、行政救濟法等之總稱,故可

稱為「行政法總論」。

　　特別行政法係指規範特別行政事務之行政法規，例如環保行政、財稅行政、交通行政、軍事行政、衛生行政、警察行政等，故可稱為「行政法各論」。

(三)平時行政法與緊急行政法

　　以適用時期為基準，可分為平時行政法與緊急行政法。

　　緊急行政法，不以發生戰爭狀態為限。行政程序法第 3 條第 3 項第 1 款規定「下列事項，不適用本法之程序規定：一、有關外交行為、軍事行為或國家安全保障事項之行為。」似隱含緊急時期之行政程序與平時時期，得有所差異。此外，行政執行法第 39 條規定：「遇有天災、事變或交通上、衛生上或公共安全上有危害情形，非使用或處置其土地、住宅、建築物、物品或限制其使用，不能達防護之目的時，得使用、處置或限制其使用。」亦指出若遇有天災、事變或特殊危害狀態，得採取對限制財產權之強制手段。

　　緊急行政法，重視集中事權，賦予國家機關較寬廣之形成自由，對人權則似有忽視之問題，不過，本文以為，對於基本權利之限制，依個別時期若有所不同，則仍應明確規定為妥。❸

　　就此，釋字第 567 號解釋謂：「我國於動員戡亂時期與戒嚴時期，係處於非常時期之國家體制，國家權力與人民權利之保障固與平時不可同日而語。但人民身體自由享有充分保障，乃行使其憲法上所保障其他權利之前提，為重要之基本人權，縱於非常時期，對人民身體自由之處罰仍須合於憲法第 8 條及第 23 條之規定。……非常時期，國家固得為因應非常事態之

---

❸　例如，76 年公布之動員戡亂時期國家安全法制定於解除戒嚴之際，係為因應當時國家情勢所為之規定，適用於動員戡亂時期，與憲法尚無牴觸（釋字第 265 號解釋）。但是，終止動員戡亂時期及解除戒嚴之後，國家法制自應逐步回歸正常狀態。國家安全法於 81 年修正，仍泛指人民入出境均應經主管機關許可，未區分國民是否於臺灣地區設有住所而有戶籍，一律非經許可不得入境，違反憲法第 23 條規定之比例原則（釋字第 558 號解釋）；並參，黃俊杰，《法治國家之國家緊急權》，2001，第 1 頁以下。

需要，而對人民權利作較嚴格之限制，惟限制內容仍不得侵犯最低限度之人權保障。思想自由保障人民內在精神活動，是人類文明之根源與言論自由之基礎，亦為憲法所欲保障最基本之人性尊嚴，對自由民主憲政秩序之存續，具特殊重要意義，不容國家機關以包括緊急事態之因應在內之任何理由侵犯之，亦不容國家機關以任何方式予以侵害。縱國家處於非常時期，出於法律規定，亦無論其侵犯手段是強制表態，乃至改造，皆所不許，是為不容侵犯之最低限度人權保障。戡亂時期預防匪諜再犯管教辦法第 2 條規定國家機關得以人民思想行狀未改善，認有再犯之虞為理由，令入勞動教育場所強制工作嚴加管訓，無異於允許國家機關得以強制方式改造人民之思想，違背憲法保障人民言論自由之本旨，亦不符合最低限度之人權保障。」

陸、行政法之效力

關於行政法之效力，主要以中央法規標準法為範圍：

一、地之效力

㈠未明定適用區域

行政法係國內公法，故應以國家實際統治領域為其地之效力之範圍。國家實際統治領域，包括領土、❸❶領海、❸❷經濟海域❸❸等。

❸❶ 我國領土，憲法第 4 條不採列舉方式，而為「依其固有之疆域」之概括規定，並設領土變更之程序，以為限制，有其政治上及歷史上之理由。其所稱固有疆域範圍之界定，為重大之政治問題，不應由行使司法權之釋憲機關予以解釋（釋字第 328 號解釋）。

❸❷ 中華民國領海及鄰接區法第 2 條：「中華民國主權及於領海、領海之上空、海床及其底土。」

❸❸ 中華民國專屬經濟海域及大陸礁層法第 2 條：「中華民國之專屬經濟海域為鄰接領海外側至距離領海基線 2 百浬間之海域。前項專屬經濟海域包括水體、海床及底土。中華民國之大陸礁層為其領海以外，依其陸地領土自然延伸至大陸

　　依行政法之適用區域，得分為國家行政法與地方（自治）行政法，分別以國家整體及地方自治團體為其效力範圍。因此，地方行政法，僅以法規劃定該自治團體之地域為其適用範圍。

　　至於，我國駐在國外之領事人員，此為我國領土之延伸，亦受行政法規之拘束。

㈡明定適用區域

　　行政法效力，若該法規已明定其適用區域，中央法規標準法第 15 條規定：「法規定有施行區域或授權以命令規定施行區域者，於該特定區域內發生效力。」

二、人之效力

　　行政法係國內公法，故其對適用區域內之人民，除享有治外法權或法律別有規定者外，均有效力。例如，國家賠償法第 15 條規定：「本法於外國人為被害人時，以依條約或其本國法令或慣例，中華民國人得在該國與該國人享受同等權利者為限，適用之。」

三、時之效力

㈠施行與生效

　　法規應規定施行日期，或授權以命令規定施行日期。

　　法規明定自公布或發布日施行者，自公布或發布之日起算至第 3 日起發生效力，中央法規標準法第 13 條定有明文。所謂「自公布或發布之日起算至第 3 日」之文義，係將法規公布或發布之當日算入至第 3 日起發生效力，此項生效日期之計算，既為中央法規標準法所明定，自不適用民法第 120 條第 2 項之規定（釋字第 161 號解釋）。❸❹

　　邊外緣之海底區域。前項海底區域包括海床及底土。」

❸❹　釋字第 161 號解釋有 3 位大法官持不同意見書：⑴陳世榮指出，中央法規標準法第 13 條所定法規生效日期，應自法規公布或發布之次日開始起算，即法規公布或發布之日，應不算入。中央法規標準法第 13 條規定，生效日期距公布

　　至於，法規特定有施行日期，或以命令特定施行日期者，自該特定日起發生效力。❸❺

　　此外，中央法規標準法第 18 條規定：「各機關受理人民聲請許可案件適用法規時，除依其性質應適用行為時之法規外，如在處理程序終結前，據以准許之法規有變更者，適用新法規。但舊法規有利於當事人而新法規未廢除或禁止所聲請之事項者，適用舊法規。」最高行政法院指出，上開規定係規範行政機關受理人民申請許可案件後，在處理程序終結前，法令有變更時，應適用法令之準據時點問題，依其規定，以處理程序終結即作成處分時之變更後新法為原則（從新原則），得例外適用變更前之舊法者，則限於依申請案件之性質及舊法有利於當事人而新法未廢除或禁止人民之申請等情形，然僅限於實體規範。而依 62 判 507 及 72 判 1651 判例意旨，該條所稱「處理程序」係指主管機關處理人民聲請許可案件之程序而言，並不包括行政救濟之程序在內（107 判 134）。

日或發布日共有 3 日，此 3 日期間之計算，中央法規標準法對於如何計算期間之方法別無規定，仍應適用民法第 119 條及第 120 條第 2 項不算入始日之規定；(2)姚瑞光指出，中央法規標準法第 13 條，係就明定自公布或發布日施行之法規，發生效力日期而設之規定，與法律所定之期間，迥不相同，自應依該條規定，自公布或發布之日至第 3 日起，定其發生效力日期；(3)鄭玉波指出，中央法規標準法第 13 條之規定，若僅就「第 3 日」言，固為法規生效之始期，屬於一種法定期限，與期間有別，但就「自公布之日起算至第 3 日起發生效力」言，其第 1 日至第 3 日間之經過，仍具有期間之性質，學說上稱周知期間，乃猶豫期間之一種，其計算原應適用民法上期間計算之規定；但民法第 119 條規定：「法令、審判或法律行為所定之期日及期間除有特別規定外，其計算依本章之規定。」茲中央法規標準法第 13 條就上述之周知期間既已特設規定：「自公布或發布之日起算至第 3 日起發生效力」，自應以公布或發布之日為第 1 日而依次算出之，民法第 120 條第 2 項始日不算入之規定，於此當不適用。

❸❺　釋字第 64 號解釋謂：「法律施行日期條例第 1 條，所謂依限應到達各主管官署之日，係指依法律施行到達日期表所列之日期而言。凡明定自公布日施行之法律，除依法另有規定外，仍應自該表所列之日起發生效力。」

㈡廢　止

法規之廢止，有職權廢止與當然廢止兩種：

1.職權廢止

法規應依職權廢止之情形，包括：⑴機關裁併，有關法規無保留之必要者；⑵法規規定之事項已執行完畢，或因情勢變遷，無繼續施行之必要者；⑶法規因有關法規之廢止或修正致失其依據，而無單獨施行之必要者；⑷同一事項已定有新法規，並公布或發布施行者（中央法規標準法第21條）。

關於職權廢止之程序：⑴法律之廢止，應經立法院通過，總統公布；⑵命令之廢止，由原發布機關為之。

依前述程序廢止之法規，得僅公布或發布其名稱及施行日期；並自公布或發布之日起，算至第3日起失效（第22條）。

2.當然廢止

當然廢止，中央法規標準法第23條規定：「法規定有施行期限者，期滿當然廢止，不適用前條之規定。但應由主管機關公告之。」故不須進行法規廢止之程序。

㈢暫停適用

法規因國家遭遇非常事故，一時不能適用者，得暫停適用其一部或全部。法規停止或恢復適用之程序，準用本法有關法規廢止或制定之規定（中央法規標準法第19條）。

第二章 行政法基本原則

綱要導讀

壹、行政法之法源

一、成文法源

　(一)憲　法

　(二)法律、條約與自治條例

　　　1.法　律

　　　2.條約與協定

　　　3.自治條例

　(三)命令與自治規則

　　　1.命　令

　　　2.自治規則與委辦規則

二、不成文法源

　(一)習慣法與行政先例

　　　1.習慣法

　　　2.行政先例

　(二)解　釋

　(三)判決、判例與案例

　　　1.判　決

　　　2.判　例

　　　3.案　例

　(四)決　議

　(五)一般法律原則

貳、行政法之一般法律原則

一、依法行政原則

二、明確性原則

　(一)適用對象

　(二)內　涵

三、平等原則

　(一)平等之概念

　　　1.等則等之，不等則不等之

　　　2.相對公平

　　　3.實質平等

　(二)平等原則之適用

　(三)平等對待之例外

　　　1.不法與平等

　　　2.無任用資格者之保護

四、比例原則

　(一)內　涵

　(二)案　例

　　　1.電子遊戲場業營業場所距離限制案

　　　2.菸品標示案

　　　3.營業小客車限制案

　　　4.環境影響評估案

　　　5.醫師證書廢止案

五、誠實信用原則

　(一)概　念

　(二)適用範圍

　　　1.行政機關與人民

　　　2.司法審查之依據

六、信賴保護原則

　(一)規定目的

　(二)要　件

　　　1.信賴基礎
　　　2.信賴表現
　　　3.信賴值得保護
　　㈢信賴利益之保障
　　　1.法益衡量
　　　2.過渡條款或補救措施
　　　3.實際差額利益之填補
├七、注意當事人利益原則
├八、合法裁量原則
　㈠裁量權限之賦予
　㈡裁量瑕疵與司法審查
　　　1.類　　型
　　　2.司法審查之範圍
　　　3.司法審查之界限
參、依法行政原則之內涵
├一、法律優位原則
　㈠概　　念
　㈡現行法
　㈢實務見解
　　　1.憲法優位並作為規範審查基準
　　　2.下位法不得牴觸上位法
├二、法律保留原則
　㈠概　　念
　㈡法律保留之層級
　　　1.憲法保留事項
　　　2.絕對法律保留事項
　　　3.相對法律保留事項
　　　4.非屬法律保留事項
　㈢法律保留之範圍
　　　1.全部保留說
　　　2.部分保留說

㈣授權明確性原則
　　1.明確性之要素
　　2.審查對象與審查密度
　　3.命令形式之選擇與再授權之禁止
　　4.命令之界限

行政程序法（以下簡稱「本法」）第 4 條規定：「行政行為應受法律及一般法律原則之拘束。」涉及行政法之法源、行政法之一般法律原則與依法行政原則之內涵。分析如下：

壹、行政法之法源

本法第 4 條規定「行政行為應受法律之拘束」，所謂「法律」，係指行政法之法源。❶

行政法之法源，依其存在之形式，得區分為成文法源與不成文法源。

一、成文法源

㈠憲　法

行政法是憲法之具體化，其應遵守憲法條文、憲法體系與憲法精神之意旨，憲法亦作為行政法之違憲審查基準。

㈡法律、條約與自治條例

1.法　律

法律，依憲法第 170 條之規定，謂經立法院通過，總統公布之法律。

關於法律之名稱，中央法規標準法第 2 條規定，法律得定名為法、律、

---

❶　例如，依據營利事業所得稅查核準則第 2 條第 1 項「營利事業所得稅之調查、審核，應依稅捐稽徵法、所得稅法及本準則之規定辦理，其未經規定者，依有關法令之規定辦理」、商業會計法第 2 條第 2 項「商業會計事務，謂依據一般公認會計原則從事商業會計事務之處理及據以編製財務報表」及經濟部 87 年 7 月 27 日商第 87217988 號函釋「商業會計法第 2 條第 2 項所稱之一般公認會計原則，其範圍包括財團法人中華民國會計研究發展基金會財務會計準則委員會所公布之各號財務會計準則公報及其解釋、國際會計原則、會計學理及權威機構發布之會計文獻等，其適用次序依序為財務會計準則公報、公報解釋、國際會計原則、會計學理及權威機構發布之會計文獻。」準此，財務會計準則公報（及其解釋），亦屬稅務行政法之法源（最高行政法院 101 判 924；106 判 721）。

條例或通則。

2.條約與協定

總統依憲法之規定，行使締結條約之權；行政院院長、各部會首長，須將應行提出於立法院之條約案提出於行政院會議議決之；立法院有議決條約案之權，憲法第 38 條、第 58 條第 2 項、第 63 條分別定有明文。

依前述規定所締結之條約，其位階同於法律。而憲法所稱之條約，釋字第 329 號解釋謂，係指我國（包括主管機關授權之機構或團體）與其他國家（包括其授權之機構或團體）或國際組織所締結之國際書面協定，名稱用條約或公約者，或用協定等其他名稱而其內容直接涉及國防、外交、財政、經濟等之國家重要事項或直接涉及人民之權利義務且具有法律上效力者而言。其中名稱為條約或公約或用協定等名稱而附有批准條款者，當然應送立法院審議，其餘國際書面協定，除經法律授權或事先經立法院同意簽訂，或其內容與國內法律相同（例如協定內容係重複法律之規定），或已將協定內容訂定於法律者外，亦應送立法院審議。其無須送立法院審議之國際書面協定，以及其他由主管機關或其授權之機構或團體簽訂而不屬於條約案之協定，應視其性質，由主管機關依訂定法規之程序，或一般行政程序處理。❷

3.自治條例

直轄市、縣（市）、鄉（鎮、市）得就其自治事項或依法律及上級法規之授權，制定自治法規。自治法規經地方立法機關通過，並由各該行政機關公布者，稱自治條例。

自治條例應分別冠以各該地方自治團體之名稱，在直轄市稱直轄市法規，在縣（市）稱縣（市）規章，在鄉（鎮、市）稱鄉（鎮、市）規約。

---

❷ 釋字第 329 號解釋並謂：「臺灣地區與大陸地區間訂定之協議，因非本解釋所稱之國際書面協定，應否送請立法院審議，不在本件解釋之範圍。」並參，黃俊杰，《財政憲法》，2005，第 192 頁以下。

(三)命令與自治規則

1.命　令

本法關於命令之種類，包括法規命令與行政規則。其第 150 條第 1 項規定，所稱「法規命令」，係指行政機關基於法律授權，對多數不特定人民就一般事項所作抽象之對外發生法律效果之規定；第 159 條第 1 項規定，所稱「行政規則」，係指上級機關對下級機關，或長官對屬官，依其權限或職權為規範機關內部秩序及運作，所為非直接對外發生法規範效力之一般、抽象之規定。

此外，第 174 條之 1 規定，本法施行前，行政機關依中央法規標準法第 7 條訂定之命令，須以法律規定或以法律明列其授權依據者，應於本法施行後 2 年內，以法律規定或以法律明列其授權依據後修正或訂定；逾期失效。

中央法規標準法關於命令之種類，包括職權命令與授權命令。其第 7 條規定，各機關依其法定職權或基於法律授權訂定之命令，應視其性質分別下達或發布，並即送立法院。

關於命令之名稱，中央法規標準法第 3 條規定，各機關發布之命令，得依其性質，稱規程、規則、細則、辦法、綱要、標準或準則。

2.自治規則與委辦規則

自治法規由地方行政機關訂定，並發布或下達者，稱自治規則。❸直轄市政府、縣（市）政府、鄉（鎮、市）公所就其自治事項，得依其法定職權或基於法律、自治條例之授權，訂定自治規則。

自治規則應分別冠以各該地方自治團體之名稱，並得依其性質，定名

---

❸　針對釋字第 38 號解釋：「憲法第 80 條之規定，旨在保障法官獨立審判不受任何干涉。所謂依據法律者，係以法律為審判之主要依據，並非除法律以外與憲法或法律不相牴觸之有效規章均行排斥而不用。」最高行政法院（103 判 170）指出，前開所稱「法律」或「有效規章」，包括憲法、法律、法規命令、自治條例、依法律或自治條例授權訂定之自治規則及主管機關基於法定職權所發布之命令。

為規程、規則、細則、辦法、綱要、標準或準則。

　　直轄市政府、縣（市）政府、鄉（鎮、市）公所為辦理上級機關委辦事項，得依其法定職權或基於法律、中央法規之授權，訂定委辦規則。委辦規則應函報委辦機關核定後發布之；其名稱準用自治規則之規定。

二、不成文法源

㈠習慣法與行政先例

1.習慣法

　　習慣法，係在法律未規定之情況下，基於客觀慣行之事實，一般人主觀確信其有法之效力。❹例如，最高行政法院（92 判 1721）指出：「法律之構成或修正，多基於習慣，本案在上訴人查核時，保險法施行細則修正草案，早已制定，保險司對於以前年度採行 24 分法之業者不為制止和處罰，不惟正是習慣法形成的要素和舊有法規修正的前奏，也是簽證精算師及業者認為不違法的理由。」

2.行政先例

　　關於行政先例之要件，最高行政法院（107 判 71；107 判 84）指出：「憲法之平等原則要求行政機關對於事物本質上相同的事件作相同的處理，除有合理正當之事由外，不得為差別待遇，乃形成行政自我拘束，惟憲法上的平等原則係指合法的平等，並不包含違法的平等。故行政先例必須是

---

❹　若已成為法規之內容，則非屬習慣法之範疇，例如，「……審計準則（財團法人中華民國會計研究發展基金會發布）既經主管機關於訂定查簽規則時採為該規則之補充內容，該規則已將審計準則訂為法規之一部分，並非將習慣法或慣例法作為本件裁罰之依據……」（最高行政法院 97 判 1004）；此外，因祭祀公業條例第 5 條立法理由揭示：「基於民法規定男女繼承權平等，本條例施行後之祭祀公業即不宜再依宗祧繼承之習俗排除女性繼承派下之權利，爰規定本條例施行後，祭祀公業及祭祀公業法人之派下員發生繼承事實時，其繼承人應以共同承擔祭祀者列為派下員。」準此，自【97/07/01】祭祀公業條例施行後，祭祀公業及祭祀公業法人之派下員發生繼承事實時，其繼承人不問性別，凡共同承擔祭祀者，均得繼承派下權而列為派下員（107 判 117）。

合法的，乃行政自我拘束的前提要件，憲法之平等原則，並非賦予人民有要求行政機關重複錯誤的請求權。」❺至於，因地方情形不同，且為互不隸屬機關之前例，無關行政自我拘束及平等原則之適用（94 判 1671）。

行政先例之拘束力，即所謂行政自我拘束原則，係指行政機關作成行政處分時，對於相同或具同一性之事件，為保障人民正當合理之信賴，並維持法秩序之安定，應受合法行政先例或行政慣例之拘束，如無實質正當理由，即應為相同之處理，以避免人民遭受不能預見之損害（102 判 131）。

㈡解　釋

司法院解釋憲法（闡明憲法之真義、解決適用憲法之爭議、或審查法律是否違憲），並有統一解釋法律及命令之權，為憲法第 78 條所明定，其所為之解釋，自有拘束全國各機關及人民之效力，而各機關處理有關事項，應依解釋意旨為之，違背解釋之判例，當然失其效力（釋字第 185 號、第662 號解釋）。

立法院基於民主正當性之立法責任，為符合變遷中社會實際需求，得制定或修正法律，係立法形成之範圍及其固有權限。立法院行使立法權時，雖有相當廣泛之自由形成空間，但不得逾越憲法規定及司法院所為之憲法解釋（釋字第 405 號解釋），惟基於權力分立與立法權受憲法拘束之原理，自不得逾越憲法規定及司法院所為之憲法解釋（釋字第 662 號解釋），而國家行使行政權更應遵守解釋之意旨。

此外，為貫徹釋字第 177 號及第 193 號解釋使聲請人得依法定程序請求救濟之意旨，且基於平等原則，對均於解釋公布前提出聲請且符合法定要件之各聲請人，不應予以差別待遇，故就人民聲請解釋之案件作成解釋公布前，原聲請人以外之人以同一法令牴觸憲法疑義聲請解釋，雖未合併辦理，但其聲請經大法官決議認定符合法定要件者，其據以聲請之案件，亦可適用釋字第 177 號解釋所稱「本院依人民聲請所為之解釋，對聲請人

---

❺　最高行政法院（99 判 413；102 判 585）指出：「行政自我拘束的前提，須該行政先例屬合法者，行政機關始不得任意的悖離，而稅捐的合法公正核定，為稅捐稽徵機關之職責，人民並無要求稅捐稽徵為重複錯誤的請求權。」

據以聲請之案件，亦有效力」。而釋字第 193 號解釋應予補充（釋字第 686 號解釋）。

(三)判決、判例與案例

1.判　決

　　普通法院受理民、刑事訴訟事件；行政法院審理行政訴訟案件；公務員懲戒委員會審議公務員之懲戒案件，其所為裁判或議決，僅於該具體事件有拘束力（釋字第 445 號解釋）。

　　由於判決僅係個案所為之判斷，與法律之規定尚屬有別，且不同判決間亦有差異，故行使行政權應注意判決先例之形成與最高行政法院所表示之見解。

2.判　例

　　關於確定終局裁判所適用之「法律或命令」是否合憲，係指確定終局裁判作為裁判依據之法律或命令或相當於法律或命令者而言 （釋字第 154 號解釋）。其中，所謂「相當於法律或命令者」，釋憲當時係肯認最高法院及行政法院判例，在未變更前，有其拘束力，可為各級法院裁判之依據，如有違憲情形，自符合人民聲請司法院解釋之要件，始足以維護人民之權利。

　　判決，僅於該具體事件有拘束力（釋字第 445 號解釋）；判例，依前述解釋意旨，似有一般之拘束力，故行使行政權應符合判例之意旨。

　　此外，依行政法院（32 判 18）判例「司法機關所為之確定判決，其判決中已定事項，若在行政上發生問題時，行政官署不可不以之為既判事項而從其判決處理，此為行政權與司法權分立之國家一般通例。」可知，該判例係闡述法院之確定判決所認定事項對行政機關之效力（最高行政法院 105 判 379），且作為行政法之法源。

3.案　例

　　公務員懲戒委員會設立「案例編輯委員會」，負責案例之編輯，就審議之案件，擇其案情或法律見解足以為例者，選輯為案例，作為案件審議之重要參考。其所選輯之「案例」與最高法院或行政法院之判例或決議相當，

既經公務員懲戒委員會援引其案號或其具體內容為審議之依據，依釋字第154 號解釋之意旨，仍有司法院大法官審理案件法第 5 條第 1 項第 2 款規定之適用（釋字第 395 號解釋）。❻

㈣決　議

司法院大法官審理案件法第 5 條第 1 項第 2 款規定所稱之「命令」，釋字第 374 號解釋指出，並不以形式意義之命令或使用法定名稱（如中央法規標準法第 3 條之規定）者為限，凡中央或地方機關依其職權所發布之規章或對法規適用所表示之見解（如主管機關就法規所為之函釋），雖對於獨立審判之法官並無法律上之拘束力，若經法官於確定終局裁判所引用者，即屬前開法條所指之命令，得為違憲審查之對象，迭經司法院著有解釋在案（釋字第 216 號、第 238 號、第 336 號等解釋）。

至於，司法機關在具體個案之外，表示其適用法律之見解者，依現行制度有判例及決議二種（釋字第 620 號、第 622 號、第 685 號解釋）。

判例經人民指摘違憲者，視同命令予以審查，已行之有年（釋字第154 號、第 177 號、第 185 號、第 243 號、第 271 號、第 368 號及第 372號等解釋），而最高法院之決議，原僅供院內法官辦案之參考，並無必然之拘束力，與判例雖不能等量齊觀，惟決議之製作既有法令依據（法院組織法第 78 條及最高法院處務規程第 32 條），又為代表最高法院之法律見解，如經法官於裁判上援用時，自亦應認與命令相當，許人民依法律之規定，聲請司法院解釋。

此外，釋字第 420 號解釋指出，行政法院【81/10/14】庭長、評事聯席會議所為：「獎勵投資條例第 27 條所指『非以有價證券買賣為專業者』，應就營利事業實際營業情形，核實認定。公司登記或商業登記之營業項目，雖未包括投資或其所登記投資範圍未包括有價證券買賣，然其實際上從事龐大有價證券買賣，其非營業收入遠超過營業收入時，足證其係以買賣有

---

❻　公務員懲戒委員會再審字第 335 號案例及其他類似案例，與司法院解釋意旨不符，對公務員訴訟上之權利為逾越法律規定之限制部分，有違憲法第 23 條法律保留原則之規定，應自本解釋公布之日起不再援用（釋字第 395 號解釋）。

價證券為主要營業，即難謂非以有價證券買賣為專業」不在停徵證券交易所得稅之範圍之決議，符合實質課稅原則，與獎勵投資條例第 27 條之規定並無不符，尚難謂與憲法第 19 條租稅法律主義有何牴觸。❼

㈤**一般法律原則**

　　行政法之一般法律原則，亦得作為行政法之法源，其內涵如「貳」之分析。

貳、行政法之一般法律原則

　　本法第 4 條規定「行政行為應受一般法律原則之拘束」，所謂行政法之「一般法律原則」，範圍廣泛，實務見解曾謂：「……本法雖於 90 年 1 月 1 日始施行，惟一般處分之定義及其生效起始日之規定，乃行政法之一般原則，於本法施行前可作為行政法之不成文法源加以適用（最高行政法院 95 裁 320）。」

　　而在本法第 1 章「總則」第 1 節「法例」第 5 條至第 10 條，包括下列數項：

一、依法行政原則

　　本法第 1 條規定，確保依法行政之原則，係行政程序法之立法目的。

　　關於依法行政原則，係支配法治國家立法權與行政權關係之基本原則，亦為一切行政行為必須遵循之首要原則，該原則最簡單之解釋，即本法第 4 條所稱：「行政行為應受法律及一般法律原則之拘束。」

　　例如，稅捐稽徵機關依稅捐稽徵法第 28 條第 1 項及第 2 項規定，負有退還納稅義務人溢繳稅款之義務，本於依法行政原則，苟無法有明文得準用民法之規定，或民法之規定，係屬公私法共通之法理或一般法律原則之規定外，即不得準用或類推適用民法規定，以排除稅捐稽徵機關依稅捐稽徵法第 28 條第 1 項及第 2 項規定，退還納稅義務人溢繳稅款之義務（最高

---

❼　黃俊杰，《納稅者權利保護》，2004，第 44 頁以下。

行政法院 103 判 249)。

此外，針對行政機關撤銷違法之授益行政處分，該撤銷處分對處分相對人為侵益處分，該授益處分違法為撤銷處分之合法要件，本於法治國家之依法行政原則，撤銷機關就該授益處分違法之要件事實負客觀舉證責任（100 判 1213；101 判 577）。

依法行政原則之內涵，亦可稱為行政合法性原則，其得區分為法律優位原則與法律保留原則，❽其內涵如「參」之分析。

二、明確性原則

㈠適用對象

本法第 5 條規定，行政行為之內容應明確。❾此係本法關於明確性原則之規定，而此條規定之目的，在求行政行為內容之明確，俾利相對人遵循或尋求救濟（最高行政法院 100 判 619）。所謂「內容明確性」，應指行政行為各項重要之點均應明確而言，行政行為之內容是否明確，應就個案實質觀察，而不以其形式上有理由或說明欄為斷。又法律行為之內容雖不明確，得經由解釋排除者，則尚非足以影響其法律效力之不明確（100 判 427；107 判 190）。蓋行政處分之作用，在於使抽象之法律規定，具體化適

---

❽ 憲法施行前之訓政初期法制，已寓有法律優越及法律保留原則之要求，但有關人民之權利義務關係事項，亦得以未具法律位階之條例等規範形式，予以規定，且當時之立法院並非由人民直接選舉之成員組成。是以當時法律保留原則之涵義及其適用之範圍，均與行憲後者未盡相同。本案系爭之監督寺廟條例，雖依前法規制定標準法所制定，但特由立法院逐條討論通過，由國民政府公布施行，嗣後公布之憲法實施之準備程序，亦未加以修改或廢止，而仍持續沿用，並經行憲後立法院認其為有效之法律，且迭經本院作為審查對象在案，應認其為現行有效規範人民權利義務之法律（釋字第 573 號解釋）。

❾ 最高行政法院（100 判 427）指出，所謂「內容應明確」，應指行政行為之各項重要之點均應明確而言，行政行為之內容是否明確，應就個案實質觀察，而不以其形式上有理由或說明欄為斷。又法律行為之內容雖不明確，得經由解釋排除者，則尚非足以影響其法律效力之不明確。

用於個別事件，故行政處分之記載，如足使相對人瞭解其受處分之原因事實及其依據之法令，即無欠缺明確性（106 判 488）。

本條規定，係就行政行為而為規定，最高行政法院（92 判 1839）指出：「本件適用之專技轉任條例，係立法院通過並經總統明令公布之法律，尚無適用上開規定之餘地。」

不過，立法行為之內容，亦應遵守明確性原則之要求。❿例如，全民健康保險法第 31 條規定：「保險對象發生疾病、傷害或生育事故時，由保險醫事服務機構依本保險醫療辦法，給予門診或住院診療服務；醫師並得交付處方箋予保險對象至藥局調劑。」「前項醫療辦法，由主管機關擬訂，報請行政院核定後發布之。」「第 1 項藥品之交付，依藥事法第 102 條之規定辦理。」其內容指涉廣泛，有違法律明確性原則（釋字第 524 號解釋）。

此外，基於法治國原則，以法律限制人民權利，其構成要件應符合法律明確性原則，使受規範者可能預見其行為之法律效果，以確保法律預先告知之功能，並使執法之準據明確，以保障規範目的之實現。而國家公權力對人民身體自由之限制，於一定限度內，既為憲法保留之範圍，若涉及嚴重拘束人民身體自由而與刑罰無異之法律規定，其法定要件是否符合法律明確性原則，自應受較為嚴格之審查。檢肅流氓條例第 2 條第 3 款關於敲詐勒索、強迫買賣及其幕後操縱行為之規定，同條第 4 款關於經營、操縱職業性賭場，私設娼館，引誘或強逼良家婦女為娼，為賭場、娼館之保鏢或恃強為人逼討債務行為之規定，第 6 條第 1 項關於情節重大之規定，皆與法律明確性原則無違。第 2 條第 3 款關於霸佔地盤、白吃白喝與要挾滋事行為之規定，雖非受規範者難以理解，惟其適用範圍，仍有未盡明確

---

❿ 最高行政法院指出，所得稅法第 66 條之 8 係透過法律明文規定，授予財政部權限，將藉由形式上合法，而實質上為利用兩稅合一制度，進行租稅規避或逃漏之行為，本於實質課稅原則，否定或變更原形式上之經濟行為安排，並按原實際情形進行調整之制度（106 判 380）；上開規定符合法律保留及法律明確性原則之要求，並與釋字第 420 號解釋揭櫫之實質課稅公平原則相符（100 判 666；100 判 745）。

之處，相關機關應斟酌社會生活型態之變遷等因素檢討修正之。第 2 條第 3 款關於欺壓善良之規定，以及第 5 款關於品行惡劣、遊蕩無賴之規定，與法律明確性原則不符（釋字第 636 號解釋）。

㈡內　涵

關於明確性原則之內涵，釋字第 768 號解釋指出，法律明確性之要求，非僅指法律文義具體詳盡之體例而言，立法者於立法定制時，仍得衡酌法律所規範生活事實之複雜性及適用於個案之妥當性，從立法上適當運用不確定法律概念或概括條款而為相應之規定。因此，立法使用抽象概念者，苟其意義非難以理解，且為受規範者所得預見，並可經由司法審查加以確認，即不得謂與前揭原則相違（釋字第 432 號、第 521 號、第 594 號、第 602 號、第 617 號、第 623 號、第 690 號及第 767 號解釋）。❶

例如：⑴社會秩序維護法第 89 條第 2 款「無正當理由，跟追他人，經勸阻不聽者，處新臺幣 3 千元以下罰鍰或申誡」規定之意義及適用範圍，依據一般人民日常生活與語言經驗，均非受規範者所難以理解，亦得經司法審查予以確認，尚與法律明確性原則無違（釋字第 689 號解釋）；⑵私立學校法關於董事會因發生糾紛，致無法召開會議或有違反教育法令情事部分，其意義依法條文義及立法目的，非受規範之董事難以理解，並可經由司法審查加以確認，與法律明確性原則尚無違背（釋字第 659 號解釋；最高行政法院 103 判 267）；⑶憲法第 8 條之規定，國家公權力對人民身體自由之限制，若涉及嚴重拘束人民身體自由而與刑罰無異之法律規定，其法定要件是否符合法律明確性原則，固應受較為嚴格之審查（釋字第 636 號解釋參照），惟強制隔離雖拘束人身自由於一定處所，因其乃以保護人民生命安全與身體健康為目的，與刑事處罰之本質不同，且事涉醫療及公共衛生專業，其明確性之審查自得採一般之標準，毋須如刑事處罰拘束人民身體自由之採嚴格審查標準。【91/01/30】修正公布之傳染病防治法第 37 條第 1 項規定：「曾與傳染病病人接觸或疑似被傳染者，得由該管主管機關予以留驗；必要時，得令遷入指定之處所檢查，或施行預防接種等必要之處

---

❶　黃俊杰，《弱勢人權保障》，1998，第 3 章〈抗命罪與兵役制度〉。

置。」雖未將強制隔離予以明文例示，惟已有令遷入指定處所之明文，則將曾與傳染病病人接觸或疑似被傳染者令遷入一定處所，使其不能與外界接觸之強制隔離，係屬該規定之必要處置，自法條文義及立法目的，並非受法律規範之人民所不能預見，亦可憑社會通念加以判斷，並得經司法審查予以確認，與法律明確性原則尚無違背（釋字第 690 號解釋）；(4)【98/11/25】修正公布之教師法第 14 條第 1 項，以「行為不檢有損師道，經有關機關查證屬實」為解聘、停聘或不續聘之構成要件，係因行為人嚴重違反為人師表之倫理規範，致已不宜繼續擔任教職。惟法律就其具體內涵尚無從鉅細靡遺詳加規定，乃以不確定法律概念加以表述，而其涵義於個案中尚非不能經由適當組成、立場公正之機構，例如各級學校之教師評審委員會，依其專業知識及社會通念加以認定及判斷；而教師亦可藉由其養成教育及有關教師行為標準之各種法律、規約，預見何種作為或不作為將構成行為不檢有損師道之要件。且教育實務上已累積許多案例，例如校園性騷擾、嚴重體罰、主導考試舞弊、論文抄襲等，可供教師認知上之參考。綜上，「行為不檢有損師道」，其意義非難以理解，且為受規範之教師得以預見，並可經由司法審查加以確認，與法律明確性原則尚無違背（釋字第 702 號解釋）；(5)所謂「常見且可預期之藥物不良反應」，係屬不確定法律概念。「常見」、「可預期」之意義，依據一般人民日常生活與語言經驗，尚非難以理解，而藥物「不良反應」於藥害救濟法第 3 條第 4 款亦已有明確定義。又一般受規範者（即病人及其家屬）依系爭規定縱無法完全確知其用藥行為是否符合請求藥害救濟之要件，惟應可合理期待其透過醫師之告知義務（即醫療機構、醫師於診治病人時，應向病人或其家屬等告知其病情、治療方針、處置、用藥、預後情形及藥物可能之不良反應等，醫療法第 81 條、醫師法第 12 條之 1）、藥袋上標示或藥物仿單上記載，就用藥之不良反應之可預期性、發生機會及請求藥害救濟之可能性等，可以有合理程度之預見。另常見、可預期之意義，主管機關參照國際歸類定義，將不良反應發生率大於或等於百分之 1 者，定義為系爭規定所稱之「常見」（行政院衛生署【100/10/07】署授食字第 1001404505 號函）；且前揭標準

業經藥害救濟法第 15 條所定之藥害救濟審議委員會所援用，於實務上已累積諸多案例可供參考。是其意義於個案中並非不能經由適當組成之機構依其專業知識加以認定及判斷，且最終可由司法審查予以確認（釋字第 767 號解釋）。

針對行政法規之明確性審查，因行政法規常分別規定行為要件與法律效果，故必須合併觀察，以確定其規範對象、適用範圍與法律效果。例如，菸害防制法第 8 條第 1 項係行為要件之規定，其行為主體及違反效果則規定於同法第 21 條，二者合併觀之，足以確定規範對象為菸品製造者、輸入者及販賣者，其負有於菸品容器上以中文標示所含尼古丁及焦油含量之作為義務，如有違反，主管機關得依法裁量，對製造者、輸入者或販賣者擇一處新臺幣 10 萬元以上 30 萬元以下罰鍰，並通知製造者、輸入者或販賣者限期收回改正；逾期不遵行者，停止其製造或輸入 6 個月至 1 年；違規之菸品並沒入銷燬之。因此，舉凡規範對象、所規範之行為及法律效果皆屬明確，並未違背法治國家法律明確性原則（釋字第 577 號解釋）。

當然，違反明確性原則之行政處分，尤其處分之內容，顯然無從讓受處分人明確知悉其具體事項者，將構成違法（最高行政法院 95 判 1630；98 判 452）。例如，臺北高等行政法院（91 訴 1381）指出，原處分書以「陳〇〇等 5 人」為處分對象，處分主文之一載「處罰新臺幣 30 萬元整」，有該處分書附原處分卷為證，則受處分人究係幾人？其他 4 人姓名為何？30 萬元之罰鍰究係課予原告一人或尚有其他人？係每人科處 30 萬元，或共同科處 30 萬元？自該處分書並無法明確得悉，已違行政處分內容應明確原則，而有違法。

此外，主管機關辦理市地重劃分配完畢後，將分配結果公告並通知參與分配之土地所有權人時，應就攸關土地所有權人（例如，重劃後分得之土地得否建築？是否達最小分配面積？所分配土地之位置應否退縮留設開放空間或人行道等）影響其自由使用收益之重要事項予以載明，使相關受分配土地所有權人瞭解知悉，始符行政行為之內容明確與誠信原則。惟主管機關僅公告相關圖冊，並無影響土地所有權人前述權益事項之相關記載，

故人民予以爭執，自屬合法（103 判 198）。

三、平等原則

憲法第 7 條保障人民平等權，旨在防止立法者恣意，避免對人民為不合理之差別待遇（釋字第 682 號解釋）。**⓬** 而本法第 6 條規定：「行政行為，非有正當理由，不得為差別待遇。」係主要表徵平等原則在行政法上之適用。

㈠平等之概念

1.等則等之，不等則不等之

平等原則，係支配國家各部門職權行使之原則，指相同事件應為相同之處理（等則等之），不同之事件則應為不同之處理（不等則不等之），除有合理正當之事由外，否則不得恣意對人民為差別待遇。如對相同事物為差別待遇而無正當理由，或對於不同事物未為合理之差別待遇，均屬違反平等原則（釋字第 687 號解釋）。

例如，⑴【90/01/03】修正公布所得稅法第 17 條第 1 項第 1 款第 4 目規定，其減除免稅額之要件，除受扶養人須為納稅義務人合於上開民法規定之親屬或家屬，無謀生能力並確係受納稅義務人扶養者外，且須未滿 20 歲或滿 60 歲以上。該規定之年齡限制，使納稅義務人扶養滿 20 歲而未滿 60 歲無謀生能力之其他親屬或家屬，卻無法同樣減除免稅額，形成因受扶養人之年齡不同而為差別待遇（釋字第 694 號解釋）；⑵【78/12/30】修正公布之所得稅法第 15 條第 1 項規定：「納稅義務人之配偶，及合於第 17 條規定得申報減除扶養親屬免稅額之受扶養親屬，有前條各類所得者，應由

⓬ 釋字第 686 號解釋指出，為貫徹釋字第 177 號及第 193 號解釋使聲請人得依法定程序請求救濟之意旨，且基於平等原則，對均於解釋公布前提出聲請且符合法定要件之各聲請人，不應予以差別待遇，故就人民聲請解釋之案件作成解釋公布前，原聲請人以外之人以同一法令牴觸憲法疑義聲請解釋，雖未合併辦理，但其聲請經大法官決議認定符合法定要件者，其據以聲請之案件，亦可適用釋字第 177 號解釋所稱「本院依人民聲請所為之解釋，對聲請人據以聲請之案件，亦有效力」。

納稅義務人合併報繳。」其中有關夫妻非薪資所得強制合併計算，較之單獨計算稅額，增加其稅負部分，違反憲法第 7 條平等原則（釋字第 696 號解釋）；⑶【94/12/28】修正公布之所得稅法第 17 條第 1 項第 2 款第 2 目之 3 前段規定：「……㈡列舉扣除額：……3.醫藥……費：納稅義務人及其配偶或受扶養親屬之醫藥費……，以付與公立醫院、公務人員保險特約醫院、勞工保險特約醫療院、所，或經財政部認定其會計紀錄完備正確之醫院者為限」，就身心失能無力自理生活而須長期照護者（如失智症、植物人、極重度慢性精神病、因中風或其他重症長期臥病在床等）之醫藥費，亦以付與上開規定之醫療院所為限始得列舉扣除，而對於付與其他合法醫療院所之醫藥費不得列舉扣除，與憲法第 7 條平等原則之意旨不符（釋字第 701 號解釋）。

　　至於，法規範是否符合平等原則之要求，其判斷應取決於該法規範所以為差別待遇之目的是否合憲，其所採取之分類與規範目的之達成之間，是否存有一定程度之關聯性，以及該關聯性應及於何種程度而定（釋字第 593 號、第 682 號、第 688 號、第 694 號、第 701 號、第 719 號、第 722 號及第 727 號解釋）。例如，立法者對勞工設有退休金制度，係衡酌客觀之社會經濟情勢、國家資源之有效分配，而為不同優先順序之選擇與設計，無違憲法第 7 條關於平等權之保障（釋字第 578 號解釋）；此外，在稅捐平等原則要求之下，納稅義務人應按其實質稅負能力，負擔應負之稅捐。惟為增進公共利益，依立法授權裁量之範圍，設例外或特別規定，給予特定範圍納稅義務人減輕或免除租稅之優惠措施，而為有正當理由之差別待遇者，尚非憲法第 7 條規定所不許（釋字第 565 號、第 647 號解釋）；有關稅捐稽徵協力義務課予之相關事項，因涉及稽徵技術之專業考量，如立法機關係出於正當目的所為之合理區別，而非恣意為之，司法審查即應予以尊重（釋字第 688 號解釋）。

　　至於，視障非屬人力所得控制之生理狀態，故以視障與否為分類標準之差別待遇規定，將使多數非視障者均不得從事按摩業，影響甚鉅。基於我國視障者在成長、行動、學習、受教育等方面之諸多障礙，可供選擇之

工作及職業種類較少，其弱勢之結構性地位不易改變，立法者乃衡酌視障者以按摩業為生由來已久之實際情況，且認為視障狀態適合於從事按摩，制定保護視障者權益之規定，本應予以尊重，惟仍須該規定所追求之目的為重要公共利益，所採禁止非視障者從事按摩業之手段，須對非視障者之權利並未造成過度限制，且有助於視障者工作權之維護，而與目的間有實質關聯者，方符合平等權之保障（釋字第 649 號解釋）。

此外，以色盲作為差別待遇分類標準之招生簡章規定，使色盲之考生無從取得入學資格，是否侵害人民接受教育之公平機會，而違反平等權保障之問題，鑑於色盲非屬人力所得控制之生理缺陷，且此一差別對待涉及平等接受教育之機會，為憲法明文保障之事項，而教育對於個人日後工作之選擇、生涯之規劃及人格之健全發展影響深遠，甚至與社會地位及國家資源之分配息息相關，自應受較為嚴格之審查。故招生簡章規定是否違反平等權之保障，應視其所欲達成之目的是否屬重要公共利益，且所採取分類標準及差別待遇之手段與目的之達成是否具有實質關聯而定　（釋字第 626 號解釋）。

而行政機關之行政行為，亦應符合「等則等之，不等則不等之」之法理，故不得恣意為行政處分或其他行政行為。

例如，財政部為協助其下級機關行使裁量權而訂頒有「稅務違章案件裁罰金額或倍數參考表」，基於平等原則，稽徵機關原則上係按此參考表規定行使其罰鍰之裁量權（最高行政法院 99 判 460）。惟稅捐機關未說明其有何正當理由，即不適用「稅務違章案件裁罰金額或倍數參考表」之規定裁罰，而予以裁處 7 倍之罰鍰，核與上開規定不合，亦即原處分已有差別待遇之違法（臺北高等行政法院 91 訴 785）；再者，若在某一道路範圍內之私有土地均辦理徵收，僅因既成道路有公用地役關係而以命令規定繼續使用毋庸同時徵收補償，亦顯與平等原則相違（釋字第 400 號解釋）。

至於，行政機關在財稅經濟領域方面，於法律授權範圍內，以法規命令於一定條件下採取差別待遇措施，如其規定目的正當，且所採取分類標準及差別待遇之手段與目的之達成，具有合理之關聯性，其選擇即非恣意，

則與平等原則無違。因此，主管機關考量貨物互相誤裝錯運，致進口貨物與申報不符，以同一發貨人發貨兩批以上較有可能，且海關查證較為容易、經濟，而不同發貨人發貨兩批以上，發生之機率甚微，且查證較為困難、複雜，如放寬併案處理，將造成查緝管制上之漏洞與困擾。主管機關基於長期海關實務經驗之累積，及海關查證作業上之成本與技術考量，選擇差別待遇之規定，其手段與目的之達成有合理之關聯性，其選擇並非恣意，與憲法第 7 條之規定尚屬無違，亦與財產權之限制無涉（釋字第 648 號解釋）。

2.相對公平

例如，為達合理、公平徵收汽車燃料使用費之目的，最高行政法院（93 判 1278）指出，財政部與交通部自得審酌各種不同情形，擇其較公平、便利、高效率之徵收方法為之，非必拘限於隨油徵收一途。依汽車燃料使用費徵收及分配辦法之規定，汽車燃料使用費之徵收，係推定一定汽缸容量汽車之耗油量，定出一部汽車每年使用燃料之多寡而徵收，縱事實上於個別汽車使用人燃料使用費之負擔並非絕對平等，仍屬相對公平，難謂有違平等原則。

但是，【76/03/04】財政部臺財稅第 7519463 號函：「夫妻分居，如已於綜合所得稅結算申報書內載明配偶姓名、身分證統一編號，並註明已分居，分別向其戶籍所在地稽徵機關辦理結算申報，其歸戶合併後全部應繳納稅額，如經申請分別開單者，准按個人所得總額占夫妻所得總額比率計算，減除其已扣繳及自繳稅款後，分別發單補徵。」其中關於分居之夫妻如何分擔其全部應繳納稅額之計算方式規定，與租稅公平有違，應不予援用（釋字第 696 號解釋）。

3.實質平等

平等原則，並非絕對、機械之形式上平等，例如，釋字第 218 號解釋指出：「依推計核定方法估計所得額時，應力求客觀、合理，使與納稅義務人之實際所得相當，以維租稅公平原則。」而財政部【67/04/07】臺財稅字第 32252 號及【69/05/02】臺財稅字第 33523 號等函釋示：「一律以出售

年度房屋評定價格之百分之 20 計算財產交易所得」，係不問年度、地區、經濟情況如何不同，概按房屋評定價格，以固定不變之百分比，推計納稅義務人之所得額自難切近實際，有失公平合理。

相對地，財政部依據臺北市國稅局就 76 年度臺北市個人出售房屋所得額多數個案取樣調查結果（平均售屋所得標準為百分之 22.02，所得標準在百分之 20 以上者，占總件數之百分之 73）擬訂之標準，於【77/06/27】臺財稅字第 77055310 號函，核定 76 年度臺北市個人出售房屋交易所得，按房屋稅課稅現值百分之 20 計算，釋字第 361 號解釋指出：「係經斟酌年度、地區、經濟情況所核定，並非依固定之百分比訂定，符合本院釋字第 218 號解釋之意旨，與憲法並無牴觸。」

因此，所謂平等，係指實質上之平等而言，故「為因應事實上之需要，及舉辦考試之目的，就有關事項，依法酌為適當之限制，要難謂與平等原則有何違背」（釋字第 205 號與第 341 號解釋）；而現行福建省政府組織規程，不由人民選舉省長及省議會議員，係考量事實上差異所為之合理規定，對福建省人民而言，與憲法平等原則亦無違背（釋字第 481 號解釋）。

平等原則，係保障人民在法律上地位之實質平等，若為因應具體案件事實上之需要，自得授權訂立法規之機關，基於憲法之價值體系及立法目的，斟酌規範事物性質之差異，而為合理之區別對待或不同處置（釋字第 211 號、第 412 號、第 485 號、第 526 號、第 547 號、第 584 號、第 596 號及第 727 號解釋）。換言之，要求本質上相同之事物應為相同之處理，不得恣意為無正當理由之差別待遇（釋字第 666 號解釋）。[13] 例如，對於人民受非常災害者，國家應予以適當之扶助與救濟，而關於救助之給付對象、條件及範圍，國家機關於符合平等原則之範圍內，得斟酌國家財力、資源

---

[13] 基於合理之區別對待而以法律對人民基本權利所為之限制，應符合憲法第 23 條規定比例原則之要求。釋字第 618 號解釋：「兩岸關係事務，涉及政治、經濟與社會等諸多因素之考量與判斷，對於代表多元民意及掌握充分資訊之立法機關就此所為之決定，如非具有明顯之重大瑕疵，職司法律違憲審查之釋憲機關即宜予以尊重。」

之有效運用及其他實際狀況，採取合理必要之手段，為妥適之規定。故基於實施災害救助、慰問之事物本質，就受非常災害之人民生存照護之緊急必要，與非實際居住於受災屋之人民，尚無提供緊急救助之必要者，作合理之差別對待，已兼顧震災急難救助之目的達成，手段亦屬合理，與憲法第 7 條規定無違（釋字第 571 號解釋）。

　　針對華僑申請中醫師檢覈，其未回國參加面試者，於審查證件合格後，即發給「僑」字中醫師考試及格證書及「僑中」字中醫師證書，其既未於【77/08/22】中醫師檢覈辦法修法前回國參加面試，或於修法後參加筆試，即不得主張取得與參加面試或筆試及格者所得享有在國內執行中醫師業務之權利，否則反而造成得以規避面試或筆試而取得回國執行中醫師業務之資格，導致實質上之不平等。故上開辦法以申請檢覈者是否具備特定身分作為區別對待之依據，符合公平取才之考銓目的，並未違背憲法平等原則及歷來解釋之旨意（釋字第 547 號解釋）。並且，相關機關以應考人學經歷作為分類考試之標準，並進而採取不同考試內容暨及格標準，雖與人民職業選擇自由之限制及應考試權密切關聯，惟因考試方法之決定涉及考選專業判斷，如該分類標準及所採手段與鑑別應考人知識能力之考試目的間具合理關聯，即與平等原則無違（釋字第 682 號解釋）。

　　但是，【80/08/02】公職人員選舉罷免法第 38 條第 2 項規定：「政黨推薦之區域、山胞候選人，其保證金減半繳納。但政黨撤回推薦者，應全額繳納。」無異使無政黨推薦之候選人，須繳納較高額之保證金，形成不合理之差別待遇，則與憲法第 7 條之意旨有違（釋字第 340 號解釋）。

㈡平等原則之適用

　　行政機關為達成公行政任務，不論依公法形式或私法形式之行政行為，給予人民利益或課予負擔，均應遵守平等原則之要求。

　　若國家機關訂定規則，以私法行為作為達成公行政目的之方法，亦應遵循平等原則。例如，主管機關若出於照顧遺眷之特別目的，使其繼續使用、耕作原分配房舍暨土地，則應考量眷屬之範圍應否及於子女，並衡酌其謀生、耕作能力，是否確有繼續輔導之必要，使具相同法律上身分地位

者，得享同等照顧，依男女平等原則，妥為規劃（釋字第 457 號解釋）。

至於，在課予公課之負擔方面，例如：⑴空氣污染防制法所防制者為排放空氣污染物之各類污染源，包括裝置於公私場所之固定污染源及機動車輛排放污染物所形成之移動污染源。因此，若僅就油（燃）料徵收空氣污染防制費，而未及固定污染源所排放之其他污染物，釋字第 426 號解釋指出，則顯然已違背公課公平負擔之原則，並在公眾認知上易造成假行為制約之名，為財政收入徵收公課之誤解；⑵為確保全民健康保險制度之運作而向被保險人強制收取之保險費，屬於公法上金錢給付之一種，具分擔金之性質，保險費率係依預期損失率，經精算予以核計。其衡酌之原則以填補國家提供保險給付支出之一切費用為度，鑑於全民健康保險為社會保險，對於不同所得者，收取不同保險費，以符量能負擔之公平性，並以類型化方式合理計算投保金額，俾收簡化之功能（釋字第 473 號解釋）；⑶土壤及地下水污染整治費，係對相關製造者及輸入者課徵整治費，並成立整治基金，以作為政府為預防、控制、清理、移除污染等整治土壤及地下水污染所為必要措施之經費來源，屬學理上所稱之特別公課，其對被課徵者具有合理之特殊法律關聯，其用途限於使用在有關預防及整治土壤及地下水污染等相關事項，係專款專用，符合人民財政負擔之平等原則（最高行政法院 99 判 478）。

此外，平等原則為所有基本權之基礎，國家對人民行使公權力時，無論其為立法、行政或司法作用，均應平等對待，不得有不合理之差別待遇（釋字第 584 號解釋）。❶④不過，應如何判斷此差別待遇是否「合理」或

---

❶④ 例如，針對戒嚴時期人民受損權利回復條例第 6 條規定：「人民於戒嚴時期因犯內亂、外患罪，於受無罪之判決確定前曾受羈押或刑之執行者，得聲請所屬地方法院比照冤獄賠償法相關規定，請求國家賠償。」釋字第 477 號解釋指出，未能包括不起訴處分確定前或後、經治安機關逮捕以罪嫌不足逕行釋放前、無罪判決確定後、有罪判決（包括感化、感訓處分）執行完畢後，受羈押或未經依法釋放之人民，係對權利遭受同等損害，應享有回復利益者，漏未規定，衡諸事物之本質，並無作此差別處理之理由，顯屬立法上重大瑕疵。若仍適用該條例上開規定，僅對受無罪判決確定前喪失人身自由之人民予以賠償，

「有正當理由」，係屬違憲審查之難題所在。**⑮**

　　但是，禁止「系統性之不利差別待遇」，例如，警察人員人事條例第 11 條第 2 項未明確規定考試訓練機構，致實務上內政部警政署得將公務人員特種考試警察人員考試三等考試筆試錄取之未具警察教育體系學歷之人員，一律安排至臺灣警察專科學校受考試錄取人員訓練，以完足該考試程序，使 100 年之前上開考試及格之未具警察教育體系學歷人員無從取得職務等階最高列警正三階以上職務任用資格，致其等應考試服公職權遭受系統性之不利差別待遇，就此範圍內，與憲法第 7 條保障平等權之意旨不符（釋字第 760 號解釋）。

(三)平等對待之例外

　　平等對待之例外，依實務見解，略舉數例如下：

1.不法與平等

　　針對本法第 6 條「行政行為，非有正當理由，不得為差別待遇」之規定，最高行政法院指出，平等原則應以原行政行為合法為前提，亦即不能依據平等原則，由違法行政行為產生行政自我拘束，任由行政支配而排除合法之行政處分（100 判 1723）。因此，平等原則，並非賦予人民有要求行政機關重複錯誤之請求權（107 判 84）。

　　　反足以形成人民在法律上之不平等，就此而言，自與憲法第 7 條有所牴觸。

⑮　釋字第 455 號解釋翁岳生大法官之協同意見書指出，關於平等原則之違反，係恆以「一方地位較他方為有利」之「結果」存在為前提。故不論立法者使一方受益係有意「積極排除他方受益」，或僅單純「未予規範」，祇要在規範上出現差別待遇的結果，而無合理之理由予以支持時，即構成憲法平等原則之違反。關於退休年資之計算，應以公務員為國家服務期間之長短為準，不應因任公務員之前、後服役而有所區別。凡為國家、即為全體國民服勤務之人，其為國家服務之期間，均應計入退休年資，以為退休金計算之基礎。軍人係公務員退休法制意義下之公務員，自有依法支領退伍金或退休俸之權利，同時因其服務之對象為國家，亦得依法以其軍中服役年資與任公務員之年資合併計算為其退休年資。軍人依法所應享有服務年資計算之權益，亦不應因其役別為義務役或志願役而有異。

　　若行政機關行使職權時未依法為之，致誤授與人民依法原不應授與之利益，或就個案違法狀態未予排除而使人民獲得利益，最高行政法院（102判168；100判2042）指出，該利益並非法律所應保護之利益，因此，其他人民不能要求行政機關比照各該案例授予利益，亦即人民不得主張「不法之平等」。

　　甚至，人民之行為，如依當時之法律係屬違法者，自不因主管機關規範該行為所發布之職權命令，嗣經司法院解釋不予適用，而得主張救濟（釋字第514號解釋）。

2.無任用資格者之保護

　　對於未能取得與考試及格者相同任用資格之職員，依原有關法令所取得之權益雖應受保障，惟其範圍應以不牴觸考試用人之憲法意旨為限。釋字第278號解釋並未禁止此類職員於原學校內得以升遷，惟僅能繼續在原學校任職，乃係在不牴觸考試用人之憲法意旨範圍內，對其原有權益予以最大限度之保障。

　　惟此項例外措施，自不應再以立法擴張其範圍，以免違反平等原則。教育人員任用條例【83/07/01】第21條第2項，關於「並得在各學校間調任」之規定，使未經考試及格者與取得公務人員任用資格者之法律地位幾近相同，與憲法第85條、第7條及前開解釋意旨不符（釋字第405號解釋）。

四、比例原則

㈠內　涵

　　比例原則，係淵源於憲法上法治國家思想之一般法律原則，具憲法層次之效力，得以憲法第23條為規範基礎，該原則拘束行政、立法及司法等行為，[16]在個別法規範之解釋、適用上，應隨時注意，目的在使人民不受國家機關過度之侵害（釋字第588號解釋）。例如，國家對於受刑人之刑罰權，於刑期執行期滿即已消滅。因此，針對「於執行期滿者，應於其刑期

---

[16]　黃俊杰，《稅捐正義》，2002，第111頁以下。

終了之次日午前釋放」之規定，使受刑人於刑期執行期滿後，未經法定程序仍受拘禁，侵害其人身自由，有違正當法律程序，且所採取限制受刑人身體自由之手段亦非必要，牴觸憲法第 8 條及第 23 條之規定（釋字第 677 號解釋）。❶❼甚至，緊急命令之發布，釋字第 543 號解釋指出，雖不受憲法第 23 條所揭示法律保留原則之限制，惟仍應遵守比例原則。

關於比例原則之內涵，本法第 7 條規定，行政行為，應依下列原則為之：⑴適合性原則或適當性原則，指採取之方法應有助於目的之達成；⑵必要性原則或最少損害原則，指有多種同樣能達成目的之方法時，應選擇對人民權益損害最少者；❶❽⑶合比例性原則、狹義比例原則或法益權衡原則，指採取之方法所造成之損害不得與欲達成目的之利益顯失均衡。

比例原則各子原則在司法審查中之先後順序關係，係適合性原則⑴→必要性原則⑵→合比例性原則⑶，茲以下圖表示：

---

❶❼ 例如，菸酒管理法第 38 條第 1 項規定：「主管機關對於菸酒業者依本法規定相關事項，應派員抽驗。必要時，得要求業者提供帳簿、文據及其他必要之資料，並得取樣檢驗，受檢者不得拒絕、規避或妨礙。但取樣數量以足供檢驗之用者為限。」依此規定取樣數量以足供檢驗之用者為限，其規定在於避免在檢驗結果完成前，過度侵害人民之財產權，以符合比例原則（最高行政法院 99 判 420）。

❶❽ 釋字第 425 號解釋謂：「規定徵收及其程序之法律必須符合必要性原則。」釋字第 489 號解釋謂：「……法條所定之諸多措施顯係分別授權各級主管機關衡量實際情況，依照比例原則，選擇足以達成維持金融秩序之目的，而社會成本最低並兼顧保護人民財產權之手段。」

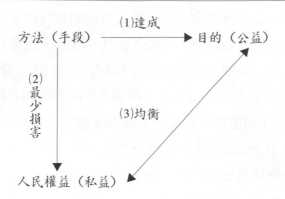

　　行政機關於選擇達成行政目的之手段時，其所作成之行政處分必須符合比例原則，亦即比例原則在於要求「方法」與「目的」之均衡。採取一項措施以達成一項目的時，該方法必須合適、必要及合比例。「合適」之方法係指可以達成目的之方法；「必要」之方法，係指同樣可以達成目的之多數方法中，該方法本身之不利益為最小；「合比例」之方法，係指該方法之不利益，與達成目的之利益相權衡，不失合理之比例關係（最高行政法院94判789）。換言之，除該行政處分須最適合於行政目的之要求，並不得逾越必要之範圍外，尚須與所欲達成之行政目的間保持一定之比例，始足當之。否則，即屬濫用權力之違法（103判415）。

　　例如，主管機關依外國人有犯罪情事，行使外國人入境之裁量權，應依違法情節、違反次數及危害程度就各案分別為適當處分，且不得逾越必要之程度，以符合比例原則（107判366）；至於，就逾期繳納稅捐滯納金加徵利息部分，滯納金既係為督促人民如期繳納稅捐而設，依其性質並無加徵利息之餘地；且滯納金兼具遲延利息之性質，如再加徵利息，係對應納稅額遲延損害之重複計算，欠缺合理性，不符憲法比例原則，與憲法保障人民財產權之意旨有違（釋字第746號解釋）。

(二)案　例

1.電子遊戲場業營業場所距離限制案

　　針對各直轄市、縣（市）就其工商輔導及管理之地方自治事項，基於因地制宜之政策考量，釋字第738號解釋，對電子遊戲場業營業場所設定

較長之距離規定，可無須對接近特定場所周邊之電子遊戲場業，耗用鉅大之人力、物力實施嚴密管理及違規取締，即可有效達成維護公益之立法目的，係屬必要之手段。至於，該限制與所追求之公共利益間尚屬相當，尚難謂已違反比例原則而侵害人民之營業自由。

惟有鑑於電子遊戲場業之設置，有限制級及普通級之分，對社會安寧、善良風俗、公共安全及國民身心健康所可能構成妨害之原因多端，各項原因在同一直轄市、縣（市）之各區域，所能產生影響之程度亦可能不同。加之各直轄市、縣（市）之人口密度、社區分布差異甚大，且常處於變動中。各地方自治團體有關距離限制之規定，如超出法定最低限制較多時，非無可能產生實質阻絕之效果，而須受較嚴格之比例原則之審查。

2.菸品標示案

國家依菸害防制法課予菸品業者於其商品標示中提供重要客觀事實資訊之義務，係有助於消費者對菸品正確瞭解。且告知菸品中特定成分含量之多寡，亦能使消費者意識並警覺吸菸行為可能造成之危害，促其審慎判斷，作為是否購買之參考，釋字第 577 號解釋指出，明顯有助於維護國民健康目的之達成；相較課予菸品業者標示義務，責由各機關學校辦理菸害防制教育，固屬較小侵害手段，但於目的之達成，尚非屬相同有效手段，故課予標示義務並未違反必要原則；又衡諸提供消費者必要商品資訊與維護國民健康之重大公共利益，課予菸品業者標示義務，並非強制菸品業者提供個人資料或表達支持特定思想之主張，亦非要求其提供營業秘密，而僅係要求其提供能輕易獲得之商品成分客觀資訊，尚非過當。

此外，鑑於菸品成癮性對人體健康之危害程度，為督促菸品業者嚴格遵守此項標示義務，同法規定，對違反者得不經限期改正而直接處以相當金額之罰鍰，如與直接採取停止製造或輸入之手段相較，尚屬督促菸品業者履行標示義務之有效與和緩手段。在相關菸品業者中，明定由製造、輸入或販賣者，負擔菸品標示義務，就菸害防制目的之達成而言，亦屬合理必要之適當手段。故菸害防制法規定雖對菸品業者之不表意自由有所限制，然其目的係為維護國民健康及提供消費者必要商業資訊等重大之公共利

益，其手段與目的間之實質關聯，符合法治國家比例原則之要求，並未逾越維護公共利益所必要之程度。

3.營業小客車限制案

對職業自由之限制，因其內容之差異，在憲法上有寬嚴不同之容許標準。❶釋字第 584 號解釋指出，關於從事職業之方法、時間、地點、對象或內容等執行職業之自由，立法者為公共利益之必要，即非不得予以適當之限制。至人民選擇職業應具備之主觀條件，例如知識能力、年齡、體能、道德標準等，立法者若欲加以規範，則須有較諸執行職業自由之限制，更為重要之公共利益存在，且屬必要時，方得為適當之限制。

因此，為維護乘客生命、身體及財產之安全，確保社會治安，建立計程車安全營運之優質環境，增進營業小客車之職業信賴，相關機關就營業小客車駕駛人主觀資格，設一定之限制，避免對於乘客具有特別侵害危險性者，利用駕駛小客車營業之機會從事犯罪行為，實屬防止妨礙他人之自由，維持社會秩序，增進公共利益所必要。而【88/04/21】修正公布之道路交通管理處罰條例第 37 條第 1 項，係鑑於營業小客車之營運及其駕駛人工作之特性，人身及財產安全保護之重要性，對於特定犯罪者，規定其終身不准其申請營業小客車之執業登記，就其選擇從事營業小客車為業之主觀條件加以限制，係為實現上述目的而設，其立法目的自屬正當，亦屬達

---

❶ 釋字第 584 號解釋許宗力大法官協同意見書謂：「不同考量因素指向不同寬嚴審查標準之選擇，多數意見經綜合考量，最後做成採中度審查的共識，應有其合理性。」而林子儀大法官不同意見書主張，應採取較嚴格的審查標準，並批評多數意見係「全盤以主管機關及業者所表示其有何不可行之意見，即據以認定其他替代手段在現實上並不存在而無庸考量，則無異是採取最寬鬆的審查標準，而完全遵循相關政府機關的判斷，並將手段是否合憲的審查淪為最低社會成本的要求。」此外，釋字第 711 號解釋指出，藥師法第 11 條規定：「藥師經登記領照執業者，其執業處所應以一處為限。」未就藥師於不違反該條立法目的之情形下，或於有重大公益或緊急情況之需要時，設必要合理之例外規定，已對藥師執行職業自由形成不必要之限制，有違憲法第 23 條比例原則，與憲法第 15 條保障工作權之意旨相牴觸。

成目的之有效手段。

　　為實現上揭目的，究須採取何種措施方屬侵害人民職業自由之最小手段，應由相關機關依目前之社會狀況，衡酌乘客人身安全確保之重要性、目的達成之有效性、刑事累再犯之可能性及有無累再犯之虞之區分可能性，及各種管制措施之社會成本，與是否會根本改變受刑人出獄後依從來技能謀生之途徑或阻礙其再社會化等情事綜合予以考量，為專業之判斷。

　　而永久禁止特定犯罪者駕駛營業小客車對人民選擇職業之自由，固屬嚴格之限制，惟衡諸維護搭乘營業小客車之不特定多數人生命、身體、自由、財產等公益之重要性與急迫性，且對於如何有效維護營業小客車之安全性，客觀上目前並無實現之可能以觀，相關機關選擇永久禁止之手段，以維護乘客人身、財產安全，於現階段尚屬合理及符合限制人民職業自由較小手段之要求。

　　但是，若經由個別審查之機制或其他方法，已足認其對乘客安全不具特別危險時，即應適時解除其選擇駕駛營業小客車執業之限制。

　　此外，針對道路交通管理處罰條例第 37 條第 3 項規定：「計程車駕駛人，在執業期中，犯竊盜、詐欺、贓物、妨害自由或刑法第 230 條至第 236 條各罪之一，經第一審法院判決有期徒刑以上之刑後，吊扣其執業登記證。其經法院判決有期徒刑以上之刑確定者，廢止其執業登記，並吊銷其駕駛執照。」釋字第 749 號解釋，僅以計程車駕駛人所觸犯之罪及經法院判決有期徒刑以上之刑為要件，而不問其犯行是否足以顯示對乘客安全具有實質風險，均吊扣其執業登記證、廢止其執業登記，就此而言，已逾越必要程度，不符憲法第 23 條比例原則，與憲法第 15 條保障人民工作權之意旨有違。有關機關應於本解釋公布之日起 2 年內，依本解釋意旨妥為修正；逾期未修正者，上開規定有關吊扣執業登記證、廢止執業登記部分失其效力。於上開規定修正前，為貫徹原定期禁業之目的，計程車駕駛人經廢止執業登記者，3 年內不得再行辦理執業登記。上開條例第 37 條第 3 項有關吊銷駕駛執照部分，顯逾達成定期禁業目的之必要程度，不符憲法第 23 條比例原則，與憲法第 15 條保障人民工作權及第 22 條保障人民一般

行為自由之意旨有違，應自本解釋公布之日起失其效力。從而，自不得再以違反同條例第 37 條第 3 項為由，適用同條例第 68 條第 1 項 （即【99/05/05】修正公布前第 68 條）規定，吊銷計程車駕駛人執有之各級車類駕駛執照。上開條例第 67 條第 2 項規定：「汽車駕駛人，曾依……第 37條第 3 項……規定吊銷駕駛執照者，3 年內不得考領駕駛執照……。」因同條例第 37 條第 3 項有關吊銷駕駛執照部分既經本解釋宣告失其效力，應即併同失效。

4.環境影響評估案

環評程序可分為 2 階段之程序，第 1 階段環評主管機關係就開發單位所提環說書之預測分析而為審查，檢視開發行為對環境是否有重大影響之虞，是否須再進行第 2 階段之環評；而自第 2 階段環評即進入縝密且踐行公共參與之程序。無論係主管機關實施第 1 階段環評，就開發單位所提環說書，作成許可之審查結論；或經實施第 2 階段環評，就開發單位所提評估書，作成認可之審查結論，除開發單位須依其內容及審查結論，切實執行外，對於開發行為之進行及完成後之使用，目的事業主管機關應為追蹤，並由主管機關監督執行情形。

環評法實兼有透過程序權保障之賦予，以保障當地居民權益之用意。環評制度並非僅係一種程序機制，尚具有規範實體權利義務之作用。由新保護規範理論觀之，環評法第 5 條第 1 項及第 8 條以下之規定，應有保障開發行為所在地當地居民生命權、身體權、財產權益不因開發行為而遭受顯著不利影響之規範意旨存在，而非純粹以保護抽象之環境利益（公共利益）為目的，故應認上開環評法之規定，應屬保護規範，環評會對應實施環評之開發行為，所作之無須進行第 2 階段環評之審查結論，該開發行為之「當地居民」具有法律上利害關係，得對該環評審查結論，提起撤銷訴訟，亦即具有原告之適格。又第 1 階段環評既由開發單位自行預測、分析、評定開發行為可能引起之環境影響範圍，並提出包含減輕或避免不利環境影響之對策或替代方案之環說書，送交主管機關審查，故主管機關於第 1階段環評之審查機制，係在確認開發單位自我評估之適法性與可行性，以

認定開發行為是否對環境有重大影響之虞而須進行第 2 階段環評程序，而開發行為是否符合「對環境有重大影響之虞」，屬法律構成要件是否符合之判斷，亦係決定是否「繼續進行第 2 階段環境影響評估」之前提。至於，主管機關所屬環境影響評估審查委員會，以合議制方式判斷是否符合「對環境有重大影響之虞」，其成員依法其中專家學者不得少於委員會總人數 3 分之 2，具有專業判斷性質。

最高行政法院（100 判 1022；105 判 483）指出，專業判斷除有判斷濫用或判斷逾越或違反正當程序外，合理性之專業判斷原則上當予以尊重。惟專業判斷過程中若有應考量之因素而未考量之情事，或有不應考量之因素而予以考量之情事，均屬判斷濫用。甚至，諸多考量因素，對於其中某一項因素特別予以加重其考量之分量比例，而與該專業領域所共通各分量比例形成顯然之差異性，且沒有正當理由者，即違反比例原則或平等原則，亦屬判斷濫用，於法即有未合，該專業判斷自不得仍予以尊重。

再者，若以權宜之計，而凌駕於應考量因素之上，形成應考量之因素而未能予以適當之考量，仍屬判斷濫用。由於，本件審查是否應進入第二階段環境影響評估之判準，在於考量是否「開發行為對環境有重大影響之虞」，殊非開發行為是否得以疏減其他地方廢棄物之處置問題，該項「權宜計」理由雖非完全不應列入考量，惟其分量比例不應凌駕於應考量因素之上，以免形成應考量之因素而未能予以適當之考量。

針對本件對於「開發行為對環境有重大影響之虞」應考量之因素而未能予以適當之考量，該項「權宜計」理由分量比例顯然過大，且無正當理由，有違比例原則。

5.醫師證書廢止案

甲為公立醫院醫師，將病人未罹癌組織切片與訴外人交付癌症組織調換後送驗，進行乳房組織切除手術，並出具不實診斷書，供病人向保險公司詐領保險金；嗣後並使用劇毒性之癌症治療藥物施行化學治療，再度出具住院診斷書，供病人向保險公司詐領巨額保險金，行為明顯故意，經主管機關審酌其違法之動機、目的、手段及對醫界秩序所生損害，認定嚴重

與醫學學理及醫學倫理相悖，情節重大，依醫師法規定廢止其醫師證書。

就此，最高行政法院（103 判 62）指出，醫師係對於病人生命、身體、健康得為醫療行為，診斷又係醫療行為之核心，醫師與病人之間係具有高度信任之關係，「誠信」自係醫師非具備不可之品格，苟醫師人品，不能讓人信任，欠缺誠信，無法取得社會與病人之信任，當不可勝任為醫師。甲明知其病人未罹患癌症，不僅出具與事實不符之診斷書，並實施切除手術，加入其他病人之癌症組織送驗，行為明顯故意，已然該當於「情節重大」之要件，主管機關所為原處分並無將不應納入考量之爭點納入，其裁量復無判斷濫用或逾越情事，亦無「涵攝錯誤」之情形；該醫院行為，已造成病人對整個醫療界、醫事人員間長久以來所建立高度之信任，破壞殆盡，其惡行係醫界首見之嚴重違法及醫界倫理規範詐領保險金之案件，廢止醫師證書，係主管機關基於維護廣大民眾就醫安全及健康權益之重大公益，審酌違法動機、目的、手段、事實、情節及對醫界秩序所生之損害，嚴重與醫學學理及醫學倫理相悖，若非廢止醫師證書，其一旦履行完成其他行政處分後，依醫師法仍可於任一縣市重新辦理執業，故權衡因素後，認本件核屬醫師法第 28 條之 4 第 5 款規定所稱「情節重大」，採取最嚴重處以「廢止醫師證書」之方法，將有助於「警惕醫界、懲處醫師」目的之達成，雖對醫師私益損害甚大，仍與比例原則無違。

五、誠實信用原則

㈠概　念

本法第 8 條規定，行政行為，應以誠實信用之方法為之。明定行政行為應遵守誠實信用，並受其拘束，行政處分乃行政行為之一種，其作成如違背上開法律原則，即具有得撤銷之原因（最高行政法院 99 判 1281）。例如，釋字第 370 號解釋指出，評定註冊之商標為近似而無效，涉及註冊之信賴利益，應依誠實及信用方法為之。❷⓿

❷⓿　要求於菸品容器上應為一定之標示，縱屬對菸品業者財產權有所限制，但該項標示因攸關國民健康，並可提供商品內容之必要訊息，符合從事商業之誠實信

此外，所謂「權利失效」，係源自公法上誠實信用原則之制度，係指實體法或程序法上之權利人，於其權利成立或屆至清償期後，經過長時間而不行使，義務人依其狀況得推論其已放棄權利之行使者，該權利雖未消滅，亦不得再行使（100 判 954）。

㈡適用範圍

1.行政機關與人民

誠實信用原則，是公法與私法所共通之基本原理，❷最高行政法院指出，在當事人雙方間具體之公法關係中，也如同私法關係（100 判 170），適用誠實信用原則，故不僅行政機關在執行其任務為行政行為時，應以誠實信用之方法為之，且人民就公法權利之行使或防禦，亦應適用誠實信用原則，蓋國家之行政資源乃全民共享，人民之權益固應保障，然亦不應容任人民恣意浪費行政機關之人力、物力等資源致削弱其行政積極效能。苟人民有多數方式得請求行政機關滿足其要求，竟不選擇效能較高之主要途徑，卻選擇次要或較耗費行政資源之方式行使，即有未依誠實信用行使權利而違背效率及實益原則之情事，難謂其具有權利保護之必要（106 判 632）❷；此外，人民參與行政程序，行政契約締約前之蹉商及準備程序屬之，亦應遵循誠實信用原則。因此，以虛偽記載關於投標廠商資格之文件，與偽造或變造投標廠商資格之文件投標，所造成對行政機關關於投標廠商資格之欺罔結果，並無不同，亦同樣重大違反誠信原則（107 判 15）。

用原則與透明性原則，乃於品財產權所具有之社會義務，且所受限制尚屬輕微，未逾越社會義務所應忍受之範圍，與憲法保障人民財產權之規定，並無違背（釋字第 577 號解釋）。

❷ 例如，投信顧問法第 7 條第 1 項明定，業者及其相關人員應盡善良管理人之注意義務及忠實義務，本「誠實信用原則」執行業務，以保障投資人權益（最高行政法院 107 判 149）；團體協約法第 6 條第 1 項規定，勞資雙方應本「誠實信用原則」，進行團體協約之協商；對於他方所提團體協約之協商，無正當理由者，不得拒絕（107 判 125）。

❷ 並參，釋字第 548 號解釋之內容，黃俊杰，〈智慧財產權之保護與限制〉，《月旦財經法雜誌》，第 1 期。

此外，誠實信用原則得作為探求當事人真意與衡量契約公平之準據，最高行政法院（103 判 165）指出：「……依政府採購法辦理之採購案經決標後，訂定契約雙方對於採購契約內容發生爭議，仍應依據一般解釋當事人意思表示之原則，探求、判斷當事人之真意。……所謂探求當事人之真意，應從文義解釋出發，而由意思表示基礎之原因事實、經濟目的、論理法則及經驗法則、誠實信用原則，並當事人所欲使該意思表示發生之法律效果而為探求，藉此檢視、判斷解釋結果對契約當事人之權利義務是否符合公平正義。」

再者，釋字第 527 號解釋指出：「地方制度法既無與司法院大法官審理案件法第 5 條第 1 項第 3 款類似之規定，允許地方立法機關部分議員或代表行使職權適用憲法發生疑義或發生法律牴觸憲法之疑義，得聲請本院解釋，各級地方立法機關自不得通過決議案，一面又以決議案有牴觸憲法、法律、或其他上位規範而聲請解釋，致違禁反言之法律原則。」

2.司法審查之依據

誠信原則指每個人對其所為承諾之信守，而形成所有人類關係所不可缺之信賴基礎。也就是「在善良思考之行為人間，相對人依公平方式所可以期待之行為。」例如，於專利有效性之訴訟，禁反言或誠實信用原則亦有其適用，故無庸再為舉證，以禁止反覆，並保護一般公眾基於信賴而構建之相對利益（最高行政法院 103 判 242；101 判 774）。

基於本條規定，行政機關之行政行為，其方法應確實符合客觀上表現之目的，並權衡公益與私益之保護及誠實信用原則才得作成決定（103 判 166）。

例如，國稅局對納稅者資產估價有意見（認為低估），也不可因此將商譽攤銷全然剔除，因為國稅局在決定納稅者各期稅負時，其資產之折舊、攤提、耗竭，莫不是以「其認為國稅局低估」之資產價格為準。如果其認為該資產應高估，讓商譽減少，則納稅者各期之資產折舊、攤提、耗竭也會對應提高。而國稅局在此挑剔資產之客觀估價金額，又同時用低估之資產來為折舊、攤提、耗竭，也違反本法第 8 條及第 9 條所定之「誠實信用

原則」與「有利不利一律注意原則」（100 判 723）。

　　至於，在行政救濟程序，法院於判決理由中，就訴訟標的以外當事人所主張影響判決結果之重要爭點，本於當事人完足舉證及辯論之結果，已為實質之判斷者，基於當事人之程序權業受保障，可預見法院對於該爭點之判斷將產生拘束力而不致生突襲性裁判，仍應賦予該判斷一定之拘束力，以符程序上誠信原則及訴訟經濟。因此，同一當事人間就該重要爭點提起之其他訴訟，除原判斷顯然有違背法令、或當事人提出新訴訟資料足以推翻原判斷、或原確定判決之判斷顯失公平等情形，可認當事人為與原判斷相反之主張，不致違反誠信原則外，應解為當事人及法院就該經法院判斷之重要爭點之法律關係，均不得為相反之主張或判斷（103 判 140）。

六、信賴保護原則

㈠規定目的

　　法治國原則重視人民權利之維護、法秩序之安定及誠實信用原則之遵守，而人民對公權力行使結果所生之合理信賴，法律自應予以適當保障，此係信賴保護之法理基礎（釋字第 525 號、第 589 號解釋）。故本法第 8 條規定，行政行為，應保護人民正當合理之信賴。明定行政行為應遵守信賴保護原則，並受其拘束，行政處分乃行政行為之一種，其作成如違背上開法律原則，即具有得撤銷之原因（最高行政法院 99 判 1281）。而第 1 條亦規定，保障人民權益，增進人民對行政之信賴，係行政程序法之立法目的。

　　所謂信賴保護原則，係當人民因為信賴行政機關之處分、決定或解釋函令之有效存在，並根據該等處分、決定或解釋函令而就具體生活關係或經濟活動為安排時，此一人民因信賴所形成之利益，即應受到法律保護；換言之，人民因相信既存之法秩序，而安排其生活或處置其財產，則不能因嗣後法規之制定或修正，而使其遭受不能預見之損害，用以保護人民之既得權益，故行政法信賴保護原則之適用，亦係在禁止新制定或修正法規有溯及既往之效力，以維護法律之尊嚴。❷❸

---

　❷❸　新訂生效之法規，對於法規生效前「已發生事件」，原則上不得適用，為法律

事實上，行政法規（包括法規命令、解釋性或裁量性行政規則）之廢止或變更，於人民權利之影響，並不亞於本法（第 119 條、第 120 條及第 126 條等相關規定）所規範行政處分之撤銷或廢止，故制定或發布法規之機關固得依法定程序予以修改或廢止，惟應兼顧規範對象值得保護之信賴利益，而給予適當保障，方符憲法保障人民權利之意旨（釋字第 525 號解釋）。

(二)要　件

值得保護之信賴，最高行政法院（99 判 328；105 判 239）指出，至少應具備三要件：(1)信賴基礎：行政機關必須有一個表示國家意思於外之外觀，或是一事實行為存在，即須令人民有信賴之行政行為；(2)信賴表現：須人民因信賴該行政行為而為具體之信賴行為，致產生法律上之變動，而信賴基礎與信賴表現間有因果關係；❷(3)信賴值得保護：人民之信賴係基於善意。分析如下：

1.信賴基礎

信賴保護原則攸關憲法上人民權利之保障，公權力行使涉及人民信賴利益而有保護之必要者，不限於授益行政處分之撤銷或廢止，即行政法規

適用之不溯既往原則。所謂「事件」，指符合特定法規構成要件之全部法律事實；所謂「發生」，指該全部法律事實在現實生活中完全具體實現而言（釋字第 577 號解釋）；而釋字第 54 號解釋謂：「現行遺產稅法既無明文規定溯及既往，則該法第 8 條但書，對於繼承開始在該法公布以前之案件，自不適用。」此外，總統依憲法第 40 條及赦免法第 3 條後段規定所為罪刑宣告無效之特赦，釋字第 283 號解釋指出：「為維持法律秩序之安定，及依法執行而生之既成效果，對於已執行之刑，應不生溯及既往之效力。」

❷ 實務見解指出，行政法上信賴保護原則之適用，必須行政機關之行政處分及其他行政行為，足以引起當事人信賴（即信賴基礎），且當事人因信賴該行政行為而有客觀上具體表現之行為（即信賴表現），該信賴表現行為與信賴基礎間復有因果關係，如嗣後該行政行為有所變更或修正，將使當事人遭受不能預見之損失（即信賴利益），又當事人之信賴，必須值得保護，始足當之（最高行政法院 105 判 239）。

之廢止或變更亦有其適用（釋字第525號解釋）。

　　故，信賴基礎之類型包括：⑴抽象信賴基礎，例如法律、法規命令、行政規則等；⑵具體信賴基礎，例如行政處分等。實務上，信賴保護基礎涵蓋之對象，包括行政機關之授益處分、解釋函令及其他行政行為（最高行政法院105判239）、確定判決（釋字第362號、第552號解釋）等。

　　惟若行政機關未為任何行政行為，行政機關即無於其後為變更或變更之標的，且人民亦無從據以產生信賴而安排具體生活關係或經濟活動，自亦無主張信賴保護之可言。

　　此外，行政處分之規制效力，須經送達相對人後始對其發生效力；此外，行政處分於通知相對人後，基於「信賴保護」及法律安定之要求，行政處分之內容對行政機關亦有拘束力，行政機關僅能依本法第117條以下規定，予以撤銷或廢止（107判113）。

　　至於，年終慰問金係行政院以每年訂定行政法規之方式所為之給與，各年度訂定之年終慰問金發放注意事項，僅作為該年度發放之依據，均獨立存在，自非行政法規之廢止或變更，亦非具行政慣例之措施性法律，且其並無跨年度之效力，發放與否及對象、要件，仍視當年度財政狀況及其他因素綜合考量，尚無法作為信賴之基礎（103判151）。

2.信賴表現

　　依本法第8條規定主張信賴保護原則者，原則上，須該人民客觀上具體表現其因信賴而生之實體法上利益受損害。故信賴保護之標的，必以受處分人實體法上之「利益」為限；若為實體法上之「不利益」，自非信賴保護原則所保護之標的（釋字第525號解釋）。此外，人民因信賴法規廢止或修改前依強制規定而取得之實體法上地位有受不利之影響時，自亦應同受保護（釋字第529號解釋）。

　　當在法規施行而產生信賴基礎之存續期間內，受規範之對象，對構成信賴要件之事實，有客觀上具體表現之行為，且有值得保護之利益者，即應受信賴保護原則之保障（釋字第589號解釋）。㉕

㉕　例如，本於善意信賴，對已獲准使用之店鋪持續投入資金改善營業環境並擴張

針對銓敘部【76/06/04】臺華甄四字第 97055 號函（76 年函）將後備軍人轉任公職考試比敘條例第 3 條第 1 款適用對象常備軍官，擴張及於志願服四年預備軍官現役退伍之後備軍人，因有違上開條例之意旨，故該部【84/06/06】臺華審一字第 1152248 號函（84 年函），明定 76 年函「自即日起停止適用」。

釋字第 525 號解釋指出，為維護憲法所揭示公開競爭考試制度及法律所定正常文官甄補管道之利益，顯然優於對少數延長役期預備軍官賦予之特殊優待，該部 84 年函停止 76 年函規定之適用，未有過渡期間之設，可能導致服役期滿未及參加考試、比敘規定已遭取銷之情形，固有可議之處，惟屬符合公益之措施。76 年函，雖得為信賴之基礎，但係基於招募兵員之權宜措施，與法律之規定既不一致，自不能預期其永久實施，故除已有客觀上具體表現信賴之行為者外，尚不能因比敘措施廢止即主張其有信賴利益之損失。

就本件而言，參與轉任公職考試或取得申請比敘資格，係表現其服役之初即對應考試服公職可獲優待具有信賴之客觀具體行為。而若於停止適用時，尚未應考試及格亦未取得公務人員任用資格者（本件聲請人遲至 86 年始應特種考試後備軍人轉任公務人員考試及格），難謂法規廢止時已有客觀上信賴事實之具體表現，即無主張信賴保護之餘地。❷❻

3.信賴值得保護

本法第 119 條與訴願法第 80 條第 2 項規定，行政處分受益人有下列情形之一者，其信賴不值得保護：(1)以詐欺、脅迫或賄賂方法，使行政機關作成行政處分者；(2)對重要事項提供不正確資料或為不完全陳述，致使行

營業（最高行政法院 103 判 168）。

❷❻ 釋字第 525 號解釋劉鐵錚大法官之不同意見書謂：「大專畢業生應召入伍，因信賴 76 年函，從而志願轉服四年制預備軍官役，並依法退伍者，即為信賴事實之具體表現，與信賴基礎具有因果之關係。……故凡命令之溯及效力或立即效力造成人民既得權益或信賴利益重大變動時，自應認定該命令（84 年函）違反公法上信賴保護原則而無效。」

政機關依該資料或陳述而作成行政處分者；❷⑶明知行政處分違法或因重大過失而不知者。

關於廢止或變更行政法規，而有下列情形之一時，亦無信賴保護原則之適用：⑴經廢止或變更之法規有重大明顯違反上位規範情形者；⑵相關法規（如各種解釋性、裁量性之函釋）係因主張權益受害者以不正當方法或提供不正確資料而發布，其信賴顯有瑕疵不值得保護者；⑶純屬法規適用對象主觀之願望或期待而未有表現已生信賴之事實者，蓋任何法規皆非永久不能改變，法規未來可能修改或廢止，受規範之對象並非毫無預見，故必須有客觀上具體表現信賴之行為，始足當之；⑷若行政法規預先定有施行期間或經有權機關認定係因情事變遷而停止適用，不生信賴保護問題（釋字第 525 號、第 605 號解釋）。❷

至於，針對主張權益受害者「善意」之認定上，釋字第 362 號解釋指出：「如前婚姻關係已因確定判決而消滅，第三人本於善意且無過失，信賴該判決而與前婚姻之一方相婚者，雖該判決嗣後又經變更，致後婚姻成為重婚；究與一般重婚之情形有異，依信賴保護原則，該後婚姻之效力，仍應予以維特。」而釋字第 552 號解釋則謂：「婚姻涉及身分關係之變更，攸關公共利益，後婚姻之當事人就前婚姻關係消滅之信賴應有較為嚴格之要求，僅重婚相對人之善意且無過失，尚不足以維持後婚姻之效力，須重婚之雙方當事人均為善意且無過失時，後婚姻之效力始能維持，就此，釋字第 362 號解釋相關部分，應予補充。」

---

❷　例如，最高行政法院（100 判 1192）指出，人民申請職業登記證時，受理機關曾告知道路交通管理處罰條例第 37 條第 1 項規定限制曾犯毒品危害防制條例之罪，經判決罪刑確定者，不得辦理計程車駕駛人執業登記，並要求簽具書面文書在案。而申請人對其是否曾有該條項規定之前科之重要事項為不完全陳述，致使主管機關依該資料或陳述而作成行政處分者，依本法第 119 條第 2 款規定，其信賴不值得保護，已堪認定。

❷　至於，若並非基於公益考量，僅為行政上一時權宜之計，或出於對部分規範對象不合理之差別對待，或其他非屬正當之動機而恣意廢止或限制法規適用者，受規範對象之信賴利益，仍應受憲法之保障。

　　此外，私有農地承受人有無自耕能力，係由核發自耕能力證明書之機關認定，惟若承受人明知無自耕能力，猶提供不正確資料以為自耕能力證明之申請，即屬不法，當不生信賴保護之問題，自應負此法律上可能發生之效果（釋字第 379 號解釋）；而針對已依法參加公、勞、農保之人員，強制其加入全民健康保險，亦係增進公共利益所必要，難謂有違信賴保護原則（釋字第 472 號解釋）；再者，法律有溯及適用之特別規定，且溯及適用之結果有利於人民者，即無違信賴保護原則，非法律不溯及既往原則所禁止（釋字第 751 號解釋）。

㈢信賴利益之保障

　　保障信賴利益之方式，分析如下：

1.法益衡量

　　如何保障信賴利益，究係採取減輕或避免損害，或避免影響依法所取得法律上地位等方法，釋字第 589 號解釋指出，須衡酌法秩序變動所追求之政策目的、國家財政負擔能力等公益因素及信賴利益之輕重、信賴利益所依據之基礎法規所表現之意義與價值等為合理之規定。

　　如信賴利益所依據之基礎法規，其作用不僅在保障私人利益之法律地位而已，更具有藉該法律地位之保障以實現公益之目的者，則因該基礎法規之變動所涉及信賴利益之保護，即應予強化以避免其受損害，俾使該基礎法規所欲實現之公益目的，亦得確保。

　　針對授予人民經濟利益之法規預先定有施行期間者，在該期間內即應予較高程度之信賴保護，非有極為重要之公益，不得加以限制；若於期間屆滿後發布新規定，則不生信賴保護之問題。其未定有施行期間者，如客觀上可使規範對象預期將繼續施行，並通常可據為生活或經營之安排，且其信賴值得保護時，須基於公益之必要始得變動。凡因公益之必要而變動法規者，仍應與規範對象應受保護之信賴利益相權衡，除應避免將全部給付逕予終止外，於審酌減少給付程度時，並應考量是否分階段實施及規範對象承受能力之差異，俾避免其可得預期之利益遭受過度之減損（釋字第 717 號解釋）。㉙

2.過渡條款或補救措施

法律一旦發生變動，除法律有溯及適用之特別規定者外，原則上係自法律公布生效日起，向將來發生效力。惟人類生活有其連續性，因此，新法雖無溯及效力，而係適用於新法生效後始完全實現之構成要件事實，然對人民依舊法所建立之生活秩序，仍難免發生影響。此時立法者於不違反法律平等適用之原則下，固有其自由形成空間。惟如人民依該修正前法律已取得之權益及因此所生之合理信賴，因該法律修正而向將來受不利影響者，立法者即應制定過渡條款，❸以適度排除新法於生效後之適用，或採取其他合理之補救措施，俾符法治國之法安定性原則及信賴保護原則（釋字第 574 號解釋）。

因此，行政法規公布施行後，制定或發布法規之機關，基於公益之考量，認為社會整體利益優先於法規適用對象之個別利益時，自得依法定程序停止法規適用或修改其內容，若因此使人民出於信賴先前法規繼續施行之客觀上具體表現，而有因信賴所生之實體法上利益受損害者，倘現有法規中無相關補救規定可資援用時（如稅捐稽徵法第 48 條之 3 等），基於信賴之保護，制定或發布法規之機關，亦應採取合理之補救措施或訂定過渡

---

❷　釋字第 717 號解釋指出，關於公教人員優惠存款要點，自 63 年訂定以迄於 95 年修正，已逾 30 餘年，國家各項社經發展、人事制度均有重大變動，公教人員之待遇、退休所得亦皆已大幅提升。且此期間之經濟環境與市場利率變動甚鉅，與優惠存款制度設計當時之情形亦有極大差異。加以退撫新制之實施，產生部分公教人員加計公保養老給付優惠存款利息之退休所得偏高之不合理現象。為處理此種不合理情形，避免優惠存款利息差額造成國家財政嚴重負擔，進而產生排擠其他給付行政措施預算（如各項社會福利支出），以及造成代際間權益關係失衡等問題，兼顧國家財政資源永續運用之重要目的，故設置所得上限百分比，以消除或減少部分不合理情形，緩和預算之不當排擠效果。衡酌所欲達成之公益及退休或在職公教人員應受保護之信賴利益，所採措施尚未逾越必要合理之程度，故未違反信賴保護原則及比例原則。

❸　過渡條款若有排除或限制法律適用之效力者，仍應以法律定之，方符法治國家權力分立原則（釋字第 575 號解釋）。

期間之條款，俾減輕損害，以符合憲法保障人民權利之意旨（釋字第 525
號解釋）。

例如，金馬地區役齡男子檢定為已訓乙種國民兵實施辦法，於【81/
11/07】因戰地政務終止而廢止時，該地區役齡男子如已符合該辦法第 2 條
第 1 項第 2 款及同條第 2 項之要件者，既得檢定為已訓乙種國民兵，按諸
信賴保護原則，對於尚未及申請檢定之人，自不因其是否年滿 18 歲而影響
其權益。主管機關廢止該辦法時，應採取合理之補救措施，或訂定過渡期
間之條款，俾免影響其依法規所取得之實體法上地位。

此外，金門戰地政務委員會為符合戰地政務需要，原於福建省金門縣、
連江縣頒布管理營造業實施規定及連江縣營造業管理暫行規定，就該地區
營造業之分級登記與管理等事項作特別之處理。惟該地區戰地政務 【81/
11/07】解除後，營造業依上述規定領取之登記證書即失法令依據，為因應
此項變更，主管機關於 【82/06/01】 增訂營造業管理規則第 45 條之 1 明
定：「福建省金門縣、連江縣依金門戰地政務委員會管理營造業實施規定、
連江縣營造業管理暫行規定登記之營造業，應於 【82/06/01】 本規則修正
施行日起 3 年內，依同日修正施行之第 7 條至第 9 條之規定辦理換領登記
證書，逾期未辦理換領者，按其與本規則相符之等級予以降等或撤銷其登
記證書。」於福建省金門縣、連江縣之營造業一律適用，嗣後就其管理考
核與全國各地區之營造業，受現行相同法令之規範，為實施營造業分級管
理，以增進公共利益，並謀全國營造業法令適用之一致性所必要。該項規
定不僅設有適用營造業管理規則之過渡期間，以為緩衝，並准予依該管理
規則規定換領登記證書之方式辦理，所定過渡期間復無恣意裁量或顯非合
理之情形，已兼顧此等營造業信賴利益之保護（釋字第 538 號解釋）。

3.實際差額利益之填補

第三屆監察委員之任期 6 年，係自 88 年 2 月 1 日起，至 94 年 1 月 31
日止。該屆監察委員開始任職時，【74/12/11】修正公布之政務官退職酬勞
金給與條例（以下簡稱「舊給與條例」）尚無落日條款之規定，該條例係於
其任職後於 【88/06/30】 修改名稱為「政務人員退職酬勞金給與條例」（以

下簡稱「新給與條例」）時，始有施行期間「本條例自修正條文公布之日起
1 年 6 個月失其效力」之增訂。

因此，第三屆監察委員就任時，係信賴其受任期之保障，並信賴於其
任期屆滿後如任軍、公、教人員年資滿 15 年者，有依舊給與條例第 4 條擇
領月退職酬勞金之公法上財產權利。釋字第 589 號解釋指出：「本此信賴而
就任，即是其對構成信賴要件之事實，有客觀上具體表現之行為，而須受
信賴之保護。」

惟為改革政務人員退職制度，廢止政務人員退職酬勞金給與條例，而
於【93/01/07】另行制定公布政務人員退職撫卹條例，並溯自同年月 1 日
施行。依新退撫條例，政務人員與常務人員服務年資係截然區分，分段計
算，並分別依各該退休（職）法規計算退休（職）金，並且政務人員退撫
給與，以一次發給為限（退撫條例第 4 條、第 9 條規定），而不再有月退職
酬勞金之規定。

雖該退撫條例第 10 條規定，92 年 12 月 31 日前服務年資、應領之退
職金及支給機關，適用新、舊給與條例規定辦理，即於新退撫條例公布施
行前，已服務 15 年以上者，將來退職時仍得依新、舊給與條例，選擇月退
職酬勞金。但受有任期保障之政務人員於新退撫條例公布施行前、後接續
任年資合計 15 年者，原得依新、舊給與條例擇領月退職酬勞金，而新退撫
條例卻無得擇領月退職酬勞金之規定，顯對其應受保護之信賴利益，並未
有合理之保障，有違憲法意旨。

縱依退撫條例第 10 條第 2 項及同條例施行細則第 8 條規定暨銓敘部
【93/07/19】部退二字第 0932334207 號函釋得選擇支領月退休金。惟實際
上依此規定得領取之月退休金與依新、舊給與條例規定得領取之月退職酬
勞金，因計算給與之基準不同，兩者數額相差甚鉅，故依此規定及函釋，
新退撫條例第 10 條之過渡條款規定，對於 88 年 6 月 30 日給與條例修法增
訂落日條款前已就任，且受憲法任期保障並獨立行使職權之人員權益而言，
尚非合理之補救措施，與憲法上信賴保護原則有所不符。

因此，有關機關應即依本解釋意旨，使前述人員於法律上得合併退撫

條例施行前後軍、公、教年資及政務人員年資滿 15 年者，亦得依上開政務官退職酬勞金給與條例及政務人員退職酬勞金給與條例之規定擇領月退職酬勞金，以保障其信賴利益。

七、注意當事人利益原則

注意當事人利益原則，係行政機關就該管行政程序，應於當事人有利及不利之情形，一律注意（本法第 9 條），不得僅採不利事證而捨有利事證於不顧（最高行政法院 100 判 281）或未就人民所提有利於行政機關之證據資料予以調查審認，載明其如何不可採之理由（100 判 106）。不過，「有利不利一律注意原則」之適用，指針對「法律適用」事項而言，沒有必要考量與法律適用無關之事項（106 判 466）。

違背本條規定之行政行為，係屬違法（100 判 705）。例如，系爭建物補辦變更設計或變更使用執照手續並非完全不可能，只是「非短期內得以完成」而已，反觀命恢復原狀（將現狀之共同樓梯間重新改造成共同牆壁，使符合竣工平面圖）亦非短期內可以完成，則原處分機關如為當事人利益著想，似非不可選擇訂相當限期命系爭建築物所有權人補辦手續。然原處分機關工務局徒以「在未依法變更設計及檢討前，自以命其恢復原狀為宜」等語為由，迴避採取對當事人有利之行政行為（命補辦手續），逕行選擇對主管機關運作較為便利卻對當事人不利的行政行為（命恢復原狀）（98 判 452）。

因此行政機關為處分或其他行政行為前，自應於當事人有利及不利之情形，一律注意，並斟酌其全部陳述與調查事實及證據之結果，依論理及經驗法則認定事實，如為當事人不利之處分，應將其得心證之理由完整告知當事人，始符合行政程序法所揭示之公正、公開與民主原則及增進人民對行政之信賴之立法目的。

例如，辦理採購機關依據政府採購法對廠商作成刊登政府採購公報之不利處分時，自應遵循前揭規定，就當事人有利及不利事項一律注意（102 判 581）；行政機關對於所屬公務員提出據以請假事由之證據文件有疑，仍

應本諸職權調查證據，並就當事人有利及不利事項一律注意，且基於調查事實及證據之需要，得要求當事人或第三人提供必要之文書、資料或物品；該當事人亦得向行政機關申請調查事實及證據。而行政機關為處分時，應斟酌全部陳述與調查事實及證據之結果，依論理及經驗法則判斷事實之真偽（100 判 705）。

八、合法裁量原則

㈠裁量權限之賦予

本法第 10 條規定，行政機關行使裁量權，不得逾越法定之裁量範圍，並應符合法規授權之目的。在學說上稱此為「合義務性裁量」，行政機關行使裁量權限，如逾越法定之裁量範圍及不符合法規授權之目的，則分屬逾越權限及濫用權力，即屬違法（最高行政法院 100 判 1115）。

法規之所以賦予行政機關裁量權限，係因法規之功能在抽象、概括地規範社會生活事實，立法技術與效能皆不容許法規對特定類型之生活事實從事過度詳盡之規制，加以生活事實之演變常非立法當時所能預見，故必須保留相當彈性俾以適用。而授與行政機關裁量權之意義即在於，行政機關於適用法規對具體個案作成決定時，得按照個案情節，在法規劃定之範圍內，擁有相當之自由決定權限。

例如，關於主管機關為照顧退休人員之生活，衡量國家財力及各項津貼之性質，於法定退休給與以外酌予補助，係屬行政權之裁量範圍，並非所有津貼均應比照現職人員辦理（釋字第 285 號解釋）。此外，最高行政法院指出，都市計畫涉及高度專業判斷，其擬定、核定計畫具有相當寬廣之計畫形成自由，得據以從事計畫裁量。且都市計畫具有整體性，其任何一部與計畫整體間具有不可分之關係。如擬定、核定計畫機關有完全欠缺法益（公益或私益）之衡量，或對於重要法益未經衡量，或對有關權益為不符比例原則之高估或低估等重大瑕疵情事，即屬裁量濫用。行政機關本於行政權作用而為之裁量行為，除有逾越權限或濫用權力而構成違法之情形外（行政訴訟法第 4 條第 2 項），合理性之裁量行為原則上應予以尊重

（106 判 345）。

㈡裁量瑕疵與司法審查

1.類　型

裁量瑕疵主要有三種類型：「裁量怠惰」、「裁量逾越」、「裁量濫用」（最高行政法院 99 判 493）。

所謂裁量怠惰，係不為裁量；所謂裁量逾越，係逾越法定之裁量範圍；所謂裁量濫用，係指行政裁量權之行使，發生牴觸法律授權目的、漏未審酌應加斟酌之觀點、摻雜與事件無關之因素或動機、或違反一般之法律原則等情事，因其屬權利行使之濫用，故構成違法。

例如，移民法第 18 條第 3 項僅規定「第 1 項第 12 款之禁止入國期間，自其出國之翌日起算至少為 1 年，並不得逾 3 年。」並未就第 1 項其餘各款之禁止入國期間及其起算時點加以規定，其目的即在授權行政機關依各案情節為專業判斷，分別為適當處分。苟主管機關未依各案有特殊不同之事實區分其禁止入國期間，一律於外國人有作業規定所列情形，即逕予適用作業規定所訂之禁止入國期間，自不符合法律授權裁量之意旨，其裁量權之行使，即屬裁量怠惰，所為之處分即屬違法（107 判 366）。

2.司法審查之範圍

國家行政事務日趨複雜及大量，且涉專業性之事項，而法律多為抽象及概括之規定，無法即時應付行政事務複雜多量之情況，為求達行政事務處理之經濟及迅速之目的，並基於行政事務之專門性質，不可避免須賦予行政機關處理行政事務之裁量權，基此，為求使行政機關能有效率處理行政事務，並尊重行政機關之專業，對於行政機關裁量權之行使，司法機關原則上不予審查，但就裁量性事項予以審查之合法性範圍，非僅止於有無違反現已明定之法令，亦包含違反一般法律原則及有無濫用權力之情形。

例如，法律既明定罰鍰之額度，授權行政機關依違規之事實情節為專業上判斷，就各案分別為適當之裁罰，此乃法律授權主管機關裁量權之行使，如主管機關未依各案分別為適當之裁罰，一律依罰鍰之上限裁罰，縱令其罰鍰之上限未逾越法律明定得裁罰之額度，仍有違比例原則，與法律

授權主管機關行政裁量之目的不合，係行政裁量權之濫用（最高行政法院91判2053）；此外，針對海關緝私條例第36條第1項及第3項規定「（第1項）私運貨物進口、出口或經營私運貨物者，處貨價1倍至3倍之罰鍰。（第3項）前2項私運貨物沒入之。」顯見立法者授權行政機關行使裁量權之範圍，僅限於「貨價1倍至3倍之罰鍰」（沒入則為強制性，並無裁量空間），於此裁量外部界限內，有受一般法律原則規範之餘地，不得突破法律授權範圍，否則即構成裁量逾越之違法。本件財政部關務署高雄關於裁處過程，已依行政罰法第18條第1項規定，審酌甲公司之各項違章情節，依規定裁處法定最低罰鍰倍數即貨價1倍之罰鍰，併沒入私運之貨物，自難認有何裁量怠惰之違誤（107判242）。

3.司法審查之界限

雖然，實務見解指出，裁量權行使之本質及重心，原在於行政機關得就個案之利益及衝突，自為價值判斷及決定，非代之以行政法院之價值判斷及決定（最高行政法院99判483）；對於違反行政法上義務之裁罰性行政處分，若涉及行政裁量權之行使者，其裁量尚未減縮至零，❸¹基於權力分立原則，行政法院不應代替原處分機關行使行政裁量權，而應由行政機關行使之（98判1236）。

不過，本文以為，行政裁量權並非全無限制或自由任意為之，行政機關行使裁量時，必須受法律授權目的之拘束，而且必須與個案情節有正當合理之連結。換言之，一方面應受法律授權之拘束，不能逾越法律規定之範圍，另一方面其內部之動機亦受有限制，不得以與事件無關之動機，即與立法目的無涉之要素為行政裁量之基礎，若逾越此範疇，則為裁量權之濫用，即有違法性之問題，行政法院得加以審查。

---

❸¹　行政機關在法律賦予裁量權之情形下，可能因特殊事實狀況的發生，使其非採取某一特定措施不可，否則將無法達成任務，此即所謂「裁量減縮至零」之情形。導致裁量減縮至零之因素，取決於具體個案之特殊情況，例如生命、自由或健康等重要法益受到嚴重之危害時，可構成裁量之減縮（最高行政法院105判125）。

事實上,行政法院對行政機關具體案件之行政行為,原則上雖有完全之審查權,然對於行政機關依裁量權所為行政處分之審查範圍,則限於裁量之合法性,而不及於裁量行使之妥當性。又對於行政行為合法性審查之繁簡,繫於規範該行政行為相關法規密度的高低,如果法規嚴密,行政法院之審查即較強而有力;反之,即可能大幅減低(103 判 59)。

參、依法行政原則之內涵

一、法律優位原則

㈠概 念

法律優位(或「優越」)原則,係消極之依法行政原則,指行政行為不得牴觸法律,所有之行政行為均適用。

此原則涉及法規範之位階關係,下位階之法規(子法)不得牴觸上位階之法規(母法),且下位階之法規係以上位階之法規為法源,而上位階之法規則係作下位階法規之規範審查基準。

㈡現行法

憲法第 171 條第 1 項規定:「法律與憲法牴觸者,無效。」第 172 條規定:「命令與憲法或法律牴觸者,無效。」因此,憲法位階最高;法律位階次之;命令位階最低,即表徵法律優位原則(釋字第 598 號解釋)。

針對中央法規與地方法規之位階關係,第 116 條規定:「省法規與國家法律牴觸者,無效。」第 125 條規定:「縣單行規章與國家法律或省法規牴觸者,無效。」

中央法規標準法第 11 條規定:「法律不得牴觸憲法,命令不得牴觸憲法或法律,下級機關訂定之命令不得牴觸上級機關之命令。」

此外,地方制度法進一步規定如下:

自治條例與憲法、法律或基於法律授權之法規或上級自治團體自治條例牴觸者,無效。

自治規則與憲法、法律、基於法律授權之法規、上級自治團體自治條例或該自治團體自治條例牴觸者，無效。

委辦規則與憲法、法律、中央法令牴觸者，無效。

自律規則與憲法、法律、中央法規或上級自治法規牴觸者，無效。

(三)實務見解

1.憲法優位並作為規範審查基準

採用成文憲法之現代法治國家，基於權力分立之憲政原理，莫不建立法令違憲審查制度。各國情況不同，其制度之設計及運作，雖難期一致，惟目的皆在保障憲法在規範層級中之最高性，即憲法為國家之最高規範（釋字第 371 號解釋）。

例如，現職總統競選連任時，因其已名列總統候選人，其競選活動固應受總統副總統選舉罷免法有關規定之規範，惟其總統身分並未因參選而變更。釋字第 388 號解釋指出，依憲法優於法律之法則，現職總統依法競選連任時，除犯內亂或外患罪外，非經罷免或解職，並不得適用刑法及總統副總統選舉罷免法等有關刑罰之規定予以訴究，以符憲法第 52 條之意旨。

2.下位法不得牴觸上位法

營業稅法【74/11/15】第 2 條第 1 款、第 2 款規定，銷售貨物或勞務之營業人、進口貨物之收貨人或持有人為營業稅之納稅義務人，依同法第 35 條之規定，負申報繳納之義務。而【75/01/29】發布之營業稅法施行細則第 47 條則規定：「海關拍賣沒入之貨物，視為由拍定人進口，依本法第 41 條之規定辦理。法院及其他機關拍賣沒收、沒入或抵押之貨物如屬營業人所有者，應於拍定時，由拍定人持同拍賣貨物清單，向拍賣機關所在地主管稽徵機關申報繳納營業稅或取具免稅證明。法院及其他機關點交拍定貨物或換發移轉證明時，應驗憑繳稅證明或免稅證明。」

就此，釋字第 367 號解釋指出，顯係將法律明定之申報繳納主體營業人變更為拍定人（即買受人）；財政部【75/04/01】以臺財稅字第 7522284 號函發布之「法院、海關及其他機關拍賣或變賣貨物課徵營業稅作業要點」

第 2 項之㈠有關不動產之拍賣、變賣由拍定或成交之買受人繳納營業稅之手續規定，亦與營業稅法之規定不符，雖因營業稅係採加值稅之型態，營業稅額於售價之外另加而由買受人負擔，上開細則及要點之規定，並未增加額外稅負，但究屬課予買受人申報繳納之義務，均已抵觸營業稅法，有違憲法第 19 條及第 23 條保障人民權利之意旨。❸❷

二、法律保留原則

㈠概　念

　　法律保留原則，係積極之依法行政原則，為現代法治國原則之具體表現，其不僅規範國家與人民之關係，亦涉及行政、立法兩權之權限分配（釋字第 614 號解釋），指應有法律為依據才得為行政行為，惟並非所有之行政行為均適用。

　　法律保留原則，謂無法律授權行政機關即不能合法地作成行政行為，蓋憲法已將某些事項保留予立法機關，須由立法機關以法律加以規定，故在法律保留原則之下，行政行為不能以消極不牴觸法律為已足，尚須有法律明文規定為依據，尤其對於人民自由與財產之侵害者，嚴格限於須有法律之依據，非有法律或法律授權之命令，行政機關不得作成行政處分或其他措施。

㈡法律保留之層級

　　何種事項應以何種規範層級加以規定，稱為「法律保留之層級」。就此，釋字第 443 號解釋指出，並非一切自由及權利均無分軒輊受憲法毫無差別之保障。至於，何種事項應以法律直接規範或得委由命令予以規定，與所謂規範密度有關，應視規範對象、內容或法益本身及其所受限制之輕重而容許合理之差異。❸❸

---

❸❷　至於，主管機關如認為法院及其他機關拍賣或變賣不動產與普通營業人銷售之情形不同，為作業上之方便計，其申報繳納營業稅之義務人有另行規定之必要，亦應逕以法律定之（釋字第 367 號解釋）。

❸❸　釋字第 559 號解釋則區分「人身自由」與「財產權」，謂：「基於法治國家之基

1.憲法保留事項

關於人民身體之自由，憲法第 8 條規定即較為詳盡，其中內容屬於憲法保留之事項者，縱令立法機關，亦不得制定法律加以限制（釋字第 166 號、第 251 號、第 384 號、第 392 號解釋）。

2.絕對法律保留事項

絕對法律保留事項，係國會保留之範圍。例如，剝奪人民生命或限制人民身體自由者，必須遵守罪刑法定主義，於符合憲法第 23 條之條件下，應由國會制定（形式意義）法律之方式為之（最高行政法院 94 判 566）。因此，刑期執行期滿，除另有合憲之法定事由外，受刑人即應予以釋放，始與憲法第 8 條保障人民身體自由之意旨無違（釋字第 677 號解釋）。

此外，軍人於如何必要情形下始得外職停役轉任文官，及其回役之程序，均涉及文武官員之人事制度，應由法律直接規定（釋字第 250 號解釋）；公法或私法請求權之消滅時效，均應以法律定之。蓋時效制度不僅與人民權利義務有重大關係，且其目的在於尊重既存之事實狀態，及維持法律秩序之安定，與公益有關，須逕由法律明定，自不得授權行政機關衡情以命令訂定或由行政機關依職權以命令訂之（釋字第 474 號、第 723 號解釋）。

不過，針對行政院【73/07/10】「限制欠稅人或欠稅營利事業負責人出境實施辦法」，釋字第 345 號解釋指出，係「依稅捐稽徵法第 24 條第 3 項及關稅法第 25 條之 1 第 3 項之授權所訂定，其第 2 條第 1 項之規定，並未逾越上開法律授權之目的及範圍，且依同辦法第 5 條規定，有該條所定 6 款情形之一時，應即解除其出境限制，已兼顧納稅義務人之權益。上開辦法為確保稅收，增進公共利益所必要，與憲法尚無牴觸。」事實上，為達

本原則，凡涉及人身自由之限制事項，應以法律定之；涉及財產權者，則得依其限制之程度，以法律或法律明確授權之命令予以規範。惟法律本身若已就人身之處置為明文之規定者，應非不得以法律具體明確之授權委由主管機關執行之。至主管機關依法律概括授權所發布之命令若僅屬細節性、技術性之次要事項者，並非法所不許。」

確保稅收（稅捐保全）之目的與採取限制出境之手段間，似非當然具有合理之關聯性，且應注意必要性原則之檢驗。

3.相對法律保留事項

涉及人民其他自由權利之限制者，亦應由法律加以規定，如以法律授權主管機關發布命令為補充規定時，其授權應符合具體明確之原則（釋字第 570 號解釋）。

例如，(1)對營造業者或保險代理人、經紀人及公證人等從業人員違反義務行為之裁罰性行政處分，其處罰構成要件與法律效果，涉及人民權利之限制（釋字第 394 號、第 402 號解釋）；(2)限制役男出境與關於在臺灣地區無戶籍人民申請在臺灣地區長期居留得不予許可、撤銷其許可、撤銷或註銷其戶籍，並限期離境之規定，係對人民居住及遷徙自由之重大限制（釋字第 443 號、第 454 號解釋）；❸❹(3)對團體名稱選用之限制（釋字第 479 號解釋）；(4)對從事一定職業應具備之資格、許可營業之條件、營業須遵守之義務及違反義務應受之制裁，均涉及人民工作權及財產權之限制（釋字第 404 號、第 510 號、第 514 號、第 584 號解釋）；(5)關於營造業之分級條件及其得承攬工程之限額等相關事項，涉及人民營業自由之重大限制（釋字第 538 號解釋）；(6)勞工保險效力之開始、停止、終止、保險事故之種類及保險給付之履行等，攸關勞工或其受益人因保險關係所生之權利義務事項，或對其權利之限制（釋字第 609 號解釋）；(7)人民財產權及契約自由之限制（釋字第 643 號解釋）；(8)投保金額之等級，係保險費實際應負擔數額之重要因素，並決定保險費量能負擔之標準。全民健保法之適用，關係政府財務公共利益，並涉及人民財產權之限制，自非純屬技術性或細節性事項（釋字第 676 號解釋）；(9)教師之待遇事項，涉及教師財產權之保障及公共利益之重大事項（釋字第 707 號解釋）；(10)人民團體理事、監事之選任及執行職

---

❸❹ 釋字第 454 號解釋並謂：「對人民入境居住之權利，固得視規範對象究為臺灣地區有戶籍人民，僑居國外或居住港澳等地區之人民，及其所受限制之輕重而容許合理差異之規範，惟必須符合憲法第 23 條所定必要之程度，並以法律定之，或經立法機關明確授權由行政機關以命令定之。」

務，涉及結社團體之運作，會員結社理念之實現，以及理事、監事個人職業自由之保障（釋字第 724 號解釋）；⑾關於營業場所之選定（釋字第 738 號解釋）；⑿對於參加考試資格或考試方法之規定，性質上如屬應考試權及工作權之限制（釋字第 682 號、第 750 號解釋）；⒀私法人地位之公營事業，雖受公益目的較大制約，並受國家指揮監督，然其既有獨立之私法人地位，享有憲法財產權之保障，則國家對其財產權所為之限制，以及中央使地方負擔經費（釋字第 765 號解釋）等，均應以法律或法律明確授權之命令始得為之。

此外，關於給付行政措施，其受法律規範之密度，自較限制人民權益者寬鬆，倘涉及公共利益之重大事項者，應有法律或法律授權之命令為依據之必要。

例如，⑴國家基於對人民生存照顧之義務、達成給付行政之功能，經營公用事業，期以合理之費率，普遍而穩定提供人民日常所需，如水、電、瓦斯、郵遞、交通運輸等各項服務，對公用事業之經營，課予特別義務，加強政府監督並在經濟上給予相當之優惠，如獨占權之給予、稅捐之減免、對損失補償或損害賠償責任予以限制等。惟此等措施，涉及相關人民之權利，自須依憲法第 23 條之規定，於增進公共利益之必要範圍內以法律為之（釋字第 428 號解釋）；⑵公務人員之退休及養老，依法有請領退休金及保險養老給付之權利，其給付標準如何，雖屬立法政策事項，但仍應由法律或由法律授權之命令定之（釋字第 246 號解釋）；⑶為實踐照顧退休公立學校教職員之目的，平衡現職教職員與退休教職員間之合理待遇，有關退休後再任公立學校教職員之重行退休制度，其建構所須考量之因素甚多，諸如任職年資採計項目與範圍、再任公立學校教職員前之任職年資是否合併或分段採計、如何避免造成相同年資等條件之再任公立學校教職員與非再任公立學校教職員之退休給與有失衡之情形、是否基於整體公立學校教職員退休權益之公平與國家財政等因素之考量而有限制最高退休年資之必要等，均應妥為規劃，並以法律或法律具體明確授權之法規命令詳為規定（釋字第 730 號解釋）。

4.非屬法律保留事項

　　若僅屬執行法律之細節性、技術性次要事項，則得由主管機關（基於職權）發布命令為必要之規範。例如，任何稅捐之課徵，原則上均應有法律之依據。惟法律之規定不能鉅細靡遺，有關課稅之技術性及細節性事項，於符合法律意旨之限度內，尚非不得以行政命令為必要之釋示（釋字第519號、第597號解釋）。當然，主管機關若已基於法律授權發布命令，而就細節性、技術性次要事項為必要之補充規定，未逾越法律授權，且未增加法律所無之限制者，則與憲法並無牴觸（釋字第561號解釋）。

　　前述非屬法律保留事項之命令，雖因而對人民產生不便或輕微影響，尚非憲法所不許（釋字第443號解釋），❸❺惟其內容更不能牴觸法律或增加法律所無之限制（釋字第562號解釋）。

　　例如：⑴內政部【79/06/22】修正之自耕能力證明書之申請及核發注意事項第4點規定，公私法人、未滿16歲或年逾70歲之自然人、專任農耕以外之職業者及在學之學生（夜間部學生不在此限），皆不得申請自耕能力證明書，雖係基於主管機關之權限，為執行土地法、耕地三七五減租條例及農業發展條例等規定，惟其增加農地承受人及欲收回出租農地之出租人證明其具有自任耕作能力之困難，致影響實質上具有自任耕作能力者承受農地或收回耕地之權利，對人民財產權增加法律所無之限制，尚非僅對人民產生不便或輕微影響之執行法律之細節性、技術性次要事項，與憲法第23條法律保留原則以及第15條保障人民財產權之意旨不符（釋字第581號解釋）；⑵經濟部為電子遊戲場業管理條例之中央主管機關，本於主管機關權責修正發布之電子遊戲場業申請核發電子遊戲場業營業級別證作業要點第2點第1款第1目規定：「申請作業程序：電子遊戲場業……，申請電子遊戲場業營業級別證或變更登記，應符合下列規定：㈠營業場所 1.

---

❸❺　例如，依土地稅法第58條授權訂定之土地稅法施行細則，其第20條旨在確定地價稅納稅義務基準日，為防杜徵納雙方之爭議，屬於執行法律之細節性、技術性次要事項，雖因而對人民產生不便或輕微影響，與土地稅法及憲法並無牴觸（最高行政法院94判566）。

符合……自治條例……規定。」僅指明申請核發上開級別證或變更登記應適用之法令，為細節性、技術性之規定，尚未牴觸法律保留原則（釋字第738號解釋）。

此外，最高行政法院（100 判 1091）指出：「……按捷運土地開發辦法……規定可知，甄選投資人須知乃主管機關經法令授權賦與得視實際需要，再調整……提出申請書件之時程訂定，僅屬細節性或執行性之事項，未逾越法律授權範圍，與法律保留之原則並無違背，亦不涉及再轉委任之問題」；中央建築主管機關（內政部），為因應現實環境之需要，依職權發布行政命令規定起造人等得申請延長建築期限，符合建築法授與主管機關核定建築期限裁量空間之立法意旨，且未對人民自由權利增加法律所無之限制（反而係放寬原有建築期間的限制），尚難謂與法律保留原則有違，自得加以適用（103 判 253）。

(三)法律保留之範圍

關於法律保留之適用範圍，仍有相當之爭議：

1.全部保留說

全部保留，即不區分行政行為係干涉行政或給付行政，亦不論是公權力行政或私經濟行政，所有之行政行為，均應有法律保留原則之適用。

2.部分保留說

部分保留，亦稱一部保留，係全部保留之修正，即僅部分之行政行為，才應有法律保留原則之適用。

至於，行政行為中之何等範圍，應有法律保留原則之適用？則涉及觀察面向之差異，至少有下列見解。

(1)干涉保留說

干涉保留，亦稱侵犯保留，公權力行政中僅干涉行政才需有法律之依據，而給付行政則無法律保留原則之適用。

(2)重要性保留說

重要性保留，並不以干涉行政與給付行政作為法律保留原則之判斷標準，而係以政策影響之重要性或涉及基本權利之影響程度等，作為判斷標

準。因此，涉及公共利益重大事項之給付行政措施，仍應有法律或法律授權之命令為依據之必要。

例如，有關人民服兵役之重要事項，應由立法者斟酌國家安全、社會發展之需要，以法律定之（釋字第 490 號解釋）。

至於，法律保留之範圍，原不以憲法第 23 條所規定限制人民權利之事項為限。政府之行政措施雖未直接限制人民之自由權利，但如涉及公共利益或實現人民基本權利之保障等重大事項，應由法律加以規定，如以法律授權主管機關發布命令為補充規定時，其授權應符合具體明確之原則（釋字第 443 號、第 614 號、第 658 號、第 707 號、第 743 號解釋）。

例如，全民健保特約內容涉及全民健保制度能否健全運作者，攸關國家能否提供完善之醫療服務，以增進全體國民健康，事涉憲法對全民生存權與健康權之保障，屬公共利益之重大事項（釋字第 753 號解釋），仍應有法律或法律具體明確授權之命令為依據。

㈣授權明確性原則

1.明確性之要素

有關人民自由權利之限制應以法律定之，並不得逾越必要之程度，應依法律規定之事項不得以命令定之，憲法第 23 條、中央法規標準法第 5 條、第 6 條均有明定。若以法律授權限制人民自由權利者，須法有明示其授權之目的、範圍及內容並符合具體明確之要件，主管機關根據授權訂定命令，自應遵守上述原則，不得逾越母法規定之限度或增加法律所無之限制（釋字第 474 號解釋）。

例如，憲法第 19 條規定人民有依法律納稅之義務，係指有關納稅之義務應以法律定之，惟並未限制其應規定於何種法律。故法律基於特定目的，而以內容具體、範圍明確之方式，就徵收稅捐所為之授權規定，並非憲法所不許（釋字第 346 號解釋）。❸

---

❸ 針對稅捐事項，實務見解指出，有關稅捐稽徵法律關係之規範，雖然同有法律保留原則之適用，但其規範保留之密度，相較於稅捐實體事項而言，顯然是較低的，得以法規命令之規範形式訂立。此等法律見解已為釋字第 640 號解釋意

　　因此,授權明確性之要素,包括:(1)授權之「目的」係特定;❸❼(2)「內容」需具體;(3)「範圍」應明確。❸❽至於,所謂授權須具體明確,則應就該授權法律整體所表現之關聯意義為判斷,而非拘泥於特定法條之文字(釋字第 593 號解釋)。換言之,命令是否符合法律授權之意旨,亦不應拘泥於法條所用之文字,而應以法律本身之立法目的及其整體規定之關聯意義為綜合判斷(釋字第 506 號解釋)。但是,欠缺具體明確授權之命令,如其內容與既有之其他法律規定相同,亦不致違反法律保留原則(釋字第 765 號解釋)。

2.審查對象與審查密度

　　應以法律規定之事項,雖得由法律授權行政機關以法規命令定之,但依審查對象之不同,其明確性之審查密度亦有差異。就此,釋字第 522 號解釋指出:「授權條款之明確程度,應與所授權訂定之法規命令對人民權利

　　旨(有關稅捐稽徵之程序,「除有法律明確授權」外,不得以命令為不同規定,或逾越法律,增加人民之租稅程序上負擔,否則即有違租稅法律主義)所明白揭示(最高行政法院 103 判 39)。

❸❼ 釋字第 423 號解釋指出:「主管機關於【82/02/15】修正發布之交通工具排放空氣污染物罰鍰標準第 5 條,僅以當事人接到違規舉發通知書後之『到案時間及到案與否』,為設定裁決罰鍰數額下限之唯一準據,並非根據受處罰之違規事實情節,依立法目的所為之合理標準。縱其罰鍰之上限並未逾越法律明定得裁罰之額度,然以到案之時間為標準,提高罰鍰下限之額度,與母法授權之目的未盡相符,且損及法律授權主管機關裁量權之行使。又以秩序罰罰鍰數額倍增之形式而科罰,縱有促使相對人自動繳納罰鍰、避免將來強制執行困擾之考量,惟母法既無規定復未授權,上開標準創設相對人於接到違規通知書起 10 日內到案接受裁罰及逾期倍增之規定,與法律保留原則亦屬有違。」

❸❽ 劉鐵錚大法官在釋字第 246 號解釋之不同意見書強調:「……法律授權之範圍,……必須非常明確。」;針對行政院農業委員會【78/08/04】公告之保育類野生動物名錄,指定象科為瀕臨絕種保育類野生動物並予公告,列其為管制之項目,釋字第 465 號解釋指出:「係依據【78/06/23】制定公布之野生動物保育法第 4 條第 2 項之授權,其授權之內容及範圍,同法第 3 條第 5 款及第 4 條第 1 項已有具體明確之規定,於憲法尚無違背。」

之影響相稱。」

⑴刑事處罰：高度

關於刑罰構成要件之規定，係高度要求明確性，蓋刑罰係國家對人民違法行為制裁之最後手段，故與其他制裁手段比較，刑罰構成要件之明確性，受到最嚴格之要求。❸例如，釋字第 433 號解釋指出，懲戒權之行使係基於國家與公務員間公法上之權利義務關係，與國家對人民犯罪行為所科處之刑罰不盡相同，而懲戒權行使要件及效果應受法律嚴格規範之要求，其程度與刑罰之適用罪刑法定主義，對各個罪名皆明定其構成要件及法律效果者，亦非完全一致。

而釋字第 522 號解釋指出：「刑罰法規關係人民生命、自由及財產權益至鉅，自應依循罪刑法定主義，以制定法律之方式為之，如法律授權主管機關發布命令為補充規定時，須自授權之法律規定中得預見其行為之可罰，方符刑罰明確性原則。」因此，法律若就犯罪構成要件，授權以命令為補充規定時，其授權之目的、內容與範圍即應具體明確，自授權之法律規定中得預見其行為之可罰，始符憲法意旨。

雖然，其由授權之母法整體觀察，已足使人民預見行為有受處罰之可能，即與得預見行為可罰之意旨無違，不以確信其行為之可罰為必要（釋字第 680 號解釋）。但是，懲治走私條例第 2 條第 1 項所科處之刑罰，對人民之自由及財產權影響極為嚴重。而有關管制物品之項目及數額等犯罪構成要件內容，同條第 3 項則全部委由行政院公告之，既未規定為何種目的而為管制，亦未指明於公告管制物品項目及數額時應考量之因素，且授權之母法亦乏其他可據以推論相關事項之規定可稽，必須從行政院訂定公告

---

❸ 檢肅流氓條例第 11 條第 1 項規定：「法院對被移送裁定之人，得予留置，其期間不得逾 1 月。但有繼續留置之必要者，得延長 1 月，以 1 次為限。」此項留置處分，係為確保感訓處分程序順利進行，於被移送裁定之人受感訓處分確定前，拘束其身體自由於一定處所之強制處分，乃對人民人身自由所為之嚴重限制，惟同條例對於法院得裁定留置之要件並未明確規定，與憲法第 8 條、第 23 條及本院解釋意旨不符（釋字第 523 號解釋）。

之「管制物品項目及其數額」中，始能知悉可罰行為之內容，另縱由懲治走私條例整體觀察，亦無從預見私運何種物品達何等數額將因公告而有受處罰之可能，自屬授權不明確，而與上述憲法保障人民權利之意旨不符。

此外，針對證券交易法【77/01/29】第 177 條第 3 款規定：違反主管機關其他依本法所為禁止、停止或限制命令者，處 1 年以下有期徒刑、拘役或科或併科 10 萬元以下罰金。其將科罰行為之內容委由行政機關以命令定之，有授權不明確而必須從行政機關所訂定之行政命令中，始能確知可罰行為內容之情形者，與上述憲法保障人民權利之意旨不符。

至於，國家以法律明確規定犯罪之構成要件與法律效果，對於特定具社會侵害性之行為施以刑罰制裁而限制人民之身體自由或財產權者，例如，【82/12/22】修正公布之商標法第 77 條準用第 62 條第 2 款規定，以法律明定之犯罪構成要件，處行為人 3 年以下有期徒刑、拘役或科或併科新臺幣 20 萬元以下罰金，係符合法律明確性之要求（釋字第 594 號解釋）。

(2)行政制裁：中度

關於行政制裁構成要件之規定，係中度明確性之要求，例如，關於會計師法第 39 條規定會計師應付懲戒之各種事由，其中第 6 款「其他違反本法規定者」，釋字第 432 號解釋指出，既限於會計師法所定義務，其範圍應屬可得確定，符合法律明確性原則。同法第 17 條規定：「會計師不得對於指定或委託事件，有不正當行為或違反或廢弛其業務上應盡之義務」，其目的在確立會計師之行為標準及注意義務，其中「廢弛其業務上應盡之義務」，係指應為而不為，及所為未達會計師應有之水準而言。

此項規定一方面基於會計師之職業義務無從窮舉之考量；一方面則鑑於會計師為經國家考試及格始得執行業務之專門職業人員，於其執行業務時何種作為或不作為構成業務上應盡義務之違反或廢弛，足以損及當事人之權益暨大眾之交易安全，可憑其專業知識予以判斷，並非難以理解，對於懲戒權之發動亦非不能預見，縱其內容及範圍具有某程度之不確定性或概括性，惟個案事實是否屬該規定所欲規範之對象，仍可經由司法程序依照社會上客觀價值、職業倫理等，按具體情況加以認定及判斷，要無礙於

法安定性之要求。

因此，釋字第 432 號解釋宣告：「會計師法第 17 條對於會計師職業義務之規定，第 39 條對違反此項注意義務之懲戒規定，係為維持會計師專業水準，增進公共利益而採取之必要措施，符合明確性原則之意旨，與憲法第 15 條工作權之保障尚無違背。」

此外，針對廢棄物清理法第 1 條揭示其立法目的為「有效清除、處理廢棄物，改善環境衛生，維護國民健康」。其第 27 條第 11 款規定：「在指定清除地區內嚴禁有下列行為：……十一、其他經主管機關公告之污染環境行為。」係授權主管機關就指定清除區域內禁止之該法第 27 條所列舉 10 款行為外，另為補充其他污染環境行為之公告，則主管機關據此發布公告禁止之行為，自須達到與前 10 款所定行為類型污染環境相當之程度。另從其中第 3 款：「於路旁、屋外或屋頂曝晒、堆置有礙衛生整潔之物」及第 10 款：「張貼或噴漆廣告污染定著物」規定應可推知，該法所稱污染環境行為之內涵，不以棄置廢棄物為限，其他有礙環境衛生與國民健康之行為亦屬之。故第 27 條第 11 款尚與憲法第 23 條之法律授權明確性原則無違（釋字第 734 號解釋）。

⑶專業事項：低度

關於主管機關專業考量事項，係低度明確性之要求，例如，針對建築法第 15 條第 2 項規定：「營造業之管理規則，由內政部定之。」係概括授權訂定營造業管理規則。此項授權條款，雖未就授權之內容與範圍為規定，惟依法律整體解釋，應可推知立法者有意授權主管機關，就營造業登記之要件、營造業及其從業人員準則、主管機關之考核管理等事項，依其行政專業之考量，訂定法規命令，以資規範，與憲法並無違背（釋字第 394 號、❹第 538 號解釋）。

---

❹　不過，建築法第 15 條僅概括授權訂定營造業管理規則，並未為撤銷登記證書之授權，而其他違反義務應予處罰之構成要件及制裁方式，該法第 85 條至第 95 條已分別定有明文，是營造業管理規則第 31 條第 1 項第 9 款及內政部【74/12/17】(74) 臺內營字第 357429 號函，均欠缺法律明確授權之依據，逕行

至於，醫師應如何考試，涉及醫學上之專門知識，醫師法已就應考資格等重要事項予以規定，其屬細節性與技術性事項，自得授權考試機關及業務主管機關發布命令為之補充。關於中醫師考試，醫師法對其應考資格已定有明文，而中醫師檢覈之科目、方法、程序等事項，則授權考試院會同行政院依其專業考量及斟酌中醫之傳統醫學特性，訂定中醫師檢覈辦法以資規範，符合醫師法與專門職業及技術人員考試法之意旨，與授權明確性原則無違（釋字第 547 號解釋）。

3.命令形式之選擇與再授權之禁止

全民健康保險為強制性之社會保險，攸關全體國民之福祉至鉅，故對於因保險所生之權利義務應有明確之規範，並有法律保留原則之適用。若法律就保險關係之內容授權以命令為補充規定者，其授權應具體明確，且須為被保險人所能預見。法律授權主管機關依一定程序訂定法規命令以補充法律規定不足者，該機關即應予以遵守，不得捨法規命令不用，而發布規範行政體系內部事項之行政規則為之替代。倘法律並無轉委任之授權，該機關即不得委由其所屬機關逕行發布相關規章（釋字第 524 號解釋）。

因此，行政院衛生署【84/02/24】訂定發布之全民健康保險醫療辦法第 31 條第 1 項：「特約醫院執行高科技診療項目，應事前報經保險人審查同意，始得為之。」係涉及主管機關片面變更保險關係之基本權利義務（【89/12/29】修正發布之全民健康保險醫事服務機構醫療服務審查辦法第 20 條規定亦同）；同條第 2 項：「前項高科技診療項目及審查程序，由保險人定之。」則在法律無轉委任之授權下，逕將高科技診療項目及審查程序，

訂定對營造業裁罰性行政處分之構成要件及法律效果，與憲法保障人民權利之意旨不符（釋字第 394 號）；此外，保險法第 177 條規定：「代理人、經紀人、公證人及保險業務員管理規則，由財政部另訂之」，主管機關固得依此訂定法規命令，對該等從業人員之行為為必要之規範，惟保險法並未就上述人員違反義務應予處罰之構成要件與法律效果為具體明確之授權，則其依據上開法條訂定發布之保險代理人經紀人公證人管理規則第 48 條第 1 項第 11 款，對於保險代理人、經紀人及公證人等從業人員違反義務之行為，訂定得予裁罰性之行政處分，顯與首開憲法保障人民權利之意旨不符（釋字第 402 號）。

委由保險人定之，均已逾越母法授權範圍。

　　針對特殊診療項目及藥材，包括所謂危險性高之醫療服務、易為醫療人員不當或過度使用之醫療服務、高科技診療項目、特殊原因之醫療服務、價格昂貴或有明顯副作用之藥物，因法律（醫療法、藥事法等）均有規範，故主管機關已知之甚稔，不難純就全民健康保險特殊診療項目及藥材給付範圍，諸如：醫療費用支付標準、藥事服務項目及藥價基準等，以法律或法律具體明確授權條款預為規定，並加以事前公告。而若由法律籠統授權之法規命令，以高科技診療項目、高危險醫療服務等，就保險給付加以排除，已有未合，況由未經法律明確授權而任由所屬機關發布規範行政體系內部事項之行政規則，諸如：全民健康保險特殊診療項目及藥材事前審查作業要點（中央健康保險局【86/01/11】修正公告）、全民健康保險高科技診療項目及審查程序作業要點（中央健康保險局【85/11/13】公告）為之替代，於法律保留原則尤屬有違。

4.命令之界限

　　立法機關授權行政機關發布命令為補充規定者，行政機關於符合立法意旨且未逾越母法規定之限度內，得就執行法律有關之細節性、技術性事項以命令規定之，惟其內容不得牴觸母法或對人民之自由權利增加法律所無之限制。

　　針對農業發展條例施行細則【73/09/07】第 21 條後段關於「家庭農場之農業用地，不包括於繼承或贈與時已依法編定為非農業使用者在內」之規定，以及財政部【73/11/08】臺財稅第 62717 號函關於「被繼承人死亡或贈與事實發生於修正農業發展條例施行細則發布施行之後者，應依該細則第 21 條規定，即凡已依法編定為非農業使用者，即不得適用農業發展條例第 31 條❹及遺產及贈與稅法第 17 條、第 20 條規定免徵遺產稅及贈與稅」之函釋。

　　釋字第 566 號解釋謂：「使依法編為非農業使用之土地，於其所定之使

---

❹　農業發展條例【72/08/01】第 31 條前段規定，家庭農場之農業用地，其由能自耕之繼承人繼承或承受，而繼續經營農業生產者，免徵遺產稅或贈與稅。

用期限前，仍繼續為從來之農業使用者，不能適用農業發展條例【75/01/06】第 31 條免徵遺產稅或贈與稅之規定及函釋，均係增加法律所無之限制，違反憲法第 19 條租稅法律主義，❷亦與憲法保障人民財產權之意旨暨法律保留原則有違，應不再適用。」

　　本號解釋並指出，縱財政部認該條例第 31 條關於免稅要件及範圍規定過寬，影響財稅政策或有不合獎勵農業發展之原意，有修正必要，亦應循母法修正為之，殊不得任意以施行細則或解釋性之行政規則逕加限縮其適用範圍。

---

❷　租稅法律主義之目的，亦在於防止行政機關恣意以行政命令逾越母法之規定，變更納稅義務，致侵害人民權益。

第三章　行政法律關係

綱要導讀

壹、案　例
- 一、事　實
- 二、問　題

貳、公法之權利義務
- 一、公權利
- 二、公義務？

參、行政法律關係之內涵
- 一、主　體
  - ㈠範　圍
  - ㈡能　力
- 二、發生、變更與消滅
  - ㈠發　生
  - ㈡變　更
  - ㈢消　滅

肆、特別權力關係與權利保護
- 一、傳統見解：法治國家之漏洞
- 二、大法官解釋之發展
  - ㈠權利保護之判斷標準
  - ㈡權利保護漏洞之填補與存續
    1. 權利保護漏洞之填補
    2. 權利保護漏洞之存續
  - ㈢正當程序之要求
    1. 省　思
    2. 正當程序之內涵

伍、身分與基本權利主體
- 一、憲法第 16 條之「人民」
- 二、憲法第 24 條之「人民」

陸、權利保護之共通性
- 一、公務員與軍人
- 二、公務員與學生
- 三、檢　討

壹、案　例

一、事　實

　　釋字第 382 號解釋之釋憲聲請書指出，聲請人為國立臺北商業專科學校夜間部企管科 2 年級學生，參加 79 年度第 1 學期期末考試後月餘，學校以聲請人連續作弊為由，處分聲請人退學，聲請人依法提起訴願、再訴願及行政訴訟，前述行政救濟之管轄機關，以學校對於學生所為之處分，係屬特別權力關係，非中央或地方機關對人民之處分可比，且釋字第 243 號解釋並不及於學生與學校之關係，故對於聲請人所提行政救濟均予駁回。因此，聲請大法官針對行政法院 81 裁 923 裁定所適用之同院 41 判 6 及 48 判 11 判例解釋是否違憲。❶

二、問　題

　　對於前述案例之思考，似得包含下列問題：⑴學生與學校之法律關係，是否為特別權力關係？⑵學生得否作為基本權利主體，而主張權利保護之基本權利？或須就忍受學校對其之處分？⑶為何釋字第 243 號解釋並不及於學生與學校之關係？⑷行政法院 81 裁 923 裁定所適用之同院 41 判 6 及 48 判 11 判例是否違憲？歸結言之，這些問題均係涉及身分與權利保護之關係。❷

貳、公法之權利義務

　　人民係先於國家而存在，國家應以保護人民為主要目的。因此，關於

---

❶　黃俊杰，《弱勢人權保障》，1998，第 4 章〈身分與權利保護〉。

❷　其他身分，例如、會計師、律師或醫師等專門職業技術人員所受處分，若損害其權益，亦得主張權利保護，參釋字第 295 號、第 378 號及第 545 號等解釋。

公法之權利義務，首先，國家應提供完善法制保障人民公法之權利；至於，國家強制要求人民履行公法之義務或負擔，應有憲法或法律之依據。

一、公權利

行政法之法律關係，係屬公法關係，而有別於民商法之私法關係，故行政程序法第 135 條規定得以行政契約設定、變更或消滅「公法上法律關係」，行政訴訟法第 6 條第 3 項第 1 句規定，確認「公法上法律關係」成立或不成立之訴訟。至於，行政訴訟法第 2 條規定得提起行政訴訟之「公法上之爭議」，主要針對行政法律關係內涵之爭議。

行政法律關係，係涉及公法上權利義務關係。所謂「公權利」，係指人民在公法上依法得享有或主張之權利，即公法授與個人得向行政主體請求為一定之作為、不作為或容忍之法律力量，包括公法上權利或利益（最高行政法院 103 判 222）。❸ 而非國家或地方自治團體等基於優越之高權地位所擁有之「公權力」。❹ 換言之，於此所稱之「人民」，係指國家或地方自治團體等基於優越高權地位行使公權力之相對人而言。

公法上依法得享有或主張之權利，包括法律上值得保護之利益在內。但是，實務見解曾認為不包括反射利益者，例如，最高法院（72 台上 704 判例）謂：「國家賠償法第 2 條第 2 項後段所謂公務員怠於執行職務，係指公務員對於被害人有應執行之職務而怠於執行者而言。換言之，被害人對於公務員為特定職務行為，有公法上請求權存在，經請求其執行而怠於執

---

❸　法治斌，〈行政法律關係與特別權力關係〉，翁岳生編《行政法》，2000，第224 頁以下；最高行政法院（103 判 222）指出，於依法申請之案件，請求行政主體為一定之作為而不遂者，其主觀公權利固受損害（不利益），但將因行政主體為一定之作為而受損害之一方，相對得請求行政主體不為一定之作為，該不作為之結果對其反屬有利；如果事後行政主體的不作為結果被除去，請求作為者即因其不利益狀態被除去而成為有利，但因其請求作為而受損害之一方，卻因該不作為對其有利之狀態被除去，反變成不利。

❹　例如，行政程序法第 2 條規定作成行政行為之行政機關，或國家賠償法第 2 條第 2 項規定行使「公權力」之公務員。

行，致自由或權利遭受損害者，始得依上開規定，請求國家負損害賠償責任。若公務員對於職務之執行，雖可使一般人民享有反射利益，人民對於公務員仍不得請求為該職務之行為者，縱公務員怠於執行該職務，人民尚無公法上請求權可資行使，以資保護其利益，自不得依上開規定請求國家賠償損害。」

不過，釋字第 469 號解釋指出，依國家賠償法第 2 條第 2 項前段或後段請求國家賠償，並不以被害人對於公務員怠於執行之職務行為有公法上請求權存在，經請求其執行而怠於執行為必要。並認為前述判例，對於符合一定要件，而有公法上請求權，經由法定程序請求公務員作為而怠於執行職務者，自有其適用，惟與前開意旨不符部分，則係對人民請求國家賠償增列法律所無之限制，有違憲法保障人民權利之意旨，應不予援用。

蓋基於保護規範理論或保護目的理論，即「法律規範保障目的之探求，應就具體個案而定，如法律明確規定特定人得享有權利，或對符合法定條件而可得特定之人，授予向行政主體或國家機關為一定作為之請求權者，其規範目的在於保障個人權益，固無疑義；如法律雖係為公共利益或一般國民福祉而設之規定，但就法律之整體結構、適用對象、所欲產生之規範效果及社會發展因素等綜合判斷，可得知亦有保障特定人之意旨時」，則個人主張其權益因公務員怠於執行職務而受損害者，即應許其依法請求救濟。

保護一般公眾之法律，有無保障特定人之意旨，實務見解指出，應就法律之整體結構、適用對象、所欲產生之規範效果及社會發展因素等綜合判斷，如有保障特定人之意旨時，則人民可據此主張主觀公權利（100 判96）。例如，人民依社會保險相關法律享有之社會保險給付請求權，具有財產上價值，應受憲法第 15 條財產權之保障；如其內容涉及人民最低限度生存需求，則應兼受憲法第 15 條生存權之保障（釋字第 766 號解釋）。

此外，依行政訴訟法第 5 條第 2 項規定「人民因中央或地方機關對其依法申請之案件，予以駁回，認為其權利或法律上利益受違法損害者，經依訴願程序後，得向行政法院提起請求該機關應為行政處分或應為特定內容之行政處分之訴訟。」所稱「依法申請之案件」，係指法令有賦予人民請

求主管機關作成行政處分或特定內容行政處分之公法上請求權。人民依此規定提起課予義務訴訟，係以依其所主張之事實，法令上有賦予請求主管機關作成行政處分或特定內容行政處分之公法上請求權，經向主管機關申請遭駁回為要件。我國行政訴訟係以保障人民之主觀公權利為宗旨，個人是否具有公法上權利，則以保護規範理論為界定之基準（釋字第 469 號解釋）。倘法律規範之目的係在保障公共利益，且經綜合判斷結果亦不足以認為有保障特定人之意旨，即難認個人得主張有公法上請求權可資行使，自不得提起課予義務訴訟。因此，有關「文化景觀」此一文化資產，係由直轄市、縣（市）政府依其普查或個人、團體提報具文化景觀之內容及範圍，經依法定程序審查後，符合文化景觀登錄基準者，即予登錄、公告並報中央主管機關備查；登錄後文化景觀有滅失或減損其價值而應廢止之情形者，則由直轄市、縣（市）主管機關依登錄之程序予以廢止。縣（市）主管機關是否作成文化景觀登錄處分或廢止該登錄處分，端視依據法定程序審查之結果，均屬主管機關之職權，個人、團體之提報僅在促使縣（市）主管機關審查程序之發動，法令並未授予提報之個人、團體有向主管機關請求為文化景觀登錄或廢止登錄之公法上權利（107 判 148）。

二、公義務？

憲法第 2 章「人民之權利義務」之「義務」規定，包括第 19 條「人民有依法律納稅之義務」、第 20 條「人民有依法律服兵役之義務」及第 21 條「人民有受國民教育之……義務」。事實上，此 3 種例示「義務」規定之本質，係屬憲法對於人民基本權利限制之規範設計，其與憲法第 23 條規定限制人民基本權利之方式，在實質上似並無嚴格區分之必要。

至於，「義務」規定之範圍，是否以憲法第 19 條至第 21 條為限？釋字第 472 號解釋，將人民義務之範圍，超越憲法第 2 章「人民之權利義務」之 3 種「義務」規定以外，❺因此，全民健康保險法關於強制全民參加全

❺ 孫森焱大法官在釋字第 472 號解釋之協同意見書謂：「立法機關……，制定全民健康保險法，乃基於公共政策之考量所作醫療資源分配而課予人民權益變動

民健康保險之規定及加徵滯納金之規定，即成為法律得創設之「人民應履行之公法上金錢給付義務」。

就此，釋字第 472 號解釋吳庚大法官之協同意見書謂：「按憲法第 19 條至第 21 條所規定之 3 種義務，在性質上屬於人民之基本義務，係制憲者參酌各國憲政常軌及制憲當時之社會環境所作之例示性規定，上述 3 個條文對人民之義務並無列舉窮盡 (numerus clausus) 之意，若謂人民之義務僅止於上述 3 種，則社會秩序勢必無法維繫，甚至有面臨解構之危險。……」蘇俊雄大法官之協同意見書亦謂：「憲法第 19 條至第 21 條所定人民義務條款，並不必然否定、排除立法者另外創設其他法定義務（例如強制加入全民健康保險）的憲法容許性。」

例如，釋字第 699 號解釋指出，警察對於已發生危害或依客觀合理判斷易生危害之交通工具，得予以攔停，要求駕駛人接受酒精濃度測試之檢定（警察職權行使法第 8 條第 1 項第 3 款、刑法第 185 條之 3、道路交通管理處罰條例第 35 條及道路交通安全規則第 114 條第 2 款規定），故駕駛人有依法配合酒測之義務。

事實上，憲法之「人民權利」與「人民義務」，具有密切之關聯性，例如，學者指出：「……限制人民基本權利即可導出人民負有基本義務之觀念。」❻ 故在立法者之形成自由範圍內，似無法明確加以區別，蓋兩者似處於流動之狀態，而所謂「人民義務」之規定，即成為「人民權利限制」之性質。

因此，憲法第 19 條至第 21 條「義務」之規定，應係憲法第 23 條「自由權利」之「限制」之性質。❼

之義務……。因此，強制參加、繳納保險費為社會保險之主要特徵，是為憲法容許國家在納稅、服兵役與受國民教育之外，為推行全民健康保險而課人民之義務。」

❻ 陳新民，《中華民國憲法釋論》，1999，第 179 頁。

❼ 黃俊杰，〈稅捐基本權之研究〉，《臺大法學論叢》，第 33 卷，第 2 期，第 93 頁以下。

參、行政法律關係之內涵

一、主　體

㈠範　圍

　　行政法律關係之主體，即享受權利與負擔義務之當事人。

　　當事人之範圍，依個別行政法律關係認定之，原則上包括人民與國家。

　　人民之範圍，包括自然人、私法人、非法人團體與立於私人地位之國家（國庫）等。

　　國家之範圍，包括國家、地方自治團體、其他公法人、與立於國家地位之私人（受委託行使公權力之團體或個人）等。例如，釋字第 467 號解釋謂：「其他依公法設立之團體，其構成員資格之取得具有強制性，而有行使公權力之權能，且得為權利義務主體者，亦有公法人之地位。是故在國家、地方自治團體之外，尚有其他公法人存在，早為我國法制所承認（國家賠償法第 14 條；農田水利會組織通則第 1 條第 2 項；訴願法第 1 條第 2 項）。」而農田水利會為公法人，其法律上之性質，與地方自治團體相當，在法律授權範圍內，享有自治之權限（釋字第 518 號、第 628 號解釋）。

㈡能　力

　　當事人之能力，包括權利能力、當事人能力與行為能力等，係依個別行政法規認定之，若行政法規無明文規定、排除規定或特別（優先）規定，則依事件性質，得參酌民法之規定。

　　一般性之規定，例如，行政程序法第 21 條規定行政程序之當事人能力、第 22 條規定行政程序之行為能力；訴願法第 18 條規定訴願人之範圍、第 19 條規定訴願能力；行政訴訟法第 22 條規定當事人能力、第 23 條規定當事人之範圍、第 27 條規定訴訟能力等。

　　特別性或優先性之規定，例如，憲法第 130 條「中華民國國民年滿 20 歲者，有依法選舉之權。除本憲法及法律別有規定者外，年滿 23 歲者，有

依法被選舉之權」、郵政法第 12 條「無行為能力人或限制行為能力人，關於郵政事務對中華郵政公司所為之行為，視為有行為能力人之行為」、電信法第 9 條「無行為能力人或限制行為能力人使用電信之行為，對於電信事業，視為有行為能力人。但因使用電信發生之其他行為，不在此限」、公民投票法第 7 條「中華民國國民，除憲法另有規定外，年滿 18 歲，未受監護宣告者，有公民投票權」等。

二、發生、變更與消滅

發生、變更與消滅行政法律關係，原則應依個別行政法規判斷之，其原因有基於自然事實、直接依法律規定或須當事人為一定行為等。❽

(一)發　生

行政法律關係，基於自然事實而發生者，例如，因出生而取得中國國籍，因公務員死亡，其繼承人得請求撫卹金等。

須當事人為一定行為而發生者，例如，專利之核准、志願服兵役（釋字第 430 號解釋）等。

(二)變　更

關於行政法律關係之繼受，得以是否具有專屬性為區分標準。

若因具有一身專屬性而發生者，例如，學位或執行執業之證照等，則以不得移轉其他當事人或繼受為原則。

若不具有一身專屬性而發生者，則得個別繼受或概括繼受，例如，稅捐稽徵法第 14 條第 1 項規定，納稅義務人死亡，遺有財產者，其依法應繳納之稅捐，應由遺囑執行人、繼承人、受遺贈人或遺產管理人，依法按稅捐受清償之順序，繳清稅捐後，始得分割遺產或交付遺贈；❾信託法第 39

---

❽　陳清秀，〈行政法上法律關係與特別權力關係〉，翁岳生編《行政法》，1998，第 227 頁以下。

❾　釋字第 622 號解釋指出：「……稅捐稽徵法為稅捐稽徵之通則規定，……依第 14 條第 1 項之規定，被繼承人生前尚未繳納之稅捐義務，並未因其死亡而消滅，而由其遺囑執行人、繼承人、受遺贈人或遺產管理人，於被繼承人遺有財

條第 1 項規定:「受託人就信託財產或處理信託事務所支出之稅捐……,得以信託財產充之。」❿

(三)消 滅

行政法律關係,基於自然事實而消滅者,例如,公務員因死亡而消滅其與國家之具有一身專屬性之法律關係,公法上之請求權因 5 年間不行使而消滅或因時效完成而當然消滅。

須當事人為一定行為而消滅者,例如,公務員因撤職或免職而喪失其公務員之身分權。

此外,以給付為內容之行政法關係,得因履行而消滅,例如,稅捐債務之繳納或執行。

肆、特別權力關係與權利保護

行政法律關係之類型,依觀察面向之差異,有許多區分方式,若將行政主體視為封閉範圍,進入其內部者應負無定量服從義務之行政法律關係,稱為特別權力關係;反之,則係一般權力關係或一般統治關係。

產之範圍內,代為繳納。遺囑執行人、繼承人、受遺贈人或遺產管理人係居於代繳義務人之地位,代被繼承人履行生前已成立稅捐義務,而非繼承被繼承人之納稅義務人之地位。惟如繼承人違反上開義務時,依同條第 2 項規定,稽徵機關始得以繼承人為納稅義務人,課徵其未代為繳納之稅捐。是被繼承人死亡前業已成立,但稽徵機關尚未發單課徵之贈與稅,遺產及贈與稅法既未規定應以繼承人為納稅義務人,則應適用稅捐稽徵法第 14 條之通則性規定,即於分割遺產或交付遺贈前,由遺囑執行人、繼承人、受遺贈人或遺產管理人,就被繼承人之遺產,依法按贈與稅受清償之順序,繳清稅捐。違反此規定者,遺囑執行人、繼承人、受遺贈人或遺產管理人始應就未繳清之贈與稅,負繳納義務。」

❿ 黃俊杰,《財政憲法》,2005,第 7 章〈信託課稅之規範設計〉。

一、傳統見解：法治國家之漏洞

特別權力關係，係指國家基於特別之法律原因，在一定範圍內，對相對人有概括之命令強制權，而相對人卻負無定量之忠誠服從義務。此種理論，嚴格區別人民與公務員或學生等身分者，主張國家對人民行政處分之公權力侵犯，人民得進行行政爭訟；相反地，公務員或學生等身分者基於特別權力關係受到國家之公權力侵犯，則不得進行行政爭訟。過去實務見解，亦依循特別權力關係理論之內涵，拒絕提供其權利保護之機會，造成法治國家權利保護之漏洞。

在公務員方面，例如，行政法院（48 裁 11 判例）謂：「提起訴願，限於人民因官署之處分違法或不當，而損害其權利或利益者，方得為之。至若基於特別權力關係所生之事項，或因私法關係發生爭執，則依法自不得提起訴願。原告原任被告官署（澎湖縣馬公鎮公所）幹事，係屬編制外人員，縱令仍可視為自治團體之公吏，其與被告官署間亦屬處於特別權力關係，如因補發薪津事項對被告官署處置有所不服，僅得向該管監督機關請求救濟，要不得援引訴願法提起訴願。至原告原服務被告官署之事業課撤銷，經改以水廠技工僱用後，則純屬私經濟關係之僱傭關係，原告對停職期間薪津如有爭執，自屬就私法關係有所爭執，顯不得提起訴願。」

在學生方面，例如，行政法院（41 判 6 判例）謂：「學校與官署不同，學生與學校之關係，亦與人民與官署之關係有別，學校師長對於違反校規之學生予以轉學處分，如有不當情形，亦祇能向該管監督機關請求糾正，不能按照訴願程序，提起訴願。」

本案例之訴願及行政訴訟等行政救濟之管轄機關，主要係依行政法院41 判 6 判例，以學校對於學生所為之處分，係屬特別權力關係非中央或地方機關對人民之處分可比，故學生自不得據以對學校提起行政救濟，因此，對於聲請人所提行政救濟均予駁回。

歸結言之，前述管轄機關，基於學生與學校間係屬特別權力關係之傳統見解，作為駁回聲請人行政救濟之依據。

二、大法官解釋之發展

㈠權利保護之判斷標準

　　大法官解釋目前針對因公務員或學生等身分受有行政處分得否提起行政爭訟，均係應視其處分內容而定，作為決定提供權利保護之判斷標準。

　　所受處分內容若足以改變其身分或對於權益有重大影響者，❶則得行使憲法第 16 條之權利，請求司法機關救濟，係屬得救濟部分，例如，釋字第 187 號、第 201 號、第 243 號、第 298 號、第 323 號、第 338 號、第 382 號及第 430 號等解釋；反之，若處分內容不足以改變其身分或對於權益無重大影響者，則不得行使憲法第 16 條之權利，亦即無法請求司法機關救濟，係屬不得救濟部分，例如，釋字第 187 號、第 243 號、第 266 號及第 382 號等解釋。

　　由大法官解釋之發展似可得知，足以改變身分或對於權益有重大影響者，屬得救濟部分，則已填補過去特別權力關係傳統見解所造成之權利保護漏洞；但是，就不足以改變其身分或對於權益無重大影響者，屬不得救濟部分，則過去特別權力關係傳統見解所造成之權利保護漏洞，則仍係存續而未被填補。

㈡權利保護漏洞之填補與存續

1.權利保護漏洞之填補

⑴公務員

　　釋字第 187 號解釋，公務人員依法辦理退休請領退休金，乃行使法律基於憲法規定所賦予之權利，應受保障。其向原服務機關請求核發服務年

---

❶　例如，戶政單位回歸民政系統後，戶政人員之任用，自應依公務人員任用法、各戶政單位員額編制表及相關人事法令規定為之。原辦理戶政業務之警察人員，其不具一般公務人員資格者，即不得留任，顯已對該等人員服公職權利產生重大不利影響。至於，當事人就職缺之期待，縱不能盡如其意，相對於回復戶警分立制度之重要性與必要性，其所受之不利影響，或屬輕微，或為尊重當事人個人意願之結果，並未逾越期待可能性之範圍，與法治國家比例原則之要求，尚屬相符（釋字第 575 號解釋）。

資或未領退休金之證明，未獲發給者，在程序上非不得依法提起訴願或行政訴訟。並宣告院字第 339 號解釋：「人民為官吏雖係公權之一種，然人民與官吏身分各別，其有因官吏身分受行政處分者，純屬行政範圍，非以人民身分因官署處分受損害者可比，自不得援引訴願法提起訴願。」及院字第 1285 號解釋：「已退休之公務員，關於養老金支給數額及其方法，依公務員撫卹金條例所規定，係為公務員之特別身分而設，……故其請求被官署為駁回之處分後，無論是否受有損害，要不得依訴願法第 1 條提起訴願。」有關部分，應予變更。行政法院 50 判 98 判例：「軍事人員向國防部報請核計軍籍年資，純係以公務員身分向該管官署報請核辦之事件，屬於人事行政範圍。原告對於被告官署核計年資之行為，認為有何不當之處，祇能向上級官署請求救濟，要不能按訴願程序提起訴願。原告雖已正式退役，無現役軍官身分，但該項核計年資之行為，既係基於公務人員關係而發生，自不因原告現已退役已無公務人員之身分而變更其性質。」與此意旨不合部分，應不再援用。

釋字第 201 號解釋，除重申釋字第 187 號解釋前述見解外，並宣告行政法院 53 判 229 判例：「公務員以公務員身分受行政處分，純屬行政範圍，非以人民身分因官署處分受損害者可比，不能按照訴願程序提起訴願」等語，未就因公務人員身分所受行政處分之內容分別論斷，涵義過廣，與上開解釋意旨不符部分，於該解釋公布後，依釋字第 185 號解釋，當然失其效力。

釋字第 243 號解釋，中央或地方機關依公務人員考績法或相關法規之規定，對公務員所為免職處分，直接影響其憲法所保障之服公職權利，受處分之公務員自得行使憲法第 16 條訴願及訴訟之權。該公務員已依法向該管機關申請復審及向銓敘機關申請再復審或以類此之程序謀求救濟者，相當於業經訴願、再訴願程序，如仍有不服，應許其提起行政訴訟，方符有權利即有救濟之法理。其並宣告行政法院 51 判 398 判例：「依訴願法第 1 條規定，提起訴願，唯人民對於中央或地方官署所為不當或違法之處分致損害其權利或利益者，始得為之。至各級公務人員以公務員身分所受主管

官署之懲戒處分，則與以人民身分因官署處分受損害者有別，自不得對之提起訴願。」53 判 229 判例：「公務員以公務員身分受行政處分，純屬行政範圍，非以人民身分因官署處分受損害者可比，不能按照訴願程序提起訴願，原告現雖解職，已無公務人員身分，但該項處分既係基於原告之公務人員關係而發生，自仍不能視其為人民受官署之處分而許其對之提起訴願。」54 裁 19 判例：「行政訴訟之提起，須以官署對人民之處分違法，致損害其權利，經過訴願再訴願而不服其決定者，始得為之。原告以公務人員身分，而受主管官署人事行政上之處分，顯與以人民身分受官署違法處分而損害其權利之情形有別，除有正當理由得向該管監督官署呈請糾正外，自不得依行政訴訟程序以求救濟，且考試院秘書處之通知，亦並非適用訴願程序所為之訴願決定，乃原告遽向本院提起行政訴訟，其起訴自非合法。」57 判 414 判例：「公務人員以公務員身分受主管官署或上級官署之處分，純屬人事行政範圍，與以人民身分受官署之處分有別，不得對之提起訴願。」均未分別行政處分之內容，一概限制公務員依法提起訴願及行政訴訟之權利，上開判例與前述意旨不符部分，應不再援用。

釋字第 266 號解釋，公務員因其身分而受行政處分，致依法應享之權利受損害者，得否提起行政訴訟，應視處分之內容而定，方符憲法保障人民權利之本質，此觀之釋字第 187 號、第 201 號解釋，甚為明顯。公務人員基於已確定之考績結果，依據法令規定為財產上之請求而遭拒絕者，影響人民之財產權。參酌釋字第 187 號及第 201 號解釋，尚非不得依法提起訴願或行政訴訟。並宣告行政法院 48 裁 11 判例，與上述意旨不符部分，應不再援用。

釋字第 298 號解釋，首先補充釋字第 243 號解釋，認為關於足以改變公務員身分或對於公務員有重大影響之懲戒處分，受處分人得向掌理懲戒事項之司法機關聲明不服，由該司法機關就原處分是否違法或不當加以審查，以資救濟。其次，對於具法定資格始得任用，並受身分保障之公務員，因受非懲戒性質之免除現職處分，經循行政程序未獲救濟時，受處分之公務員，仍得依釋字第 243 號解釋意旨，依法提起行政訴訟，請求救濟。

　　釋字第 312 號解釋，補充釋字第 187 號、第 201 號及第 266 號解釋，認為公務人員之公法上財產請求權，遭受損害時，得依訴願或行政訴訟請求救濟。公務人員退休，依據法令規定請領福利互助金，乃為公法上財產請求權之行使，如有爭執，自應依此意旨辦理。並再宣告行政法院 53 判 229 判例，不問處分之內容如何，一律不許提起訴願，與上述意旨不符，應不再援用。

　　釋字第 323 號解釋，各機關擬任之公務人員，經人事主管機關任用審查，認為不合格或降低原擬任之官等者，於其憲法所保障服公職之權利有重大影響，如經依法定程序申請復審，對復審決定仍有不服時，自得依法提起訴願或行政訴訟，以謀救濟。並宣告行政法院 59 判 400 判例：「人事主管機關對於公務員任用資格所為之審定及任用之准駁，非官署對人民之行政處分可比，自可向本機關長官轉請復審外，不得對之提起訴願。」與上開意旨不符部分，應不再援用。

　　釋字第 338 號解釋，依釋字第 323 號解釋之同一意旨，認為公務員對審定之級俸如有爭執，自亦得提起訴願或行政訴訟。並宣告行政法院 57 判 414 及 59 判 400 判例應不再援用。❷

　　釋字第 430 號解釋，憲法第 16 條規定人民有訴願及訴訟之權，人民之權利或法律上之利益遭受損害，不得僅因身分或職業關係，即限制其依法律所定程序提起訴願或訴訟。因公務員身分受有行政處分得否提起行政爭訟，應視其處分內容而定。軍人為廣義之公務員，與國家間具有公法上之職務關係，現役軍官依有關規定申請自願退伍或繼續服役未受允准，係影響其軍人身分關係之重大不利益處分應得循行政爭訟程序，請求救濟。並宣告行政法院 48 裁 11 判例，與上開意旨不符部分，應不再援用。

　　(2)學　生

　　釋字第 382 號解釋，首先，指出人民有受教育之權利，為憲法所保障。

---

❷　有任免權之長官固得依公務人員任用法第 18 條第 1 項第 3 款前段規定，將高職等之公務人員調任為較低官等或職等之職務，實際上則生類似降級或減俸之懲戒效果，與憲法保障人民服公職權利之意旨未盡相符（釋字第 483 號解釋）。

而憲法上權利遭受不法侵害者，自得行使憲法第 16 條訴願及訴訟之權，於最後請求司法機關救濟，不因其身分而受影響，迭經釋字第 187 號、第 201 號、第 243 號、第 266 號、第 295 號、第 298 號、第 312 號、第 323 號及第 338 號等解釋，就人民因具有公務員或其他身分關係而涉訟之各類事件中，闡釋甚明。

其次，分析學校之性質，公立學校係各級政府依法令設置實施教育之機構，具有機關之地位（釋字第 382 號解釋；最高行政法院 100 判 1127），而私立學校係依私立學校法經主管教育行政機關許可設立並製發印信授權使用，在實施教育之範圍內，有錄取學生、確定學籍、獎懲學生、核發畢業或學位證書等權限，係屬由法律在特定範圍內授與行使公權力之教育機構，於處理上述事項時亦具有與機關相當之地位（釋字第 269 號解釋）。

再者，說明退學處分之性質，即各級公私立學校依有關學籍規則或懲處規定，對學生所為退學或類此之處分行為，足以改變其學生身分並損及其受教育之機會，此種處分行為應為訴願法及行政訴訟法上的行政處分，並已對人民憲法上受教育之權利有重大影響。

至於，人民因學生身分受學校之處分，得否提起行政爭訟，本號解釋指出，應就其處分內容分別論斷。如學生所受者為退學或類此之處分，則其受教育之權利既已受侵害，自應許其於用盡校內申訴途徑後，依法提起訴願及行政訴訟。

最後，宣告行政法院 41 判 6 判例與上開意旨不符部分，應不予援用，以符憲法保障人民受教育之權利及訴訟權之意旨。

2.權利保護漏洞之存續

⑴公務員

釋字第 187 號解釋，憲法第 16 條規定人民有訴願及訴訟之權，此項權利，間因其具有公務員身分而有所差別，如公務員關於其職務之執行，有遵守法律，服從長官所發命令之義務，除長官所發命令顯然違背法令或超出其監督範圍外，下屬公務員縱有不服，亦僅得向該長官陳述意見，要無援引訴願法提起訴願之餘地。（參照公務員服務法第 1 條、第 2 條及院字第

311 號解釋：「下級官吏對於該管上級官廳就其監督範圍以內所發命令，有服從之義務，不得援引本法提起訴願。」）

釋字第 243 號解釋，公務人員考績法之記大過處分，並未改變公務員之身分關係，不直接影響人民服公職之權利，判例不許其以訴訟請求救濟，與憲法尚無牴觸。行政法院 40 判 19 判例：「公務員之身分與人民身分不同，下級公務員對於該管上級官署，就其監督範圍內所發布之命令，有服從之義務，不得援引訴願法提起訴願。依法令委任之中小學職員，受有俸給者，為公務員服務法上之公務員，聘任之教職員則否。」係對公務員服務法第 2 條及第 24 條之適用，所為之詮釋，此項由上級機關就其監督範圍內所發布之命令，並未影響公務員身分關係之不利益處分，公務員自不得請求救濟，此一判例並未牴觸憲法。

釋字第 266 號解釋，對於未改變公務員身分之其他考績結果，有所不服，仍不許以行政訴訟請求救濟。

⑵學　生

釋字第 382 號解釋指出，人民因學生身分受學校之處分，得否提起行政爭訟，應就其處分內容分別論斷。如學生所受處分係為維持學校秩序、實現教育目的所必要，且未侵害其受教育之權利者（例如記過、申誡等處分），除循學校內部申訴途徑謀求救濟外，尚無許其提起行政爭訟之餘地。

前揭釋字第 382 號解釋就「學生所受處分係為維持學校秩序、實現教育目的所必要，且未侵害其受教育之權利者（例如記過、申誡等處分），則除循學校內部申訴途徑謀求救濟外，尚無許其提起行政爭訟之餘地」之見解，經釋字第 684 號解釋宣告：「……大學為實現研究學術及培育人才之教育目的或維持學校秩序，對學生所為行政處分或其他公權力措施，如侵害學生受教育權或其他基本權利，即使非屬退學或類此之處分，本於憲法第 16 條有權利即有救濟之意旨，仍應許權利受侵害之學生提起行政爭訟，無特別限制之必要。在此範圍內，釋字第 382 號解釋應予變更。」

(三)正當程序之要求

1.省　思

大法官對於特別權力關係之解釋，可分為得救濟部分與不得救濟部分。

其中，以有關公務員之財產權者最受保障，迄今之解釋均屬得救濟部分，例如，釋字第 312 號解釋指出：「公務人員之財產權，不論其係基於公法關係或私法關係而發生，國家均應予以保障，如其遭受損害，自應有法律救濟途徑，以安定公務人員之生活，使其能專心於公務，方符憲法第 83 條保障公務人員之意旨。」

然而，有關公務員及學生之身分者，大法官則係依處分之內容分別論斷，其判斷標準是以處分內容若足以改變其身分或對於權益有重大影響者，則得行使憲法第 16 條之權利，請求司法機關救濟，係屬得救濟部分；反之，若處分內容不足以改變其身分或對於權益無重大影響者，則不得行使憲法第 16 條之權利，亦即無法請求司法機關救濟，係屬不得救濟部分。目前，大法官對於特別權力關係之解釋屬不得救濟部分者，均與公務員及學生身分有關。

例如，公務人員保障法第 84 條關於申訴與再申訴之制度設計，除本章另有規定外，並未準用第 3 章復審程序（第 72 條）「依法向該管司法機關請求救濟」之規定。

就此，本文贊成允許對再申訴不服者得提起司法救濟（行政訴訟）：「依我國憲政體制及行政救濟制度之規範設計，特別權力關係已不足以說明公務員法律關係之性質。目前，實務上已採用『公法職務關係』，作為說明公務員法律關係之性質（釋字第 395 號、第 396 號及第 430 號解釋等）。憲法第 2 章係關於『人民之權利義務』之規定，而得作為基本權利主體者，均為『人民』，而公務員亦為『人民』之概念所包括，不得僅基於身分及職業關係或特別權力關係等，即將公務員排除在憲法所保障基本權利主體『人民』之外。公務員遭受國家公權力之侵犯，依憲法第 16 條規定，得主張第一次權利保護（行政救濟）；依憲法第 24 條規定，亦得主張第二次權利保護（國家賠償）。基於有權利即有救濟且救濟係完整無漏洞之法治國原則之

要求，針對過去法制認受羈押被告與看守所之關係屬『特別權力關係』，如對看守所之處遇或處分有所不服，僅能經由申訴機制尋求救濟，並無得向法院提起訴訟請求司法審判救濟之權利。司法實務亦基於此種理解，歷來均認羈押被告就不服看守所處分事件，僅得依上開規定提起申訴，不得再向法院提起訴訟請求救濟。惟申訴在性質上屬機關內部自我審查糾正之途徑，與得向法院請求救濟之訴訟審判並不相當，自不得完全取代向法院請求救濟之訴訟制度。因此，不許受羈押被告向法院提起訴訟請求救濟之部分，與憲法第 16 條規定保障人民訴訟權之意旨有違（釋字第 653 號解釋）。事實上，人民於其權利遭受公權力侵害時，得循法定程序提起行政爭訟，俾其權利獲得適當之救濟（釋字第 418 號、第 667 號解釋），而此項救濟權利，不得僅因身分之不同而予以剝奪（釋字第 684 號解釋）。

目前之公務人員保障法第 77 條第 1 項規定：『公務人員對於服務機關所為之管理措施或有關工作條件之處置認為不當，致影響其權益者，得依本法提起申訴、再申訴。』既然已『致影響其權益者』，則應於其權利遭受公權力侵害時，得循法定程序提起行政爭訟，俾其權利獲得適當之救濟，而此項救濟權利，不得僅因身分之不同而予以剝奪。因此，允許對再申訴不服者得提起司法救濟（行政訴訟），才符合有權利即有救濟且救濟係完整無漏洞之法治國原則之要求。」

2. 正當程序之內涵

目前之大法官解釋，針對身分與權利保護，則進一步要求應遵守正當程序。

在公務員身分方面，例如，釋字第 491 號解釋指出，對於公務人員之免職處分既係限制憲法保障人民服公職之權利，自應踐行正當法律程序，諸如作成處分應經機關內部組成立場公正之委員會決議，委員會之組成由機關首長指定者及由票選產生之人數比例應求相當，處分前應給予受處分人陳述及申辯之機會，處分書應附記理由，並表明救濟方法、期間及受理機關等，設立相關制度為妥善之保障。

在學生身分方面，例如，人民受教育之權利，依其憲法規範基礎之不

同，可區分為「受國民教育之權利」及「受國民教育以外教育之權利」。前者明定於憲法第 21 條，旨在使人民得請求國家提供以國民教育為內容之給付，國家亦有履行該項給付之義務。至於人民受國民教育以外教育之權利，固為憲法第 22 條所保障（釋字第 382 號解釋），惟鑑於教育資源有限，所保障者係以學生在校接受教育之權利不受國家恣意限制或剝奪為主要內容，並不包括賦予人民請求給予入學許可、提供特定教育給付之權利。大學對於教學、研究與學習之事項，享有自治權，其自治事項範圍除內部組織、課程設計、研究內容、學力評鑑、考試規則及畢業條件等外（釋字第 380 號、第 450 號及第 563 號解釋），亦包括入學資格在內，俾大學得藉以篩選學生，維繫學校品質，提升競爭力，並發展特色，實現教育理念。大學對於入學資格既享有自治權，自得以其自治規章，於合理及必要之範圍內，訂定相關入學資格條件，不生違反憲法第 23 條法律保留原則之問題（釋字第 626 號解釋）。❸惟學生之學習權及受教育權，國家應予保障（教育基本法第 8 條第 2 項）。大學對學生所為退學或類此之處分，足以改變其學生身分及受教育之權利，關係學生權益甚鉅。大學依其章則對學生施以退學處分者，有關退學事由及相關內容之規定自應合理妥適，其訂定及執行並應踐履正當程序（釋字第 563 號解釋）。

此外，針對大學教師升等資格之審查，釋字第 462 號解釋指出，其關係大學教師素質與大學教學、研究水準，並涉及人民工作權與職業資格之取得，除應有法律規定之依據外，主管機關所訂定之實施程序，尚須保證對升等申請人專業學術能力及成就作成客觀可信、公平正確之評量，始符合憲法第 23 條之比例原則。

---

❸　因此，國民教育學校以外之各級各類學校訂定特定之入學資格，排除資格不符之考生入學就讀，例如招生簡章排除色盲之考生進入警大就讀，尚不得謂已侵害該考生受憲法保障之受教育權。除非相關入學資格條件違反憲法第 7 條人民在法律上一律平等暨第 159 條國民受教育之機會一律平等之規定，而不當限制或剝奪人民受教育之公平機會，否則即不生牴觸憲法之問題（釋字第 626 號解釋）。

教師升等資格之評審程序，既為維持學術研究與教學之品質所設，其決定之作成，應基於客觀專業知識與學術成就之考量，此亦為憲法保障學術自由真諦之所在。是以各大學校、院、系（所）及專科學校教師評審委員會，本於專業評量之原則，應選任各該專業領域具有充分專業能力之學者專家先行審查，將其結果報請教師評審委員會評議。教師評審委員會除能提出具有專業學術依據之具體理由，動搖該專業審查之可信度與正確性，否則即應尊重其判斷；評審過程中必要時應予申請人以書面或口頭辯明之機會；由非相關專業人員所組成之委員會除就名額、年資、教學成果等因素予以斟酌外，不應對申請人專業學術能力以多數決作成決定。受理此類事件之行政救濟機關及行政法院自得據以審查其是否遵守相關之程序，或其判斷、評量是否以錯誤之事實為基礎，是否有違一般事理之考量等違法或顯然不當之情事。現行有關各大學、獨立學院及專科學校教師資格及升等評審程序之規定，應本此解釋意旨通盤檢討修正。

而各大學校、院、系（所）教師評審委員會關於教師升等評審之權限，係屬法律在特定範圍內授予公權力之行使，其對教師升等通過與否之決定，與教育部學術審議委員會對教師升等資格所為之最後審定，於教師之資格等身分上之權益有重大影響，均應為訴願法及行政訴訟法上之行政處分。受評審之教師於依教師法或訴願法用盡行政救濟途徑後，仍有不服者，自得依法提起行政訴訟，以符憲法保障人民訴訟權之意旨。

不過，實務見解進一步指出，公立學校聘用教師從事學術研究、教育工作，實具有公法法律關係之性質，公立學校教師之法律地位應等同公務人員，與公立學校自具有公法上勤務關係。從而，教師對公立學校之措施，如有不服，得否提起行政訴訟，自應以該措施是否足以影響其教師身分，或是否對其有重大影響以為斷；苟該措施並未影響其教師身分，或未發生重大影響者，則應認屬公立學校內部之管理行為，而非對外發生法律效果之行政處分，自不得對之提起訴願及行政訴訟（最高行政法院 100 判 1127）。

伍、身分與基本權利主體

一、憲法第 16 條之「人民」

憲法第 16 條規定人民有訴願及訴訟之權，❶係屬於提供人民第一次權利保護之基本權利，依釋字第 430 號解釋，人民之權利或法律上之利益遭受損害，不得僅因身分或職業關係，即限制其依法律所定程序提起訴願或訴訟。因此，除非有重大公益之正當理由，並經由憲法第 23 條法律具體明確規定且符合比例原則及本質內涵之保障，否則，不得僅基於身分及職業關係或特別權力關係等，即將公務員及學生排除在憲法第 16 條「人民」之外。

對此，釋字第 396 號解釋指出，憲法第 16 條所定人民之訴訟權，乃人民於其權利遭受侵害時，得訴請救濟之制度性保障，其具體內容，應由立法機關制定法院組織及訴訟程序有關之法律，始得實現。惟人民之訴訟權有其受憲法保障之核心領域，為訴訟權必備之基本內容，對其若有欠缺，即與憲法第 16 條保障人民訴訟權之意旨不符。本號解釋並強調，釋字第 243 號解釋所謂有權利即有救濟之法理，即在指明人民訴請法院救濟之權利，為訴訟權保障之核心內容，不容剝奪。

憲法第 16 條之「人民」，在憲法第 7 條平等原則之要求下，應將公務員及學生涵蓋在內，亦即公務員及學生均係憲法第 16 條之基本權利主體。不過，目前大法官卻依處分內容是否足以改變其身分或對於權益有重大影響，作為公務員及學生得否請求司法機關救濟之判斷標準，似仍與憲法維護人民基本權利之精神相違。

---

❶　釋字第 681 號解釋指出：「憲法第 16 條保障人民訴訟權，係指人民於其權利遭受侵害時，有請求法院救濟之權利（釋字第 418 號解釋），不得因身分之不同而予以剝奪（釋字第 243 號、第 382 號、第 430 號、第 462 號、第 653 號解釋）。」

事實上，人民於其權利遭受公權力侵害時，得循法定程序提起行政爭訟，俾其權利獲得適當之救濟（釋字第 418 號、第 667 號解釋），而此項救濟權利，不得僅因身分之不同而予以剝奪（釋字第 684 號解釋）。

二、憲法第 24 條之「人民」

憲法第 24 條規定人民有國家賠償之權，係屬於提供人民第二次權利保護之基本權利，人民之權利或法律上之利益遭受損害，不得僅因身分或職業關係，即將公務員及學生排除在憲法第 24 條「人民」之外，而限制其依法律所定程序請求國家賠償之權。對此，釋字第 228 號解釋指出，依憲法第 24 條而有國家賠償之立法，此項立法，自得針對人民請求國家賠償之要件，為合理之立法裁量。然而，立法院行使立法權時，雖有相當廣泛之自由形成空間，仍不得逾越憲法規定及司法院所為之憲法解釋，並應避免違反平等原則。

憲法第 24 條之「人民」，在憲法第 7 條平等原則之要求下，特別是人民之第一次權利保護（行政救濟）與第二次權利保護（國家賠償）的觀念須互相配合，故應將公務員及學生涵蓋在內，亦即公務員及學生均係憲法第 24 條之基本權利主體。

陸、權利保護之共通性

本案例在行政法院審理過程中，行政法院以 81 裁 923 裁定予以駁回，駁回之理由，除主要是基於學校對於學生所為之處分係屬特別權力關係非中央或地方機關對人民之處分可比，故學生不得對學校提起行政救濟以外，且誤解釋字第 243 號解釋（對象係公務員），並不及於學生與學校之關係，故學生不得援用釋字第 243 號解釋對學校提起行政救濟，關於此點理由，涉及權利保護之共通性。

一、公務員與軍人

　　釋字第 430 號解釋指出，憲法第 16 條規定人民有訴願及訴訟之權，人民之權利或法律上之利益遭受損害，不得僅因身分或職業關係，即限制其依法律所定程序提起訴願或訴訟。軍人負有作戰任務，對軍令服從之義務，固不能與文官等同視之。惟軍人既屬廣義之公務員，與國家間具有公法上之職務關係，倘非關於軍事指揮權與賞罰權之正當行使，軍人依法應享有之權益，自不應與其他公務員，有所差異。❺現役軍官依有關規定申請續服現役未受允准，並核定其退伍，如對之有所爭執，既係影響其軍人身分之存續，損及憲法所保障服公職之權利，自得循訴願及行政訴訟程序尋求救濟。行政法院 48 裁 11 判例：「提起訴願，限於人民因官署之處分違法或不當，而損害其權利或利益者，方得為之。至若基於特別權力關係所生之事項，或因私法關係發生爭執，則依法自不得提起訴願」，與上開意旨不符部分，應不再援用。

　　依本號解釋觀之，公務員與軍人兩種身分，除關於軍事指揮權與賞罰權之正當行使以外，軍人依法應享有之權益，自不應與其他公務員，有所差異。故公務員與軍人兩者之權利保護，具有相當程度之共通性，因此，軍人得依大法官就公務員所作相關解釋之意旨，請求救濟。對此，大法官在本號解釋即謂，因公務員身分受有行政處分得否提起行政爭訟，應視其處分內容而定，其足以改變公務員身分或對於公務員權益有重大影響者，受處分之公務員自則得行使憲法第 16 條之權利，請求司法機關救濟，並舉釋字第 187 號、第 243 號、第 298 號及第 338 號等解釋作為得請求司法機關救濟之先例。

　　至於，具有軍人身分者，申請自願退伍或繼續服役未受允准，係影響

---

❺　此外，人民有依法律服兵役之義務，義務役軍人與志願役軍人之服役時間長短與專業知識或屬有間，但於服役期間所應負之忠誠義務與其所服之勤務，與志願役軍人尚無差別，軍人依法所應享有服役年資計算之權益，不宜因其役別為義務役或志願役而有所不同（釋字第 455 號解釋）。

其軍人身分關係之重大不利益處分，依據前述解釋意旨，亦得循行政爭訟程序，請求救濟。

二、公務員與學生

行政法院 81 裁 923 裁定，主張釋字第 243 號解釋（對象係公務員），並不及於學生與學校之關係，故學生不得援用釋字第 243 號解釋對學校提起行政救濟。此等見解，似認為公務員與學生兩種身分之權利保護，欠缺共通性。

事實上，行政法院 81 裁 923 裁定所持理由，與大法官解釋主張各種身分權利保護共通性之一貫立場相左。蓋大法官自釋字第 187 號解釋突破特別權力關係以來，不論公務員或其他身分關係而涉訟之各類事件，只要處分內容足以改變其身分或對於權益有重大影響者，受處分者，自得行使憲法第 16 條之權利，請求司法機關救濟。換言之，因身分而受有行政處分得否提起行政爭訟，大法官解釋均係主張應視其處分內容而定，亦即各種身分者，除非基於重大公益等所構成合理差別待遇以外，其權利保護均具有共通性。

對於，人民因學生身分受學校之處分，得否提起行政爭訟，釋字第 382 號解釋指出，仍應就其處分內容分別論斷。如學生所受者為退學或類此之處分，則其受教育之權利既已受侵害，自應許其於用盡校內申訴途徑後，依法提起訴願及行政訴訟。因此，宣告行政法院 41 判 6 判例與上開意旨不符部分，應不予援用，以符憲法保障人民受教育之權利及訴訟權之意旨。

不過，管轄機關行使職權有相當之限制，即受理學生退學或類此處分爭訟事件之機關或法院，對於其中涉及學生之品行考核、學業評量或懲處方式之選擇，應尊重教師及學校本於專業及對事實真象之熟知所為之決定，僅於其判斷或裁量違法或顯然不當時，得予撤銷或變更。

至於，如學生所受處分係為維持學校秩序、實現教育目的所必要，且未侵害其受教育之權利者（例如記過、申誡等處分），釋字第 382 號解釋

「除循學校內部申訴途徑謀求救濟外，尚無許其提起行政爭訟之餘地」之見解。經釋字第 684 號解釋宣告：「大學為實現研究學術及培育人才之教育目的或維持學校秩序，對學生所為行政處分或其他公權力措施，如侵害學生受教育權或其他基本權利，即使非屬退學或類此之處分，本於憲法第 16 條有權利即有救濟之意旨，仍應許權利受侵害之學生提起行政爭訟，無特別限制之必要。在此範圍內，釋字第 382 號解釋應予變更。……受理行政爭訟之機關審理大學學生提起行政爭訟事件，亦應本於維護大學自治之原則，對大學之專業判斷予以適度之尊重。」

因此，公務員與學生之權利保護，具有共通性，而行政法院 81 裁 923 裁定，主張釋字第 243 號解釋（對象係公務員），並不及於學生與學校之關係，故學生不得援用釋字第 243 號解釋對學校提起行政救濟，此等見解，顯然誤解大法官解釋主張各種身分權利保護共通性之一貫立場。

值得注意的是，本案例之聲請人，係主張大法官應針對行政法院 81 裁 923 裁定所適用之同院 41 判 6 及 48 判 11 判例解釋是否違憲，惟大法官就本案例所作成之釋字第 382 號解釋，卻僅宣告行政法院 41 判 6 判例與上開意旨不符部分應不予援用，卻未針對 48 判 11 判例作成解釋。

惟行政法院 48 判 11 判例，已在釋字第 266 號及第 430 號解釋中，均被宣告其與解釋意旨不符部分，應不再援用。

三、檢　討

憲法第 2 章係關於「人民之權利義務」之規定，而得作為基本權利主體者，均為「人民」，而公務員及學生亦為「人民」之概念所包括，不得僅基於身分及職業關係或特別權力關係等，即將公務員及學生排除在憲法所保障基本權利主體「人民」之外。

公務員及學生遭受國家公權力之侵犯，依憲法第 16 條規定，得主張第一次權利保護（行政救濟）；依憲法第 24 條規定，亦得主張第二次權利保護（國家賠償）。因此，公務員及學生依憲法規定，均得作為基本權利主體。

　　大法官之相關解釋，不應繼續堅持依處分內容是否足以改變身分或對於權益有重大影響，作為得否請求司法機關救濟之判斷標準。此等判斷標準，與將特別權力關係區分為基本關係及經營關係之學理見解相類似，蓋基本關係事項如同足以改變其身分或對於權益有重大影響者，係屬得救濟部分；而經營關係事項如同不足以改變其身分或對於權益無重大影響者，則係屬不得救濟部分。❻

　　但是，此等判斷標準欠缺合憲之基礎，似與憲法維護人民基本權利之精神相違，不符合有權利即有救濟且救濟係完整無漏洞之法治國原則之要求。❼例如，過去法制認受羈押被告與看守所之關係屬「特別權力關係」，如對看守所之處遇或處分有所不服，僅能經由申訴機制尋求救濟，並無得向法院提起訴訟請求司法審判救濟之權利。司法實務亦基於此種理解，歷來均認羈押被告就不服看守所處分事件，僅得依上開規定提起申訴，不得再向法院提起訴訟請求救濟。惟申訴在性質上屬機關內部自我審查糾正之途徑，與得向法院請求救濟之訴訟審判並不相當，自不得完全取代向法院請求救濟之訴訟制度。因此，規定不許受羈押被告向法院提起訴訟請求救濟之部分，與憲法第 16 條規定保障人民訴訟權之意旨有違（釋字第 653 號解釋）。

　　就此，釋字第 446 號解釋指出：「人民有請願、訴願及訴訟之權，為憲法第 16 條所明定。所稱訴訟權，乃人民在司法上之受益權，不僅指人民於其權利受侵害時得提起訴訟請求權利保護，尤應保障人民於訴訟上有受公正、迅速審判，獲得救濟之權利，俾使人民不受法律以外之成文或不成文例規之不當限制，以確保其訴訟主體地位。……」而以特別權力關係作為拒絕救濟之法理，過度侵犯人民基本權利之公權力行為，因欠缺合法性之基礎，明顯違反法律保留原則，亦與正義之理念不符。而釋字第 462 號解釋則謂：「人民有訴願及訴訟之權，憲法第 16 條定有明文。此項權利，並不因其身分而受影響，此迭經本院解釋在案，就人民因具有公務員或其他

---

❻　並參，翁岳生，〈論特別權力關係之新趨勢〉，第 143 頁以下所引文獻。

❼　黃俊杰，〈法治國家之漏洞〉，《中正法學集刊》，第 3 期，第 23 頁以下。

身分關係而涉訟之各類事件中，闡釋甚明。」

　　事實上，人民於其權利遭受公權力侵害時，得循法定程序提起行政爭訟，俾其權利獲得適當之救濟（釋字第 418 號、第 667 號解釋），而此項救濟權利，不得僅因身分之不同而予以剝奪（釋字第 684 號解釋）。例如，針對教師法第 33 條規定：「教師不願申訴或不服申訴、再申訴決定者，得按其性質依法提起訴訟或依訴願法或行政訴訟法或其他保障法律等有關規定，請求救濟。」僅係規定教師權利或法律上利益受侵害時之救濟途徑，並未限制公立學校教師提起行政訴訟之權利，與憲法第 16 條保障人民訴訟權之意旨尚無違背。教師因學校具體措施（諸如曠職登記、扣薪、年終成績考核留支原薪、教師評量等）認其權利或法律上利益受侵害時，自得如一般人民依行政訴訟法或民事訴訟法等有關規定，向法院請求救濟，始符合有權利即有救濟之憲法原則。至受理此類事件之法院，對於學校本於專業及對事實真象之熟知所為之判斷，應予以適度之尊重（釋字第 382 號、第 684 號、第 736 號解釋）。

　　然而，針對公務員與國家間因具有特別權力義務關係，其因特別權力義務關係與國家間所生之公法爭議，依釋字第 243 號、第 266 號解釋意旨，並非皆得提起行政訴訟；另依釋字第 382 號解釋意旨，公立學校係各級政府依法令設置實施教育之機構，具有機關之地位。就此，實務見解進而指出：「公立學校聘用教師從事學術研究、教育工作，亦為公法關係，教師與學校間因具有公法上勤務關係，亦屬特別權力關係範疇，若彼等發生爭議得否提起行政訴訟，上開解釋應比照適用。參諸釋字第 243 號、第 266 號、第 298 號解釋意旨，公立學校教師經依教師成績考核辦法所為之考核，若有改變其身分關係，固得依法提起行政訴訟，然對於未改變身分之其他考核，並不涉及教師身分之變更，其性質純屬學校之內部管理行為，苟若不服，僅能依申訴程序救濟，尚不得對之提起行政訴訟（最高行政法院 103 裁 74）。」❸

---

❸　最高行政法院（103 裁 74）指出，教師受聘於公立學校，其年度成績考核，經召開考核會議核實審議後，認其不符合教師成績考核辦法第 4 條第 1 項第 1 款

　　由前述實務見解觀察，以特別權力關係作為得否提起行政救濟之判斷基準，事實上依然存在，故仍有待繼續努力以突破救濟障礙。

第 2 目「訓輔工作得法，效果良好」規定，而考列第 4 條第 1 項第 2 款。而比較上開第 1 款、第 2 款規定，同樣晉本薪或年功薪 1 級，其差別僅在於半個月薪給總額之獎金（按第 1 款「1 個月」、第 2 款「半個月」），並不影響擔任教職之權利或改變其教師身分，參照釋字第 243 號、第 266 號、第 298 號、第 382 號等解釋意旨，對原處分並不得提起行政訴訟，故其起訴有不備其他要件之違法，而予駁回。

第四章　行政法解釋與適用

綱 要 導 讀

壹、法律之適用

一、三段論法

二、法條結構

㈠完全性法條

㈡不完全性法條

三、法律概念之明確性

㈠明確性

㈡法律概念之類型

　1.明確性法律概念

　2.不確定法律概念

貳、行政法之法學方法

一、法學方法之類型

二、法律解釋之案例分析

㈠釋字第 420 號解釋

㈡法律適用之爭執

　1.文義解釋

　2.體系解釋

　3.歷史解釋

　4.目的解釋

　5.合憲解釋

　6.省　思

三、漏洞補充之案例分析

㈠釋字第 257 號解釋

㈡不同意見書

㈢類推適用之容許性

參、不確定法律概念

一、意　義

二、種　類

㈠經驗性不確定法律概念

㈡規範性不確定法律概念

三、司法審查與判斷餘地

㈠原則：司法審查

㈡例外：判斷餘地

㈢本文見解

肆、行政裁量

一、概　念

二、類　型

㈠圖　示

㈡說　明

　1.決定裁量與選擇裁量

　2.決定裁量與選擇裁量之關係

　3.裁量之欠缺與喪失

三、界限與瑕疵

㈠裁量應受法之拘束

㈡類　型

　1.外部界限：裁量逾越

　2.內部界限：裁量濫用

　3.裁量怠惰

㈢案例分析

壹、法律之適用

一、三段論法

法治國家之立法者，應先制定（抽象）法律規範，而對於（具體）案件事實之發生，經涵攝過程 (Subsumtion)，認為案件事實與法規構成要件相符，故決定與選擇法律效果。

因此，法律適用之三段論法，係(1)「大前提」：（抽象）法規構成要件存在於（具體）案件事實之前；(2)「小前提」：已發生之案件事實與法規構成要件相符；(3)結論：即法律效果之決定與選擇。

〔實例1〕

大前提：道路交通管理處罰條例第 31 條之 1 第 1 項規定：「汽車駕駛
　　　　人於行駛道路時，使用手持式行動電話進行撥接或通話者，
　　　　處新臺幣 3 千元以下罰鍰。」

小前提：甲開車使用手持式行動電話與乙聊天，被警員丙當場查獲。

結　論：甲被處新臺幣 2 千元罰鍰。

〔實例2〕

大前提：稅捐稽徵法第 44 條第 1 項本文規定：「營利事業依法規定應
　　　　給與他人憑證而未給與，應自他人取得憑證而未取得，或應
　　　　保存憑證而未保存者，應就其未給與憑證、未取得憑證或未
　　　　保存憑證，經查明認定之總額，處百分之 5 罰鍰。……」

小前提：丁公司依法規定應給與戊憑證而未給與，查明認定之總額 10
　　　　萬元。

結　論：丁被處新臺幣 5 千元罰鍰。

二、法條結構

法條，係由法律概念（法律用語）所組成，得區分為兩類：

㈠完全性法條

完全性法條之結構，包括構成要件與法律效果。

例如，社會秩序維護法第 86 條規定：「於政府機關或其他辦公處所，任意喧嘩或兜售物品，不聽禁止者，處新臺幣 3,000 元以下罰鍰或申誡。」其中，「於政府機關或其他辦公處所，任意喧嘩或兜售物品，不聽禁止者」，係構成要件；而「處新臺幣 3,000 元以下罰鍰或申誡」，則為法律效果。

㈡不完全性法條

不完全性法條，則可能僅具備部分構成要件或部分法律效果。

依其功能為標準，至少區分：⑴定義規範：例如，社會秩序維護法第 5 條規定：「稱以上、以下、以內者，俱連本數計算。」⑵反對規範：例如，勞工保險條例第 26 條規定：「因戰爭變亂或被保險人或因其父母、子女、配偶故意犯罪行為，以致發生保險事故者，概不給與保險給付。」⑶指示規範：例如，社會秩序維護法第 92 條規定：「法院受理違反本法案件，除本法有規定者外，準用刑事訴訟法之規定。」等。

三、法律概念之明確性

㈠明確性

基於法治國原則，為讓人民得預見國家之作為，以維護其權益，故法律概念之明確性，是立法者應善盡之職責。

所謂「法律明確性之要求」，釋字第 432 號解釋指出，非僅指法律文義具體詳盡之體例而言，立法者於立法定制時，仍得衡酌法律所規範生活事實之複雜性及適用於個案之妥當性，從立法上適當運用不確定法律概念或概括條款而為相應之規定。若立法使用抽象概念者，苟其意義非難以理解，且為受規範者所得預見，並可經由司法審查加以確認，即不得謂與前揭原則相違。

因此，可經由司法審查加以確認之法律概念，可謂係法律明確性要求之底線（釋字第 545 號）。

㈡法律概念之類型

釋字第 586 號解釋楊仁壽大法官不同意見書指出：「法律概念之設計，原在形成價值之共識及減輕思維之負擔，故必須對其所欲規範之對象，毫無遺漏地列舉其特徵，始克達成其設計之目的。」

不過，社會生活事實無窮，而法律條文有限，故事實上無法要求立法者鉅細靡遺地明確規定。

關於法律概念之類型，似得區分如下：

```
        ┌明確性法律概念
法                              ┌經驗性
律                   ┌可經由司法審查者┤
概 ┤                             └規範性
念  └不確定法律概念┤
                     └無法司法審查者
```

1.明確性法律概念

例如「1 年」、「總統」、「行政院」等，此等概念文字含義明確，不致引發誤解。

2.不確定法律概念

⑴可經由司法審查者

不確定法律概念，若可經由司法審查者，仍符合釋字第 432 號解釋之要求。此等法律概念，尚得區分為經驗性與規範性之不確定法律概念，欲確定其概念之範圍，則需適當法學方法之運用。

例如，刑法第 235 條規定所稱猥褻之資訊、物品，其中「猥褻」雖屬評價性之不確定法律概念，然所謂猥褻，指客觀上足以刺激或滿足性慾，其內容可與性器官、性行為及性文化之描繪與論述聯結，且須以引起普通一般人羞恥或厭惡感而侵害性的道德感情，有礙於社會風化者為限（釋字第 407 號解釋），其意義並非一般人難以理解，且為受規範者所得預見，並可經由司法審查加以確認，與法律明確性原則尚無違背（釋字第 617 號解釋）。

⑵無法司法審查者

不確定法律概念，若無法經由司法審查者，則不符合釋字第 432 號解釋之要求。

例如，公務員服務法第 5 條規定：「公務員應誠實清廉，謹慎勤勉，不得有驕恣貪惰，奢侈放蕩，及冶遊賭博，吸食菸毒等，足以損失名譽之行為。」其中「誠實」、「謹慎勤勉」、「驕恣」、「奢侈放蕩」、「冶遊」等以倫理道德性為主之法律概念，似過度主觀之性格，非受規範者所得預見其明確內容，無法期待經由司法審查加以具體化。

不過，實務上，亦有針對違反公務員服務法第 5 條之前述事由，而予以懲戒者。例如，警員竊取同事手機，被認為係公務員貪婪，足以損失名譽之行為（公懲會 99 鑑 11705）；警員酒後開車觸犯公共危險罪，被認為係違背公務員應謹慎之旨（公懲會 99 鑑 11704）；警員共同犯貪污治罪條例瀆職收受賄賂罪、藉勢勒索財物罪等 4 罪，應執行有期徒刑 3 年 6 月，褫奪公權 1 年。其不服提起上訴，經最高法院 106 台上 279 駁回其上訴確定。核其所為，違法事證，已臻明確，除觸犯刑罰法律外，並有違公務員服務法第 5 條所定公務員「應清廉」之旨（公懲會 107 鑑 14207）等。

貳、行政法之法學方法

一、法學方法之類型

法律規範概念之不明確，有待法律解釋加以具體化；至於，法律本身欠缺之漏洞，則需藉由補充之方法。

文義是法律解釋之起點，也是法律解釋之終點，亦即，法律解釋始於文義，不能超過可能之文義，否則，即超越法律解釋之範疇，進入另一階段之造法活動，❶解釋法律應尊重文義，始能維持法律之尊嚴及其適用之

---

❶ 學者指出，司法造法之前提，須有法律漏洞之存在或法律違憲之發生；而其方法有：制定法內法律補充（類推適用、目的性擴張、目的性限縮）與制定法外

安定性。❷

　　法律解釋須探究立法意旨，不得拘泥於文字而作孤立的文字解釋。實務見解指出：「⋯⋯法律涵攝過程中，本來即會在事實與法律之探究間不斷往返，而同時深化對法律規範意旨及對事實實證結構之認識。而在這個往返認識過程中，面對複雜多變社會現象而生之法律漏洞才得以浮現。換言之，法律有無漏洞，總是要與特定生活事實聯結後才能判斷⋯⋯（最高行政法院 102 判 684）。」例如，關於消滅時效如何起算及有無中斷時效之適用，行政程序法並未加以規定，應屬法律漏洞，當依法理類推適用民法有關時效相關規定；依民法第 128 條規定，消滅時效，自請求權可行使時起算。以不行為為目的之請求權，自為行為時起算（103 判 207）。

　　因此，以文義可能性之範圍，作為法律解釋與漏洞補充之界限，嘗試將主要法學方法之類型，簡列如下：❸

法學方法
├ 法律解釋
│　　文義解釋：依規範通用方式，解析概念之意義
│　　體系解釋：探尋概念之脈絡，取得規範意旨之見解
│　　歷史解釋：考慮立法者制定法律之用意
│　　目的解釋：尋求客觀之立法目的
│　　合憲解釋：選擇符合憲法之解釋結果
└ 漏洞補充
　　　類推適用：援引性質類似之規定，適用於法律未規定者
　　　目的性擴張：將概念未包括之範圍予以涵蓋在內
　　　目的性限縮：將概念範圍排除不合規範意旨之部分

二、法律解釋之案例分析❹

㈠釋字第 420 號解釋

　　釋字第 420 號解釋認為：「涉及租稅事項之法律，其解釋應本於租稅法

法律續造。黃建輝，《違憲審查與司法造法》，臺大法學博士論文，1995，第59 頁以下。

❷　王澤鑑，《民法實例演習之基礎理論》，1992，第 130 頁。

❸　楊仁壽，《法學方法論》，1986，第 123 頁以下；陳清秀，〈稅法的法律解釋與稅法上法律漏洞補充〉《稅法之基本原理》，1993，第 295 頁以下。

❹　以下論述之註解，參照，黃俊杰、邱天一，〈稅法解釋之研究——以釋字第

律主義之精神，依各該法律之立法目的，衡酌經濟上之意義及實質課稅之公平原則為之。」因此，基於公平課稅原則，獎勵投資條例第 27 條所定「非以有價證券買賣為專業者」，應就營利事業之實際營業情形，核實認定。

針對行政法院【81/10/14】庭長評事聯席會議所為：「獎勵投資條例第 27 條所指『非以有價證券買賣為專業者』，應就營利事業實際營業情形，核實認定。公司登記或商業登記之營業項目，雖未包括投資或其所登記投資範圍未包括有價證券買賣，然其實際上從事龐大有價證券買賣，其非營業收入遠超過營業收入時，足證其係以買賣有價證券為主要營業，即難謂非以有價證券買賣為專業」不在停徵證券交易所得稅之範圍之決議，本號解釋指出，符合首開原則，與獎勵投資條例第 27 條之規定並無不符，尚難謂與憲法第 19 條租稅法律主義有何牴觸。

至於，獎勵投資條例施行細則第 32 條規定：「本條例第 27 條所稱『以有價證券買賣為專業者』，係指經營有價證券自行買賣業務之證券自營商及經公司登記或商業登記以投資為專業之營利事業。」本號解釋指出，依上開說明，其與立法意旨未盡相符部分，應不適用。

㈡法律適用之爭執

茲以圖 A、B 分別說明聲請理由與釋字第 420 號解釋之法律適用過程，以釐清案情之爭執，係在於「專業」與否之範圍。

---

420 號解釋為中心〉，《判決研究彙編㈡》；黃俊杰，《納稅者權利保護》，2004，第 43 頁以下。

〔圖 A〕釋字第 420 號解釋之聲請理由：

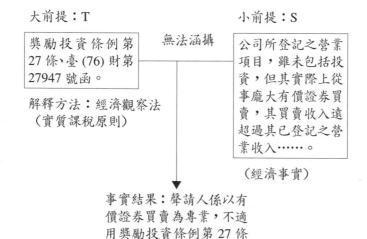

大前提：T (Tatbestand，法規構成要件)

小前提：S (Sachverhalt)
（案件事實）

獎勵投資條例第 27 條：「為促進資本市場之發展，行政院得視經濟發展及資本形成之需要及證券市場之狀況，……暫停徵全部或部分非以有價證券買賣為專業者之證券交易所得稅。」臺 (76) 財稅字第 27947 號函核定 77 年停徵全部或部分非以有價證券買賣為專業者之證券交易所得稅。

涵攝 (Subsumtion)

聲請人未依公司法或商業登記法登記以投資為專業，亦非證券自營商。

※法律解釋──施行細則第 32 條：「本條例第 27 條所稱『以有價證券買賣為專業者』，係指經營有價證券自行買賣業務之證券自營商及經公司登記或商業登記以投資為專業之營利事業。」

結論：R (R=Schlussfolgerung)
（法律效果）

聲請人無需繳納 77 年證券交易所得稅。

〔圖 B〕行政法院決議及釋字第 420 號解釋：

大前提：T

小前提：S

獎勵投資條例第 27 條、臺 (76) 財第 27947 號函。

無法涵攝

公司所登記之營業項目，雖未包括投資，但其實際上從事龐大有價證券買賣，其買賣收入遠超過其已登記之營業收入……。

解釋方法：經濟觀察法
（實質課稅原則）

（經濟事實）

事實結果：聲請人係以有價證券買賣為專業，不適用獎勵投資條例第 27 條之規定，仍應依法納稅。

在法律之適用過程中，常須針對構成要件所使用之法律概念，加以解釋，而能正確適用。尤其，就不確定之法律概念，更必須闡明予以具體化，

俾發現寓存於法律中，合乎其規範意旨之意義。

關於法律解釋之目的，向來有「主觀說」與「客觀說」之爭，前者認為解釋之目標，應在於探求歷史上立法者在立法當時之實際意思，亦即立法者之看法、企圖和價值觀；而後者則認為法律自被頒布時起，便有其本身之規範意旨，法律解釋之目的，即在探求此內在於法律之規範意旨。現今之多數學說，似較傾向於後說。至於，本案與法律解釋方法之關係，分析如下：

1.文義解釋

由於獎勵投資條例第 27 條所謂「以有價證券之買賣為專業」，欠缺立法者之標準語言用法，即立法解釋（例如，刑法第 10 條及民法第 967 條等規定），則僅能就「一般語言用法」來作考量，釋字第 420 號解釋認為「公司從事龐大有價證券買賣，其非營業收入遠超過其已登記之營業收入」時，該公司即係以有價證券之買賣為「專業」。

釋字第 420 號解釋就前揭條文之理解，或許未逾越文義範圍，但其妥當性仍值懷疑，蓋就文義解釋而言，❺不同意見書認為所謂「專業」係對「兼業」而言；聲請人則主張解釋「以有價證券買賣為專業」，應斟酌是否「經常買賣」有價證券，並以之為業等因素。

本文以為，若要探討「專業」、「營業」或「業務」等概念，應按一般語言用法，似不能不就時間上之反覆性或繼續性來作考量，在刑法實務上將「業務」解釋為「反覆同種類行為為目的之社會活動」（最高法院 69 台上 4047 判例），即說明此項特徵。

於此得舉個人買賣股票為例，若某人有固定工作，但一年僅買賣股票一次，而謂其係以買賣證券為業，恐與社會通念有違；再就所謂「專業」而言，類似之規定亦出現在公司法第 13 條第 1 項「以投資為專業」，經濟

---

❺　例如，最高行政法院指出，大眾捷運法第 18 條規定：「大眾捷運系統工程建設機構因施工需要，得使用河川、溝渠、涵洞、堤防、道路、公園及其他公共使用之土地。但應事先通知各有關主管機關。」依法條文義解釋，所謂其他公共使用之土地，應指土地為公共使用即足，不以公有為限（107 判 254）。

部 【62/02/14】商字第 03917 號函對此之解釋為「以專業投資者為限,不包括以投資為主要業務者在內」,亦值參考。

因此,釋字第 420 號解釋,並未從文義解釋方法闡明「專業」此一法律概念,亦即,未就一般之語言用法對所謂「專業」作解釋,似有欠周延。

2.體系解釋

即應探尋法律之意義脈絡,並在法律之上下文間,取得符合其規範意旨之一致見解,以避免產生規範矛盾。❻

就本案而言,聲請人在聲請理由㈡曾提及行政法院 (73 判 1232;73 判 1650)判決,該 2 號判決之要旨,係對獎勵投資條例第 27 條但書「……但於停徵期間因證券交易所發生之損失,亦不得自所得額中扣除」,認為「公司執照記載所營事業並非以投資為專業,自不在以有價證券買賣為專業之範圍,其因投資有價證券交易發生之損失,應不得自所得額中扣除。」

亦即行政法院在解釋該條但書時,係依據施行細則第 32 條之規定,以是否有無經公司或商業登記以投資為專業,認定條例所謂之「以有價證券買賣為專業者」。此與行政法院決議在解釋該條本文時,捨施行細則之規定不用,大異其趣,同一條文、同一法律概念,本文與但書之解釋竟完全相反,聲請理由固未明言,然推測其舉出上開判決之用意,似不無認決議有規範矛盾,違反體系解釋方法之嫌。❼

然而,行政法院聯席會議所作之決議,本來即係為整合行政法院內部

---

❻ 例如,最高行政法院 (99 判 470)指出,土地徵收條例第 49 條第 2 項已為溯及既往之規定,而參諸立法過程雖未說明其立法目的,惟考其真意應係考量於同條例施行前並無關於撤銷徵收之相關規定,對於同條例施行前已徵收之土地,於同條例施行後,仍未依徵收計畫完成使用,而有該條第 1 項所定各款之情形時,需用土地人如未申請辦理撤銷徵收,原土地所有權人似亦得向主管機關請求之,此應為體系解釋之當然結果;並參,103 判 253;105 判 624;107 判 215。

❼ 釋字第 385 號解釋謂:「課人民以繳納租稅之法律,於適用時,該法律所定之事項若權利義務相關連者,本於法律適用之整體性及權利義務之平衡,當不得任意割裂適用。」

不同法律見解而為，故其最終所採見解，當然可能與並陳之反對意見，有相互矛盾之可能。

3.歷史解釋

歷史解釋又稱立法史解釋，即解釋法律時，應考慮立法者制定法律之用意，即將立法當時之權衡因素納入法律解釋過程中之參酌因素（最高行政法院 102 判 684；105 判 624）。在法律解釋之目的傾向於客觀說後，歷史解釋之重要性，雖不似以往，但其仍為解釋方法所不可忽視之一環，因法律係由代表民意之國會所制定，解釋法律當應尊重立法者之意思。歷史之解釋方法，主要是指立法文獻，即包括「立法過程中之一切記錄、文件，如預備資料、預備草案、草案、立法理由書，參與起草部會之有關記錄，立法機關之大會及審查委員會的記錄」。就此，司法院大法官審理案件法第 13 條第 1 項規定：「大法官解釋案件，應參考制憲、修憲及立法資料……。」

遍觀釋字第 420 號解釋之解釋文及其理由書，似未就獎勵投資條例第 27 條之制定以及修正之立法理由作考量，亦即未採用歷史解釋方法立論，不同意見書對此亦曾提出質疑；而聲請人於聲請理由㈠中，曾引用歷史解釋方法，認為獎勵投資條例【69/12/30】修正公布，將原規定「以有價證券買賣為業者」修正為「以有價證券買賣為專業」，故「從立法沿革觀之，足見立法者之意圖，係就『以有價證券買賣為專業者』作更狹義之解釋」。

就此而言，立法者似有限縮其範圍之用意，因營業或業務之概念，顯然較專業之範圍為廣，故聲請理由主張應從嚴解釋，應具有充分之理由。

4.目的解釋

目的解釋，係指解釋法律時，應尋求客觀之立法目的。❽

釋字第 420 號解釋，主要即係以目的之解釋方法詮釋獎勵投資條例第

---

❽　例如，最高行政法院（107 判 263）指出，環保署召開說明會所提出資料揭示的見解，符合環境保護法規的立法目的及規範意旨，乃環保署依其中央主管機關之權責，於適用整治費收費辦法所為合目的之解釋，並非於法規外另行增設免於徵收的條件，及須由當事人提出申請，經其核准始免除繳納義務的程序。

27 條，此觀之解釋文「……依各該法律之立法目的，衡酌經濟上之意義及實質課稅之公平原則為之」，即可明瞭。

至於，該條文之立法目的何在？大法官首先闡明獎勵投資條例之制定，係以獎勵投資，加速經濟發展為目的，藉稅捐之減免優惠為主要獎勵方法，繼而說明「為期使各生產、營利事業均能公平同霑其利，並防止有以迴避租稅行為，獲取不正當減免租稅優惠」，該條例乃設有各種獎勵之條件，予以節制，獎勵投資條例第 27 條之「非以有價證券買賣為專業者」，即其適例。

換言之，該條限制「非以有價證券買賣為專業者」，始得享受稅捐減免之優惠，係基於事業間之公平原則與防止稅捐規避之目的。

本文以為，第 27 條之立法目的，係在促進證券市場之發展，而其限制「以有價證券買賣為專業者」之免稅優惠，係認該事業既以買賣證券為其營業收入，而無須鼓勵其從事證券交易。故大法官從傳統目的解釋方法上，似難妥適解釋系爭條文，而必須借助稅法上之原理，以資解決。

5.合憲解釋

以憲法規範之意旨，而為解釋位階較低法規之方法，稱為合憲解釋，合憲解釋之功能，在於法律解釋之結果，不得逸出憲法所宣示基本價值決定的範圍之外，因此，憲法基本價值之決定（如民主國原則、共和國原則、法治國原則、社會或民生福利國原則等，憲法增修條文第 5 條第 5 項規定：「中華民國之存在或自由民主之憲政秩序」），有控制法律解釋結果之功能。

若依一般之法律解釋方法，有多種解釋之可能時，應優先選擇最能符合憲法者，此即「合憲解釋原則」，亦即，就特定法律有兩種以上解釋可能性，其中一項解釋認為法令合憲，而其他解釋認為違憲時，應採合憲之解釋。❾

---

❾ 釋字第 572 號解釋指出：「聲請法院應於聲請書內詳敘其對系爭違憲法律之闡釋，以及對據以審查之憲法規範意涵之說明，並基於以上見解，提出其確信系爭法律違反該憲法規範之論證，且其論證客觀上無明顯錯誤者，始足當之。如僅對法律是否違憲發生疑義，或系爭法律有合憲解釋之可能者，尚難謂已提出

釋字第 420 號解釋，選擇以目的解釋及稅法之經濟觀察法，認為行政法院之決議並未牴觸憲法第 19 條稅捐法定主義，應係以合憲解釋為考量。

6.省　思

綜上以觀，可歸納出釋字第 420 號解釋、不同意見書及聲請理由對於系爭條文所引用之解釋方法；即釋字第 420 號解釋係以目的解釋（包括經濟觀察法）及合憲解釋等作為立論依據；不同意見書則以文義及歷史方法等提出疑義；而聲請理由除依文義及歷史方法外，似尚有援用體系解釋之意味。

而各種解釋方法相互間關係如何，並無所謂「位階關係」，而係各自在整個法律過程中擔任不同之任務及發揮不同之功能，從而共同協力下完成發現法律規範意旨之任務，如最高行政法院（102 判 684）指出：「……規範本旨最終確認（即解釋結論部分），仍需綜合參酌文義因素、歷史因素、體系因素、價值因素及合憲性考量等五大因素。」

但觀諸釋字第 420 號解釋，僅就目的及合憲解釋作考量，忽略其他解釋方法，在方法論上，似有未盡妥適之處。

三、漏洞補充之案例分析❿

㈠釋字第 257 號解釋

貨物稅條例修正前第 4 條第 1 項第 16 款㈢，係就「凡用電力調節氣溫

客觀上形成確信法律為違憲之具體理由。」而本號解釋楊仁壽大法官之協同意見書並謂，法官之職責，必竭盡所能，認其所應適用之法律，有客觀上之理由，相信該法律已然違憲，且對之依「合憲性解釋原則」解釋，亦無法獲致合憲之可能性，始可裁定停止訴訟程序，聲請大法官解釋；就此，最高行政法院（107 裁 199）指出，法官應依據法律獨立審判，除非依其合理之確信，認有牴觸憲法之疑義，並提出客觀上形成確信法律為違憲之具體理由，據以聲請大法官解釋憲法，並停止該訴訟程序外，如僅對法律是否違憲發生疑義，或系爭法律有合憲解釋之可能者，尚難謂已提出客觀上形成確信法律為違憲之具體理由，此亦為釋字第 572 號解釋意旨闡釋甚明。

❿ 黃俊杰，《憲法稅概念與稅條款》，1997，第 65 頁以下。

之各種冷氣機、熱氣機等」電器類課徵貨物稅之規定。行政院【64/07/21】修正發布之貨物稅稽徵規則第103條之1第2項第6款規定,對於國外進口裝配汽車冷暖氣機用之壓縮機,按冷暖氣機類徵收貨物稅,固與貨物稅條例首開條文之用語未盡相符。惟該規則所為之補充規定,釋字第257號解釋謂,係以此種壓縮機不僅為冷暖氣機之主要機件,且祇能供裝配汽車冷暖氣機之用,仍屬上開條例所規定之電器類範圍,而於冷暖氣機裝配完成後,並不再課徵貨物稅,並未新增稅目或變更原定稅率,無加重人民納稅義務之虞,與憲法第19條尚無牴觸。

㈡不同意見書

本號解釋不同意見書則謂,貨物稅條例第4條第1項所規定應徵收貨物稅之標的,係採列舉規定,其中電器類㈢明定為「冷暖氣機:凡用電力調節氣溫之各種冷氣機、熱氣機等均屬之。」而並未以汽車冷暖氣機用壓縮機為課稅標的。

所謂冷暖氣機應指整台冷暖氣機而言,壓縮機雖為冷暖氣機之主要機件,但冷暖氣機除壓縮機外,尚有冷凝器、蒸發器、壓力開關、遲延控制單位、冷媒蓄瓶等多項機件,在未將上述各機件裝配為整台冷暖氣機前,不得指其中一機件為冷暖氣機本身,而作為課徵貨物稅之對象。

此外,稅捐稽徵機關於廠商僅進口壓縮機未及製成冷暖氣機,無從預測其應繳貨物稅稅額之前,甚至將來是否以此製成產品未定,能否將稅款轉嫁於消費者遙不可期之情形下,遽將壓縮機視為整台冷暖氣機,並依擬制之價格為準計課貨物稅,其不合理不合法,不言而喻。

是故,提前預徵冷暖氣機貨物稅之結果,不僅侵害人民於法定期間繳納稅款之利益,亦有違反租稅法律主義另一內容之依法律處罰之原則,如此情形能以未新增稅目或變更原定稅率,亦未重複課徵,即謂無加重人民納稅義務之虞。

㈢類推適用之容許性

本件解釋尚涉及釋憲者對於稅法是否容許類推適用之問題,早期釋憲者之見解係禁止以類推適用方式創設納稅義務或不利於納稅義務人之漏洞

補充，例如，釋字第 151 號解釋指出，查帳徵稅之產製機車廠商所領蓋有「查帳徵稅代用」戳記之空白完稅照，既係暫代出廠證使用，如有遺失，除有漏稅情事者，仍應依法處理外，依租稅法律主義，稅務機關自不得比照貨物稅稽徵規則第 128 條關於遺失查驗證之規定補徵稅款；釋字第 210 號解釋指出，獎勵投資條例【69/12/30】第 23 條第 3 項第 1 款，關於限額免納所得稅之利息，係規定「除郵政存簿儲金及短期票券以外之各種利息」，並未排除私人間無投資性之借款利息，而獎勵投資條例施行細則【70/08/31】第 27 條認該款「所稱各種利息，包括公債、公司債、金融債券、金融機構之存款及工商企業借入款之利息」，財政部 (70) 臺財稅字第 37930 號函並認「不包括私人間借款之利息。」縱符獎勵投資之目的，惟逕以命令訂定，仍與當時有效之首述法條「各種利息」之明文規定不合，有違憲法第 19 條租稅法律主義之本旨。

　　相反地，釋字第 257 號解釋，似已肯認類推適用，將進口供冷暖氣機用之「壓縮機」比照關於進口冷暖氣機課徵貨物稅，此等行政命令之造法，學者指出，係不利於納稅義務人之類推適用。❶

　　不同意見書及學界對於釋字第 257 號解釋之批判，頗值大法官深思。蓋在稅法上以類推適用之方式創設納稅義務或不利於納稅義務人之漏洞補充，係違反憲法保障人民財產權之本旨；相反地，有利於納稅義務人之類推適用，似非得一律容許，而係應衡量租稅公平原則，以避免造成其他納稅義務人處於不公平之不利地位，並須注意財政收入之完整性，而正確有效（無遺漏）地行使合憲之課稅權，係屬國家權力存在之重要目的。

參、不確定法律概念

一、意　義

　　法條文字應使用含義明確且不致引發誤解之明確性法律概念，固然係

---

❶　陳清秀，〈稅法上之類推適用〉《稅法之基本原理》，1993，第 129 頁以下。

立法之理想狀態，惟亦非完全可貫徹執行。

因此，不確定法律概念之運用，仍屬必要之事實，而為維護人民權益，須避免倫理道德性為主之法律概念，且應以可經司法審查者為其界限。

法律漏洞與不確定法律概念之區別，係法律漏洞之本質為立法者之疏忽、未預見或情況變更，故在立法計畫範圍之外；而不確定法律概念則係在立法者之立法計畫範圍之內。

不確定法律概念之特徵，原則上係屬無法精確定義，而僅能描述其概略範圍之法律用語。若由一般語言使用方法，加以理解，往往易造成多重涵義並列，故欲借助文義解釋作為唯一解決途徑，似將有事實上之困難。

行政法規中存在大量不確定法律概念之事實，行政機關之構成員涵攝過程（認事用法）之正確性與一致性，係擔保行政行為合法性與妥當性之重要基礎，且為符合人民正當合理之期待，故欲確定該概念之範圍，則需適當法學方法之運用。

二、種　類

不確定法律概念，若以可經由司法審查者，得區分為經驗性與規範性之不確定法律概念：

㈠經驗性不確定法律概念

經驗性不確定法律概念，亦稱為描述性不確定法律概念。

此等法律概念，係得由經驗或知覺，來釐清其內涵。例如，行政罰法第 28 條之「天災」，行政執行法第 5 條之「夜間」與「日間」等。

㈡規範性不確定法律概念

規範性不確定法律概念，亦稱為價值性不確定法律概念。

此等法律概念，需經由價值補充才能理解其內涵。例如，行政罰法第 13 條之「緊急危難」、「不得已」與「過當」，行政執行法第 36 條之「危害」、「急迫危險」與即時處置之「必要」等。

三、司法審查與判斷餘地

㈠原則：司法審查

行政機關就不確定法律概念解釋與適用之結果，原則上須受到司法審查，蓋此係行政法之法律適用，為法律問題，基於權力分立與制衡之原則，行政法院得審查其是否違法（釋字第 407 號解釋）。

例如，醫師法【75/12/26】第 25 條規定：「醫師於業務上如有違法或不正當行為，得處 1 個月以上 1 年以下停業處分或撤銷其執業執照。」釋字第 545 號解釋指出，所謂「業務上之違法行為」，係指醫師於醫療業務，依專業知識，客觀上得理解不為法令許可之行為，此既限於執行醫療業務相關之行為而違背法令之規定，並非泛指醫師之一切違法行為，其範圍應屬可得確定；所謂「業務上之不正當行為」則指醫療業務行為雖未達違法之程度，但有悖於醫學學理及醫學倫理上之要求而不具正當性應予避免之行為，尤以涉及醫德者為然。法律就前揭違法或不正當行為無從鉅細靡遺悉加規定，因以不確定法律概念予以規範，惟其涵義於個案中並非不能經由適當組成之機構依其專業知識及社會通念加以認定及判斷，最後可由司法審查予以確認，則與法律明確性原則尚無不合，於憲法保障人民權利之意旨亦無牴觸。

而醫師法【91/01/16】第 25 條修正公布，該條除同法第 28 條之 4 所列舉具體違規事實，授權由主管機關直接依情節輕重處以罰鍰、限制執業範圍、停業、廢止其執業執照或醫師證書外，就屬醫學倫理層次之業務上違法或不正當行為分列 4 款例示，仍於第 5 款以概括條款規定：「前 4 款及第 28 條之 4 各款以外之業務上不正當行為」，並將修正前法律授權訂定醫師懲戒辦法所規定之各種懲戒處分具體明定於醫師法第 25 條之 1。至於懲戒程序之發動，則由醫師公會或主管機關移付懲戒。良以不正當行為無從詳予規範，確有必要由專業團體或主管機關於個案判斷是否移送懲戒。

㈡例外：判斷餘地

不確定法律概念，例外不受到司法審查之範圍，得以判斷餘地稱之。❷

例如，教師法第 14 條第 1 項第 8 款所稱教學不力、不能勝任工作，屬不確定法律概念，具有高度屬人性之評定，並涉教育專業及經驗之判斷，教評會應享有判斷餘地（最高行政法院 103 判 189）；考績評定具高度屬人性，在本質上具有不可替代性、專業性及法律授權之專屬性，享有判斷餘地，行政法院基於權力分立原則，僅得就其判斷決定有無恣意濫用及其他違法情事予以審查（106 裁 1630）。

惟行政機關對於不確定法律概念是否享有判斷餘地，❸且行政法院是否當然完全尊重行政機關之專業能力，在法治國家中基於維護人權與確保依法行政之目的，似應加以質疑。

釋字第 319 號解釋曾謂：「考試機關依法舉行之考試，其閱卷委員係於試卷彌封時評定成績，在彌封開拆後，除依形式觀察，即可發見該項成績有顯然錯誤者外，不應循應考人之要求任意再行評閱，以維持考試之客觀與公平」；釋字第 382 號解釋亦謂：「受理學生退學或類此處分爭訟事件之機關或法院，對於其中涉及學生之品行考核、學業評量或懲處方式之選擇，應尊重教師及學校本於專業及對事實真象之熟知所為之決定，僅於其判斷或裁量違法或顯然不當時，得予撤銷或變更。」

就此，釋字第 319 號解釋翁岳生、楊日然及吳庚之一部不同意見書指出：「典試委員之評分雖應予尊重，但如其評分有違法情事時，並不排除其

---

❷ 釋字第 319 號解釋翁岳生、楊日然及吳庚之一部不同意見書指出：「國家考試之評分專屬於典試委員之職權，此項評分之法律性質有認為行政機關裁量權之行使者，亦有認為屬於行政機關適用不確定法律概念之判斷餘地。無論從裁量之理論或不確定法律概念之見解，典試委員之評分應受尊重，其他機關甚至法院亦不得以其自己之判斷，代替典試委員評定之分數。因依典試法規定，國家考試之評分權賦予典試委員而不及於他人。」此外，釋字第 325 號解釋謂：「國家機關獨立行使職權受憲法之保障者，如⋯⋯考試機關對於應考人成績之評定⋯⋯，監察院對之行使調查權，本受有限制，基於同一理由，立法院之調閱文件，亦同受限制。」

❸ 翁岳生，〈論「不確定法律概念」與行政裁量之關係〉，《行政法與現代法治國家》，1985，第 37 頁以下。

接受司法審查之可能性（行政法院 55 判 275 判例）。法院固不得自行評分以代替典試委員之評分，惟得審查考試程序是否違背法令（如典試委員有無符合法定資格要件），事實認定有無錯誤（如部分漏未評閱或計分錯誤），有無逾越權限（如一題 30 分而給逾 30 分）或濫用權力（專斷、將與事件無關之因素考慮在內）等。若有上述違法情事，行政法院得撤銷該評分，使其失去效力，而由考試機關重新評定。」

而釋字第 462 號解釋已區分：(1)教師評審委員會除能提出具有專業學術依據之具體理由，動搖該專業審查之可信度與正確性，否則即應尊重其判斷；(2)由非相關專業人員所組成之委員會，除就名額、年資、教學成果等因素予以斟酌外，不應對申請人專業學術能力以多數決作成決定；(3)受理此類事件之行政救濟機關及行政法院，自得據以審查其是否遵守相關之程序，或其判斷、評量是否以錯誤之事實為基礎，是否有違一般事理之考量等違法或顯然不當之情事。

目前行政法院似係以審查為原則，但對於具有高度屬人性之評定（如國家考試評分、學生之品行考核、學業評量、教師升等前之學術能力評量等）、高度科技性之判斷（如與環保、醫藥、電機有關之風險效率預估或價值取捨）、計畫性政策之決定及獨立專家委員會之判斷，則基於尊重其不可替代性、專業性及法律授權之專屬性，而承認行政機關就此等事項之決定，有判斷餘地，對其判斷採取較低之審查密度（103 判 59；107 判 168）。

因此，針對立法上係以「不確定法律概念」予以規範，賦予行政機關相當程度之判斷餘地，行政法院對其判斷採取較低之審查密度，僅於行政機關之判斷有恣意濫用及其他違法情事，例如：(1)行政機關所為之判斷，是否出於錯誤之事實認定或不完全之資訊；(2)法律概念涉及事實關係時，其涵攝有無明顯錯誤；(3)對法律概念之解釋有無明顯違背解釋法則或牴觸既存之上位規範；(4)行政機關之判斷，是否有違一般公認之價值判斷標準；(5)行政機關之判斷，是否出於與事物無關之考量，亦即違反不當連結之禁止；(6)行政機關之判斷，是否違反法定之正當程序；(7)作成判斷之行政機關，其組織是否合法且有判斷之權限；(8)行政機關之判斷，是否違反相關

法治國家應遵守之原理原則，如平等原則、公益原則及比例原則等，始得撤銷或變更（105 判 483；107 判 338）。

至於，為判斷有無恣意違法情事（例如，基於錯誤之事實或資訊），行政法院得就形成結論之整體過程介入加以審查（105 判 483；107 判 168）。

(三)本文見解

本文以為，有關行政機關判斷餘地之承認，應儘量地限縮，似僅在於行政機關之決定係為「絕對不可代替性」之事項時，才得例外地賦與其享有判斷餘地，以落實人民以訴訟方式來達到權利救濟之保障。❶

其次，係為確保法院認定事實及適用法律之司法獨立性之要求，並且符合法治國家原則之要求。

法院之司法審查，未必會使行政效能降低，實際上透過法院之事實調查過程，似更能確保行政行為之合法性。

我國法院之編制，應儘速設置「專業法庭」，而使法院實際上有能力去審查此等事件，以維護司法機關之獨立性及其職權之行使，並確實保障憲法所賦與人民訴訟權之有效實現，如此才符合現代法治國家之要求，亦為根本解決之道；否則，若僅以賦與行政機關有判斷餘地之方式，來解決不確定法律概念適用時之困難問題，則對於人民權利遭受侵害之際，似將難有實際獲得法律救濟之可能，這對於我國法治化之發展，將造成莫大之阻力。

---

❶ 對於法條使用不確定法律概念賦予該管行政機關相當程度判斷餘地之審查密度，釋字第 553 號解釋指出：「揆諸學理有下列各點可資參酌：(1)事件之性質影響審查之密度，單純不確定法律概念之解釋與同時涉及科技、環保、醫藥、能力或學識測驗者，對原判斷之尊重即有差異。又其判斷若涉及人民基本權之限制，自應採較高之審查密度；(2)原判斷之決策過程，係由該機關首長單獨為之，抑由專業及獨立行使職權之成員合議機構作成，均應予以考量；(3)有無應遵守之法律程序？決策過程是否踐行？(4)法律概念涉及事實關係時，其涵攝有無錯誤？(5)對法律概念之解釋有無明顯違背解釋法則或牴觸既存之上位規範；(6)是否尚有其他重要事項漏未斟酌。」

肆、行政裁量

一、概　念

　　立法者制定之法律規範，當已發生之案件事實與法規構成要件相符時，經常面臨具體法律效果之決定與選擇。

　　法律所以賦予行政機關裁量權限，其原因係法律之功能在抽象、概括地規範社會生活事實，惟立法技術與效能，皆不容許法律對特定類型之生活事實從事過度詳盡之規制，且生活事實之變遷，經常非立法當時所能預見，故必須保留相當彈性俾以適用。原則上，行政機關對於符合裁量規定之構成要件事實行使裁量權，若其裁量結果未逾法律授權範圍，且其裁量之作成無與法律授權目的不符之違法濫權情事，行政法院基於權力分立原則，應尊重行政機關裁量權之行使，此觀行政訴訟法第 4 條第 2 項及第201 條規定可明（最高行政法院 102 判 446）。

二、類　型

㈠圖　示

$$
行政裁量
\begin{cases}
（有）
\begin{cases}
一般裁量（？）\\
個案裁量（○）
\begin{cases}
（先）決定裁量\\
（後）選擇裁量
\begin{cases}
單一選擇\\
複數選擇
\end{cases}
\end{cases}
\end{cases}\\
（無）
\begin{cases}
法律規定\\
裁量萎縮
\end{cases}
\end{cases}
$$

㈡說　明

1.決定裁量與選擇裁量

　　一般而言，行政裁量係指具體法律效果之決定與選擇，故通常屬個案

性之裁量，依行政機關行使之順序或階段，其得區分為「決定裁量」與「選擇裁量」。

決定裁量，係指行政機關決定是否採取法律效果；選擇裁量，係指行政機關得從多數法律效果加以選擇，至於，得選擇之範圍或手段種類，應依法律之規範設計個別判斷，可能係單一或複數之法律效果。

至於，為協助下級機關或屬官行使裁量權之目的，實務上行政機關可能發布關於裁量基準之行政規則（行政程序法第 159 條第 2 項第 2 款），有稱為一般裁量。⓯例如，「稅務違章案件裁罰金額或倍數參考表」，最高行政法院（99 判 483）謂：「係財政部為使辦理裁罰機關對違章案件之裁罰金額或倍數有一客觀之標準可資參考，基於行使裁量權而訂頒之裁量基準。」但針對個案，仍應分別情形處理。

2.決定裁量與選擇裁量之關係

關於決定裁量與選擇裁量之關係，應依法律之規定個別判斷。

通常係先後關係，即決定裁量在前，選擇裁量在後。

例如，甲於警察局前大聲喊叫，經警員乙禁止繼續喊叫卻不聽，則此時甲之行為已符合社會秩序維護法第 86 條規定「於政府機關或其他辦公處所，任意喧嘩或兜售物品，不聽禁止者」之構成要件，警員乙應依同條規定之法律效果，即先決定是否處罰，再選擇「處新臺幣 3,000 元以下罰鍰或申誡」之處罰類型。

不過，亦可能僅有決定裁量，而無選擇裁量。例如，法人違反設立許可之條件者，民法第 34 條規定「主管機關得撤銷其許可」，故僅有決定撤銷許可與否之裁量。

3.裁量之欠缺與喪失

行政機關亦可能無裁量權，即裁量之欠缺與喪失，其原因可能係基於法律規定行政機關之義務或裁量萎縮等情形。

基於法律規定者，例如，公職人員利益衝突迴避法第 14 條規定：「違

⓯　陳清秀，〈依法行政與法律的適用〉，翁岳生編《行政法》，2000，第 209 頁以下；李惠宗，《行政法要義》，2004，第 161 頁。

反第 7 條（公職人員不得假借職務上之權力、機會或方法，圖其本人或關係人之利益）或第 8 條（公職人員之關係人不得向機關有關人員關說、請託或以其他不當方法，圖其本人或公職人員之利益）規定者，處新臺幣 100 萬元以上 500 萬元以下罰鍰；所得財產上利益，應予追繳。」就「所得財產上利益，應予追繳」之部分，係行政機關之義務，故為裁量之欠缺。

此外，最高行政法院（102 判 350）指出，預算案實際上為行政行為之一種，立法機關審議預算案具有批准行政措施，即年度施政計畫之性質，預算案係由行政院提出，故立法院通過之預算案，行政院未移請覆議經總統公布，成為法定預算後，行政院原則上自有執行之義務，法定預算皆限於一定會計年度，並非反覆實施之法律可比。法定預算及行政法規之執行，均屬行政部門之職責，其間區別在於：賦予行政機關執行權限之法規，其所規定之構成要件具備，即產生一定之法律效果，若法律本身無決策（定）裁量或選擇裁量之授權，該管機關即有義務為符合該當法律效果之行為。

至於，裁量萎縮，係指行政機關原來有裁量權，但因法令規定、職務性質或防止人民重大法益危害之必要，而使裁量權縮減至零，為裁量之喪失。例如，釋字第 469 號解釋指出，法律之種類繁多，其規範之目的亦各有不同，有僅屬賦予主管機關推行公共事務之權限者，亦有賦予主管機關作為或不作為之裁量權限者，對於上述各類法律之規定，該管機關之公務員縱有怠於執行職務之行為，或尚難認為人民之權利因而遭受直接之損害，或性質上仍屬適當與否之行政裁量問題，既未達違法之程度，亦無在個別事件中因各種情況之考量，例如：斟酌人民權益所受侵害之危險迫切程度、公務員對於損害之發生是否可得預見、侵害之防止是否須仰賴公權力之行使始可達成目的而非個人之努力可能避免等因素，已致無可裁量之情事者，自無成立國家賠償之餘地。但是，「倘法律規範之目的係為保障人民生命、身體及財產等法益，且對主管機關應執行職務行使公權力之事項規定明確，該管機關公務員依此規定對可得特定之人負有作為義務已無不作為之裁量空間」，即屬裁量萎縮之情形。❶❻

---

❶❻　行政法院（41 判 14 判例）謂：「法律有明文規定或上級官署依法已以命令指

三、界限與瑕疵

㈠裁量應受法之拘束

　　行政裁量，應受法之拘束，故有一定之界限、範圍與標準，未遵守之裁量權行使，將構成違法之瑕疵裁量。

　　實務見解亦持肯定見解，例如，最高行政法院（99 判 326）指出：「行政裁量，係法律許可行政機關行使職權時，得為之自由判斷，但裁量並非完全放任，行政機關行使裁量權限仍須遵守法律原則，所為之個別判斷，亦應避免違背誠信原則、平等原則、比例原則等一般法的規範，如裁量係基於法律條款之授權時，更不得違反授權之目的或超越授權之範圍，凡此均屬裁量時應遵守之義務。裁量與上述義務有悖者，構成裁量瑕疵，其裁量處分即欠缺合法性，行政法院自得予以審查。」

　　至於，行政裁量若已遵守法之拘束，行政法院之審查權將受到限制，行政訴訟法第 201 條規定：「行政機關依裁量權所為之行政處分，以其作為或不作為逾越權限或濫用權力者為限，行政法院得予撤銷。」而行政法院（76 判 897）亦謂：「司法權與行政權之行使，各有其獨立之分際，行政行為或行政處分，如無違反法令或逾越權限、濫用權力之情形者，即屬在其行政權行使之範圍，縱有不當，除由其上級行政機關審查予以糾正救濟外，不在司法權審查裁判之內。」

　　此外，最高行政法院（98 判 1363）指出，就行政法學理言，行政機關之裁量僅單純不合目的，或未作成其他更有意義甚至更理想之決定，其行為僅為「不當」，並不涉及合法性之問題，依據訴願法第 1 條第 1 項規定，人民得對之向上級機關提起訴願，而受理訴願之機關為上級行政機關，依據行政機關上下隸屬指導關係，自得審查行政處分之「合法性」及「合目的性」。至於，行政法院基於權力分立之原則，僅能審查行政機關之決定是否合法，而不能審查行政機關如何決定始更符合行政目的，否則無異於以行政法院取代行政機關行使裁量權。故行政訴訟法第 4 條第 1 項之規定，

　　示之事項，下級官署自無運用行政職權另事裁量之餘地。」

人民僅得對於違法行政處分提起行政訴訟，行政法院僅得以行政處分具違法事由而予以撤銷，而不得僅以其不當為由予以撤銷。

㈡類　型

行政程序法第 10 條規定：「行政機關行使裁量權，不得逾越法定之裁量範圍，並應符合法規授權之目的。」

由此規定得知，裁量之界限與瑕疵基本類型，在積極行使裁量權方面，至少可區分為外部界限與內部界限；**⓱**至於，消極不行使裁量權之瑕疵類型，得稱為裁量怠惰（最高行政法院 103 判 264）。圖示如下：

$$
裁量瑕疵
\begin{cases}
積極
\begin{cases}
外部界限：裁量逾越 \\
\\
內部界限：裁量濫用
\end{cases} \\
\\
消極：裁量怠惰
\end{cases}
$$

1.外部界限：裁量逾越

外部界限，指行政機關行使裁量權，不得逾越法定之裁量範圍。就此，最高行政法院（92 判 1426）指出，所謂「外部界限」係指行使裁量權所應遵守之法律界限，其判斷方法，乃係以行政裁量本身是否有逾越法律或憲法所規定之界限，諸如行政機關之裁量是否有違背憲法之平等原則等，行政機關是否有逾越法律授權，選擇裁量規定以外之法律效果，此種裁量界限學者稱之為「客觀之裁量界限」。

所謂「法定之裁量範圍」，通常包括最低與最高限度，例如，公職人員財產申報法第 10 條第 2 項規定：「受查詢之機關（構）、團體或個人無正當理由拒絕說明或為虛偽說明者，處新臺幣 2 萬元以上 10 萬元以下罰鍰。」除非有法定加重或減輕之事由，否則，超出法定範圍之裁量，即屬裁量逾越。不過，有些情形僅有最低限度或最高限度之規定；再者，海關緝私條

⓱ 最高行政法院（92 判 1426）指出，參照行政法通說，行政法院在判斷裁量權之行使有無瑕疵時，理應審查是否有逾越法定之裁量界限，或是否以不符合授權目的之方式行使裁量權，亦即應審查裁量權之行使是否遵守裁量之「外部界限」及「內部界限」。此外，並參（99 判 326）。

例第 36 條第 1 項及第 3 項既規定「（第 1 項）私運貨物進口、出口或經營私運貨物者，處貨價 1 倍至 3 倍之罰鍰。（第 3 項） 前 2 項私運貨物沒入之。」顯見立法者授權行政機關行使裁量權之範圍，僅限於「貨價 1 倍至 3 倍之罰鍰」（沒入則為強制性，並無裁量空間），於此裁量外部界限內，始有受一般法律原則規範之餘地，故行政機關於裁量之際，固應衡酌誠信原則、平等原則、比例原則等一般法律原則，然仍不得突破法律授權範圍，否則即構成裁量逾越之違法，更將顛覆權力分立之憲政基本原則 （107 判 242）。

裁量違背外部之界限，係合法性之判斷標準，故行政訴訟法第 4 條第 2 項規定，「逾越權限行政處分，以違法論。」

2.內部界限：裁量濫用

內部界限，指行政機關行使裁量權，應符合法規授權之目的。例如，最高行政法院 （92 判 1426） 指出，「內部界限」係指行政機關之內部動機受有限制，即不得以與事件無關之動機作為行政裁量之基礎，或對依法律規定應行斟酌之事項而未斟酌。至於，裁量濫用，即裁量未完全依照授權規定之目的而為，「係指行政機關為裁量時，未注意法律目的，或未充分衡量有關裁量的重要觀點而言。例如非基於法律之要求而考慮個人因素；非基於防止危害而基於財政目的採取警察措施；或為求迅速且節省地達成目的，乃捨棄法律所規定之行政手續等等。」⓲

裁量違背內部之界限，亦係合法性之判斷標準，故行政訴訟法第 4 條第 2 項規定，「濫用權力之行政處分，以違法論。」

3.裁量怠惰

裁量怠惰，係指行政機關消極不行使裁量權之瑕疵（最高行政法院 99 判 380）。例如，實務見解指出，任何處罰裁量，其裁量時所應衡量之因

⓲ 最高行政法院 （96 判 1） 指出：「行政法院僅能審查行政機關之決定是否合法，而不能審查行政機關如何決定始更符合行政目的。對再審被告甄審錄取名額之多寡進行實質審查，顯已逾越司法審查之權限，上開甄審小組之決議，自無所謂違反內部界限問題存在。」

素，均應遵守行政罰法第 18 條第 1 項之規定，而以該法規範二大衡量因素（①行為之客觀外在因素：A. 違章行為對社會所造成之不利影響，此等影響除顯性及物理性影響外，也包括潛在性、隱性或心理性影響；B. 違章行為對違章行為人所造成之有利影響。②行為人之主觀內在因素，即其「應受責難程度」，與故意或過失之責任類型有關）為準，而此等在裁量過程中一定要予以考量，不予考量即屬「裁量怠惰」（103 判 145）。

　　行政機關應作為而不作為，係因裁量怠惰造成者，人民認為損害其之權利或利益者，訴願法第 2 條第 1 項規定「得提起訴願」，行政訴訟法第 5 條規定，經依訴願程序後，「得向高等行政法院提起請求該機關應為行政處分或應為特定內容之行政處分之訴訟。」

　　裁量怠惰之類型，學者指出，得區分為「決定裁量怠惰」與「選擇裁量怠惰」。其中，決定裁量怠惰，係典型之裁量怠惰，指行政機關依法令對可得特定之人民負有職務上之行為義務而不作為者，損害人民基於「保護規範」而產生之實體上權利與程序上權利，並共同構成行政訴訟上之訴權，即無瑕疵裁量請求權。例如，釋字第 469 號解釋指出，法律明確規定特定人得享有權利，或對符合法定條件而可得特定之人，授予向行政主體或國家機關為一定作為之請求權者，其規範目的即在於保障個人權益。 ⓳

㈢案例分析

　　最高行政法院（92 判 1426；96 判 1）指出，行政執行官之甄審，係依法務部行政執行署組織條例第 14 條第 2 項規定之「行政執行官甄審及訓練辦法」，委託考選部辦理甄審業務，系爭簡章甄試錄取名額規定為：「暫定 45 名，視考試成績擇優錄取」；⓴其陸之三規定：「筆試及甄審總成績錄取

⓳　李惠宗，《行政法要義》，第 168 頁以下。在第 170 頁並謂，「選擇裁量怠惰」，係指法律本賦與行政機關就具體個案進行合義務性之裁量，但行政機關因執行任務之便宜，而放棄個案法律效果具體的選擇。

⓴　甄審簡章第參項明載錄取名額「暫定 45 名（視考試成績擇優錄取，錄取人員服務地點：全國各地行政執行署、處）」，此即充分顯示錄取人員應配合執行業務之需要，其服務地點將係全國各地任一個行政執行處，另考量行政執行官之專業素質與能力，關係公法上金錢給付義務逾期不履行之執行績效甚鉅，乃明

標準，由法務部甄審小組定之」。

法務部甄審小組依據上開辦法及甄審簡章規定，於該小組召開第 2 次委員會議時，決定筆試成績之錄取標準 57 分後，就筆試成績滿 57 分者合計 35 人，准予參加口試，而於口試完成後，該甄審小組再依據上開辦法及甄審簡章規定，於該小組召開第 3 次委員會議時，由小組委員決議以甄審總成績 63 分以上為行政執行官甄審錄取標準，此項決議係客觀獨立且公正之判斷，具有高度之專業性及屬人性，如無違背法令之處，即不容應試人對之藉詞聲明不服。

法務部所屬甄審小組依據上開辦法及甄審簡章規定，即被授予決定「甄審總成績之錄取標準」之職權，則其基於維持行政執行官之專業法律素養，考量應試人整體表現擇優錄取，以符合用人機關業務需求，而決定錄取標準，雖致上訴人等 4 人因未達錄取標準而未予錄取，然難謂其裁量有何「不符裁量目的」之情事。

因此，本件甄選小組決議以 63 分以上為錄取標準時，純粹係為維持整體行政執行官專業法律素養，考量行政執行官之素質與能力，關係公法上金錢給付義務逾期不履行之強制執行績效之良窳，是該小組委員以「應試人成績」、「試題難易」、「應試人整體表現」等項目，加以衡酌，並無以與事件無關之動機作為行政裁量之基礎，或對依法律規定應行斟酌之事項未予斟酌，更無裁量不足，思慮不周、權衡失誤之情事存在之情形。

至於，甄選小組委員嗣秉持個人專業學識素養與經驗，於該小組第 3 次委員會議，基於「法務部行政執行官甄審簡章」授權決定「甄審總成績」之職權，綜合考量應試人筆試及口試之成績及素質，審認應試人甄審總成績達 63 分以上者，始足以擔負行政執行官之重任，符合用人機關之業務需要及員額素質能力等考量，乃決議以甄審總成績 63 分以上為行政執行官甄審錄取標準，並無原審所稱「裁量權之行使，不符裁量目的」之情事，自無「裁量濫用」之問題存在。

此外，系爭甄審簡章所謂「暫定 45 名」，僅係一種大致的「預定」，與

確規定「擇優錄取」，已符合行政法有預測可能性之明確性原則及公平原則。

公務人員考試法舉辦之考試所定之錄取名額性質截然不同，其列載於簡章上，充其量僅係甄審作業之應考注意事項，並非針對具體個案之裁量權行使結果，於法自無限定必須錄取至 45 名為足，否則要無可能載明「暫定」之旨，故縱事後錄取人數未達 45 名，亦係擇優錄取之當然結果，自無濫用裁量之問題。況且，應試人願意依據系爭甄審簡章所規定之暫定名額、擇優錄取意旨為報名應試，顯已詳閱簡章規定，應已「預見」應試人成績未達最低錄取標準，雖有名額亦不錄取之可能，自不能事後再忽略擇優錄取之特性，僅執所謂暫定名額若干，進而主張有信賴保護原則之適用。

第二篇

行政組織

Administrative Law

第五章　行政組織基本概念

綱要導讀

壹、行政機關

一、概　念

㈠行政機關之要件

1.代表行政主體表示意思

2.從事公共事務

3.具有單獨法定地位之組織

㈡視為行政機關

1.定義規定

2.視為行政機關之案例

二、單位與機關之判斷標準

三、案　例

㈠行政機關之案例

㈡非行政機關之案例

貳、管　轄

一、管轄法定原則

㈠原　則

㈡管轄事項之變更

二、補充管轄

三、競合管轄

㈠要　件

㈡處理順序

四、管轄爭議之處理

㈠處理程序

1.管轄機關之決定

2.臨時處置

㈡案例分析

五、案件之移送

㈠無管轄權

1.本法第 17 條之規範目的

2.準用程序

3.排除適用

㈡管轄權喪失

參、權限移轉

一、委　任

二、委　託

㈠不相隸屬之行政機關

㈡民間團體或個人

肆、行政協助

一、要　件

㈠在權限範圍內

㈡請求對象與事由

1.請求對象

2.請求事由

㈢請求方式

二、被請求機關之作為

㈠拒絕之類型

1.應拒絕

2.得拒絕

㈡通知與異議

㈢費用負擔

　　本章主要係討論行政程序法（以下簡稱「本法」）中，行政機關、管轄與權限移轉等行政組織之基本概念。

壹、行政機關

一、概　念

㈠行政機關之要件

　　本法第 2 條第 2 項規定：「本法所稱行政機關，係指代表國家、地方自治團體或其他行政主體表示意思，從事公共事務，具有單獨法定地位之組織。」其要件分析如下：

1.代表行政主體表示意思

　　行政機關係代表國家、地方自治團體或其他行政主體表示意思之行政組織體。

　　「行政主體」，係公法人，國家與地方自治團體等均為行政主體，即享有權利負擔義務之行政組織體，具有法律上之人格。❶

　　而「行政機關」，係代表行政主體作成行政行為並以自己名義對外表示意思，至於，其效果則歸屬行政主體，本身並無法人格。而釋字第 433 號解釋謂：「國家為公法人，其意思及行為係經由充當國家機關之公務員為之。」

　　舉例分析如下：

---

❶　行政法人法【100/04/27】第 2 條規定：「本法所稱行政法人，指國家及地方自治團體以外，由中央目的事業主管機關，為執行特定公共事務，依法律設立之公法人。前項特定公共事務須符合下列規定：⑴具有專業需求或須強化成本效益及經營效能者；⑵不適合由政府機關推動，亦不宜交由民間辦理者；⑶所涉公權力行使程度較低者。行政法人應制定個別組織法律設立之；其目的及業務性質相近，可歸為同一類型者，得制定該類型之通用性法律設立之。」

〔實例〕

甲鄉公所由鄉長 (A) 署名發函通知人民 (B)，經查證其因未經核准在電線桿上違規張貼出租房屋廣告之事實，符合廢棄物清理法 【102/05/29】第 27 條第 10 款之行為，依同法第 50 條第 4 款之規定，科處罰鍰 1,200 元。

〔分　析〕

甲鄉：係行政主體，非以本身名義發文，其係罰鍰法律效果之歸屬者。

甲鄉公所：係行政機關，以自己名義（代表甲鄉）對外發文。

鄉長 (A)：係行政機關之首長，稱機關擔當人，為罰鍰處分之決定者。

人民 (B)：罰鍰處分之相對人，不服本處分者，得依法提起訴願。

2. 從事公共事務

行政機關之設置目的，係為行政主體從事一定之公共事務，故應享有特定之管轄權，才能在其管轄範圍內，行使公權力且處理行政事務。就此，學者指出，行政主體係法規之歸屬主體，具有「直接（固有）管轄權」；行政機關，係為行政主體執行管轄權，為「過渡（他有）管轄權」。❷

行政機關行使職權，不應僅以組織法有無相關職掌規定為準，更應以行為法（作用法）之授權為依據，始符合依法行政之原則。而警察勤務條例，除有組織法之性質外，實兼具行為法之功能，故得作為警察執行勤務之行為規範（釋字第 535 號解釋）。

3. 具有單獨法定地位之組織

在此所指之「單獨法定地位之組織」者，最高行政法院謂，係指有單獨法定地位並具備獨立之人員編制與預算，即具有經由中央或地方立法機關訂定該組織的法律、條例、通則或規程等單獨之組織法規、獨立之編制和預算及依印信條例頒發之印信而言（106 裁 1884）。

---

❷　陳敏，《行政法總論》，2004，第 883 頁以下。

㈡視為行政機關

1.定義規定

本法第 2 條第 3 項規定：「受託行使公權力之個人或團體，於委託範圍內，視為行政機關。」係有關視為行政機關之定義規定（最高行政法院 99 判 185），而將公權力授與民間團體行使之方式有直接由法律授與者，亦有由行政機關以行政處分或行政契約方式授與者，該受託行使公權力之個人或團體於受託行使公權力之範圍內，具有與行政機關相當之地位，就該公法上特定事項所作成而對外直接發生法律效果之單方行為，不問其用語、形式，皆屬行政處分，受處分之相對人認為該行政處分違法或不當，自得對之提起行政爭訟（104 判 490）。

其中，受託之個人或團體，是否「行使公權力」，係得否視為行政機關之判斷標準。因此，依法設立之團體，如經政府機關就特定事項依法授與公權力者，釋字第 269 號解釋指出，在其授權範圍內，既有政府機關之功能，以行使該公權力為行政處分之特定事件為限，當有行政訴訟之被告當事人能力。

例如，私立學校係依私立學校法經主管教育行政機關許可設立並製發印信授權使用，故釋字第 382 號解釋指出，在實施教育之範圍內，有錄取學生、確定學籍、獎懲學生、核發畢業或學位證書等權限，係屬由法律在特定範圍內授與行使公權力之教育機構，於處理上述事項時亦具有與機關相當之地位。❸各大學校、院、系（所）教師評審委員會關於教師升等評審之權限，亦係屬法律在特定範圍內授予公權力之行使（釋字第 462 號解釋）。

2.視為行政機關之案例

⑴肯定案例

實務見解指出，依據大學法及其施行細則組織之大學招生委員會聯合會，以參與大學為會員，辦理：商訂招生策略、協調各校年度招生事宜及

---

❸ 關於公立學校，釋字第 382 號解釋指出，係各級政府依法令設置實施教育之機構，具有機關之地位。

其他招生相關事項，係基於大學法規定代表參與聯合招生之大學所為，具有機關之地位。而「財團法人大學入學考試中心基金會」係依照民法暨教育部審查教育事務財團法人設立許可及監督要點成立之公益法人，於法令限制內，有享受權利、負擔義務之能力，該法人以從事研究並改進大學入學之制度與命題技術為宗旨，依有關法令規定「接受委託辦理各項有關大學之入學考試」及其他符合該會設立宗旨之相關公益性教育事務，並受教育部之監督。「大學招生委員會聯合會」並依大學法及「大學招生委員會聯合會大學考試入學分發招生辦法」規定，將大學招生其中之「考試」相關業務即「學科能力測驗」與「指定科目考試」，以契約（協議書）委託「財團法人大學入學考試中心基金會」辦理，該「財團法人大學入學考試中心基金會」於受託行使（辦理）上述考試業務之範圍內，屬於本法第 2 條第 3 項之行政機關（最高行政法院 101 判 862；101 判 828）。❹

　　此外，特定民事交易行為如受到政府採購法之規範，即應整體適用政府採購法之規定，不得分割適用。從而是以特定企業或組織，無論為其組織之公、私法屬性為何，一旦其從事之民事交易行為，因為實證法之明文，而適用政府採購法者，其因該交易行為所生之後續爭議處理，亦應有政府採購法之一體適用（除非是政府採購法規範架構所不及之事項，才可另循其他法規範為處理）。從而以政府採購者身分之財貨勞務需求者，循政府採購法之規則，而為民事交易行為時，其在該民事交易行為之締約、履約事項範圍內，因適用政府採購法之相關規定而為意思表示者，即屬「受委託行使公權力」，而依本法第 2 條第 3 項規定，取得行政機關之地位（107 判 218）。

---

❹　至於，財團法人大學入學考試中心基金會所設「大學入學考試中心」，於就受託行使（辦理）大學「學科能力測驗」與「指定科目考試」之相關事項，對外行文時由該單位主管（主任）署名、蓋職章，其效力與蓋用「財團法人大學入學考試中心基金會」印信之公文同，如該公文係就受託行使相關考試業務所作成而對外直接發生法律效果之單方行為，不問其用語、形式，皆應視同「財團法人大學入學考試中心基金會」之行政處分（最高行政法院 101 判 862）。

⑵否定案例

例如，最高行政法院（98 裁 3367）指出，臺北市政府警察局義勇警察大隊，係由民間熱心公益人士參加編組而成，非內政部警政署組織條例或臺北市政府警察局組織規程所規定之警察組織編制內之獨立機關或內部單位，僅係於警察機關執行勤務時從旁予以協助，未受託行使公權力，乃行政助手，而非本法第 2 條第 3 項所定得視為行政機關之團體，故所簽訂之「約僱人員僱用契約書」，當非行政機關與人民締結之行政契約，應係私法關係之契約性質。❺

此外，國營事業管理法第 6 條規定，國營事業除依法律有特別規定者外，應與同類民營事業有同等之權利與義務，並非規定國營事業為行政機關。因此，臺灣自來水股份有限公司雖為經濟部所屬國營事業，核其組織性質，係依公司法所設立之股份有限公司，為私法人，並非行政機關，其與用戶之給付關係或利用關係，亦非受委託行使公權力（102 裁 1661）；臺灣糖業股份有限公司亦為經濟部所屬國營事業，組織性質並非行政機關，其所有土地上排水設施之修繕管理，亦非受委託行使公權力（107 裁 728）。

二、單位與機關之判斷標準

機關係獨立之組織體，得以本身之名義作成決策表示於外，並發生一定之法律效果；而機關基於分工原則所設立之內部單位，則非獨立之組織體，無單獨法定地位，僅分擔機關一部分之職掌，一切對外行為原則上均應以機關名義為之，始生效力。判斷組織體為機關或內部單位，以：㈠有無單獨之組織法規；㈡有無獨立之編制及預算；㈢有無印信等為準（最高行政法院 103 裁 160；100 判 412）。

---

❺ 行政助手（或行政輔助人），指民間團體或個人，在行政機關執行特定行政事務時，受行政機關之委託予以協助，並按其指示處理（完成）該事務；行政助手之行為，雖歸屬該委託的行政機關，惟並無公權力，非獨立之行政機關，亦不直接與第三人發生法律關係，故與公權力受託人尚屬有別（最高行政法院 104 判 490）。

　　例如，財政部國有財產局依國有財產法第9條規定，係屬機關。而依財政部國有財產局組織條例第11條規定，財政部國有財產局固得於重要地區設辦事處，就此「區辦事處」亦定有財政部國有財產局各地區辦事處組織通則之組織法規，然就「區辦事處」下設「分處」，則僅於財政部國有財產局各地區辦事處組織通則第8條規定：「各地區辦事處得視業務需要，於轄區設分處，由國有財產局層報行政院核定設立……。」惟此究非關於「分處」之獨立組織法規。且依財政部國有財產局一等辦事處辦事細則之規定，可知財政部國有財產局各地區辦事處之「分處」，並無獨立之預算。財政部國有財產局臺灣中區辦事處南投分處僅屬行政機關之內部單位，並非所謂中央或地方機關，而其亦非所謂自然人、法人或非法人之團體，自無行政訴訟之當事人能力（100判412）。

　　惟就行政機關內部之組織結構之型態而言，行政機關之內部係劃分若干分支組織，可能為內部單位，惟亦可能為所屬機關。最高行政法院指出，依本院歷來所持之見解，實務上基於分層負責及增進效率之考量，由機關授權以單位或單位主管名義對外為意思表示者，如具備行政處分之要件者，參照本院48判1判例意旨，應認該單位所為之意思表示為其隸屬機關之行政處分，俾受處分人有提起行政訴訟之機會。若行政機關之內部組織，符合上開行政機關之定義者，依訴願法第13條之規定，原行政處分機關之認定，即以實施行政處分時之名義為準（94判217）；至於，高雄市稅捐稽徵處組織規程第5條規定「本處得因業務需要，按行政區設置分處，辦理稅捐稽徵業務等事項，其配屬員額由本處總員額內分配，報請高雄市政府財政局核備。」因此，高雄市稅捐稽徵處岡山分處並無單獨之組織法規、獨立之編制及預算等，故其非本法第2條第2項所稱之「單獨法定地位之組織」，應屬高雄市稅捐稽徵處之內部單位（106裁1884）。

三、案　例

㈠行政機關之案例

　　犯罪被害人保護法第14條第1項規定：「地方法院及其分院檢察署設

犯罪被害人補償審議委員會，掌理補償之決定及其他有關事務。」同條第
3 項規定：「審議委員會均置主任委員 1 人，分別由地方法院或其分院檢察
署檢察長兼任；委員 6 人至 10 人，由檢察長遴選檢察官及其他具有法律、
醫學或相關專門學識之人士，報請法務部核定後聘兼之；職員由檢察署就
其員額內調兼之。」

就此，最高行政法院（96 判 281；106 判 55）指出，依上開規定，地
方法院及其分院檢察署所設犯罪被害人補償審議委員會，自屬依法得代表
國家表示意思，掌理補償之決定及其他有關事務之行政機關。

(二)非行政機關之案例

關於地價及標準地價評議委員會，最高行政法院（93 判 113）曾指出，
係直轄市或縣（市）政府依內政部訂頒之地價及標準地價評議委員會組織
規程所設置，其委員及工作人員均屬兼任，並無專職人員，亦無獨立預算，
自係直轄市或市縣政府因任務編組所設內部單位，而非具有單獨法定地位
之行政機關，自無作成行政處分之權能。

因此，地價評議委員會依土地徵收條例第 22 條第 2 項規定，就被徵收
土地權利關係人對於徵收補償價額不服直轄市或縣（市）地政主管機關調
查處理情形提出復議所作成之決議，仍須經所屬市直轄市或縣（市）政府
地政主管機關作成行政處分，始能發生法律效力。不過，實務見解（103
判 180；107 判 79）亦指出，該委員會之特性在於經由不同屬性之代表，
根據不同之見解，獨立行使職權，共同作成決定，應認享有判斷餘地。在
判斷餘地範圍內，行政法院祇能就行政機關判斷時，有無遵守法定秩序、
有無基於錯誤之事實、有無遵守一般有效之價值判斷原則、有無夾雜與事
件無關之考慮因素等事項審查，其餘有關行政機關之專業認定，行政法院
應予尊重。

此外，農工企業公司，最高行政法院（91 裁 1127）指出，係經濟部所
屬依公司法規定設立之公營事業機構，非行政機關。

貳、管　轄

一、管轄法定原則

㈠原　則

　　所謂管轄法定原則，依本法第 11 條第 1 項規定：「行政機關之管轄權，依其組織法規或其他行政法規定之。」及同條第 5 項規定：「管轄權非依法規不得設定或變更。」

　　行政機關之權限均係以法規為依據（管轄權法定原則），不得任意設定或變更，尤其不允許當事人協議變動機關之管轄權（管轄恆定原則）（最高行政法院 99 判 1041；103 判 605）。❻因此，縱然是上級機關亦不得在法律規定之管轄層級之外，變更其所屬下級機關之管轄權限，若因而影響行政救濟之層級，尤為法所不許。惟「管轄恆定原則」亦有例外，即得不依增修法規之程序與方式而依其他法定程序與方式變更管轄權。本法第 15 條所規定之「委任」即屬其中一種。亦即行政機關得依法規將其權限之一部分，委任所屬下級機關執行之，其所謂「法規」，包括憲法、法律、法規命令、自治條例、依法律或自治條例授權訂定之自治規則、依法律或法規命令授權訂定之委辦規則等有關委任事項之「行政作用法規」。如無法規依據，不得擅自委任，以確保「管轄權恆定原則」。易言之，組織法一般係規範行政機關內部運作，以適用於機關內部為多，而作用法則以對外施行為主，其所規定者厥為具有實踐性質之「職權」，大都具有干預性質，是權利或權力之性質，需有法令具體授權基礎，因此，行政機關僅得依作用法，不得依組織法內有關權限之規定，訂定涉及人民權利義務之法規命令（釋字第 535 號、第 570 號及第 654 號解釋）。從而，若行政機關欲將部分權限

---

❻　最高行政法院（99 判 1041）指出：「……縱行政機關將部分權限為委任，仍須有個別作用法之具體法規依據，並由各主管機關依據本法第 15 條規定辦理委任。」

委任所屬下級機關執行，仍須有個別作用法之具體法規依據，並由各主管機關依據本法第 15 條規定辦理委任。若未踐行上開程序，即不發生授與權限之效力（103 判 605）。

管轄權係基於法規定之，與人民之主觀認定無關。例如，若裁罰機關依法為臺北市商業處，並非警察機關，而警察機關之臨檢紀錄表，係臺北市商業處作成原處分之證據資料，則無所指警察機關侵犯商業登記主管機關權限而違反管轄法定原則之問題（96 判 2007）。

㈡管轄事項之變更

本法第 11 條第 2 項至第 4 項規定：「行政機關之組織法規變更管轄權之規定，而相關行政法規所定管轄機關尚未一併修正時，原管轄機關得會同組織法規變更後之管轄機關公告或逕由其共同上級機關公告變更管轄之事項。行政機關經裁併者，前項公告得僅由組織法規變更後之管轄機關為之。前 2 項公告事項，自公告之日起算至第 3 日起發生移轉管轄權之效力。但公告特定有生效日期者，依其規定。」

例如，行政院金融監督管理委員會（金管會）於【93/07/01】成立，行政院以【93/06/24】院臺財字第 0930027180 號公告，相關法律及法規命令條文涉及金管會掌理事項，原管轄機關為財政部或證期會者，自【93/07/01】起變更為金管會。故行政院公告證券交易法第 3 條所定主管機關由財政部證期會變更為金管會，核與前述規定並無不合（最高行政法院 97 判 1056）。

二、補充管轄

本法第 12 條規定，不能依第 11 條第 1 項（即依其組織法規或其他行政法規定）定土地管轄權者，依下表之先後順序定之：

順　序	事　件	管轄之決定
1	不動產之事件	依不動產之所在地
2	企業之經營事件 其他繼續性事業之事件	依經營企業或從事事業之處所，或應經營或應從事之處所

3	其他 事件	關於自然人	(1)依其住所地 (2)依其居所地：無住所或住所不明者 (3)依其最後所在地：無居所或居所不明者
		關於法人或團體	依其主事務所或會址所在地
4	不能依前 3 款之規定定 其管轄權		依事件發生之原因定之
	有急迫情形		

關於不動產之事件：依不動產之所在地定之。

關於企業之經營或其他繼續性事業之事件：依經營企業或從事事業之處所，或應經營或應從事之處所定之。

其他事件：⑴關於自然人者，依其住所地；無住所或住所不明者，依其居所地；無居所或居所不明者，依其最後所在地定之。⑵關於法人或團體者，依其主事務所或會址所在地定之。

不能依前 3 款之規定定其管轄權或有急迫情形者，依事件發生之原因定之。

三、競合管轄

㈠要　件

本法第 13 條第 1 項規定：「同一事件，數行政機關依前 2 條之規定均有管轄權者，由受理在先之機關管轄，不能分別受理之先後者，由各該機關協議定之，不能協議或有統一管轄之必要時，由其共同上級機關指定管轄。無共同上級機關時，由各該上級機關協議定之。」

由前述規定內容得知，競合管轄之要件：係⑴針對同一事件；⑵數行政機關依前 2 條（第 11 條與第 12 條）之規定均有管轄權者。

故針對同一事件有管轄權者，至少有兩個以上之行政機關。

㈡處理順序

競合管轄之處理順序：係⑴受理在先之機關管轄；⑵各該機關協議定之；⑶共同上級機關指定管轄；⑷各該上級機關協議定之。此外，本法第

13 條第 2 項規定：「前項機關於必要之情形時，應為必要之職務行為，並即通知其他機關。」

　　所謂「由受理在先之機關管轄」，仍應注意其他法令之規定，例如，臺北高等行政法院（92 簡 93）指出，❼ 按依強制汽車責任保險法施行細則第 16 條明定：「⋯⋯未能提示者，由稽查人員通報公路主管機關處理。公路主管機關依通報資料查明汽車所有人未依規定投保本保險⋯⋯依本法第 44 條規定處分之」，又依汽車所有人違反強制汽車責任保險事件裁決罰鍰繳納處理細則第 5 條第 2 款規定「公路監理機關於執行路邊稽查或警察機關執行交通勤務時，應查驗汽車所有人之強制汽車責任保險證，當場無法查驗者，應按已查明之資料於舉發違反道路交通管理事件通知單保險欄勾記，或以其他方式通報公路監理機關處理。」第 14 條規定「公路監理機關收到第 5 條第 1 項第 2 款規定移送之舉發違反道路交通管理事件通知單或其他方式通報資料後，經查證被通知之汽車所有人於行為發生時確未依本法規定投保本保險⋯⋯應即予舉發填製通知單送達被通知人。」查本件原告騎乘機車被攔檢稽查時，原告未出示保險證，警方雖亦未於違反道路交通管理事件通知單右上角勾記保險出示情形，但該通知單於鍵入電腦後即與被告所屬嘉義區監理所之電腦連線列管，此即上開規定之「以其他方式」通報公路主管機關，被告所屬嘉義區監理所依前揭處理細則第 14 條規定，經依公路監理資訊系統透過電腦系統搜尋查獲原告於交通違規日機車並未依強制汽車責任保險法第 44 條第 1 款規定投保有效期之強制汽車責任保險，被告所屬嘉義區監理所爰據以舉發本件違反強制汽車責任保險事件，要無不合。

　　換言之，臺中市警方之舉發標的，係原告之「不遵守號誌」交通違規行為；而被告所屬嘉義區監理所依其通報單所查證，始據以舉發，本件舉發單位為被告所屬嘉義區監理所，從而，本件警方於當場攔查時，無受理

---

❼　本案原告主張罰單開立之內容實仍決定於警察機關，且根據本法第 13 條：「同一事件，數行政機關依前 2 項之規定均有管轄權者，由受理在先之機關管轄。」本案受理在先之單位應為警察機關。

在先之問題，此由臺中市警察局第六分局 【91/06/07】 中分六交字第
0910014560 號函敘「……無舉發違反強制汽車責任險……」至明。

四、管轄爭議之處理

㈠處理程序

數行政機關於管轄權有爭議時，其處理程序，依本法第 14 條規定，說
明如下：

1.管轄機關之決定

管轄機關之決定，有 2 種方式：

(1)依職權

即由其共同上級機關決定之；不過，若無共同上級機關時，則由各該
上級機關協議定之。

(2)依申請

前述情形，人民就其依法規申請之事件，得向共同上級機關申請指定
管轄；不過，若無共同上級機關者，得向各該上級機關之一為之。

受理申請之機關，應自請求到達之日起 10 日內決定之。

至於，人民對行政機關依本條所為指定管轄之決定，則不得聲明不服。
就此，最高行政法院指出，關於行政機關管轄競合或爭議時，管轄機關之
決定，法已有明文，交由爭議機關協議、共同上級機關指定或各該上級機
關協議定之，屬行政權範疇，非得由司法權介入（103 判 694）。

2.臨時處置

在數行政機關於管轄權有爭議而管轄機關未經決定前，如有導致國家
或人民難以回復之重大損害之虞時，該管轄權爭議之一方，應依當事人申
請或依職權為緊急之臨時處置，並應層報共同上級機關及通知他方。

㈡案例分析

關於管轄權爭議之案例，例如，高雄市政府及其所屬教育局均依據教
育人員任用條例第 21 條規定，分別作成高雄市政府教育局【88/09/20】高
市教人字第 31767 號處分書，及高雄市政府 【88/09/27】 高市人三字第

29742 號令,對國民小學校長為免職之處分。

就本件免職處分之管轄權爭議,係經教育部向共同上級機關行政院申請決定結果,行政院以【89/01/06】臺 89 訴字第 00547 號函:「按教育人員任用條例第 31 條規定所稱『主管教育行政機關』,係指教育部、省(市)政府教育廳(局)、縣(市)政府,惟適用於國民小學校長之免職,產生任用與免職之權責機關不一時,其核准免職權責機關仍宜參酌同條例第 23 條之規定認定。」

行政院此函釋,既係因直轄市國民小學校長之免職,應屬何機關之權限一事,就行政機關間發生之爭議所為之釋示,參諸前述本法第 14 條第 1 項之法理,其性質應屬共同上級機關所為管轄權之指定。

而依教育人員任用條例第 23 條第 2 款規定,直轄市國民小學校長係由市教育局遴選合格人員,報請市政府任用之。則依前述行政院函釋,關於教育人員任用條例第 23 條第 2 款所定直轄市國民小學校長之免職處分,亦應由為任用之直轄市政府為之;故本件關於免職事件,自應以行政院所指定之高雄市政府始為有管轄權之處分機關。❽

五、案件之移送

關於案件之移送,其原因有下列數種:

㈠無管轄權

1.本法第 17 條之規範目的

國家為踐行其公共任務而分官設職,其目標是為透過分工而謀整體效率之提升。所以各個行政機關固然各有職掌,然而整個行政組織所應提供之服務機能則應是「整體而不可分割的」,不能因為分工之結果反而造成人民之不便。因此,本法第 17 條規定:「行政機關對事件管轄權之有無,應

---

❽ 高雄高等行政法院(90 訴 811)指出:「關於本件原告之免職事件,即應以有管轄權之被告(高雄市政府)【88/09/27】高市人三字第 29742 號令始為對原告發生免職效力之行政處分(至被告所屬教育局所為處分書,則不視為行政處分,原告就此部分所提起之訴訟,本院另以裁定駁回之)。」

依職權調查；其認無管轄權者，應即移送有管轄權之機關，並通知當事人。人民於法定期間內提出申請，依前項規定移送有管轄權之機關者，視同已在法定期間內向有管轄權之機關提出申請。」其目的即在主動提供行政服務，並避免人民因不熟悉法律而遭受請求（或救濟期間）逾期之不利益。

由此觀之，行政機關有義務對事件管轄權進行職權調查；並將當事人之請求移送於有管轄權之機關，儘量讓當事人之請求效力，始終持續存在，不輕易消滅。例如，甲公務員向公務人員住宅及福利委員會提出申請，迄今尚未領受任職於前臺灣省政府物資處年資之公務人員福利互助金，惟公務人員住宅及福利委員會自認並非系爭福利互助金結算之主管機關，且甲公務員業於申請書中具體表明公務人員住宅及福利委員會若查認系爭事項非屬其管轄，請求依本法第 17 條第 1 項規定移轉至權責機關。因此，公務人員住宅及福利委員會依法應即將本件申請移送有管轄權之機關，並通知甲公務員，方不致使甲公務員申請無門（最高行政法院 95 裁 1200）。

此外，海巡署接獲通報，在嘉義布袋商港嘉金輪貨輪卸貨區，查獲載運貨櫃內之高粱酒箱夾帶疑似未稅菸品，由金門料羅商港運送至嘉義布袋商港，欲將系爭貨物自嘉義布袋商港運送至嘉義市等違法情事，而移請嘉義縣政府裁罰。經嘉義縣政府抽樣送請鑑定結果，以系爭貨物係專供臺灣機場免稅商店銷售之真品；惟嘉義縣政府無法辨別系爭貨物係自免稅商店或離島免稅購物商店售出，無法以「私菸」論處，遂依離島建設條例及離島免稅購物商店設置管理辦法，移送財政部關務署高雄關審理。高雄關審酌結果，以系爭貨物係由金門縣水頭商港免稅商店售出購得等語，審認系爭貨物為菸酒管理法第 6 條規定所稱私菸，遂依本法第 17 條移請嘉義縣政府依法裁處（105 判 567）。

2.準用程序

在權限管轄爭議之事件，訴願（復審）決定機關大部分係上級機關，或係主管全國公務人員復審案件之機關，對於人民之申請案件，其處理之權限機關為何，知之最詳，訴願（復審）機關受理人民之申請案之訴願後，臺北高等行政法院（92 訴 3961）指出，不論有無行政處分存在、是否行政

處分，均有義務確認何者為受理人民之申請案件之權責管轄機關，依本法第 17 條作適法之處理，蓋就人民之申請案件，訴願（復審）人對原處分機關作為或不作為不服，訴願（復審）機關認有行政處分存在，當然應依訴願法第 1 條第 1 項受理，若訴願（復審）機關認無行政處分或非行政處分，且原處分機關應作為而不作為者，則應依訴願法第 2 條第 1 項（公務人員保障法第 26 條）受理，殊不得以非行政處分為由為不受理之決定，否則將有違訴願法第 2 條（公務人員保障法第 26 條）之怠為處分訴願（復審）修法意旨。此外，訴願法（或公務人員保障法復審程序）為本法之特別法，就訴願法或公務人員保障法未規定之事項，應準用本法，是以訴願（復審）決定機關準用本法第 17 條應負有調查管轄權有無，並移送有管轄權機關之義務。

3.排除適用

由於，本法第 3 條第 2 項第 2 款之規定，司法機關之行政行為，已不適用本法之程序規定，則司法機關之審判行為，更不適用本法之程序規定。因此，人民主張適用本法第 17 條之規定，顯係誤解該法之立法意旨（最高行政法院 94 裁 17）。

㈡管轄權喪失

行政機關因法規或事實之變更而喪失管轄權時，本法第 18 條本文規定，應將案件移送有管轄權之機關，並通知當事人。因此，原管轄機關負有移送義務。

不過，本法第 18 條但書規定，經當事人及有管轄權機關之同意，亦得由原管轄機關繼續處理該案件。

至於，喪失管轄權之原管轄機關，不同意繼續處理該案件，而將案件移送有管轄權之機關時，嗣後有管轄權之機關，則應繼續處理該案件。

此外，有管轄權之機關，除依本法第 18 條規定喪失管轄權外，實務見解指出，不因其將權限之一部委任或委託其他機關辦理，而發生喪失管轄權之效果。縱其未將委任或委託之權限收回，必要時仍得自行受理人民之申請案並為准駁之決定（最高行政法院 96 判 1916）。

參、權限移轉

權限移轉之方式，得區分為委任與委託，說明如下：

一、委　任

關於權限之委任，本法第 15 條第 1 項及第 3 項規定：「行政機關得依法規將其權限之一部分，委任所屬下級機關執行之。前述情形，應將委任事項及法規依據公告之，並刊登政府公報或新聞紙。」權限一經委任，即產生權限移轉效果，故受委任機關為行政處分，自得以自己之名義為之（最高行政法院 95 裁 2570）。

「委任」，係指有隸屬關係的上下級行政機關間之授權，因委任涉及權限之變更，自須有其法規之依據。所稱「法規」，包括憲法、法律、法規命令及自治規章在內（最高行政法院 102 判 140）。

此外，就本法第 15 條第 3 項規定觀之，所稱「應將委任事項及法規依據公告之」，係明定公告之內容應載明「委任事項及法規依據」之謂。所稱「公告」，係指行政機關向公眾或特定之對象宣布時使用，至其公告之方式如何？法律尚乏明文規定，依現行實務之作法，有將應公告之事項張貼於機關之布告欄者、有刊載於政府公報或新聞紙者，亦有刊載於行政機關之資訊網站者，如能達到使相關民眾知悉之方式，於法即無不合。參照本法第 156 條第 1 項規定：「行政機關為訂定法規命令，依法舉行聽證者，應於政府公報或新聞紙公告。」因此，刊登於政府公報或新聞紙自屬本法踐行公告程序之一種方式（95 判 671）。

二、委　託

權限之委託，依其受託者，得區分如下：
㈠不相隸屬之行政機關

本法第 15 條第 2 項及第 3 項規定：「行政機關因業務上之需要，得依

法規將其權限之一部分,委託不相隸屬之行政機關執行之。前述情形,應將委託事項及法規依據公告之,並刊登政府公報或新聞紙。」

「委託」,係指不相隸屬關係行政機關間之授權,而委託事項則係針對特定權限之範圍。例如,勞保局接受不相隸屬機關內政部之權限委託,執行敬老福利生活津貼之業務（最高行政法院95判188）;而受委託之行政機關,則有執行委託事項之權限,例如,交通部公路總局重大橋樑工程處,受澎湖縣政府委託辦理「望安一將軍跨海大橋及兩端引道興建工程」之規劃設計發包、施工、監造等業務,並依法辦理採購,與得標廠商訂立工程契約,自屬辦理工程採購機關（95判1359）。因委託亦涉及權限之變更,自須有其法規之依據。所稱「法規」,包括憲法、法律、法規命令及自治規章在內。

此外,針對委託程序之瑕疵,最高行政法院（96判1723）指出,空軍總部為核發退休金之權責機關,依據停發退休俸辦法規定,以函委託任職機關（國防部軍備局中山科學研究院）負責於期限內追（扣）回溢領俸金,確屬有法規依據,該權限之移轉已因此而發生效力,至縱無踐行公告程序,僅係程序之瑕疵,係得補正之事項,並非當然無效。

㈡民間團體或個人

本法第16條規定:「行政機關得依法規將其權限之一部分,委託民間團體或個人辦理。前項情形,應將委託事項及法規依據公告之,並刊登政府公報或新聞紙。第1項委託所需費用,除另有約定外,由行政機關支付之。」

由於國家功能之日益增進,政府機關輒有將部分公權力委託私法上之團體行使者,如公路監理機關實施汽車定期檢驗委託民間代檢制度（最高行政法院95判1955;96判1106）、糧食局委託各地農會代收田賦實物或隨賦徵購稻穀等;有將部分公權力委託個人行使者,如中央勞工行政機關將工廠檢查事務委託工廠檢查員辦理（臺灣高等法院臺南分院89上國易3）。

委託民間團體或個人行使公權力,應符合授權法規之內容,亦不得違

背本法第 16 條規定之要求，就此，最高行政法院（93 裁 963）指出，相對人（行政院衛生署）或兩會（中華牙醫學會及中華民國牙醫師公會全國聯合會）就辦理醫療行政所發生之相關費用，僅得於核發證書或執照時，依醫師法第 41 條之 4 之規定，向人民收取證書費或執照費，其他費用須法有明文始得收取。然醫師法及繼續教育辦法中，並無任何關於相對人或受託行使公權力之個人或團體得收取任何所謂行政事務費之規定，故其自不得收取之。相對人函准予備查之「牙醫師繼續教育證明審查認定及繼續教育課程及積分採認作業規章」、「牙醫師繼續教育審查認定作業細則」，竟授予兩會向申請繼續教育課程積分審定者收取行政事務費之權力，顯違醫師法第 8 條及繼續教育辦法。另外，行政委託所需費用依本法第 16 條第 3 項規定，原則上應由相對人負擔，故原處分亦顯然違反本法第 16 條第 3 項之規定。

肆、行政協助

　　所謂「行政協助」，係指基於行政一體之機能，一機關於執行本身之職務時，得向其他機關請求提供行政上之協助而言（最高行政法院 93 裁 747）。其係就行政機關管轄權事項所為之規定（92 裁 494），而機關間暫時性之職務協助行為，不涉及權限之移轉，係為讓行政機關發揮共同一體之行政機能。

　　本法第 19 條規定行政協助之內容，分析如下：

一、要　件

㈠在權限範圍內

　　第 19 條第 1 項規定，行政機關應於其權限範圍內互相協助。因此，被請求機關對於非其權限範圍之協助請求，應拒絕之。

　　不過，針對不在被請求機關權限範圍內之協助請求，但亦不妨害其自身職務之執行，則似無絕對禁止之必要。例如，臺灣高等法院臺南分院

（89 上國易 3）指出：「雖上訴人為受理人民申請之機關與農地坐落管轄機關之被上訴人隸屬於兩造不同機關管轄，有關核發自耕能力證明書，為了便民，受理申請之上訴人協請農地管轄之被上訴人代查。惟該代查之性質，並非法律明定之授權委託事項，而係機關間為達成某項任務，經上級機關核可之相互間給予之必要協助。」

(二)請求對象與事由

1.請求對象

行政機關執行職務時，若有請求行政協助之必要，第 19 條第 2 項規定，得向無隸屬關係之其他機關請求協助。例如，某大學因對該校僱用之駐衛警安全查核，主動函請警察機關協助函復相關資訊，由大學據之自行判斷是否採用以完成對該校駐衛警安全查核。該警察機關不因大學函請行政協助而取得對該校僱用之駐衛警安全查核權限 （最高行政法院 98 判 40）。

本項規定向無隸屬關係之其他行政機關，作為行使協助請求權之對象；至於，向隸屬關係之上下級機關請求協助或提供協助，亦無禁止之必要。實務見解指出，國防部授權所屬總政治作戰局辦理原眷戶法定說明會，此種上級機關要求下級機關為職務之協助，乃在發揮共同一體之行政機能，按諸本法第 19 條第 1 項之規定，並無不合（99 判 391）。因此，眷村改建事宜由國防部指揮下級機關協助辦理 ， 屬行政協助行為 ， 並非權限委任（100 判 295）。

請求協助者與被請求協助者，應均屬行政機關之概念範圍內；若係行政法院依行政訴訟法第 138 條規定，囑託行政機關調查證據，則非行政協助。

2.請求事由

行政機關得請求協助之事由，第 19 條第 2 項規定，包括例示事由與概括事由。

例示事由：(1)因法律上之原因，不能獨自執行職務；(2)因人員、設備不足等事實上之原因，不能獨自執行職務；(3)執行職務所必要認定之事實，不能獨自調查；(4)執行職務所必要之文書或其他資料，為被請求機關所持

有；(5)由被請求機關協助執行，顯較經濟。

概括事由：指其他職務上有正當理由須請求協助而言。

(三)請求方式

由於行政機關執行職務時，係向無隸屬關係之其他機關請求協助，故第 19 條第 3 項規定，除緊急情形外，該請求應以書面為之。

二、被請求機關之作為

(一)拒絕之類型

1.應拒絕

被請求機關應拒絕之事由，第 19 條第 4 項規定，包括：(1)協助之行為，非其權限範圍或依法不得為之者；(2)如提供協助，將嚴重妨害其自身職務之執行者。

2.得拒絕

被請求機關認有正當理由不能協助者，第 19 條第 5 項規定，得拒絕協助之請求。

(二)通知與異議

被請求機關認為無提供行政協助之義務或有拒絕之事由時，第 19 條第 6 項規定，應將其理由通知請求協助機關。

請求協助機關對此有異議時，由其共同上級機關決定之；但是，若無共同上級機關時，則由被請求機關之上級機關決定之。

而若一機關並非執行本身之職務，而係請求他機關依法為特定內容之行為，因受請求之機關為拒絕之意思表示，自得依行政訴訟法第 8 條之規定，逕行提起給付訴訟（最高行政法院 93 裁 747）。

(三)費用負擔

被請求機關係行政協助費用之請求權人，依第 19 條第 7 項規定，得向請求協助機關要求負擔行政協助所需費用。

至於，行政協助費用之負擔金額及支付方式，原則上由請求協助機關及被請求機關以協議定之；若協議不成時，則由其共同上級機關定之。

第六章　公務員

綱要導讀

壹、人民、公務員與國家之關係

一、人民有應考試與服公職之權

　(一)概　念

　(二)性　質

　　　1.制度性保障基本權

　　　2.公務員之權利保障

二、公務員之名稱、意義與分類

　(一)名　稱

　　　1.憲　法

　　　2.公務員法

　(二)意　義

　　　1.最廣義之公務員

　　　2.廣義之公務員

　　　3.狹義之公務員

　　　4.最狹義之公務員

　(三)分　類

　　　1.基本類型

　　　2.文官與武官

　　　3.行政官與司法官

　　　4.政務官與事務官

三、公務員與國家之法律關係

　(一)發生與消滅

　　　1.發　生

　　　2.消　滅

　(二)性　質

貳、公務員之權利

一、身分保障

二、俸　給

　(一)俸給法定主義

　(二)分　類

　(三)審定與救濟

三、考　績

　(一)原　則

　(二)分　類

　　　1.年終考績

　　　2.另予考績

　　　3.專案考績

　(三)程　序

　　　1.比較範圍

　　　2.評分依據

　　　3.考核與申辯

　　　4.救濟與執行

四、訓練進修

　(一)法　制

　(二)訓　練

　(三)進　修

　　　1.方　式

　　　2.條　件

　(四)成果評量

五、陞　遷

　(一)適用對象

　(二)原　則

㈢程　序

㈣救　濟

六、保　險

㈠保險對象

㈡強制保險與重複禁止

㈢保險給付

　　1.種類與範圍

　　2.時　效

七、撫　卹

㈠適用對象

㈡遺族撫卹金

　　1.原因與權利

　　2.領受順序

　　3.喪失領受權

　　4.時效及救濟

八、退　休

㈠適用對象

㈡種　類

　　1.自願退休

　　2.屆齡退休

　　3.命令退休

㈢退休金

九、組織公務人員協會

㈠目的與依據

㈡適用對象

㈢組　織

㈣功　能

　　1.建議事項

　　2.協商事項

　　3.辦理事項

㈤理事會與監事會

㈥會員或會員代表大會

㈦行為禁止

參、公務員之義務

一、忠誠義務

㈠遵守誓言

㈡法定職務

二、服從義務

㈠陳述意見

㈡報告與責任移轉

三、保密義務

四、保持品位義務

五、任職義務

㈠就職義務

㈡在職義務與奉派出差

㈢辦公義務與依法請假

六、行為禁止義務

㈠絕對禁止行為

　　1.禁止濫權

　　2.禁止營業或圖利

㈡相對禁止行為

　　1.法令規定

　　2.許　可

七、迴避義務

㈠公務員服務法

　　1.親屬關係

　　2.職務關係

㈡公職人員利益衝突迴避法

　　1.適用對象、利益與衝突

　　2.迴避衝突

八、財產申報義務

九、行政中立義務

肆、公務員之法律責任

一、懲戒之事由與停職

㈠懲戒之事由

㈡停　職

　　1.種　類

　　2.效　力

二、懲戒處分

㈠種　類

　　1.免除職務

　　2.撤　職

　　3.剝奪、減少退休（職、伍）金

　　4.休　職

　　5.降　級

　　6.減　俸

　　7.罰　款

　　8.記　過

　　9.申　誡

㈡輕重之標準

三、審判程序

㈠離職限制與全部移送

　　1.離職限制

　　2.全部移送或分別移送

㈡司法懲戒

　　1.移　送

　　2.申辯、調查與審理程序

　　3.判決之種類

　　4.判決之宣示、程式與確定

　　5.執　行

四、懲戒處分與刑事裁判之關係

五、再　審

㈠事由與期間

㈡審理程序

　　1.訴　狀

　　2.意見書或答辯書

　　3.裁　判

伍、公務員之保障

一、權益之保障

㈠適用範圍

㈡權益救濟

　　1.救濟程序

　　2.審議機關

　　3.保障措施

　　4.公平審議

二、實體保障

㈠停職、復職與辭職

　　1.停　職

　　2.復　職

　　3.辭　職

㈡轉任或派職

㈢職務執行與維護

　　1.禁止違法工作指派

　　2.環境與安全之保障

　　3.賠償與慰問金

　　4.法律協助

　　5.補償措施

㈣消滅時效

三、復審程序

㈠要　件

㈡期　間

　　1.法定期間

　　2.回復原狀

　　3.在途期間

㈢復審能力與人員
　1.復審能力
　2.代表人
　3.代理人
　4.輔佐人
㈣卷宗與閱覽
　1.卷　宗
　2.閱　覽
㈤復審之提起
　1.書　狀
　2.原處分機關之審查
　3.撤回與承受
㈥審　查
　1.原則：書面審查
　2.言詞辯論之進行
　3.證　據
㈦決　定
　1.期　間
　2.類　型
　3.復審決定書與教示制度
㈧送　達
四、申訴及再申訴程序
㈠要　件
㈡管轄機關
㈢書狀與處理程序
　1.書　狀
　2.處理程序
五、調處程序
㈠對　象
㈡程　序
㈢效　力
　1.調處成立

2.調處不成立
六、執　行
㈠原行政處分、管理措施或處置
　1.原則：不停止執行
　2.停止執行之要件
㈡保障事件之決定
　1.拘束力
　2.類　型
　3.罰　則
七、再審議
㈠事　由
㈡期　間
㈢提起與撤回
　1.提　起
　2.撤　回
㈣決　定
　1.不受理
　2.無理由
　3.有理由

公務員，是行政組織中「人」之構成要素，亦是行政作用之推動者。

壹、人民、公務員與國家之關係

一、人民有應考試與服公職之權

㈠概　念

　　人民依憲法第 18 條之規定，有應考試與服公職之權，旨在保障人民有依法令經由公開競爭之考試程序，取得擔任公職之資格，進而參與國家治理之權利。應考試服公職之權為廣義之參政權，人民應有以平等條件參與公共職務之權利與機會（釋字第 760 號解釋）。

　　應考試之權，係指具備一定資格之人民有報考國家所舉辦公務人員任用資格暨專門職業及技術人員執業資格考試之權利；服公職之權，則指人民享有擔任依法進用或選舉產生之各種公職、貢獻能力服務公眾之權利（釋字第 546 號解釋），旨在保障人民有依法令從事於公務之權利。例如，志願役預備軍官及預備士官為軍中基層幹部，係依法定程序選訓、任官，並依國防法等相關法令執行訓練、作戰、後勤、協助災害防救等勤務，自屬憲法第 18 條所稱之公職。人民依法令所定方式及程序選擇擔任預備軍官或預備士官以服公職之權利，自應予以保障（釋字第 715 號解釋）。

　　而為達考用合一之目的，公務人員考試法第 1 條規定，公務人員之任用，依本法以考試定其資格。公務人員之考試，分高等考試、普通考試、初等考試三等。高等考試，按學歷分為一、二、三級。中華民國國民，年滿 18 歲，具有公務人員考試法所定應考資格者，得應該法之考試。

　　而憲法第 85 條規定，公務人員之選拔，應實行公開競爭之考試制度，非經考試及格者不得任用，則明示考試用人之原則。❶

---

❶　並參，釋字第 278 號與第 405 號解釋。

(二)性　質

1.制度性保障基本權

實務見解將應考試與服公職之性質，認為係制度性保障之基本權利。例如，釋字第 483 號解釋謂：「公務人員依法銓敘取得之官等俸級，❷非經公務員懲戒機關依法定程序之審議決定，不得降級或減俸，此乃憲法上服公職權利所受之制度性保障。」

為保障人民得依法擔任一定職務從事公務，國家自應建立相關制度予以規範（釋字第 583 號解釋）。而憲法第 18 條對人民應考試權之規定，除保障人民參加考試取得公務人員任用資格之權利外，亦包含人民參加考試取得專門職業及技術人員執業資格之權利，以符憲法保障人民工作權之意旨。又為實踐憲法保障人民應考試權之意旨，國家須設有客觀公平之考試制度，並確保整體考試結果之公正。對於參加考試資格或考試方法之規定，性質上如屬應考試權及工作權之限制，自應符合法律保留原則、比例原則及平等權保障等憲法原則（釋字第 682 號解釋）。❸

2.公務員之權利保障

憲法第 18 條之保障範圍，包含公平參與競試與受訓練完足考試程序以取得任官資格、職務任用資格、依法令晉敘陞遷，以及由此衍生之身分保障、俸給與退休金等權利（釋字第 429 號、第 575 號、第 605 號、第 611 號、第 682 號、第 715 號及第 760 號解釋）。❹國家則對公務人員有給予俸

---

❷　公務人員俸給銓敘權利之取得，係以取得公務人員任用法上之公務人員資格為前提（釋字第 575 號、第 605 號解釋）。

❸　釋字第 682 號解釋指出：「憲法設考試院賦予考試權，由總統提名、經立法院同意而任命之考試委員，以合議之方式獨立行使，旨在建立公平公正之考試制度；就專門職業人員考試而言，即在確保相關考試及格者具有執業所需之知識與能力，故考試主管機關有關考試資格及方法之規定，涉及考試之專業判斷者，應給予適度之尊重，始符憲法五權分治彼此相維之精神。」

❹　警察人員為依法定程序考試訓練、任官授階，並依警察法等相關法令執行警察任務之人員，自屬憲法第 18 條所稱之公職。警察人員之人事制度雖採官、職分立制，官受保障，職得調任（警察人員人事條例第 4 條），然人民參加同一

給、退休金等維持其生活之義務（釋字第 605 號、第 614 號、第 658 號解釋）。

　　因此，機關因改組、解散或改隸，致對公務人員之憲法所保障服公職之權利產生重大不利影響，應設適度過渡條款或其他緩和措施，以資兼顧。

二、公務員之名稱、意義與分類

㈠名　稱

1.憲　法

　　憲法關於公務員之類似概念，其名稱有公務員（第 24、77 條）、公務人員（第 85、86、97、98 條）、❺官員（第 41 條）、官吏（第 75 條）、（大）法官（第 79～91 條）、文官（第 140 條）、服公職（第 18 條）與公職（第 103 條）等。❻

　　不過，前述類似概念之實際範圍，則仍待解釋與立法予以具體化，而非當然一致。❼

2.公務員法

　　公務員法制關於公務員之類似概念，其名稱有公務員、公務人員、公教人員、公職人員等。

㈡意　義

　　公務員之意義，依據法律規定內容之差異，而有不同之範圍。

　　　警察人員考試筆試錄取並經訓練期滿成績及格者，其所取得之任官資格及職務任用資格，仍應符合憲法第 7 條保障平等權之意旨（釋字第 760 號解釋）。

❺　釋字第 464 號解釋謂：「憲法第 85 條、第 86 條第 1 款係關於公務人員選拔、考銓之規定，並非就何者為公務人員加以界定。」

❻　釋字第 22 號解釋謂：「立法委員、監察委員係依法行使憲法所賦予之職權，自屬公職，既依法支領歲費公費，應認為有給職。」至於，國民大會代表，依憲法所定職務之性質，不經常集會，並非應由國庫定期支給歲費、公費等待遇之職務，故屬無給職（釋字第 282 號與第 299 號解釋）。

❼　釋字第 1 號、第 4 號、第 15 號、第 17 號、第 19 號、第 22 號、第 24 號、第 25 號、第 30 號、第 42 號等解釋。

較常見之分類方式，如下分析：

1.最廣義之公務員

國家賠償法第 2 條第 1 項規定，公務員係指依法令從事於公務之人員。

2.廣義之公務員

公務員服務法第 24 條規定，本法於受有俸給之文武職公務員，及其他公營事業機關服務人員，均適用之。

所謂「公營事業機關服務人員」，包括：其董事、監察人及總經理（釋字第 24 號解釋）與有俸給之代表民股之董事、監察人（釋字第 92 號、第 101 號解釋）等。

關於公立學校聘任之教師，並不屬於公務員服務法第 24 條所稱之公務員。惟兼任學校行政職務之教師，就其兼任之行政職務，則有公務員服務法之適用（釋字第 308 號解釋）。❽

3.狹義之公務員

觀察公務員懲戒法第 9 條規定公務員懲戒處分之適用對象，包括公務員、退休（職、伍）或其他原因離職之公務員與政務人員。

4.最狹義之公務員

公務人員任用法第 5 條規定：「公務人員依官等及職等任用之。官等分委任、薦任、簡任。職等分第 1 至第 14 職等，以第 14 職等為最高職等。委任為第 1 至第 5 職等；薦任為第 6 至第 9 職等；簡任為第 10 至第 14 職等。」本條規定之對象，原則上指事務官。

就此，釋字第 555 號解釋指出，依憲法第 86 條及公務人員任用法規定觀之，稱公務人員者，係指依法考選銓定取得任用資格，並在法定機關擔任有職稱及官等之人員，即常業文官（或稱常任文官）。

---

❽ 釋字第 308 號解釋楊建華大法官不同意見書認為：「公立學校聘任之教師，擔任教學研究工作，雖與普通公務員依法律或命令執行職務有別，但教師既受有國家俸給，仍為特別職之公務員，在未就教師之服務另有完整規範之特別立法以前，其與教師職務性質不相牴觸者，仍有公務員服務法之適用。」

㈢分　類

1.基本類型

原則上，得將公務員區分為文官與武官，文官得區分為行政官與司法官，行政官得區分為政務官與事務官。

$$公務員\begin{cases}文官\begin{cases}行政官\begin{cases}政務官\\事務官\end{cases}\\司法官\end{cases}\\武官\end{cases}$$

2.文官與武官

武官（武職人員），係從事軍事行政之公務員；武官以外之公務員，則稱為文官（文職人員）。釋字第 555 號解釋指出，公務人員涵義之界定，不包括武職人員，蓋因其從事戰鬥行為或其他與國防相關之任務，攸關國家安全及軍事需要，且該等人員之養成過程、官階任用資格之年齡限制、陞遷條件及服從之義務等均與文職人員有別。

兩者彈劾案之審議，釋字第 262 號解釋指出，憲法除就總統、副總統之彈劾程序定有明文外，對於一般彈劾案之審議，並未就文職或武職公務員作不同之規定。因此，監察院如就軍人之違法或失職行為成立彈劾案時，自應將該彈劾案連同證據，移送公務員懲戒委員會審議，方符憲法第 77 條之意旨。至於，陸海空軍現役軍人之過犯，不涉及刑事範圍者，除彈劾案成立者外，為維護軍事指揮權與賞罰權之合一，確保統帥權及軍令之貫徹執行，其懲罰仍應依陸海空軍懲罰法行之。

此外，憲法第 140 條：「現役軍人不得兼任文官。」表彰文武分治之精神，釋字第 250 號解釋謂，係指正在服役之現役軍人不得同時兼任文官職務，以防止軍人干政，而維民主憲政之正常運作。

3.行政官與司法官

公務員依行使職權性質之差異，可將文官區分為行政官與司法官。行政官係行使行政權之公務員，司法官係行使司法權之公務員。

　　所謂「司法」，釋字第 392 號解釋指出，觀念上係相對於立法、行政而言（我國之憲制則尚包括考試、監察）。概念上原屬多義之法律用語，有實質意義之司法、形式意義之司法與狹義司法、廣義司法之分。其實質之意義乃指國家基於法律對爭訟之具體事實所為宣示（即裁判）以及輔助裁判權行使之作用（即司法行政）；其形式之意義則凡法律上將之納入司法之權限予以推動之作用者均屬之──如現行制度之「公證」，其性質原非屬於司法之範疇，但仍將之歸於司法予以推動，即其一例。所謂狹義之司法、即固有意義之司法，原僅限於民刑事裁判之國家作用，其推動此項作用之權能，一般稱之為司法權或審判權，又因係專指民刑事之裁判權限，乃有稱之為裁判權者；惟我國之現制，行政訴訟、公務員懲戒、司法解釋與違憲政黨解散之審理等「國家裁判性之作用」應亦包括在內，亦即其具有司法權獨立之涵義者，均屬於此一意義之司法，故憲法第 7 章所規定之司法院地位、職權，即其第 77 條所稱司法院為國家最高「司法機關」、第 78 條之司法解釋權，與增修條文第 4 條第 2 項之審理政黨違憲之解散事項均可謂之為狹義司法。至於，其為達成狹義司法之目的有關之國家作用（即具有司法性質之國家作用），則屬廣義司法之範圍。

　　憲法所稱之司法機關，釋字第 396 號解釋指出，就其狹義而言，係指司法院及法院（包括法庭），而行使此項司法權之人員為大法官與法官。

　　行政官受行政一體之拘束，而法官之職權，憲法第 80 條規定，須超出黨派以外，依據法律獨立審判，不受任何干涉。就此，各機關依其職掌就有關法規為釋示之行政命令，法官於審判案件時，固可予以引用，但仍得依據法律，表示適當之不同見解，並不受其拘束（釋字第 216 號、第 530 號解釋）。

　　法官之保障，憲法第 81 條規定，為終身職，❾非受刑事或懲戒處分，或禁治產之宣告，不得免職。非依法律，不得停職、轉任或減俸。❿此外，

❾　憲法第 81 條所稱「法官」，係指同法第 80 條之法官而言，不包含檢察官在內（釋字第 13 號解釋）；而實任檢察官，除轉調外應與法官同受保障，惟此項保障係適用於能執行職務之檢察官（釋字第 52 號解釋）。

公務人員退休法第 16 條，本法所定之命令退休，不適用於法官，但法官合於本法第 5 條第 1 項規定情形之一者，亦得自願退休。至於，行政官則非受終身職之保障，但仍享有身分保障權。

　　此外，釋字第 704 號解釋曾謂，軍事審判機關所行使者，屬國家刑罰權之一種，具司法權之性質。其審判權之發動與運作應符合正當法律程序之最低要求，包括獨立、公正之審判機關與程序，並不得違背憲法第 80 條等有關司法權建制之憲政原理（釋字第 436 號解釋參照）。次按職司審判者固不以終身職為必要（釋字第 601 號解釋參照），然如同法官身分之保障與一般公務員不同，軍事審判官身分之保障亦應有別於一般軍官。為確保職司審判之軍事審判官唯本良知及其對法律之確信獨立行使審判職權，使受軍事審判之現役軍人能獲獨立、公正審判之憲法第 16 條所保障之訴訟權得以實現，軍事審判官非受刑事或懲戒處分、監護宣告或有與受刑事或懲戒處分或監護宣告相當程度之法定原因，並經正當法律程序，不得免職；非依法律，不得停職、轉任或減俸。此亦為司法權建制原理之重要內涵。

4.政務官與事務官

　　政務官係著重政策之決定與隨政黨更替或政策變更而進退 （釋字第 447 號解釋），並無資格限制或任期保障。

　　事務官，則係執行既定政策之公務員，不隨政黨更替或政策變更而進退，依法有資格限制及任期保障。

　　因此，依憲法第 104 條設置於監察院之審計長，其職務之性質與應隨執政黨更迭或政策變更而進退之政務官不同。審計部組織法第 3 條關於審計長任期為 6 年之規定，旨在確保其職位之安定，俾能在一定任期中，超然獨立行使職權，與憲法並無牴觸（釋字第 357 號解釋）。⑪

---

⑩　　釋字第 162 號解釋曾謂：「行政法院院長、公務員懲戒委員會委員長，均係綜理各該機關行政事務之首長，自無憲法第 81 條之適用。」

⑪　　就此，釋字第 589 號解釋指出：「憲法對特定職位為維護其獨立行使職權而定有任期保障者，其職務之性質與應隨政黨更迭或政策變更而進退之政務人員不同，此不僅在確保個人職位之安定而已，其重要意義，乃藉任期保障，以確保

至於，現行法規將審計長或其他原非政務官而地位與之相當人員之待遇、退職酬勞及財產申報等事項與政務官合併規定，係法規制定上之便宜措施，於其非屬應隨執政黨更迭或政策變更而進退之政務官身分不生影響。

三、公務員與國家之法律關係

㈠發生與消滅

1.發　生

人民經依法任用、依法選舉、簽訂聘僱契約或經民意機關同意任命等法定程序後，成為公務員並與國家發生公法上之職務關係。❷

人民成為公務員之性質，有單方行為說（行政處分說、須相對人同意之行政處分說或基於承諾之行政處分說）與雙方行為說（私法契約說或公法契約說）之爭議。

事實上，應依公務員類型，個案認定之。若係國家依法任用之行為，以須相對人同意之行政處分或附同意條件之行政處分較具代表性；若係公立學校教師之聘用，應採行政契約說（釋字第 308 號、第 348 號解釋）。

2.消　滅

公務員法律關係之消滅，其法定原因包括辭職、免職、❸撤職、撤銷任用、❹資遣、死亡、退休、解聘、不續聘❺等。

其依法獨立行使職權之目的而具有公益價值。」

❷　至於，行政法人進用之人員，依其人事管理規章辦理，不具公務人員身分，其權利義務關係，應於契約中明定（行政法人法第 20 條第 1 項）。

❸　釋字第 127 號解釋謂：「公務人員犯貪污罪，緩刑期滿，緩刑之宣告未經撤銷，或犯他罪，刑期執行完畢始被發覺者，均仍應予免職。」

❹　釋字第 95 號解釋謂：「公務人員，……有法定之情形者既不得任為公務人員，則於被任為公務人員後而始發生該項情事時，依立法本意自非不得免去其現職，至公務人員因貪污行為經判決確定受緩刑之宣告者，依釋字第 66 號解釋，於緩刑期滿再任公務人員時，其所受降級減俸之懲戒處分仍應依法執行。」現行公務人員任用法第 28 條第 2 項規定：「公務人員於任用後，有前項第 1 款至第 7 款情事之一者，應予免職；有第 8 款及第 9 款情事之一者，應依規定辦理

　　至於，實任檢察官「因病請假逾一定期間事實上不能執行職務者，在未經依據此項保障精神另定辦法前，自得依公務員請假規則暫令退職」（釋字第 52 號解釋）。所謂「暫令退職」，似尚非公務員法律關係之消滅原因。

　　此外，總統所為罪刑宣告無效之特赦，其因有罪判決確定而喪失之公職，有向將來回復之可能者，得由當事人聲請主管機關依本解釋意旨及有關法律處理之（釋字第 283 號解釋）。所謂「回復公職」，則讓已消滅之公務員法律關係再度回復。

(二)性　　質

　　在公務員法律關係之期間，依我國憲政體制及行政救濟制度之規範設計，特別權力關係已不足以說明公務員法律關係之性質。

　　對此，釋字第 312 號解釋認為，公務員被任命後係與國家發生「公法上忠勤服務關係」，來說明公務員法律關係之性質。

　　此外，有學者建議以「特別法律關係」，取代特別權力關係，作為公務員法律關係之法理基礎。❻

　　目前，實務上已採用「公法職務關係」，作為說明公務員法律關係之性質（釋字第 395 號、第 396 號及第 430 號解釋等）。

貳、公務員之權利

　　公務員之權利，應依個別法規認定，以下僅臚列較常見者說明之：❼

　　　退休或資遣。 任用後發現其於任用前已有前項各款情事之一者 ， 應撤銷任用。」

❺　釋字第 203 號解釋指出，對教師聘約期滿不予續聘之程序，應敘明原因。

❻　吳庚，《行政法之理論與實用》，2004，第 240 頁。

❼　褒獎之法制事項，依憲法增修條文第 6 條第 1 項第 3 款之規定，屬考試院掌理事項。褒獎，亦為公務員權利之一，黃俊杰，〈法治國家之漏洞——忠勤勳章案之檢討〉，《中正法學集刊》，第 3 期，第 23 頁以下。就此，釋字第 764 號解釋：「……公務人員有各種類型，如文官與武官、政務官與事務官、常業文官與公營事業人員之別等，各類公務人員性質不盡相同。參照憲法增修條文第 6

一、身分保障

關於身分保障，公務人員保障法第 9 條規定：「公務人員之身分應予保障，非依法律不得剝奪。基於身分之請求權，其保障亦同。」 第 13 條規定：「公務人員經銓敘審定之官等職等應予保障，非依法律不得變更。」

大法官關於公務員身分之解釋，其判斷標準是以處分內容是否足以改變公務員身分或對於公務員權益有重大影響者。 ⓲

二、俸　給

㈠俸給法定主義

公務人員之俸給，係依公務人員俸給法行之，表彰俸給法定主義。 ⓳

因此，各機關不得另行自定俸給項目及數額支給，未經權責機關核准而自定項目及數額支給或不依規定項目及數額支給者，審計機關應不准核銷，並予追繳。

此外，公務人員保障法第 14 條規定：「公務人員經銓敘審定之俸級應予保障，非依法律不得降級或減俸。」第 15 條規定：「公務人員依其職務種類、性質與服務地區，所應得之法定加給，非依法令不得變更。」

㈡分　類

公務人員之俸給，分本俸（年功俸）及加給，均以月計之。

加給分下列三種：⑴職務加給：對主管人員或職責繁重或工作具有危險性者加給之；⑵技術或專業加給：對技術或專業人員加給之；⑶地域加

條第 1 項規定，國家固應制定有關公務人員之任免、銓敘、級俸、保障、退休及撫卹等事項之法律，以規範公務人員之權義，惟就其內容而言，立法者原則上容有一定政策形成之空間， 並得依各類公務人員性質之不同而為不同之規定。」

⓲ 進一步之分析，請參考本書第 3 章之內容。

⓳ 至於，中央民意代表之待遇或報酬，應視其職務之性質，分別以法律規定適當之項目與標準，始得據以編列預算支付之，以建立民意代表依法支領待遇之制度（釋字第 282 號、第 299 號解釋）。

給：對服務邊遠或特殊地區與國外者加給之。

　　至於，公務人員請求發給每月工作補助費、不休假加班費及考績獎金，性質屬公法上之財產請求權，故行政法院【83/04/18】庭長評事聯席會議決議：「公務人員如於復職後請求補發因考績丁等停職期間未發給之每月工作補助費、不休假加班費、考績獎金，而遭有關機關拒絕，將影響其憲法所保障之財產權，自應許其提起訴願或行政訴訟，以資救濟。」

　　此外，憲法第 81 條關於法官非依法律不得減俸之規定，依法官審判獨立應予保障之憲法意旨，係指法官除有懲戒事由始得以憲法第 170 條規定之法律予以減俸外，各憲法機關不得以任何其他理由或方式，就法官之俸給，予以刪減。而司法院大法官之俸給，係由本俸、公費及司法人員專業加給所構成，均屬依法支領之法定經費。立法院審議 94 年度中央政府總預算案時，刪除司法院大法官支領司法人員專業加給之預算，使大法官既有之俸給因而減少，與憲法第 81 條規定意旨，尚有未符（釋字第 601 號解釋）。

㈢審定與救濟

　　公務人員俸級經銓敘部銓敘審定後，如有不服，得依公務人員保障法提起救濟；如有顯然錯誤，或有發生新事實、發現新證據等行政程序再開事由，得依行政程序法相關規定辦理。

　　惟甲曾任警察人員，嗣後經司法官特考及格而擔任法官，其警察年資經銓敘部審定與擬任法官職務工作性質不相近，故不予採計提敘（最高行政法院 103 裁 609）。

三、考　績

㈠原　則

　　公務人員之考績，應本綜覈名實、信賞必罰之旨，作準確客觀之考核（最高行政法院 102 判 746）。

(二)分　類

1.年終考績

係指各官等人員，於每年年終考核其當年 1 至 12 月任職期間之成績。

年終考績應以平時考核為依據，平時考核就其工作、操行、學識、才能行之。平時考核：獎勵，分嘉獎、記功、記大功；懲處，分申誡、記過、記大過。於年終考績時，併計成績增減總分。平時考核獎懲得互相抵銷，無獎懲抵銷而累積達 2 大過者，年終考績應列丁等。

年終考績以 100 分為滿分，甲等：80 分以上（晉本俸一級，並給與 1 個月俸給總額之一次獎金）[20]；乙等：70 分以上，不滿 80 分（晉本俸一級，並給與半個月俸給總額之一次獎金）；丙等：60 分以上，不滿 70 分（留原俸級）；丁等：不滿 60 分（免職）。[21]

2.另予考績

係指各官等人員，於同一考績年度內，任職不滿 1 年，而連續任職已達 6 個月者辦理之考績。

另予考績人員之獎懲，列甲等者，給與 1 個月俸給總額之一次獎金；列乙等者，給與半個月俸給總額之一次獎金；列丙等者，不予獎勵；列丁等者，免職。

3.專案考績

係指各官等人員，平時有重大功過時，隨時辦理之考績。專案考績不得與平時考核功過相抵銷。

專案考績之獎懲：(1)一次記 2 大功者，晉本俸一級，並給與 1 個月俸給總額之獎金；已達所敘職等本俸最高俸級或已敘年功俸級者，晉年功俸

---

[20]　所稱「俸給總額」，指公務人員俸給法所定之本俸、年功俸及其他法定加給。

[21]　除公務人員考績法另有規定者外，受考人在考績年度內，得考列丁等之情形，包括：(1)挑撥離間或誣控濫告，情節重大，經疏導無效，有確實證據者；(2)不聽指揮，破壞紀律，情節重大，經疏導無效，有確實證據者；(3)怠忽職守，稽延公務，造成重大不良後果，有確實證據者；(4)品行不端，或違反有關法令禁止事項，嚴重損害公務人員聲譽，有確實證據者。

一級，並給與 1 個月俸給總額之獎金；已敘至年功俸最高俸級者，給與 2
個月俸給總額之獎金。但在同一年度內再因一次記 2 大功辦理專案考績者，
不再晉敘俸級，改給 2 個月俸給總額之一次獎金。(2)一次記 2 大過者，免
職。**㉒**

(三)程　序

1.比較範圍

公務人員之考績，除機關首長由上級機關長官考績外，其餘人員應以
同官等為考績之比較範圍。

2.評分依據

平時成績紀錄及獎懲，應為考績評定分數之重要依據。

平時考核之功過，除依規定抵銷或免職者外，曾記 2 大功人員，考績
不得列乙等以下；曾記 1 大功人員，考績不得列丙等以下；曾記 1 大過人
員，考績不得列乙等以上。

3.考核與申辯

各機關對於公務人員之考績，應由主管人員就考績表項目評擬，遞送
考績委員會初核，**㉓**機關長官覆核，經由主管機關或授權之所屬機關核定，
送銓敘部銓敘審定。但非於年終辦理之另予考績或長官僅有一級，或因特
殊情形報經上級機關核准不設置考績委員會時，除考績免職人員應送經上
級機關考績委員會考核外，得逕由其長官考核。

㉒　得一次記 2 大過處分之情形，包括：(1)圖謀背叛國家，有確實證據者；(2)執行
國家政策不力，或怠忽職責，或洩漏職務上之機密，致政府遭受重大損害，有
確實證據者；(3)違抗政府重大政令，或嚴重傷害政府信譽，有確實證據者；(4)
涉及貪污案件，其行政責任重大，有確實證據者；(5)圖謀不法利益或言行不
檢，致嚴重損害政府或公務人員聲譽，有確實證據者；(6)脅迫、公然侮辱或誣
告長官，情節重大，有確實證據者；(7)挑撥離間或破壞紀律，情節重大，有確
實證據者；(8)曠職繼續達 4 日，或 1 年累積達 10 日者。

㉓　考績委員會之性質，為「機關內部之任務編組」，非機關組織型態，非屬政府
資訊公開法第 7 條第 1 項第 10 款規定之「合議制機關」(最高行政法院 102 判
746)。

考績委員會對於考績案件，認為有疑義時，得調閱有關考核紀錄及案卷，並得向有關人員查詢。

考績委員會對於擬予考績列丁等及一次記 2 大過人員，處分前應給予當事人陳述及申辯之機會（釋字第 491 號解釋）。

4.救濟與執行

公務人員考績案，送銓敘部銓敘審定時，如發現有違反考績法規情事者，應照原送案程序，退還原考績機關另為適法之處分。

年終辦理之考績結果，應自次年 1 月起執行；一次記 2 大功專案考績及非於年終辦理之另予考績，自主管機關核定之日起執行。但考績應予免職人員，既得依法提起行政爭訟，故自確定之日起執行（釋字第 491 號解釋）；未確定前，應先行停職。

四、訓練進修

㈠法　制

公務人員之訓練及進修，係依公務人員訓練進修法行之。但是，其他法律另有規定者，從其規定。

公務人員訓練進修法制之研擬，事關全國一致之性質者，由公務人員保障暨培訓委員會辦理之。

公務人員考試錄取人員訓練、升任官等訓練、高階公務人員中長期發展性訓練及行政中立訓練，由公務人員保障暨培訓委員會辦理或委託相關機關（構）、學校辦理之。

公務人員專業訓練、一般管理訓練、進用初任公務人員訓練及前項所定以外之公務人員在職訓練與進修事項，由各中央二級以上機關、直轄市政府或縣（市）政府辦理或授權所屬機關辦理之。

㈡訓　練

公務人員考試錄取人員、初任公務人員、升任官等人員、初任各官等主管人員，應依本法或其他相關法令規定，接受必要之職前或在職訓練。

高階公務人員接受中長期發展性訓練評鑑合格者，納入人才資料庫，

提供機關用人之查詢。

　　各機關學校進用初任公務人員訓練，應由各主管機關於到職後 4 個月內實施之。前述訓練以充實初任公務人員應具備之基本觀念、品德操守、服務態度、行政程序及技術暨有關工作所需知能為重點。

　　公務人員專業訓練及一般管理訓練得按官職等、業務需要或工作性質分階段實施。❷❹各機關學校業務變動或組織調整時，為使現職人員取得新任工作之專長，得由各主管機關辦理專業訓練。

㈢進　修

1.方　式

　　公務人員進修分為入學進修、選修學分及專題研究。

　　進修之方式：⑴國內外專科以上學校入學進修或選修學分；⑵國內外機關（構）學校專題研究；⑶國內外其他機關（構）進修。

　　進修得以公餘、部分辦公時間或全時進修行之。

2.條　件

　　各機關學校選送進修之公務人員，應具備之基本條件：⑴服務成績優良，具有發展潛力者；⑵具有外語能力者。但國內進修及經各主管機關核准之團體專題研究者，不在此限。

　　選送進修須經服務機關甄審委員會審議通過，並經機關首長核定。

㈣成果評量

　　各機關學校應將公務人員接受各項訓練與進修之情形及其成績，列為考核及陞遷之評量要項，依專才、專業、適才、適所之任用本旨，適切核派職務及工作，發揮公務人員訓練及進修最大效能。

---

❷❹　釋字第 429 號解釋指出：「公務人員高等及普通考試筆試錄取人員之訓練分為兩階段實施，前階段之基礎訓練，係以充實初任公務人員應具備之基本觀念及有關業務之一般知識為主；後階段之實務訓練，則以增進有關工作所需知能為專業訓練之重點。」

五、陞　遷

公務人員之陞遷，依公務人員陞遷法行之。但是，法律另有規定者，從其規定。㉕

(一)適用對象

公務人員陞遷法以各級政府機關及公立學校組織法規中，除政務人員及機要人員外，定有職稱及依法律任用、派用之人員為適用對象。

教育人員、交通事業人員及公營事業人員之陞遷，得準用本法之規定。

(二)原　則

公務人員之陞遷，係指陞任較高之職務、非主管職務陞任或遷調主管職務與遷調相當之職務。公務人員之陞遷，應本人與事適切配合之旨，考量機關特性與職務需要，依資績並重、內陞與外補兼顧原則，採公開、公平、公正方式，擇優陞任或遷調歷練，以拔擢及培育人才。㉖

各機關職務出缺時，除依法申請分發考試及格或依本法得免經甄審之職缺外，應就具有該職務任用資格之人員，本功績原則評定陞遷。

(三)程　序

各機關職缺如由本機關人員陞遷時，應辦理甄審。如由他機關人員陞遷時，原則上應公開甄選。各機關應依職務高低及業務需要，訂定陞遷序列表，並得區別職務性質，分別訂定。各機關職缺由本機關人員陞遷時，應依陞遷序列逐級辦理陞遷。如同一序列中人數眾多時，得按人員銓敘審定之職等、官稱官階、官等官階、級別高低依序辦理。但次一序列中無適當人選時，得由再次一序列人選陞任。

各機關辦理公務人員之陞遷，除鄉（鎮、市）民代表會外，應組織甄審委員會，辦理甄審相關事宜。但是，本機關同一序列各職務間之調任，

㉕　例如，警察人員人事條例之規定。

㉖　而各機關辦理陞遷業務人員，不得徇私舞弊、遺漏舛誤或洩漏秘密；其涉及本身、配偶及三親等以內血親、姻親之甄審案，應行迴避。如有違反，視情節予以懲處。

免經甄審程序。此外，編制員額較少或業務性質特殊之機關，經主管機關核准者，其人員之陞任甄審得由上級機關統籌辦理，亦不受前述限制。

㈣救　濟

公務人員對本機關辦理之陞遷，如認有違法致損害其權益者，得依公務人員保障法提起救濟。

六、保　險

公務人員保險係國家為照顧公務人員生老病死及安養，運用保險原理而設之社會福利制度（釋字第 434 號解釋），於保險事故發生時，有依法請求保險金之權利（釋字第 474 號解釋）。

目前，為安定公教人員生活，辦理公教人員保險（以下簡稱本保險），故制定公教人員保險法；本法未規定者，適用其他有關法律。

㈠保險對象

本保險之保險對象，包括：

⑴法定機關（構）編制內之有給專任人員。但依其他法律規定不適用本法或不具公務員身分者，不得參加本保險。

前述人員不包括法定機關編制內聘用人員。但本法民國 103 年 1 月 14 日修正施行時仍在保者，不在此限；

⑵公立學校編制內之有給專任教職員；

⑶依私立學校法規定，辦妥財團法人登記，並經主管教育行政機關核准立案之私立學校編制內之有給專任教職員；

⑷其他經本保險主管機關認定之人員。

㈡強制保險與重複禁止

前述保險對象，應一律參加本保險為被保險人，其保險期間自承保之日起至退出本保險前一日止。

被保險人應在其支領全額俸（薪）給之機關加保，不得重行加保。

被保險人不得另行參加勞工保險、軍人保險、農民健康保險（簡稱其他職域社會保險）或國民年金保險。但本法另有規定者，不在此限。

重複參加本保險所繳之保險費，概不退還。但是，非可歸責於服務機關學校或被保險人之事由所致者，不在此限。

(三)保險給付

1.種類與範圍

本保險之保險範圍，包括失能、養老、死亡、眷屬喪葬、生育及育嬰留職停薪六項。 ❷

被保險人在保險有效期間，發生失能、養老、死亡、眷屬喪葬、生育或育嬰留職停薪之保險事故時，應予以現金給付。

本保險之同一保險事故，不得重複請領給付。

被保險人重複參加其他職域社會保險或國民年金保險(簡稱重複加保)期間，發生前述保險事故，除本法另有規定外，不予給付；該段年資亦不予採認；其所繳之本保險保險費，概不退還。但非可歸責於服務機關（構）學校或被保險人之事由所致者，得退還其所繳之保險費。 ❷

前述人員之重複加保年資得併計成就請領本保險養老給付之條件。但不予給付。

被保險人於本法民國 103 年 1 月 14 日修正施行後，依規定得另受僱於固定雇主，擔任具有固定工作及薪給且屬其他職域社會保險應加保對象之職務者（簡稱依規定得重複加保者），自參加其他職域社會保險之日起 60 日內，得選擇溯自參加其他職域社會保險之日起退保；一經選定後，不得變更。逾期未選擇者或選擇不退保者，其重複加保期間如發生保險事故，除本法另有規定外，不予給付；該段年資亦不予採認。

---

❷ 基於公務員保險為社會保險之觀點，「專門性照護」為未來應重視之範圍，例如，「植物人」之大腦病變縱可終止治療，其所需治療以外之專門性照護，較殘廢給付更為重要。而大腦病變之「植物人」，於領取殘廢給付後，如因大腦病變以外之其他傷病而有治療之必要者，既非屬同一傷病之範圍，承保機關仍應負擔醫療費用（釋字第 316 號解釋）。

❷ 本限制於被保險人具有(1)於民國 94 年 1 月 20 日以前之重複加保年資；或(2)因其他職域社會保險之保險效力起算規定與本保險不同所致且不超過 60 日之重複加保年資，則不適用之。

　　前述人員之重複加保年資得併計成就請領本保險養老給付之條件，並依第 12 條第 2 項規定計給養老給付。

　　不符合本保險加保資格而加保者，取消其被保險人資格；其所繳保險費，概不退還。但非可歸責於服務機關（構）學校或被保險人之事由所致者，得退還其所繳之保險費；期間領有之保險給付，得自退還之自付部分保險費中扣抵；不足部分，應向被保險人追償。

2.時　效

　　保險金請求權之消滅時效，釋字第 474 號解釋指出，係應以法律定之，屬於憲法上法律保留事項。

　　目前，請領本保險給付之權利，自請求權可行使之日起，因 10 年間不行使而當然消滅。

　　本保險定期發給之給付，其各期請求權時效，依前述規定計算。

　　被保險人或其受益人於前述期限內請領本保險給付者，除本法另有規定外，應依保險事故發生時之規定辦理。

七、撫　卹

　　公務人員之撫卹，係依公務人員退休資遣撫卹法行之。

㈠適用對象

　　公務人員退休資遣撫卹法之適用範圍，指依公務人員任用法及其相關法律任用，並經銓敘審定之人員。前述人員撫卹之辦理，除本法另有規定外，以現職人員為限。

㈡遺族撫卹金

1.原因與權利

　　公務人員在職死亡者，由其遺族或服務機關申辦撫卹。公務人員於休職、停職或留職停薪期間死亡者，其遺族或服務機關得依本法規定，申辦撫卹。❷⁹撫卹金之種類，包括一次撫卹金及月撫卹金。

---

❷⁹　公務人員在職死亡之撫卹原因如下：「一、病故或意外死亡。二、因執行公務以致死亡（因公死亡）。」自殺死亡比照病故或意外死亡認定。但因犯罪經判

公務人員受有勳章或有特殊功績者，得給與勳績撫卹金。

亡故公務人員應由各級政府編列預算，給與殮葬補助費。公務人員於休職、停職或留職停薪期間死亡者，亦同。

公務人員或其遺族請領退撫給與之權利，不得作為讓與、抵銷、扣押或供擔保之標的；但公務人員之退休金依第82條規定被分配者，不在此限。退撫給與之領受人，得於金融機構開立專戶，專供存入退撫給與之用。前述專戶內之存款不得作為抵銷、扣押、供擔保或強制執行之標的。退撫給與領受人有冒領或溢領情事者，支給或發放機關應就其冒領或溢領之款項覈實收回。

2.領受順序

公務人員遺族領受撫卹金之順序，應由未再婚配偶領受2分之1；其餘由下列順序之遺族，依序平均領受之：(1)子女；(2)父母；(3)祖父母；(4)兄弟姊妹。

前述遺族中，除未再婚配偶外，無(1)至(3)遺族時，其撫卹金由未再婚配偶單獨領受；如無配偶或配偶再婚，其應領之撫卹金，依序由前述各款遺族領受。同一順序遺族有數人時，撫卹金由同一順序具有領受權之遺族平均領受。

同一順序遺族有數人時，如有死亡、拋棄、因法定事由喪失或停止領受權者，其撫卹金應由同一順序其他遺族依前述規定領受；無第一順序遺族時，由次一順序遺族依前述規定領受。但前述(1)所定第一順序之領受人死亡、拋棄或因法定事由喪失領受權者，由其子女代位領受之。

公務人員生前預立遺囑，於遺族中指定撫卹金領受人者，從其遺囑。但公務人員未成年子女之領受比率，不得低於其原得領取比率。公務人員死亡而無前述遺族可申辦撫卹者，其繼承人得向退撫基金管理機關申請發還原繳付之退撫基金本息；無繼承人者，得由原服務機關先行具領，辦理喪葬事宜。有賸餘者，歸屬退撫基金。

刑確定後，於免職處分送達前自殺者，不予撫卹。

3.喪失領受權

公務人員死亡時，其遺族有下列情形之一者，不得請領撫卹金：(1)褫奪公權終身；(2)動員戡亂時期終止後，曾犯內亂、外患罪，經判刑確定；(3)喪失或未具中華民國國籍；(4)為支領遺屬一次金、遺屬年金或撫卹金，故意致該退休人員、現職公務人員或其他具領受權之遺族於死，經判刑確定；(5)其他法律有特別規定。

支領月撫卹金、遺屬年金之遺族於領受年撫卹金期間，如有前述(1)、(2)、死亡或喪失中華民國國籍情形之一者，喪失繼續領受月撫卹金或遺屬年金之權利。

領受月撫卹金或遺屬年金之遺族，有下列情形之一者：(1)卸任總統、副總統領有禮遇金期間；(2)犯貪污治罪條例或刑法瀆職罪章之罪，經判刑確定而入監服刑期間；(3)褫奪公權，尚未復權；(4)因案被通緝期間；(5)其他法律有特別規定，停止領受月撫卹金或遺屬年金之權利，至原因消滅時恢復。

4.時效及救濟

請領撫卹金之權利，自請求權可行使之日起，因 5 年間不行使而當然消滅。公務人員遺族對於撫卹案之審定結果，如有不服，得依公務人員保障法提起救濟；如有顯然錯誤，或有發生新事實、發現新證據等行政程序再開事由，得依行政程序法相關規定辦理。

八、退　休

公務人員之退休，依公務人員退休資遣撫卹法行之。

㈠適用對象

本法適用範圍，同前述撫卹之範圍。

㈡種　類

公務人員之退休，分自願退休、屆齡退休及命令退休。

1.自願退休❸

公務人員，任職 5 年以上年滿 60 歲者，或任職滿 25 年者，應准其自

願退休。

公務人員任職滿 15 年，有下列情形之一者，應准其自願退休：(1)出具經中央衛生主管機關評鑑合格醫院開立已達公教人員保險失能給付標準所訂半失能以上之證明或經鑑定符合中央衛生主管機關所定身心障礙等級為重度以上等級；(2)罹患末期之惡性腫瘤或為安寧緩和醫療條例第 3 條第 2 款所稱之末期病人，且繳有合格醫院出具之證明；(3)領有權責機關核發之全民健康保險永久重大傷病證明，並經服務機關認定不能從事本職工作，亦無法擔任其他相當工作；(4)符合法定身心障礙資格，且經依勞工保險條例第 54 條之 1 所定個別化專業評估機制，出具為終生無工作能力之證明。

公務人員配合機關裁撤、組織變更或業務緊縮，經其服務機關依法令辦理精簡並符合下列情形之一者，應准其自願退休：(1)任職滿 20 年；(2)任職滿 10 年而未滿 20 年，且年滿 55 歲；(3)任本職務最高職等年功俸最高級滿 3 年，且年滿 55 歲。

2.屆齡退休

公務人員任職滿 5 年，且年滿 65 歲者，應辦理屆齡退休。

所定年滿 65 歲之屆齡退休年齡，於擔任危勞職務者，應由其權責主管機關就所屬相關機關相同職務之屬性，及其人力運用需要與現有人力狀況，統一檢討擬議酌減方案後，送銓敘部核備。但調降後之屆齡退休年齡不得低於 55 歲。

公務人員應予屆齡退休之至遲退休生效日期如下：(1)於 1 月至 6 月間出生者，至遲為 7 月 16 日；(2)於 7 月至 12 月間出生者，至遲為次年 1 月 16 日。

---

❸⓿ 所定年滿 60 歲之自願退休年齡，於擔任具有危險及勞力等特殊性質職務者，應由其權責主管機關就所屬相關機關相同職務之屬性，及其人力運用需要與現有人力狀況，統一檢討擬議酌減方案後，送銓敘部核備。但調降後之自願退休年齡不得低於 50 歲；於具原住民身分者，降為 55 歲。但本法公布施行後，應配合原住民平均餘命與全體國民平均餘命差距之縮短，逐步提高自願退休年齡至 60 歲，並由銓敘部每 5 年檢討一次，報考試院核定之。

3.命令退休

公務人員任職滿 5 年且有下列情事之一者，由其服務機關主動申辦命令退休：(1)未符合第 17 條所定自願退休條件，並受監護或輔助宣告尚未撤銷；(2)有下列身心傷病或障礙情事之一，經服務機關出具其不能從事本職工作，亦無法擔任其他相當工作之證明：即(i)繳有合格醫院出具已達公保失能給付標準之半失能以上之證明，且已依法領取失能給付，或經鑑定符合中央衛生主管機關所定身心障礙等級為重度以上等級之證明；(ii)罹患第三期以上之惡性腫瘤，且繳有合格醫院出具之證明。❸❶

本法所定之屆齡及命令退休，不適用於依法銓敘審定之法官，但法官合於本法所定之退休條件者，得申請退休。

事實上，憲法第 81 條「終身職」之目的，係提供法官終身之保障，而非終身不退職。蓋釋字第 162 號解釋指出：「非謂法官除有同條所定之免職、停職等情事外，縱有體力衰弱致不能勝任職務者，亦不能停止其原職務之執行而照支俸給。」

(三)退休金

公務人員應盡忠職守，為民服務，國家對於公務人員亦應照顧其生活，於其年老退休時，給予適當之退休年金，以保障其退休後之生活，方符憲法第 83 條設置國家機關掌理公務人員退休、養老等事項之意旨。❸❷

---

❸❶ 受監護或輔助宣告或身心傷病或障礙係因執行公務所致者，其命令退休不受任職年資滿 5 年之限制；前述所稱因公傷病，指由服務機關證明並經審定機關審定公務人員之身心傷病或障礙，確與下列情事之一具有相當因果關係者：(1)於執行職務時，發生意外危險事故、遭受暴力事件或罹患疾病，以致傷病；(2)於辦公場所、公差期間或因辦公、公差往返途中，發生意外危險事故，以致傷病。但因公務人員本人之重大交通違規行為以致傷病者，不適用之；(3)於執行職務期間、辦公場所或因辦公、公差往返途中，猝發疾病，以致傷病；(4)戮力職務，積勞過度，以致傷病。

❸❷ 就此，釋字第 280 號解釋：「領取一次退休金之公教人員，再任依契約僱用而由公庫支給報酬之編制外員工，其退休金及保險養老給付之優惠存款每月所生利息，如不能維持退休人員之基本生活（例如低於編制內委任一職等一級公務

　　由於公務人員退休年資之多寡，係計算其退休金數額之基礎，故公務人員退休年資之起算日、得計入與不得計入之任職年資種類、如何採計、退休後再任公務人員年資採計及其採計上限等有關退休年資採計事項，為國家對公務人員實現照顧義務之具體展現，對於公務人員退休金請求權之內容有重大影響；且其有關規定之適用範圍甚廣，財政影響深遠，應係實現公務人員服公職權利與涉及公共利益之重要事項，而屬法律保留之事項，自須以法律明定之。應以法律規定之退休年資採計事項，若立法機關以法律授權行政機關發布命令為補充規定時，其授權之目的、內容、範圍應明確。若僅屬執行法律之細節性、技術性次要事項，始得由主管機關發布命令為必要之規範，惟其內容不得牴觸母法或對公務人員之權利增加法律所無之限制（釋字第 658 號解釋）。**❸❸**

九、組織公務人員協會

㈠目的與依據

　　公務人員為加強為民服務、提升工作效率、維護其權益、改善工作條件並促進聯誼合作，得組織公務人員協會。

　　公務人員協會之組織、管理及活動，依公務人員協會法之規定；公務人員協會法未規定者，適用民法有關法人之規定。

㈡適用對象

　　公務人員協會法所稱公務人員，指於各級政府機關、公立學校、公營事業機構擔任組織法規所定編制內職務支領俸（薪）給之人員。

　　但是，不包括政務人員、各級政府機關與公立學校機關首長、副首長、

　　　人員月俸額），其優惠存款自不應一律停止。」

❸❸　釋字第 614 號解釋：「現行法律對公務員之界定，因各該法律之立法目的而有所不同，主管機關因應各類公務員職務性質之差異性，就不同制度人員間設計不同之任用、敘薪、考績（成）、考核及退休等規定，於相互轉任時，其年資之計算原無從直接予以併計，基於人事制度之公平性，故有年資併計換算規定之設計。」

軍職人員、公立學校教師及各級政府所經營之各類事業機構中，對經營政策負有主要決策責任以外之人員。

針對釋字第 373 號解釋：「……技工、工友所從事者僅係教育事業之服務性工作，依其工作之性質，禁止其組織工會，使其難以獲致合理之權益，實已逾越憲法第 23 條之必要限度，侵害從事此項職業之人民在憲法上保障之結社權。」目前工會法第 4 條規定：「勞工均有組織及加入工會之權利。現役軍人與國防部所屬及依法監督之軍火工業員工，不得組織工會；軍火工業之範圍，由中央主管機關會同國防部定之。教師得依本法組織及加入工會。 各級政府機關及公立學校公務人員之結社組織， 依其他法律之規定。」

㈢組　　織

公務人員協會為法人。

公務人員協會之組織，分為機關公務人員協會與全國公務人員協會。

機關公務人員協會，包括：⑴總統府、國家安全會議、五院之機關公務人員協會；⑵各部及同層級機關之機關公務人員協會；⑶各直轄市、縣（市）之機關公務人員協會。

全國公務人員協會以依本法成立之總統府、國家安全會議、五院、各部及同層級機關公務人員協會數超過總統府、國家安全會議、五院、各部及同層級機關總數 5 分之 1 時及各直轄市、縣（市）之機關公務人員協會數超過直轄市、縣（市）總數 3 分之 1 時，得共同發起籌組之，全國公務人員協會應冠以中華民國名稱。

公務人員協會之主管機關如下：⑴全國公務人員協會、總統府、國家安全會議、五院、各部及同層級之機關公務人員協會，其主管機關為銓敘部；⑵直轄市、縣（市）之機關公務人員協會，其主管機關為各該直轄市政府、縣（市）政府。

公務人員協會所興辦之事業應受各該目的事業主管機關之指導、監督。

(四)功　能

1.建議事項

公務人員協會得提出建議之事項，包括：(1)考試事項；(2)公務人員之銓敘、保障、撫卹、退休事項；(3)公務人員任免、考績、級俸、陞遷、褒獎之法制事項；(4)公務人員人力規劃及人才儲備、訓練進修、待遇調整之規劃及擬議、給假、福利、住宅輔購、保險、退休撫卹基金等權益事項；(5)有關公務人員法規之制（訂）定、修正及廢止事項；(6)工作簡化事項。

2.協商事項

公務人員協會得提出協商之事項，包括：(1)辦公環境之改善；(2)行政管理；(3)服勤之方式及起訖時間。❸

公務人員協會應就協商事項之性質，向各該事項主管機關提出。接獲協商案件之機關，如非協商案件之主管機關，應將協商案件移轉至該案件之主管機關。受理協商案件之主管機關與相關機關，應自接獲協商之日起30日內，指定人員與公務人員協會進行協商。並應就協商之議題、時間、場所、參加人員及其他相關事項先行會商決定。正式協商時，如發生未經指定之代表出席、或有妨礙機關之正常運作、或有阻礙協商進行之虞者，得停止協商。公務人員協會與協商案件之主管機關及相關機關協商所獲致之結果，參與協商之機關及公務人員協會均應履行。

至於，受理機關未於期限內進行協商，或協商不成，或未完全履行協商結果時，公務人員協會得向其主管機關申請調解。

全國公務人員協會或機關公務人員協會之主管機關於接獲調解申請後，未依期限進行調解或調解不成立時，原申請調解之公務人員協會得於期限屆滿後或收到調解不成立證明書之日起7日內向其主管機關申請爭議裁決。

---

❸　不得提出協商之事項，包括：(1)法律已有明文規定者；(2)依法得提起申訴、復審、訴願、行政訴訟之事項；(3)為公務人員個人權益事項者；(4)與國防、安全、警政、獄政、消防及災害防救等事項相關者。

3.辦理事項

公務人員協會得辦理之事項，包括：(1)會員福利事項；(2)會員訓練進修事項；(3)會員與機關間或會員間糾紛之調處與協助；(4)學術講座之舉辦、圖書資料之蒐集及出版；(5)交流、互訪等聯誼合作事項；(6)接受政府機關或公私團體之委託事項；(7)會員自律公約之訂定；(8)其他法律規定事項。

此外，全國公務人員協會得推派代表參與涉及全體公務人員權益有關之法定機關（構）、團體。

(五)理事會與監事會

公務人員協會置理事、監事，分別組成理事會、監事會。

理事、監事由全體會員或會員代表就會員中選任，任期均為 2 年，連選得連任❸❺。理事、監事如有違反法令、章程或會員或會員代表大會決議情事者，除依有關法令及章程處理外，得經會員或會員代表大會通過罷免之。

公務人員協會理事會、監事會應依章程及會員或會員代表大會之決議，分別執行職務。理事會處理公務人員協會之事務，監事會監督章程之遵守及會員或會員代表大會決議事項之執行，並審核理事會所提出之帳冊。

(六)會員或會員代表大會

公務人員協會以會員或會員代表大會為最高機關。

應經會員或會員代表大會議決之事項：(1)章程之修改；(2)理事、監事之罷免；(3)會員之除名；(4)財產之處分；(5)有關公務人員法規制（訂）定、修正及廢止之建議；(6)收支預算之編列；(7)會務報告及收支決算之承認；(8)理事會、監事會提案之審議；(9)全國公務人員協會或國際性組織之加入或退出；(10)其他應經會員或會員代表大會決議事項。

會員或會員代表大會，分定期會議及臨時會議二種。❸❻

---

❸❺　理事長之連任，以 1 次為限。

❸❻　定期會議每年至少召開一次。臨時會議經理事會決議、會員或會員代表 5 分之 1 以上之請求或監事會之請求，應召開之。

㈦行為禁止

公務人員協會不得向主管機關或相關機關請求締結團體協約；不得發起、主辦、幫助或參與任何罷工、怠職或其他足以產生相當結果之活動，並不得參與政治活動。

而公務人員協會如有違背法令或章程、逾越權限，妨害公益情事或廢弛會務者，主管機關應為之處分，包括：⑴警告；⑵撤銷其決議；⑶停止其業務之一部或全部；⑷撤免其理事、監事。

此外，各機關不得因公務人員發起、籌組或加入公務人員協會、擔任公務人員協會會務人員或從事與公務人員協會有關之合法行為，而予以不利處分。

參、公務員之義務

公務員之義務，應依個別法規認定，以下以公務員服務法為主說明之：

一、忠誠義務

公務員應遵守誓言，忠心努力，依法律命令所定，執行其職務。分析如下：

㈠遵守誓言

例如，憲法第48條規定，總統應於就職時宣誓，誓詞如下：「余謹以至誠，向全國人民宣誓，余必遵守憲法，盡忠職務，增進人民福利，保衛國家，無負國民付託。如違誓言，願受國家嚴厲之制裁。謹誓。」

㈡法定職務

公務員係依法律命令所定，執行其職務，為法定職務，而非無定量之勤務。

二、服從義務

公務員對於兩級長官同時所發命令，以上級長官之命令為準，主管長

官與兼管長官同時所發命令，以主管長官之命令為準。

公務人員對於長官監督範圍內所發之命令有服從義務，惟公務員服務法第 2 條與公務人員保障法第 17 條之服從程度與責任有差異：

㈠陳述意見

公務員服務法第 2 條規定：「長官就其監督範圍以內所發命令，屬官有服從之義務。但是，屬官對於長官所發命令，如有意見，得隨時陳述。」係採取陳述意見說，對公務員之權益，有重大不利之影響。

㈡報告與責任移轉

公務人員保障法第 17 條規定：「公務人員對於長官監督範圍內所發之命令有服從義務，如認為該命令違法，應負報告之義務；該管長官如認其命令並未違法，而以書面署名下達時，公務人員即應服從；其因此所生之責任，由該長官負之。但其命令有違反刑事法律者，公務人員無服從之義務。前項情形，該管長官非以書面署名下達命令者，公務人員得請求其以書面署名為之，該管長官拒絕時，視為撤回其命令。」

因此，刑事不法之命令，公務人員無服從之義務；行政不法之命令，長官以書面署名下達，公務人員始應服從，所生之責任，則由該長官負責。

三、保密義務

公務員有絕對保守政府機關機密之義務，對於機密事件無論是否主管事務，均不得洩漏，退職後亦同。❸❼

四、保持品位義務

公務員未得長官許可，不得以私人或代表機關名義，任意發表有關職務之談話。

公務員應誠實清廉，謹慎勤勉，不得有驕恣貪惰，奢侈放蕩，及冶遊賭博，吸食菸毒等，足以損失名譽之行為。❸❽

---

❸❼　並參，國家機密保護法【92/02/06】第 32 條、第 33 條。

❸❽　例如，公懲會（99 鑑 11838）：「……未據實申報上揭境外不動產，除有違反公

公務員執行職務，應力求切實，不得畏難規避，互相推諉，或無故稽延。

例如，職司車輛維修業務之公務員，對於公務車報修、驗收請款之程序自應知之甚稔，且公務機關層層節制資以管控預算執行，避免浮報、濫報及虛報之程序設計精神，亦應知之甚詳，竟將非其保管之公務車未經檢查，亦未實際進廠維修，而由廠商配合出具估價單、發票藉以請修並核銷維修款，違反規定，至為明確（公懲會 100 鑑 12015）。

五、任職義務

㈠就職義務

公務員接奉任狀後，除程期外，應於 1 個月內就職。但是，具有正當事由，經主管高級長官特許者，得延長之。其延長期間以 1 個月為限。

㈡在職義務與奉派出差

公務員未奉長官核准，不得擅離職守，其出差者亦同。

公務員奉派出差，至遲應於 1 星期內出發，不得藉故遲延，或私自回籍，或往其他地方逗留。

㈢辦公義務與依法請假

公務員辦公，應依法定時間，不得遲到早退。但是，其有特別職務經長官許可者，不在此限。

公務員除因婚喪疾病分娩或其他正當事由外，不得請假。不過，公務員每週應有 2 日之休息，作為例假。至於，業務性質特殊之機關，得以輪休或其他彈性方式行之。

職人員財產申報法外，復違反公務員服務法第 5 條所定公務員應誠實清廉、謹慎勤勉之旨，核有違失。」；（107 鑑 14207）：「警員共同犯貪污治罪條例悖職收受賄賂罪、藉勢勒索財物罪等 4 罪，違法事證，已臻明確，除觸犯刑罰法律外，並有違公務員服務法第 5 條所定公務員應清廉之旨。」

六、行為禁止義務㊴

㈠絕對禁止行為

1.禁止濫權

公務員不得假借權力，以圖本身或他人之利益，並不得利用職務上之機會，加損害於人；㊵非因職務之需要，不得動用公物或支用公款。

公務員對於屬官不得推薦人員，並不得就其主管事件，有所關說或請託；有隸屬關係者，無論涉及職務與否，不得贈受財物；於其所辦事件，不得收受任何餽贈；不得利用視察調查等機會，接受地方官民之招待或餽贈。

公務員職務上所保管之文書財物，應盡善良保管之責，不得毀損變換私用或借給他人使用。

2.禁止營業或圖利

公務員不得經營商業或投機事業。㊶但是，投資於非屬其服務機關監督之農、工、礦、交通或新聞出版事業，為股份有限公司股東，兩合公司之有限責任股東，或非執行業務之有限公司股東，而其所有股份總額未超過其所投資公司股本總額百分之 10 者，不在此限。

公務員非依法不得兼公營事業機關或公司代表官股之董事或監察人。

公務員利用權力、公款或公務上之秘密消息而圖利者，依刑法第 131 條處斷；其他法令有特別處罰規定者，依其規定。其離職者，亦同。

㊴　公職人員利益衝突迴避法之行為禁止，與公務員服務法部分重疊，包括：⑴公職人員不得假借職務上之權力、機會或方法，圖其本人或關係人之利益；⑵公職人員之關係人不得向機關有關人員關說、請託或以其他不當方法，圖其本人或公職人員之利益；⑶公職人員或其關係人，不得與公職人員服務之機關或受其監督之機關為買賣、租賃、承攬等交易行為。

㊵　例如，法警假借職務上之機會，對受緩起訴處分從事義務勞務之被害人強制猥褻（公懲會 100 鑑 12004）。

㊶　例如，擔任縣政府財政處處長及公營事業董事長期間，籌設投資公司，擔任該公司之董事及董事長，並實際參與該公司之經營。（公懲會 100 鑑 11942）。

公務員有違反前述禁止營業或圖利之行為者，應先予撤職。所謂「先予撤職」（第 13 條第 4 項），係先行停職之意（37 院解 4017），故移送書附註被付懲戒人「已撤職」，應係停職（公懲會 90 鑑 9489）。

㈡相對禁止行為

1.法令規定

公務員除法令所規定外，不得兼任他項公職或業務。因此，除法令別有規定得兼任者外，公務員不得兼任新聞紙類及雜誌之編輯人、發行人、社長、經理、記者及其他職員，或私立學校之董事長或董事（釋字第 6 號、第 11 號、第 131 號、第 157 號解釋）。❷至於，如公務員於公餘兼任外籍機構臨時工作，衹須其工作與本職之性質或尊嚴有妨礙者，無論是否為通常或習慣上所稱之業務，均應認為該條精神之所不許（釋字第 71 號解釋）。

公務員依法令兼職者，不得兼薪及兼領公費，「係指兼職之公務員僅能支領本職之薪及公費而言。其本職無公費而兼職有公費者自得支領兼職之公費。」（釋字第 69 號解釋）

至於，依法令或經指派兼職者，於離去本職時，其兼職亦應同時免兼。

2.許　可

公務員兼任非以營利為目的之事業或團體之職務，受有報酬者，或兼任教學或研究工作或非以營利為目的之事業或團體之職務，均應經服務機關許可。

機關首長兼任者，應經上級主管機關許可。

七、迴避義務

㈠公務員服務法

公務員服務法之迴避義務，區分如下：

---

❷ 釋字第 27 號解釋指出：「公營事業機關服務人員均適用公務員服務法，為該法第 24 條所明定，中央信託局係國營事業機關，其依法令在該局服務人員自屬公務員服務法上之公務員，仍應受本院釋字第 6 號及第 11 號解釋之限制。」

1.親屬關係

公務員執行職務時，遇有涉及本身或其家族之利害事件，應行迴避。

2.職務關係

⑴在職期間

公務員對於承辦本機關或所屬機關之工程、經營本機關或所屬事業來往款項之銀行錢莊、承辦本機關或所屬事業公用物品之商號或受有官署補助費等與其職務有關係者，不得私相借貸，訂立互利契約，或享受其他不正利益。

⑵離職後

國家與公務員間具公法上職務關係，公務員依法享有身分保障權利，並對國家負有特別義務，其憲法上所保障之權利即因此受有相當之限制（釋字第 433 號、第 596 號與第 618 號解釋）。因此，公務員於其離職後 3 年內，不得擔任與其離職前 5 年內之職務直接相關之營利事業董事、監察人、經理、執行業務之股東或顧問。

離職公務員違反者，處 2 年以下有期徒刑，得併科新臺幣 100 萬元以下罰金。所得之利益沒收之，如全部或一部不能沒收時，追徵其價額。

蓋公務員離職後與國家間公法上職務關係雖已終止，惟因其職務之行使攸關公共利益，國家為保護重要公益，於符合憲法第 23 條規定之限度內，以法律課予特定離職公務員於一定條件下履行特別義務，從而對其選擇職業自由予以限制，尚非憲法所不許。旨在避免公務員於離職後憑恃其與原任職機關之關係，因不當往來巧取私利，或利用所知公務資訊助其任職之營利事業從事不正競爭，並藉以防範公務員於在職期間預為己私謀離職後之出路，而與營利事業掛鉤結為緊密私人關係，產生利益衝突或利益輸送等情形，乃為維護公務員公正廉明之重要公益，其目的洵屬正當（釋字第 637 號解釋）。

㈡公職人員利益衝突迴避法

為促進廉能政治、端正政治風氣，建立公職人員利益衝突迴避之規範，有效遏阻貪污腐化暨不當利益輸送，故制定公職人員利益衝突迴避法。❹

公職人員利益衝突之迴避，除其他法律另有嚴格規定者外，適用本法之規定。

1.適用對象、利益與衝突

公職人員利益衝突迴避法之適用對象，係公職人員財產申報法第 2 條第 1 項所定之人員（最高行政法院 130 判 270），即公職候選人以外者。

應迴避之利益，包括財產上利益及非財產上利益。財產上利益，係指具有經濟價值或得以金錢交易取得之利益；[44]非財產上利益，指有利公職人員或其關係人[45]於政府機關、公立學校、公營事業機構之任用、陞遷、調動及其他人事措施。

至於，利益衝突，係指公職人員執行職務時，得因其作為或不作為，直接或間接使本人或其關係人獲取利益者，係以程序上之迴避不參與，避

---

[43] 釋字第 716 號解釋指出，公職人員利益衝突迴避法第 9 條規定：「公職人員或其關係人，不得與公職人員服務之機關或受其監督之機關為買賣、租賃、承攬等交易行為。」禁止公職人員及其關係人與公職人員服務之機關或受其監督之機關為買賣等交易行為，就公職人員而言，屬對其財產權及契約自由所為之限制；就公職人員之關係人而言，屬對其工作權、財產權及其內涵之營業自由暨契約自由所為之限制。第 15 條規定：「違反第 9 條規定者，處該交易行為金額 1 倍至 3 倍之罰鍰。」對公職人員及其關係人違反規定者處以罰鍰，則屬對憲法第 15 條所保障之人民財產權所為限制。兩條規定目的均屬正當，且所採手段均有助於立法目的之達成及必要手段。惟違規交易行為金額倍數之罰鍰，固已預留視違規情節輕重而予處罰之裁量範圍，但交易行為金額通常遠高甚或數倍於交易行為所得利益，例如於重大工程之交易，其交易金額往往甚鉅，縱然處最低度交易金額 1 倍之罰鍰，違規者恐亦無力負擔，可能造成個案顯然過苛之處罰，立法者就此未設適當之調整機制，其處罰已逾越必要之程度，不符憲法第 23 條之比例原則，與憲法第 15 條保障人民財產權之意旨有違。

[44] 例如，動產、不動產、現金、存款、外幣、有價證券、債權或其他財產上權利。

[45] 公職人員之關係人，其範圍如下：(1)公職人員之配偶或共同生活之家屬；(2)公職人員之二親等以內親屬；(3)公職人員或其配偶信託財產之受託人；(4)公職人員、第 1 款及第 2 款所列人員擔任負責人、董事、監察人或經理人之營利事業。

免其職務外觀之廉潔性遭人質疑，且不得以公職人員已踐行自行迴避義務而得免除其關係人應遵循禁止交易規範之義務（107 判 22）。例如，國民小學校長，聘用其女擔任該校資訊組長，獲取主管職務之非財產上利益（公懲會 99 鑑 11789）；動物疾病防治所所長，僱用其配偶胞弟之配偶，為該所之約僱人員（99 鑑 11781）等。

2.迴避衝突

利益衝突之迴避，得區分為 2 類：

(1)自行迴避

公職人員知有利益衝突者，應即自行迴避。其規範意旨係考量公職人員因具有職權或職務影響力，於執行職務時涉及本人或關係人之利益時，課予自行迴避義務以擔保程序客觀上之公正（107 判 22）。

公職人員知有迴避義務者，如為民意代表，不得參與個人利益相關議案之審議及表決；其他公職人員，亦應停止執行該項職務，並由職務代理人執行之。服務機關或上級機關知有應自行迴避而未迴避情事者，應命該公職人員迴避。

民意代表以外之公職人員於自行迴避前，對該項事務所為之同意、否決、決定、建議、提案、調查等行為均屬無效，應由其職務代理人重新為之。

(2)申請迴避

公職人員有應自行迴避之情事而不迴避者，利害關係人得申請其迴避，經調查屬實後，該管機關應命被申請迴避之公職人員迴避，該公職人員不得拒絕。

八、財產申報義務

為端正政風，確立公職人員清廉之作為，建立公職人員利害關係之規範，故制定公職人員財產申報法。

應依法申報財產之公職人員：(1)總統、副總統；(2)行政、立法、司法、考試、監察各院院長、副院長；(3)政務人員；(4)有給職之總統府資政、國

策顧問及戰略顧問;(5)各級政府機關之首長、副首長及職務列簡任第 10 職等以上之幕僚長、主管;公營事業總、分支機構之首長、副首長及相當簡任第 10 職等以上之主管;代表政府或公股出任私法人之董事及監察人;(6)各級公立學校之校長、副校長;其設有附屬機構者,該機構之首長、副首長;(7)軍事單位上校編階以上之各級主官、副主官及主管;(8)依公職人員選舉罷免法選舉產生之鄉(鎮、市)級以上政府機關首長;(9)各級民意機關民意代表;(10)法官、檢察官、行政執行官、軍法官;(11)政風及軍事監察主管人員;(12)司法警察、稅務、關務、地政、會計、審計、建築管理、工商登記、都市計畫、金融監督暨管理、公產管理、金融授信、商品檢驗、商標、專利、公路監理、環保稽查、採購業務等之主管人員;(13)其他職務性質特殊,經主管府、院核定有申報財產必要之人員。前述公職人員,其職務係代理者,亦應申報財產。但代理未滿 3 個月者,毋庸申報。

公職人員之財產,除應於就(到)職 3 個月內申報外,並應每年定期申報 1 次。同一申報年度已辦理就(到)職申報者,免為該年度之定期申報。至於,總統、副總統及縣(市)級以上公職候選人,應於申請候選人登記時申報。

九、行政中立義務

為確保公務人員依法行政、執行公正、政治中立,並適度規範公務人員參與政治活動,特制定公務人員行政中立法。公務人員行政中立之規範,依本法之規定;本法未規定或其他法律另有嚴格規定者,適用其他有關之法律。

其主要適用對象,為法定機關依法任用、派用之有給專任人員及公立學校依法任用之職員。

行政中立義務,得區分為公務人員與長官之行政中立義務:

公務人員之行政中立義務:(1)公務人員應依法公正執行職務,不得對任何團體或個人予以差別待遇;(2)公務人員得加入政黨或其他政治團體。但不得兼任政黨或其他政治團體之職務。公務人員不得利用職務上之權力、

機會或方法介入黨派紛爭。公務人員不得兼任公職候選人競選辦事處之職務；⑶公務人員不得介入黨政派系紛爭；⑷公務人員不得利用職務上之權力、機會或方法，使他人加入或不加入政黨或其他政治團體；亦不得要求他人參加或不參加政黨或其他政治團體有關之選舉活動；⑸公務人員不得於上班或勤務時間，❹從事政黨或其他政治團體之活動。但依其業務性質，執行職務之必要行為，不在此限；⑹公務人員不得利用職務上之權力、機會或方法，為政黨、其他政治團體或擬參選人要求、期約或收受金錢、物品或其他利益之捐助；亦不得阻止或妨礙他人為特定政黨、其他政治團體或擬參選人依法募款之活動；⑺公務人員不得為支持或反對特定之政黨、其他政治團體或公職候選人，從事政治活動或行為；❹⑻公務人員對於公職人員之選舉、罷免或公民投票，不得利用職務上之權力、機會或方法，要求他人不行使投票權或為一定之行使；⑼公務人員於職務上掌管之行政資源，受理或不受理政黨、其他政治團體或公職候選人依法申請之事項，其裁量應秉持公正、公平之立場處理，不得有差別待遇；⑽公務人員登記為公職候選人者，自候選人名單公告之日起至投票日止，應依規定請事假或休假。

---

❹　所稱上班或勤務時間，指下列時間：⑴法定上班時間；⑵因業務狀況彈性調整上班時間；⑶值班或加班時間；⑷因公奉派訓練、出差或參加與其職務有關活動之時間。

❹　所稱政治活動或行為，包括：⑴動用行政資源編印製、散發、張貼文書、圖畫、其他宣傳品或辦理相關活動；⑵在辦公場所懸掛、張貼、穿戴或標示特定政黨、其他政治團體或公職候選人之旗幟、徽章或服飾；⑶主持集會、發起遊行或領導連署活動；⑷在大眾傳播媒體具銜或具名廣告。但公職候選人之配偶及二親等以內血親、姻親只具名不具銜者，不在此限；⑸對職務相關人員或其職務對象表達指示；⑹公開為公職候選人站臺、遊行或拜票。但公職候選人之配偶及二親等以內血親、姻親，不在此限；⑺其他經考試院會同行政院以命令禁止之行為。前述行政資源，指行政上可支配運用之公物、公款、場所、房舍及人力等資源。前述⑷及⑹但書之行為，不得涉及與該公務人員職務上有關之事項。

　　長官之行政中立義務：⑴公務人員登記為公職候選人者，自候選人名單公告之日起至投票日止，應依規定請事假或休假時，長官不得拒絕；⑵各機關首長或主管人員於選舉委員會發布選舉公告日起至投票日止之選舉期間，應禁止政黨、公職候選人或其支持者之造訪活動；並應於辦公、活動場所之各出入口明顯處所張貼禁止競選活動之告示；⑶長官不得要求公務人員從事本法禁止之行為。長官違反前述規定者，公務人員得檢具相關事證向該長官之上級長官提出報告，並由上級長官依法處理；未依法處理者，以失職論，公務人員並得向監察院檢舉。

　　此外，公務人員依法享有之權益，不得因拒絕從事本法禁止之行為而遭受不公平對待或不利處分。公務人員遭受前述之不公平對待或不利處分時，得依公務人員保障法及其他有關法令之規定，請求救濟。

　　至於，公務人員違反本法，應按情節輕重，依公務員懲戒法、公務人員考績法或其他相關法規予以懲戒或懲處；其涉及其他法律責任者，依有關法律處理之。

肆、公務員之法律責任

　　公務員之法律責任，包括民事、刑事與行政責任等，分別依民事法規、刑事法規與行政法規處理。

　　在行政責任部分，主要有司法懲戒與行政懲處兩者，行政懲處之法令依據，例如，公務人員考績法、公務員服務法等。

　　司法懲戒之法令依據，主要為公務員懲戒法，蓋公務員懲戒法第 1 條規定：「公務員非依本法不受懲戒。但法律另有規定者，從其規定。」係指公務員之權益非經法定程序不受剝奪之意（釋字第 433 號解釋），並由公務員懲戒委員會掌理全國公務員之懲戒。❹⑧

　　於此，主要以公務員懲戒法之內容，說明如下：

---

❹⑧　懲戒機關之成員既屬憲法上之法官，依憲法第 82 條及釋字第 162 號解釋意旨，則其機關應採法院之體制（釋字第 396 號解釋）。

一、懲戒之事由與停職

㈠懲戒之事由

公務員應受懲戒之事由：⑴違法執行職務、怠於執行職務或其他失職行為；❹⑵非執行職務之違法行為，致嚴重損害政府之信譽。❺

此外，公務員之行為，非出於故意或過失者，不受懲戒。

公務員懲戒法就公務員違反職務上義務之行為與其所應受懲戒處分間之關連，僅設概括之規定，釋字第 433 號解釋指出：「旨在授權懲戒機關就具體個案為適當之裁量，此係因公務員違反職務上義務之行為態樣及程度均屬多端，依個案之差異情形，容有為不同程度處罰之必要，難以由法律預先加以列舉明定。」

㈡停　職

停職，並非公務員懲戒處分之法定類型。其種類與效力，分析如下：

1.種　類

⑴當然停職

公務員職務當然停職之事由，依是否已經刑事確定判決，可區分為兩類：

已刑事確定判決者：包括受褫奪公權之宣告或受徒刑之宣告在監所執行中，均當然停職。

尚未刑事確定判決者：雖依刑事訴訟程序被通緝或羈押，仍當然停職。例如，因販賣偽造郵票，涉及貪污等刑案，遭羈押（公懲會 92 鑑 10109）。

---

❹ 例如，被付懲戒人身為警員，未經許可，逕赴大陸地區旅遊，已屬違法（公懲會 93 鑑 10388）；溢領駐外人員房租補助費，未依公職人員財產申報法誠實申報財產（99 鑑 11719）。

❺ 例如，檢察總長未能依法守分敬慎自持，於總統涉貪案調查時，毫不避嫌出入總統親密友人私宅聚會；於立法院答詢與建商共餐乙事，言辭反覆；甚且親至已具證人身分之建商辦公處所會面；均未誠實面對各界質疑，嚴重影響司法威信及政府形象（99 鑑 11662）。

⑵先行停職

先行停職，可區分為通知停職與職權停職。

通知停職，係公務員懲戒委員會合議庭對於受移送之懲戒案件，認為情節重大，有先行停止職務之必要者，得通知被付懲戒人之主管機關，先行停止其職務。

職權停職，係主管機關對於所屬公務員，依第 24 條規定送請監察院審查或公務員懲戒委員會審議而認為有免除職務、撤職或休職等情節重大之虞者，亦得依職權先行停止其職務。❺¹

2.效　力

停止職務之公務員，在停職中所為之職務上行為，不生效力。

因依第 4 條第 1 款（刑事訴訟程序被通緝或羈押）或第 5 條（先行停職）規定停止職務之公務員，於停止職務事由消滅後，未經公務員懲戒委員會合議庭判決或經判決未受免除職務、撤職或休職處分，且未在監所執行徒刑中者，得依法申請復職。服務機關或其上級機關，除法律另有規定外，應許其復職，❺² 並補給其停職期間之本俸（年功俸）或相當之給與。而公務員死亡者，應補給之本俸（年功俸）或相當之給與，由依法得領受撫卹金之人具領之。

二、懲戒處分

㈠種　類

公務員懲戒處分之種類，包括免除職務、撤職、剝奪或減少退休（職、伍）金、休職、降級、減俸、罰款、記過、申誡。其中，剝奪或減少退休（職、伍）金之處分，以退休（職、伍）或其他原因離職之公務員為限；罰款得與剝奪或減少退休（職、伍）金、減俸以外之其餘各款併為處分。

---

❺¹　例如，擔任公司監察人，違反公務員服務法第 13 條第 1 項前段不得經營商業之規定（公懲會 93 鑑 10261）；戒治所輔導員涉嫌利用職務上之機會，向所輔導之受戒治人家屬詐取金錢（99 鑑 11583）。

❺²　所謂復職，係「復懲戒處分議決前被停之職」（釋字第 114 號解釋）。

對於政務人員之懲戒處分，不適用休職、降級、記過。

懲戒處分之內容，分析如下：

1.免除職務

免除職務，係免其現職，<u>並不得再任用為公務員</u>。

2.撤　職

撤職，除撤其現職外，<u>並於一定期間停止任用</u>，其期間為 1 年以上、5 年以下；前述撤職人員，於停止任用期間屆滿，再任公務員者，自再任之日起，2 年內不得晉敘、陞任或遷調主管職務。

過去撤職停止任用期間無上限之規定，對公務員權益不無影響，故司法院解釋，應由有關機關檢討修正，俾符合憲法保障公務員之意旨（釋字第 433 號解釋），目前已限制為 5 年以下。

3.剝奪、減少退休（職、伍）金

剝奪退休（職、伍）金，指剝奪受懲戒人離職前所有任職年資所計給之退休（職、伍）或其他離職給與；其已支領者，並應追回之。減少退休（職、伍）金，指減少受懲戒人離職前所有任職年資所計給之退休（職、伍）或其他離職給與百分之 10 至百分之 20；其已支領者，並應追回之。前述所定退休（職、伍）金，應按最近一次退休（職、伍）或離職前任職年資計算。但公教人員保險養老給付、軍人保險退伍給付、公務員自行繳付之退撫基金費用本息或自提儲金本息，不在此限。

4.休　職

休職，休其現職，停發俸（薪）給，<u>並不得申請退休、退伍或在其他機關任職</u>，其期間為 6 個月以上、3 年以下。

休職期滿，許其回復原職務或相當之其他職務。惟自復職之日起，2 年內不得晉敘、陞任或遷調主管職務。前項復職，得於休職期滿前 30 日內提出申請，並準用公務人員保障法之復職規定辦理。

過去，休職處分期間無上限之規定，對公務員權益不無影響，故司法院解釋，應由有關機關檢討修正，俾符合憲法保障公務員之意旨（釋字第 433 號解釋），目前已限制為 3 年以下。

5. 降　級

降級，依其現職之俸（薪）給降一級或二級改敘，自改敘之日起，2年內不得晉敘、陞任或遷調主管職務。受降級處分而無級可降者，按每級差額，減其月俸（薪）；其期間為 2 年。

受降級處分而在處分執行前或執行完畢前離職者，於其再任職時，依其再任職之級俸執行或繼續執行之。

6. 減　俸

減俸之類型，分析如下：

減俸，依其現職之月俸（薪）減百分之 10 或百分之 20 支給，其期間為 6 個月以上、3 年以下。自減俸之日起，1 年內不得晉敘、陞任或遷調主管職務。

至於，受減俸處分而在處分執行前或執行完畢前離職者，於其再任職時，依其再任職之級俸執行或繼續執行之。

7. 罰　款

罰款，其金額為新臺幣 1 萬元以上、100 萬元以下。

8. 記　過

記過，自記過之日起 1 年內不得晉敘、陞任或遷調主管職務。1 年內記過 3 次者，依其現職之俸（薪）級降 1 級改敘；無級可降者，準用第 15 條第 2 項（按每級差額，減其月俸（薪）；其期間為 2 年）之規定。

9. 申　誡

申誡，以書面為之。

㈡輕重之標準

辦理懲戒案件，應審酌一切情狀，尤應注意下列事項，為處分輕重之標準（公懲會 100 鑑 11905；92 再審 1358）：即⑴行為之動機；⑵行為之目的；⑶行為時所受之刺激；⑷行為之手段；⑸行為人之生活狀況；⑹行為人之品行；⑺行為人違反義務之程度；⑻行為所生之損害或影響；⑼行為後之態度。

處分時要求應審酌一切情況，例如，審酌因一時疏忽肇事，事後已知

悔悟，及行為所生損害之輕重等一切情狀，酌情予以適當之懲戒處分（公懲會 93 鑑 10383），而非僅偏執特定事項。若原議決顯然忽略相關事項，致處分失之過重，有違比例原則，則構成適用法律顯有違誤之情事（98 再審 1670）。

三、審判程序

因懲戒處分影響憲法上人民服公職之權利，故懲戒案件之審議，應本正當法律程序之原則，對被付懲戒人予以充分之程序保障，例如採取直接審理、言詞辯論、對審及辯護制度，並予以被付懲戒人最後陳述之機會等，以貫徹憲法第 16 條保障人民訴訟權之本旨（釋字第 396 號解釋）。❸

㈠離職限制與全部移送

1.離職限制

公務員因案在公務員懲戒委員會審理中者，不得資遣或申請退休、退伍。其經監察院提出彈劾案者，亦同。

前述情形，由其主管長官或監察院通知銓敘部或該管主管機關。

2.全部移送或分別移送

同一違法失職案件，涉及之公務員有數人，其隸屬同一主管機關者，移送監察院審查或公務員懲戒委員會審理時，應全部移送；其隸屬不同主管機關者，由共同上級機關全部移送；無共同上級機關者，由各主管機關分別移送。

㈡司法懲戒

1.移　送

依移送機關，可區分為 2 種：

⑴監察院

監察院認為公務員有第 2 條（違法執行職務、怠於執行職務或其他失職行為；非執行職務之違法行為，致嚴重損害政府之信譽）所定情事，應付懲戒者，應將彈劾案連同證據，移送公務員懲戒委員會審理。

❸　釋字第 445 號解釋稱此為「合憲性之立法建制之宣示」。

(2)長　官

各院、部、會首長，省、直轄市、縣（市）行政首長或其他相當之主管機關首長，認為所屬公務員有第 2 條所定情事者，應由其機關備文敘明事由，連同證據送請監察院審查。

但是，對於所屬 9 職等或相當於 9 職等以下之公務員，得逕送公務員懲戒委員會審理。逕送審理者，應提出移送書，記載被付懲戒人之姓名、職級、違法或失職之事實及證據，連同有關卷證，一併移送，並應按被付懲戒人之人數，檢附移送書之繕本。

2.申辯、調查與審理程序

(1)申　辯

公務員懲戒委員會合議庭收受移送案件後，應將移送書繕本送達被付懲戒人，並命其於 10 日內提出答辯書。但應為免議或不受理之判決者，不在此限。言詞辯論期日，距移送書之送達，至少應有 10 日為就審期間。但有急迫情形時，不在此限。移送機關、被付懲戒人、代理人及辯護人，得聲請閱覽、抄錄、影印或攝影卷證。公務員懲戒委員會合議庭收受移送案件後，應將移送書繕本送達被付懲戒人，並命其於 10 日內提出申辯書，但應為免議或不受理之判決者，不在此限。

言詞辯論期日，距移送書之送達，至少應有 10 日為就審期間。但有急迫情形時，不在此限。移送機關、被付懲戒人、代理人及辯護人，得聲請閱覽、抄錄、影印或攝影卷證。

(2)調　查

公務員懲戒委員會合議庭審理案件，應依職權自行調查之，並得囑託法院或其他機關調查。受託法院或機關應將調查情形以書面答覆，並應附具調查筆錄及相關資料。

公務員懲戒委員會審理案件，必要時得向有關機關調閱卷宗，並得請其為必要之說明。

(3)審理程序

公務員懲戒委員會合議庭審理案件，均不公開。但公務員懲戒委員會

合議庭認有公開之必要或被付懲戒人聲請公開並經許可者，不在此限。

　　被付懲戒人因精神障礙或其他心智缺陷，無法答辯者，公務員懲戒委員會合議庭應於其回復前，裁定停止審理程序。被付懲戒人因疾病不能到場者，公務員懲戒委員會合議庭應於其能到場前，裁定停止審理程序。被付懲戒人顯有應為不受懲戒、免議或不受理判決之情形，或依法委任代理人者，不適用前述之規定。

　　公務員懲戒委員會合議庭應本於言詞辯論而為判決。但就移送機關提供之資料及被付懲戒人書面或言詞答辯，已足認事證明確，或應為不受懲戒、免議或不受理之判決者，不在此限。前述情形，經被付懲戒人、代理人或辯護人請求進行言詞辯論者，不得拒絕。

　　審判長於必要時，得指定受命委員先行準備程序，為下列各款事項之處理：(1)闡明移送懲戒效力所及之範圍；(2)訊問被付懲戒人、代理人或辯護人；(3)整理案件及證據重要爭點；(4)調查證據；(5)其他與審判有關之事項。

　　言詞辯論期日，以朗讀案由為始。審判長訊問被付懲戒人後，移送機關應陳述移送要旨。陳述移送要旨後，被付懲戒人應就移送事實為答辯。被付懲戒人答辯後，審判長應調查證據，並應命依下列次序，就事實及法律辯論之：(1)移送機關；(2)被付懲戒人；(3)辯護人。已辯論者，得再為辯論；審判長亦得命再行辯論。審判長於宣示辯論終結前，最後應訊問被付懲戒人有無陳述。

　　言詞辯論終結後，宣示判決前，如有必要得命再開言詞辯論。

　　言詞辯論期日，當事人之一造無正當理由不到場者，得依到場者之聲請，由其一造辯論而為判決；不到場者，經再次通知而仍不到場，並得依職權由一造辯論而為判決。如以前已為辯論或證據調查或未到場人有準備書狀之陳述者，為前項判決時，應斟酌之；未到場人以前聲明證據，其必要者，並應調查之。

　　此外，有下列各款情形之一者，公務員懲戒委員會合議庭應以裁定駁回前述聲請，並延展辯論期日：(1)不到場之當事人未於相當時期受合法之通知；(2)當事人之不到場，可認為係因天災或其他正當理由；(3)到場之當

事人於公務員懲戒委員會合議庭應依職權調查之事項,不能為必要之證明;(4)到場之當事人所提出之聲明、事實或證據,未於相當時期通知他造。

當事人於辯論期日到場拒絕辯論者,得不待其陳述,依他造當事人之聲請,由其一造辯論而為判決。

3.判決之種類

判決之種類,可區分為 4 種:

(1)懲　戒

指被付懲戒人有第 2 條各款情事之一,並有懲戒必要者,應為懲戒處分之判決。

(2)不受懲戒

指被付懲戒人無第 2 條各款情事或無懲戒必要者,應為不受懲戒之判決。

例如,查無其他積極證據足以證明被付懲戒人有何違失情事,依法應不受懲戒(公懲會 100 鑑 12026)。

(3)免　議

懲戒案件應為免議之判決,包括:(1)同一行為,已受公務員懲戒委員會之判決確定;(2)受褫奪公權之宣告,認已無受懲戒處分之必要;❺(3)已逾第 20 條規定之懲戒處分行使期間(公懲會 100 鑑 12015)。

例如,貪污行為經判決宣告褫奪公權確定,參酌公務人員任用法規定,已不得再任公職,則懲戒處分顯已無必要,應予免議(公懲會 100 鑑 11967)。

國家對公務員違法失職行為應予懲罰,惟為避免對涉有違失之公務員應否予以懲戒,長期處於不確定狀態,懲戒權於經過相當期間不行使者,即不應再予追究,以維護公務員權益及法秩序之安定。就此,釋字第 583 號解釋指出:「公務員懲戒法概以 10 年為懲戒權行使期間,未分別對公務員違法失職行為及其懲戒處分種類之不同,而設合理之規定,與比例原則

---

❺ 釋字第 94 號解釋指出:「公務員因同一行為經宣告褫奪公權者,其應受撤職之懲戒處分,已為褫奪公權所吸收。」

未盡相符，有關機關應就公務員懲戒構成要件、懲戒權行使期間之限制通盤檢討修正。」❺

(4)不受理

懲戒案件有下列各款情形之一者，應為不受理之判決。但其情形可補正者，審判長應定期間先命補正：(1)移送程序或程式違背規定；(2)被付懲戒人死亡；(3)違背第 45 條第 6 項之規定，再行移送同一案件。

所謂「移送程序違背規定」，係指無權移送懲戒之機關將其案件移送本會審議或其他移送之程序不合規定等情事（公懲會 99 鑑 11746）。

此外，依被付懲戒人洩密案件之判決，認定其洩密之行為時，當時被付懲戒人仍為約僱人員，並非公務員懲戒法上之公務員，應為不受理之判決（公懲會 100 鑑 12020）。

4.判決之宣示、程式與確定

公務員懲戒委員會合議庭審理之案件，經言詞辯論者，應指定言詞辯論終結後 2 星期內之期日宣示判決。宣示判決不以參與審理之委員為限；不問當事人是否在場，均有效力。

判決書應分別記載主文、事實、理由及適用法條。但不受懲戒、免議及不受理之判決，毋庸記載事實。

判決原本，應於判決宣示後，當日交付書記官；其於辯論終結之期日宣示判決者，應於 5 日內交付之。書記官應於判決原本內，記明收領期日並簽名。

判決書正本，❺書記官應於收領原本時起 10 日內送達移送機關、被付

---

❺　本號解釋並指出：「公務人員經其服務機關……所為免職之懲處處分，實質上屬於懲戒處分，為限制人民服公職之權利，未設懲處權行使期間，有違前開意旨。為貫徹憲法上對公務員權益之保障，有關公務員懲處權之行使期間，應類推適用公務員懲戒法相關規定。」不過，本號解釋廖義男大法官不同意見書與許宗力大法官部分不同意見書均謂，考績懲處應受當年度之限制；並參，釋字第 142 號解釋。

❺　判決書，主管機關應送登公報或以其他適當方式公開之。但其他法律另有規定者，依其規定。

懲戒人、代理人及辯護人，並通知銓敘部及該管主管機關。前述移送機關為監察院者，應一併送達被付懲戒人之主管機關。

經言詞辯論之判決，於宣示時確定；不經言詞辯論者，毋庸宣示，於公告主文時確定。

5.執 行

懲戒處分之判決於送達受懲戒人主管機關之翌日起發生懲戒處分效力。但受懲戒人因懲戒處分之判決而應為金錢之給付，經主管機關定相當期間催告，逾期未履行者，主管機關得以判決書為執行名義，移送行政執行機關準用行政執行法強制執行。

主管機關收受剝奪或減少退休（職、伍）金處分之判決後，應即通知退休（職、伍）金之支給機關（構），由支給機關（構）依前項規定催告履行及移送強制執行。

前述移送行政執行法強制執行情形，於退休（職、伍）或其他原因離職人員，並得對其退休（職、伍）金或其他原因離職之給與執行。受懲戒人死亡者，就其遺產強制執行。

四、懲戒處分與刑事裁判之關係

同一行為，在刑事偵查或審判中者，不停止審理程序。但懲戒處分牽涉犯罪是否成立者，公務員懲戒委員會合議庭認有必要時，得裁定於第一審刑事判決前，停止審理程序。

依前述規定停止審理程序之裁定，公務員懲戒委員會合議庭得依聲請或依職權撤銷之。

例如，被付懲戒人之行為，將導致公眾喪失對其職位之尊重及執行職務之信賴，其雖經法院判處褫奪公權確定，為維護公務紀律，本會認仍有懲戒之必要（公懲會 107 鑑 14207）。

五、再　審

㈠事由與期間

懲戒案件之判決，符合有下列情形之一者，原移送機關或受判決人，得提起再審之訴：

1.適用法規顯有錯誤者：**⑤⑦**包括實體法與程序法之適用錯誤。

2.判決合議庭之組織不合法。

3.依法律或裁定應迴避之委員參與裁判。

4.參與裁判之委員關於該訴訟違背職務，犯刑事上之罪已經證明，或關於該訴訟違背職務受懲戒處分，足以影響原判決。

5.原判決所憑之證言、鑑定、通譯或證物經確定判決，證明其為虛偽或偽造、變造者。

6.同一行為其後經不起訴處分確定，或為判決基礎之刑事判決，依其後之確定裁判已變更。**⑤⑧**

7.發現確實之新證據，足認應變更原判決者：自發現新證據之日起30日內。

8.就足以影響原判決之重要證據，漏未斟酌者：**⑤⑨**應自原判決書送達之日起30日內。

9.確定判決所適用之法律或命令，經司法院大法官解釋為牴觸憲法。

受判決人已死亡者，其配偶、直系血親、三親等內之旁系血親、二親

---

⑤⑦ 所謂「適用法規顯有錯誤者」，係指原判決依據之法規，在適用上有明顯錯誤，亦即不適用法規或適用不當，而顯然影響原判決之結果者（參照公懲會100再審1756）。

⑤⑧ 其立法目的，係在補救對於公務員之懲戒一經判決即行確定，如有錯誤，並無其他救濟途徑之不合理現象（參照釋字第446號解釋）。

⑤⑨ 所謂「就足以影響原判決之重要證據漏未斟酌者」，係指該證據於判決前已經提出，本會未予斟酌，或捨棄不採而未載理由，且足以動搖原議決之基礎而言（參照公懲會100再審1759）；是否「影響」，即是否足以「推翻」判決，判斷上多與實體有關（參照釋字第395號解釋）。

等內之姻親或家長、家屬,得為受判決人之利益,提起再審之訴。再審之訴,於原處分執行完畢後,亦得提起之。

提起再審之訴,應於下列期間內為之:(1)依前述第 1, 2, 3, 8 類為理由者,自原判決書送達之日起 30 日內;(2)依前述第 4 至第 6 類為理由者,自相關之刑事確定裁判送達受判決人之日起 30 日內。但再審之理由知悉在後者,自知悉時起算;(3)依前述第 7 類為理由者,自發現新證據之日起 30 日內;(4)依前述第 9 類為理由者,自解釋公布之翌日起 30 日內。再審之訴自判決確定時起,如已逾 5 年者,不得提起。但以前述第 4 至第 9 類情形為提起再審之訴之理由者,不在此限。

對於再審判決不服,復提起再審之訴者,前項所定期間,自原判決確定時起算。但再審之訴有理由者,自該再審判決確定時起算。

再審之訴,於公務員懲戒委員會合議庭判決前得撤回之。再審之訴,經撤回或判決者,不得更以同一事由提起再審之訴。

此外,提起再審之訴,無停止懲戒處分執行之效力。

㈡審理程序

再審之訴,除本章(第 5 章)規定外,準用第 3 章(審判程序)之規定。裁定已經確定,而有前揭再審事由之情形者,得準用本章之規定,聲請再審。

1.訴　狀

再審之訴,應以訴狀表明下列各款事項,並添具確定判決繕本,提出於公務員懲戒委員會為之:(1)當事人;(2)聲明不服之判決及提起再審之訴之陳述;(3)再審理由及關於再審理由並遵守不變期間之證據。

2.意見書或答辯書

公務員懲戒委員會合議庭受理再審之訴後,應將書狀繕本及附件,函送原移送機關或受判決人於指定期間內提出意見書或答辯書。但認其訴為不合法者,不在此限。

原移送機關或受判決人無正當理由,逾期未提出意見書或答辯書者,公務員懲戒委員會合議庭得逕為裁判。

3.裁　判

公務員懲戒委員會合議庭認為再審之訴不合法者，應以裁定駁回之。公務員懲戒委員會合議庭認為再審之訴無理由者，以判決駁回之；如認為顯無再審理由者，得不經言詞辯論為之。公務員懲戒委員會合議庭認為再審之訴有理由者，應撤銷原判決更為判決。但再審之訴雖有理由，如認原判決為正當者，應以判決駁回之。再審判決變更原判決應予復職者，適用第 7 條之規定。其他有減發俸（薪）給之情形者，亦同。

受判決人已死亡者，為其利益提起再審之訴之案件，應不行言詞辯論，於通知監察院或主管機關於一定期間內陳述意見後，即行判決。受判決人於再審判決前死亡者，亦同。為受判決人之不利益提起再審之訴，受判決人於再審判決前死亡者，關於本案視為訴訟終結。

為受判決人之利益提起再審之訴，為懲戒處分之判決，不得重於原判決之懲戒處分。

伍、公務員之保障

關於公務員之保障，以公務人員保障法為主要內容，說明如下：

一、權益之保障

㈠適用範圍

公務人員有關權益之保障，例如，身分、官職等級、俸給、工作條件、管理措施等，適用公務人員保障法之規定。本法未規定者，適用其他有關法律之規定。

本法所稱公務人員，係指法定機關（構）及公立學校依公務人員任用法律任用之有給專任人員。 ❻

---

❻　準用本法規定之人員，包括：(1)教育人員任用條例公布施行前已進用未經銓敘合格之公立學校職員；(2)私立學校改制為公立學校未具任用資格之留用人員；(3)公營事業依法任用之人員；(4)各機關依法派用、聘用、聘任、僱用或留用人

㈡權益救濟

1.救濟程序

公務人員權益之救濟，依本法所定復審、申訴、再申訴之程序行之。

2.審議機關

公務人員提起之復審、再申訴事件（以下簡稱「保障事件」），由公務人員保障暨培訓委員會（以下簡稱「保訓會」）審議決定。

3.保障措施

保訓會對於保障事件，於復審人、再申訴人表示不服之範圍內，不得為更不利於該公務人員之決定。

各機關不得因公務人員依本法提起救濟而予不利之行政處分、不合理之管理措施或有關工作條件之處置。

公務人員提起保障事件，經保訓會決定撤銷者，自決定書送達之次日起3年內，該公務人員經他機關依法指名商調時，服務機關不得拒絕。

4.公平審議

審理保障事件之人員，有迴避之事由，應自行迴避，明知應迴避而不迴避者，應依法移送懲戒，以維護公平審議。

此外，保障事件審理期間，如有查證之必要，經保訓會委員會議之決議得派員前往調閱相關文件及訪談有關人員；受調閱機關或受訪談人員應予必要之協助；受指派人員應將查證結果向保訓會委員會議提出報告。

二、實體保障

公務人員保障法，除第3章至第7章提供程序保障外，亦於第2章提供實體保障。

實體保障之規定，與前述公務員權利或義務之內容，有部分重疊，例如：身分、俸級等保障。此外，在服從義務方面，亦比公務員服務法提供

員；⑸應各種公務人員考試錄取參加訓練之人員，或訓練期滿成績及格未獲分發任用之人員。前述應各種公務人員考試錄取參加訓練之人員，不服保訓會所為之行政處分者，有關其權益之救濟，依訴願法之規定行之。

較符合法治國家要求之保障。

其他規定之內容，分析如下：

(一)停職、復職與辭職

1.停 職

公務人員非依法律，不得予以停職。

所謂「法律」，例如，公務員懲戒法第 4 條以下之規定。

公務人員於停職、休職或留職停薪期間，仍具公務人員身分。但不得執行職務。

2.復 職

復職，得區分為申請復職與應予復職。

(1)申請復職

經依法停職之公務人員，於停職事由消滅後 3 個月內，得申請復職；服務機關或其上級機關，除法律另有規定者外，應許其復職，並自受理之日起 30 日內通知其復職。依前述規定復職之公務人員，服務機關或其上級機關應回復原職務或與原職務職等相當或與其原敘職等俸級相當之其他職務；如仍無法回復職務時，應依公務人員任用法及公務人員俸給法有關調任之規定辦理。

經依法停職之公務人員，於停職事由消滅後 3 個月內，未申請復職者，服務機關或其上級機關人事單位應負責查催；如仍未於接到查催通知之日起 30 日內申請復職，除有不可歸責於該公務人員之事由外，視為辭職。

留職停薪原因消滅後或期間屆滿，以及經依法休職之公務人員，有關復職之事項，除法規另有規定者外，準用前述之規定。

(2)應予復職

受停職處分之公務人員，其停職處分經撤銷，除得依法另為處理者外，其服務機關或其上級機關應予復職，並準用第 10 條第 2 項（申請復職）之規定。而前述公務人員於復職報到前，仍視為停職。

應予復職之公務人員，於接獲復職令後，應於 30 日內報到，並於復職報到後，回復其應有之權益；其未於期限內報到者，除經核准延長或有不

可歸責於該公務人員之事由者外，視為辭職。

3.辭　職

公務人員之辭職，應以書面為之。除有危害國家安全之虞或法律另有規定者外，服務機關或其上級機關不得拒絕之。

服務機關或其上級機關應於收受辭職書之次日起 30 日內為准駁之決定。逾期未為決定者，視為同意辭職，並以期滿之次日為生效日。但公務人員指定之離職日逾 30 日者，以該日為生效日。

㈡轉任或派職

公務人員因機關裁撤、組織變更或業務緊縮時，除法律另有規定者外，其具有考試及格或銓敘合格之留用人員，應由上級機關或承受其業務之機關辦理轉任或派職，必要時先予輔導、訓練。❻

依規定轉任或派職時，除自願降低官等者外，其官等職等應與原任職務之官等職等相當，如無適當職缺致轉任或派職同官等內低職等職務者，應依公務人員任用法及公務人員俸給法有關調任之規定辦理。

㈢職務執行與維護

1.禁止違法工作指派

公務人員之長官或主管對於公務人員不得作違法之工作指派，亦不得以強暴脅迫或其他不正當方法，使公務人員為非法之行為。

2.環境與安全之保障

各機關應提供公務人員執行職務必要之機具設備及良好工作環境。

公務人員執行職務之安全應予保障。各機關對於公務人員之執行職務，應提供安全及衛生之防護措施。

公務人員執行職務時，現場長官認已發生危害或明顯有發生危害之虞者，得視情況暫時停止執行。

---

❻　於機關組織變革時，對所屬公務人員仍應給予適度之保障，除非法律另有規定，例如公務人員任用法第 29 條之資遣規定。如無其他法律規定時，對留用之公務人員自應依規定處理以保障公務人員權益（最高行政法院 103 判 223）。

3.賠償與慰問金

公務人員因機關提供之安全及衛生防護措施有瑕疵，致其生命、身體或健康受損時，得依國家賠償法請求賠償。

公務人員執行職務時，發生意外致受傷、失能或死亡者，應發給慰問金（保訓會公審決 0164）。但該公務人員有故意或重大過失情事者，得不發或減發慰問金。

4.法律協助

公務人員依法執行職務涉訟時，服務機關應輔助其延聘律師為其辯護及提供法律上之協助。

不過，其涉訟係因公務人員之故意或重大過失所致者，應不予輔助；如服務機關已支付涉訟輔助費用者，應予追還。

5.補償措施

公務人員經指派於上班時間以外執行職務者，服務機關應給予加班費、補休假、獎勵或其他相當之補償。

公務人員執行職務墊支之必要費用，得請求服務機關償還之。

㈣消滅時效

關於下列公務人員之公法上財產請求權，其消滅時效期間依本法行之，區分如下：

因 10 年間不行使而消滅者：(1)執行職務時，發生意外致受傷、失能或死亡應發給之慰問金；(2)依法執行職務涉訟輔助之費用。

因 2 年間不行使而消滅者：(1)經服務機關核准實施公務人員一般健康檢查之費用；(2)經服務機關核准之加班費；(3)執行職務墊支之必要費用。

三、復審程序

㈠要　件

公務人員對於服務機關或人事主管機關（以下均簡稱原處分機關）所為之行政處分，認為違法或顯然不當，致損害其權利或利益者，得依本法提起復審。❷非現職公務人員基於其原公務人員身分之請求權遭受侵害時，

亦同。

　　公務人員已亡故者，其遺族基於該公務人員身分所生之公法上財產請求權遭受侵害時，亦得依本法規定提起復審。

　　公務人員因原處分機關對其依法申請之案件，於法定期間內應作為而不作為，或予以駁回，認為損害其權利或利益者，得提起請求該機關為行政處分或應為特定內容之行政處分之復審。前項期間，法令未明定者，自機關受理申請之日起為 2 個月。

　　原處分機關之認定，以實施行政處分時之名義為準。但是，上級機關本於法定職權所為行政處分，交由下級機關執行者，以該上級機關為原處分機關。至於，原處分機關裁撤或改組，應以承受其業務之機關視為原處分機關。

　　但是，復審事件涉及地方自治團體之地方自治事務者，保訓會僅就原行政處分之合法性進行審查決定。

㈡期　　間

　　關於期日期間，除本法另有規定外，準用行政程序法之規定。

1.法定期間

　　復審之提起，應自行政處分達到之次日起 30 日內為之。前述期間，以原處分機關收受復審書之日期為準。復審人誤向原處分機關以外機關提起復審者，以該機關收受之日，視為提起復審之日。

　　公務人員因原處分機關對其依法申請之案件，於法定期間內應作為而不作為，認為損害其權利或利益者，亦得提起復審。前述期間，法令未明定者，自機關受理申請之日起為 2 個月。

　　原處分機關告知之復審期間有錯誤時，應由該機關以通知更正之，並

---

❷　但是，公務人員提起復審時，如已無實益，即屬欠缺權利保護之必要，例如，復審人原所不服之調任，既經調任新職（保訓會 94 公審決 0103），或高考錄取接受實務訓練期間，因其他考試錄取而自願中途離訓，無從完成考試程序（99 公審決 0072）等，則其所提復審，顯已無實益，核屬欠缺權利保護之要件，故應予駁回。

自通知送達之次日起算法定期間。如未告知復審期間，或告知錯誤未通知更正，致受處分人遲誤者，如於處分書送達之次日起 1 年內提起復審，視為復審期間內所為。

2.回復原狀

復審人因天災或其他不應歸責於己之事由，致遲誤復審期間者，於其原因消滅後 10 日內，得以書面敘明理由向保訓會申請回復原狀。但遲誤復審期間已逾 1 年者，不得為之。

申請回復原狀，應同時補行期間內應為之復審行為。

3.在途期間

復審人不在原處分機關所在地住居者，計算法定期間，應扣除在途期間。但是，有復審代理人住居原處分機關所在地，得為期間內應為之復審行為者，不在此限。

(三)復審能力與人員

1.復審能力

能獨立以法律行為負義務者，有復審能力。

無復審能力人應由其法定代理人代為復審行為。

關於復審之法定代理，依民法之規定。

2.代表人

多數人對於同一原因事實之行政處分共同提起復審時，得選定 3 人以下之代表人；其未選定代表人者，保訓會得限期通知其選定代表人；逾期不選定者，保訓會得依職權指定之。

代表人之選定、更換或增減，應提出文書證明並通知保訓會，始生效力。

代表人經選定或指定後，由其代表全體復審人為復審行為。但撤回復審，非經全體復審人書面同意，不得為之。

代表人有 2 人以上者，均得單獨代表共同復審人為復審行為。

代表人之代表權不因其他共同復審人死亡、喪失復審能力或法定代理變更而消滅。

3.代理人

復審人得委任熟諳法律或有專業知識之人為代理人,每一復審人委任者以不超過 3 人為限,並應於最初為復審代理行為時,向保訓會提出委任書。

保訓會認為復審代理人不適當時,得禁止之,並以書面通知復審人。

復審代理人之更換、增減或解除,非以書面通知保訓會,不生效力。

復審委任之解除,由復審代理人提出者,自為解除意思表示之日起 15 日內,仍應為維護復審人權利或利益之必要行為。

復審代理人就其受委任之事件,得為一切復審行為。但撤回復審,非受特別委任不得為之。

復審代理人有 2 人以上者,均得單獨代理復審人。違反前述規定而為委任者,其復審代理人仍得單獨代理。

復審代理人事實上之陳述,經到場之復審人本人即時撤銷或更正者,不生效力。

復審代理權不因復審人本人死亡、破產、喪失復審能力或法定代理變更而消滅。

4.輔佐人

復審人或復審代理人經保訓會之許可,得於期日偕同輔佐人到場。而保訓會認為必要時,亦得命復審人或復審代理人偕同輔佐人到場。

輔佐人,保訓會認為不適當時,得廢止其許可或禁止其續為輔佐。

輔佐人到場所為之陳述,復審人或復審代理人不即時撤銷或更正者,視為其所自為。

㈣卷宗與閱覽

1.卷　宗

復審事件之文書,保訓會應編為卷宗保存。

保訓會審議復審事件,應指定人員製作審議紀錄附卷,並得以錄音或錄影輔助之;其經言詞辯論者,應另行製作辯論要旨,編為審議紀錄之附件。

2.閱　覽

復審人或其代理人得向保訓會請求閱覽、抄錄、影印或攝錄卷內文書，或預納費用請求付與繕本、影本或節本。但以維護其法律上利益有必要者為限。保訓會對前述請求，得拒絕之情形，包括：(1)復審事件決定擬辦之文稿；(2)復審事件決定之準備或審議文件；(3)為第三人之正當權益有保密之必要者；(4)其他依法律或基於公益，有保密之必要者。

㈤復審之提起

1.書　狀

提起復審應具復審書，附原行政處分書影本，載明法定事項，由復審人或其代理人簽名或蓋章，經由原處分機關向保訓會提起復審。至於，復審人直接向保訓會提起復審者，保訓會應將復審書影本或副本送交原處分機關依規定辦理。

復審人在法定期間內向原處分機關或保訓會為不服原行政處分之表示者，視為已在法定期間內提起復審。但應於 30 日內補送復審書。

此外，保訓會認為復審書不合法定程式，而其情形可補正者，應通知復審人於 20 日內補正。

2.原處分機關之審查

原處分機關對於復審應先行重新審查原行政處分是否合法妥當，其認為復審為有理由者，得自行變更或撤銷原行政處分，並函知保訓會。

原處分機關自收到復審書之次日起 20 日內，不依復審人之請求變更或撤銷原行政處分者，應附具答辯書，並將必要之關係文件，送於保訓會，且將答辯書抄送復審人。至於，原處分機關未於前述期間內處理者，保訓會得依職權或依復審人之申請，通知原處分機關於 15 日內檢送相關卷證資料；逾期未檢送者，保訓會得逕為決定。

3.撤回與承受

復審提起後，於保訓會復審決定書送達前，復審人得撤回之。復審經撤回後，不得再提起同一之復審。

復審提起後，復審人死亡或喪失復審能力者，得由其繼承人或其他依

法得繼受原行政處分所涉權利或利益之人承受復審程序。但是，已無取得復審決定之法律上利益或依其性質不得承受者，不在此限。此外，承受復審者，應於事實發生之日起 30 日內，向保訓會檢送繼受權利之證明文件。

㈥審　查

1.原則：書面審查

復審就書面審查決定之。

不過，保訓會認為必要時，得依職權通知復審人或有關人員到達指定處所陳述意見並接受詢問；復審人請求陳述意見而有正當理由者，保訓會應予到達指定處所陳述意見之機會。此時，保訓會得指定副主任委員、委員聽取到場人員之陳述。

2.言詞辯論之進行

保訓會得依職權或依復審人之申請，必要時通知復審人或其代表人、復審代理人、輔佐人及原處分機關派員於指定期日到達指定處所言詞辯論。

言詞辯論由保訓會主任委員或其指定之副主任委員、委員主持之。

言詞辯論之程序：⑴主持人或其指定之人員陳述事件要旨；⑵復審人或其代理人就事件為事實上及法律上之陳述；⑶原處分機關就事件為事實上及法律上之陳述；⑷有關機關或人員之陳述；⑸復審人或原處分機關對他方之陳述或答辯，為再陳述或再答辯；⑹保訓會委員對復審人及原處分機關或有關人員提出詢問；⑺復審人之最後陳述。

言詞辯論未完備者，得再為辯論。

3.證　據

證據之提出，可區分為主動提出與被動提出。

主動提出，係復審人於審查程序中得提出證據書類或證物。被動提出，係保訓會限定於一定期間內提出者，復審人應於該期間內提出。此外，原處分機關應將據以處分之證據資料提出於保訓會，對於證據資料，復審人或其代理人得請求閱覽、抄錄或影印之，而保訓會非有正當理由，不得拒絕。

保訓會得依職權或依復審人之申請，必要時命文書或其他物件之持有

人提出該物件，並得留置之。公務人員或機關掌管之文書或其他物件，保訓會得調閱之，而除有妨害國家機密者外，該公務人員或機關不得拒絕。

保訓會認為必要時，得依職權或囑託有關機關、學校、團體或具專門知識經驗者，就必要之物件、證據，實施檢驗、勘驗或鑑定。但是，檢驗、勘驗或鑑定之結果，非經賦予復審人表示意見之機會，保訓會不得採為對之不利之復審決定之基礎。此外，復審人願自行負擔費用而請求實施檢驗、勘驗或鑑定時，保訓會非有正當理由不得拒絕，若依檢驗、勘驗或鑑定所得結果，據為復審人有利之決定或裁判時，復審人得於事件確定後 30 日內，請求保訓會償還必要之費用。

鑑定人所為之鑑定，應具鑑定書陳述意見。保訓會必要時，並得請其到達指定處所說明。鑑定人有數人時，得共同陳述意見。但意見不同者，保訓會應使其分別陳述意見。鑑定所需資料在原處分機關或保訓會者，保訓會應告知鑑定人准其利用，並得限制其利用之範圍及方法。

(七)決　定

分別提起之數宗復審事件係基於同一或同種類之事實上或法律上之原因者，保訓會得合併審議，並得合併決定。

復審事件，除因無具體之事實內容或未具真實姓名、服務機關或住所者，不予處理外，保訓會應作成復審決定。其內容分析如下：

1.期　間

復審決定，應於保訓會收受原處分機關檢卷答辯之次日起 3 個月內為之；其尚待補正者，自補正之次日起算，未為補正者，自補正期間屆滿之次日起算；復審人係於表示不服後 30 日內補送復審書者，自補送之次日起算，未為補送者，自補送期間屆滿之次日起算；復審人於復審事件決定期間內續補具理由者，自最後補具理由之次日起算。

復審事件不能於前述期間內決定者，得予延長，並通知復審人。延長以一次為限，最長不得逾 2 個月。

至於，復審之決定係以他法律關係是否成立為準據，而該法律關係在訴訟或行政救濟程序進行中者，於該法律關係確定前，保訓會得停止復審

程序之進行，並即通知復審人。保訓會停止復審程序之進行者，則復審決定之期間，自該法律關係確定之日起，重行起算。

2.類　型

(1)不受理

復審事件應為不受理決定之情形，包括：⑴復審書不合法定程式不能補正或經酌定相當期間通知補正逾期不補正；⑵提起復審逾法定期間❻或未於第 46 條但書所定期間，補送復審書；⑶復審人無復審能力而未由法定代理人代為復審行為，經通知補正逾期不補正；⑷復審人不適格；⑸行政處分已不存在；❻⑹對已決定或已撤回之復審事件重行提起復審；⑺對不屬復審救濟範圍內之事項，提起復審。❻

(2)無理由

復審無理由者，保訓會應以決定駁回之。原行政處分所憑之理由雖屬不當，但依其他理由認為正當者，應以復審為無理由。

(3)有理由

復審有理由者，保訓會應於復審人表示不服之範圍內，以決定撤銷原行政處分之全部或一部，並得視事件之情節，發回原處分機關另為處分。但原處分機關於復審人表示不服之範圍內，不得為更不利益之處分。

前述發回原處分機關另為處分，原處分機關未於規定期限內依復審決定意旨處理，經復審人再提起復審時，保訓會得逕為變更之決定。

對於依第 26 條第 1 項提起（應作為而不作為）之復審，保訓會認為有理由者，應指定相當期間，命應作為之機關速為一定之處分。不過，保訓會未為前述決定前，應作為之機關已為行政處分者，保訓會應認為復審無

---

❻ 提起復審因逾法定期間而為不受理決定時，原行政處分顯屬違法或顯然不當者，保訓會應於決定理由中指明。

❻ 此情形，如復審人因該處分之撤銷而有可回復之法律上利益時，不得為不受理之決定。

❻ 此情形，如屬應提起申訴、再申訴事項，公務人員誤提復審者，保訓會應移轉申訴受理機關依申訴程序處理，並通知該公務人員，不得逕為不受理決定。

理由，以決定駁回之。

此外，保訓會發現原行政處分雖屬違法或顯然不當，但其撤銷或變更於公益有重大損害，經斟酌復審人所受損害、賠償程度、防止方法及其他一切情事，認原行政處分之撤銷或變更顯與公益相違背時，得駁回其復審。前述情形，保訓會應於決定主文中載明原行政處分違法或顯然不當，並得斟酌復審人因違法或顯然不當行政處分所受損害，於決定理由中載明由原處分機關與復審人進行賠償協議，該協議與國家賠償法之協議有同一之效力。

3.復審決定書與教示制度

復審決定，保訓會應作成復審決定書，載明法定事項，正本應於決定後 15 日內送達復審人及原處分機關。

保訓會復審決定依法得聲明不服者，復審決定書應附記如不服決定，得於決定書送達之次日起 2 個月內，依法向該管司法機關請求救濟。❻❻若附記錯誤時，應通知更正，並自更正通知送達之次日起，計算法定期間。

但是，如未附記救濟期間，或附記錯誤未通知更正，致復審人遲誤者，如於復審決定書送達之次日起 1 年內請求救濟，視為法定期間內所為。

(八)送　達

復審代理人除受送達之權限受有限制者外，送達應向該代理人為之。但保訓會認為必要時，得送達於復審人本人。

對於無復審能力人為送達者，應向其法定代理人為之。法定代理人有 2 人以上者，送達得僅向其中 1 人為之。

復審事件文書之送達，應註明復審人或其代表人、代理人之住居所、事務所，交付郵政機關以復審事件文書郵務送達證書發送。復審事件文書不能為前述送達時，得由保訓會派員或囑託原處分機關、公務人員服務機關送達，並由執行送達人作成送達證書。❻❼

---

❻❻　至於，復審人對保訓會於復審程序進行中所為之程序上處置不服者，應併同復審決定提起行政訴訟。

❻❼　復審事件文書之送達，並準用行政訴訟法第 67 條至第 69 條、第 71 條至第 83

四、申訴及再申訴程序

㈠要 件

公務人員對於服務機關所為之管理措施或有關工作條件之處置認為不當,致影響其權益者,得依本法提起申訴、再申訴。

公務人員提起申訴,應於管理措施或處置達到之次日起 30 日內,向服務機關為之。

公務人員離職後,接獲原服務機關之管理措施或處置者,亦得提起申訴、再申訴。

㈡管轄機關

提起申訴,應向服務機關為之。不服服務機關函復者,得於復函送達之次日起 30 日內,向保訓會提起再申訴。❻服務機關,係以管理措施或有關工作條件之處置之權責處理機關為準。❻

不過,應提起復審之事件,公務人員誤提申訴者,申訴受理機關應移由原處分機關依復審程序處理,並通知該公務人員;應提起復審之事件,公務人員誤向保訓會逕提再申訴者,保訓會應函請原處分機關依復審程序處理,並通知該公務人員。

㈢書狀與處理程序

1.書 狀

申訴與再申訴均應以書面為之,載明法定事項,由申訴人或其代理人簽名或蓋章。❼

條之規定。

❻ 但是,公務人員提起再申訴時,如已無實益,即屬欠缺權利保護之必要,例如,再申訴人既已停止辦理系爭工作,就此部分之工作指派所為爭執(99 公申決 0094),應予駁回。

❻ 至於,各機關之內部單位,並無權受理公務人員所提起申訴案並為申訴函復(保訓會 94 公申決 0082)。

❼ 申訴、再申訴,並準用第 3 章第 26 條至第 42 條、第 43 條第 3 項、第 44 條第 4 項、第 46 條至第 59 條、第 61 條至第 68 條、第 69 條第 1 項、第 70 條、第

2.處理程序

服務機關對申訴事件，應於收受申訴書之次日起 30 日內，就請求事項詳備理由函復，必要時得延長 20 日，並通知申訴人。逾期未函復，申訴人得逕提再申訴。申訴復函應附記如不服函復者，得於 30 日內向保訓會提起再申訴之意旨。

再申訴決定應於收受再申訴書之次日起 3 個月內，以再申訴決定書載明法定事項為之。❼必要時得延長 1 個月，並通知再申訴人。

各機關對於保訓會查詢之再申訴事件，應於 20 日內將事實、理由及處理意見，並附有關資料，回復保訓會。各機關對於再申訴事件未於規定期間內回復者，保訓會得逕為決定。

目前公務人員保障暨培訓委員會係再申訴事件之最終審理機關，一經該會為再申訴駁回決定，事件即告確定，不得以同一事由更為爭執（最高行政法院 103 裁 478）。因此，以公務員身分受處分得否提起行政爭訟，應就處分內容分別論斷，如該行政處分足以改變公務員身分關係，或於公務員權益有重大影響之處分，或基於公務員身分所生之公法上財產請求權遭受損害，可提起行政爭訟；至於，未改變公務員身分關係，或對其憲法所保障服公職之權利未有重大影響，亦未損害公務人員之公法上財產請求權之措施，諸如記大過、記過處分、申誡懲處、考績評定、免除行政兼職，或機關長官、主管所為工作指派等，核屬公務人員保障法第 77 條第 1 項所指之工作條件或管理措施，公務人員僅得依申訴、再申訴程序尋求救濟，不得以復審之程序請求救濟，亦不許提起行政訴訟（釋字第 187 號、第 201 號、第 243 號、第 266 號、第 298 號、第 312 號、第 323 號、第 338 號、第 430 號、第 483 號、第 539 號等解釋；107 判 338）；蓋因公務人員提起申訴及再申訴程序，並未準用公務人員保障法第 72 條第 1 項得向司法機關請求救濟之規定，此類案件即不得提起行政訴訟。並且，自不因原處

---

71 條第 2 項、第 73 條至第 76 條之復審程序規定；但是，並無準用第 72 條（請求司法救濟）之規定（最高行政法院 103 裁 478；106 判 710）。

❼　應附記對於保訓會所為再申訴之決定不得以同一事由復提再申訴。

分或復審決定書所載之教示條款將僅得依申訴、再申訴程序救濟，誤載為應循「復審程序」救濟或得提起「行政訴訟」而得變更其救濟程序（106判710）。

五、調處程序

㈠對　象

保障事件審理中，保訓會得依職權或依申請，指定副主任委員或委員1人至3人，進行調處。

但是，於多數人共同提起之保障事件，其代表人非徵得全體復審人或再申訴人之書面同意，不得為之。

㈡程　序

保訓會進行調處時，應以書面通知復審人、再申訴人，或其代表人、代理人及有關機關，於指定期日到達指定處所行之。代理人，應提出特別委任之授權證明，始得參與調處。

調處之過程及結果應製作紀錄，由參與調處之人員簽名；其拒絕簽名者，應記明其事由。

㈢效　力

1.調處成立

保障事件經調處成立者，保訓會應作成調處書，記載法定事項，並函知復審人、再申訴人、代表人、經特別委任之代理人及有關機關。

經調處成立之保障事件，保訓會應終結其審理程序。

2.調處不成立

保障事件經調處不成立者，保訓會應逕依本法所定之復審程序或再申訴程序為審議決定。

此外，復審人、再申訴人，或其代表人、經特別委任之代理人及有關機關，無正當理由，於指定期日不到場者，視為調處不成立。但是，保訓會認為有成立調處之可能者，得另定調處期日。

六、執　行

　　保障事件決定書及其執行情形，應定期刊登政府公報並公布於機關網站。

　　關於原行政處分、管理措施或處置與保障事件決定之執行，說明如下：

㈠原行政處分、管理措施或處置

1.原則：不停止執行

　　原行政處分、管理措施或有關工作條件之處置，不因依本法所進行之各項程序而停止執行。

2.停止執行之要件

　　原行政處分、管理措施或有關工作條件之處置合法性顯有疑義者，或其執行將發生難以回復之損害，且有急迫情事，並非為維護重大公共利益所必要者，保訓會、原處分機關或服務機關得依職權或依申請，就原行政處分、管理措施或有關工作條件之處置全部或一部，停止執行。

　　停止執行之原因消滅，或有其他情事變更之情形，保訓會、原處分機關或服務機關得依職權或依申請撤銷停止執行。

㈡保障事件之決定

1.拘束力

　　保訓會所為保障事件之決定確定後，有拘束各關係機關之效力；其經保訓會作成調處書者，亦同。

2.類　型

　　原處分機關應於復審決定確定之次日起 2 個月內，將處理情形回復保訓會。必要時得予延長，但不得超過 2 個月，並通知復審人及保訓會。

　　服務機關應於收受再申訴決定書之次日起 2 個月內，將處理情形回復保訓會。必要時得予延長，但不得超過 2 個月，並通知再申訴人及保訓會。

　　保障事件經調處成立者，服務機關應於收受調處書之次日起 2 個月內，將處理情形回復保訓會。

3.罰　則

原處分機關、服務機關於前述規定期限內未處理者，保訓會應檢具證據將違失人員移送監察院依法處理。但是，違失人員為薦任第 9 職等以下人員，由保訓會通知原處分機關或服務機關之上級機關依法處理。

此外，違失人員如為民意機關首長，由保訓會處新臺幣 10 萬元以上 100 萬元以下罰鍰，並公布違失事實。罰鍰經通知限期繳納，逾期不繳納者，依法移送強制執行。

七、再審議

再審議，除本章另有規定外，準用第 3 章復審程序、第 4 章再申訴程序及第 6 章執行之規定。

本章之規定，分析如下：

㈠事　由

復審事件經保訓會審議決定，除復審事件復審人已依法向司法機關請求救濟者外，於復審決定或再申訴決定確定後，原處分機關、服務機關、復審人或再申訴人得向保訓會申請再審議之情形，包括：(1)適用法規顯有錯誤；(2)決定理由與主文顯有矛盾；(3)決定機關之組織不合法；(4)依本法應迴避之委員參與決定；(5)參與決定之委員關於該保障事件違背職務，犯刑事上之罪；(6)復審、再申訴之代理人或代表人，關於該復審、再申訴有刑事上應罰之行為，影響於決定；(7)證人、鑑定人或通譯就為決定基礎之證言、鑑定或通譯為虛偽陳述；(8)為決定基礎之證物，係偽造或變造；(9)為決定基礎之民事、刑事或行政訴訟判決或行政處分，依其後之確定裁判或行政處分已變更；(10)發見未經斟酌之證物或得使用該證物。但以如經斟酌可受較有利益之決定者為限；(11)原決定就足以影響於決定之重要證物漏未斟酌。

至於，(5)至(8)情形，以宣告有罪之判決已確定，或其刑事訴訟不能開始或續行非因證據不足者為限。

⇨期　間

申請再審議，應於 30 日之不變期間內為之。

前述期間，自復審決定或再申訴決定確定時起算。但是，再審議之理由知悉在後者，自知悉時起算。

再審議之申請，於原行政處分、原管理措施、原工作條件之處置原決定執行完畢後，亦得為之。惟自復審決定或再申訴決定確定時起，如逾 5 年者，不得提起。

⇨提起與撤回

1.提　起

申請再審議應以書面敘述理由，附具繕本，連同原決定書影本及證據，向保訓會提起。

2.撤　回

再審議之申請，於保訓會作成決定前得撤回之。

撤回者，不得更以同一原因申請再審議。

⇨決　定

1.不受理

保訓會認為申請再審議程序不合法者，應為不受理決定。

2.無理由

保訓會認為再審議無理由者，應以決定駁回之。

經前述決定後，不得更以同一原因申請再審議。

3.有理由

保訓會認為再審議有理由者，應撤銷或變更原復審決定。

針對公務人員保障法之再審議，實務見解指出：「既係在通常救濟程序外所提供之非常手段，係以已確定且不得再提起行政訴訟之復審決定為對象，有別於通常之復審決定，自不宜再成為行政訴訟之對象（最高行政法院 100 裁 1848）。」

第七章　公物、營造物與公企業

綱要導讀

壹、公　物

一、概念與類型

　(一)圖　示

　(二)說　明

　　1.公共用財產

　　2.行政財產

　　3.財政財產

二、成立、管理與消滅

　(一)成　立

　　1.公有公物

　　2.私有公物

　(二)管　理

　　1.公物使用規則之制定

　　2.符合安全狀態之管理

　　3.公物高權

　(三)消　滅

　　1.形體喪失

　　2.廢止公用

三、特徵與限制

　(一)融通性之限制

　(二)取得時效之限制

　(三)強制執行之限制

　(四)公益徵收之限制

四、公物使用之類型與性質

　(一)公物使用之類型

　　1.一般使用

　　2.特別使用

　(二)公物使用之性質

貳、營造物

一、概　念

　(一)行政主體依法設置之行政組織體

　　1.行政主體依法設置

　　2.行政組織體

　(二)持續達成特定行政目的

　　1.營造物之設置具有持續性

　　2.為達成特定行政目的

　(三)人與物之集合體

二、成立、管理與消滅

　(一)成　立

　　1.形體要件

　　2.意思要件

　　3.設置依據

　(二)管　理

　(三)消　滅

三、營造物之使用

　(一)私法使用與公法使用

　　1.私法使用

　　2.公法使用

　(二)暫時使用與持續使用

　　1.暫時使用

　　2.持續使用

　(三)一般使用與特別使用

　　　1.一般使用
　　　2.特別使用
　└四、營造物之使用者
　　㈠使用者之地位
　　㈡營造物與使用者之權利義務
　參、公企業
　└一、概　念
　　㈠行政主體依法設置或掌控經營之事業
　　　1.行政主體依法設置或掌控經營
　　　2.事　業
　　㈡為持續達成公益或經濟之目的
　　　1.公企業具有持續性
　　　2.為達成公益或經濟之目的
　　㈢不以權力行使為要素
　　　1.對外之法律關係
　　　2.對內之法律關係
　└二、財務、業務與人事之管理
　　㈠財　務
　　　1.資　本
　　　2.盈餘虧損之處理
　　　3.會計與審計
　　㈡業　務
　　　1.效率與參與
　　　2.主管機關之角色
　　　3.採　購
　　　4.考　核
　　㈢人　事
　　　1.用人方式
　　　2.行為禁止
　└三、移轉民營
　　㈠程　序

　　1.核　定
　　2.方　式
　　3.評定價格
　㈡權益保障
　　1.工作與薪資
　　2.保險、退休與撫卹
　　3.訓練與認股

壹、公　物

一、概念與類型

　　物，係財產之種類；公物，指該財產之公益目的或用途。實務見解指出，「公物」係指直接供公的目的使用，並處於國家或其他行政主體所得支配之物（臺北高等行政法院 98 訴 2044）。

㈠圖　示

$$
公物
\begin{cases}
財政財產 \cdots\cdots\cdots\cdots\cdots\cdots\cdots\cdots\cdots\cdots\cdots \\
行政財產 \cdots\cdots\cdots\cdots\cdots\cdots\cdots\cdots \\
公共用財產：狹義公物
\end{cases}
$$

右大括號外標示：廣義公物、最廣義公物

㈡說　明

1.公共用財產

　　公共用財產，亦稱公共用物，係指行政主體直接提供公眾使用之財產，為學理上之狹義公物。

　　公物，不以所有權歸屬行政主體或不動產為限，惟應屬行政主體得支配或使用之財產，例如，行政法院（45 判 8 判例）謂：「行政主體使用他人之動產或不動產成為他有公物。」而釋字第 400 號解釋指出：「公用地役關係乃私有土地而具有公共用物性質之法律關係，與民法上地役權之概念有間，久為我國法制所承認（釋字第 255 號解釋；行政法院 45 判 8 及 61 判 435 判例）。」

　　狹義公物之類型，有不同區別標準，就其存在態樣與形體，列表及說明如下：

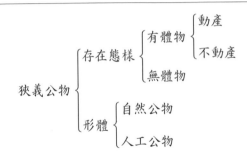

狹義公物，依存在態樣區分：⑴有體物，例如道路、橋樑、湖泊，而有體物可再區分為動產與不動產；⑵無體物，例如電波頻率。

若依形體區分：⑴自然公物：指以其自然之原始形態供公共使用，不必為形體之設置，例如山林、湖泊；⑵人工公物：指非以其自然之原始形態供公共使用，而須為形體之設置，例如道路、橋樑。當然，公物之形體，經常係自然公物與人工公物之混合體。例如，市區道路為公物（最高行政法院 106 判 703）。

2.行政財產

行政財產，亦稱行政用物，係指行政主體機關內部使用之財產，例如，辦公廳舍、器材設備、警察局之車輛槍械等。

行政財產與公共用財產，均屬廣義公物之範圍，指行政主體直接供行政目的之財產。此等財產，著重直接供行政目的使用，而不以所有權為區分標準，故因公用地役關係所形成之「既成道路」，即私有公物，亦屬之。❶

3.財政財產

財政財產，亦稱收入財產，係指行政主體作為財政目的使用之財產，例如，公庫之現金、公有土地及有價證券等。

財政財產、行政財產與公共用財產，均屬行政主體直接或間接供行政目的之財產，為最廣義公物之範圍。

---

❶ 李惠宗，〈公物法〉，翁岳生編《行政法》，2000，第 394 頁以下。

二、成立、管理與消滅

㈠成　立

　　狹義公物（公共用物），依所有權之歸屬，得區分為公有（自有）公物與私有（他有）公物，其成立要件並非相同：

1.公有公物

　　公有公物之成立，原則上須具備形體要件，若屬人工公物，需由人為設置而產生形體，如橋樑、公園、道路等。

　　其次，應具備意思要件，即行政主體依該公物之規範依據或授權，於供公共使用之事實狀態或意思表示時，即可視為公物；至於，未開放公共使用之前，原則上仍不屬公物。例如，公墓等殯葬設施性質上為公物之一種，國家（或自治團體）既定有法律以資規範，其設置及使用自應依法律之規定為之（最高行政法院 99 判 1021）。❷

　　意思要件，並非主觀面向之判斷，而係客觀事實之認定，例如，道路雖未完工驗收，但在撤除路障時，即已表示供公用之意思。

　　有關公物之設定、變更、廢止或其一般使用者，依行政程序法第 92 條第 2 項規定，其性質為一般處分，並適用該法有關行政處分之規定。

2.私有公物

　　私有土地具有公共用物性質，即成立公用地役關係，主要係基於事實行為而成立之公物，蓋釋字第 400 號解釋指出其應符合下列要件：⑴須為不特定之公眾通行所必要，而非僅為通行之便利或省時；⑵於公眾通行之初，土地所有權人並無阻止之情事；⑶須經歷之年代久遠而未曾中斷，所

---

❷　最高行政法院（99 判 1021）指出，依墳墓設置管理條例第 2 條第 1 項規定：「本條例所稱墳墓包括公墓及私人墳墓」。第 4 條規定：「直轄市、縣（市）政府及鄉（鎮、市）公所應於轄區內或轄區外選擇適當地點，依本條例之規定，設置公墓」。殯葬管理條例第 5 條規定：「直轄市、縣（市）政府及鄉（鎮、市）主管機關，得分別設置下列公立殯葬設施：……」。足見殯葬為人民生活不可忽略的一部分，國家有提供適當安置先人遺骸之設施或處所，如公墓等，以為民眾慎終追遠之必要。

謂年代久遠雖不必限定其期間，但仍應以時日長久，一般人無復記憶其確實之起始，僅能知其梗概（例如始於日據時期、87 水災等）為必要。❸

　　而公用地役關係與民法上地役權之概念有間，至於，依建築法規及民法等之規定，提供土地作為公眾通行之道路，與因時效而形成之既成道路不同，非釋字第 400 號解釋所指之公用地役關係。

㈡管　理

1.公物使用規則之制定

　　公物管理機關，針對公物之管理或使用，得依據法令或其授權或本於職權訂定公物使用規則。例如，關於直轄市或縣（市）政府所轄市區道路分工權責、設施維護、使用管制、障礙清理等管理事項之規定，市區道路條例第 32 條第 2 項規定，係由直轄市或縣（市）政府分別定之，並報內政部備查。

　　因此，市政府對於所有在市區道路埋設管線之單位，依據法令徵收使用費，係合乎平等原則。蓋設施物之設置及利用行為，確有影響交通流暢或道路空間有效利用，並為繼續性使用之性質，依公平原則，難謂其得無償使用。而市政府所定收費標準，除道路土地徵收購置成本外，並參酌國內有關國有土地及市有土地之租金情形，則與規費法規定之精神並無違背，且道路屬公共財，基於有效利用公共資源及使用者付費公平原則，得收取使用費（最高行政法院 99 判 474）。

---

❸　最高行政法院（107 判 176）指出，釋字第 400 號解釋理由書意旨所指成立公用地役關係之 3 項要件，雖係針對私人所有既成道路，然私人土地供水路等排水設施使用之事實，其土地因供排水、排洪公益目的之必要，而由公眾使用，其性質與釋字第 400 號解釋理由書所指之既成道路為不特定之公眾通行所必要，而供公眾通行之性質相似，應可類推適用，惟仍須具備上述 3 項要件，始得成立公用地役關係。易言之，既成水路成立公用地役關係，應符合下列要件：⑴排水設施（含水路本身）須為供不特定之公眾排水需求所必要者；⑵土地供水路等排水設施使用之初，土地所有權人並無阻止之情事；⑶經歷之年代久遠而未曾中斷。

2.符合安全狀態之管理

行政主體對於私有公物，有管理維護並使其處於通常安全狀態之義務，但使用目的以外之部分，私人仍擁有法律賦予之權利。

行政主體對於公有公物，應依其設置目的，予以管理維護，並使其處於通常安全之狀態。

3.公物高權

公物高權，係對於妨礙公物之管理或使用者，公物管理機關有排除侵害或拒絕使用之職權。依其對象區分如下：

對內之公物高權，指公物警察權或公物管理權，係針對符合公物使用資格者，卻未依公物使用規則或通常使用之方法，排除其侵害公物或禁止繼續使用公物之職權。例如，學校之學生，未依通常使用方法擺盪鞦韆或站立溜滑梯，對自己與附近同學產生危險性，老師禁止其繼續使用。

對外之公物高權，指公物家主權，係針對不符合公物使用資格者，拒絕其使用公物之職權。例如，多位校外之少年，無正當理由於夜間欲爬牆進入校園，校警鳴笛禁止彼等進入。

至於，警察機關進入公物範圍，應遵守補充性原則，即雖屬其土地管轄與事物管轄之範圍，但原則上應經公物管理機關之請求協助時才介入，惟公物管理機關本身根本無法排除侵害時，則得主動協助維持秩序。❹

(三)消　滅

1.形體喪失

公物存在態樣係有體物，若基於形體喪失之事實發生時，則該公物消滅。例如道路、河濱公園或橋樑遭到洪水沖毀。

至於，是否重建或開放使用，原則上由公物管理機關依據法令辦理。不過，應斟酌當地居民權利影響之程度。

2.廢止公用

公物管理機關依據法令或其授權得廢止公用，但是，是否廢止公用，應斟酌人民權利影響之程度。例如，釋字第 542 號解釋指出，自來水法第

---

❹　吳庚，《行政法之理論與實用》，2004，第 215 頁。

11 條授權行政機關得為「劃定公布水質水量保護區域，禁止在該區域內一切貽害水質與水量之行為」，主管機關依此授權訂定公告「翡翠水庫集水區石碇鄉碧山、永安、格頭三村遷村作業實施計畫」，雖對人民居住遷徙自由有所限制，惟計畫遷村之手段與水資源之保護目的間尚符合比例原則，要難謂其有違憲法第 10 條之規定。

廢止公用之對象，不以公有公物為限，例如，行政法院（53 判 157 判例）指出：「行政主體固得依法律規定，對私人財產取得他物權，使該私人財產成為他有公物，但此項公物關係，亦得由行政主體為廢止之意思表示而消滅（公用或共用廢止）。本件原告所有之系爭土地，雖在日據時期即經成為村道，供公眾通行，可認為已因時效完成而有公用地役關係之存在，但臺中縣政府【43/12/06】令飭該管鄉公所依照地籍圖，回復原有地形，以維原告之產權，並以副本送達原告，則該項公用地役關係（共用物關係），顯已因該項廢止處分而消滅。原告就該項土地恢復為田地而耕作，即不能謂非正當。該江某等請求將該土地仍充道路使用，不准原告墾耕，臺中縣政府處分予以拒絕，應無違法之可言。」

此外，釋字第 255 號解釋指出：「在實施都市計畫範圍內，道路規劃應由主管機關依都市計畫法之規定辦理，已依法定程序定有都市計畫並完成細部計畫之區域，其道路之設置，即應依其計畫實施，而在循法定程序規劃道路系統時，原即含有廢止非計畫道路之意，於計畫道路開闢完成可供公眾通行後，此項非計畫道路，無繼續供公眾通行必要時，主管機關自得本於職權或依申請廢止之。」❺

因此，都市計畫範圍內，原具有通行公用地役關係之既成巷道，於計畫道路開闢完成可供公眾通行後，得予廢止（最高行政法院 99 判 212）。

三、特徵與限制

從公物之存續目的觀察，其具有下列之特徵與限制：

---

❺ 釋字第 255 號解釋謂：「廢止有公用地役關係之既成巷道，事涉公眾利益，以於都市計畫有關法規作明確之規定為宜。」

㈠融通性之限制

公有公物與私有公物，兩者關於融通性之限制，並非相同，惟提供公眾使用則為彼等之共同核心要素。

公有公物之融通性，受有限制，除法令另有規定外，原則上不得作為交易之標的。就此，最高法院（72台上5040）謂：「公有公用物或公共用物具有不融通性」（最高行政法院101判940）。

私有公物，例如既成道路，原則上得作為交易之標的（最高法院65臺抗172判例），惟移轉所有權之後，其權利之行使，亦不得妨害公眾使用之目的，仍受到限制。

㈡取得時效之限制

既成道路成立公用地役關係之私有公物，除公眾使用目的之限制外，原則上似無排除民法取得時效適用之必要。

公有公物取得時效之限制，若係僅著重所有權之取得，則有相當之爭論：

最高法院（72台上5040）持否定見解謂：「公有公用物或公共用物，不適用民法上取得時效之規定。」

持肯定見解者，例如，院字第2177號解釋：「沙洲淤地未經人民依法取得所有權者，依土地法第12條第1項之規定，為公有土地，此項土地，就私法關係而論，其所有權屬於國家，國家為公法人，占有公法人之土地，自屬民法第769條、第770條所謂占有他人之不動產，故公有土地，除土地法第8條所定不得私有者外，亦有取得時效之適用，人民已因取得時效取得所有權者，既係土地法第7條所謂依法取得所有權，嗣後即為私有土地，國家得向該人民徵稅，不得再令補繳地價。」院字第2670號解釋：「公有土地供公用者，在廢止公用後，得為取得時效之標的（參照院字第2177號解釋），城壕一部分淤成平地，經人民占有建造房屋歷數十年者，應認為公用早已廢止，如人民之占有具備民法第769條或第770條之條件者，自得請求登記為所有人……。」

不過，民法第771條前段規定「占有人自行中止占有，或變更為不以

所有之意思而占有，或其占有為他人侵奪者，其所有權取得時效中斷。」故民法第 769 條所謂「和平繼續占有使用其土地」，必該占有人於提出申請登記為所有權人，以迄登記完成時仍和平繼續占有其土地者，始有適用，若其占有使用之事實已自己之中止使用或其他法定原因不能繼續使用而消滅時，即與登記之要件不符（最高行政法院 99 判 269）。

(三)強制執行之限制

私有公物，似無強制執行限制之必要，最高法院（65 台抗 172 判例）指出：「公用物屬於私有者，如附以仍作公用之限制（即不妨礙原來公用之目的），亦得作為交易之標的物。本件拍賣公告中載明：拍賣之土地由民航局占用，拍賣後不點交等語，可見拍賣後，仍可照舊供機場使用，應無不得查封拍賣之法律上理由。」

關於公有公物，於強制執行法❻第 122 條之 3 第 1 項規定：「債務人管有之公用財產，為其推行公務所必需或其移轉違反公共利益者，債權人不得為強制執行。」至於，債務人管有之非公用財產及不屬於前條第 1 項之公用財產，第 122 條之 4 規定「仍得為強制執行，不受國有財產法、土地法及其他法令有關處分規定之限制」。

(四)公益徵收之限制

土地徵收條例第 3 條規定，國家因公益需要興辦事業，得徵收私有土地。因此，私有公物之公益徵收，似無限制之必要。

關於公有公物，應係財產主管機關更改其用途或撥用，原則上無須徵收之手段，例如，土地徵收條例第 6 條規定：「需用土地人取得經核准撥用或提供開發之公有土地……。」此外，第 43 條第 1 項規定「區段徵收範圍內之公有土地，管理機關應以作價或領回土地方式撥供該管區段徵收主管機關統籌規劃開發、分配。但區段徵收前已作為道路、溝渠、公園、綠地、兒童遊樂場、廣場、停車場、體育場所及國民學校用地使用者，應無償撥供主管機關統籌規劃開發。」

---

❻ 強制執行法第 2 章「關於金錢請求權之強制執行」第 6 節「對於公法人財產之執行」。

四、公物使用之類型與性質

公物之使用，應符合公物之性質及目的，不得違背法令規定、公物使用規則或使用之慣例等。關於其類型與性質，說明如下：

㈠公物使用之類型

公物之使用方式，區分如下：

1.一般使用

一般使用，得稱通常使用或自由使用，指符合公物性質所容許且未指定用途之使用方式，例如公園得供運動休閒等。

2.特別使用

特別使用，指一般使用以外之公物使用類型：

(1)限制使用

基於法令規定或授權，限制公物使用須受指定用途之拘束，例如，市區道路條例第 28 條規定：「市區道路主管機關於必要時，得限制道路之使用。」因此，車輛行駛道路受到指定調撥車道之限制、貨車載重超過核定重量者不得行駛特定橋樑。

(2)許可使用

基於公物設置之目的，依法應經警察機關或基於公物管理機關允許後，才得個別有權使用公物，稱為許可使用。例如，道路經警察機關允許於特定時間及地點供比賽或進入展覽會場應在規定展覽時間內且先購買入場券。

使用之許可，應同時注意公益目的與一般使用者權利之維護，並非得恣意為之。蓋道路係依法供一般民眾自由使用，而許可特定人在特定路段擺設宴席，將影響不特定人之自由使用。

許可使用，係對符合法定資格或條件者，暫時解除其限制；至於，不符合法定資格或條件者，維持或禁止其使用。因此，原則上係就特定時間、地點或次數之許可，而非繼續性、排他性或獨占性。為維護公益目的與一般使用者之權利，主管機關經常保留撤回許可之權。❼

(3)特許使用

特許使用，係公物管理機關授權特定人對於特定公物，享有繼續且排他之使用權。❽

特許使用，通常需附加特別負擔，例如，自來水法第 12 條之 2 規定，於水質水量保護區內取用地面水或地下水者，除該區內非營利之家用及共給水外，應向中央主管機關繳交水源保育與回饋費。

(4)容忍使用

容忍使用，係特定人未經特許或許可，公物管理機關承認其就公物持續使用之事實或習慣。此種使用情形，原則上並無排他性，例如，德國水利法對於少量用水或河川附近居民之使用，毋須經由主管機關許可。而漢堡邦水權費徵收法第 1 條第 2 項規定符合法定要件者，不予課徵地下水使用公課，其中包括符合水利基準法第 17 條 a 及第 33 條以及漢堡邦水利法第 22 條規定之無須許可之使用。❾

此外，公物管理機關依據法令規定或其授權，於不妨礙公物性質與公用目的之情形下，與特定人締結私法使用關係，亦屬公物容忍使用之範圍。

㈡公物使用之性質

公物使用之性質，應依公物使用之類型及法令規定，個別判斷之。

至於，個人使用道路之性質，係反射利益或權利，學界有相當之爭論。❿而行政法院（53 裁 39 判例）謂：「查該項修訂都市計畫所關涉之臺北市華陰街，係屬公用道路，原告之利用通行，僅屬一種反射利益，並非就該項道路有何種權利存在，縱令修訂都市計畫內關於將華陰街舊路原 10 公尺寬度修縮為 4 公尺，妨礙車輛通行，確有不合之處，亦難謂該項修訂

---

❼　李惠宗，〈公物法〉，第 407 頁以下。

❽　例如，最高行政法院指出，市區道路屬於公有土地，甲公司使用該道路埋設管線，與公眾依一般方式使用該市區道路通行之情形不同，而應屬「特許使用」（91 年 7 月份庭長法官聯席會議決議；101 裁 2568）。

❾　黃俊杰、辜仲明，《水權費開徵行政作業之研究（二之一）》，2004，第 93 頁以下。

❿　李惠宗，〈公物法〉，第 413 頁以下。

都市計畫係有損害原告之權利，即與提起行政訴訟之要件不合。」

　　但是，本則判例經最高行政法院 91 年 10、11、12 月份庭長法官聯席會議決議嗣後不再援用。❶

貳、營造物

一、概　念

　　營造物，係公法營造物或公營造物之簡稱，為學術用語，指行政主體為持續達成特定行政目的，集合人與物兩種要素，依法設置之行政組織體。分析如下：

㈠行政主體依法設置之行政組織體

1.行政主體依法設置

　　營造物，係行政主體依法設置之行政組織體，故設置營造物，應有法令之依據，設置營造物之行政主體，稱營造物主體，原則上係指國家或地方自治團體等公法人。❷

　　就此，高雄高等行政法院（92 訴 208）指出：「營造物之成立，通常以設置機關所制定之法規為依據，此種法規稱為營造物規章，係營造物之組織法。決定營造物之目的、內部結構、服務人員、權限以及可供支配之資源等。」例如，縣立學校為縣之公營造物（最高行政法院 103 判 14）。

---

❶　經司法院以【91/12/13】(91) 院臺廳行一字第 31707 號函、【91/12/23】(91) 院臺廳行一字第 32470 號函、【92/01/03】(92) 院臺廳行一字第 00267 號函准予備查。

❷　至於，是否涵蓋受委託行使公權力者，例如，私立學校？則仍有爭論！肯定說，例如，陳敏，《行政法總論》，第 982 頁；李惠宗，《行政法要義》，2004，第 256 頁以下。否定說，例如，蔡茂寅，〈公營造物法、公企業法〉，翁岳生編《行政法》，2000，第 425 頁，其亦否定公辦民營者為營造物，以避免行政機關「避難到私法」。

2.行政組織體

營造物在行政法之地位，係行政組織體。其型態，區分如下：

(1)完全權利能力之營造物

完全權利能力之營造物，為具人事及財務自主性之獨立公法人，行政法人法第 2 條第 1 項規定：「本法所稱行政法人，指國家及地方自治團體以外，由中央目的事業主管機關，為執行特定公共事務，依法律設立之公法人。」

就此，國立中正文化中心設置條例第 2 條規定：「本中心（國立中正文化中心）為行政法人，其監督機關為教育部。」而國立中正文化中心，得以自己之名義作成行政處分，故第 38 條規定：「對於本中心之行政處分不服者，得依訴願法之規定，向監督機關提起訴願。」

(2)有部分權利能力之營造物

有部分權利能力之營造物，並非獨立公法人，即其與營造物主體之關係，欠缺權利能力，故應受到營造物主體之節制。而僅其與第三人間，才具有財產法之權利能力。

此種營造物具有命令權及行政權，例如，國家圖書館，其依國家圖書館組織條例第 1 條規定，係隸屬於教育部，掌理關於圖書資料之蒐集、編藏、考訂、參考、閱覽、出版品國際交換、全國圖書館事業之研究發展與輔導等事宜。

就此，政府出版品基本形制注意事項第 2 點指出，各機關政府出版品應編印政府出版品統一編號（Government Publications Number；以 GPN 標示），並應依國家圖書館之規定，申請辦理及印製國際標準書號（International Standard Book Numbering；以 ISBN 標示）及出版品預行編目 （Cataloging In Publication；以 CIP 標示）、國際標準期刊號（International Standard Serial Number；以 ISSN 標示）或國際標準錄音／錄影資料代碼號（International Standard Recording Code；以 ISRC 標示）。❸

---

❸ 行政院研究發展考核委員會【93/08/26】會版字第 0930020115 號函；司法院【93/09/01】秘臺處三字第 0930021806 號函。

⑶無權利能力之營造物

無權利能力之營造物，指該營造物雖有名稱，但不具有權利能力，且未擁有財產，但仍有獨立之預算及人事編制，具有限制性之自治權，為營造物主體之下級機關，故可對外獨立行文。

㈡持續達成特定行政目的

1.營造物之設置具有持續性

營造物之設置，須具有持續性，而非一時性之任務編組，故縱然擁有人與物之集合體，例如，為於特定時間舉辦「世界蘭花博覽會」或「世界糖果文化節」等而臨時指定成立之籌備委員會，仍非營造物。

營造物之設置，係本身具有持續性，與民眾使用營造物之方式與時間，並無直接關聯，因此，民眾雖僅在特定時間暫時參觀藝術館或博物館，仍不影響藝術館或博物館具有持續性之營造物特徵。

2.為達成特定行政目的

營造物之「特定行政目的」，涉及營造物之範圍與類型，一般指稱之營造物，若無特別指定其目的，則主要係為供公眾使用者，稱公共用營造物。

營造物之設置，須具有供公眾使用之行政目的，即公益性，而不得僅具有營利性，故縱然課徵規費，亦主要為平衡設置成本之目的，故規費法第10條規定：「業務主管機關應依下列原則，訂定或調整收費基準，並檢附成本資料，洽商該級政府規費主管機關同意，並送該級民意機關備查後公告之：⑴行政規費：依直接材（物）料、人工及其他成本，並審酌間接費用定之；⑵使用規費：依興建、購置、營運、維護、改良、管理及其他相關成本，並考量市場因素定之。前項收費基準，屬於辦理管制、許可、設定權利、提供教育文化設施或有其他特殊情形者，得併考量其特性或目的定之。」⑭

㈢人與物之集合體

營造物，係同時集合人與物兩種要素所構成。若僅著重人之要素或物

---

⑭　黃俊杰，《財政憲法》，2005，第44頁以下；並參，最高行政法院（99判474）。

之要素，並非營造物。

例如，公物，係著重物之要素，例如，都市計畫法第 4 章「公共設施用地」第 42 條以下之「公共設施」與國家賠償法第 3 條之「公共設施」等。而公法財團，則係國家依法設置由財產所組成或私人捐贈財產經國家核可之行政主體，著重財產之要素。

至於，公法社團，則著重人之要素，係國家依法設置由人（社團成員）所組成之行政主體，例如，釋字第 518 號解釋指出，農田水利會係秉承國家推行農田水利事業之宗旨，由法律賦與其興辦、改善、保養暨管理農田水利事業而設立之公法人。依農田水利會組織通則第 14 條規定，凡在農田水利會事業區域內公有、私有耕地之承租人、永佃權人，私有耕地之所有權人、典權人或公有耕地之管理機關或使用機關之代表人或其他受益人均為當然之會員。其法律上之性質，與地方自治團體相當，在法律授權範圍內，享有自治之權限（釋字第 628 號解釋）。❺

二、成立、管理與消滅

㈠成　立

1.形體要件

形體要件，包括人與物之要素，例如，公立學校之人之要素，包括教職員工與學生；物之要素，包括教室、車輛及必要設備等有體物，網路、廣播等無體物等。

2.意思要件

意思要件，即營造物主體有開放供民眾使用之意思表示，惟並非主觀

---

❺　本號解釋並指出：「農田水利會既為公法人，其與會員間之權利義務，應屬公法關係，且控制水量及分配灌溉用水，乃至於給水路之維護、修補與管理，要皆具有公權力行使之性質，在農田水利會已由法律明定其為公法人，且於行政訴訟制度已全面變革之後，是否仍應循其長久之慣行而保留適用關於私權關係之原理，抑或應將由會員負擔之掌水費暨小給水路、小排水路養護、歲修費，歸屬為公法上之負擔而以法律明定，均應予以檢討。」

面向之判斷，而係客觀事實之認定，例如，公立音樂廳張貼演出海報或其他宣傳行為等。

3.設置依據

原則上，營造物之成立，應有設置依據。不過，其規範基礎及形式，則依營造物之類型，個案判斷之，惟影響層面愈大者，規範層級則有提升之趨勢。

例如，國家圖書館，係依國家圖書館組織條例而成立。其餘之營造物，亦可能依中央法令或地方自治法規、行政處分或行政契約，甚至以民意機關預算同意或行政主體之組織裁量權等為成立依據。

㈡管　理

營造物之管理，與公物之管理，有一定之重疊關係。因此，在管理上，仍享有營造物高權，得行使營造物使用規則之制定權，但應讓營造物符合安全狀態之管理，以利其公共使用目的之履行。

關於營造物使用規則之制定，對於享有高度自治權之營造物，例如，大學法第 1 條第 2 項規定：「大學應受學術自由之保障，並在法律規定範圍內，享有自治權。」有實務見解主張，法律僅需為低密度之規範，❶ 例如，最高行政法院（91 判 344；105 判 603）指出：「各大學之教學、研究、學習等學術活動，甚為複雜多樣，且各具特性，以法律就學術活動有關事項為高密度之規範，實有困難；加以大學具有自治權，則法律就有關學生權利義務之事項，以低密度之規範為已足，苟其對大學學生之基本權利義務已為最低條件之規範，而將其具體事項授權主管機關以命令定之，或再授權由大學於學則定之，即不得認係違反法律保留原則、授權明確原則或再授權禁止原則。」

大學自治之事項，即屬學術自由之事項，包含研究自由、教學自由及

---

❶　即立法機關不得任意以法律強制大學設置特定之單位，致侵害大學之內部組織自主權；行政機關亦不得以命令干預大學教學之內容及課程之訂定，而妨礙教學、研究之自由，立法及行政措施之規範密度，於大學自治範圍內，均應受適度之限制（釋字第 380 號、第 450 號、第 563 號解釋）。

學習自由等事項，❶有實務見解主張，除法律別有明文規定者外，應任諸大學自由決定，在此自由決定之自治範圍內，並無法律保留原則之適用。例如，最高行政法院（91 判 467）謂：「大學自治為憲法保障學術自由所應建制之範圍，大學因而有自治權，無待於法律之授予。大學法第 1 條第 2 項規定，在指明自治權之行使，不得與法律之規定相違背，殊不能解為須經法律授權，始有自治範圍。又教學自由之範疇，諸如課程設計、科目訂定、講授內容、學力評定、考試規則等，均在保障之列，為大學自治之事項，其影響於學生權益者，所在多有，惟屬教學自由本質上之需求所生之當然結果，基於保障教學自由之本旨，仍應任由大學自治，不能反以學生有受教育權或學習權之存在，認在此範圍內有法律保留原則之適用，致失憲法對於大學自治設為制度性保障之規範價值。」❶

(三)消　滅

公物得基於形體喪失之事實而消滅，不過，營造物之形體喪失，仍非當然導致消滅，應依營造物成立之規範依據或其特定目的之存續性等判斷之。

事實上，營造物成立之規範依據若修正或變更，影響營造物之本質者，例如，容許電信局之組織形態更改為股份有限公司，且私人持有股票超過半數時。

此外，營造物成立之特定目的，基於整體財政困境之事實而須廢止其存續性時，例如，偏遠學校之廢校，則仍須斟酌學童之教育權益及國民教

---

❶　釋字第 380 號解釋謂：「應包括直接涉及研究與教學之學術重要事項」。

❶　最高行政法院（91 判 467）並謂，大學學生入學就讀，應維持如何之成績標準，應有如何之學習成果，涉及大學對學生學習能力之評價，及學術水準之維護，與大學之研究及教學有直接關係，影響大學之學術發展與經營特性，屬大學自治之範圍，既無法律另設規定，則大學自為規定，例如規定：「學生學期學業成績不及格科目之學分數，達該學期修習學分總數二分之一者，應令退學」，即無不合。此外，釋字第 382 號解釋，係「指明學校依學則規定對於學生所為退學處分為行政處分，應給予救濟之機會，非謂學則之二一退學規定應有法律授權依據。」

育為強制使用之情形下，故營造物主體應提供合理之補救措施，而非得恣意為之。

三、營造物之使用

營造物使用之類型，有不同之區分標準或觀察面向。

㈠私法使用與公法使用

營造物之本質，主要係為供公眾使用為其設置目的。因此，營造物使用之類型，似應從營造物使用者之立場為分類標準。

營造物使用之類型，若依現行法律體系與救濟制度加以區分，包括私法使用與公法使用。其判斷標準，主要係依據法令規定或營造物使用規則等。例如，高雄高等行政法院（92 訴 208）指出：「營造物對外所生之法律關係，亦即營造物利用關係，主要則取決於利用規則。利用規則通常依其權限由營造物自行訂定，但重要性或普遍適用於各個營造物者，亦可能由設置機關逕行制定。營造物利用規則必須符合其設立之目的，在法規或習慣法所允許之範圍內規定其對外營運之細節，以及與利用者之權利義務關係，故營造物利用關係之法律屬性，實取決其利用規則。」

1.私法使用

營造物之私法使用，係指人民使用營造物，係與營造物主體發生私法之法律關係。

例如，在博物館或美術館之參觀者，須支付對價購買門票，惟仍應遵守博物館或美術館之使用規則；此外，臺北市立托兒所屬營造物，其營造物利用關係，取決於利用規則即臺北市立托兒所收托自治條例，其規定並無公權力行使之不對等關係，故臺北市立托兒所與收托兒童之法定代理人間應係成立私法契約關係；雙方就兒童托育所為之損害賠償爭執，為私法糾葛，而非公法上之爭議，屬民事訴訟程序訴請普通法院裁判之範疇（最高行政法院 96 裁 1766）。

2.公法使用

營造物之公法使用，係指人民使用營造物，係與營造物主體發生公法

之法律關係，即營造物主體得就使用者行使公權力。

　　例如，活動中心由政府設置，由活動中心管理委員會負責管理，民眾使用活動中心須事先向該活動中心管理委員會提出申請，經核准並繳納代辦清潔費後始得使用，使用期間違反規定者，管理委員會得終止其使用，故使用活動中心，屬營造物利用關係，所發生之法律關係，屬於公法性質（最高行政法院 94 判 465）；再者，「人民依行政法規向主管機關為訂約之申請，若主管機關依相關法規須基於公益考量而為是否准許之決定，其因未准許致不能進入訂約程序者，此等申請人如有不服，應依法提起行政爭訟」（釋字第 540 號、第 695 號解釋），又「公物利用關係與營造物利用關係間，有頗多相似之處，參酌屬營造物之公有市場，有關機關原以租賃方式，出租與民眾使用，行政法院（55 判 10）判例，即認其利用關係純屬私法上權利義務關係，嗣有關機關將營造物利用規則（即市場管理規則），予以修改以核准使用代替承租，以核准許可書代替租約，不收租金而徵收年費，採撤銷使用許可，而非解除契約作為終止利用關係，則公有市場與利用人間變更為公法關係，行政法院（70 判 855）亦認可此項利用關係為公法關係，因而如有爭執自可依法提起行政訴訟。」（91 年 7 月份庭長法官聯席會議決議），本件甲等 7 人均係依零售市場管理條例規定訴請員林鎮公所分別就其原使用店鋪作成准予繼續使用之決定，而使用期限與使用費計算標準又係零售市場管理條例所明定，甲等 7 人據此作為聲明請求員林鎮公所「應為行政處分」之特定內容，自無禁止之理（104 判 169）。

　　由於營造物係由行政主體依法設置，並非以營利為主要目的，故公法使用營造物仍應負擔金錢給付時，營造物主體應遵守規費法等相關法令之限制，不可恣意調整。

　　依使用者是否具有自主性，公法使用得區分為自願使用與強制使用。

　⑴自願使用

　　指使用者得基於自主決定使用營造物，並與營造物主體發生公法之法律關係。

　　例如，學生選擇就讀公立學校，學生與學校間，係發生公法之法律關係。

⑵強制使用

指使用者得基於法令規定應使用營造物，不得自主決定，並與營造物主體發生公法之法律關係。

例如，受刑人基於監獄行刑法規定在監獄服刑，受刑人與監獄間，係發生公法之法律關係（最高行政法院 96 裁 1634）。

㈡暫時使用與持續使用

若依人民使用營造物之期限，得區分為暫時使用與持續使用。

1.暫時使用

人民僅短暫時間使用營造物者，稱為暫時使用，例如，在體育館晨跑之民眾。

2.持續使用

人民須長時間繼續使用營造物者，稱為持續使用，例如，在公立學校就讀之學生。

㈢一般使用與特別使用

若從營造物主體介入之程度，得區分為一般使用與特別使用。

1.一般使用

一般使用，亦稱自由使用，指人民依營造物設置之目的加以使用，不必營造物主體之許可或限制。例如，在公立圖書館閱讀書報。

2.特別使用

特別使用，指人民應依符合營造物主體所定許可或限制之條件，才得使用營造物。例如，限制設籍臺北市之國中及國小學童，才能在臺北市公立學校註冊入學；或為營造物使用安全之因素，禁止民眾攜帶危險性物品進入機場，而僅許可通過安全檢查者登機。

不過，營造物主體若因為資源分配之考量，例如，學校之停車位不足或圖書館之館藏及空間有限，訂定使用之優先順序，應注意差別待遇之合理性。例如，若公立學校之資優班每年級只有一班，則許可學生自願參加測驗通過者，再按成績先後順序，以法定人數為限，才得進入資優班就讀。

惟僅為避免明星學校之人數過多，進一步限制應在學區擁有房屋所有

權，才能註冊入學，或擁有房屋所有權者得比承租權者優先登記，則似違背比例原則與不當聯結禁止原則，並侵害學生就學權益。

四、營造物之使用者

㈠使用者之地位

營造物使用關係，過去曾被定位為特別權力關係，造成營造物主體之使用規則，可排除法律保留原則之適用，使用者之權益受損害亦無法訴訟救濟。目前，此種見解已不被接受。

例如，學生對學校之使用關係，釋字第 382 號解釋指出，人民有受教育之權利，為憲法所保障。而憲法上權利遭受不法侵害者，自得行使憲法第 16 條訴願及訴訟之權，於最後請求司法機關救濟，不因其身分而受影響。

㈡營造物與使用者之權利義務

營造物之使用者，應符合營造物之性質及設置目的使用營造物，不得違背法令規定、營造物使用規則或使用之慣例等。

營造物與使用者之權利義務，應依前述規範之意旨，個案判斷之。

原則上，若係以私法使用，則使用者與營造物主體間之法律爭議，例如，在公立醫院就醫之醫療糾紛，係循民事救濟程序主張權益，並依民事法律請求損害賠償；若係以公法使用，則使用者與營造物主體間之法律爭議，例如，在公立學校就讀時受到開除學籍處分，則係循行政救濟程序主張權益，[19]並得依國家賠償法請求損害賠償。

營造物本身有其公益性之要求，營造物主體縱然對於私法使用，尤其

[19] 例如，高雄市旗津區臨水文物陳列館係地方人士捐贈資金，市政府為起造人，於興建完成時由該府取得建物所有權，作為民俗文物陳列公共所需之用，屬公有營造物性質。市政府民政局為該公營造物之主管機關，雖未就該營造物特別制定利用規則，然該營造物僅供文物陳列館使用，不得供寺廟使用及供奉神像，故民政局本於主管機關之地位，就該建物加以管理及維護，自為政府機關依法行使公權力之行政行為，人民倘對之有所不服，自應循行政救濟程序為之（最高行政法院 95 判 2089）。

對於民眾生活、衛生、安全等必需品，且其供應具有獨占地位而欠缺市場機制時，應受締約強制與平等對待之限制，例如，公立殯儀館、火葬場之管理機關，除非有正當理由，不得拒絕市民之付費使用。❷⓿

參、公企業

一、概　念

　　公企業，為學術用語，指行政主體為持續達成公益或經濟之目的，依法設置或掌控經營，不以權力行使為要素之事業。

　　現行法之依據，則主要參考國營事業管理法與公營事業移轉民營條例。分析如下：

㈠行政主體依法設置或掌控經營之事業

1.行政主體依法設置或掌控經營

　　公企業，係行政主體依法設置或掌控經營之事業。

　　政府對於國營事業之投資，係由國庫撥付，如依法發行股票，其股票由國庫保管。此外，而國營事業之組織，應由主管機關呈請行政院核轉立法院審定之。

2.事　業

　　公企業是一種事業形態之組織，國營事業管理法第 3 條規定之國營事業，包括：⑴政府獨資經營者；⑵依事業組織特別法之規定，由政府與人民合資經營者；⑶依公司法之規定，由政府與人民合資經營，政府資本超過百分之 50 者。其與外人合資經營，訂有契約者，依其規定。❷①

　　而公營事業移轉民營條例第 3 條規定之公營事業，則指下列各款之事

---

❷⓿　李惠宗，《行政法要義》，第 262 頁。

❷①　若政府資本未超過百分之 50，但由政府指派公股代表擔任董事長或總經理者，立法院得要求該公司董事長或總經理至立法院報告股東大會通過之預算及營運狀況，並備詢。

業：(1)各級政府獨資或合營者；(2)政府與人民合資經營，且政府資本超過百分之 50 者；(3)政府與前 2 款公營事業或前 2 款公營事業投資於其他事業，其投資之資本合計超過該投資事業資本百分之 50 者。例如，行政院國軍退除役官兵輔導委員會榮民工程事業管理處（行政機關）改制為榮民工程股份有限公司（公營事業）（最高行政法院 103 判 223）。

由前述規定觀察，國營事業與公營事業，似均著重事業經營之控制權，而政府得主動經營事業。

此外，國有財產法第 4 條規定，國營事業為公司組織者，所謂「事業用財產」僅指其股份而言，亦即只有其股份為國有（公有）財產；且公司係以營利為目的，依照公司法組織、登記、成立之社團法人（公司法第 1 條），於法令限制內，有享受權利、負擔義務之能力（民法第 26 條），國營事業（包括為公司組織者）除依法律有特別規定者外，應與同類民營事業有同等之權利義務規定（國營事業管理法第 6 條），綜上可見國營事業依公司法規定設立公司者，其性質仍為私法人，具有獨立的人格，自為權利義務之主體（釋字第 305 號解釋），其本身所有之資產，包括經指定或登錄為古蹟之建造物及附屬設施，乃私法人所有之財產（私有財產），並非國有（公有）財產（107 判 215）。

(二)為持續達成公益或經濟之目的

1.公企業具有持續性

公企業須具有持續性，而非一時性之任務編組，故國營事業每年之業務計畫，應於年度開始前，由總管理機構或事業機構擬呈主管機構核定。

2.為達成公益或經濟之目的

公企業之目的，得為公益目的或經濟（含營利）目的。國營事業之目的，係「發展國家資本，促進經濟建設，便利人民生活」。

國營事業之經營方式，係應依照企業方式經營，以事業養事業，以事業發展事業，並求有盈無虧，增加國庫收入。但是，專供示範或經政府特別指定之事業，不在此限。

故「求有盈無虧，增加國庫收入」之經濟（含營利）目的，應屬公企

業之主要目的。因此，營造物與公企業之設置目的不同，公企業偏重營利可能性之行政目的，而不僅為平衡設置成本之目的而已。❷

(三)不以權力行使為要素

1.對外之法律關係

公企業之本質，係不以權力行使為要素，故國營事業除依法律有特別規定者外，應與同類民營事業有同等之權利與義務。換言之，公企業對外之法律關係，原則上為私法之權利義務關係。

惟為避免公企業以契約自由原則，由公法避難至私法，故公企業應不得完全主張私法自治，故國營之公用事業費率，應由總管理機構或事業機構擬具計算公式，層轉立法院審定，變更時亦同。

2.對內之法律關係

公營事業之組織形態不一，❷釋字第 305 號解釋謂：「如決策上認某種公營事業應採公司組織之形態，則係基於該種公營事業，適於以企業理念經營之判斷，自應本於企業自主之精神及企業所有與企業經營分離之原則為之。而在法律上，公營事業依公司法規定設立公司者，雖可簡稱為公營公司，但其性質仍為私法人，具有獨立之人格，自為權利義務之主體，享受權利，負擔義務。」

因此，公營公司與其人員間，係以私法人地位依其人事規章，經由委任（選任聘任或僱用），雙方成立私法上之契約關係，其對於人員之解任行

❷　釋字第 305 號解釋陳瑞堂大法官之一部不同意見書指出，依憲法第 144 條與國營事業管理法第 2 條規定可知，公用事業以公營為原則，係基於公共利益及民生便利之政策而設，與一般民營企業專以營利為目的者，迥不相同。而公營事業機關雖係依公司法組織之營利法人，但其同時亦兼具公共利益之雙重目的，且受種種公法上之拘束，對外法律關係原則上固可視為私法關係，而其法人本身之性質可否認係純粹之私法人，頗有商榷之餘地。

❷　釋字第 270 號解釋指出：「公營事業人員之任用及退休，是否適用以文官為規範對象之公務人員有關法律，憲法並未明文規定，立法機關自得在不牴觸憲法精神範圍內，以法律定之。……惟公營事業人員之任用及退休，關係此等人員之權利義務，仍應從速以法律定之。」

為，並非行使公權力之結果，而係私法上終止契約之意思表示，契約關係因而消滅。縱令公營公司人員之任免考核事項，法令定為應由政府機關參與決定，此種內部行為亦係政府機關與公營公司間之另一監督關係，並不影響公營公司與其人員間契約關係之存在。

至於，依公司法第 27 條經國家或其他公法人指派在公司代表其執行職務或依其他法律逕由主管機關任用、定有官等、在公司服務之人員，與其指派或任用機關之關係，仍為公法關係。

二、財務、業務與人事之管理

國營事業之管理，係依國營事業管理法之規定。針對財務、業務與人事之管理，分別說明如下：

㈠財 務

1.資 本

國營事業應根據主管機關核准之創業或擴充計畫，編製預算，確定所需之資本。為撙節開支，國營事業之人員待遇及福利，應由行政院規定標準，不得為標準以外之開支。

國營事業應於年度開始前擬具營業預算，呈請主管機關核定之，經政府核定後，由國庫一次或分期撥發。此外，經政府核准，國營事業亦得發行指定用途之公司債。

2.盈餘虧損之處理

國營事業年終營業決算，其盈餘應繳解國庫。

但是，專供示範或經政府指定之特別事業，如有虧損，得報由主管機關請政府撥補。

3.會計與審計

國營事業之會計制度，由主計部門依照企業方式，會商事業主管機關訂定之。

國營事業各項收支，由審計機關辦理事後審計，其業務較大之事業，得由審計機關派員就地辦理之。

(二)業　務

1.效率與參與

國營事業之安全設施、員工訓練及技術管理等項，應採用最有效率之方法與制度。

國營事業之員工，得推選代表參加有關生產計畫之業務會議。

2.主管機關之角色

國營事業於年度開始前由總管理機構或事業機構擬呈之每年業務計畫，係由主管機構核定。其事業產品之銷售，係由事業機構辦理，惟遇有統籌之必要時，其統籌辦法由主管機關另定之。

國營事業與外國技術合作，應經主管機關核准。若屬業務無關之設備或建築之支出，則非經主管機關之核准，不得為之。

3.採　購

國營事業訂立超過一定數量或長期購售契約，應先經主管機關之核准。關於數量及期限之標準，由主管機關定之。

國營事業所需原料及器材之宜於集中採購者，由主管機關或總管理機構彙總辦理。

國營事業之採購或營造，其投標訂約等程序，由各級事業機構，依其主管機關之規定辦理，其審計手續，依照國營事業管理法第17條規定辦理。

4.考　核

國營事業工作之考核，應由主管機關按其性質，分別訂定標準。

不過，凡政府認為必須主辦之事業，而在經營初期無利可圖者，得在一定期內，不以盈虧為考核之標準。

(三)人　事

1.用人方式

國營事業人員之進用，除特殊技術及重要管理人員外，❷應以公開甄

---

❷　特殊技術及重要管理人員，應由國營事業建立項目、職位及所需資格條件陳報主管機關，並上網公告。

試方法行之。公開甄試，以筆試為原則。其甄試方式、應考資格、應試科目、成績計算與錄取標準等事項，由國營事業主管機關定之。

　　國營事業人員之進用、考核、退休、撫卹、資遣及其他人事管理事項，❷❺除法律另有規定外，由國營事業主管機關擬訂辦法，報請行政院核定。最高行政法院（106 裁 1877；106 判 585）指出，所謂除法律別有規定外，即明示應依法律規定辦理，勞基法當在其內。❷❻換言之，以勞動基準法所定之勞動條件，為國營事業所屬勞工之最低標準。蓋國營事業由國家透過國營事業管理法第 3 條所定之資本參與或控制關係，所組成之私法事業型態之組織。此等國營事業在配合國家促進經濟建設、便利人民生活之對外間接行政目的上，以及對內之財務與人事監督關係上，固然應受國營事業管理法之調控規範，以免國營事業因私法組織型態，逸脫公行政管控，形成國家資本之浪費。惟國營事業此等國家間接給付行政之特殊組織體，在對內與所屬勞工之勞雇關係上，勞工之從屬性及相較於雇主社會經濟與締約地位之懸殊弱勢差異，與一般民營事業並無二致，以管控國營事業避免國家資本浪費為主之國營事業管理法中，亦無特別之法令規定，有效提

---

❷❺　國營事業人員進用之迴避，準用公務人員任用法迴避之規定；至於，非公司組織之國營事業，行政院認為必要時，得令設置理、監事，由主管機關聘派之。

❷❻　最高行政法院（106 裁 1877）指出，例如，關於夜點費應否納入平均工資之爭議，已有多數民事確定判決表明肯定見解在案，尤以本件上訴人（台灣中油股份有限公司）所屬石化事業部員工相繼提起之民事訴訟，法院之間並無不同見解，則上訴人經營事業，本應講求效率積極回應，以化解紛爭，況其既然於民事判決確定後可以將夜點費計入平均工資之退休金給付給勞工，則亦無不能在被上訴人（高雄市政府勞工局）命其改善時，專案給付之理，上訴人反而一再以其係屬經濟部下國營事業，應服從經濟部統一作法為由，且祇因本案系爭 3 名勞工民事訴訟進度在後，寧讓勞工訟累於民事，而對勞基法主管機關依據法律之合理解釋及命令，置之不理，其祇願堅守經濟部內部意見，不積極向上反映，檢討策進作為，徒以經濟部函文為唯一依歸，也不願遵守勞基法主管機關依法律所為之命令，上訴人之消極作為，反而有違「經濟部所屬事業機構人員考核辦法」第 5 條規定，以故意曲解法令，致機構、客戶或人民權利遭受重大損害，或因故意或重大過失貽誤公務，導致不良後果之虞。

升所屬員工勞動地位，致堪與雇主地位實質相當。則縱國營事業管理法為促進國家資本有效利用之管理規範，而涉及對所屬員工之人事勞動條件安排，此等單純追求經濟合理性之法規，與一般民營事業體出於內部經濟性考量之規畫安排，亦無本質上之差異，相對於勞動基準法保障勞工權益之立法目的而言，並無較一般民營事業更優越、更值得受保護之法益，凌駕於勞動基準法保護法益之上。故應認國營事業管理相關法令，在勞雇關係勞動條件之標準上，並非勞動基準法之特別法，縱有不同於勞動基準法之規定，參酌勞動基準法第 1 條之規範意旨，應不得低於勞動基準法所定之最低標準。

2.行為禁止

國營事業人員，除遵照公務員服務法第 13 條之規定外，不得經營或投資於其所從事之同類企業。

國營事業董事、監察人或理、監事，不得兼任其他國營事業董事、監察人或理、監事。但是，為推動合併或成立控股公司而兼任者，僅得兼任一職，且擔任董事或理事者不得兼任監察人或監事，反之亦然。

其中，代表政府股份之董事或理事，應至少有 5 分之 1 席次，由國營事業主管機關聘請工會推派之代表擔任。工會推派之代表，有不適任情形者，該國營事業工會得另行推派之。

三、移轉民營

雖然，憲法第 144 條規定，公用事業及其他有獨佔性之企業，以公營為原則，其經法律許可者，得由國民經營之。

因此，公用事業及其他有獨佔性之企業，雖以公營為原則，惟並不自始禁止國民經營，至於何時、以何條件由國民經營之，國家得盱衡財政經濟時空環境之不同，而以法律為適當之調整。公營事業移轉民營，可以藉由事業經營自主權之提升，減少法規之限制，以發揮市場自由競爭機能，提高事業經營績效；籌措公共建設財源，加速公共投資，提升國人生活品質；吸收市場過剩游資，紓解通貨膨脹壓力；擴大資本市場規模，以健全

資本市場之發展（釋字第 764 號解釋）。

關於移轉民營之程序與員工之權益保障，㉗說明如下：

㈠程　序

1.核　定

公營事業經事業主管機關審視情勢，認已無公營之必要者，得報由行政院核定後，移轉民營。㉘

至於，公營事業移轉民營時，政府所得之資金，得部分撥入特種基金外，其餘均應繳庫，並應作為資本支出之財源。

2.方　式

公營事業移轉民營，由事業主管機關採下列方式辦理：(1)出售股份；(2)標售資產；(3)以資產作價㉙與人民合資成立民營公司；(4)公司合併，且存續事業屬民營公司；㉚(5)辦理現金增資。

公營事業採前述方式移轉民營時，事業主管機關得報請行政院核准，公開徵求對象，以協議方式為之，並將協議內容送立法院備查。

㉗　釋字第 764 號解釋，公營事業制度既屬具有高度政策性目的之國家行政，於其政策變更或目的達成時，事業即可能變更或消滅，公營事業人員自不可能期待與國家間維持永久之服勤務關係。公營事業人員中具公務人員身分者是否適用以文官為規範對象之公務人員有關法律，憲法並未明文規定，立法者自得在不牴觸憲法精神範圍內，以法律定之（釋字第 270 號解釋）。至於，公營事業人員中具公務人員身分者與國家間之關係，如因事業性質之改變致其服公職權受有不利之影響，國家自應制定適度之過渡條款或其他緩和措施，以兼顧其權益之保障。

㉘　釋字第 764 號解釋，該規定屬國家衡酌當前經社環境所為之政治性決策，復應經立法院以預算審查方式（預算法第 85 條第 2 項）判斷其合理性，而受有一定之民主程序控制，況公營事業中之公用事業及其他有獨佔性之企業民營化之後，國家仍負有監督義務，擔保公共服務之履行與品質，並不致影響公共利益之維護，符合憲法第 144 條之意旨。

㉙　所稱「資產作價」，指公營事業得以全部或一部資產抵繳股款或作為出資，投資成立民營公司方式為之。

㉚　所稱「存續事業」，包括合併後之存續公司及新設之公司。

採協議方式為之時，應將採協議方式辦理之理由及徵求對象之資格條件等，報請行政院核准。

3.評定價格

移轉民營時，應由事業主管機關會同有關機關組織評價委員會，評定其價格。

所稱「評定其價格」，係指依所選定移轉民營方式評定其底價、參考價、價格計算公式或參考換股比例。

於評定價格時，由評價委員會分別考慮取得成本、帳面價值、時價、市價、將來可能之利得、市場狀況、出售時機及資產重估價或資產鑑定價格等因素。

㈡權益保障

公營事業移轉為民營時，並不禁止辦理離職人員及被資遣人員，再至其他公營事業任職。[31]若公營事業人員係轉任行政機關職務時，其俸級之核敘，除其他法規另有規定者外，係以其所具考試及格資格取得官等職等任用資格，並依俸給法相關規定起敘，另曾任公務年資，如與現所銓敘審定之職等相當、性質相近且服務成績優良者，得按年核計加級（94 公審決字第 0137 號）。

公營事業人員之權益保障，分析如下：

1.工作與薪資

⑴隨同移轉者

公營事業轉為民營型態之日，[32]從業人員願隨同移轉者，應隨同移轉。但是，其事業改組或轉讓時，新舊雇主另有約定者，從其約定。

---

[31] 再至其他公營事業任職者，不再適用 6 個月加發薪給、1 個月預告工資及權益損失補償之規定；計算年資結算及離職給與時，前後公營事業每滿 1 年給予 2 個基數之工作年資，合計不得高於 15 年。

[32] 例如，交通部分次辦理中華電信釋股程序，並於【94/08/12】因政府持股比例已低於 50%，經交通部報行政院核可，以該日為民營化基準日（釋字第 764 號解釋）。

移轉為民營後繼續留用人員，**㉝**得於移轉當日由原事業主就其原有年資辦理結算。**㉞**結算標準依離職給與之規定辦理，但不發給 6 個月薪給及 1 個月預告工資。其中，就適用於原具公務人員身分之留用人員部分，釋字第 764 號解釋：「未牴觸憲法第 23 條比例原則，與憲法第 18 條服公職權之保障意旨尚無違背，亦不違反憲法第 7 條平等權之保障。」蓋移轉民營後原具公務人員身分之繼續留用人員依規定終止其公法上職務關係，就其原有年資辦理結算。就終止公法上職務關係部分，因公營事業移轉民營，原公營事業從業人員中具公務人員身分者不復有服勤務關係，從而立法者規定其與國家間之身分關係終止，並非憲法自始所不許。就年資結算部分，規定之目的，係為釐清新舊事業主對其各別所僱用員工之責任，提升潛在之民營化參與者之意願，藉由提供新事業主有維持事業合理經營、合理處理員工之法律依據，俾使公營事業順利移轉，**㉟**足見係追求公共利益，其目的洵屬正當。

例如，甲於中國產物公司【83/05/05】民營化時，已依公營事業移轉民營條例規定，領取由政府編列預算支付之年資結算給與，其後再任公務人員並辦理退休時，該段已領取年資結算給與之年資即不得併計為退休年資，即退休年資應將已經結算之年資予以扣除（最高行政法院 105 判 152）。

此外，繼續留用人員於移轉之日起 5 年內資遣者，按從業人員移轉民

㉝ 所稱「留用人員」，指事業全部或一部轉為民營型態後，在該民營事業繼續工作之從業人員；釋字第 764 號解釋指出「移轉為民營後繼續留用人員」，係包括依公營事業人員相關法令進用而與國家間成立公法上服勤務關係之人員，及依僱傭或委任等私法契約關係進用而與公營事業間成立私法關係之人員，後者不涉及憲法第 18 條服公職權之問題。

㉞ 所稱「結算」，指結清年資，辦理給付。辦理結算後之從業人員，其年資重新起算；釋字第 764 號解釋，對於原具公務人員身分之留用人員於移轉民營時已符合退休規定者之權益，並無影響；至於，未符合退休規定者，其結算標準，已對其因結算年資所生不利益採行適度之補償措施。

㉟ 立法院公報，第 80 卷，第 38 期，第 76 頁。

營當時或資遣時之薪給標準，擇優核給資遣給與，並按移轉民營當時薪給標準加發 6 個月薪給及 1 個月預告工資。被資遣人員，如符合退休條件者，另按退休規定辦理。

(2)不隨同移轉者

公營事業轉為民營型態之日，從業人員不願隨同移轉者或因前述約定未隨同移轉者，應辦理離職。就此，最高行政法院（95 判 67）指出：「……公務人員保障法第 9 條第 1 項規定，公營事業轉為民營型態時，其從業人員之處理，依上開公務人員保障法第 9 條第 1 項之除外規定，應優先適用公營事業移轉民營條例第 8 條規定，即應隨同移轉或辦理離職者，而無上開公務人員保障法第 9 條第 1 項規定之適用。」❸❻

離職給與，應依勞動基準法退休金給與標準給付，不受年齡與工作年資限制，並加發移轉時薪給標準 6 個月薪給及 1 個月預告工資；其不適用勞動基準法者，得比照適用之。

2.保險、退休與撫卹

辦理離職及被資遣者，有損失公保養老給付或勞保老年給付者，補償其權益損失；移轉民營時留用人員，如因改投勞保致損失公保原投保年資時，應比照補償之；其他原有權益如受減損時，亦應予以補償。

公營事業轉為民營型態之日，原依公務人員退休法令規定撥繳之退休撫卹基金費用及孳息，由基金管理機關進行收支結算；其有剩餘者，撥交該事業，其有不足者，由該事業發還基金。惟領取公保、勞保補償金之從業人員，如再參加各該保險並請領養老或老年給付時，承保機構應代扣原請領之補償金，不受勞工保險條例第 29 條不得讓與、抵銷、扣押或供擔保之限制。但是，請領之養老或老年給付較原請領之補償金額低時，僅代扣請領金額。

---

❸❻　最高法院（89 台上 646）判例指出：「……上開從業人員如不願隨同移轉民營公司或未能隨同移轉者，均應辦理離職之規定，應屬強制規定，不容繼續留任。」

3.訓練與認股

公營事業轉為民營型態前，應辦理從業人員轉業訓練、第二專長訓練或就業輔導。[37]必要時，由其事業主管機關或勞工行政主管機關協助辦理。至於，公營事業轉為民營型態後5年內被資遣之從業人員，由勞工行政主管機關辦理轉業訓練或就業輔導。

此外，公營事業移轉民營係出售股份時，應保留一定額度之股份，供該事業之從業人員優惠優先認購。

---

[37] 所定辦理從業人員轉業訓練或第二專長訓練，指為協助不願隨同移轉者所辦理提升原有技能或轉換行業所需技能訓練，及為協助留用人員勝任移轉民營後工作所辦理之技能訓練。

第八章　中央行政組織與地方自治

綱要導讀

壹、法制之變遷
貳、中央行政組織
一、適用範圍、定義與授權
㈠適用範圍
㈡定　義
　　1.機　關
　　2.獨立機關
　　3.機　構
　　4.單　位
㈢組織法令之授權
　　1.以法律定之
　　2.以命令定之
二、機關組織法規及名稱
㈠法規之名稱、內容與界限
　　1.法規名稱
　　2.內　容
　　3.界　限
㈡機關之名稱
　　1.原　則
　　2.例　外
三、機關設立、調整及裁撤
㈠設立禁止、調整或裁撤
　　1.設立禁止
　　2.調整或裁撤
㈡程　序

　　1.以法律定之者
　　2.以命令定之者
四、機關權限、職掌及重要
　　職務設置
㈠機關之權限與職掌
　　1.指揮監督
　　2.地方分支機關與附屬機構之
　　　設立
㈡重要職務之設置
　　1.機　關
　　2.獨立機關
五、內部單位
㈠設立或調整之原則
㈡分類與名稱
　　1.分　類
　　2.名　稱
六、機關規模與建制標準
㈠部
　　1.總　數
　　2.劃分原則
　　3.建制標準
㈡委員會、獨立機關、署、局與輔
　　助單位
　　1.委員會
　　2.獨立機關

3.署、局

4.輔助單位

參、地方自治

一、地方自治團體與本法之
　　用詞

㈠地方自治團體

1.概　念

2.層　級

3.設　立

4.組　織

5.名稱之變更與改制

6.調　整

㈡本法用詞之定義

1.自治事項

2.委辦事項

3.核　定

4.備　查

5.去　職

二、省政府與省諮議會

㈠省政府之組織與職權

1.組　織

2.職　權

㈡省諮議會之組織與功能

1.組　織

2.功　能

㈢省政府及省諮議會之預算與
　組織規程

1.預　算

2.組織規程

三、地方自治

㈠地方自治團體及其居民之權利
　與義務

1.地方自治團體之職權

2.居民之權利與義務

㈡自治事項

1.直轄市與縣（市）自治事項

2.鄉（鎮、市）自治事項

3.跨區域自治事項

4.合辦事業

㈢自治法規

1.自治條例

2.自治規則

3.委辦規則

4.自律規則

5.公布、生效與無效

㈣自治組織

1.地方立法機關

2.地方行政機關

㈤自治財政

1.規範設計

2.財政劃分

3.預算籌編與財政缺口

4.財政負擔

5.公共造產與公庫

四、中央與地方及地方間之關係

㈠監督與爭議解決

1.執行監督與聲請解釋

2.代行處理

3.爭議解決

㈡職務異動與任期展延

1.職務異動

2.任期展延

壹、法制之變遷

行政，依層級區分，得分為國家（中央）行政與地方（自治）行政；若以是否自己親自為之，得分為直接行政與間接行政。

憲法第 10 章「中央與地方之權限」第 107 條以下之規定，所謂「並執行之」，係指直接行政；所謂「交由省縣執行之」或「交由縣執行之」，係指間接行政。

由於，如釋字第 260 號解釋指出，行憲後有制憲當時所未料及之情事發生，如何因應，自應由中央盱衡全國之整體需要，兼顧地方之特殊情況，妥速為現階段符合憲法程序之解決。故憲法增修條文第 9 條第 1 項規定：「省、縣地方制度，應包括左列各款，以法律定之，不受憲法第 108 條第 1 項第 1 款、第 109 條、第 112 條至第 115 條及第 122 條之限制：……七、省承行政院之命，監督縣自治事項。」

因此，目前省之功能，係承行政院之命，監督縣自治事項，故釋字第 467 號解釋指出：「憲法增修條文【86/07/21】第 9 條施行後，省為地方制度層級之地位仍未喪失，惟不再有憲法規定之自治事項，亦不具備自主組織權，自非地方自治團體性質之公法人。」❶

而憲法增修條文第 9 條第 2 項規定：「臺灣省政府之功能、業務與組織之調整，得以法律為特別之規定。」就此，地方制度法第 2 條第 1 款規定，省為非地方自治團體，省政府為行政院之派出機關。

貳、中央行政組織

針對組織法之法律保留，中央法規標準法第 5 條規定「憲法或法律有

---

❶ 釋字第 467 號解釋並謂：「符合上開憲法增修條文意旨制定之各項法律，若未劃歸國家或縣市等地方自治團體之事項，而屬省之權限且得為權利義務之主體者，於此限度內，省自得具有公法人資格。」

明文規定，應以法律定之者」與「關於國家各機關之組織者」之事項，均應以法律定之，係採取相當嚴格之規範設計。惟憲法增修條文第 3 條第 3 項與第 4 項規定：「國家機關之職權、設立程序及總員額，得以法律為準則性之規定。各機關之組織、編制及員額，應依前項法律，基於政策或業務需要決定之。」因此，似有調整之必要。

目前之中央行政機關組織基準法，其制定之目的，即係為建立中央行政機關組織之共同規範，並提升施政效能，關於中央行政組織，共分 7 章，39 條。分析如下：

一、適用範圍、定義與授權

㈠適用範圍

中央行政機關組織基準法，係適用於行政院及其所屬各級機關。行政院以外之中央政府機關，則準用本法之規定。至於，國防組織、外交駐外機構、警察機關組織、檢察機關、調查機關及海岸巡防機關組織，法律另有規定者，從其規定。

此外，為執行特定公共事務，本法容許於國家及地方自治團體以外，得設具公法性質之行政法人，而其設立、組織、營運、職能、監督、人員進用及其現職人員隨同移轉前、後之安置措施及權益保障等，應另以法律定之。

㈡定　義

1.機　關

機關，指就法定事務，有決定並表示國家意思於外部，而依組織法律或命令設立，行使公權力之組織（最高行政法院 103 判 130）。

所謂「機關」之定義：係以具有「獨立編制」、「獨立預算」、「依法設置」、「對外行文」等四項為認定標準。❷

至於，行政程序法第 2 條第 2 項規定之「行政機關」，不以中央行政機

---

❷　行政院 74 年 11 月 7 日臺 (74) 組一字第 081 號書函轉該院 69 年 7 月 17 日 (69) 臺規字第 8247 號函。

關為限，包括代表國家、地方自治團體或其他行政主體表示意思，從事公共事務，具有單獨法定地位之組織。

2.獨立機關

獨立機關，指依據法律獨立行使職權，自主運作，除法律另有規定外，不受其他機關指揮監督之合議制機關（最高行政法院 99 判 642）。

承認獨立機關之存在，釋字第 613 號解釋指出，其主要目的僅在法律規定範圍內，排除上級機關在層級式行政體制下所為對具體個案決定之指揮與監督，使獨立機關有更多不受政治干擾，依專業自主決定之空間。❸ 例如，國家通訊傳播委員會屬於中央行政機關組織基準法第 3 條第 2 款所規定之獨立機關，但其既非國防組織、警察機關組織、檢察機關及調查機關組織，自屬於同法第 2 條第 1 項所指適用同法之行政院所屬各級機關（最高行政法院 105 判 313）。❹

3.機　構

機構，指機關依組織法規將其部分權限及職掌劃出，以達成其設立目的之組織。

4.單　位

單位，指基於組織之業務分工，於機關內部設立之組織（最高行政法院 103 判 130）。

例如，文建會之人事室，係屬中央行政機關組織基準法第 3 條第 4 款

---

❸　釋字第 613 號解釋並謂：「獨立機關之存在對行政一體及責任政治既然有所減損，其設置應屬例外。唯有設置獨立機關之目的確係在追求憲法上公共利益，所職司任務之特殊性，確有正當理由足以證立設置獨立機關之必要性，重要事項以聽證程序決定，任務執行績效亦能透明、公開，以方便公眾監督，加上立法院原就有權經由立法與預算審議監督獨立機關之運作，綜合各項因素整體以觀，如仍得判斷一定程度之民主正當性基礎尚能維持不墜，足以彌補行政一體及責任政治之缺損者，始不致於違憲。」

❹　因此，不服國家通訊傳播委員會之行政處分者，在其他法律無特別規定時，依訴願法第 4 條第 7 款及第 5 條之規定，應向行政院提起訴願，始為適法（最高行政法院 105 判 313）。

規定所稱基於該會組織之業務分工所設立之內部單位（參照文建會組織條例第 8 條、文建會辦事細則第 3 條及第 12 條）（保訓會 94 公申決字第 0082 號）；此外，勞動部勞動力發展署技能檢定中心之相關科室，亦為內部單位（107 判 97）。

(三)組織法令之授權

組織法令，區分為法律與命令。

1.以法律定之

機關之組織，應以法律定之者，包括一級機關、二級機關、三級機關與獨立機關。

其中，行政院為一級機關，而其所屬各級機關，依層級得區分為二級機關、三級機關、四級機關。因此，行政院之四級機關，係並非均應以法律定之者。

2.以命令定之

除前述應以法律定之者外，其餘機關之組織以命令定之。例如，行政院所屬各級機關之四級機關。❺

以命令設立之機關，其設立、調整及裁撤，於命令發布時，應即送立法院。

二、機關組織法規及名稱

(一)法規之名稱、內容與界限

1.法規名稱

(1)法　律

機關組織以法律定之者，其組織法律定名為法。

但是，業務相同而轄區不同或權限相同而管轄事務不同之機關，其共

---

❺　李震山，〈中央行政機關組織規制緩和之理論與實務〉，《臺灣本土法學雜誌》，第 67 期，第 176 頁反對依「層級」作為組織是否以法律規定之標準，認為：「國家機關組織中任務或權限之授與，具干預權性質者，縱屬四級機關或其附屬機構，仍應受法律保留原則之拘束，接受人民之監督。」

同適用之組織法律定名為通則。

機關組織以法律制定者，其內部單位之分工職掌，以處務規程定之。

⑵命　令

機關組織以命令定之者，其組織命令定名為規程。

但是，業務相同而轄區不同或權限相同而管轄事務不同之機關，其共同適用之組織命令定名為準則。

機關組織以命令定之者，其內部單位之分工職掌，以辦事細則定之。

2.內　容

各中央行政機關依中央行政機關組織基準法制（訂）定、修正其組織法令後，其所制（訂）定、修正之處務規程及辦事細則，應認屬「組織法規」之範疇（最高行政法院 100 判 1019）。

機關組織法規之內容，應包括之事項：⑴機關名稱；⑵機關設立依據或目的；⑶機關隸屬關係；⑷機關權限及職掌；⑸機關首長、副首長之職稱、官職等及員額；⑹機關置政務職務者，其職稱、官職等及員額；⑺機關置幕僚長者，其職稱、官職等；⑻機關依職掌有設置附屬機關者，其名稱；⑼機關有存續期限者，其期限；⑽如屬獨立機關，其合議之議事程序及決議方法。

此外，各機關為分層負責，逐級授權，得就授權範圍訂定分層負責明細表。

3.界　限

本法施行後，除本法及各機關組織法規外，不得以作用法或其他法規規定機關之組織。❻至於，一級機關為因應突發、特殊或新興之重大事務，得設臨時性、過渡性之機關，其組織以暫行組織規程定之，並應明定其存續期限。

---

❻　因此，行政院應於本法公布後 3 個月內，檢討調整行政院組織法及行政院功能業務與組織調整暫行條例，函送立法院審議。本法公布後，其他各機關之組織法律或其他相關法律，與本法規定不符者，由行政院限期修正，並於行政院組織法修正公布後 1 年內函送立法院審議。

換言之，機關之組織，僅得於組織法（本法及各機關組織法規）規定之，不得以作用法規定。❼所謂「作用法」，例如，行政罰法等。

此外，機關之組織，亦不得以其他法規規定。所謂「其他法規」，例如，民法、刑法等。

㈡機關之名稱

1.原　則

行政機關之名稱，定名如下：

院：一級機關用之；

部：二級機關用之；

委員會：二級機關或獨立機關用之；

署、局：三級機關用之；

分署、分局：四級機關用之。

2.例　外

機關，因性質特殊，得另定名稱。

三、機關設立、調整及裁撤

㈠設立禁止、調整或裁撤

基於機關組織精簡之必要，並避免行政資源浪費，故應有管制設立、調整或裁撤之措施。

1.設立禁止

不得設立機關之情形，包括：⑴業務與現有機關職掌重疊；⑵業務可由現有機關調整辦理；⑶業務性質由民間辦理較適宜。

2.調整或裁撤

機關及其內部單位應予調整或裁撤之情形，包括：⑴階段性任務已完成或政策已改變；⑵業務或功能明顯萎縮或重疊；⑶管轄區域調整裁併；⑷職掌應以委託或委任方式辦理較符經濟效益；⑸經專案評估績效不佳應

---

❼　警察勤務條例規定警察機關執行勤務之編組及分工，並對執行勤務得採取之方式加以列舉，已非單純之組織法，實兼有行為法之性質（釋字第 535 號解釋）。

予裁併；(6)業務調整或移撥至其他機關或單位。

(二)程　序

1.以法律定之者

機關組織依本法規定以法律定之者，其設立之程序：(1)一級機關：逕行提案送請立法院審議；(2)二級機關、三級機關、獨立機關：由其上級機關或上級指定之機關擬案，報請一級機關轉請立法院審議。

機關之調整或裁撤，由本機關或上級機關擬案者，係循前述程序辦理。

關於一級機關，應定期辦理組織評鑑，作為機關設立、調整或裁撤之依據。

2.以命令定之者

機關組織依本法規定以命令定之者，其設立、調整及裁撤之程序：(1)機關之設立或裁撤：由上級機關或上級機關指定之機關擬案，報請一級機關核定；(2)機關之調整：由本機關擬案，報請上級機關核轉一級機關核定。

四、機關權限、職掌及重要職務設置

(一)機關之權限與職掌

1.指揮監督

上級機關對所隸屬機關，依法規行使指揮監督權。

不相隸屬機關之指揮監督，應以法規有明文規定者為限。

2.地方分支機關與附屬機構之設立

二級機關及三級機關於其組織法律規定之權限、職掌範圍內，基於管轄區域及基層服務需要，得設地方分支機關。

機關於其組織法規規定之權限、職掌範圍內，得設實（試）驗、檢驗、研究、文教、醫療、矯正、收容、訓練等附屬機構。附屬機構之組織，準用本法之規定。

㈡重要職務之設置

1.機　關

⑴首　長

機關首長綜理本機關事務，對外代表本機關，並指揮監督所屬機關及人員。

首長制機關之首長稱長或主任委員，合議制機關之首長稱主任委員。但是，機關性質特殊者，其首長職稱得另定之。

一級、二級機關首長，列政務職務；三級機關首長，除性質特殊且法律有規定得列政務職務外，其餘應為常務職務；四級機關首長，列常務職務。

機關首長，除因性質特殊法規另有規定者外，應為專任。

⑵副首長

一級機關，置副首長1人，列政務職務。

二級機關，得置副首長1人至3人，其中1人應列常任職務，其餘列政務職務。

三級機關以下，得置副首長1人或2人，均列常任職務。

⑶主要幕僚

一級機關，置幕僚長，稱秘書長，列政務職務；二級以下機關，得視需要，置主任秘書或秘書，綜合處理幕僚事務。

一級機關，得視需要置副幕僚長1人至3人；其中1人或2人得列政務職務，至少1人應列常任職務。

2.獨立機關

獨立機關合議制之成員，均應明定其任職期限、任命程序、停職、免職之規定及程序。但相當二級機關之獨立機關，其合議制成員中屬專任者，應先經立法院同意後任命之；其他獨立機關合議制成員由一級機關首長任命之。

一級機關首長為前述任命時，應指定成員中之一人為首長，一人為副首長。

合議制之成員，除有特殊需要外，其人數以五人至十一人為原則，具有同一黨籍者不得超過一定比例。

五、內部單位

㈠設立或調整之原則

機關之內部單位，應依職能類同、業務均衡、權責分明、管理經濟、整體配合及規模適中等原則設立或調整之。

㈡分類與名稱

1.分　類

機關內部單位之分類：⑴業務單位：係指執行本機關職掌事項之單位；⑵輔助單位：係指辦理秘書、總務、人事、主計、研考、資訊、法制、政風、公關等支援服務事項之單位。

輔助單位，依機關組織規模、性質及層級設立，必要時其業務得合併於同一單位辦理。輔助單位工作與本機關職掌相同或兼具業務單位性質，報經該管一級機關核定者，則不受前述限制，或得視同業務單位。

此外，一級機關、二級機關及三級機關，得依法設立掌理調查、審議、訴願等單位。而機關亦得視業務需要，設任務編組，所需人員，應由相關機關人員派充或兼任。

2.名　稱

⑴定名原則

政府機關內部單位之名稱，除職掌範圍為特定區者得以地區命名外，餘均應依其職掌內容定之。

附屬機關內部單位，因性質特殊者，得另定名稱。

⑵層級與定名

機關之內部單位，層級分為一級、二級，得定名如下：

一級內部單位：⑴處：一級機關、相當二級機關之獨立機關及二級機關委員會之業務單位用之；⑵司：二級機關部之業務單位用之；⑶組：三級機關業務單位用之；⑷科：四級機關業務單位用之；⑸處、室：各級機

關輔助單位用之。

二級內部單位：科。

此外，機關內部單位層級之設立，得因機關性質及業務需求彈性調整，不必逐級設立，但四級機關內部單位之設立，除機關業務繁重、組織規模龐大者，得於科下分股辦事外，以設立一級為限。

六、機關規模與建制標準

㈠部

1.總　數

行政院之部之總數，以 14 個為限。

2.劃分原則

各部主管事務之劃分原則：

⑴以中央行政機關應負責之主要功能為主軸，由各部分別擔任綜合性、統合性之政策業務；⑵基本政策或功能相近之業務，應集中由同一部擔任；相對立或制衡之業務，則應由不同部擔任；⑶各部之政策功能及權限，應儘量維持平衡。

3.建制標準

各部組織規模之建制標準：

⑴業務單位設 6 司至 8 司為原則，司之總數以 112 個為限；⑵各司設 4 科至 8 科為原則。

㈡委員會、獨立機關、署、局與輔助單位

1.委員會

行政院，基於政策統合之需要，得設委員會，委員會之總數以 8 個為限。

各委員會組織規模之建制標準如下：

⑴業務單位以 4 處至 6 處為原則；⑵各處以 3 科至 6 科為原則。

2.獨立機關

相當二級機關之獨立機關，總數以 3 個為限，其組織規模之建制標準：

(1)業務單位設 4 處至 6 處為原則；(2)各處設 3 科至 6 科為原則。

前述以外之獨立機關，其內部單位之設立，依機關掌理事務之繁簡定之。

3. 署、局

二級機關為處理技術性或專門性業務需要得設附屬機關之署、局。

署、局之組織規模建制標準：

(1)業務單位以 4 組至 6 組為原則；(2)各組以 3 科至 6 科為原則。

相當二級機關之獨立機關，為處理前述業務之需要，得設附屬之機關，其組織規模建制標準準用前述規定。

署、局之總數，除地方分支機關外，以 70 個為限。

4. 輔助單位

行政院及各級機關之輔助單位，不得超過 6 個處、室，每單位以 3 科至 6 科為原則。

參、地方自治

地方自治為憲法所保障之制度，憲法於第 10 章詳列中央與地方之權限，使地方自治團體對於自治區域內之事務，具有得依其意思及責任實施自治之權。地方自治團體在特定事務之執行上，即可與中央分權，並與中央在一定事務之執行上成為相互合作之實體。從而，地方自治團體為與中央政府共享權力行使之主體，於中央與地方共同協力關係下，垂直分權，以收因地制宜之效。憲法繼於第 11 章第 2 節設「縣」地方制度之專節規定，分別於憲法第 118 條、第 121 條、第 128 條規定直轄市、縣與市實行自治，以實現住民自治之理念，使地方人民對於地方事務及公共政策有直接參與或形成之權。釋字第 498 號解釋指出，憲法增修條文第 9 條，即本諸上述意旨而設，地方制度法（以下簡稱「本法」）亦據此而制定公布。❽

---

❽　憲法規定我國實施地方自治，依憲法第 118 條及憲法增修條文第 9 條第 1 項規定制定公布之本法，為實施地方自治之依據。依本法第 25 條及第 28 條第 2 款

關於地方自治之內涵，係以本法為主要內容。地方制度，應依本法之規定，本法未規定者，適用其他法律之規定。

一、地方自治團體與本法之用詞

㈠地方自治團體

1.概　念

地方自治團體，係指依本法實施地方自治，具公法人地位之團體。

就此，釋字第 467 號解釋指出：「中央與地方權限劃分，係基於憲法或憲法特別授權之法律加以規範，凡憲法上之各級地域團體符合下列條件者：⑴享有就自治事項制定規章並執行之權限；⑵具有自主組織權，方得為地方自治團體性質之公法人。」

因此，直轄市、縣（市）、鄉（鎮、市）為地方自治團體。❾而省為非地方自治團體，省政府為行政院之派出機關。

所謂「自主組織權」，係地方自治團體在憲法及法律規範之前提下，對該自治團體是否設置特定機關（或事業機構）或內部單位之相關職位、員額如何編成得視各該自治團體轄區、人口及其他情形，由該自治團體之立法機關及行政機關自行決定及執行之權限 （本法第 28 條第 3 款；釋字第 527 號解釋）。

2.層　級

地方劃分為省、直轄市。

規定，地方自治團體得就其自治事項或依法律及上級法規之授權，於合理範圍內以自治條例規範居民之權利義務，惟其內容仍不得牴觸憲法有關中央與地方權限劃分之規定、法律保留原則及比例原則（釋字第 738 號解釋）。

❾ 本法於【103/01/29】增訂第四章之一「直轄市山地原住民區」（第 83 之 2 至 83 之 8 條），將直轄市之區由山地鄉改制者，稱直轄市山地原住民區（簡稱山地原住民區），為地方自治團體，設區民代表會及區公所，分別為山地原住民區之立法機關及行政機關，依本法辦理自治事項，並執行上級政府委辦事項。山地原住民區之自治，除法律另有規定外，準用本法關於鄉（鎮、市）之規定；其與直轄市之關係，準用本法關於縣與鄉（鎮、市）關係之規定。

省劃分為縣、市【以下稱縣（市）】；縣劃分為鄉、鎮、縣轄市【以下稱鄉（鎮、市）】。

直轄市及市均劃分為區。

鄉以內之編組為村；鎮、縣轄市及區以內之編組為里。村、里【以下稱村（里）】以內之編組為鄰。

3.設　立

除本法施行前已設之直轄市、市及縣轄市者以外，直轄市、市與縣轄市之設立要件，分析如下：

人口聚居達 125 萬人以上，且在政治、經濟、文化及都會區域發展上，有特殊需要之地區，得設直轄市。❿

人口聚居達 50 萬人以上未滿 125 萬人，且在政治、經濟及文化上地位重要之地區，得設市。

人口聚居達 15 萬人以上未滿 50 萬人，且工商業發達、自治財源充裕、交通便利及公共設施完備之地區，得設縣轄市。

4.組　織

省設省政府、省諮議會。

直轄市、縣（市）、鄉（鎮、市）之立法機關及行政機關，分別為：直轄市，設直轄市議會、直轄市政府；縣（市），設縣（市）議會、縣（市）政府；鄉（鎮、市），設鄉（鎮、市）民代表會、鄉（鎮、市）公所。⓫

直轄市、市之區，設區公所。

村（里），設村（里）辦公處。

就此，最高行政法院（98 判 368）指出：「……里僅為鎮、縣轄市及區

❿　本法第 4 條第 2 項規定：「縣人口聚居達 2 百萬人以上，未改制為直轄市前，於第 34 條、第 54 條、第 55 條、第 62 條、第 66 條、第 67 條及其他法律關於直轄市之規定，準用之。」

⓫　省政府、省諮議會、直轄市議會、直轄市政府、縣（市）議會、縣（市）政府、鄉（鎮、市）民代表會、鄉（鎮、市）公所之員工給與事項，應依公務人員俸給法及相關中央法令辦理。

以內之編組，由里民組成之組織，非屬地方自治團體，亦非行政機關。里辦公處則為里長與里幹事辦公之處所，隸屬區公所，為區公所之派出單位。……里為地方行政區域之一，亦為全里人民之集合團體，既有里辦公處之組織，其由里民選舉之里長可為其代表人，依法又有執行上級機關交辦事項及辦理里公務之職權，縱非法人亦不失為非法人之團體，依法自有當事人能力（參照行政訴訟法第 22 條及最高法院 43 台上 1064 判例）。……」 ⓬

5.名稱之變更與改制

⑴名稱之變更

省、直轄市、縣（市）、鄉（鎮、市）、區及村（里）之名稱，係依原有之名稱。名稱之變更，依下列規定辦理之：⑴省，由內政部報行政院核定；⑵直轄市，由直轄市政府提請直轄市議會通過，報行政院核定；⑶縣（市），由縣（市）政府提請縣（市）議會通過，由內政部轉報行政院核定；⑷鄉（鎮、市）及村（里），由鄉（鎮、市）公所提請鄉（鎮、市）民代表會通過，報縣政府核定；⑸直轄市、市之區、里，由各該市政府提請市議會通過後辦理。

⑵改　制

鄉（鎮）符合人口聚居達 15 萬人以上未滿 50 萬人，且工商業發達、自治財源充裕、交通便利及公共設施完備之地區，改制為縣轄市者，係準用名稱變更之規定。

6.調　整

省、直轄市、縣（市）、鄉（鎮、市）及區之新設、廢止或調整，依法

⓬　最高行政法院（98 判 368）並指出：「……臺北市萬華區與該區華江里間實係具有上下隸屬及監督關係，基於行政一體之原則，萬華區基於監督機關之地位，認定華江里里辦公處租金支出不符法規，而函文通知停止並追繳租金補助，該函性質上係監督機關對於所屬編組所為之指示，而非對外具法效性之行政處分，華江里即使有異議，亦不得依行政爭訟之方式尋求救濟，是其提起本件訴訟應屬不合法。」

律規定行之。縣（市）改制或與其他直轄市、縣（市）行政區域合併改制為直轄市者，依本法之規定。❸

村（里）、鄉之編組及調整辦法，則由直轄市、縣（市）另定之。

㈡本法用詞之定義

1.自治事項

指地方自治團體依憲法或本法規定，得自為立法並執行，或法律規定應由該團體辦理之事務，而負其政策規劃及行政執行責任之事項。

2.委辦事項

指地方自治團體依法律、上級法規或規章規定，在上級政府指揮監督下，執行上級政府交付辦理之非屬該團體事務，而負其行政執行責任之事項。

3.核　定

指上級政府或主管機關，對於下級政府或機關所陳報之事項，加以審查，並作成決定，以完成該事項之法定效力之謂。

4.備　查

指下級政府或機關間就其得全權處理之業務，依法完成法定效力後，陳報上級政府或主管機關知悉之謂。

5.去　職

指依公務員懲戒法規定受撤職之懲戒處分、依公職人員選舉罷免法規定被罷免或依本法規定被解除職權或職務者。

---

❸　本法第 7 之 1 條規定：「內政部基於全國國土合理規劃及區域均衡發展之需要，擬將縣（市）改制或與其他直轄市、縣（市）合併改制為直轄市者，應擬訂改制計畫，徵詢相關直轄市政府、縣（市）政府意見後，報請行政院核定之。縣（市）擬改制為直轄市者，縣（市）政府得擬訂改制計畫，經縣（市）議會同意後，由內政部報請行政院核定之。縣（市）擬與其他直轄市、縣（市）合併改制為直轄市者，相關直轄市政府、縣（市）政府得共同擬訂改制計畫，經各該直轄市議會、縣（市）議會同意後，由內政部報請行政院核定之。行政院收到內政部陳報改制計畫，應於 6 個月內決定之。內政部應於收到行政院核定公文之次日起 30 日內，將改制計畫發布，並公告改制日期。」

二、省政府與省諮議會

㈠省政府之組織與職權

1.組　織

省政府置委員 9 人，組成省政府委員會議，行使職權，其中 1 人為主席，由其他特任人員兼任，綜理省政業務，其餘委員為無給職，均由行政院院長提請總統任命之。

2.職　權

省政府受行政院指揮監督，辦理之事項，包括：⑴監督縣（市）自治事項；⑵執行省政府行政事務；⑶其他法令授權或行政院交辦事項。

㈡省諮議會之組織與功能

1.組　織

省諮議會置諮議員，任期 3 年，為無給職。其人數由行政院參酌轄區幅員大小、人口多寡及省政業務需要定之，至少 5 人，至多 29 人，並指定其中 1 人為諮議長，綜理會務，均由行政院院長提請總統任命之。

2.功　能

省諮議會之功能，係對省政府業務提供諮詢及興革意見。

㈢省政府及省諮議會之預算與組織規程

1.預　算

省政府及省諮議會之預算，由行政院納入中央政府總預算，其預算編列、執行及財務收支事項，依預算法、決算法、國庫法及其他相關法令規定辦理。

2.組織規程

省政府組織規程及省諮議會組織規程，均由行政院定之。

三、地方自治

(一)地方自治團體及其居民之權利與義務

1.地方自治團體之職權

直轄市、縣（市）、鄉（鎮、市）為地方自治團體，依本法辦理自治事項，並執行上級政府委辦事項。

2.居民之權利與義務

(1)成　員

中華民國國民，設籍在直轄市、縣（市）、鄉（鎮、市）地方自治區域內者，為直轄市民、縣（市）民、鄉（鎮、市）民。

(2)權　利

本法對於直轄市民、縣（市）民、鄉（鎮、市）民之權利，係採例示規定與概括規定之規範設計。

例示規定，包括：(1)對於地方公職人員有依法選舉、罷免之權；(2)對於地方自治事項，有依法行使創制、複決之權；(3)對於地方公共設施有使用之權；(4)對於地方教育文化、社會福利、醫療衛生事項，有依法律及自治法規享受之權；(5)對於地方政府資訊，有依法請求公開之權。

概括規定，指其他依法律及自治法規賦予之權利。

(3)義　務

本法對於直轄市民、縣（市）民、鄉（鎮、市）民之義務，亦係採例示規定與概括規定之規範設計。

例示規定，包括：(1)遵守自治法規之義務；(2)繳納自治稅捐之義務。

概括規定，指其他依法律及自治法規所課之義務。

(二)自治事項

直轄市、縣（市）、鄉（鎮、市）對各該自治事項，應全力執行，並依法負其責任。❶❹

---

❶❹　釋字第 259 號解釋指出：「憲法關於地方制度，於其第 11 章就省、縣與直轄市有不同之規定，直轄市如何實施地方自治，憲法第 118 條授權以法律定之。故

1.直轄市與縣（市）自治事項

本法第 18 條與第 19 條，係直轄市與縣（市）自治事項之規定。

(1)相同事項

可分為例示規定共 12 類，概括規定 1 類。

例示規定：(1)關於組織及行政管理事項，包括公職人員選舉、罷免之實施，組織之設立及管理，戶籍行政，土地行政，新聞行政；(2)關於財政事項，包括財務收支及管理，稅捐，公共債務，財產之經營及處分；(3)關於社會服務事項，包括社會福利，公益慈善事業及社會救助，人民團體之輔導，宗教輔導，殯葬設施之設置及管理；(4)關於教育文化及體育事項，包括學前教育、各級學校教育及社會教育之興辦及管理，藝文活動，體育活動，文化資產保存，禮儀民俗及文獻，社會教育、體育與文化機構之設置、營運及管理；(5)關於勞工行政事項，包括勞資關係，勞工安全衛生；(6)關於都市計畫及營建事項，包括都市計畫之擬定、審議及執行，建築管理，住宅業務，下水道建設及管理，公園綠地之設立及管理，營建廢棄土之處理；(7)關於經濟服務事項，包括農、林、漁、牧業之輔導及管理，自然保育，工商輔導及管理，❻消費者保護；(8)關於水利事項，包括河川整

直轄市實施地方自治，雖無須依省、縣自治相同之程序，惟仍應依憲法意旨，制定法律行之。」

❻ 例如，中央為管理電子遊戲場業制定電子遊戲場業管理條例，該條例賦予地方主管機關核發、撤銷及廢止電子遊戲場業營業級別證及辦理相關事項登記之權，而地方倘於不牴觸中央法規之範圍內，就相關工商輔導及管理之自治事項（地方制度法第 18 條第 7 款第 3 目、第 19 條第 7 款第 3 目），以自治條例為因地制宜之規範，均為憲法有關中央與地方權限劃分之規範所許。電子遊戲場業營業場所之規範，屬工商輔導及管理之事項，係直轄市、縣（市）之自治範圍，自非不得於不牴觸中央法規之範圍內，以自治條例為因地制宜之規範。因此，電子遊戲場業管理條例第 9 條第 1 項有關電子遊戲場業營業場所應距離國民中、小學、高中、職校、醫院 50 公尺以上之規定，即可認係法律為保留地方因地制宜空間所設之最低標準，並未禁止直轄市、縣（市）以自治條例為應保持更長距離之規範。故系爭規定所為電子遊戲場業營業場所應距離國民中、小學、高中、職校、醫院 1,000 公尺、990 公尺、800 公尺以上等較嚴格之規

治及管理，集水區保育及管理，防洪排水設施興建管理，水資源基本資料調查；⑼關於衛生及環境保護事項，包括衛生管理，環境保護；⑽關於交通及觀光事項，包括道路之規劃、建設及管理，交通之規劃、營運及管理，觀光事業；⑾關於公共安全事項，包括警衛之實施，災害防救之規劃及執行，民防之實施；⑿關於事業之經營及管理事項，包括合作事業，公用及公營事業，與其他地方自治團體合辦之事業。

概括規定，係其他依法律賦予之事項。

⑵不同事項

直轄市關於公共安全事項，包括「警政之實施」，而非縣（市）自治事項。

縣關於社會服務事項，不包括「調解業務」，而直轄市與市均有調解業務之自治事項。

2. 鄉（鎮、市）自治事項

可分為例示規定共 8 類，概括規定 1 類。

例示規定：⑴關於組織及行政管理事項，包括鄉（鎮、市）公職人員選舉、罷免之實施，鄉（鎮、市）組織之設立及管理，鄉（鎮、市）新聞行政；⑵關於財政事項，包括鄉（鎮、市）財務收支及管理，鄉（鎮、市）稅捐，鄉（鎮、市）公共債務，鄉（鎮、市）財產之經營及處分；⑶關於社會服務事項，包括鄉（鎮、市）社會福利，鄉（鎮、市）公益慈善事業及社會救助，鄉（鎮、市）殯葬設施之設置及管理，鄉（鎮、市）調解業務；⑷關於教育文化及體育事項，包括鄉（鎮、市）社會教育之興辦及管理，鄉（鎮、市）藝文活動，鄉（鎮、市）體育活動，鄉（鎮、市）禮儀民俗及文獻，鄉（鎮、市）社會教育、體育與文化機構之設置、營運及管理；⑸關於環境衛生事項，包括鄉（鎮、市）廢棄物清除及處理；⑹關於營建、交通及觀光事項，包括鄉（鎮、市）道路之建設及管理，鄉（鎮、

___

定，尚難謂與中央與地方權限劃分原則有違，其對人民營業自由增加之限制，亦未逾越地方制度法概括授權之範圍，從而未牴觸法律保留原則（釋字第 738 號解釋）。

市）公園綠地之設立及管理，鄉（鎮、市）交通之規劃、營運及管理，鄉（鎮、市）觀光事業；(7)關於公共安全事項，包括鄉（鎮、市）災害防救之規劃及執行，鄉（鎮、市）民防之實施；(8)關於事業之經營及管理事項，包括鄉（鎮、市）公用及公營事業，鄉（鎮、市）公共造產事業，與其他地方自治團體合辦之事業。

概括規定，係其他依法律賦予之事項。

3.跨區域自治事項

地方自治事項涉及跨直轄市、縣（市）、鄉（鎮、市）區域時，由各該地方自治團體協商辦理；必要時，由共同上級業務主管機關協調各相關地方自治團體共同辦理或指定其中一地方自治團體限期辦理。

直轄市、縣（市）、鄉（鎮、市）為處理跨區域自治事務、促進區域資源之利用或增進區域居民之福祉，得與其他直轄市、縣（市）、鄉（鎮、市）成立區域合作組織、訂定協議、行政契約❶或以其他方式合作，並報共同上級業務主管機關備查。

前述情形涉及直轄市議會、縣（市）議會、鄉（鎮、市）民代表會職權者，應經各該直轄市議會、縣（市）議會、鄉（鎮、市）民代表會同意；涉及管轄權限之移轉或調整者，直轄市、縣（市）、鄉（鎮、市）應制（訂）定、修正各該自治法規。

共同上級業務主管機關對於直轄市、縣（市）、鄉（鎮、市）所提跨區域之建設計畫或跨區域合作事項，應優先給予補助或其他必要之協助。直轄市、縣（市）、鄉（鎮、市）應依約定履行其義務；遇有爭議時，得報請共同上級業務主管機關協調或依司法程序處理。

4.合辦事業

直轄市、縣（市）、鄉（鎮、市）與其他直轄市、縣（市）、鄉（鎮、

---

❶ 直轄市、縣（市）、鄉（鎮、市）與其他直轄市、縣（市）、鄉（鎮、市）訂定行政契約時，應視事務之性質，載明下列事項：(1)訂定行政契約之團體或機關；(2)合作之事項及方法；(3)費用之分攤原則；(4)合作之期間；(5)契約之生效要件及時點；(6)違約之處理方式；(7)其他涉及相互間權利義務之事項。

市）合辦之事業，經有關直轄市議會、縣（市）議會、鄉（鎮、市）民代表會通過後，得設組織經營之。

合辦事業涉及直轄市議會、縣（市）議會、鄉（鎮、市）民代表會職權事項者，得由有關直轄市議會、縣（市）議會、鄉（鎮、市）民代表會約定之議會或代表會決定之。

(三)自治法規

直轄市、縣（市）、鄉（鎮、市）得就其自治事項或依法律及上級法規之授權，制定自治法規。❶

1.自治條例

(1)定義與名稱

自治法規經地方立法機關通過，並由各該行政機關公布者，稱自治條例。

自治條例應分別冠以各該地方自治團體之名稱，在直轄市稱直轄市法規，在縣（市）稱縣（市）規章，在鄉（鎮、市）稱鄉（鎮、市）規約。

(2)事　項

應以自治條例規定之事項，包括：(1)法律或自治條例規定應經地方立法機關議決者；(2)創設、剝奪或限制地方自治團體居民之權利義務者；(3)關於地方自治團體及所營事業機構之組織者；(4)其他重要事項，經地方立法機關議決應以自治條例定之者。

直轄市法規、縣（市）規章就違反地方自治事項之行政義務者，除法律另有規定者外，得規定處以罰鍰或其他種類之行政罰。

罰鍰之處罰，最高以新臺幣 10 萬元為限；並得規定連續處罰之。逾期不繳納者，得依相關法律移送強制執行。

其他行政罰之種類，限於勒令停工、停止營業、吊扣執照或其他一定期限內限制或禁止為一定行為之不利處分。

---

❶　至於，地方行政機關為執行法律，得依其職權發布命令為必要之補充規定，惟不得與法律牴觸（釋字第 363 號解釋）。

⑶核備程序

自治條例經各該地方立法機關議決後，如規定有罰則時，應分別報經行政院、中央各該主管機關核定後發布。

其餘，除法律或縣規章另有規定外，直轄市法規發布後，應報中央各該主管機關轉行政院備查；縣（市）規章發布後，應報中央各該主管機關備查；鄉（鎮、市）規約發布後，應報縣政府備查。

2.自治規則

⑴定義與名稱

自治法規由地方行政機關訂定，並發布或下達者，稱自治規則。

直轄市政府、縣（市）政府、鄉（鎮、市）公所就其自治事項，得依其法定職權或法律、基於法律授權之法規、自治條例之授權，訂定自治規則。自治規則應分別冠以各該地方自治團體之名稱，並得依其性質，定名為規程、規則、細則、辦法、綱要、標準或準則。

⑵備查程序

直轄市政府、縣（市）、鄉（鎮、市）自治規則，除法律或基於法律授權之法規另有規定外，應於發布後，分別函報行政院、中央各該主管機關、縣政府備查，並函送各該地方立法機關查照。

3.委辦規則

直轄市政府、縣（市）政府、鄉（鎮、市）公所為辦理上級機關委辦事項，得依其法定職權或基於法律、中央法規之授權，訂定委辦規則。

委辦規則應函報委辦機關核定後發布之；其名稱，準用自治規則之規定。

4.自律規則

地方立法機關，得訂定自律規則。

自律規則，除法律或自治條例另有規定外，由各該立法機關發布，並報各該上級政府備查。

5.公布、生效與無效

⑴公　布

自治條例：經地方立法機關議決後，函送各該地方行政機關，地方行政機關收到後，除法律另有規定，或依規定提起覆議、報請上級政府予以函告無效或聲請司法院解釋者外，應於 30 日內公布。

自治法規、委辦規則：依規定應經其他機關核定者，應於核定文送達各該地方行政機關 30 日內公布或發布。須經上級政府或委辦機關核定者，核定機關應於 1 個月內為核定與否之決定；逾期視為核定，由函報機關逕行公布或發布。但因內容複雜、關係重大，須較長時間之審查，經核定機關具明理由函告延長核定期限者，不在此限。

⑵生效與代為發布

自治法規、委辦規則自公布或發布之日起算至第 3 日起發生效力。但是，特定有施行日期者，自該特定日起發生效力。

自治法規、委辦規則，地方行政機關未依規定期限公布或發布者，該自治法規、委辦規則自期限屆滿之日起算至第 3 日起發生效力，並由地方立法機關代為發布。但是，經上級政府或委辦機關核定者，由核定機關代為發布。

⑶無效與解釋

A. 無　效

自治條例與憲法、法律或基於法律授權之法規或上級自治團體自治條例牴觸者，無效。

自治規則與憲法、法律、基於法律授權之法規、上級自治團體自治條例或該自治團體自治條例牴觸者，無效。發生牴觸無效者，分別由行政院、中央各該主管機關、縣政府予以函告。

委辦規則與憲法、法律、中央法令牴觸者，無效。發生牴觸無效者，由委辦機關予以函告無效。

自律規則與憲法、法律、中央法規或上級自治法規牴觸者，無效。

B. 解　釋

　　自治法規與憲法、法律、基於法律授權之法規、上級自治團體自治條例或該自治團體自治條例有無牴觸發生疑義時，得聲請司法院解釋之（第30條第5項）。

　　於此，得聲請司法院解釋之條件，釋字第527號解釋謂：「係指對相關業務有監督自治團體權限之各級主管機關，對議決事項或自治法規是否牴觸憲法、法律或其他上位規範尚有疑義，而未依相關規定逕予函告無效，向大法官聲請解釋。」

　　至於，地方自治團體對函告內容持不同意見之處理方式：(1)如受函告無效者為自治條例，該地方立法機關經會議決議得視其性質聲請司法院解釋憲法或統一解釋法令，其聲請程式適用司法院大法官審理案件法第8條第1項或第2項之規定；(2)如受函告無效者為自治規則，由該地方自治團體最高層級之行政機關（即直轄市政府、縣、市政府、鄉、鎮、市公所）聲請司法院解釋憲法或統一解釋法令，並無須經由上開審理案件法第9條之層轉程序。蓋聲請解釋之標的既係中央主管機關或上級政府函告無效，內容且涉及地方自治團體之自治權限，該中央主管機關或上級政府已成為爭議之一造，自無更由其層轉之理；(3)如受函告之法規為委辦規則，依本法第29條之規定，原須經上級委辦機關核定後始生效力，受函告無效之地方行政機關應即接受，尚不得聲請司法院解釋。

㈣自治組織

　　由於，地方自治為憲法所保障之制度，故基於住民自治之理念與垂直分權之功能，地方自治團體設有地方行政機關及立法機關，其首長與民意代表均由自治區域內之人民依法選舉產生，分別綜理地方自治團體之地方事務，或行使地方立法機關之職權，地方行政機關與地方立法機關間依法並有權責制衡之關係（釋字第498號解釋）。

1.地方立法機關

(1)組　織

A. 議員之選舉、任期、名額與就職

直轄市議會議員、縣（市）議會議員、鄉（鎮、市）民代表會代表分

別由直轄市民、縣（市）民、鄉（鎮、市）民依法選舉之，任期 4 年，連選得連任。

直轄市議員、縣（市）議員、鄉（鎮、市）民代表名額，應參酌各該直轄市、縣（市）、鄉（鎮、市）財政、區域狀況，並依其總額之規定，於地方立法機關組織準則定之。

選出之直轄市議員、縣（市）議員、鄉（鎮、市）民代表，應於上屆任期屆滿之日宣誓就職。宣誓就職典禮分別由行政院、內政部、縣政府召集，並由議員、代表當選人互推一人主持之。其推選會議由曾任議員、代表之資深者主持之；年資相同者，由年長者主持之。

B. 議長與主席之選舉、就職與罷免

直轄市議會、縣（市）議會置議長、副議長各 1 人，鄉（鎮、市）民代表會置主席、副主席各 1 人，由直轄市議員、縣（市）議員、鄉（鎮、市）民代表以無記名投票分別互選或罷免之。但就職未滿 1 年者，不得罷免。議長、主席對外代表各該議會、代表會，對內綜理各該議會、代表會會務。

直轄市議會、縣（市）議會議長、副議長，鄉（鎮、市）民代表會主席、副主席之選舉，應於議員、代表宣誓就職典禮後即時舉行，並應有議員、代表總額過半數之出席，以得票達出席總數之過半數者為當選。選舉結果無人當選時，應立即舉行第 2 次投票，以得票較多者為當選；得票相同者，以抽籤定之。補選時亦同。前述選舉，出席議員、代表人數不足時，應即訂定下一次選舉期間，並通知議員、代表。第 3 次舉行時，出席議員、代表已達議員、代表總額 3 分之 1 以上者，得以實到人數進行選舉，並均以得票較多者為當選；得票相同者，以抽籤定之。第 2 次及第 3 次選舉，均應於議員、代表宣誓就職當日舉行。

議長、副議長、主席、副主席選出後，應即依宣誓條例規定宣誓就職。議長、主席對外代表各該議會、代表會，對內綜理各該議會、代表會會務。

直轄市議會、縣（市）議會議長、副議長，鄉（鎮、市）民代表會主席、副主席之罷免程序：⑴罷免案應敘述理由，並有議員、代表總額 3 分

之 1 以上之簽署，備具正、副本，分別向行政院、內政部、縣政府提出；❸
(2)行政院、內政部、縣政府應於收到前述罷免案後 7 日內將副本送達各該
議會、代表會於 5 日內轉交被罷免人。被罷免人如有答辯，應於收到副本
後 7 日內將答辯書送交行政院、內政部、縣政府，由其將罷免案及答辯書
一併印送各議員、代表，逾期得將罷免案單獨印送；(3)行政院、內政部、
縣政府應於收到罷免案 25 日內，召集罷免投票會議，由出席議員、代表就
同意罷免或不同意罷免，以無記名投票表決之；(4)罷免案應有議員、代表
總額過半數之出席，及出席總數 3 分之 2 以上之同意罷免為通過；(5)罷免
案如經否決，於該被罷免人之任期內，不得對其再為罷免案之提出。

　　C. 組織準則與組織自治條例

　　直轄市議會、縣（市）議會與鄉（鎮、市）民代表會之組織，由內政
部擬訂準則，報行政院核定。

　　各級民意機關，均應依準則擬訂組織自治條例。直轄市議會者，報行
政院核定；各縣（市）議會者，報內政部核定；各鄉（鎮、市）民代表會
者，報縣政府核定。

　　新設之直轄市議會組織規程，由行政院定之；新設之縣（市）議會組
織規程，由內政部定之；新設之鄉（鎮、市）民代表會組織規程，由縣政
府定之。

　　直轄市議會、縣（市）議會、鄉（鎮、市）民代表會之組織準則、規
程及組織自治條例，其有關考銓業務事項，不得牴觸中央考銓法規；各權
責機關於核定後，應函送考試院備查。

　　(2)集　　會

　　A. 召　　集

　　直轄市議會、縣（市）議會、鄉（鎮、市）民代表會會議，除每屆成
立大會外，定期會每 6 個月開會一次，由議長、主席召集之，議長、主席

---

❸　罷免案，在未提會議前，得由原簽署人 3 分之 2 以上同意撤回之。提出會議
　　後，應經原簽署人全體同意，並由主席徵詢全體出席議員、代表無異議後，始
　　得撤回。

如未依法召集時，由副議長、副主席召集之；副議長、副主席亦不依法召集時，由過半數議員、代表互推 1 人召集之。

B. 會期之計算

每次會期之計算，包括例假日或停會在內：⑴直轄市議會不得超過 70 日；⑵縣（市）議會議員總額 40 人以下者，不得超過 30 日；41 人以上者不得超過 40 日；⑶鄉（鎮、市）民代表會代表總額 20 人以下者，不得超過 12 日；21 人以上者，不得超過 16 日。

C. 延長會期

每年審議總預算之定期會，會期屆滿而議案尚未議畢或有其他必要時，得應直轄市長、縣（市）長、鄉（鎮、市）長之要求，或由議長、主席或議員、代表 3 分之 1 以上連署，提經大會決議延長會期。

延長之會期，直轄市議會不得超過 10 日，縣（市）議會、鄉（鎮、市）民代表會不得超過 5 日，並不得作為質詢之用。

D. 臨時會

直轄市議會、縣（市）議會、鄉（鎮、市）民代表會，得召集臨時會之情事，包括：⑴直轄市長、縣（市）長、鄉（鎮、市）長之請求；⑵議長、主席請求或議員、代表 3 分之 1 以上之請求；⑶有第 39 條第 4 項之情事時。

臨時會之召開，議長、主席應於 10 日內為之，其會期包括例假日或停會在內，直轄市議會每次不得超過 10 日，每 12 個月不得多於 8 次；縣（市）議會每次不得超過 5 日，每 12 個月不得多於 6 次；鄉（鎮、市）民代表會每次不得超過 3 日，每 12 個月不得多於 5 次。但有第 39 條第 4 項（為覆議案召集臨時會）之情事時，不在此限。

⑶職　權

A. 規範設計

本法第 35 條至第 37 條，對於地方立法機關之職權，均採例示規定（9 款）與概括規定（1 款）之規範設計。

例示規定之職權：⑴議決自治法規（直轄市法規，縣（市）規章，鄉

（鎮、市）規約）；⑵議決預算；⑶議決稅課（直轄市與縣（市）係特別稅課、臨時稅課及附加稅課，鄉（鎮、市）係臨時稅課）；⑷議決財產之處分；⑸議決政府（公所）組織自治條例及所屬事業機構組織自治條例；⑹議決政府（公所）提案事項；⑺審議決算之（審核）報告；⑻議決議員（代表）提案事項；⑼接受人民請願。

概括規定之職權：直轄市議會係「其他依法律賦予之職權」，縣（市）議會係「其他依法律或上級法規賦予之職權」，鄉（鎮、市）民代表會係「其他依法律或上級法規、規章賦予之職權」。

B. 聽取報告與質詢

直轄市議會、縣（市）議會、鄉（鎮、市）民代表會定期會開會時，直轄市長、縣（市）長、鄉（鎮、市）長應提出施政報告；直轄市政府各一級單位主管及所屬一級機關首長，縣（市）政府、鄉（鎮、市）公所各一級單位主管及所屬機關首長，均應就主管業務提出報告。

直轄市議員、縣（市）議員、鄉（鎮、市）民代表於議會、代表會定期會開會時，有向前述各該首長或單位主管，就其主管業務質詢之權；其質詢分為施政總質詢與業務質詢，業務質詢時，相關之業務主管應列席備詢。

直轄市議會、縣（市）議會、鄉（鎮、市）民代表會大會開會時，對特定事項有明瞭必要者，亦得邀請前述各該首長或單位主管列席說明。

此外，直轄市議會、縣（市）議會委員會或鄉（鎮、市）民代表會小組開會時，對特定事項有明瞭必要者，得邀請各該直轄市長、縣（市）長、鄉（鎮、市）長以外之有關業務機關首長或單位主管列席說明。

C. 執行與覆議 ⓳

直轄市政府、縣（市）政府、鄉（鎮、市）公所，對直轄市議會、縣（市）議會、鄉（鎮、市）民代表會之議決案應予執行，如延不執行或執行不當，直轄市議會、縣（市）議會、鄉（鎮、市）民代表會得請其說明

⓳ 地方行政機關對同級立法機關議決事項發生執行之爭議時，應依本法第 38 條、第 39 條等相關規定處理，不得逕向司法院聲請解釋（釋字第 527 號解釋）。

理由，必要時得報請行政院、內政部、縣政府邀集各有關機關協商解決之。

直轄市政府、縣（市）政府、鄉（鎮、市）公所，對法規、預算、稅課、財產處分、組織自治條例、政府提案及依法賦予職權之議決案，如認為窒礙難行時，應於該議決案送達直轄市政府、縣（市）政府、鄉（鎮、市）公所 30 日內，就窒礙難行部分敘明理由送請直轄市議會、縣（市）議會、鄉（鎮、市）民代表會覆議。關於議員或代表提案與人民請願事項之議決案，如執行有困難時，應敘明理由函復直轄市議會、縣（市）議會、鄉（鎮、市）民代表會。

直轄市議會、縣（市）議會、鄉（鎮、市）民代表會對於直轄市政府、縣（市）政府、鄉（鎮、市）公所移送之覆議案，應於送達 15 日內作成決議。如為休會期間，應於 7 日內召集臨時會，並於開議 3 日內作成決議。

覆議案逾期未議決者，原決議失效。覆議時，如有出席議員、代表 3 分之 2 維持原議決案，直轄市政府、縣（市）政府、鄉（鎮、市）公所應即接受該決議。[20]

直轄市、縣（市）、鄉（鎮、市）預算案之覆議案，如原決議失效，直轄市議會、縣（市）議會、鄉（鎮、市）民代表會應就直轄市政府、縣（市）政府、鄉（鎮、市）公所原提案重行議決，並不得再為相同之決議，各該行政機關亦不得再提覆議。

D. 預算案之審議程序與界限

a. 審議程序

直轄市總預算案，直轄市政府應於會計年度開始 3 個月前送達直轄市議會；縣（市）、鄉（鎮、市）總預算案，縣（市）政府、鄉（鎮、市）公所應於會計年度開始 2 個月前送達縣（市）議會、鄉（鎮、市）民代表會。

直轄市議會、縣（市）議會、鄉（鎮、市）民代表會應於會計年度開始 1 個月前審議完成，並於會計年度開始 15 日前由直轄市政府、縣（市）政府、鄉（鎮、市）公所發布之。

直轄市、縣（市）、鄉（鎮、市）總預算案，如不能依前述規定期限審

---

[20] 但是，有第 40 條第 5 項或第 43 條第 1 項至第 3 項規定之情事者，不在此限。

議完成時，其預算之執行：(1)收入部分：暫依上年度標準及實際發生數，覈實收入；(2)支出部分：新興資本支出及新增科目，須俟本年度預算完成審議程序後始得動支；前述以外之科目得依已獲授權之原訂計畫或上年度執行數，覈實動支；(3)履行其他法定義務之收支；(4)因應收支調度需要之債務舉借，覈實辦理。

　　直轄市、縣（市）、鄉（鎮、市）總預算案在年度開始後 3 個月內未完成審議，直轄市政府、縣（市）政府、鄉（鎮、市）公所得就原提總預算案未審議完成部分，報請行政院、內政部、縣政府邀集各有關機關協商，於 1 個月內決定之；逾期未決定者，由邀集協商之機關逕為決定之。

　　此外，直轄市、縣（市）、鄉（鎮、市）總預算案經覆議後，仍維持原決議，或依第 39 條第 5 項重行議決時，如對歲入、歲出之議決違反相關法律、基於法律授權之法規規定或逾越權限，或對維持政府施政所必須之經費、法律規定應負擔之經費及上年度已確定數額之繼續經費之刪除已造成窒礙難行時，準用前述（總預算案未完成審議）之規定。

　　b. 界　　限

　　直轄市議會、縣（市）議會、鄉（鎮、市）民代表會對於直轄市政府、縣（市）政府、鄉（鎮、市）公所所提預算案不得為增加支出之提議。❷❶

　　直轄市、縣（市）、鄉（鎮、市）總預算案之審議，應注重歲出規模、預算餘絀、計畫績效，優先順序，其中歲入以擬變更或擬設定之收入為主，審議時應就來源別分別決定之；歲出以擬變更或擬設定之支出為主，審議時應就機關別、政事別及基金別分別決定之。

　　法定預算附加條件或期限者，從其所定。但該條件或期限為法律、自治法規所不許者，不在此限。

　　直轄市議會、縣（市）議會、鄉（鎮、市）民代表會就預算案所為之附帶決議，應由直轄市政府、縣（市）政府、鄉（鎮、市）公所參照法令辦理。❷❷

---

❷❶　並參，釋字第 264 號、第 391 號解釋。

❷❷　黃俊杰，《財政憲法》，2005，第 263 頁以下。

E. 決算案之審議程序

直轄市、縣（市）決算案，應於會計年度結束後 4 個月內，提出於該管審計機關，審計機關應於決算送達後 3 個月內完成其審核，編造最終審定數額表，並提出決算審核報告於直轄市議會、縣（市）議會。總決算最終審定數額表，由審計機關送請直轄市、縣（市）政府公告。直轄市議會、縣（市）議會審議直轄市、縣（市）決算審核報告時，得邀請審計機關首長列席說明。

鄉（鎮、市）決算報告應於會計年度結束後 6 個月內送達鄉（鎮、市）民代表會審議，並由鄉（鎮、市）公所公告。

F. 議決事項之位階

直轄市議會、縣（市）議會，議決自治事項與憲法、法律或基於法律授權之法規牴觸者無效；議決委辦事項與憲法、法律、中央法令牴觸者無效。

鄉（鎮、市）民代表會議決自治事項與憲法、法律、中央法規、縣規章牴觸者無效；議決委辦事項與憲法、法律、中央法令、縣規章、縣自治規則牴觸者無效。

前述議決自治事項與憲法、法律、中央法規、縣規章有無牴觸發生疑義時，得聲請司法院解釋之（第 43 條第 5 項）。於此，得聲請司法院解釋之條件與地方自治團體對函告內容持不同意見之處理方式，係依前述第 30 條第 5 項與釋字第 527 號解釋之意旨為之。

前述議決事項無效者，除總預算案應依第 40 條第 5 項規定處理外，直轄市議會議決事項由行政院予以函告；縣（市）議會議決事項由中央各該主管機關予以函告；鄉（鎮、市）民代表會議決事項由縣政府予以函告。

(4)議員之權利與義務

A. 權　利

a. 言論免責權

直轄市議會、縣（市）議會、鄉（鎮、市）民代表會開會時，直轄市議員、縣（市）議員、鄉（鎮、市）民代表對於有關會議事項所為之言論

及表決，對外不負責任。但就無關會議事項所為顯然違法之言論，不在此限。❷

b. 不受逮捕權

直轄市議員、縣（市）議員、鄉（鎮、市）民代表除現行犯、通緝犯外，在會期內，非經直轄市議會、縣（市）議會、鄉（鎮、市）民代表會之同意，不得逮捕或拘禁。

c. 費用請求權

直轄市議員、縣（市）議員、鄉（鎮、市）民代表得支研究費等必要費用；在開會期間並得酌支出席費、交通費及膳食費。

前述各費用支給項目及標準，另以法律定之；非依法律不得自行增加其費用。❷

至於，違反第34條第4項（臨時會）規定召開之會議，不得依前項規定支領出席費、交通費及膳食費，或另訂項目名稱、標準支給費用。

因此，民意代表之待遇，有屬於固定支給之個人報酬者；亦有屬於支應民意代表「職務關係」，即行使民意代表職權有直接關係之合理必要費用性質者。後者屬於地方民意代表因行使職權，方得支給之必要費用，若議員因故未執行議員職權時，自不得支領該費用（最高行政法院103判215）。

B. 義　務

直轄市議員、縣（市）議員、鄉（鎮、市）民代表，不得兼任其他公務員、公私立各級學校專任教師或其他民選公職人員，亦不得兼任各該直轄市政府、縣（市）政府、鄉（鎮、市）公所及其所屬機關、事業機構任何職務或名義。但法律、中央法規另有規定者，不在此限。❷

---

❷　黃俊杰，《言論免責權》，1998，第1頁以下。

❷　並參，釋字第299號解釋。

❷　並參，釋字第207號解釋謂：「民意代表可否兼任他職，須視憲法或與憲法不相牴觸之法規有無禁止規定，或該項職務之性質與民意代表之職權是否相容而定。」

　　直轄市議員、縣（市）議員、鄉（鎮、市）民代表當選人，有前述不得任職情事者，應於就職前辭去原職，不辭去原職者，於就職時視同辭去原職，並由行政院、內政部、縣政府通知其服務機關解除其職務、職權或解聘。就職後有該述情事者，亦同。

2.地方行政機關

⑴機關首長之任免

A. 直轄市政府

　　直轄市政府置市長 1 人，對外代表該市，綜理市政，由市民依法選舉之，選出之市長，應於上屆任期屆滿之日宣誓就職，其任期 4 年，連選得連任 1 次。置副市長 2 人，襄助市長處理市政；人口在 250 萬人以上之直轄市，得增置副市長 1 人，職務均比照簡任第 14 職等，由市長任命，並報請行政院備查。

　　直轄市政府置秘書長 1 人，由市長依公務人員任用法任免；其一級單位主管或所屬一級機關首長除主計、人事、警察及政風首長，依專屬人事管理法律任免外，其餘職務均比照簡任第 13 職等，由市長任免之。

　　副市長及職務比照簡任第 13 職等之機關首長，於市長卸任、辭職、去職或死亡時，隨同離職。

B. 縣（市）政府

　　縣（市）政府置縣（市）長 1 人，對外代表該縣（市），綜理縣（市）政，縣長並指導監督所轄鄉（鎮、市）自治。縣（市）長均由縣（市）民依法選舉之，選出之縣（市）長，應於上屆任期屆滿之日宣誓就職，其任期 4 年，連選得連任 1 屆。置副縣（市）長 1 人，襄助縣（市）長處理縣（市）政，職務比照簡任第 13 職等；人口在 125 萬人以上之縣（市），得增置副縣（市）長 1 人，均由縣（市）長任命，並報請內政部備查。

　　縣（市）政府置秘書長 1 人，由縣（市）長依公務人員任用法任免；其一級單位主管或所屬一級機關首長，除主計、人事、警察、稅捐及政風之主管或首長，依專屬人事管理法律任免，其總數 2 分之 1 得列政務職，其職務比照簡任第 12 職等，其餘均由縣（市）長依法任免之。

副縣（市）長及職務比照簡任第 12 職等之主管或首長，於縣（市）長卸任、辭職、去職或死亡時，隨同離職。

C. 鄉（鎮、市）公所

鄉（鎮、市）公所置鄉（鎮、市）長 1 人，對外代表該鄉（鎮、市），綜理鄉（鎮、市）政，由鄉（鎮、市）民依法選舉之，選出之鄉（鎮、市）長，應於上屆任期屆滿之日宣誓就職，其任期 4 年，連選得連任 1 屆；其中人口在 30 萬人以上之縣轄市，得置副市長 1 人，襄助市長處理市政，以機要人員方式進用，或以簡任第 10 職等任用，以機要人員方式進用之副市長，於市長卸任、辭職、去職或死亡時，隨同離職。

山地鄉鄉長以山地原住民為限。❷⑥

鄉（鎮、市）公所除主計、人事、政風之主管，依專屬人事管理法律任免外，其餘一級單位主管均由鄉（鎮、市）長依法任免之。

D. 區長與村（里）長

直轄市、市之區公所，置區長 1 人，由市長依法任用，承市長之命綜理區政，並指揮監督所屬人員。

村（里）置村（里）長 1 人，受鄉（鎮、市、區）長之指揮監督，辦理村（里）公務及交辦事項。由村（里）民依法選舉之，選出之村（里）長，應於上屆任期屆滿之日就職，其任期 4 年，連選得連任。

不過，村（里）長選舉，經 2 次受理候選人登記，無人申請登記時，得由鄉（鎮、市、區）公所就該村（里）具村（里）長候選人資格之村（里）民遴聘之，其任期以本屆任期為限。

⑵首長之薪給

直轄市長、縣（市）長、鄉（鎮、市）長，應支給薪給；退職應發給退職金；因公死亡或病故者，應給與遺族撫卹金。前述人員之薪給、退職金及撫卹金之支給，以法律定之。

村（里）長，為無給職，❷⑦由鄉（鎮、市、區）公所編列村（里）長

---

❷⑥　黃俊杰，〈原住民權利保障與自治財政〉，《臺灣本土法學雜誌》，第 47 期，第 85 頁以下。

事務補助費，其補助項目及標準，以法律定之。

(3)組織準則與自治條例

直轄市政府之組織，由內政部擬訂準則，報行政院核定；各直轄市政府應依準則擬訂組織自治條例，經直轄市議會同意後，報行政院備查；直轄市政府所屬機關及學校之組織規程，由直轄市政府定之。

縣（市）政府之組織，由內政部擬訂準則，報行政院核定；各縣（市）政府應依準則擬訂組織自治條例，經縣（市）議會同意後，報內政部備查；縣（市）政府所屬機關及學校之組織規程，由縣（市）政府定之。

鄉（鎮、市）公所之組織，由內政部擬訂準則，報行政院核定；各鄉（鎮、市）公所應依準則擬訂組織自治條例，經鄉（鎮、市）民代表會同意後，報縣政府備查。鄉（鎮、市）公所所屬機關之組織規程，由鄉（鎮、市）公所定之。

新設之直轄市政府組織規程，由行政院定之；新設之縣（市）政府組織規程，由內政部定之；新設之鄉（鎮、市）公所組織規程，由縣政府定之。

直轄市政府、縣（市）政府、鄉（鎮、市）公所與其所屬機關及學校之組織準則、規程及組織自治條例，其有關考銓業務事項，不得牴觸中央考銓法規；各權責機關於核定或同意後，應函送考試院備查。

㈤自治財政

1.規範設計

本法第 63 條至第 65 條，對於地方自治財政之類型，均採例示規定（10 款）與概括規定（1 款）之規範設計。

例示規定：(1)稅課收入；(2)工程受益費收入；(3)罰款及賠償收入；(4)規費收入；(5)信託管理收入；(6)財產收入；(7)營業盈餘及事業收入；(8)補助收入（縣（市）收入增加「協助收入」）；(9)捐獻及贈與收入；(10)自治稅捐收入。

概括規定：其他收入。

---

❷　並參，釋字第 282 號解釋。

2.財政劃分❷❽

⑴稅捐分配

直轄市、縣（市）、鄉（鎮、市）應分配之國稅、直轄市及縣（市）稅，依財政收支劃分法規定辦理。

⑵法律依據

直轄市、縣（市）、鄉（鎮、市）之收入及支出，應依本法及財政收支劃分法規定辦理。

地方稅之範圍及課徵，依地方稅法通則之規定。

地方政府規費之範圍及課徵原則，依規費法之規定；其未經法律規定者，須經各該立法機關之決議徵收之。

3.預算籌編與財政缺口

⑴預算籌編

直轄市、縣（市）、鄉（鎮、市）年度總預算、追加預算與特別預算收支之籌劃、編製及共同性費用標準，除其他法律另有規定外，應依行政院訂定之中央暨地方政府預算籌編原則辦理。

地方政府未依前述預算籌編原則辦理者，行政院或縣政府應視實際情形酌減補助款。

⑵財政缺口之填補

A. 公　債

直轄市、縣（市）預算收支之差短，得以發行公債、借款或移用以前年度歲計賸餘彌平；鄉（鎮、市）預算收支之差短，得以借款或移用以前年度歲計賸餘彌平。

前述直轄市、縣（市）公債及借款之未償餘額比例，鄉（鎮、市）借款之未償餘額比例，依公共債務法之規定。

B. 補助與協助金

各上級政府為謀地方均衡發展，對於財力較差之地方政府應酌予補助；❷❾對財力較優之地方政府，得取得協助金。

---

❷❽　黃俊杰，《財政憲法》，第 63 頁以下。

　　各級地方政府有依法得徵收之財源而不徵收時，其上級政府得酌減其補助款；對於努力開闢財源具有績效者，其上級政府得酌增其補助款。

　　補助須明定補助項目、補助對象、補助比率及處理原則；其補助辦法，分別由行政院或縣定之。

4.財政負擔❸

⑴費用負擔

　　中央費用與地方費用之區分，應明定由中央全額負擔、中央與地方自治團體分擔以及地方自治團體全額負擔之項目。中央不得將應自行負擔之經費，轉嫁予地方自治團體。前述費用之區分標準，應於相關法律定之，表彰「費用負擔法定主義」。

　　就此，釋字第 550 號解釋指出，地方自治團體受憲法制度保障，其施政所需之經費負擔乃涉及財政自主權之事項，固有法律保留原則之適用，但於不侵害其自主權核心領域之限度內，基於國家整體施政之需要，對地方負有協力義務之全民健康保險事項，中央依據法律使地方分擔保險費之補助，尚非憲法所不許。❸

　　所謂 「核心領域之侵害」，指不得侵害地方自治團體自主權之本質內容，致地方自治團體之制度保障虛有化，諸如中央代替地方編製預算或將

---

❷　釋字第 498 號解釋謂：「中央對地方自治團體得視其財政狀況予以適當之補助，俾使地方自治團體足應其財政之基本需求，以保障全國各地區住民之生活，實現全國經濟平衡發展之憲法意旨。立法院自不得逕因地方自治團體所屬公務員之未到會備詢，據以為刪減或擱置中央機關依法對地方自治團體補助款預算之理由，以確保地方自治之有效運作，及符合憲法所定中央與地方權限劃分之均權原則。」

❸　黃俊杰，《財政憲法》，第 117 頁以下。

❸　釋字第 550 號解釋謂：「關於中央與地方辦理事項之財政責任分配，憲法並無明文。財政收支劃分法第 37 條第 1 項第 1 款雖規定，各級政府支出之劃分，由中央立法並執行者，歸中央負擔，固非專指執行事項之行政經費而言，惟法律於符合上開條件下，尚非不得為特別之規定，就此而言，全民健康保險法第 27 條即屬此種特別規定。」

與地方政府職掌全然無關之外交、國防等事務之經費支出，規定由地方負擔等情形而言。至於，在權限劃分上依法互有協力義務，或由地方自治團體分擔經費符合事物之本質者，尚不能指為侵害財政自主權之核心領域。

此外，直轄市、縣（市）、鄉（鎮、市）辦理其自治事項，應就其自有財源優先編列預算支應之。

⑵替代財源

直轄市、縣（市）、鄉（鎮、市）新訂或修正自治法規，如有減少收入者，應同時規劃替代財源；其需增加財政負擔者，並應事先籌妥經費或於法規內規定相對收入來源。

5.公共造產與公庫

縣（市）、鄉（鎮、市）應致力於公共造產；其獎助及管理辦法，由內政部定之。

直轄市、縣（市）、鄉（鎮、市）應設置公庫，其代理機關由直轄市政府、縣（市）政府、鄉（鎮、市）公所擬定，經各該直轄市議會、縣（市）議會、鄉（鎮、市）民代表會同意後設置之。

四、中央與地方及地方間之關係

地方自治團體在憲法及法律保障之範圍內，享有自主與獨立之地位，國家機關自應予以尊重。故中央政府或其他上級政府對地方自治團體辦理自治事項、委辦事項，依法僅得按事項之性質，為適法或適當與否之監督（釋字第 498 號解釋）。

惟本法關於自治監督之制度設計，釋字第 553 號解釋指出，除其規定之監督方法外，尚缺乏自治團體與監督機關間之溝通、協調機制，致影響地方自治功能之發揮。從憲法對地方自治之制度性保障觀點，立法者應本憲法意旨，增加適當機制之設計。

㈠監督與爭議解決

1.執行監督與聲請解釋

⑴執行監督

依層級劃分如下：

A. 省政府

省政府辦理第 8 條事項違背憲法、法律、中央法令或逾越權限者，由中央各該主管機關報行政院予以撤銷、變更、廢止或停止其執行。

B. 直轄市政府

直轄市政府辦理自治事項違背憲法、法律或基於法律授權之法規者，由中央各該主管機關報行政院予以撤銷、變更、廢止或停止其執行。

直轄市政府辦理委辦事項違背憲法、法律、中央法令或逾越權限者，由中央各該主管機關報行政院予以撤銷、變更、廢止或停止其執行。

C. 縣（市）政府

縣（市）政府辦理自治事項違背憲法、法律或基於法律授權之法規者，由中央各該主管機關報行政院予以撤銷、變更、廢止或停止其執行。

縣（市）政府辦理委辦事項違背憲法、法律、中央法令或逾越權限者，由委辦機關予以撤銷、變更、廢止或停止其執行。

D. 鄉（鎮、市）公所

鄉（鎮、市）公所辦理自治事項違背憲法、法律、中央法規或縣規章者，由縣政府予以撤銷、變更、廢止或停止其執行。

鄉（鎮、市）公所辦理委辦事項違背憲法、法律、中央法令、縣規章、縣自治規則或逾越權限者，由委辦機關予以撤銷、變更、廢止或停止其執行。

⑵聲請解釋

有監督地方自治團體權限之各級主管機關，依本法第 75 條對地方自治團體之行政機關（即直轄市、縣、市政府或鄉、鎮、市公所）辦理該條第 2 項、第 4 項及第 6 項之自治事項，認是否違背憲法、法律、中央法規、縣規章發生疑義時，得聲請司法院解釋之；在司法院解釋前，不得予以撤

銷、變更、廢止或停止其執行。

2.代行處理

(1)要　件

直轄市、縣（市）、鄉（鎮、市）依法應作為而不作為，致嚴重危害公益或妨礙地方政務正常運作，其適於代行處理者，得分別由行政院、中央各該主管機關、縣政府命其於一定期限內為之；逾時仍不作為者，得代行處理。但情況急迫時，得逕予代行處理。

(2)救　濟

直轄市、縣（市）、鄉（鎮、市）對前述處分如認為窒礙難行時，應於期限屆滿前提出申訴。行政院、中央各該主管機關、縣政府得審酌事實變更或撤銷原處分。

直轄市、縣（市）、鄉（鎮、市）對於代行處理之處分，如認為有違法時，依行政救濟程序辦理之。

(3)事項轉移

行政院、中央各該主管機關、縣政府決定代行處理前，應函知被代行處理之機關及該自治團體相關機關，經權責機關通知代行處理後，該事項即轉移至代行處理機關，直至代行處理完竣。

(4)費用負擔

代行處理所支出之費用，應由被代行處理之機關負擔，各該地方機關如拒絕支付該項費用，上級政府得自以後年度之補助款中扣減抵充之。

3.爭議解決

中央與直轄市、縣（市）間，權限遇有爭議時，由立法院院會議決之；❸❷縣與鄉（鎮、市）間，自治事項遇有爭議時，由內政部會同中央各該主管機關解決之。

直轄市間、直轄市與縣（市）間，事權發生爭議時，由行政院解決之；縣（市）間，事權發生爭議時，由中央各該主管機關解決之；鄉（鎮、市）間，事權發生爭議時，由縣政府解決之。

---

❸❷　黃俊杰，《憲法稅概念與稅條款》，1997，第 76 頁。

因此，若無關地方自治團體決議事項或自治法規效力問題，亦不屬得提起行政訴訟之事項，而純為中央與地方自治團體間或上下級地方自治團體間之權限爭議，釋字第 527 號解釋指出，則應循本法第 77 條解決之，尚不得逕向司法院聲請解釋。❸

㈡職務異動與任期展延

1.職務異動

(1)停止職務

A. 事　由

直轄市長、縣（市）長、鄉（鎮、市）長、村（里）長，❸有「⑴涉嫌犯內亂、外患、貪污治罪條例或組織犯罪防制條例之罪，經第 1 審判處有期徒刑以上之刑。但涉嫌貪污治罪條例上之圖利罪者，須經第 2 審判處有期徒刑以上之刑；⑵涉嫌犯前款以外，法定刑為死刑、無期徒刑或最輕本刑為 5 年以上有期徒刑之罪，經第 1 審判處有罪；⑶依刑事訴訟程序被羈押或通緝；⑷依檢肅流氓條例規定被留置」等情事之一者，分別由行政院、內政部、縣政府、鄉（鎮、市、區）公所停止其職務，不適用公務員懲戒法第 3 條之規定。

但是，前述停止其職務之人員，經依法參選，再度當選原公職並就職者，不再適用該項之規定。

B. 復　職

停止職務之人員，如經改判無罪時，或因依刑事訴訟程序被羈押或通緝者或依檢肅流氓條例規定被留置者而停止職務之人員，經撤銷通緝或釋放時，於其任期屆滿前，得准其先行復職。

---

❸　至於，因上級主管機關之處分行為有損害地方自治團體之權利或法律上利益情事，其行政機關得代表地方自治團體依法提起行政訴訟，於窮盡訴訟之審級救濟後，若仍發生法律或其他上位規範違憲疑義，而合於司法院大法官審理案件法第 5 條第 1 項第 2 款之要件，亦非不得聲請司法院解釋（釋字第 527 號解釋）。

❸　直轄市長、縣（市）長、鄉（鎮、市）長，適用公務員服務法；其行為有違法、廢弛職務或其他失職情事者，準用政務人員之懲戒規定。

停止職務之人員，經刑事判決確定，非第 79 條應予解除職務者，於其任期屆滿前，均應准其復職。

⑵解除職務

A. 事　由

本法第 79 條第 1 項規定，直轄市議員、直轄市長、縣（市）議員、縣（市）長、鄉（鎮、市）民代表、鄉（鎮、市）長及村（里）長有「⑴經法院判決當選無效確定，或經法院判決選舉無效確定，致影響其當選資格；⑵犯內亂、外患或貪污罪，經判刑確定；⑶犯組織犯罪防制條例之罪，經判處有期徒刑以上之刑確定；⑷犯前 2 款以外之罪，受有期徒刑以上刑之判決確定，而未受緩刑之宣告、未執行易科罰金或不得易服社會勞動；⑸受保安處分或感訓處分之裁判確定。但因緩刑而付保護管束，不在此限；⑹戶籍遷出各該行政區域 4 個月以上；⑺褫奪公權尚未復權；⑻受監護或輔助宣告尚未撤銷；⑼有本法所定應予解除職權或職務之情事；⑽依其他法律應予解除職權或職務」等情事之一者，直轄市議員、直轄市長由行政院分別解除其職權或職務；❸❺縣（市）議員、縣（市）長由內政部分別解除其職權或職務；鄉（鎮、市）民代表、鄉（鎮、市）長由縣政府分別解除其職權或職務，並通知各該直轄市議會、縣（市）議會、鄉（鎮、市）民代表會；村（里）長由鄉（鎮、市、區）公所解除其職務。應補選者，並依法補選。

直轄市長、縣（市）長、鄉（鎮、市）長、村（里）長，因罹患重病，致不能執行職務繼續 1 年以上，或因故不執行職務連續達 6 個月以上者，應依前述規定程序解除其職務；直轄市議員、縣（市）議員、鄉（鎮、市）民代表連續未出席定期會達 2 會期者，亦解除其職權。

B. 撤　銷

---

❸❺　例如，臺南市議會議員，因犯結夥竊盜罪判處有期徒刑 3 年，且未受緩刑宣告，行政院依地方制度法第 79 條第 1 項第 4 款規定，解除當選之臺南市議會議員職權，故自該日起即不具議員資格，當無從行使其議員職權（最高行政法院 103 判 215）。

本法第 79 條第 2 項規定，有「⑴因前項第 2 款至第 4 款（犯內亂、外患或貪污罪經判刑確定、犯組織犯罪防制條例之罪經判處有期徒刑以上之刑確定、犯前 2 款以外之罪受有期徒刑以上刑之判決確定而未受緩刑之宣告、未執行易科罰金或不得易服社會勞動）等情事而解除職權或職務，經再審或非常上訴判決無罪確定；⑵因前項第 5 款（受保安處分或感訓處分之裁判確定）情事而解除職權或職務，保安處分經依法撤銷，感訓處分經重新審理為不付感訓處分之裁定確定；⑶因前項第 8 款（受監護或輔助宣告尚未撤銷）情事而解除職權或職務，經提起撤銷監護或輔助宣告之訴，為法院判決撤銷宣告監護或輔助確定」等情事之一，其原職任期未滿，且尚未經選舉機關公告補選時，解除職權或職務之處分均應予撤銷。

⑶出　缺

A. 民意代表

直轄市議員、縣（市）議員、鄉（鎮、市）民代表辭職、去職或死亡，其缺額達總名額 10 分之 3 以上或同一選舉區缺額達 2 分之 1 以上時，均應補選。但其所遺任期不足 2 年，且缺額未達總名額 2 分之 1 時，不再補選。

補選之直轄市議員、縣（市）議員、鄉（鎮、市）民代表，以補足所遺任期為限。

直轄市議員、縣（市）議員、鄉（鎮、市）民代表之辭職，應以書面向直轄市議會、縣（市）議會、鄉（鎮、市）民代表會提出，於辭職書送達議會、代表會時，即行生效。

B. 行政首長

直轄市長、縣（市）長、鄉（鎮、市）長及村（里）長辭職、去職、死亡者，直轄市長由行政院派員代理；縣（市）長由內政部報請行政院派員代理；鄉（鎮、市）長由縣政府派員代理；村（里）長由鄉（鎮、市、區）公所派員代理。

前述人員之辭職，應以書面為之。直轄市長應向行政院提出並經核准；縣（市）長應向內政部提出，由內政部轉報行政院核准；鄉（鎮、市）長應向縣政府提出並經核准；村（里）長應向鄉（鎮、市、區）公所提出並

經核准，均自核准辭職日生效。

直轄市長停職者，由副市長代理，副市長出缺或不能代理者，由行政院派員代理。縣（市）長停職者，由副縣（市）長代理，副縣（市）長出缺或不能代理者，由內政部報請行政院派員代理。鄉（鎮、市）長停職者，由縣政府派員代理，置有副市長者，由副市長代理。村（里）長停職者，由鄉（鎮、市、區）公所派員代理。

直轄市長、縣（市）長、鄉（鎮、市）長及村（里）長辭職、去職或死亡者，應自事實發生之日起 3 個月內完成補選。但所遺任期不足 2 年者，不再補選，由代理人代理至該屆任期屆滿為止。

補選之當選人應於公告當選後 10 日內宣誓就職，其任期以補足該屆所遺任期為限，並視為 1 屆。

2.任期展延

⑴事　由

直轄市議員、直轄市長、縣（市）議員、縣（市）長、鄉（鎮、市）民代表、鄉（鎮、市）長及村（里）長任期屆滿或出缺應改選或補選時，如因特殊事故，得延期辦理改選或補選。

臺北市政府曾因決定延期辦理里長選舉，中央主管機關內政部認其決定違背地方制度法第 83 條第 1 項規定，經報行政院依同法第 75 條第 2 項予以撤銷；臺北市政府不服，乃依同條第 8 項規定逕向司法院聲請解釋，作成釋字第 553 號解釋。❸❻

所謂「特殊事故」得延期辦理改選或補選，在概念上無從以固定之事故項目加以涵蓋，而係泛指不能預見之非尋常事故，致不克按法定日期改選或補選，或如期辦理有事實足認將造成不正確之結果或發生立即嚴重之後果或將產生與實現地方自治之合理及必要之行政目的不符等情形者而言。

---

❸❻　釋字第 553 號解釋指出，臺北市政府對於行政院撤銷其延選決定有所不服，乃屬與中央監督機關間公法上之爭議，涉及「中央監督機關之撤銷處分違憲或違法之具體審理」。

　　特殊事故並不以影響及於全國或某一縣市全部轄區為限，即僅於特定選區存在之特殊事故如符合比例原則之考量時，亦屬之。❸❼

　　(2)核　准

　　直轄市議員、直轄市長、縣（市）議員、縣（市）長延期辦理改選或補選，分別由行政院、內政部核准後辦理。

　　鄉（鎮、市）民代表、鄉（鎮、市）長、村（里）長延期辦理改選或補選，由各該直轄市政府、縣（市）政府核准後辦理。

　　(3)任　期

　　延期辦理改選時，其本屆任期依事實延長之。如於延長任期中出缺時，均不補選。

---

❸❼　釋字第 553 號解釋謂：「法條使用不確定法律概念，即係賦予該管行政機關相當程度之判斷餘地。蓋地方自治團體處理其自治事項與承中央主管機關之命辦理委辦事項不同，前者中央之監督僅能就適法性為之，其情形與行政訴訟中之法院行使審查權相似（訴願法第 79 條第 3 項）；後者得就適法性之外，行政作業之合目的性等實施全面監督。本件既屬地方自治事項又涉及不確定法律概念，上級監督機關為適法性監督之際，固應尊重地方自治團體所為合法性之判斷，但如其判斷有恣意濫用及其他違法情事，上級監督機關尚非不得依法撤銷或變更。」

行政行為

第九章　行政處分

綱要導讀

壹、行政處分之成立

一、定　義

(一)行政處分

　1.行政機關之行為

　2.行政機關之公法行為

　3.行政機關之單方行政行為

　4.就具體事件所為之行為

　5.對外直接發生法律效果

　6.行政機關之決定或其他公權力
　　措施

(二)一般處分

　1.對人之一般處分

　2.對物之一般處分

　3.方式與替代

二、附　款

(一)概　念

(二)種　類

　1.期　限

　2.條　件

　3.負　擔

　4.保留行政處分之廢止權

　5.保留負擔之事後附加或變更

(三)限　制

　1.行政機關之裁量權

　2.行政處分之目的

(四)司法審查

三、方式、送達與更正

(一)方　式

　1.原　則

　2.書面行政處分

(二)送　達

(三)更　正

　1.救濟期間之記載

　2.行政處分之內容

貳、陳述意見及聽證

一、陳述意見

(一)原　則

　1.時　間

　2.通知與紀錄

　3.方　式

(二)例　外

二、聽　證

(一)類　型

　1.法規明文規定應舉行聽證

　2.行政機關認為有舉行聽證之
　　必要

(二)行政處分之作成

　1.依　據

　2.方　式

(三)救濟程序

參、行政處分之效力

一、生效時點與效力之種類

(一)生效時點
　　1.書面之行政處分
　　2.書面以外之行政處分
　　3.一般處分
(二)效力之種類
　　1.存續力
　　2.構成要件效力
　　3.確認效力
　　4.執行力

二、行政處分之無效
(一)無效之原因
　　1.概括規定
　　2.例示規定
(二)效　力
　　1.原　則
　　2.範　圍
(三)確　認

三、補正、無須撤銷與轉換
(一)補　正
　　1.適用對象
　　2.類　型
　　3.時　間
　　4.效　力
(二)無須撤銷
(三)轉　換
　　1.原　則
　　2.限　制
　　3.陳述意見

四、撤銷與廢止
(一)撤　銷
　　1.概　念
　　2.要　件

　　3.補　償
　　4.效　力
(二)廢　止
　　1.概　念
　　2.要　件
　　3.補　償
　　4.效　力
(三)處分失效之處理
　　1.返還受領給付
　　2.返還證書物品

五、程序重新
(一)源　由
(二)要　件
　　1.適用對象
　　2.申請主體
　　3.實體事由
　　4.法定期限
(三)決　定

六、時　效
(一)短期時效與制度特色
　　1.短期時效
　　2.制度特色
(二)時效中斷與重行起算
　　1.時效中斷
　　2.重行起算

　　本章主要係以行政程序法（以下簡稱「本法」）第 2 章「行政處分」為討論範圍。

壹、行政處分之成立

一、定　義

　　本法第 92 條，係行政處分之定義規定，得區分為行政處分（第 1 項）與一般處分（第 2 項）兩種。

㈠行政處分

　　第 92 條第 1 項規定：「本法所稱行政處分，係指行政機關就公法上具體事件所為之決定或其他公權力措施而對外直接發生法律效果之單方行政行為。」行政處分之要素如下：

1.行政機關之行為

　　行政處分，係行政機關之行為。所謂「行政機關」，指實質意義之行政機關即代表國家、地方自治團體或其他行政主體表示意思，從事公共事務，具有單獨法定地位之組織（本法第 2 條第 2 項）。

　　而會計師懲戒委員會因財政部交付懲戒而對會計師所為懲戒決議，釋字第 295 號解釋指出，係行政處分。因此，會計師懲戒委員會即具有行政機關之權限。至於，律師懲戒委員會及律師懲戒覆審委員會，釋字第 378 號解釋指出，性質上相當於設在高等法院及最高法院之初審與終審職業懲戒法庭，與會計師懲戒委員會等其他專門職業人員懲戒組織係隸屬於行政機關者不同。故律師懲戒覆審委員會所為之決議，即屬法院之終審裁判，並非行政處分或訴願決定，自不得再行提起行政爭訟。

2.行政機關之公法行為

　　行政處分，係行政機關之公法行為，即公權力行政（國家行政、公法行政）之行為，不包括私經濟行政（國庫行政、私法行政）之行為。

　　就此，行政官署依臺灣省放領公有耕地扶植自耕農實施辦法，將公有

耕地放領於人民，釋字第 89 號解釋指出，私有耕作其是否承領，承領人本可自由選擇，並非強制，其放領行為屬於代表國家與承領人訂立私法上之買賣契約，其因放領之撤銷或解除所生之爭執，應循民事訴訟程序由普通法院管轄。❶

而政府依實施耕者有其田條例所為之耕地徵收與放領，釋字第 115 號解釋則指出，均係基於公權力之行為，人民僅得依行政救濟程序請求救濟，不得以其權利受有損害為理由，提起民事訴訟，請求返還土地。

至於，行政機關就耕地三七五減租條例第 19 條所為耕地准否收回自耕之核定與調處，釋字第 128 號解釋指出，係發生法律效果之單方行為，均屬行政處分，故出租人、承租人如有不服，應循行政訴爭程序請求救濟。

3.行政機關之單方行政行為

行政處分，係行政機關之單方行政行為（釋字第 128 號解釋），即公權力行政之發動，是基於行政機關單方之意思而為，而不包括行政機關與人民雙方合意之行政行為（本法第 3 章「行政契約」）。

但是，行政處分若需相對人協力（申請或同意），例如，本法第 114 條第 1 項第 1 款「須經申請始得作成之行政處分」或任命公務員須經相對人同意，仍不影響行政處分係單方行政行為之本質。

4.就具體事件所為之行為

行政處分，係行政機關就具體事件所為之行為，而不包括行政機關就抽象事件所為之行為（本法第 4 章「法規命令及行政規則」）。

所謂「具體事件」，係指事件之具體，即表明行政處分之個別性。最高行政法院（102 裁 1129；104 裁 1379）指出，若行政行為之內容，係規範具體之事實關係者，為行政處分；行政行為之內容為一般性及抽象性規範者，即非行政處分之範疇。故所涉及事實關係必須具體，而判斷是否為具體事件，原則上亦可依規範效力是否「一次性或反覆性」作為判斷標準，即凡規範效力屬一次性者，可認定為具體之事實關係；若屬反覆性者，則

---

❶ 至於，因實施耕者有其田條例土地收回所生之爭執，釋字第 89 號解釋指出，向由行政法院管轄，此為最高法院及行政法院所不爭。

為抽象事實關係。

至於，相對人是否特定，則仍有爭議。

主張相對人應特定之見解，例如，最高行政法院（92 裁 505）指出：「行政處分，除性質屬於一般處分者外，其對象應為特定之人，此觀訴願法第 3 條第 2 項之規定自明。」

惟針對相對人雖係多數但可得確定者，釋字第 156 號解釋認為，仍屬行政處分之範圍內。該號解釋謂：「主管機關變更都市計畫，係公法上之單方行政行為，如直接限制一定區域內人民之權利、利益或增加其負擔，即具有行政處分之性質，其因而致特定人或可得確定之多數人之權益遭受不當或違法之損害者，自應許其提起訴願或行政訴訟以資救濟。」

但是，釋字第 156 號解釋理由書又進一步區分「都市計畫之個別變更，與都市計畫之擬定、發布及擬定計畫機關依規定 5 年定期通盤檢討所作必要之變更，並非直接限制一定區域內人民之權益或增加其負擔者，有所不同。」因此，本號解釋理由書，僅肯認都市計畫之個別變更（都市計畫法第 27 條），係行政處分之性質，而有三種（非行政處分）例外情形，即：(1)都市計畫之擬定；(2)都市計畫之發布；(3)5 年定期通盤檢討變更（第 26 條）。❷

釋字第 156 號解釋理由書之分類，深刻影響實務機關之見解。例如，最高行政法院（93 裁 302）指出，根據釋字第 156 號解釋（理由書）意旨，依都市計畫法第 26 條規定所為之 5 年定期通盤檢討所作必要之變更計畫，皆屬「法規」性質，並非行政處分，人民即不得對之以提起行政爭訟方式尋求救濟。

就此，釋字第 742 號解釋強調，都市計畫擬定計畫機關依規定所為定期通盤檢討，對原都市計畫作必要之變更，屬法規性質，並非行政處分。惟如其中具體項目有直接限制一定區域內特定人或可得確定多數人之權益

---

❷　針對本號解釋理由書所持定期通盤檢討變更非行政處分之見解，引起學者之質疑。翁岳生，〈近年來司法院大法官會議解釋之研討〉，《法治國家之行政法與司法》，1994，第 376 頁。

或增加其負擔者，基於有權利即有救濟之憲法原則，應許其就該部分提起訴願或行政訴訟以資救濟，始符憲法第 16 條保障人民訴願權與訴訟權之意旨。因此，釋字第 156 號解釋應予補充。其次，都市計畫之訂定（含定期通盤檢討之變更），影響人民權益甚鉅。因此，立法機關應於本解釋公布之日起 2 年內增訂相關規定，使人民得就違法之都市計畫，認為損害其權利或法律上利益者，提起訴訟以資救濟。如逾期未增訂，自本解釋公布之日起 2 年後發布之都市計畫（含定期通盤檢討之變更），其救濟應準用訴願法及行政訴訟法有關違法行政處分之救濟規定。

5.對外直接發生法律效果

所謂「對外直接發生法律效果」，指行政機關所為公法上具體事件之決定或其他公權力措施之相對人或利害關係人，因行政機關之該公法上單方行政行為，而確認、設定、變更或消滅其公法上或私法上之權利義務者（最高行政法院 103 裁 747）。區分如下：

⑴直接發生法律效果

所謂「直接」發生法律效果，指行政處分對相對人直接產生權利義務之變動或確認法律關係等。例如，依檢肅流氓條例對於列為流氓之告誡列冊輔導處分，非但影響人民之名譽，並有因此致受感訓處分而喪失其身體自由之虞，自屬損害人民權益之行政處分（釋字第 384 號解釋）。

法律效果應直接發生，故不含間接、非直接與不發生法律效果者。例如，甲以乙丙丁私設水道致損害其權益，認渠等違反水利法規定，向主管機關提出檢舉。主管機關函復表示，甲與鄰地地主糾紛屬私權行為，且所述地點非屬該管區域排水範圍，並未施設相關排水設施，故所請歉難受理。核其內容，僅係主管機關對甲檢舉函予以說明，未對其權利義務產生規制作用，其性質僅為單純之事實敘述及觀念通知，自不得對之提起行政訴訟（最高行政法院 103 裁 524）

所謂發生「法律效果（法效性）」，並非僅限於公法上之法律效果，亦包括私法上之法律效果。例如，土地所有權移轉登記，係以登記之公權力行使，發生土地所有權移轉之私法上法律效果。

此外，針對同一事件，行政機關已作成行政處分後，人民再度請求，而在事實及法律狀態未變更之情況下，行政機關重新加以實體審查及決定，縱然其處分內容前後相同，仍認為嗣後之處分發生法律效果，稱為「第二次裁決」，並與先前之行政處分（第一次裁決），均得作為行政救濟之對象；至於，行政機關僅於回覆人民再度請求時，重申先前處分之內容，而未為實體審查及決定，則稱為「重複指示」，其性質屬觀念通知，而非行政處分（103 裁 133；106 判 121）。

最高行政法院指出，「第二次裁決」是指原行政處分發生形式上之存續力後，行政機關依職權或經當事人異議，就原行政處分於未變更原有行政處分之事實及法律狀態，重新為實體上審查，另為裁決而言。縱第二次裁決未變更原行政處分之裁決結果，然若於裁決理由或教示規定有變更或添加內容，實質上為另一行政處分，要非不得為行政訴訟之標的（104 判 168；106 判 121）。

(2)對外發生法律效果

所謂「對外」發生法律效果，指行政處分之外部效力，係相對於「對內」之效力而言。「對外」與「對內」之區分，例如，本法第 150 條第 1 項規定「法規命令，係對外發生法律效果之規定」，而第 159 條第 1 項規定「行政規則，係規範機關內部秩序及運作，所為非直接對外發生法規範效力之規定」。而實務見解指出：「行政機關所為裁併學校之決定，雖涉兩學校間行政組織暨行政事項之多項變更，惟該裁併決定已影響及變更該等學校所有學生與學校間之就教權義關係，尚非僅單純行政組織之變更而已，是裁併學校之行政組織行為，應認已對外即對學生發生法律效果，而為行政處分，且因裁併決定係對該校所有在學學生發生法律效果（最高行政法院 100 判 899）。」

本文以為，「對外」與「對內」之區分，似保留一般統治關係與特別權力關係之思考模式。行政處分，應重視其對相對人產生之法律效果，至於，相對人為人民、公務員、軍人或學生等身分之差異，不應作為行政處分之判斷標準。

　　至於，行政機關作成之處分，須其他機關參與並提供協力始完成之情形，或行政處分之作成，須二個以上機關本於各自職權共同參與者，即所謂多階段行政處分，最高行政法院（106 判 431）謂：「在多階段行政處分，雖有複數之行政行為存在，其中惟於最後階段直接向人民作成之行政行為，才具備行政處分之性質，至其他階段行為純係行政內部行為，不構成行政處分。惟如法規明定其他機關之參與行為係獨立之處分，或其參與行為，依法應單獨向相對人為之者，則可認為屬於行政處分。因此，本件原處分係以經濟部 99 年公告為前提，惟經濟部 99 年公告係依水利法第 82 條為依據，對外為處分之意思表示，發生規制效果，屬獨立之處分，倘相對人不服該處分，應對該公告為之。」❸

　　不過，若多階段行政處分之前階段行為可視為獨立之行政處分者，最高行政法院（102 裁 1091）指出：「多階段行政行為，本不得因該行政行為係屬前階段之行政行為，即當然否定其具行政處分之屬性。」就此，先前階段之行為如具備：⑴為作成處分之機關（即最後階段行為之機關）依法應予尊重，且不可能有所變更者，換言之，當事人權益受損害實質上係因先前階段行為所致；⑵為先前階段之行為具備行政處分之其他要素；⑶為以直接送達或以他法使當事人知悉者，則應許當事人直接對先前階段之行為，提起救濟。

6.行政機關之決定或其他公權力措施

　　所謂「決定」，屬公權力措施之一種類型。行政機關之公權力措施，並不限制積極行為之形態，亦不以人之有意識行為為限，例如，本法第 96 條第 1 項第 4 款與第 97 條第 3 款規定「以自動機器作成之行政處分」。

　　就此，釋字第 423 號解釋謂：「所謂行政處分，不因其用語、形式以及

---

❸　最高行政法院（91 判 2319）判例指出：「此際具有行政處分性質者，原則上為最後階段之行政行為，即直接對外發生法律效果部分。人民對多階段行政處分如有不服，固不妨對最後作成行政處分之機關提起訴訟，惟行政法院審查之範圍，則包含各個階段行政行為是否適法，且原則上應對各個階段行政行為之權責機關進行調查，始符合正當程序原則。」

是否有後續行為或記載不得聲明不服之文字而有異。若行政機關以通知書名義製作，直接影響人民權利義務關係，且實際上已對外發生效力者，諸如載明應繳違規罰款數額、繳納方式、逾期倍數增加之字樣，倘以仍有後續處分行為或載有不得提起訴願，而視其為非行政處分，自與憲法保障人民訴願及訴訟權利之意旨不符。遇有行政機關依據法律製發此類通知書，相對人亦無異議而接受處罰時，猶不認其為行政處分性質，於法理尤屬有悖。」

㈡一般處分

第 92 條第 2 項規定：「前項決定或措施之相對人雖非特定，而依一般性特徵可得確定其範圍者，為一般處分，適用本法有關行政處分之規定。有關公物之設定、變更、廢止或其一般使用者，亦同。」

1.對人之一般處分

對人之一般處分，係指第 92 條第 1 項（行政處分）決定或措施之相對人雖非特定，而依一般性特徵可得確定其範圍者，為一般處分，適用本法有關行政處分之規定。

(1)溯　源

院字第 1647 號解釋謂，「行政官署對於工商業為一般的處分」，致工商業各店之權利或利益均受有損害時，則其損害之主體，係工商業各店，非同業公會之本身，依訴願法第 1 條規定之趣旨，如對於該處分提起訴願，自應由受有損害之工商業各店為之。❹

(2)特　徵

一般處分之相對人雖非特定，惟依一般性特徵，係可得確定其範圍者。而法規命令與一般處分之區別在於，法規命令之相對人為不特定之多數人，內容為一般性的抽象規範，而一般處分之相對人雖非特定，而依一般性特徵可得確定其範圍，其內容之事實關係具體而明確（100 裁 1259；100 裁 958）。

---

❹　最高行政法院（92 裁 886）指出：「院字第 1647 號解釋，係就對於工商業之一般處分，同業公會得否訴願為解釋。」

　　因此，專門職業及技術人員高等考試律師考試規則第 19 條規定，係對全國不特定之人民發布之法規命令，對任何人均發生法規效力，並不僅限於該次應考之考生始生效力，故該規定尚非對可確定範圍相對人之一般處分（最高行政法院 93 裁 327）。

　　至於，土地現值公告之法律性質，是否為「一般處分」？仍有許多爭論。最高行政法院（96 判 1926）指出，土地現值經公告後，即成為課稅與核定徵收補償地價之依據，將直接影響人民財產利益之負擔以及損失之填補，可認為其屬於發生具體法律效果之行政行為。就此行政行為作用之對象而言，雖非針對人民擁有之個別土地現值有所決定，而係就各該地價區段之土地現值決定之，但各該地價區段內個別地號土地歸屬何人所有，均可透過登記簿冊查得，是以其發生效力之範圍係由一般性特徵可得確定其範圍者，依本法第 92 條第 2 項前段規定，土地現值公告之法律性質應為行政處分中之一般處分。則當地政機關公告土地現值時，權利受影響之人民即應於公告時起或知悉時起，於法定期間內循行政救濟途徑表示不服。

　　不過，最高行政法院（100 判 808）則持不同見解指出，直轄市或縣（市）政府公告土地現值之作用，不僅供土地所有權人申報土地移轉現值之參考，及作為主管機關審核土地移轉現值及補償徵收土地地價之依據，此等作用，主要在於規範行政機關內部運作之基準及提供土地所有權人等相關土地權利人之參考，因而於其公告時，尚未對特定土地所有權人或可得確定之權利人發生法律效果，其性質為行政規則，而非行政處分或一般處分，行政法院 55 判 223 判例意旨所示「關於被告官署所為地價之公告，不能認為對原告之行政處分」，即採此見解。因此，如有不服，僅能對依該公告土地現值作成之處分不服時，一併主張，由救濟機關一併審查該行政規則是否合法。

　　再者，亦有實務見解指出，「一般處分」實為行政處分之下位法律概念，因此「一般處分」相較於「非一般處分」之行政處分，其主要差異僅在處分相對人是否特定（本法第 92 條第 2 項）以及與處分公示生效方式之差異（本法第 110 條第 2 項），但所有行政處分之其他重要特徵，一般處分

均應具備。從而本案之判斷重點實不在「土地公告現值之年度公告」是否為「一般處分」，而在於該等公告是否符合「行政處分」之定義（106 判 414）。

2.對物之一般處分

所屬「對物之一般處分」，依據第 92 條第 2 項第 2 句規定，係指「有關公物之設定、變更、廢止或其一般使用者。」

對物之一般處分得再區分為兩類，即：(1)「有關公物之設定、變更、廢止」與(2)「有關公物之一般使用」。

例如，主管機關以「禁葬」之對物一般處分，廢止系爭公基繼續供作公基使用（最高行政法院 99 判 1021）；水利主管機關基於水利法，有權劃定河川區域線及水道治理計畫線，其核定之公告，為對外發生法律效果之一般行政處分（102 判 45）；主管機關因自辦市地重劃而廢止系爭既成巷道，本質即為對物之一般處分（105 判 353；臺中高等行政法院 104 訴 83）；廢棄物清理法第 3 條指定清除地區之公告，係對於「物之公法性質」為規制之一般處分（104 裁 181）；現有巷道存在與否之認定，為建築線指定與建築執照核發之前提。建築基地因面臨具公用地役關係之巷道，得申請指定建築線而申請建築。此種具有公用地役關係之現有巷道，係因具備一定之條件而成立，其是否成立、寬度如何，直接影響相鄰土地所有權人對於使用土地建築之財產權行使及人民通行自由之保障，主管機關依實際情況所為之認定，係就已經存在的法律狀態，為拘束性確認，核屬確認性質之一般處分（107 判 354）。

對物之一般處分，係以「物」為對象，故有謂相對人是否特定或可得確定，甚至，是否具備一般性特徵，似並非判斷重點。❺

3.方式與替代

行政機關之一般處分，有涉及人民權益者，故應記明理由並為一定方式之通知或公告，讓行政機關為行政行為之際，能遵循一定之公正、公開

---

❺ 關於本法一般處分規定之評論，許宗力，〈行政處分〉，翁岳生編《行政法》，2000，第 564 頁以下。

的程序，使人民易於瞭解。

而一般處分既然發生法律效果，故得否由行政規則加以替代？似應質疑。釋字第 383 號解釋蘇俊雄大法官之不同意見書，針對經濟部【61/08/04】經 (61) 礦字第 21516 號令謂：「今後凡被撤銷或註銷礦業權之煤礦，除有特殊原因，可予單獨開放人民申請者，一律應予暫行保留，以備有礦利關係之鄰接礦區調整增區促使擴大規模，趨於合理化經營，而增強保安之管理。」認為其中所稱「一律應予暫行保留」，已具對外發生「停止接受申請」之法律效果，故經濟部以對下屬內部之行政規則函令之方式，替代一般處分應為正當程序與要式，明顯牴觸礦業法之規定。

而經濟部【75/08/15】經 (75) 礦字第 35906 號令謂：「嗣後凡依法撤銷、註銷或期滿自然消滅之煤礦礦業權，其礦種中包含煤礦者，均請一併暫予保留，不開放人民聲請。」其內容一律排除法律上應就個案實際狀況為審酌之空間，更有全面停止接受申請之法律後果，故亦應由經濟部以一般處分之方式對外發布，而使對於該行政處分不服者，得依法提起行政救濟，方符合法治國家之行政原則。

二、附　款

㈠概　念

行政處分之「附款」，❻係補充或限制行政處分內容所附加之意思表示。

㈡種　類

行政處分附款之種類，依本法第 93 條第 2 項規定，有下列 5 種：❼

1.期　限

期限，包括始期、終期與期間等。

附始期之行政處分，即處分效力之發生，繫於將來確定之時點。例如，自早上 8 時起禁止大貨車進入特定路段。

---

❻　並參，黃錦堂，《論行政處分之附款》，臺大法學碩士論文，1985。
❼　李惠宗，《行政法要義》，2004，第 371 頁指出，本項規定應屬例示規定。

附終期之行政處分，即處分效力之消滅，繫於將來確定之時點。例如，核准集會遊行時間不得超過下午 6 時。

附期間之行政處分，即處分效力之發生與消滅，限於一定期間範圍內。例如，核准專業技術人員自即日起 10 年內得執行業務。

2.條　件

條件，包括停止條件與解除條件等。

附停止條件之行政處分，即處分效力之發生，繫於將來不確定發生之事實，而於該條件成就時，發生處分之效力。例如，公費留學考試及格人員之錄取函載明，應於取得外國大學入學許可證明時，始得申請核發獎學金。

附解除條件之行政處分，即處分效力之消滅，繫於將來不確定發生之事實，而於該條件成就時，消滅處分之效力。例如，對於展覽申請之核准函，要求於下雨時應結束展覽。

附條件之行政處分，係行政處分與所附條件結合，該條件成為行政處分不可分離之部分，且本身無法獨立為另一行政處分，故除特殊情況外，似不得單獨就條件提起撤銷之訴（最高行政法院 102 判 332）。

例如，行政機關之公函，係就公法上具體事件所作之決定，其法律效果包含「在某些條件成就時，將對公有市場承租人作成不予同意繼續使用之行政處分」，性質屬「附條件之行政處分」，在未撤銷或廢止前，本於行政處分之拘束力，原處分機關（員林鎮公所）仍應受其拘束。而員林鎮公所於條件未成就前，即決定公開招租，顯然違法；且公有市場承租人對此「附條件之行政處分」，本於善意信賴，已對獲准使用之店鋪持續投入資金改善營業環境並擴張營業，縱使員林鎮公所有裁量權可得行使，其行使亦有違信賴保護原則，仍屬裁量權之濫用而違法；員林鎮公所作為行政機關，於公權力之行使仍應本於誠信原則為之，其不履行上開約定，自與誠信原則有違，所做之拒絕處分，其裁量權行使仍屬違反本法第 8 條規定（103 判 168；104 判 169）。

3. 負　擔

附負擔之行政處分，經常附加於授益處分，讓相對人為一定之作為、不作為或容忍義務，即附負擔之授益處分。例如，甲公司向行政機關申請將其所有土地，由鄉村區丁種建築用地變更編定為鄉村區乙種建築用地，經機關作成「核准甲公司申請，變更土地編定地目」之授益處分，同時在該授益處分中，作出負擔附款，即甲公司應自行提出土地使用計畫書圖並配置必要之公共設施，其面積不得少於申請變更編定面積百分之15，且應將上開公共設施施作完成及公共設施用地捐贈予機關，並完成所有權之移轉（最高行政法院93判470）。

負擔本身，得以與原行政處分分離之獨立行政處分為之，亦可與原行政處分形成附款之關係。負擔之效力，於作成時發生，若該附款違法，原則上並不影響原行政處分。相對人對於負擔，得單獨提起行政救濟，惟行政機關亦得依法強制相對人履行負擔之內容。課予人民負擔之附款，其所依據的事實，基於規範有利原則，行政機關就其事實負有客觀舉證之責任，其所提證據必須使法院之心證達到確信之程度，始可謂其已盡舉證之責，若僅使事實關係陷於真偽不明之狀態，法院仍應認定該事實為不存在，而將其不利益歸於行政機關（105判461）。

針對附負擔之授予利益合法行政處分，若受益人未履行該負擔者，則原處分機關得依職權為全部或一部之廢止（本法第123條第3款；100判1220；100判227）。例如，甲公司工廠生產過程中產生大量廢水，必須增置污染防治設施，而原設廠用地無適當空間可資利用，故向行政機關提報擴展計畫書，申請增加利用毗連地號土地，與原設廠用地相連接，設置污染防治設施，行政機關核准其擴展計畫書暨發給工業用地證明書，並於核准函說明欄記載「貴公司應請確實依所提報污染防治計畫書規劃及配置使用，不得移作他用，否則應予註銷並恢復其原來變更用地前之土地編定」，其後段記載「否則應予註銷並恢復其原來變更用地前之土地編定」，是行政機關作成核准函核定擴展計畫書暨發給工業用地證明書之授益處分，同時結合甲公司「依所提報污染防治計畫書規劃及配置使用，不得移作他用」

（即「應按照核定計畫完成使用，不得違反使用或不依核定計畫使用」）之作為及不作為義務，以之作為決定「核准增加使用毗連用地設置污染防治設施」之前提要件，在甲公司違反此作為及不作為義務時，行政機關得廢止該授益處分，此授益處分應認為附負擔之行政處分，此為本院最近一致之見解（103年2月份第2次庭長法官聯席會議決議；103判173）。

4.保留行政處分之廢止權

保留行政處分之廢止權，得簡稱為「廢止權之保留」，係針對合法行政處分，行政機關基於行政目的或斟酌情事變遷之可能，得於作成行政處分時事先保留廢止權，使相對人得預見廢止權行使之情形，而得避免廢止合法行政處分所延伸之補償問題（本法第123條第2款與第126條之規定）。

例如，行政院新聞局對廣播公司核發系爭電臺籌設許可時，已附有廣播公司應履行複審面談所作承諾之條件，則該籌設許可自屬附有保留廢止權附款之授益處分（最高行政法院93判729）。

5.保留負擔之事後附加或變更

保留負擔之事後附加或變更，得簡稱為「負擔之保留」，係行政機關基於行政目的或斟酌情事變遷之可能，得於作成行政處分時事先保留負擔之事後附加或變更，使相對人得預見之情形。

例如，在設廠許可之核准函註明「環境污染指數達到某種程度時，得附徵特別公課或調整環保設施標準」。

㈢限　制

行政機關作成行政處分之附款，依據本法第93條與第94條規定，應受下列限制：

1.行政機關之裁量權

行政機關作成行政處分有裁量權時，即裁量處分，得為附款，蓋有助於行政目的之實現。

例如，人民向行政機關申請核發第一類丙級清除許可證，曾出具切結書：「絕對依管理輔導辦法相關規定從事廢棄物清除工作，如本機構或本機構員工有將違反清除許可範圍外之廢棄物或將本市轄區以外之廢棄物運往

本市處理場處理者，願接受相關法令規定之最嚴屬處分……。」最高行政法院（92 判 1488）指出，該切結書為行政機關據以作成核發清除許可證授益處分之條件或附款。

行政機關作成行政處分無裁量權者，即羈束處分，則應受處分依據之法令之限制，故以法律有明文規定或為確保行政處分法定要件之履行而以該要件為附款內容者為限，始得為之（第 93 條第 1 項）。

2.行政處分之目的

依本法第 93 條規定容許之附款，不得違背行政處分之目的，並應與該處分之目的具有正當合理之關聯（第 94 條）。

㈣司法審查

行政處分為附款，除於裁量處分，本法第 93 條第 1 項規定，可作為賦予行政機關附加附款權限之一般性法規範依據；在羈束處分，則限於法律明定或為確保行政處分法定要件之履行，始得為之（「附款容許性」）；而依本法第 94 條規定，行政處分附款必須具合目的性，且不得有不正當之聯結。此外，因行政處分是否及如何為附款，係行政機關裁量權之行使，此項裁量權之行使，除不能出於錯誤或不完整的事實認定外，尚不得有逾越權限及濫用權力情形（行政訴訟法第 201 條），自應受一般法律原則（例如明確性原則、比例原則及平等原則等）之拘束。據此，行政處分相對人對該處分之附款提起撤銷訴訟時，行政法院自應先審查該附款之容許性，再就其是否出於錯誤的事實認定或不完全的資訊，有無具合目的性、不正當之聯結或違反一般法律原則，審查其合法性（最高行政法院 102 判 256；105 判 461）。

三、方式、送達與更正

㈠方　式

釋字第 97 號解釋指出：「行政官署對於人民所為之行政處分製作以處分為內容之通知。此項通知原為公文程式條例所稱處理公務文書之一種。除法律別有規定者外，自應受同條例關於公文程式規定之適用及限制，必

須其文書本身具備法定程式始得謂為合法之通知。」

　　而本法，針對行政處分之法定程式，規定如下：

1. 原　則

　　行政處分，除法規另有要式之規定者外，得以書面、言詞或其他方式為之。至於，以書面以外方式所為之行政處分，其相對人或利害關係人有正當理由要求作成書面時，處分機關不得拒絕（第95條）。

　　所謂「法規另有要式之規定」，例如，本法第96條與專利法【103/01/22】第52條發給「專利權證書」等之規定。

2. 書面行政處分

(1)應記載事項

　　行政處分以書面為之者，依本法第96條規定，應記載之事項，包括：(1)處分相對人之姓名、出生年月日、性別、身分證統一號碼、住居所或其他足資辨別之特徵；如係法人或其他設有管理人或代表人之團體，其名稱、事務所或營業所，及管理人或代表人之姓名、出生年月日、性別、身分證統一號碼、住居所；(2)主旨、事實、理由及其法令依據；❽(3)有附款者，附款之內容；(4)處分機關❾及其首長署名、蓋章，該機關有代理人或受任

---

❽　最高行政法院（104判490）指出，所謂「事實、理由及其法令依據」，乃行政機關為處分時，斟酌全部陳述與調查事實及證據之結果，依論理及經驗法則判斷事實之真偽，作成決定——即「主旨」之所由依據；書面行政處分所記載之「事實、理由及其法令依據」，如已足使受處分之相對人瞭解該處分之決定（主旨）所由之原因事實及其依據之法令，且不影響處分之結果者，縱其事實與理由之記載稍欠完足，尚難謂為理由不備或違反行政行為內容之明確性原則。於此情形，為處分之機關非不得於其後之訴願或事實審行政法院行政訴訟程序中，就作成行政處分時即已存在、且不改變行政處分之性質及不妨礙當事人防禦之前提下，為事實或理由之補充（追補理由），供受理訴願機關或事實審行政法院調查審酌。

❾　最高行政法院（100判357）指出：「……其立法意旨為使處分相對人知悉作成行政處分之行政機關，以便如不服該行政處分時可得據以提出不服之理由以資救濟，並由處分機關及其首長之署名可得知救濟途徑。是倘由行政處分書上處分機關之記載，足以認定作成行政處分之行政機關，則不影響該行政處分之效力。」

人者，須同時於其下簽名。但以自動機器作成之大量行政處分，得不經署名，以蓋章為之；⑸發文字號及年、月、日；⑹表明其為行政處分之意旨及不服行政處分之救濟方法、期間及其受理機關。

前述規定之內容，於書面以外方式所為之行政處分，因其相對人或利害關係人有正當理由要求作成書面，而處分機關作成書面時，準用之。

前開規定之目的，在使人民得以瞭解行政機關作成行政處分之法規根據、事實認定及裁量之斟酌等因素，以資判斷行政處分是否合法妥當，及對其提起行政救濟可以獲得救濟之機會，並非課予行政機關須將相關之法令、事實或採證認事之理由等等鉅細靡遺予以記載，始屬適法。故書面行政處分所記載之事實、理由及其法令依據，如已足使人民瞭解其原因事實及其依據之法令，即難謂有理由不備之違反（最高行政法院 100 判 645；107 判 190）；前揭書面行政處分應記載之「理由」，係指認定事實所憑之理由及該事實該當行政處分構成要件之理由（106 判 558）。此外，行政處分之作用，在於使抽象之法律規定，具體化適用於個別事件，故行政處分之記載，如足使相對人瞭解其受處分之原因事實及其依據之法令，即無欠缺明確性（106 判 488）。

⑵例　外

書面之行政處分，原則上應強制敘明理由，故本法第 97 條規定，係例外得不記明理由之法定類型，包括：⑴未限制人民之權益；⑵處分相對人或利害關係人無待處分機關之說明已知悉或可知悉作成處分之理由；⑶大量作成之同種類行政處分或以自動機器作成之行政處分依其狀況無須說明理由；⑷一般處分經公告或刊登政府公報或新聞紙；⑸有關專門知識、技能或資格所為之考試、檢定或鑑定等程序；⑹依法律規定無須記明理由。

基於維護人民合法權益，應將本條⑴至⑸之規定，解釋為列舉規定之性質，並僅於必要之範圍內為之；至於，⑹之法律規定，亦應存在無須記明理由之正當情形。此外，得不記明理由之事實與法定類型，仍應於書面行政處分中記明。

㈡送　達

行政處分之送達，影響行政處分效力之發生與人民權益之行使，依處分之方式與類型，有下列送達方式（第 100 條）：

書面之行政處分，「應」送達相對人及已知之利害關係人，此時處分之影響人數較特定，故處分機關並無方式之選擇權。

書面以外之行政處分，「應」以其他適當方法通知或使其知悉，惟亦得直接送達相對人及已知之利害關係人，此時處分機關仍有一定之選擇自由。

一般處分之送達，「得」以公告或刊登政府公報或新聞紙代替之，蓋係考量處分之影響人數無法完全掌握。❿

㈢更　正

1.救濟期間之記載

關於行政處分教示制度之內容，即救濟期間之記載（第 98 條），影響人民權益之行使，故若處分機關告知之救濟期間有錯誤時，應由該機關以通知更正之，並自通知送達之翌日起算法定期間，以維護處分相對人或利害關係人之權益。

若處分機關告知之救濟期間較法定期間為長者，處分機關雖以通知更正，如相對人或利害關係人信賴原告知之救濟期間，致無法於法定期間內提起救濟，而於原告知之期間內為之者，視為於法定期間內所為。

惟處分機關未告知救濟期間或告知錯誤未為更正，致相對人或利害關係人遲誤者，如自處分書送達後 1 年內聲明不服時，視為於法定期間內所為。

至於，所謂聲明不服，於經聽證作成行政處分，係指提起行政訴訟，故處分機關應於處分書記載不服處分應逕行提起行政訴訟，及其法定救濟期間與受理機關；倘處分機關就此教示，誤載為「如有不服，依訴願法規

---

❿　公告者，為各機關對公眾有所宣布時用之公文（公文程式條例第 2 條第 1 項第 5 款）。行政機關對外就一般處分及法規命令之發布（本法第 95 條、第 157 條），均得以公告形式為之。至於，公告者為一般處分或法規命令，應依其內容判斷之（104 裁 181）。

定於 30 日內提起訴願」即屬有錯誤,而生處分相對人或利害關係人自處分書送達後 1 年內聲明不服時,視為於法定期間內所為之效果;對於未受行政處分送達之利害關係人因知悉在後者,此 1 年期間之計算,應自其知悉時起算(最高行政法院 107 判 259)。

此外,對於行政處分聲明不服,因處分機關未為告知或告知錯誤致向無管轄權之機關為之者,該機關應於 10 日內移送有管轄權之機關,並通知當事人。前述情形,視為自始向有管轄權之機關聲明不服(第 99 條)。

2.行政處分之內容

行政處分如有誤寫、誤算或其他類此之顯然錯誤者,處分機關得隨時依職權或依申請更正之。因此,行政處分之更正,係以行政處分之記載事項顯然錯誤,事後予以補充、刪除或作其他必要之變更而言(最高行政法院 100 判 410)。

前述更正,附記於原處分書及其正本,如不能附記者,應製作更正書,並參酌書面行政處分之送達方式,即以書面通知相對人及已知之利害關係人(第 101 條)。

至於,書面以外行政處分或一般處分之更正,似亦應以其他適當方法通知或公告之,蓋行政處分之內容,得作為人民之信賴基礎,而其正確性,影響依法行政之實現。

由於行政處分如因書寫錯誤、計算錯誤、疏略及自動化作業之錯誤等,致其所表現之內容與行政機關之意思不一致,不僅其錯誤在客觀上一望可知,即應如何始為正確,亦十分明白,從而存在所謂之「顯然錯誤」時,行政機關予以改正,並不影響行政處分之規制內容,亦無損於相對人之信賴及法律安定,不論其結果有利或不利於相對人,對此種行政處分之瑕疵,應皆容許行政機關隨時更正,不同於一般之違法。因此,縱然在撤銷訴訟進行中,行政機關發現訴訟標的行政處分有該條項之錯誤,本得隨時予以更正,並不影響行政處分之規制內容,則此錯誤瑕疵之更正,自與撤銷訴訟違法判斷基準時無涉(106 判 141)。

貳、陳述意見及聽證

一、陳述意見

㈠原　則

1.時　間

法律規定陳述意見程序之目的，係為踐行正當法律程序，使主管機關得知行為人之意見。行政機關行使公權力時，透過公正、公開之程序及人民參與過程，強化政府與人民之溝通，以確保政府依法行政，作成正確之行政決定，進而達到保障人民權益，促進行政效能之目的（最高行政法院103判229；107判60）。

行政機關作成限制或剝奪人民自由或權利之行政處分前，除已依第39條規定（行政機關基於調查事實及證據之必要以書面）通知處分相對人陳述意見，或決定舉行聽證者外，應給予該處分相對人陳述意見之機會。但是，法規另有規定者，從其規定（第102條）。本條規定「限制或剝奪」人民自由或權利之行政處分，係指對人民自由或既存權利為限制或剝奪而言，旨在保障處分相對人在行政機關作成行政決定前之答辯及說明機會；蓋行政機關作成限制或剝奪人民自由或權利之行政處分，已改變處分相對人現狀，新增不利於處分相對人之法律效果，故本法第102條明定此情形於作成處分前，應給予處分相對人陳述意見之機會，以踐行正當法律程序（107判338）。

例如，國立大學通知上訴人終止其繼續在該校選讀，核其性質應屬廢止原先同意選讀之授益行政處分之處分，此一廢止繼續選讀之函文，性質上仍屬另一行政處分，且屬剝奪上訴人選讀權利之行政處分，自應於作成處分前給予上訴人陳述意見之機會，以符正當法律程序（93判1315）。❶

---

❶　最高行政法院（93判1315）指出：「依大學自治原則，大學對於學生之品行考核、學業評量或懲處方式之選擇，固應尊重學校本於專業之決定，惟其判斷時

惟處分作成前，行政機關雖未以書面通知陳述意見；然人民已自行以陳述意見書及陳情書陳述意見在案，則無違本法第 102 條規定意旨 （103 判204）。此外，人民既得於否准處分作成前，經由雙方之協商而向行政機關陳述意見，即難謂行政機關未給予其等陳述意見之機會而有違本條規定意旨（107 判 60）。

至於，所謂「法規另有規定」，例如，有本法第 103 條規定行政機關得不給予陳述意見機會之情形。

2.通知與紀錄

行政機關依第 102 條給予相對人陳述意見之機會時，依本法第 104 條規定，應以書面記載之事項，包括：⑴相對人及其住居所、事務所或營業所；⑵將為限制或剝奪自由或權利行政處分之原因事實及法規依據；⑶得依第 105 條提出陳述書之意旨；⑷提出陳述書之期限及不提出之效果；⑸其他必要事項。

前述情形，行政機關應通知相對人，必要時並公告之。而行政機關得以言詞通知相對人，並作成紀錄，向相對人朗讀或使閱覽後簽名或蓋章；其拒絕簽名或蓋章者，應記明其事由。

3.方　式

⑴書面陳述

行政處分之相對人依第 104 條規定提出之陳述書，應為事實上及法律上陳述。

利害關係人亦得提出陳述書，為事實上及法律上陳述，但應釋明其利害關係之所在。

至於，不於期間內提出陳述書者，視為放棄陳述之機會（第 105 條）。

⑵言詞陳述

行政處分之相對人或利害關係人，得於第 104 條第 1 項第 4 款所定期

仍不得違背正當法律程序，如其判斷或裁量違法或顯然不當，法院自得予撤銷或變更。本件原處分作成時，未能組成合法之委員會，亦未給予上訴人行政程序聽審權，則其處分即屬違法。」

限內，以言詞向行政機關陳述意見代替陳述書之提出。

以言詞陳述意見者，行政機關應作成紀錄，經向陳述人朗讀或使閱覽確認其內容無誤後，由陳述人簽名或蓋章；若陳述人拒絕簽名或蓋章者，應記明其事由。不過，陳述人對紀錄有異議者，則應更正之（第 106 條）。

㈡例　外

行政機關得不給予陳述意見機會之情形，本法第 103 條規定有 8 款事由，基於維護人民合法權益，應將其解釋為列舉規定之性質，並僅於必要之範圍內為之：

⑴大量作成同種類之處分

例如，定期開徵之地價稅或房屋稅通知單，國家考試成績及格或不及格之通知單等。❷

⑵情況急迫，如予陳述意見之機會，顯然違背公益

例如，傳染病散布期間，要求進入公共場所應先經量體溫並戴口罩，以避免疫情急速擴散。

⑶受法定期間之限制，如予陳述意見之機會，顯然不能遵行

例如，稅捐稽徵法第 21 條規定稅捐之核課期間，已將屆滿，應立即依法補徵，否則，在核課期間內未經發現者，以後則不得再補稅。

不過，遵守與注意法定期間係行政機關之義務，除有急迫情事以外，應避免損害人民陳述意見之程序保障。

⑷行政強制執行時所採取之各種處置

原則上，行政強制執行之法律效果係人民所明知且無爭議，基於執行效率，似得不給予陳述意見機會，惟仍注意人民權益之維護。❸

不過，仍應依法律規定及個案判斷之，並非均不給予陳述意見之機會。

---

❷　釋字第 319 號解釋翁岳生、楊日然及吳庚之一部不同意見書指出，國家考試及格與否之決定，屬大量製作之行政處分；並參，院字第 2810 號解釋。

❸　並參，黃俊杰，〈納稅者權利與國家賠償〉，《稅務旬刊》，第 1932 期，第 31 頁以下；臺灣臺南地方法院臺南簡易庭 93 南國簡 4 與臺灣臺南地方法院 94 國簡上 1 民事判決。

例如，行政執行法第 14 條規定，行政執行處為辦理公法上金錢給付義務執行事件，得通知義務人到場或自動清繳應納金額、報告其財產狀況或為其他必要之陳述。

(5)行政處分所根據之事實，客觀上明白足以確認

例如，依臨檢紀錄表所記載之事實，客觀上明白足以確認所經營之業務型態，係提供特定場所及電腦資訊設備採收費方式，供人利用電腦功能擷取電腦資訊及網路軟體遊戲使用，屬經濟部規定之資訊休閒業之業務範疇，而有系爭違規行為（最高行政法院 94 判 283）；而原處分係根據警察局及調查站之調查筆錄，地檢署之訊問筆錄及起訴書，法院之審判筆錄及判決書，受處分人銀行之存摺存款對帳單、系爭貨物之進口報單、發票、裝箱單、艙單等事證，認定為有過失，其所根據之證據事實，已甚明確，自無給予陳述意見機會之必要（102 判 39）。

惟行政處分相對人或利害關係人之陳述，應包括事實上及法律上之陳述。因此，僅行政處分所根據之「事實」客觀上明白足以確認，似仍欠缺行政處分所根據之「法律」是否已達客觀上明白且足以確認之程度，故不應完全否定給予陳述意見機會之必要性。

例如，在否准人民申請前，僅因已收到其陳情書，而認為客觀上明白其申請事項，即未再給予陳述意見（94 裁 333），似尚有待斟酌其關聯性與合法性。

(6)限制自由或權利之內容及程度，顯屬輕微，而無事先聽取相對人意見之必要

侵犯行政之程度，以「顯屬輕微」作為無事先聽取相對人意見必要之判斷標準，且取決於行政機關之裁量權，似易造成事前程序保障之欠缺，甚至，助長特別權力關係之存續空間，而有待事後行政救濟之審查。❹

(7)相對人於提起訴願前依法律應向行政機關聲請再審查、異議、復查、重審或其他先行程序

例如，依稅捐稽徵法第 35 條及第 49 條規定，對於依菸酒稅法所為補

---

❹　並參，黃俊杰，《弱勢人權保障》，1998，第 81 頁以下。

徵菸酒稅及罰鍰之處分不服，於提起訴願前，應先經復查之程序，故最高行政法院（99 判 485）指出：「依前述本法第 103 條第 7 款規定，稽徵機關於為補徵菸酒稅及罰鍰處分前，即得不給予受處分人陳述意見之機會。」

　　然而本款以先行程序作為不給予陳述意見機會之判斷標準，除程序效率之衡量以外，似欠缺合理之關聯性，且此等規定內容，將構成行政救濟之限制。

　　⑻為避免處分相對人隱匿、移轉財產或潛逃出境，依法律所為保全或
　　　限制出境之處分

　　保全或限制出境之處分，固然係依法律所為，但仍應斟酌保全之行政目的及其措施之類型間是否符合比例原則等之要求，而限制出境已涉及人身自由之侵犯，故應注意憲法第 8 條之規範意旨（釋字第 345 號、第 443 號、第 588 號解釋）。❶❺

二、聽　證

㈠類　型

　　依本法第 107 條規定，行政機關舉行聽證之情形，有下列類型：

1.法規明文規定應舉行聽證

　　法規明文規定應舉行聽證者，為行政機關之義務聽證。

　　例如，本法第 164 條第 1 項規定，行政計畫有關一定地區土地之特定利用或重大公共設施之設置，涉及多數不同利益之人及多數不同行政機關權限者，確定其計畫之裁決，應經公開及聽證程序。

2.行政機關認為有舉行聽證之必要

　　行政機關認為有舉行聽證必要，而舉行聽證者，為行政機關之職權聽證。本法第 155 條規定，行政機關訂定法規命令，得依職權舉行聽證。

㈡行政處分之作成

　　行政機關作成經聽證之行政處分時，應遵守之依據與方式　（第 108

---

❶❺　並參，黃俊杰，〈談納稅者之拘提管收〉，《稅務旬刊》，第 1929 期，第 31 頁以下。

條），分析如下：

1.依　據

行政機關作成經聽證之行政處分時，除依第 43 條（即行政機關為處分或其他行政行為，應斟酌全部陳述與調查事實及證據之結果，依論理及經驗法則判斷事實之真偽，並將其決定及理由告知當事人）之規定外，並應斟酌全部聽證之結果。

但是，若法規明定應依聽證紀錄作成處分者，從其規定。

2.方　式

經聽證作成之行政處分，應以書面為之，並通知當事人。

(三)救濟程序

不服依第 108 條規定經聽證作成之行政處分者，其行政救濟程序，免除訴願及其先行程序，故直接進行行政訴訟程序（第 109 條）。例如，相對人或利害關係人不服行政機關依都市更新條例施行細則第 11 條之 1 規定經聽證作成之行政處分者，其行政救濟程序，係逕行提起行政訴訟（107 判 259）。

蓋聽證程序（第 54 條至第 66 條等）之規範設計，讓作成行政處分之行政機關與人民間，就該處分之事實與法律問題，已作程序與實體之充分溝通，因此，並無必要進行訴願及其先行程序。

參、行政處分之效力

一、生效時點與效力之種類

(一)生效時點

實務見解指出，行政處分係行政機關所為有相對人之意思表示，必須為相對人所知悉，或使其居於可知悉之狀態，始能對其發生效力（107 判 214）。關於行政處分之生效時點，依本法第 110 條第 1 項與第 2 項之規定，有下列三種情形：

1.書面之行政處分

書面之行政處分，自送達相對人及已知之利害關係人起，依送達之內容對其發生效力。

2.書面以外之行政處分

書面以外之行政處分，自以其他適當方法通知或使其知悉時起，依通知或使知悉之內容對其發生效力。

3.一般處分

一般處分自公告日或刊登政府公報、新聞紙最後登載日起發生效力。但是，處分另訂不同日期者，從其規定。

前述所稱生效，基本上是指發生外部效力，至其規制內容所欲發生之法律效果，即所謂內部效力，原則上固與外部效力同時發生，但如果行政處分規定內容溯及既往，則其內部效力即早於外部效力發生。故而，行政處分之外部效力與內部效力發生之時間並非必然同一，而行政處分於法律有明文規定或基於法律之精神於有合理之法律理由時，行政處分亦得於內容中規定其效力（內部效力）溯及既往（107 判 214）。

㈡效力之種類❶

1.存續力

依本法第 110 條第 3 項規定：「行政處分未經撤銷、廢止，或未因其他事由而失效者，其效力繼續存在。」例如，水利主管機關劃定河川區域線及水道治理計畫線，其核定之公告為對外發生法律效果之一般行政處分，在該公告未經有權機關依法撤銷、廢止或因其他事由失效前，其效力繼續存在（最高行政法院 102 判 45）。

行政處分繼續存在之效力，可區分為形式存續力與實質存續力。

⑴形式存續力

所謂「形式存續力」，係就人民而言，指人民無法再經由行政救濟程序爭執行政處分之效力，故得稱為「不可爭力」。

行政處分具有形式存續力之原因，通常係逾越法定救濟期間未提起救

❶　翁岳生，〈論行政處分〉，《法治國家之行政法與司法》，第 19 頁以下。

濟，或基於其他法定事由造成行政救濟程序終結。

原則上，已具有形式存續力之行政處分，僅保留行政機關是否依職權變動，惟基於人民權益之維護，本法第 128 條與第 129 條規定程序重新之制度。

⑵實質存續力

所謂「實質存續力」，指行政處分之內容，對於其相對人、利害關係人與原處分機關具有拘束之效力。

實質存續力之發生時點，係行政處分對外發生法律效果時，即送達或公告時。

實質存續力之存在，與形式存續力之有無，並無直接關聯性，故與法院判決（形式與實質）之確定力不同。

具有實質存續力之行政處分，仍得由行政機關在法定要件下決定是否依職權變動。

2.構成要件效力

所謂「構成要件效力」，係指行政處分之存在及內容（主文部分），對於其他行政機關或法院之拘束效力。換言之，行政處分生效後，除有無效原因外，除對於處分機關本身有拘束力，其所產生之法律效果或所形成之法律關係，構成其他行政處分之基礎或前提條件（最高行政法院 106 判 216；107 判 208）。

基於權力分立或權限分配原則，其他行政機關或法院，應對於有權機關作成合法有效之行政處分，予以尊重且承認該行政處分之存在及內容，並以之作為國家權力運作之基礎。

例如，釋字第 379 號解釋指出，地政機關受理農地所有權移轉登記之申請，依當時土地登記規則規定，係憑申請人戶籍所在地之鄉（鎮、市、區）公所核發自耕能力證明書為認定承受人具有自耕能力之依據。該管鄉（鎮、市、區）公所於核發自耕能力證明書後，如經查明承受人與內政部訂頒「自耕能力證明書之申請及核發注意事項」所載具備自耕能力之要件不符，因而撤銷該證明者，地政機關原先准予辦理所有權移轉登記所據「具

有自耕能力」之事由，即失所附麗，前此准予登記之處分，既有瑕疵，地政機關自待撤銷之，逕將所有權移轉登記予以塗銷。

因此，似已肯認自耕能力證明對於地政機關具有構成要件效力，故地政機關在其自耕能力撤銷時，得逕將所有權移轉登記予以塗銷。**⓱**

不過，行政處分是否當然具有構成要件效力，事實上，仍應依法律規定與事件性質個別判斷。例如，行政處分在行政救濟程序，對於該行政處分有審查權限之訴願管轄機關與行政法院，則無拘束力。

關於行政處分之構成要件效力，實務則持肯定見解，即有效行政處分（前行政處分）之存在及其內容，成為作成他行政處分（後行政處分）之前提要件時，當前行政處分具有構成要件效力時，後行政處分即應以前行政處分為其構成要件作為決定之基礎。從而，當事人如以後行政處分為訴訟客體，而非以具有構成要件效力之前行政處分為訴訟客體，提起行政訴訟時，則該前行政處分之實質合法性，即非受訴行政法院審理之範圍，否則不啻就已具形式確定力之前行政處分重啟爭訟程序，而有害於法秩序之安定（106 判 216；107 判 208）。

不過，行政處分生效後，除有無效原因外，除對於處分機關本身有拘束力，其所產生之法律效果或所形成之法律關係，雖構成其他行政處分之基礎或前提條件，惟如該基礎或前提之行政處分，當事人對之提起行政訴訟，經高等行政法院判決廢棄發回原處分機關重為處分確定，相關連之本件訴訟，高等行政法院為當事人不利之判決，當事人提起上訴，最高行政法院即有予以發回重為審理之必要（103 判 91）。

3.確認效力

所謂「確認效力」，係指行政處分之理由部分，對於其他行政機關或法院之拘束效力。**⓲**但是，行政處分是否具有確認效力，應依法律之規定。

⓱　翁岳生，〈我國行政法之現況與課題〉，《法律與當代社會》，1996，第 26 頁以下；許宗力，《行政處分》，第 586 頁以下註 107。

⓲　不過，最高行政法院（100 判 2078）指出，所謂「行政處分之確認效力」，係指行政處分生效後，對處分當事人以外之其他機關、法院或第三人所生之拘束

4.執行力

所謂行政處分之「執行力」，係指行政處分之義務人，於處分生效時，未履行下命處分或負擔之內容時，行政機關得自力強制執行，而不必至行政救濟程序終結。

但是，行政救濟是否應以不停止執行為原則（訴願法第 93 條與行政訴訟法第 116 條），似仍值深思！❶雖然釋字第 224 號解釋指「我國行政救濟制度不因提起救濟程序而停止原處分之執行」，惟若著重於人民權益之保障，對於前述之制度設計應如何調整，有謂為避免因人民嗣後提起救濟，再裁定或依法發生停止執行之效力，易滋困擾，則「除有緊急強制執行之情況以外，宜俟法定救濟期間過後，再行執行處分。」❷亦有謂，應將課稅處分區分為「無異議」與「有異議」兩部分，且主張合理之制度係「就無異議部分由納稅義務人自動繳納或移送執行；而有異議之部分，暫緩移送執行，並實施保全措施以確保將來稅捐之徵收。至於，經法院終局地判定不服無理由者，似可立法授權依據情節之輕重，於一定之比例範圍內裁定提高利息之利率一併徵收之。」❸本文以為，對於稅捐行政救濟而言，若能在案件確定後始移送法院強制執行，似可避免因貿然執行而造成難以回復原狀之損害，因此，除非有不得不強制執行之必要，否則，對於爭議中之案件，要無先使人民蒙受損失之理由。尤其，在爭議之課稅處分，其合法性明顯受到嚴重質疑時，或執行並非基於重大公益之必要而對當事人將造成難以回復之嚴厲結果時，則更應停止執行。故應視行政處分之種類、

效果；而由確認效力延伸出來，當其他機關嗣後新作成處分者，若其事實基礎或法律關係已經為前行政處分為實質認定者，新作成之處分對此構成要件事實，應予承認及接受，即「行政處分之構成要件效力」。

❶ 並參，黃俊杰，《稅捐正義》，2002，第 109 頁以下所引文獻。

❷ 蔡志方，《行政救濟法新論》，2000，第 74 頁註 141；並參，林明鏘，《人民權利之暫時保護——以行政訴訟程序為中心》，臺大法學碩士論文，1987，第 16 頁以下。

❸ 蔡淑華，《稅捐救濟限制與稅捐保全、執行關係之研究——以釋字第 211、224、288、321、439 號為中心》，中原財經法學碩士論文，1999，第 149 頁。

內容、目的與性質等，是否適合其他保全措施加以決定。

二、行政處分之無效

違法之行政處分，以無效之瑕疵程度係最嚴重。已存在之行政處分，依本法第 110 條第 3 項規定，在「未經撤銷、廢止，或未因其他事由而失效者，其效力繼續存在」。

因此，有瑕疵之違法行政處分，除無效之行政處分係自始不生效力外，應被推定為有效。換言之，違法之行政處分，係以無效為例外或特殊之狀態，而無效之瑕疵程度，應有一定之判斷基準。

行政處分無效，係指行政機關雖已在形式上作成行政處分，惟在實質上因處分之內容具有瑕疵，或未具備必要方式，或欠缺必要之先行程序，未能符合法律要求，欠缺有效要件，以致根本無法發生其效力的狀態而言。因無效之行政處分任何人及任何機關原則上均自始、當然不受拘束，為確保行政機能有效運作，維護法之安定性並保障人民信賴利益，原則上行政處分須符合違法之情形特別嚴重及其瑕疵一目瞭然之要件（最高行政法院107 判 181）；至於，判斷行政處分合法性的基準時點，應以行政處分作成時之法令及事實狀況為準，而非申請時（107 判 134）。

(一)無效之原因

基於維護法律安定性、國家本身所具有之公益性及國家權威，行政處分是否無效，除法律定有明文之情形外，宜從嚴認定，故兼採「明顯瑕疵說」與「重大瑕疵說」作為認定標準之理論基礎。依本法第 111 條規定，行政處分無效之原因，除該條第 1 款至第 6 款之例示規定外，尚有該條第7 款「其他具有重大明顯之瑕疵者」之概括規定，用以補充前 6 款所未及涵蓋之無效情形（最高行政法院 102 判 778）。因此，可區分為例示規定（第 1 款至第 6 款）與概括規定（第 7 款）兩種情形：

1.概括規定

依本法第 111 條第 7 款規定，行政處分具有同條第 1 款至第 6 款以外其他具有重大明顯之瑕疵者，無效。

行政處分是否具有重大明顯之瑕疵罹於無效，所謂明顯，係指事實不待調查即可認定，所謂重大，則指瑕疵之存在已喪失其程序之正當性而言（107 判 181）；並非依當事人之主觀見解，亦非依受法律專業訓練者之認識能力判斷，而係依一般具有合理判斷能力者之認識能力決定之，其簡易之標準即係普通社會一般人一望即知其瑕疵為判斷標準。換言之，該瑕疵須「在某程度上猶如刻在額頭上般」明顯之瑕疵，如行政處分之瑕疵倘未達到重大、明顯之程度，一般人對其違法性的存在與否猶存懷疑，則基於維持法安定性之必要，則不令該處分無效，其在被正式廢棄前，依然有效，僅係得撤銷而已（102 判 778；107 判 278）。

例如，行政機關函係於甲死亡後，對不具當事人能力之甲所作，參酌本法第 20 條第 2 款、第 21 條第 1 款及第 111 條第 7 款之法規，應屬無效之行政行為（90 判 365）。

而此等行政處分無效之認定標準，釋字第 342 號解釋將其運用作為法律無效之認定標準，即「法律案之立法程序有不待調查事實即可認定為牴觸憲法，亦即有違反法律成立基本規定之明顯重大瑕疵者，則釋憲機關仍得宣告其為無效。」[22] 此外，釋字第 499 號解釋更將其運用作為修憲無效之認定標準，即「修改憲法亦係憲法上行為之一種，如有重大明顯瑕疵，即不生其應有之效力。所謂明顯，係指事實不待調查即可認定；所謂重大，就議事程序而言則指瑕疵之存在已喪失其程序之正當性，而違反修憲條文成立或效力之基本規範。」[23]

2.例示規定

第 1 款至第 6 款例示規定之無效行政處分，似得稱為絕對無效之原因，

---

[22] 不過，釋字第 342 號解釋並謂：「惟其瑕疵是否已達足以影響法律成立之重大程度，如尚有爭議，並有待調查者，即非明顯，依現行體制，釋憲機關對於此種事實之調查受有限制，仍應依議會自律原則，謀求解決。」

[23] 惟憲法之修改如未違反前述民主共和國原則、國民主權原則，或未涉人民基本權核心內涵之變動，或不涉權力分立與制衡原則之違反，即未違反自由民主憲政秩序（釋字第 721 號解釋）。

但其適用範圍，仍待個別判斷之。

(1)不能由書面處分中得知處分機關

若完全無法由書面處分之內容得知處分機關，相對人根本不能知悉應對於何機關主張不服。至於，書面處分雖未載明處分機關，但仍得由其內容判斷者，則尚未達到無效之程度。

(2)應以證書方式作成而未給予證書

本款係以「要式之形成處分」為限，❷即未給予證書，將構成行政處分無效，例如，專利法第 51 條第 2 項規定：「申請專利之發明，自公告之日起給予發明專利權，並發證書。」

至於，證書之給予，並不影響權利之取得者，則尚未達到無效之程度。

(3)內容對任何人均屬不能實現

所謂內容對任何人均屬「不能」實現，係指行政處分之客觀不能，而非主觀不能。並且，係指行政處分之內容，從存在時至依其內容判斷應生效時止，係根本不能實現。

(4)所要求或許可之行為構成犯罪

所謂行為構成「犯罪」，係指行政處分之內容，所課之作為義務或特定許可之內容本身構成犯罪者而言（107 判 181）。

(5)內容違背公共秩序、善良風俗

公共秩序與善良風俗，係指違反正直行為之基本要求，或違反憲法之價值標準而言（最高行政法院 94 判 196），惟均屬不確定法律概念，故行政處分之內容，是否已達無效之程度，仍應依行政處分存在時之狀況加以個別判斷。

例如，有關「風化」之觀念，常隨社會發展、風俗變異而有所不同。因此，主管機關所為釋示，自不能一成不變。至於，個別案件是否已達猥褻程度，法官於審判時應就具體案情，適用法律，不受行政機關函釋之拘束（釋字第 407 號解釋）。

---

❷　李惠宗，《行政法要義》，第 391 頁。

(6)未經授權而違背法規有關專屬管轄之規定或缺乏事務權限

所謂「專屬管轄」（釋字第 585 號解釋），係指由法規規定行政機關具有專屬或排他之管轄權限，例如，本法第 12 條規定，不能依第 11 條第 1 項（即依其組織法規或其他行政法規定）定土地管轄權者，依下列順序定之：(1)關於不動產之事件，依不動產之所在地；(2)關於企業之經營或其他繼續性事業之事件，依經營企業或從事事業之處所，或應經營或應從事之處所。

所謂「事務權限」，則係依法規規定、實務案例或事務性質判斷之。「事務權限」與「專屬管轄」，有一定之重疊，行政處分之瑕疵程度，以未經授權而違背法規有關「專屬管轄」之規定，較為嚴重，至於，缺乏事務權限之行政處分，是否已達無效之程度，仍應個別判斷之。最高行政法院指出，針對「缺乏事務權限者」，依體系解釋應予限縮解釋，以達重大明顯之程度者為限，諸如作成行政處分之行政機關就事件全然欠缺行政管轄權限，或顯然違反事務權責配置，始能謂行政處分有重大明顯之瑕疵（107 判 181）。

就此，實務見解指出，本款所謂違背法規有關專屬管轄之規定，主要是指對不動產或與地域相關連之權利，所為之行政處分，而欠缺土地管轄之情形；所謂缺乏事務權限，則是指作成行政處分之行政機關就事件全然欠缺行政管轄權限而言（最高行政法院 102 判 437），基於行政機關體制之複雜性、管轄權錯誤識別之困難性，及其立法意旨，為確保行政機能有效運作，維護法之安定性並保障人民之信賴，當係指行政處分之瑕疵已達同條第 7 款所規定重大而明顯之程度，諸如違反權力分立或職權分配之情形而言。除此之外，其他違反土地管轄或事務管轄，尚屬得撤銷而非無效（103 判 605；107 判 35）。

(二)效　力

1.原　則

無效之行政處分，依本法第 110 條第 4 項規定，自始不生效力。即行政行為具有行政處分之形式，但其內容具有明顯、嚴重瑕疵而自始、當然、

確定不生效力（最高行政法院 102 判 778；107 判 278）。

因此，原則上，任何人均得主張其為無效。

2.範　圍

關於無效行政處分之範圍，依本法第 112 條規定，行政處分一部分無效者，其他部分仍為有效。但是，除去該無效部分，行政處分不能成立者，全部無效。

因此，其無效之範圍，係應依該瑕疵對整體行政處分之影響程度與得否與其他部分相區隔，作為判斷標準。

⑴原則其他部分有效

即如可認為行政處分該無效之部分，得與其他部分相區隔，則其他部分仍為有效。

此外，該無效之部分，雖然無法與其他部分相區隔，但若對於整體行政處分之實質內容無重大影響時，則其他部分似仍為有效。

⑵例外全部無效

即以處分之整體性加以觀察，行政處分之一部無效者，雖得與其他部分相區隔，但除去該無效部分，行政處分仍不能成立時，則全部行政處分無效。

此外，該無效之部分，若無法明確與其他部分相區隔，或其對於行政處分之實質內容有重大影響時，似亦構成全部無效。

㈢確　認

無效之行政處分，雖然係自始不生效力，惟亦屬外觀存在之行政處分，故相對人仍有被行政機關強制執行之可能。因此，本法第 113 條規定，行政處分之無效，行政機關得依職權確認之。此處「行政機關」之範圍，似並不以原行政處分機關為限，應包括其上級監督機關在內。

至於，行政處分之相對人或利害關係人，有正當理由請求確認行政處分無效時，處分機關應確認其為有效或無效。所謂「利害關係人」，係指雖非行政處分之相對人，惟因該行政處分所發生之法律效果直接損害其權益者，始足當之（最高行政法院 93 判 74）。

此外，依行政訴訟法第 6 條規定，人民得提起確認行政處分無效之訴訟，但非原告有即受確認判決之法律上利益者，不得提起之。而確認行政處分無效之訴訟，須已向原處分機關請求確認其無效未被允許，或經請求後於 30 日內不為確答者，始得提起之。

再者，無效之行政處分與非行政處分意義不同，行政處分無效，因我國採重大明顯瑕疵說，故行政機關作成之行政處分如具有重大明顯之瑕疵時，為無效之行政處分，自始不發生所意欲之法律效果；至於，行政行為如非重大明顯瑕疵，僅未對外直接發生法律效果，即不具規制效力，則為非行政處分，而非無效之行政處分（100 判 1133）。

三、補正、無須撤銷與轉換

行政處分之補正、無須撤銷與轉換，係針對違法之行政處分，基於法定事由，而得事後治癒其瑕疵。❷⑤

㈠補　正

關於行政處分之補正，本法第 114 條規定其適用對象、類型、時間與效力：

1.適用對象

行政處分補正之適用對象，即得補正之行政處分，係針對⑴違反程序或方式規定之行政處分；且⑵非依第 111 條規定而無效者。

2.類　型

得補正之行政處分，因下列情形而補正：

---

❷⑤　例如，針對被誤准註冊之商標，若無救濟措施，將損及先註冊之商標專用權人權益，或造成消費者混淆影響公益，故有商標法評定註冊無效之規定。蓋申請商標主管機關評定其註冊為無效，係為維持市場商品交易秩序，保障商標專用權人之權益及避免消費大眾對於不同廠商之商品發生誤認致受損害而設。惟於註冊後已使用多年，其因持續使用所建立之商譽，亦應予保護。因此，釋字第 370 號解釋謂：「基於對既有法律狀態之尊重及維持，此種誤准註冊之商標，已經過相當期間者，其註冊之瑕疵應視為已治癒，不得復申請評定之。」

⑴須經申請始得作成之行政處分，當事人已於事後提出者

行政處分之作成，應由人民主動申請行政機關始得為之者，例如，建築執照之核發時，因欠缺當事人申請之程序瑕疵，得不受第 114 條第 2 項期間之限制，原則上得於事後隨時提出申請加以補正。

但是，若法律已規定申請或補正期限與其他法定程序者，則仍應遵守，例如，專利權證書之核發程序。

⑵必須記明之理由已於事後記明者

最高行政法院指出，本法第 96 條第 1 項第 2 款書面行政處分應記載之「理由」係指認定事實所憑之理由，及該事實該當行政處分構成要件之理由，如係裁量處分，尚包括裁量理由；第 114 條第 1 項第 2 款規定係「行政處分之補記理由」，指書面行政處分未附理由，包括完全欠缺理由或理由不完全（例如：未說明裁量之依據）之情形。因此，「行政處分之補記理由」係用以治癒行政處分未附理由之形式要件瑕疵，此與行政處分於形式上已記明理由，惟並不充分，行政機關得於訴訟程序中就法律或事實之觀點予以補充或變更之「行政訴訟程序之追補理由」，核屬不同之概念。原處分所載理由不完備，處分機關雖得於事實審行政法院行政訴訟程序中，就作成行政處分時即已存在，且不改變行政處分之性質及不妨礙當事人防禦之前提下，為理由之追補，供事實審行政法院調查審酌。惟就裁量處分而言，因訴願機關對裁量處分具有合目的性審查之權限，自不應容許處分機關於行政訴訟中追補原未作成之裁量行使，亦不得以原未裁量之新理由取代有瑕疵之舊理由，以保障人民之訴訟權，至於其他裁量瑕疵，則可於行政訴訟中追補理由以支持原裁量決定。至於，事後補記應記明理由之方式，法律無明文規定，並不限於處分機關以相對人為直接對象，送達補記理由之書面為必要。處分機關於訴願程序提出答辯之書面中，補充載明行政處分應記明之理由，使相對人知悉者，亦可認為已踐行第 114 條第 1 項第 2 款補記理由程序，該行政處分原未記明理由之形式要件瑕疵即已告治癒（106 判 558）。

(3)應給予當事人陳述意見之機會已於事後給予者

　　例如，本法第 102 條本文規定，或無第 103 條之法定事由，而未給予當事人陳述意見之機會者，若其欠缺不影響人民權益之維護者，得於事後給予陳述意見之機會加以補正瑕疵。

(4)應參與行政處分作成之委員會已於事後作成決議者

　　例如，公務人員考績法第 14 條第 1 項本文規定：「各機關對於公務人員之考績，應由主管人員就考績表項目評擬，遞送考績委員會初核，機關長官覆核，經由主管機關或授權之所屬機關核定，送銓敍部銓敍審定。」故未經考績委員會初核決議之瑕疵，得於事後作成決議補正瑕疵。但是，仍應斟酌人民權益之影響程度。

(5)應參與行政處分作成之其他機關已於事後參與者

　　例如，前述公務人員考績法第 14 條第 1 項本文規定考績處分之作成，原應經銓敍部銓敍審定，惟主管機關於核定後即發布，此等瑕疵，似得於銓敍部事後銓敍審定時加以補正。但是，仍應斟酌人民權益之影響程度。

3.時　間

　　第 114 條第 1 項第 2 款至第 5 款之補正行為（即必須記明之理由已於事後記明者、應給予當事人陳述意見之機會已於事後給予者、應參與行政處分作成之委員會已於事後作成決議者、應參與行政處分作成之其他機關已於事後參與者），僅得於訴願程序終結前為之；得不經訴願程序者，僅得於向行政法院起訴前為之（第 114 條第 2 項）。

4.效　力

　　當事人因補正行為致未能於法定期間內聲明不服者，其期間之遲誤視為不應歸責於該當事人之事由，其回復原狀期間自該瑕疵補正時起算（第 114 條第 3 項）。

　　此項規定，乃針對行政處分違反程序或方式之規定者，為使行政機關能作成內容正確之決定，如其違反之情節未達於無效之程度，且事後補正仍無害其規定之目的者，自非不許行政機關為事後之補正。因其情形，於未補正前應屬違法而得撤銷之處分，如當事人因行政機關之補正行為，始

獲得聲明不服之充分證據，如已逾法定期間而不予受理，對當事人顯有欠公平，乃規定「其回復原狀期間自該瑕疵補正時起算」。準此，本項規定，於行政處分有誤寫、誤算或其他類此之顯然錯誤而經處分機關更正者，自無適用之餘地（最高行政法院 94 裁 973；95 裁 1444；96 裁 668）。

㈡無須撤銷

行政處分違反土地管轄之規定者，除依第 111 條第 6 款（未經授權而違背法規有關專屬管轄之規定或缺乏事務權限）規定而無效者外，有管轄權之機關如就該事件仍應為相同之處分時，原處分無須撤銷（第 115 條）。

相對地，有管轄權之機關如就該事件應為不同之處分時，則不符合第 115 條規定之要件，故無法治癒其瑕疵，而原處分仍須撤銷。

㈢轉　換

關於違法行政處分之轉換，本法第 116 條規定原則、限制與陳述意見：

1.原　則

行政機關得將違法行政處分轉換為與原處分具有相同實質及程序要件之其他行政處分。

「原處分」，係指（舊）違法行政處分；「其他行政處分」，係指（新）合法行政處分。原處分與其他行政處分，具有相同之目的（最高行政法院 102 判 775）。❷❻

行政機關對於違法行政處分是否進行轉換行為，具有裁量權，行政機關轉換行為之行使，亦屬行政處分之性質。至於，「實質及程序要件」是否相同，應依處分之性質與目的，於個案中綜合判斷之。

2.限　制

違法行政處分有下列各款情形之一者，行政機關不得進行轉換行為：

⑴違法行政處分，依第 117 條但書規定，不得撤銷

即撤銷對公益有重大危害者或受益人無第 119 條所列信賴不值得保護之情形，而信賴授予利益之行政處分，其信賴利益顯然大於撤銷所欲維護

---

❷❻　最高行政法院（102 判 775）指出，本法第 116 條所定「違法行政處分之轉換」，原來違法處分與轉換之新處分，具有同一原因為必要。

之公益者。

(2)轉換不符作成原行政處分之目的

行政處分之轉換,係將有瑕疵之行政處分,轉換成為無瑕疵之行政處分,以維持該行政處分之存在。因此,原有瑕疵之行政處分,與轉換後之行政處分,必須具有相同之實質及程序要件,而可實現相同之公益或私益之目的,始足當之(最高行政法院 100 判 118)。

違法行政處分之轉換,係以原處分與其他行政處分,具有相同目的為要件。因此,原(違法)行政處分之目的,無法經由轉換後處分實現者,則不得轉換。

然而,目的之實現,得否應達成全部目的,或以主要目的或部分目的之實現為充足,仍有待個案判斷之。

(3)轉換法律效果對當事人更為不利

原處分,既然係違法行政處分,受不利益之相對人得主張排除侵害,故若轉換法律效果對當事人更為不利,且係合法行政處分,則將造成受不利益相對人主張排除侵害之限制。

(4)羈束處分不得轉換為裁量處分

羈束處分,本應受到法律規定嚴格之限制,合法性程度之要求相當高,若羈束處分原屬違法,故明定不得轉換為具有裁量空間之裁量處分。

3.陳述意見

行政機關於轉換前,應給予當事人陳述意見之機會。但有第 103 條(行政機關得不給予陳述意見之機會)之事由者,不在此限。

就此,針對違法行政處分,應容許當事人得主動請求行政機關行使轉換行為,蓋得兼顧人民權益之維護與行政合法性之目的。

四、撤銷與廢止

本法就行政機關撤銷或廢止行政處分設有規定,撤銷,係對違法行政處分為之(第 117 條);廢止,則就合法行政處分為之(第 122、123 條),其對象各有不同。❷❼

(一)撤 銷

1.概 念

所謂行政處分之「撤銷」，係行政處分於作成時係違法，其瑕疵尚未達到無效之嚴重程度，亦非經補正、無須撤銷與轉換者，嗣後由行政機關依職權廢棄此已生效之行政處分。而撤銷權之行使，其性質亦屬行政處分。

關於行政處分之撤銷，本法第 117 條至第 121 條規定其要件、補償與效力：

2.要 件

⑴積極要件

本法第 117 條本文規定：「違法行政處分於法定救濟期間經過後，原處分機關得依職權為全部或一部之撤銷；其上級機關，亦得為之。」本條規定行政處分之撤銷，係指行政機關將已生效之違法行政處分予以撤銷，使其失去效力而言。此所謂「違法」之行政處分，係指於做成行政處分之時，即構成違法者（最高行政法院 99 判 1253）。

因此，應有違法行政處分之存在，不待相對人申請，且不論法定救濟期間是否經過，行政機關均得依職權全部或一部廢棄此已生效之行政處分。

得依職權撤銷違法行政處分之行政機關，除原處分機關以外，其上級機關，亦得為之（103 判 241）。換言之，撤銷權之行使，除原處分機關行政自我省察之功能以外，係屬有上下隸屬關係之上級機關行政監督權之範圍。不過，上級機關欲撤銷下級機關所作之行政處分，須以該行政處分違法為前提，不得恣意，否則即屬違法。

例如，就地政機關准予辦理私有農地所有權移轉登記而言，釋字第

---

❷ 惟最高行政法院（93 判 1279）指出：「學理上尚有認為對於違法之行政處分亦得加以廢止者，以其亦合乎廢止要件之故。行政程序法並無禁止之意旨，行政機關廢止違法之行政處分，並無不可。行政機關對於違法行政處分究依撤銷或依廢止使之失其效力，任由其衡酌考量自由形成，迨其作成撤銷或廢止之行政處分後，行政法院為違法審查，僅得就其處分內容之為撤銷或廢止，為合法與否之論斷。若就廢止之行政處分依撤銷要件審查，或就撤銷之行政處分依廢止之要件審查，均屬審查對象錯誤而非適法。」

379 號解釋，係以承受人已提出自耕能力證明書為前提，此一前提既因自耕能力證明書之撤銷而不存在，其在行政上原准予辦理移轉登記之要件，顯有欠缺，從而前此所為之登記，即不能謂無瑕疵，地政機關自得撤銷准予登記之處分，塗銷該移轉登記。

此外，本法第 121 條第 1 項規定，第 117 條之撤銷權，應自原處分機關或其上級機關知有撤銷原因時起 2 年內為之。此 2 年之性質，為除斥期間。

(2)消極要件

不得行使撤銷權之消極要件，包括：(1)撤銷對公益有重大危害；(2)受益人無第 119 條所列信賴不值得保護之情形，而信賴授予利益之行政處分，其信賴利益顯然大於撤銷所欲維護之公益（第 117 條但書）。

前述第 2 款規定，係對於授益處分行使撤銷權之消極要件，至於，第 1 款規定，則不限於授益處分。當然，是否具備消極要件，則屬行政機關依個案判斷之（最高行政法院 94 判 693）。

例如，最高行政法院（99 判 213）指出，關於甲公司之信賴利益為該商標移轉登記完成所生「得對抗第三人」之利益，而撤銷所欲維護之利益則涉及「法院禁止處分之公信力」及「商標登記之正確性」，均屬公益性質，是甲公司之信賴利益尚不至顯然大於撤銷所欲維護之公益，何況本件移轉登記尚未經公告，其移轉登記程序尚未完成，更不生信賴保護之問題之事實。

此外，本法第 119 條規定，受益人信賴不值得保護之類型，包括：(1)以詐欺、脅迫或賄賂方法，使行政機關作成行政處分；(2)對重要事項提供不正確資料或為不完全陳述，致使行政機關依該資料或陳述而作成行政處分；㉘(3)明知行政處分違法或因重大過失而不知。

㉘　針對本款作為授益處分受益人之信賴不值得保護事由，最高行政法院指出，縱處分機關對申請事項有實質審查權限及義務，惟授益處分受益人對重要事項提供不正確資料或為不完全陳述，如影響處分機關調查證據認定事實之結果，致處分機關據以作成違法授益處分，亦有其適用（107 判 237）。

有第 119 條規定情形之一者，其信賴不值得保護，則係作為補充本法第 117 條但書第 2 款規定之性質。就此，最高行政法院（100 判 1192）指出，申請人對其是否曾有法定前科之重要事項為不完全陳述，致使主管機關依該資料或陳述而作成行政處分者，依本法第 119 條第 2 款規定，其信賴不值得保護，已堪認定。申請人既有信賴不值得保護之情形，即不合本法第 117 條第 2 款所定不得撤銷違法行政處分之要件，自無再審其信賴利益是否顯然大於所欲維護之公益之問題。

3.補　償

撤銷違法行政處分所延伸之補償問題，本法第 120 條與第 121 條第 2 項規定其要件、範圍與救濟：

⑴要　件

適用對象，係針對授予利益之違法行政處分。

消極要件，係受益人無第 119 條所列信賴不值得保護之情形；積極要件，係受益人因信賴該處分致遭受財產上之損失。

時效規定，即補償請求權，自行政機關告知其事由時起，因 2 年間不行使而消滅；自處分撤銷時起逾 5 年者，亦同。

⑵範　圍

授予利益之違法行政處分經撤銷後，如受益人無第 119 條所列信賴不值得保護之情形，其因信賴該處分致遭受財產上之損失者，為撤銷之機關應給予合理之補償。

此項補償額度，不得超過受益人因該處分存續可得之利益。

⑶救　濟

關於補償之爭議及補償之金額，相對人有不服者，得向行政法院提起給付訴訟。

4.效　力

違法行政處分經撤銷後，依本法第 118 條規定，原則上，係溯及既往失其效力。

但是，為維護公益或為避免受益人財產上之損失，為撤銷之機關，則

得另定失其效力之日期。

㈡廢　止

1.概　念

所謂行政處分之「廢止」，係行政處分於作成時係合法，嗣後由原處分機關依職權廢棄此已生效之行政處分。而廢止權之行使，其性質亦屬行政處分。

關於行政處分之廢止，本法第 122 條至第 126 條規定其要件、補償與效力：

2.要　件

⑴負擔處分

非授予利益之合法行政處分，依本法第 122 條規定，得由原處分機關依職權為全部或一部之廢止。

但是，廢止後仍應為同一內容之處分或依法不得廢止者，不在此限。

⑵授益處分

授予利益之合法行政處分，得由原處分機關依職權為全部或一部廢止之情形，依本法第 123 條規定，包括：⑴法規准許廢止；⑵原處分機關保留行政處分之廢止權；⑶附負擔之行政處分，受益人未履行該負擔；⑷行政處分所依據之法規或事實事後發生變更，致不廢止該處分對公益將有危害；⑸其他為防止或除去對公益之重大危害。

最高行政法院指出，合法授益處分之廢止，受嚴格之限制，必須有本法第 123 條所定之法定原因，始得由原處分機關依職權為全部或一部之廢止。其中，第 5 款係廢止之概括原因，旨在補充同條第 1 款至第 4 款之不足，故雖未有同條第 1 款至第 4 款之廢止事由，但有「其他為防止或除去對公益重大危害」之必要時，亦得廢止原合法之授益處分，而由原處分機關對於受益人因信賴該處分致遭受財產上之損失，給予合理之補償。至於，是否構成對公益之重大危害，應依個別情形按具體情事認定之，非可空泛以維護公益為理由而予以廢止，自屬當然。例如，高雄氣爆事故係因甲公司所有管線破孔大量外洩丙烯所導致，造成警義消及民眾多人死傷及財物

嚴重損害，已對當地居民之生命、身體及居住公共安全等公益造成具體之重大危害。因此，行政機關為防止再發生類似氣爆事故而對公益造成重大危害，依本法第 123 條第 5 款規定廢止許可證，核與該款所定要件相符，且其所採取之方法有助於目的之達成，尚未逾越必要之程度，所造成管線所有權人私益之損害與所欲保護之公益亦未失均衡，於法尚屬無違（107 判 278）。

此外，本法第 124 條規定，廢止權之行使，應自廢止原因發生後 2 年內為之。此 2 年之性質，為除斥期間。

再者，立法者對於個別之公權力行使所作成之形成處分，各有其不同之立法考量，乃分別情形予以規定，此觀之法律對於個別之公權力行使而為授益處分之廢止、撤銷處分及行政裁罰處分，其除斥期間或行使公權力之時效期間係分別規定，且關於各該期間之起算，亦另有明文，並非均自原因發生之時或行為終了時起算（本法第 121 條、第 124 條及行政罰法第 27 條規定），殊不能僅以均為行使公權力而作成之形成處分，且均造成人民利益剝奪之結果，即屬同類事物，而當然可以類推適用本法第 124 條之除斥期間規定。例如，本院 102 年 10 月份第 2 次庭長法官聯席會議決議：「【85/02/05】公布眷改條例第 5 條第 1 項規定，原眷戶享有承購依本條例興建之住宅及由政府給與輔助購宅款之權益，乃法律直接賦予具有原眷戶資格者之公法上權益。……是原眷戶領有眷舍居住憑證，享有承購住宅及輔助購宅款之權益，並非行政機關行使公權力所創設，無授益行政處分之存在。……至主管機關依同條例第 22 條第 1 項規定註銷原眷戶之眷舍居住憑證及原眷戶權益，則是在眷改條例規範之公法關係上，法律賦予主管機關對不同意改建之原眷戶，得逕行註銷眷舍居住憑證及原眷戶權益之權限。主管機關作成註銷處分，該處分直接使眷舍居住憑證失其效力及原眷戶權益喪失，並未廢止任何授益處分，亦無本法第 124 條之適用。」因此，原眷戶權益之註銷處分與授益處分之廢止，在法律評價上，二者事物本質並不相同，尚非屬相同事物或同類事物，故原眷戶權益之註銷處分當無本法第 124 條除斥期間規定之適用，亦無從作同等處遇而類推適用上開規定，

此為本院自上開決議後進一步所採取之見解（107 判 212）。

3.補　償

廢止合法行政處分所延伸之補償問題，本法第 126 條規定其要件、範圍與救濟：

⑴要　件

適用對象，係針對授予利益之合法行政處分。

積極要件，係針對原處分機關依第 123 條第 4 款（行政處分所依據之法規或事實事後發生變更，致不廢止該處分對公益將有危害）、第 5 款（其他為防止或除去對公益之重大危害）規定廢止者。

至於，第 123 條第 2 款（原處分機關保留行政處分之廢止權）係因受益人得預見廢止權之行使，而欠缺信賴利益；第 3 款（附負擔之行政處分，受益人未履行該負擔），則係可歸責於受益人之事由；而第 1 款（法規准許廢止）之情形，則似仍有斟酌信賴保護之必要。❷❾

時效規定，第 121 條第 2 項（補償請求權，自行政機關告知其事由時起，因 2 年間不行使而消滅；自處分撤銷時起逾 5 年者，亦同）之規定，於前述廢止補償準用之。

⑵範圍與救濟

對受益人因信賴該處分致遭受財產上之損失，應給予合理之補償。

至於，其範圍與救濟，則第 120 條第 2 項（補償額度，不得超過受益人因該處分存續可得之利益）、第 3 項（關於補償之爭議及補償之金額，相對人有不服者，得向行政法院提起給付訴訟）之規定，於前述廢止補償準用之。

因此，原處分機關依本法第 123 條第 4 款、第 5 款規定廢止授予利益之合法行政處分時，對受益人因信賴該處分致遭受財產上之損失，固應給予合理補償，然依同法第 126 條第 2 項準用第 120 條第 2 項、第 3 項規定，關於補償之爭議及補償之金額，相對人有不服者，既得向行政法院提起給付訴訟，則損失補償決定（包括補償金額）即非必須與廢止處分之作成同

---

❷❾　李建良，〈行政處分〉，《行政程序法實用》，2000，第 260 頁以下。

時為之，由原處分機關分別作成，尚非法所不許（最高行政法院 107 判 279）。

4.效　力

合法行政處分經廢止後，本法第 125 條規定，自廢止時或自廢止機關所指定較後之日時起，失其效力。

但是，受益人未履行負擔致行政處分受廢止者，得溯及既往失其效力。

(三)**處分失效之處理**

關於行政處分因法定事由發生而失效時，本法第 127 條與第 130 條規定其後續之處理方式：

1.返還受領給付

授予利益之行政處分，其內容係提供一次或連續之金錢或可分物之給付者，經撤銷、❸⓪廢止或條件成就而有溯及既往失效之情形時，本法第 127 條規定，受益人應返還因該處分所受領之給付。其行政處分經確認無效者，亦同。

至於，前述返還之範圍，則準用民法有關不當得利之規定。

就此，實務見解指出，公法上不當得利，除本法第 127 條外，並未有其他規定，應認得準用民法有關不當得利之規定。經準用民法第 179 條規定之結果，則因無公法上之原因而受利益，致他人受損害者，應返還其利益。雖有公法上之原因，而其後已不存在者，亦同。因此，苟無受利益者或受損害者，或受利益與受損害間無因果關係時，即無公法上不當得利返還之可言（最高行政法院 99 判 463）。此外，本法第 127 條雖有請求返還不當得利之規定，然並未有得由行政機關以行政處分核定返還金額之規定。此外，別無得由撤銷、廢止授予利益行政處分之行政機關單方下命人民返還之法令根據。因此，依本法第 127 條規定命繳還不當得利之通知，尚非屬下命行政處分，不得依行政執行法第 11 條第 1 項規定，於義務人逾期不履行時，逕予移送強制執行（103 判 273）。❸①

---

❸⓪　蓋受益人受領利益之法律上原因已於撤銷範圍內溯及失其效力，即應負返還受領該已無法律上原因之利益之義務（最高行政法院 100 判 698）。

2.返還證書物品

行政處分經撤銷或廢止確定，或因其他原因失其效力後，而有收回因該處分而發給之證書或物品之必要者，本法第 130 條規定，行政機關得命所有人或占有人返還之。例如，大學授予學生碩士學位之處分既應撤銷，則大學有收回因該處分而發給學生之學位證書之必要。因此，大學撤銷學生碩士學位之處分時，同時載明學生應於文到 1 個月內將碩士學位證書繳回該校教務處研究生教務組，與規定相符，自屬適法（最高行政法院 96 判 368）。

前述情形，所有人或占有人得請求行政機關將該證書或物品作成註銷之標示後，再予發還。但是，依物之性質不能作成註銷標示，或註銷標示不能明顯而持續者，不在此限。

五、程序重新

㈠源　由

原則上，行政處分於法定救濟期間經過後，已具有形式之存續力，人民不得再經由行政救濟程序爭執行政處分之效力，而僅保留行政機關是否依職權變動，惟基於人民權益之維護，本法第 128 條與第 129 條規定程序重新之制度。

換言之，「行政程序之重新進行」，係指當事人對其已不可爭訟之行政

㉛ 最高行政法院（103 判 273）並指出，所謂「反面理論」在德國法本非一致之見解，雖本法第 127 條係繼受自德國聯邦行政程序法第 48 條，然我國法並未有如德國聯邦行政程序法第 49 條之 1 第 1 項：「行政處分撤銷或廢止……已提供之給付應予返還。應返還之給付，以書面之行政處分核定」之規定。因此，本法第 127 條所指不當得利返還之方式，尚難與德國法為相同之解釋（103 判 107 意旨）。至於，100 年度高等行政法院法律座談會討論結果理由雖引德國法所謂「反面理論」之見解，認行政機關依本法第 117 條規定，職權撤銷違法授益處分，依第 127 條請求返還原受領金額，得直接作成下命處分命其返還。惟高等行政法院法律座談會決議所採之法律見解，並無拘束最高行政法院之效力。

處分，在一定之條件下，得請求行政機關重新進行行政程序，以決定是否撤銷、廢止或變更原行政處分（最高行政法院 103 判 233；99 判 477）。❸❷

⑵要　件

1.適用對象

行政處分於法定救濟期間經過後，即針對已具有形式存續力之行政處分。

2.申請主體

相對人或利害關係人，得向行政機關申請撤銷、廢止或變更之。

但是，相對人或利害關係人，因重大過失而未能在行政程序或救濟程序中主張其事由者，不在此限。

依本條規定得申請程序再開之相對人或利害關係人，實務見解指出，應係指原行政處分（即逾法定救濟期限之行政處分）之相對人或利害關係人，如非原處分之相對人或利害關係人，而僅係事實變更後之利害關係人，即非適格之程序再開申請人（最高行政法院 96 判 1407）。

此外，實務見解指出，若該行政處分之實體事由「已經行政法院判決，而具有相當於行政訴訟法所定再審事由且足以影響行政處分者，自應依行政訴訟法第 273 條、第 275 條之規定，提起再審之訴。」（93 裁 830；臺北高等行政法院 91 訴 1578）❸❸

3.實體事由

應具有下列情形之一（第 128 條第 1 項）：

⑴具有持續效力之行政處分，所依據之事實，事後發生有利於相對人或利害關係人之變更

所謂行政處分所根據之事實或法律關係變更，指當事人所爭議者係原

---

❸❷　最高行政法院（103 判 233）指出，行政程序重開允許處分相對人或利害關係人具有一定要件時，得對於已具存續力之行政處分加以爭執，冀以改變原處分效力之程序，類似訴訟法上之再審程序。

❸❸　陳敏，《行政法總論》，2004，第 492 頁謂：「對經法院判決確定之行政處分，應亦得申請重新進行行政程序。」

為合法之行政處分，於作成之後，事實或法律狀況產生有利於己之改變（最高行政法院 103 判 233）。

所謂「具有持續效力之行政處分」，例如，命令工廠停工（行政罰法第 2 條第 1 款），若處分所依據之事實（停工事由），於處分作成時已存在，而處分作成後不存在或事後發生有利於相對人或利害關係人之變更，則屬之。至於，非事實狀況（停工事由）之變更，而係法律狀況（停工依據）之變更，解釋上亦應包括在內。此外，本款規定，針對於非具有持續效力之行政處分，並不適用，蓋其係以處分作成時之事實與法律狀況作為合法性之判斷基準，例如，申請建築執照被拒絕，嗣後地目變更，重新申請，則予以核准，但無須廢棄原處分，蓋兩者無關。**❸❹**

(2)發生新事實或發現新證據，且經斟酌可受較有利益之處分

所謂「新事實或新證據」，實務見解指出，係指於作成行政處分之時業已存在，但為當時所不知或未援用，而未經斟酌之事實或證據，且以如經斟酌可受較有利益之處分及非因申請人之重大過失而未能在行政程序或救濟程序中主張其事由者為限。此外，其可證明原行政處分所根據者係不正確者，係自始違法之行政處分（最高行政法院 103 判 233；94 判 762）。

惟本款規定，主要係針對「發現新證據」，且經斟酌可受較有利益之處分者，例如，禁止工廠生產飲料（行政罰法第 2 條第 1 款），若原處分所依據之檢測樣品，事後證明在運送過程被污染，則得申請重新檢測，並廢棄原處分。針對「發生新事實」之部分，若屬具有持續效力之行政處分，原則上屬(1)之範圍，若非具有持續效力之行政處分，則應予新處分，已如前述。

(3)其他具有相當於行政訴訟法所定再審事由，且足以影響行政處分

實務見解指出，須該行政處分之實體事由「未經行政法院判決，於法定期間經過後，具有相當於行政訴訟法所定再審事由且足以影響行政處分者，當事人得向行政機關申請撤銷、廢止或變更而言」（最高行政法院 93 裁 830）。由「其他具有相當於行政訴訟法第 273 條第 1 項各款事由」可

---

❸❹ 陳敏，《行政法總論》，第 492 頁以下。

知，涉及當事人爭議者亦係行政處分之自始違法（103 判 233）。

4.法定期限

程序重新之申請，應自法定救濟期間經過後 3 個月內為之（最高行政法院 94 裁 518）；其事由發生在後或知悉在後者，自發生或知悉時起算，但自法定救濟期間經過後已逾 5 年者，不得申請。

㈢決　定

實務見解指出，在進行已確定行政處分有無違誤之實體判斷前，自應先審究請求重開是否符合法定要件，如不符合重開要件，即無進一步審理原處分違法性之可能。此外，司法院大法官依人民聲請所為法令違憲審查之解釋，原則上應自解釋公布當日起，向將來發生效力；經該解釋宣告與憲法意旨不符之法令，基於法治國家法安定性原則，原則上自解釋生效日起失其效力，惟為賦予聲請人救濟之途徑，司法院大法官依人民聲請所為之解釋，對聲請人據以聲請之案件，亦有效力，其受不利確定終局裁判者，得以該解釋為再審或非常上訴之理由（釋字第 177 號、第 185 號、第 592 號解釋）。所謂「得以該解釋為再審或非常上訴之理由」，就行政訴訟事件而言，係指聲請解釋當事人得依該宣告特定法令違憲之解釋，主張原確定判決適用法規顯有錯誤而提起再審之訴。申言之，對於解釋公布時尚在行政爭訟中未確定之行政處分，行政法院應受宣告特定法令違憲解釋之拘束，不得再適用該違憲法令，而應認定依違憲法令作成之行政處分違法。如果系爭行政處分於解釋公布時已經確定，則只有曾對行政處分提起行政訴訟而受不利確定終局判決，並對該判決所適用法令聲請違憲審查者，始得依該解釋，主張原確定判決適用法規顯有錯誤而提起再審之訴。其他於解釋公布時已經確定之行政處分，既不受該解釋之影響，受處分人除不能主張原確定判決適用法規顯有錯誤而提起再審之訴外，亦不容重開行政程序，主張已經確定之行政處分適用法令錯誤，而申請撤銷或變更之。又非經實體判決確定之行政處分，符合上開規定者，雖得依上開規定申請重新進行行政程序，若經行政法院實體確定判決予以維持之行政處分，相對人或利害關係人得依再審程序謀求救濟，故不在重新進行行政程序之列。基於訴

訟經濟及避免法院判決之既判力與行政處分之存續力產生衝突兩大原則，亦應將「法定救濟期間經過後」採取限縮性之解釋，僅限於「未於法定救濟期間提起救濟致處分確定之情形」，始得申請程序重開，固與行政程序法第 128 條第 1 項但書「未能在行政程序或救濟程序中主張其事由者」之文義未盡相符，惟為防止濫訴及避免存續力與既判力之衝突，目前實務上對行政程序法第 128 條之限縮性解釋，仍較文義性解釋更能符合程序重開之立法意旨及規範目的，尚與法律保留原則無違。如系爭行政處分於解釋公布時已經確定，則僅有曾對行政處分提起行政訴訟而受不利確定終局判決，並對該判決所適用法令聲請違憲審查者，始得依該解釋，主張原確定判決適用法規顯有錯誤而提起再審之訴，故非經實體判決確定之行政處分，符合上開規定者，固得依規定申請重新進行行政程序，惟若經行政法院實體確定判決予以維持之行政處分，相對人或利害關係人前既得依再審程序謀求救濟，即不在重新進行行政程序之列，其他於解釋公布時已經確定之行政處分，既不受該解釋之影響，受處分人除不能主張原確定判決適用法規顯有錯誤而提起再審之訴外，亦不容重開行政程序，主張已經確定之行政處分適用法令錯誤，而申請撤銷或變更之（最高行政法院 103 判 233）。

行政機關認為程序重新之申請為有理由者，應撤銷、廢止或變更原處分；認申請為無理由或雖有重新開始程序之原因，如認為原處分為正當者，應駁回之。

因此，是否程序重新之決定權，係取決於行政機關之職權。就此，最高行政法院（94 判 433）指出，原處分之相對人或利害關係人要難據以主張其有申請撤銷或變更之程序上權利，其所為「申請」僅能促請行政機關注意是否依職權發動調查原處分是否違法，並無使行政機關依其申請重新啟動調查程序之義務。

不過，本文以為，仍應斟酌前述實體事由之存在，有無可歸責行政機關之事由。

六、時　效

㈠短期時效與制度特色

1.短期時效

時效制度，兼具確保法秩序安定性與維護人民權益之功能，短期時效更得避免舉證之困難。本法第 131 條第 1 項規定，公法上之請求權，於請求權人為行政機關時，除法律有特別規定外，因 5 年間不行使而消滅；於請求權人為人民時，除法律另有規定外，因 10 年間不行使而消滅。

所謂「公法上之請求權」，係指權利義務主體相互間，基於公法上法律關係，一方向他方請求他方特定給付之權利（最高行政法院 100 判 1071），適用消滅時效者，主要係公法上之財產請求權，而消滅時效應自請求權可行使時起算，為民法第 128 條之規定，而消滅時效，因請求、承認或起訴而中斷，則為民法第 129 條第 1 項所明定。公法上請求權之行使，與民法請求權之行使性質相類似，民法上開規定，於公法上請求權行使時，因性質相類，而得類推適用。所謂請求權「可行使」時，係指行使請求權在法律上無障礙，可合理期待請求權人為行使時起算其消滅時效期間（106 判 675）。例如，政府採購法第 31 條第 2 項各款向廠商追繳押標金，為機關對於投標廠商行使公法上請求權，而有本法第 131 條第 1 項關於公法上請求權消滅時效規定之適用；至於該公法上請求權之消滅時效期間，應自可合理期待機關得為追繳時起算（107 判 283）。

2.制度特色

本法第 131 條第 2 項規定：「公法上請求權，因時效完成而當然消滅。」係採權利消滅主義，而非抗辯主義，故無待當事人之主張。

就此，最高行政法院指出，公法上之請求權罹於時效之法律效果為「請求權消滅」，即應為權利當然消滅，而非僅發生義務人得為拒絕給付之抗辯。故縱給付義務人未主張請求時效作為防禦方法，惟因公法上時效非抗辯權，行政法院應依職權調查是否時效已完成而當然消滅（103 判 207）；再者，公法上請求權時效採債權消滅主義，於時效完成時權利消滅，無待

當事人主張。因此,債權人於公法上請求權時效完成後始限期催告債務人履行,縱債務人依限給付,因其公權利本身已消滅,屬無法律上原因而使債權人受利益,應構成公法上不當得利(106 判 388;104 年 2 月份庭長法官聯席會議決議)。

㈡時效中斷與重行起算

1.時效中斷

公法上請求權,本法第 131 條第 3 項規定:「因行政機關為實現該權利所作成之行政處分而中斷。」

惟本法第 132 條規定:「行政處分因撤銷、廢止或其他事由而溯及既往失效時,自該處分失效時起,已中斷之時效視為不中斷。」

2.重行起算

因行政處分而中斷之時效,本法第 133 條規定,自行政處分不得訴請撤銷或因其他原因失其效力後,重行起算。

至於,因行政處分而中斷時效之請求權,於行政處分不得訴請撤銷後,其原有時效期間不滿 5 年者,本法第 134 條規定,因中斷而重行起算之時效期間為 5 年。

此外,實務見解指出,關於消滅時效如何起算及有無中斷時效之適用,本法並未加以規定,應屬法律漏洞,當依法理類推適用民法有關時效相關規定;依民法第 128 條規定,消滅時效,自請求權可行使時起算。以不行為為目的之請求權,自為行為時起算(最高行政法院 103 判 207)。

第十章　行政契約

綱要導讀

壹、行政契約之概念與容許性

一、概　念

(一)私法契約與公法契約之區分

(二)公法契約

　　1.公法契約之用語

　　2.公法契約與行政契約之關係

(三)行政契約

　　1.功　能

　　2.判斷基準

　　3.行政契約與行政處分之異同

二、容許性

(一)締約自由

　　1.原　則

　　2.限　制

(二)民法規定之準用

貳、類　型

一、圖　示

二、隸屬契約

(一)和解契約

　　1.功　能

　　2.要　件

(二)雙務契約

　　1.功　能

　　2.要　件

　　3.爭訟解決

三、對等契約

參、行政契約之特別要件

一、公告與表示意見

二、締結方式

(一)書　面

(二)其他方式

三、同意生效

(一)第三人

(二)其他行政機關

肆、無效與範圍

一、無效之原因

(一)一般行政契約

　　1.準用民法規定之結果

　　2.依法不得締結行政契約

　　3.未依法公開甄選

(二)代替行政處分之行政契約

　　1.與其內容相同之行政處分為無
　　　效者

　　2.與其內容相同之行政處分，有得
　　　撤銷之違法原因，並為締約雙方
　　　所明知者

　　3.締結之和解契約，未符合第 136
　　　條之規定者

　　4.締結之雙務契約，未符合第 137
　　　條之規定者

二、無效之範圍

(一)原則：全部無效

㈡例外：其他部分有效

伍、調整與終止

一、危害公益

㈠要　件

㈡程　序

　1.損失補償

　2.書　面

㈢權利保護

　1.終止契約

　2.行政訴訟

二、情事變更

㈠要　件

㈡程　序

　1.補償與繼續履行

　2.書　面

㈢權利保護

陸、履　行

一、指導或協助

㈠要　件

　1.對　象

　2.目　的

　3.方　式

　4.範　圍

㈡內　容

　1.指　導

　2.協　助

二、損失補償

㈠要　件

　1.請求權人

　2.請求原因

　3.請求對象

㈡處理程序

　1.書面決定

　2.時　效

㈢權利保護

三、強制執行

㈠執行名義

㈡認　可

　1.機　關

　2.事　項

㈢準　用

本章主要係以行政程序法（以下簡稱「本法」）第 3 章「行政契約」為討論範圍。

壹、行政契約之概念與容許性

一、概　念

㈠私法契約與公法契約之區分

在釋憲實務上，針對私法契約與公法契約之區分，特別在本法施行前，存在相當之爭議。

事實上，公法契約與私法契約之區別，係多數意見之見解。

至於，區別公法契約與私法契約之判斷標準，例如，釋字第 348 號解釋楊建華與吳庚大法官之協同意見書指出，公法契約（或稱行政契約）與私法契約之區別，學理上固有各種不同之學說，惟對具體之契約予以判斷時，則應就契約主體（當事人之法律地位）、契約之目的、內容以及訂立契約所依據之法規的性質等因素綜合判斷。本件契約之目的，在於解決公立醫療機構醫師缺乏之行政上目標，契約當事人一方之國立醫學院提供公費待遇及醫師養成過程中各種便利，公費學生則負畢業後在公立醫療機構擔任公職，執行醫療職務之義務，其訂約之依據為教育部依職權發布之命令（內部規章），即「國立陽明醫學院醫學系公費學生待遇及畢業後分發服務實施要點」，綜上以觀，國立醫學院與公費學生間之約定，屬公法上之契約，自無疑問。❶

此外，具體案件之訴訟，究應循普通訴訟程序抑或依行政訴訟程序為

---

❶　最高行政法院（92 裁 631）指出：「公法上契約與私法上之契約，其主要之區別為契約之內容與效力，是否均為公法所規定。苟契約之內容及效力，並無公法規定，而全由當事人之意思訂定者，縱其一方為執行公務，仍屬於私法上契約之範圍。」；最高行政法院（100 裁 396）指出，系爭契約之公、私法性質，應就系爭契約之標的內容判定。

之，則應由立法機關衡酌訴訟案件之性質及既有訴訟制度之功能等而為設計。蓋我國關於民事訴訟與行政訴訟之審判，依現行法律之規定，係分由不同性質之法院審理，係採二元訴訟制度。除法律別有規定外，關於因私法關係所生之爭執，由普通法院審判；因公法關係所生之爭議，則由行政法院審判之（釋字第 533 號解釋）。

例如，釋字第 695 號解釋：「行政院農業委員會林務局所屬各林區管理處對於人民依據國有林地濫墾地補辦清理作業要點申請訂立租地契約未為准許之決定，具公法性質，申請人如有不服，應依法提起行政爭訟以為救濟，其訴訟應由行政法院審判。」蓋「……人民依行政法規向主管機關為訂約之申請，若主管機關依相關法規須基於公益之考量而為是否准許之決定，其因未准許致不能進入訂約程序者，此等申請人如有不服，應依法提起行政爭訟……。行政院農業委員會為接續清理舊有濫墾地，訂定發布前開作業要點暨國有林地濫墾地補辦清理實施計畫，將違法墾植者導正納入管理，以進行復育造林，提高林地國土保安等公益功能。行政院農業委員會林務局所屬各林區管理處於人民依據作業要點申請訂立租地契約時，經審查確認合於作業要點及相關規定，始得與申請人辦理訂約。按補辦清理之目的在於解決國有林地遭人民濫墾之問題，涉及國土保安長遠利益（森林法第 5 條）。故林區管理處於審查時，縱已確認占用事實及占用人身分與作業要點及有關規定相符，如其訂約有違林地永續經營或國土保安等重大公益時，仍得不予出租。是林區管理處之決定，為是否與人民訂立國有林地租賃契約之前，基於公權力行使職權之行為，仍屬公法性質，申請人如有不服，自應提起行政爭訟以為救濟，其訴訟應由行政法院審判。」

至於，甲與行政機關依據「臺灣省國有林事業區濫墾地清理計畫」及當時相關法令規定，訂立「臺灣省德基水庫集水區域內國有森林用地出租造林契約書」，承租轄管大甲溪事業區土地，嗣因甲未依租賃契約約定之樹種種植，違反租賃契約，經機關以存證信函終止契約，則屬甲與行政機關間於訂定租賃契約後所生私法關係之爭執，應由普通法院審判（最高行政法院 103 裁 336）。

　　此外，行政機關在特定行政領域（例如給付行政、誘導行政），雖得選擇以公法或私法方式為行為，然此必以不涉及公權力行使為前提。蓋依法律規定或事務之本質，以公權力之行使為契約標的，該契約應屬於行政契約（公法契約）者，斷不因當事人主觀上以之為私法契約而變更其性質，否則與法有違，且易生學說上所稱行政機關「避難至私法」之流弊。例如，甲公司參與相對人（新竹縣政府）所辦理「科學工業園區特定區新竹縣轄竹東鎮區段徵收委託開發案」，由甲公司得標並簽訂系爭契約。該系爭契約雖以依政府採購法辦理為名，或援引政府採購法若干條文為內容，僅是相對人借用該法所定程序選擇締約相對人，而非因此變更系爭契約原有之性質（104 裁 1815）。

㈡公法契約

1.公法契約之用語

　　公法契約之用語，在釋字第 89 號解釋不同意見書指出，行政法規上關於行政行為之規定，頗多仿效私法之規定者。蓋晚近由於民主政治之發達，舊日專制時代之統治觀念大見變化，國家既常立於準私人之地位，與私人發生各種私法關係，國家之行政行為，亦逐漸減少其權力之色彩，與私法行為漸趨接近，故於行政處分之外，有所謂公法上契約。惟尚非該號解釋多數意見之用語。

　　而釋字第 324 號解釋指出，財政部【74/06/18】修正發布之海關管理貨櫃辦法，該辦法（由業者向海關立具保結）尚涉及公法契約之問題，關於公法契約之基本規範，亦宜由有關機關儘速立法，妥為訂定，俾符依法行政原則。

　　就此，本號解釋吳庚大法官之協同意見書謂，鑑於經交通部核准設立之貨櫃集散站，向當地海關申請登記或換發年度登記證時，均須出具保結並繳納一定數額之保證金，故貨櫃集散站經營者與海關有可能成立類似公法契約關係之情形。

2.公法契約與行政契約之關係

　　公法契約，主要係以契約之標的或內容為公法上法律關係（含公法上

權利義務）作為認定標準，並以此作為與私法契約之區別。

　　所謂行政契約，實務見解指出係指以公法上法律關係為契約標的（內容），而發生、變更或消滅行政法上之權利或義務之合意而言（本法第135條規定）。契約之公私法性質，係客觀判斷之，而非依當事人之主觀意思定之。以契約設定、變更或消滅公法上法律關係者，為行政契約。例如，勞動部勞動力發展署技能檢定中心委託學校辦理職類術科測試試務作業，簽訂彼此間應共同遵守事項之權利及義務依據之合約書，為本法第135條規定之行政契約（最高行政法院107判97）。

　　一般而言，公法契約之範圍較為廣泛，包括憲法性質之公法契約在內。❷至於，行政契約之性質，亦屬公法契約之一種，惟以行政法上之公法契約為限。而本法第3章係以「行政契約」為標題，並不包括憲法性質之公法契約。因此，本法第135條規定得以契約設定、變更或消滅之「公法上法律關係」，在行政契約之概念下，一方面係指行政法上之法律關係，另一方面則指公法上之法律效果或公法上之權利義務。❸

㈢行政契約

1.功　能

　　行政契約之功能，釋字第533號解釋吳庚大法官協同意見書指出，行政契約係作為行政作用方式之一種，既「可避免行政處分單方及片面決定的色彩，又可相當程度滿足相對人之參與感」，符合本法第1條規定之立法目的，故未來將日益普遍。

2.判斷基準

　　針對行政主體與人民間行政契約之判斷基準，釋字第533號解釋吳庚大法官協同意見書指出，首須契約之一造為代表行政主體之機關，其次，凡行政主體與私人締約，其約定內容亦即所謂契約標的，有下列四者之一時，即認定其為行政契約：⑴作為實施公法法規之手段者，質言之，因執行公法法規，行政機關本應作成行政處分，而以契約代替；⑵約定之內容

---

❷　並參，釋字第329號解釋；黃俊杰，《財政憲法》，2005，第182頁以下。

❸　李惠宗，《行政法要義》，2004，第420頁。

係行政機關負有作成行政處分或其他公權力措施之義務者；(3)約定內容涉及人民公法上權益或義務者；(4)約定事項中列有顯然偏袒行政機關一方或使其取得較人民一方優勢之地位者。若因給付內容屬於「中性」，無從據此判斷契約之屬性時，則應就契約整體目的及給付之目的為斷，例如，行政機關所負之給付義務，目的在執行其法定職權，或人民之提供給付目的在於促使他造之行政機關承諾依法作成特定之職務上行為者，均屬之。❹因此，判斷是否為行政契約，應以契約目的是否係行政機關基於公益履行其法定職務以及契約內容是否涉及人民公法上之權利義務等綜合判斷之（最高行政法院 101 判 716）。

　　而中央健康保險局並非財團法人，又不屬公司組織，係具有行使公權力權能之國家機關，不因其首長及服務人員不適用一般行政機關公務人員之職稱、官等、職系、俸給而有異。醫事服務機構依合約之規定，負有代替中央健康保險局對被保險人提供醫療服務之給付義務，而被保險人受領給付，則係基於與中央健康保險局間所發生之公法關係（釋字第 524 號解釋），故中央健康保險局與醫事服務機構間之前述合約，係以人民公法上權益為契約內容，且觀其約定條款多屬重複「全民健康保險醫事服務機構特約及管理辦法」之規定，並使中央健康保險局顯然享較優勢之地位，甚至將法律所定之行政罰訂為違約之罰則。因此，衡諸前開判別基準，係屬行政契約。

　　此外，雙方訂立之「協議書」所依據法律「為獎勵投資，加速經濟發展」，係公益性質之獎勵投資條例，依訂約整體目的及約定之給付內容與效力綜合判斷，故因開發用地如由行政主體與私人締結聯合開發投資契約，因其據以執行之大眾捷運法、捷運土地開發辦法均為公法法規，且約定內

---

❹　至於，締約雙方主觀願望，釋字第 533 號解釋吳庚大法官協同意見書指出，並不能作為識別契約屬性之依據，因為行政機關在不違反依法行政之前提下，雖有選擇行為方式之自由，然一旦選定之後，行為究屬單方或雙方，適用公法或私法，則屬客觀判斷之問題，由此而衍生之審判權之歸屬事項，尤非當事人之合意所能變更；並參，吳庚，《行政法之理論與實用》，2004，第 424 頁。

容亦涉及行政機關公權力之發動,則就契約標的及契約整體目的綜合判斷,應定性為行政契約(100 判 1091);甲公司就系爭土地,申請都市計畫變更為道路用地及商業區等,與臺北市政府簽訂前述計畫案之協議書,具行政契約性質(107 判 56)。

3.行政契約與行政處分之異同

⑴相　同

行政契約與行政處分,均屬就公法事件發生法律效果之行政行為。

⑵差　異

行政處分,所發生之法律效果,包括私法與公法之法律效果;行政契約,基於契約標的之要素,應限於公法之法律效果。

行政處分,係行政機關之單方行政行為;行政契約之當事人,至少係雙方合意之行政行為。❺例如,公立學校聘任之教師係基於聘約關係,擔任教學研究工作(釋字第 308 號解釋),依其聘約之內容,要在約定教師應履行公立學校對於學生所應提供之教育服務,及所得行使之公權力行政,性質上係行政契約。其契約關係之成立及內容,本質上仍屬雙方間意思表示之合致。

至於,須相對人同意(協力)之行政處分,例如,公務員之任用行為,仍僅由行政機關單方決定即可產生法律效果,而行政契約則應由契約當事人意思表示合致而成立且只有經雙方當事人同意後,始有具體之內容存在。因此,人民單方面經公證處辦理認證之申請書,不能作為其與行政機關成立行政契約之依據(最高行政法院 99 判 593)。

至於,居民因土地重劃爭議會見市長之調處結果,係以陳情紀錄之方式記載,並所載結論,均無關於應修訂重劃計畫書等相關文字,可見陳情紀錄之結論,核屬市長針對人民對於行政興革之建議、行政上權益之維護等事項之陳情所為處理,尚非所謂行政契約之訂立(99 判 577)。

---

❺　行政契約之當事人,本法似以「雙方」為主要類型,蓋本法第 142 條第 2 款規定「締約雙方」之用語,而第 136 條與第 137 條均規定「行政機關與人民締結行政契約」。

二、容許性

㈠締約自由

1.原 則

行政契約之容許性，依本法第 135 條規定：「公法上法律關係得以契約設定、變更或消滅之。但依其性質或法規規定不得締約者，不在此限。」例如，全民健康保險特約既為行政契約，健保署與保險醫事服務機構間之公法上法律關係，除依其性質或法規規定不得締約者外，該法律關係即得以契約設定、變更或消滅（釋字第 753 號解釋）。雖然，第 136 條及第 137 條分別就和解契約及雙務契約有所規定，但並不能以此等規定而認行政契約僅能有和解契約及雙務契約。例如，民事法上之債務承擔有免責之債務承擔與併存之債務承擔之別，前者為民法第 300 條所明定。後者民法雖無規定然本於契約自由原則，亦應承認之。最高法院 49 台上 2090 判例：「債務承擔，有免責的債務承擔及併存的債務承擔之別，前者於契約生效後原債務人脫離債務關係，後者為第三人加入債務關係與原債務人併負同一之債務，而原債務人並未脫離債務關係。」（23 上第 1377 判例同意旨）亦承認併存的債務承擔。此項併存的債務承擔，亦屬民事法制之一部分，行政契約亦準用之（最高行政法院 100 判 838）。

因此，行政契約作為行政作用之類型，並不以法律明文規定或授權者為限。參照司法院釋字第 348 號解釋理由「行政機關基於其法定職權，為達成特定之行政上目的，於不違反法律規定之前提下，自得與人民約定提供某種給付，並使接受給付者負合理之負擔或其他公法上對待給付之義務，而成立行政契約關係。」之意旨，行政機關為達成行政目的，仍得於不違反法律規定之前提下，與人民締結行政契約。至行政程序法之公布施行，僅提供行政機關為行政行為時應遵守之程序，非謂行政程序法公布施行前，不得與人民締結行政契約。惟基於依法行政之原則，行政機關與人民締結行政契約，仍應受法律之監督（107 判 153）。

換言之，行政機關享有締約自由原則，而就公法上法律關係是否以行

政契約之方式設定、變更或消滅，行政機關享有行政行為之選擇自由。就此，釋字第 324 號解釋吳庚大法官之協同意見書亦謂，行政機關對於行政作用之方式，有選擇之自由，故「如法律並無強制規定時，行政機關為達成公共行政上之目的，自可從公法行為、私法行為、單方行為或雙方行為等不同方式中，選擇運用。公法上之單方行為須受依法行政（法律保留）原則之羈束，公法上之雙方行為，因具有雙方當事人合意之基礎，其內容為契約兩造相互之權利義務關係，與公權力主體逕對個人課以義務或負擔之情形有別，故在公法契約之領域，所受依法行政原則之支配，密度較低，不若單方行為之嚴格。」

2. 限　制

本法第 135 條規定行政契約之容許性，有兩種不得締約之例外情況：

(1)事件性質

所謂依「事件性質」不得締約，在法務部 1994 年草案總說明曾以「考試決定」，作為不得締約之例證，學者批評，考試決定並無事實或法律不易調查之情事，基於判斷餘地理論，根本不符合成立和解契約之條件，毋庸在性質上再加以否定，此例有誤導之嫌，蓋「性質」為不確定法律概念，易使所締結之契約產生瑕疵，影響契約效力及構成實務運作之負面因素，有害契約之安定性，妨礙契約當事人（尤其是人民）之信賴，建議將性質限制刪除。❻

(2)法規規定

所謂依「法規規定」不得締約，並不以本法之規定為限，凡是與契約締結相關之法令皆屬之。

本法規定之限制，例如，行政處分之作成，行政機關無裁量權時，本法第 137 條第 2 項規定，代替該行政處分之行政契約所約定之人民給付，以依第 93 條第 1 項規定得為附款者為限。即行政機關作成行政處分無裁量權者，以法律有明文規定或為確保行政處分法定要件之履行而以該要件為附款內容者為限，始得為之。

---

❻　林明鏘，〈行政契約〉，翁岳生編《行政法》，2000，第 662 頁以下。

　　原則上行政機關有行為形式選擇的自由，即行政機關為達成其行政目的，享有選擇行為形式之自由，無論是以公法行為或私法行為，或是併用不同種類之行政行為，包括以行政契約代替原應作成之行政處分，均屬合法。行政契約種類中有代替行政處分之行政契約（本法第 137 條第 2 項），因此，私立機構、團體依「內政部推展社會福利補助作業要點」申請補助，是基於與國家上下隸屬關係之人民地位，向主管行政機關為申請，而對該申請之准駁，係就公法上具體事件所為之決定而對外直接發生法律效果之單方行政行為，屬行政處分。而行政機關如同意申請補助而與申請人訂立契約，約定補助內容、目的及其他雙方之權利義務關係，此項契約即屬代替行政機關原應作成行政處分之行政契約（最高行政法院 99 判 786）。

　　此外，代替羈束處分之行政契約，其所約定之人民給付，受到第 93 條第 1 項規定得為附款者規定之限制。❼

(二)民法規定之準用

　　依本法第 149 條規定：「行政契約，本法未規定者，準用民法相關之規定。」本法已規定之內容，主要係第 135 條規定、第 148 條規定，其餘未規定者，則依其個案之態樣與性質，準用民法相關之規定（最高行政法院 103 判 226）。

　　蓋本法雖訂有行政契約專章，就行政契約之意義、成立、方式、生效要件、無效、行政指導、調整與終止及強制執行等事項予以規定。惟因行政契約與私法契約類似之處頗多，為免掛一漏萬，依第 149 條規定，讓行政契約有關事項得以援用私法契約有關法律之規定。惟既稱「準用」而非「適用」，自限於民法相關規定未牴觸行政契約之本質者，始得據以規範，否則，不在準用之列。而行政契約本質上仍屬運用國家資源，達成公益目的之公權力作用，行政機關在簽署行政契約之前，因仍須審查成立行政契

---

❼　例如，為擔保行政處分負擔之履行而另成立之行政契約，若人民以其已履行完畢授益處分之負擔為由，請求行政機關返還系爭保證金，應依行政契約之法律關係為之，行政機關函復不予發還，係屬單純拒絕給付之意思表示，尚非行政處分（最高行政法院 93 判 470）。

約之正當性基礎，並應以維護公益為優先，容許其不受原為要約意思之拘束，自得依本法第 149 條準用民法第 154 條第 1 項但書規定，不成立行政契約，而排除準用民法第 154 條第 1 項（契約之要約人，因要約而受拘束。但要約當時預先聲明不受拘束，或依其情形或事件之性質，可認當事人無受其拘束之意思者，不在此限）之規定（107 判 121）。

例如，甲志願就讀海軍軍官學校正期班，依招生簡章規定，應服役 10 年始可退伍而賠償在校期間已領取公費之費用。甲於報考海軍軍官學校並經錄取時，即與該校成立行政契約，有關之招生簡章即構成行政契約之內容，故甲即有依本法第 3 章及契約內容履行契約之義務，而因本法就有關契約不履行應負損害賠償責任部分，未為規定，則於行政契約有不履行情事者，其損害賠償責任，即應準用民法相關規定定之（103 判 226；100 判 1235）。

貳、類　型

一、圖　示

$$
行政契約
\begin{cases}
隸屬契約 \begin{cases} 和解契約 \\ 雙務契約 \end{cases} \\
對等契約
\end{cases}
$$

行政契約，依契約標的（內容）判斷締約當事人間是否事實上處於對等關係或上下隸屬關係，得區分為對等契約與隸屬（不對等）契約。例如，釋字第 533 號解釋指出，為擔保特約醫事服務機構確實履行其提供醫療服務之義務，以及協助中央健康保險局辦理各項保險行政業務，除於合約中訂定中央健康保險局得為履約必要之指導外，並為貫徹行政目的，全民健康保險法復規定中央健康保險局得對特約醫事服務機構處以罰鍰之權限，使合約當事人一方之中央健康保險局享有優勢之地位。因此，此項合約，

具有隸屬關係行政契約之性質。

區別隸屬契約與對等契約之目的,學者指出,係為「防止並控制隸屬契約所可能發生的種種弊端,因為當契約當事人地位不平等時,所謂出賣公權力或利用公權力欺壓契約相對人的情形就比較容易出現。」❽

至於,行政契約之法定類型,本法第 136 條規定和解契約,第 137 條規定雙務契約,兩者係行政機關與人民締結之行政契約,為避免人民處於不利地位,均將其歸類為隸屬契約之範圍,亦同受本法規範內容之拘束。

此外,和解契約與雙務契約,係本法之用語(第 142 條第 3 款與第 4 款)。

二、隸屬契約

隸屬契約,係締約當事人間事實上處於上下隸屬(不對等)之關係,而行政機關得與本欲對之為行政處分之相對人訂立行政契約,以代替行政處分。就此,本法第 136 條規定「締結行政契約,以代替行政處分」。

㈠和解契約

1.功 能

隸屬關係之和解契約,係基於調查事實或法律關係之困難,由雙方互相讓步而締結行政契約,以代替行政處分,促使行政程序之效率與經濟。

2.要 件

本法第 136 條規定:「行政機關對於行政處分所依據之事實或法律關

---

❽ 林明鏘,〈行政契約〉,第 638 頁以下並謂:「德國行政契約法第 55 條和解契約與第 56 條互易契約之分類及限制,即針對隸屬契約而作之規定,對等契約原則上並不受第 55 條及第 56 條之限制。我國行政程序法第 136 條於參考德國行政程序法第 54 條之際,僅沿用其第 1 句:而具有關鍵性分類之第 2 句(隸屬關係契約)則漏未參考,為何故意不參考德國行政契約法第 54 條第 2 句之規定,條文說明中未曾交代……。此一缺漏乃係本法中的第一個重大缺陷,該法如能於第 136 條第 2 項中規定:『行政機關尤其是得與人民締結隸屬關係契約,以代替行政處分。』將使得第 136 條(和解契約)與第 137 條(互易契約)能夠清楚的由條文用語相互呼應,實具有銜接性之關鍵性作用。」

係，經依職權調查仍不能確定者，為有效達成行政目的，並解決爭執，得與人民和解，締結行政契約，以代替行政處分。」其要件如下：

(1)事實或法律關係不明確

對於行政處分所依據之事實或法律關係，係客觀上存在且不明確，而非僅主觀上之臆測或假設。

(2)依職權調查仍不能確定

事實或法律關係之不明確，經依職權調查仍不能確定。基於行政程序效率與經濟之考量，所謂「職權調查仍不能確定」，應指行政機關已盡法定之調查責任，特別係符合本法第 1 章第 6 節「調查事實及證據」（第 36 條至第 43 條）之規定，或欲完全明確事實或法律關係必須耗損過度之行政成本時。

此要件強調，事實或法律關係之不明確，應先經職權調查之程序，始得締結行政契約，以避免原來應作成行政處分之行政機關規避調查責任。

例如，人民列報之外銷佣金，超過出口貨物價款 5% 部分，何者屬有正當理由，依職權調查仍難以確定，故稅捐機關與人民就此訂定行政契約，難謂無效。因此，人民出具之同意書，稅捐機關固未於其上簽章，惟其承辦人員於經稅捐機關有權核可者核定後發生效力，即成立行政契約，對雙方發生拘束力，人民就同意剔除部分，不得再行爭執，稅捐機關就超過同意剔除外銷佣金額度以外者，亦不得再行剔除，並無顯不公平情形（最高行政法院 94 判 35）；至於，因納稅者自動承認「買入系爭土地價格僅 1,000,000 元，而主動補報繳個人綜合所得稅」之際，本件違章事實已逐漸浮現，客觀上並無「事實關係經依職權調查仍不能確定」之情事存在，並不符合本法第 136 條所定行政和解契約之締結要件（107 判 314）。

(3)有效達成行政目的

和解契約之締結，須能有效達成行政目的。蓋代替行政處分之行政契約，與被代替之行政處分間，應有相同或類似之行政目的，僅因在事實或法律關係經依職權調查仍不能確定之不明確狀態下，若貿然直接以行政處分為之，恐造成後續因行政處分本身瑕疵所延伸之救濟程序之耗損，而更

不利於行政目的之有效達成。因此，締結行政契約，以代替行政處分，係有效解決歧見或爭執之行政行為選擇。

⑷得與人民和解

行政機關是否與人民和解，係行政機關之裁量權，而對於行政機關和解之提出，人民亦有表示意見之權利。因此，原來應作成行政處分之行政機關與人民成立和解，其重點係代表雙方原則上應互相協商讓步，故不得無正當理由僅要求一方退讓，更不得僅要求人民接受行政機關之見解。例如，最高行政法院指出，環保局所為課予甲公司應與各涉案事業及受託人負連帶清除及改善責任之前處分（應提出清理計畫書送環保局審查），因環保局與甲公司已達成協議，由甲公司負責清除 14,436 公噸，則甲公司就清除有害事業廢棄物之責任，應僅限定於 14,436 公噸，其餘部分甲公司依法即免除清除之責任；甲公司既已依約清除 14,436 公噸有害事業廢棄物，則甲公司就系爭場址內有害事業廢棄物已全部免除其清除責任，並無任何應由甲公司須再負連帶清除之「新事證」，環保局不能就命甲公司就剩餘之有害事業廢棄物（3 萬 5,041 公噸以上）與各涉案事業連帶負清理責任，業經原審法院（103 訴更一 24）及本院（105 判 203）認定甲公司並非清除處理之義務人，而將前處分及其訴願決定均撤銷確定在案，故前處分自因而喪失其規制之效力（106 判 322）。

㈡**雙務契約**

1.**功 能**

隸屬關係之雙務契約，亦稱互易契約或交換契約，釋字第 348 號解釋指出，行政機關基於其法定職權，為達成特定之行政上目的，於不違反法律規定之前提下，自得與人民約定提供某種給付，並使接受給付者負合理之負擔或其他公法上對待給付之義務，而成立行政契約關係。

其功能，例如，有關機關為解決公立醫療機構醫師缺額補充之困難，以公費醫學教育方式，培養人才，教育部遂報奉行政院【67/01/27】核准，以臺 (67) 教字第 823 號函發布「國立陽明醫學院醫學系公費學生待遇及畢業後分發服務實施要點」，作為處理是項業務之依據。該要點係為確保自願

享受公費待遇之學生，於畢業後，照約按受分發公立衛生醫療機構完成服務，以解決上述困難，達成行政目的所必要。

2.要 件

本法第 137 條第 1 項規定：「行政機關與人民締結行政契約，互負給付義務者，應符合下列各款之規定：⑴契約中應約定人民給付之特定用途；⑵人民之給付有助於行政機關執行其職務；⑶人民之給付與行政機關之給付應相當，並具有正當合理之關聯。」其要件如下：

⑴行政機關與人民締結行政契約，互負給付義務

釋字第 348 號解釋指出，國立陽明醫學院醫學系公費學生待遇及畢業後分發服務實施要點，係主管機關為解決公立衛生醫療機構醫師補充之困難而訂定，並作為與自願接受公費醫學教育學生，訂立行政契約之準據。依該要點之規定，此類學生得享受公費醫學及醫師養成教育之各種利益，其第 13 點及第 14 點因而定有公費學生應負擔於畢業後接受分發公立衛生醫療機構服務之義務，及受服務未期滿前，其專業證書先由分發機關代為保管等相關限制，乃為達成行政目的所必要，亦未逾越合理之範圍，且已成為學校與公費學生間所訂契約之內容。公費學生之權益受有限制，乃因受契約拘束之結果，並非該要點本身規定之所致。

而行政機關是否與人民締結互負對待給付義務之行政契約，係行政機關之裁量權，雙方當事人履行契約上之義務，釋字第 348 號解釋指出，應本誠信原則。

至於，行政處分之作成，行政機關無裁量權時，本法第 137 條第 2 項規定，代替該（羈束）行政處分之行政契約所約定之人民給付，以依第 93 條第 1 項規定得為附款者為限，即以法律有明文規定或為確保行政處分法定要件之履行而以該要件為附款內容者為限。

⑵契約中應約定人民給付之特定用途

本法第 137 條第 3 項規定，契約應載明人民給付之特定用途及僅供該特定用途使用之意旨。因此，用途應具有特定性與明確性。

例如，最高行政法院（105 判 500）指出，「頂大策略聯盟公費行政契

約書」係國立政治大學基於其法定職權，為達成培養優秀人才之特定行政上目的，於不違反法律規定之前提下，與該校博士生就出國留學（進修）獎學金等相關權利義務所為之約定，性質上屬於一種行政契約。

此外，行政契約若係以某甲自辦市地重劃會同意就系爭計畫道路負有取得用地與開闢之義務，縣政府始核定甲之重劃計畫書，為契約之內容，該兩者之間係立於對待給付之關係，自屬雙務契約之性質，而有本法第137條規定之適用。依系爭切結書內容，顯見係因系爭計畫道路非屬本件市地重劃範圍內，惟為考量重劃完成後區域整體發展及道路系統之完善，兩造始約定甲就系爭計畫道路負有開闢及取得用地之義務。是該切結書已在形式上載明，甲開闢系爭計畫道路之特定用途及僅該特定用途使用之意旨，符合本法第137條第3項之規定（99判330）。

(3)人民之給付有助於行政機關執行其職務

行政機關與人民締結互負給付義務行政契約，係因人民之給付有助於行政機關執行其職務，即為達成特定之行政上目的。

而為有助於達成特定行政目的，行政機關經常在契約內容訂定履約條款，例如，國防部所發布國軍各軍事學校退學開除學生賠償費用辦法，係國防部依其職權訂定，並作為自願接受公費軍事教育學生訂立行政契約之準據，與法律規定無違。國軍各軍事學校學生於入學時所交付予學校之志願書，及家長所出具入學保證書，表明學生在校期間如遭中途退學或開除學籍，願賠償其在校期間之一切費用，則上開志願書、入學保證書及賠償費用辦法即成為契約之內容，訂約當事人均有履行契約之義務（最高行政法院94判104；98判774）。

(4)人民之給付與行政機關之給付應相當，並具有正當合理之關聯

契約內容首重公平合理，不得使人民負不相當之對待給付義務。至於，行政契約雙方當事人所負之給付義務，是否相當、合理，應自契約內容為判斷，而非以一方違約時之情形為判斷。例如，依系爭協議書之內容，甲公司提供之土地乃工業用地，開發為工商綜合區，涉及土地使用管制及都市計畫之變更，新北市政府核准開發後，須優先配合興修區外聯絡道路及

相關公共設施等，就新北市政府而言，其以行政資源及時間之投入，獲得甲公司捐贈之系爭土地及捐獻金；就甲公司而言，其以系爭土地及捐獻金，換取開發完成後之土地及建物之增值利潤，甚且得以申請優惠貸款等，相較之下，並無甲公司所稱雙方所負給付不相當不合理之情事，二者間亦具有關聯性，且無不公平之情形（最高行政法院 107 判 153）。

3.爭訟解決

例如，中央健康保險局依其組織法規係國家機關，為執行其法定之職權，就辦理全民健康保險醫療服務有關事項，與各醫事服務機構締結全民健康保險特約醫事服務機構合約，約定由特約醫事服務機構提供被保險人醫療保健服務，以達促進國民健康、增進公共利益之行政目的，故此項合約具有行政契約之性質。

締約雙方如對契約內容發生爭議，屬於公法上爭訟事件，釋字第 533 號解釋指出，依行政訴訟法第 2 條：「公法上之爭議，除法律別有規定外，得依本法提起行政訴訟。」與第 8 條第 1 項：「人民與中央或地方機關間，因公法上原因發生財產上之給付或請求作成行政處分以外之其他非財產上之給付，得提起給付訴訟。因公法上契約發生之給付，亦同。」之規定，應循行政訴訟途徑尋求救濟。❾

因此，保險醫事服務機構與中央健康保險局締結前述合約，如因而發生履約爭議，經該醫事服務機構依全民健康保險法第 5 條第 1 項所定程序提請審議，對審議結果仍有不服，自得依法提起行政爭訟。❿

---

❾ 例如，公司與行政機關簽訂相關都市計畫案之協議書，具行政契約性質，故嗣後繳納代金所生之爭議，係行使行政契約之請求權所生，應依行政訴訟法第 8 條規定提起公法上契約之給付訴訟（最高行政法院 107 判 56）。

❿ 中央健康保險局係依系爭合約所為契約約定處罰之權利，要非行政處分，醫事服務機構應依行政訴訟法第 8 條規定提起給付訴訟，始符法制，其執意提起撤銷訴訟，自非合法（最高行政法院 94 裁 39）。

三、對等契約

對等契約，係締約當事人間事實上處於對等之關係。至於，締約當事人之身分，不以同一行政主體為限，亦不排除私人之可能性。

對等契約，雖非本法規定行政契約之法定類型，但依第 135 條規定，除依其性質或法規規定不得締約者外，公法上法律關係得以契約設定、變更或消滅之。此外，第 149 條規定，行政契約，本法未規定者，準用民法相關之規定。因此，若對等契約之內容，不違反法律之意旨，則應屬容許之範圍。

參、行政契約之特別要件

除本法第 136 條和解契約及第 137 條雙務契約之規定與第 149 條規定：「行政契約，本法未規定者，準用民法相關之規定」以外，第 138 條至第 140 條規定行政契約之特別要件。

一、公告與表示意見

當行政契約當事人一方（尤其是行政機關）享有優勢之地位（釋字第 533 號解釋）時，為避免契約當事人地位不平等或無法公平競爭，本法第 138 條規定，行政契約當事人之一方為人民，依法應以甄選或其他競爭方式決定該當事人時，行政機關應事先公告應具之資格及決定之程序。

此外，行政機關在決定前，並應予參與競爭者表示意見之機會。

例如，本件國立大學舞蹈學系為辦理系爭甄選，事先將相關徵聘資訊刊登在行政院人事行政總處事求人機關徵才系統，並成立甄選小組，由甄選委員於就應聘者之面談等表現，進行甄試評分（104 判 314）。

二、締結方式

行政契約之締結，依本法第 139 條規定，其方式如下：

㈠書　面

　　行政契約之締結，係公法上之要式行為，**❶**而行政契約係屬要式契約。蓋行政契約之締結常涉及公權力之行使，為確保法律關係之明確，須以一定方式為之，本法第 139 條即明文規定，故行政契約之締結，原則上應經雙方當事人以明示或默示之方式互為意思表示一致而成立，並應經過書面之方式為之。故雙方如就相關爭議成立和解契約，首先必須以書面明文為之（最高行政法院 99 判 435）。

　　所謂「書面」，係指得表徵行政契約締結之合意與或其內容之書狀。至於，表徵行政契約締結合意與或其內容之書狀是否應在同一文件為之，本法並無特別規定。因此，產生行政契約是否應當採行「文書單一性」之爭議，學理之多數見解係認為，於行政契約中，毋須貫徹「文書單一性」之要求，亦即不需於客觀上僅存有一紙文書，並經雙方於該紙文書上簽署。**❷**惟亦有認為，考量行政契約所記載之法律關係應確保其明確，應該要貫徹「文書單一性」之要求。**❸**

　　實務見解指出，甲客運公司本與市政府交通局簽訂行政契約，約定使用轉運站 A 月台，嗣後再向乙客運公司買售取得轉運站 B 月台使用，該行政契約亦經市長核可簽訂。參酌本法第 139 條立法依據之德國行政程序法第 57 條相關德國學說及裁判見解，「書面」之意義，應從行政契約之意義及其內容加以解釋及運用。法律明定書面之目的，僅具有證明、警告功能，因而從行政主體相互間之往來文件，已可察知就公法上法律關係之設定、變更或消滅，雙方確已達成具有拘束力以及表示知悉之意思表示之合意者，即可認已具備書面之要件，故所稱「書面」，實不以單一性文件為必要

---

❶　關於公法上之要式行為，釋字第 254 號解釋謂：「宣誓係公法上之要式行為，除誓詞由法條明文規定外，其程序及方式，應依宣誓條例第 3 條至第 7 條之規定。」

❷　相關內容，參閱李惠宗，《行政程序法要義》，第 357 頁；蕭文生，〈行政契約書面方式之意義——評臺北高等行政法院 90 年度訴字第 3845 號判決〉，《月旦法學雜誌》第 83 期，2002 年 4 月，第 218 頁以下。

❸　陳敏，《行政法總論》，第 590 頁。

（100 裁 2962）。

㈡其他方式

行政契約之締結，若法規另有其他方式之規定者，第 139 條但書規定，依其規定。

所謂「其他方式」，係指書面以外之其他方式，惟應有法規之依據，始得為之。於此情況下，以書面締結行政契約，僅屬原則性之要求，即要示行為之一種類型。

因此，雖行政契約依本法第 139 條前段應以書面為之，然其後段復規定法令有其他規定者，從其規定。例如，依本法第 139 條及土地徵收條例第 11 條第 2 項規定：「前項協議之內容應作成書面，並應記明協議之結果。」表示協議價購必須作成書面（實務則以協議價購契約書為準），本件兩造間並未簽署協議價購契約書，故並無行政契約書面存在（最高行政法院 107 判 121）。

此外，公立學校教師之聘任為行政契約（98 年 7 月份第 1 次庭長法官聯席會議決議），且「行政契約之締結，應以書面為之。」為本法第 139 條前段所明定，故教師與學校訂定之書面聘約，始為其間權利義務之規範依據；至於，學校為聘任教師而辦理公開甄選，製作之甄選簡章，係要約之引誘，其內所載事項，對學校及參加甄選者並無契約上之拘束力（106 判 159）。

三、同意生效

行政契約若內容將侵害第三人之權利或涉及其他行政機關之權限，本法第 140 條規定其特別生效要件：

㈠第三人

行政契約依約定內容履行將侵害第三人之權利者，應經該第三人書面之同意，始生效力。

所謂「侵害第三人之權利」，係指第三人（行政契約當事人以外者）因為行政契約當事人間約定內容之履行，可能受到實質損害、額外負擔、提

供給付與其他不利益之狀態。

　　例如，行政契約當事人之一方，約定由第三人對於他方為給付之第三人負擔契約（本法第 149 條準用民法第 268 條）。

　　此時，為確保第三人明白肯認且接受行政契約之約定內容，該第三人之書面同意，構成行政契約之特別生效要件，以避免未來契約履行之爭執，並有利行政目的之實現。

㈡其他行政機關

　　行政處分之作成，依法規之規定應經其他行政機關之核准、同意或會同辦理者，代替該行政處分而締結之行政契約，亦應經該行政機關之核准、同意或會同辦理，始生效力。

　　至於，作成行政處分是否應經其他行政機關核准、同意或會同辦理之程序，係以法規之規定為判斷依據。

　　例如，因颱風豪雨造成垃圾掩埋場汙水外流，影響甲里所在地居民生活品質，引發居民不滿。經行政機關協商簽訂回饋金協議書，惟其約定內容違反「回饋金補助行政處分前，應先經甲里回饋金管委會審議通過之參與程序」之地方自治法規規定，依本法第 140 條第 2 項之規定，不生法律效果（105 裁 1173）。

肆、無效與範圍

　　行政契約之締結，係基於當事人之合意。因此，行政契約瑕疵之法律效果，應避免無效，而應儘量容許其得補正或以其他方式，以維持法秩序之安定性，並有助達成行政目的與維護人民權益。

一、無效之原因

　　本法第 141 條與第 142 條分別規定一般行政契約與代替行政處分行政契約之無效原因：

㈠一般行政契約

一般之行政契約，依本法第 141 條規定，其無效之原因如下：

1.準用民法規定之結果

第 141 條第 1 項規定，行政契約準用民法規定之結果為無效者，無效。

本項規定，並未明確指明準用民法規定之範圍及界限，似有待將來實務案例之累積。

就此，學者指出，本項規定無效原因之範圍過於廣泛，與行政契約應儘量縮小無效原因之特性不符，甚至造成亦得包含同條第 2 項規定之狀態，結果形成第 1 項規定與第 2 項規定在邏輯上不能併存之矛盾，且過度強調依法行政之要求，對於違反任何法令規定之契約，皆予無效之結果，似非利益衡量與保護當事人信賴所應採取之規範模式。因此，建議刪除本項規定。❶④

2.依法不得締結行政契約

第 141 條第 2 項規定，行政契約違反第 135 條但書（依其性質或法規規定不得締約）之規定者，無效。

3.未依法公開甄選

第 141 條第 2 項規定，行政契約違反第 138 條（行政機關未事先公告應具之資格及決定之程序或決定前未予參與競爭者表示意見之機會）之規定者，無效。

㈡代替行政處分之行政契約

代替行政處分之行政契約，依本法第 142 條規定，其無效之原因如下：

1.與其內容相同之行政處分為無效者

由於行政處分之無效原因，依本法第 111 條規定，得區分為例示規定（第 1 款至第 6 款）與概括規定（第 7 款）兩種情形。而行政處分之無效原因，是否應完全適用於代替行政處分之行政契約，則應視「內容相同」對行政契約之影響程度或法令規定之具體內容。例如，第 111 條第 1 款（不能由書面處分中得知處分機關）及第 2 款（應以證書方式作成而未給予證

---

❶④　林明鏘，〈行政契約〉，第 664 頁以下。

書）與第 139 條（書面或法規另有其他方式）規定之差異。

2.與其內容相同之行政處分，有得撤銷之違法原因，並為締約雙方所明知者

與其內容相同之行政處分為無效時，無效之瑕疵程度係比得撤銷之違法原因更加嚴重，惟因締約雙方均明知有得撤銷之違法原因，而讓代替行政處分之行政契約亦為無效，蓋締約當事人對契約有效性已欠缺值得保護之信賴（第 119 條之規定）。

然而，是否因本法欠缺行政契約得撤銷之規範，而將瑕疵程度較輕微之違法原因，直接提升至認定為無效之範圍，似仍有待斟酌。

3.締結之和解契約，未符合第 136 條之規定者

本款規定之弊端，係未區分違反第 136 條規定內容之具體瑕疵，是否已達無效之程度。

4.締結之雙務契約，未符合第 137 條之規定者

本款規定之弊端，亦係未區分違反第 137 條規定內容之具體瑕疵，是否已達無效之程度。

二、無效之範圍

本法第 143 條規定行政契約無效之範圍（行政契約之一部無效者，全部無效。但如可認為欠缺該部分，締約雙方亦將締結契約者，其他部分仍為有效），與第 112 條規定無效行政處分之範圍（行政處分一部分無效者，其他部分仍為有效。但除去該無效部分，行政處分不能成立者，全部無效），兩者之規範模式，似有所差異。

不過，行政契約瑕疵之狀態，已達無效之程度，依第 143 條規定，其無效之範圍，仍應依該瑕疵對行政契約之影響程度與得否與其他部分相區隔，分析如下：

㈠原則：全部無效

即行政契約之一部無效者，全部無效。

此種情形以契約之整體性加以觀察，係指無效之部分，無法明確與其

他部分相區隔，或其對於行政契約之實質內容有重大影響而言。

㈡例外：其他部分有效

即如可認為行政契約欠缺該已達無效程度之瑕疵部分，締約雙方亦將締結契約者，其他部分仍為有效。

此種情形係以契約之行政效益與締約當事人期待契約有效存續之價值加以觀察，而該無效之部分，得與其他部分相區隔，或其對於行政契約之實質內容無重大影響而言。

不過，有學者質疑無效部分與有效部分得否明確區隔，且認為「在行政契約中不論是和解條件或雙務給付內容，若有淪為無效者，整體契約其實即無締結之可能。」❶⑤

伍、調整與終止

本法第 146 條與第 147 條規定行政契約調整與終止之原因，分析如下：

一、危害公益

第 146 條規定，係基於危害公益之原因，而調整或終止行政契約。

㈠要　件

行政契約當事人之一方為人民者，行政機關為防止或除去對公益之重大危害，本條第 1 項規定，得於必要範圍內調整契約內容或終止契約。

前述規定，係基於維護公益之考量，由行政機關於公益因行政契約之內容或履行，有發生重大危害之事實或危險時，單方面主動行使裁量權，在防止或除去對公益重大危害之必要範圍內，選擇調整契約內容或終止契約。

㈡程　序

1.損失補償

基於危害公益原因之調整或終止，本條第 2 項規定，非補償相對人因

---

❶⑤　林明鏘，〈行政契約〉，第 667 頁。

此所受之財產上損失，不得為之。

行政契約相對人，因行政機關之調整契約內容或終止契約，將可能受到財產上損失，故在決定調整或終止之前或同時，應補償相對人之損失。此外，本條第 2 項規定之「損失」，係以財產上損失為限。

2.書　面

調整或終止及補償之決定，本條第 3 項規定，應以書面敘明理由為之。

因為，本條規定，係針對行政契約當事人之一方為人民時而為調整或終止之決定，雖然基於維護公益之考量，但仍應兼顧人民權益之維護。以行政機關單方選擇調整契約內容或終止契約而言，應依據比例原則之要求，有義務選擇對人民權益影響最小之手段，並以書面敘明決定之理由。

㈢權利保護

1.終止契約

由於行政機關係單方面主動行使裁量權，而選擇調整契約內容，雖非補償相對人因此所受之財產上損失，不得為之，但是，未必斟酌相對人對於行政契約之調整是否有難為履行之情況。因此，若相對人對於行政契約之調整，認為難為履行者，本條第 4 項規定，得以書面敘明理由終止契約，賦予相對人契約終止權，係作為行政機關契約調整權之衡平手段，而書面敘明理由，似屬相對人通知行政機關之要示行為。

所謂「難為履行」，係指相對人基於主觀上之確信，就行政機關契約調整後之內容，有正當理由足以認定履行困難者而言。至於，難為履行之理由，是否客觀上完全相符，則除非原行政契約已預先規範解決途徑，否則，似不足以作為行政機關拒絕之理由。

2.行政訴訟

相對人對於補償金額不同意時，本條第 5 項規定，得向行政法院提起給付訴訟。

二、情事變更

第 147 條規定，係基於情事變更之原因，而調整或終止行政契約。

㈠要　件

行政契約締結後，因有情事重大變更，非當時所得預料，而依原約定顯失公平者，本條第 1 項規定，當事人之一方得請求他方適當調整契約內容。如不能調整，得終止契約。

所謂情事變更，係作為契約基礎之法律或事實關係，於締結契約後發生重大變更，致無法預期當事人遵守原來之契約約定而言。若有情事變更之情形，當事人自得要求對於契約內容為調整或終止契約（最高行政法院 107 判 153）。由於調整契約，係契約當事人之一方均得請求，並不以行政機關為限。因此，前述規定契約調整權之行使要件，限制應同時符合：(1) 有情事重大變更；(2)非當時所得預料；(3)依原約定顯失公平。

但是，若被請求調整之他方不能調整契約內容，請求權人得進一步行使契約終止權。至於，他方已作調整，而請求權人認為調整契約內容並非適當，是否得繼續行使契約終止權，則並無明文規定。

㈡程　序

1.補償與繼續履行

基於情事變更原因之調整或終止，行政契約當事人之一方為人民時，本條第 2 項規定，行政機關為維護公益，得於補償相對人之損失後，命其繼續履行原約定之義務。

就此，有學者謂，前述規定僅考量公益之維護，對於人民並不公平，且造成本條第 1 項之契約終止權，參酌第 2 項規定之內容，故僅行政機關單方才有權行使，不包括人民在內。❶本文以為，參酌第 146 條第 4 項（相對人對第 1 項之調整難為履行者，得以書面敘明理由終止契約）之規定，似不應否認人民擁有契約終止權。再者，本條第 2 項規定，係基於維護公益之必要，而作為第 1 項之補充規定，並非當然排除人民之契約終止權。

本條第 2 項補償相對人「損失」之規定，與第 146 條第 2 項補償相對人因此所受「財產上損失」之規定，兩者補償之範圍似有差異。本條第 2 項「損失」之規定，應包括相對人財產上與非財產上之損失，蓋行政機關

---

❶　林明鏘，〈行政契約〉，第 668 頁。

為維護公益單方命人民繼續履行原約定之義務,已造成人民行使本條第1項契約調整權或終止權之限制,故似不宜僅補償其財產上之損失。

2.書　面

第1項之請求調整或終止與第2項補償之決定,本條第3項規定,應以書面敘明理由為之,此係要示行為。

㈢權利保護

相對人對於第2項補償金額不同意時,本條第4項規定,得向行政法院提起給付訴訟。就此,實務見解指出,情事變更原則,係指契約成立後,其成立當時之環境或基礎有所變動,發生超出合理範圍以外之不可預測風險而言。因情事變更而增、減其給付或變更其他原有之效果,應斟酌當事人因情事變更,一方所受不相當之損失,他方所得不預期之利益,及其他實際情形,為公平之裁量(105 判 500)。

陸、履　行

本法第 144 條、第 145 條與第 148 條,係關於行政契約履行之規定,分析如下:

一、指導或協助

行政契約當事人之一方為人民者,本法第 144 條規定,行政機關得就相對人契約之履行,依書面約定之方式,為必要之指導或協助。其內容分析如下:

㈠要　件

1.對　象

指導或協助之對象,係行政契約當事人之一方為人民;而指導或協助之行使主體,則為行政機關。

2.目　的

指導或協助之目的,係針對相對人契約之履行有關者為限。因此,與

契約履行無關之指導或協助，人民得拒絕之。

3.方　式

如何為指導或協助，應依書面約定之方式。換言之，指導或協助之內容，已屬雙方協議之範圍內。然而，若行政契約係定型化契約，則人民欲就指導或協助之內容與行政機關另行協議，似有困難。

至於，無書面約定或未依書面約定之指導或協助，人民得拒絕之。

4.範　圍

指導或協助，僅限於實現行政契約目的之必要範圍內，故應遵守比例原則等之要求。

(二)內　容

符合前述要件時，是否為指導或協助，為行政機關之裁量權。至於，指導與協助之內容，分析如下：

1.指　導

所謂「指導」，係指賦予行政機關對於人民取得優勢之行政指導地位，即行政機關為實現行政契約之目的，以輔導、協助、勸告、建議或其他不具法律上強制力之方法，促請人民履行契約之行為（本法第 165 條）。

2.協　助

所謂「協助」，係指行政機關對於人民履行契約之行為，得主動提供必要之行政支援，以促進實現行政契約之目的。

至於，行政機關之被動協助，即基於人民之請求，而同意提供行政支援，雖非本條之規範對象，但似亦無排除之必要。

二、損失補償

第 145 條規定，係因履行行政契約而產生損失補償，分析如下：

(一)要　件

本條第 1 項規定，行政契約當事人之一方為人民者，其締約後，因締約機關所屬公法人之其他機關於契約關係外行使公權力，致相對人履行契約義務時，顯增費用或受其他不可預期之損失者，相對人得向締約機關請

求補償其損失。但公權力之行使與契約之履行無直接必要之關聯者,不在此限。❼其要件分析如下:

1.請求權人

損失補償之請求權人,係行政契約當事人之一方為人民。

2.請求原因

行政契約締約後,因(1)締約機關所屬公法人之其他機關;(2)於契約關係外行使公權力;(3)致相對人履行契約義務時,顯增費用或受其他不可預期之損失;(4)公權力之行使與契約之履行有直接必要之關聯。其中,所謂「行使公權力」係指締約機關所屬公法人之其他機關居於統治地位,適用公法規定從事行政任務之執行而言(最高行政法院 102 判 412)。

3.請求對象

相對人得向締約機關請求補償其損失,而非契約關係外行使公權力之其他機關。

㈡處理程序

1.書面決定

締約機關就損失補償之請求,本條第 2 項規定,應以書面並敘明理由決定之。

2.時　效

損失補償請求權之消滅時效,本條第 3 項規定,應自相對人知有損失時起 1 年內為之。

㈢權利保護

關於補償之爭議及補償之金額,相對人有不服者,本條第 4 項規定,

---

❼　最高行政法院(102 判 412)指出,其立法理由乃鑑於行政機關與人民締結行政契約後,因同一公法人(即同一行政主體)之其他機關於契約關係外行使公權力,致使人民履行契約義務時,顯增費用或受其他不可預期之損失,於此情形,人民雖仍應履行契約,卻已造成不公平之狀態,且既係同一公法人之其他機關之合法公權力行為,亦不生損害賠償或債務不履行之問題,故為求公平,並保障人民之財產,是特設本條項。

得向行政法院提起給付訴訟。

三、強制執行

第 148 條規定，係關於行政契約之強制執行，分析如下：

㈠執行名義

行政契約約定自願接受執行時，債務人不為給付時，本條第 1 項規定，債權人得以該契約為強制執行之執行名義。

因此，行政契約得作為強制執行之執行名義，其前提是在行政契約「約定自願接受執行」。例如，國立大學基於法定職權，與該校博士生就出國留學（進修）獎學金等之相關權利義務，約定「……逾期未償還者願依照本法第 148 條規定逕受強制執行，並賠償訴訟及強制執行費用（包括律師費）……」（最高行政法院 105 判 500）。

至於，債務人（義務人）與債權人（權利人）之身分，係以行政契約中約定之給付義務，作為判斷標準。

㈡認　可

有權機關之認可，係作為行政契約約定自願接受執行之生效要件，本條第 2 項規定，依機關與事項區分類型如下：

1.機　關

⑴中央行政機關

締約之一方為中央行政機關時，應經主管院、部或同等級機關之認可，始生效力。

⑵地方自治行政機關

締約之一方為地方自治團體之行政機關時，應經該地方自治團體行政首長之認可，始生效力。

2.事　項

契約內容涉及委辦事項者，並應經委辦機關之認可，始生效力。

㈢準　用

行政契約約定自願接受執行時，債務人不為給付時，債權人得以該契

約為強制執行之執行名義，此等之強制執行，本條第 3 項規定，係準用行政訴訟法有關強制執行之規定。

　　不過，學者指出：「行政契約之給付或行為義務，若能經由事前之約定條款而賦與行政機關或行政執行署之執行力，而得與行政處分之執行力並駕齊驅，則本條之立法目的與功能始能圓滿。從而，若第 3 項能準用行政執行法有關規定，似較妥當。」❽

　　此外，所謂「準用行政訴訟法有關強制執行之規定」，主要係指行政訴訟法第 8 篇「強制執行」（第 304 條至第 307 條）之規定。

---

❽　林明鏘，〈行政契約〉，第 672 頁並謂：「若執行義務人屬行政機關時，似宜於行政執行法中增列如強制執行法第 122 條之 1 以下之類似規定。一方面除可提高行政契約之效力外，另外一方面也可避免行政機關淪為執行義務人時，不致對公益或機關之運作產生重大之損害。」

第十一章　行政命令

綱要導讀

壹、行政命令之類型
┌一、案　例
└二、問題意識
貳、法規命令
┌一、概　念
　㈠定　義
　㈡要　素
　　1.主體：行政機關之單方行政
　　　行為
　　2.權源：基於法律授權之行為
　　3.對象：多數不特定人民
　　4.內容：就一般事項所作抽象
　　　之規定
　　5.效果：對外發生法律效果
　㈢內容之限制
　　1.應明列其法律授權之依據
　　2.不得逾越法律授權之範圍
　　3.不得違背法律之立法精神
├二、訂定程序
　㈠適用對象
　　1.原　則
　　2.除外與特別規定
　　3.準　用
　㈡提議程序
　　1.提議權
　　2.方　式

㈢提議之處理
　1.非主管之事項
　2.依法不得以法規命令規定
　　之事項
　3.無須訂定法規命令之事項
　4.有訂定法規命令之必要
㈣公　告
　1.原則：事先公告
　2.例　外
㈤聽　證
　1.職權聽證
　2.聽證前之公告
㈥核定與發布
　1.核　定
　2.發　布
└三、無　效
　㈠事　由
　　1.牴觸憲法、法律或上級機關之
　　　命令
　　2.無法律之授權而剝奪或限制人
　　　民之自由、權利
　　3.其訂定依法應經其他機關核
　　　准，而未經核准
　㈡範　圍
　　1.原　則
　　2.例　外

參、行政規則

一、概　念
　㈠定　義
　㈡要　素
　　1.主體：上級機關或長官之單方
　　　行政行為
　　2.權源：非基於法律授權之行為
　　3.對象：下級機關或屬官
　　4.內容：依其權限或職權為規範
　　　機關內部秩序及運作之一般抽
　　　象規定
　　5.效果：非直接對外發生法規範
　　　效力
　㈢與法規命令之關係
　　1.相　同
　　2.差　異
　㈣限　制
　　1.不得與法律牴觸
　　2.不得替代法律或法規命令
　　3.不得增加法律之限制

二、種　類
　㈠第 159 條規定之性質
　㈡組織性行政規則
　　1.機關組織
　　2.事務分配
　　3.業務處理
　　4.人事管理
　㈢作用性行政規則
　　1.解釋性規定
　　2.裁量基準

三、訂定與廢止程序

㈠訂定程序
　1.一般程序：下達
　2.特別程序：簽署並發布
㈡廢止程序
　1.廢止機關
　2.適用程序

四、效　力
　㈠對內效力
　㈡對外效力

肆、行政命令類型之擴張或
　　混淆？

一、本法之修正
二、職權命令之界限
三、解釋函令
　㈠解釋函令之立法
　㈡解釋函令之憲法地位
　　1.解釋函令與釋憲案例
　　2.解釋函令作為人民憲法所保障
　　　權利遭受不法侵害之依據
　　3.解釋函令作為確定終局裁判所
　　　適用之命令
　㈢解釋函令性質之界定
　　1.實務與多數學者之見解
　　2.本文見解

本章主要係以行政程序法（以下簡稱「本法」）第 4 章「法規命令及行政規則」為討論範圍。

壹、行政命令之類型

一、案　例

「翡翠水庫集水區石碇鄉碧山、永安、格頭三村遷村作業實施計畫」，係先經行政院核定，並由臺北水源特定區管理委員會【85/03/06】85 北水一字第 1855 號公告，釋字第 542 號解釋指出，其應屬行政命令而予以審查。

二、問題意識

前述實施計畫，係屬何種類型之行政命令？本號解釋則謂：「行政機關內部作業計畫，經公告或發布實施，性質上為法規之一種；其未經公告或發布，但具有規制不特定人權利義務關係之效用，並已為具體行政措施之依據者，則屬對外生效之規範，與法規命令或行政規則相當。」

換言之，本號解釋指出，該實施計畫係「法規」之一種，並至少「與法規命令或行政規則相當」之行政命令。而行政命令之類型，亦至少包括法規命令與行政規則。

值得省思的是，法規命令與行政規則，在本法之定義、訂定程序與功能等並不相同，故大法官將同一審查對象，認為與法規命令或行政規則相當，似增加兩者區別之困難。

但是，將法規命令與行政規則等之行政命令，均列為審查對象，則堅持司法審查之功能，❶係屬本號解釋之貢獻。

---

❶　此外，釋字第 543 號解釋指出，緊急命令之補充規定，無論其使用何種名稱，均應依行政命令之審查程序，送交立法院審查，以符憲政秩序。

貳、法規命令

一、概　念

(一)定　義

　　本法所稱法規命令，第 150 條第 1 項規定，係指行政機關基於法律授權，對多數不特定人民就一般事項所作抽象之對外發生法律效果之規定。

　　法規命令係法律授權之行政立法，故「限制在性質上，得由法律授權以命令補充規定者，授權之目的、內容及範圍，應具體明確，始得據以發布命令」(釋字第 514 號解釋)。

(二)要　素

　　法規命令之要素如下：

1.主體：行政機關之單方行政行為

　　法規命令係行政機關之單方行政行為。就此而言，與行政處分似無差異。

　　所謂「行政機關」，指實質意義之行政機關 (本法第 2 條第 2 項)。不過，本法第 2 條第 3 項規定：「受託行使公權力之個人或團體，於委託範圍內，視為行政機關。」受託行使公權力之個人或團體得為行政處分，較無爭議，但可否發布法規命令？則應視其公權力行使係根源於法律或其他規範，分別認定之。❷

2.權源：基於法律授權之行為

　　法規命令係基於法律授權之行為，如中央法規標準法第 7 條規定「基於法律授權訂定之命令」，稱為行政立法權，僅係行政權來自立法權授權之

---

❷　吳庚，《行政法之理論與實用》，2004，第 291 頁以下區分：⑴公權力之行使係由法律所直接授與，其授權法律有委任發布命令之規定者，該受託之團體自得發布法規命令或執行命令；⑵公權力之行使係由行政機關基於法律規定或本於職權所委託者，應認為受託之團體並無發布法規命令或執行命令之權限。

衍生權限而已，並非行政權本身之憲法固有權限，故法規命令不得逾越或牴觸法律，憲法第 172 條有明確之限制，因此，法規命令之位階係在法律之下，與法律有隸屬關係。❸

3.對象：多數不特定人民

法規命令之對象，係多數不特定人民，與行政處分之對象係特定或可得特定之人民，有其差異。

4.內容：就一般事項所作抽象之規定

法規命令之內容，係就一般事項所作抽象之規定，與行政處分係針對具體事項所為之決定或其他公權力措施，有其差異。

5.效果：對外發生法律效果

法規命令係對外發生法律效果，而行政處分係對外直接發生法律效果。兩者之差異，係在於法律效果之內涵，法規命令係向後之一般抽象規定，而行政處分則較偏向於具體個案之處置。

法規命令與法律具有相似處，原則上，均係對不特定人（包括政府機關與一般人民）之權利義務關係所作之抽象規定，並可無限制地反覆產生其規範效力（釋字第 391 號解釋）。❹

㈢內容之限制

法規命令之內容，第 150 條第 2 項規定，應明列其法律授權之依據，並不得逾越法律授權之範圍與立法精神。分析如下：

1.應明列其法律授權之依據

法律授權以命令為補充規定者，其授權應具體明確，且須為人民所能預見（釋字第 524 號解釋）。

法規命令之內容，應明列其法律授權依據之理由，主要係為表徵其合法性之權源，係來自特定法律之授權；此外，亦讓人民得預見與判斷法律

---

❸　黃俊杰，《憲法稅概念與稅條款》，1997，第 93 頁。

❹　例外之情形，如立法院通過興建電廠之相關法案，此種法律內容縱然包括對具體個案而制定之條款，亦屬特殊類型法律之一種，即所謂個別性法律，並非憲法所不許（釋字第 520 號解釋）。

授權之範圍與法律之立法精神，進而斟酌法規命令之內容是否符合法律規範之意旨。

例如，農地作農業設施使用辦法，係農委會依農發條例授權訂定之法規命令（最高行政法院 100 判 1220）。

2.不得逾越法律授權之範圍

法規命令之內容，應符合法律授權之意旨（釋字第 501 號解釋），不得逾越法律授權之範圍，或增加法律所無之限制（釋字第 568 號解釋）。

就此，釋字第 367 號解釋指出：「有關人民自由權利之限制應以法律定之且不得逾越必要之程度，憲法第 23 條定有明文。但法律之內容不能鉅細靡遺，立法機關自得授權行政機關發布命令為補充規定。如法律之授權涉及限制人民自由權利者，其授權之目的、範圍及內容符合具體明確之條件時，亦為憲法之所許。若法律僅概括授權行政機關訂定施行細則者，該管行政機關於符合立法意旨且未逾越母法規定之限度內，自亦得就執行法律有關之細節性、技術性之事項以施行細則定之，惟其內容不能牴觸母法或對人民之自由權利增加法律所無之限制。」❺

至於，若在母法概括授權情形下，行政機關所發布之施行細則或命令究竟是否已超越法律授權？釋字第 480 號解釋指出，則不應拘泥於法條所用之文字，而應就該法律本身之立法目的，及其整體規定之關聯意義為綜合判斷。

此外，若法律之規定有欠周全，亦應先修正法律，在法律未修正之前，仍不得以命令增設法律所無之限制（釋字第 268 號解釋）。

3.不得違背法律之立法精神

法規命令之內容，不得違背法律之立法精神或立法目的。就此，釋字第 423 號解釋指出，空氣污染防制法第 23 條第 1 項規定：「交通工具排放空氣污染物，應符合排放標準。」同法第 43 條第 1 項對違反前開規定者，明定其處罰之方式與罰鍰之額度；同條第 3 項並授權中央主管機關訂定罰

---

❺　至於，行政機關在施行細則之外，為執行法律依職權發布之命令，尤應遵守上述原則（釋字第 367 號解釋）。

鍰標準。法律既明定罰鍰之額度，又授權行政機關於該範圍內訂定裁罰標準，其目的當非僅止於單純的法適用功能，而係尊重行政機關專業上判斷之正確性與合理性，就交通工具排放空氣污染物不符排放標準者，視違規情節，依客觀、合理之認定，訂定合目的性之裁罰標準，並可避免於個案裁決時因恣意而產生不公平之結果。

主管機關【82/02/15】修正發布之交通工具排放空氣污染物罰鍰標準第 5 條，僅以當事人接到違規舉發通知書後之「到案時間及到案與否」，為設定裁決罰鍰數額下限之唯一準據，並非根據受處罰之違規事實情節，依立法目的所為之合理標準。縱其罰鍰之上限並未逾越法律明定得裁罰之額度，然以到案之時間為標準，提高罰鍰下限之額度，與母法授權之目的未盡相符，且損及法律授權主管機關裁量權之行使。

二、訂定程序

㈠適用對象

關於法規命令訂定程序之適用對象，本法第 151 條規定其原則、除外與特別規定與準用範圍。

1.原　則

行政機關訂定法規命令，應依本法所定程序為之。換言之，非屬除外規定與特別規定之法規命令，均應依本法之規定程序為之。

所謂「本法所定程序」，主要係指第 152 條至第 157 條之規定。

2.除外與特別規定

⑴除外規定

行政機關訂定之法規命令，若係關於軍事、外交或其他重大事項而涉及國家機密或安全者，則得不依本法所定程序為之。

但是，依第 150 條第 1 項規定，法規命令係指對多數不特定人民發生法律效果之規定。因此，前述適用對象之除外規定，若人民產生爭議，則訂定該法規命令之行政機關，應就除外事項之性質歸屬與必要範圍負說明義務。

此外，關於「軍事、外交或其他重大事項而涉及國家機密或安全」之法規命令，似得區分為(1)軍事；(2)外交；(3)其他重大事項而涉及國家機密或安全。

其中，「其他重大事項而涉及國家機密或安全」，是概括規定，表徵除外規定之判斷標準，其限制：(1)涉及國家機密或安全之事項；且(2)該事項具有嚴重之影響程度或重大可能性。

至於，軍事與外交，則是例示規定，惟仍應符合前述判斷標準，即似亦以涉及國家機密或安全之重大事項為限制。

(2)特別規定

本法第 151 條第 1 項但書規定，法律另有規定者，從其規定。

所謂「法律另有規定」，係指本法以外之法律，關於法規命令之訂定程序有特別規定者而言。例如，中央法規標準法等之規定。

3.準　用

本法所定行政機關訂定法規命令之程序，本法第 151 條第 2 項規定，於法規命令之修正、廢止、停止或恢復適用，準用之。❻

當然，於準用時，仍應注意前述除外與特別規定之內容。

㈡提議程序

本法第 152 條規定，訂定法規命令之提議程序。

1.提議權

所謂「提議權」，係指由人民或團體提議訂定法規命令而言。

因此，由行政機關自行草擬者，非屬本條之規範對象。

2.方　式

由人民或團體提議訂定法規命令者，應以書面敘明法規命令訂定之目的、依據及理由，並附具相關資料。

㈢提議之處理

人民或團體訂定法規命令之提議，受理該提議之行政機關，依本法第

---

❻ 釋字第 397 號解釋：「主管機關基於法律授權所訂定之各種命令，於不違反法律授權意旨之限度內，並非不得增刪修訂或變更其見解。」

153 條規定，應分別情形處理：

1.非主管之事項

依職權調查，認為非其主管之事項，則依第 17 條之規定，應即移送有管轄權之機關，並通知當事人。

例如，人民或團體針對審判權之行使程序，向行政院法務部為訂定法規命令之提議，此非該部主管之事項，故移送司法院處理。

2.依法不得以法規命令規定之事項

認為係依法不得以法規命令規定之事項，例如，屬於中央法規標準法第 6 條規定「應以法律規定之事項，不得以命令定之」，則附述理由通知原提議者。

3.無須訂定法規命令之事項

例如，依本法第 168 條規定，因「行政興革之建議」而向主管機關陳情請求訂定法規命令，而受理該提議之行政機關，認為屬尚無訂定法規命令之必要，附述理由通知原提議者（第 171 條）。

4.有訂定法規命令之必要

針對人民或團體訂定法規命令之提議，受理該提議之行政機關，認為有訂定法規命令之必要者，則著手研擬草案（第 154 條第 4 款）。

然而，是否有訂定法規命令之必要性，似仍屬行政機關之裁量權。

(四)公　　告

1.原則：事先公告

行政機關擬訂法規命令時，依本法第 154 條規定，應事先公告，此係該機關之法定義務。❼

至於，其公告之方法有兩種：

---

❼　所謂「公告」，為各機關對公眾有所宣布時用之公文（公文程式條例第 2 條第 1 項第 5 款）。行政機關對外就一般處分及法規命令之發布（本法第 95 條、第 157 條），均得以公告形式為之。例如，廢棄物清理法第 27 條第 11 款污染環境行為之公告，係主管機關基於法律授權，對不特定人民就一般事項所作抽象之對外法律效果之規定，為法規命令性質（最高行政法院 104 裁 181）。

(1)政府公報或新聞紙

於政府公報或新聞紙公告，應載明之事項，包括：(1)訂定機關之名稱，其依法應由數機關會同訂定者，各該機關名稱；(2)訂定之依據；(3)草案全文或其主要內容；(4)任何人得於所定期間內向指定機關陳述意見之意旨。

(2)其他方法

行政機關除於政府公報或新聞紙之公告外，並得以適當之方法，將公告內容廣泛周知。例如，公布於政府網站或經由廣播電視之方法。

2.例　外

行政機關擬訂法規命令時，因情況急迫，顯然無法事先公告周知者，則得免除事先公告之法定義務，例如，急性傳染病之流行或天災之迫切危險。

不過，主管機關，仍應以適當之方法，將公告內容廣泛周知。

㈤聽　證

1.職權聽證

行政機關訂定法規命令，依本法第 155 條規定，得依職權舉行聽證。因此，舉行聽證係屬行政機關之裁量權，而非其法定義務。

不過，當行政機關決定舉行聽證後，除依第 156 條規定外，應適用本法第 1 章第 10 節「聽證程序」（第 54 條至第 66 條）之規定。

2.聽證前之公告

行政機關為訂定法規命令，決定依本法第 155 條規定舉行聽證後，即屬「依法舉行聽證」，而第 156 條關於聽證前之公告，則屬其應履行之法定義務。

此時，行政機關應於政府公報或新聞紙公告載明之事項，包括：(1)訂定機關之名稱：其依法應由數機關會同訂定者，各該機關之名稱；(2)訂定之依據；(3)草案之全文或其主要內容；(4)聽證之日期及場所；(5)聽證之主要程序。

㈥核定與發布

本法第 157 條規定，法規命令之核定與發布程序。

1.核　定

法規命令依法應經上級機關核定者，本條第 1 項規定，應於核定後始得發布。

至於，數機關會同訂定之法規命令，依法應經上級機關或共同上級機關核定者，本條第 2 項規定，亦應於核定後始得會銜發布。

於此，法規命令是否應經（共同）上級機關核定，係「依法」認定，若法無明文或特別規定者，則亦無由該等機關行使發布前行政審查程序之必要。此外，本條項「核定」之規定，亦屬第 158 條第 1 項第 3 款規定「核准」之範圍內，未經該核定程序之法規命令，應屬無效。

2.發　布

法規命令之發布，本條第 3 項規定，應刊登政府公報或新聞紙。❽最高行政法院（106 判 406）指出，此為法規命令之生效要件，「政府公報或新聞紙」，係屬文書（紙本）；網際網路並非文書（紙本），自非屬政府公報或新聞紙。

所謂「發布」，係公法上要示行為，並以書面（實體）形式主義為必要，蓋法規命令對於多數不特定人民發生法律效果，影響層面廣泛。

因此，第 154 條第 2 項「得以適當之方法，將公告內容廣泛周知」之規定，例如，公布於政府網站或經由廣播電視之（虛擬或無形）方法，於此，似無法取代刊登政府公報或新聞紙之書面（實體）形式。

三、無　效

本法第 158 條規定，法規命令無效之事由與範圍。

㈠事　由

本條第 1 項規定，法規命令，有下列情形之一者，無效：

---

❽　最高行政法院（107 判 171）指出，本法施行前，法規命令只要以足使多數不特定人民知悉的公開方式發布，即可對外發生效力，並不以刊登政府公報或新聞紙為必要；至於，「送立法院」之目的，係供民意機關審查，並非生效要件，訂定命令機關縱未履行此項義務，並不影響命令之效力。

1.牴觸憲法、法律或上級機關之命令

法規命令不得牴觸憲法、法律或上級機關之命令,係中央法規標準法第 11 條之明文規定,為法律優位原則之具體實踐。若以法規命令增設法律所無之限制,例如,限制考試及格人員同時取得兩種資格(釋字第 268 號解釋)、人民依訴願法及行政訴訟法提起行政救濟之權利(釋字第 273 號解釋)與被保險人保留保險年資之實體上權利(釋字第 274 號解釋)等,均被宣告有違憲法保障人民權利之意旨,應不予適用。

2.無法律之授權而剝奪或限制人民之自由、權利

基於法治國家依法行政之基本要求,對於違反義務之制裁,均涉及人民憲法權利之保障,自應有法律或法律授權之依據,始得為之。若就相關事項已制定法律加以規範,主管機關尤不得沿用其未獲法律授權所發布之命令,否則,將違反憲法第 23 條之法律保留原則(釋字第 514 號解釋)。

例如,釋字第 443 號解釋指出,兵役法及兵役法施行法並無任何限制役男出境之條款,且兵役法施行法第 45 條僅授權行政院訂定徵兵規則,對性質上屬於限制人民遷徙自由之役男出境限制事項,並未設有任何具體明確授權行政機關訂定之明文,更無行政院得委由內政部訂定辦法之規定,是上開徵兵規則第 18 條授權內政部所定之「役男出境處理辦法」第 8 條限制役男出境之規定,雖基於防範役男藉故出境,逃避其應盡之服兵役義務,惟已構成對人民自由權利之重大限制,仍與憲法意旨不符。

此外,「無法律之授權」,亦包括轉授權之禁止,倘法律並無轉委任之授權,該機關即不得委由其所屬機關逕行發布相關規章(釋字第 524 號解釋)。蓋法律授權主管機關依一定程序訂定法規命令以補充法律規定之不足者,主管機關即有遵守之義務,若法律無轉委任之授權,不得委由所屬機關逕行發布相關規定,此為法律保留原則之要求(最高行政法院 98 判 1013)。

例如,最高行政法院(92 判 924)指出,廣播電視法第 10 條雖係就申請設立電臺之程序而為規定,然並無籌設許可之規定,當然亦無撤銷籌設許可之規定。行政院新聞局訂立廣播電視法施行細則以規範廣播電視業者,

「不得未經許可變更負責人或為股權之移轉」，依據廣播電視法第 14 條之規定，固屬有據；但其違反之法律效果——「撤銷籌設許可」（施行細則第 7 條），則已超出母法規定之處罰範圍，蓋依廣播電視法第 41 條規定，其中並無「撤銷電臺籌設許可」之處分類型，亦未經母法具體明確授權行政機關制訂於施行細則，顯然該當本法第 158 條第 2 款，應屬無效，同時亦不符合中央法規標準法第 5 條第 2 款與憲法第 23 條「法律保留原則」之要求。

至於，給付行政係給予人民一定利益，受到法律保留原則拘束較寬鬆，最高行政法院（99 判 628）指出，在不違背一般法律原則下，行政機關規範有關給付方式與利用之關係，此與法律保留原則並不違背。例如，在公有土地上軍眷以自費建築眷舍，並非「法律」所賦予人民之權利，「國軍在臺軍眷業務處理辦法」既賦予軍眷該項福利，為執行國軍眷舍之管理事項之必要，自亦有訂定相關限制事項，俾落實處理辦法之立法目的。因此，處理辦法有關對於眷舍之管理或限制規定，尚不能指為違背法律保留原則。

3.其訂定依法應經其他機關核准，而未經核准

法規命令之訂定，是否應經其他機關核准，須「依法」認定，此為法定之行政監督程序，得避免法規命令牴觸上級機關之命令。

例如，地方制度法第 32 條第 2 項與第 3 項規定：「自治法規、委辦規則依規定應經其他機關核定者，應於核定文送達各該地方行政機關 30 日內公布或發布。自治法規、委辦規則須經上級政府或委辦機關核定者，核定機關應於 1 個月內為核定與否之決定；逾期視為核定，由函報機關逕行公布或發布。但因內容複雜、關係重大，須較長時間之審查，經核定機關具明理由函告延長核定期限者，不在此限。」

㈡範　圍

1.原　則

法規命令係一般性、抽象性規定，即以條文形式組合而成，因此，原則上係可分割法規命令之一部分無效者，本條第 2 項本文規定，其他部分仍為有效。

2.例 外

法規命令之一部分無效者，除去該無效部分，法規命令顯失規範目的者，本條第 2 項但書規定，全部無效。

參、行政規則

一、概 念

㈠定 義

本法所稱行政規則，第 159 條第 1 項規定，係指上級機關對下級機關，或長官對屬官，依其權限或職權為規範機關內部秩序及運作，所為非直接對外發生法規範效力之一般、抽象之規定。

㈡要 素

行政規則之要素如下：

1.主體：上級機關或長官之單方行政行為

行政規則係行政機關之單方行政行為。就此而言，與法規命令似無差異。

不過，行政規則之主體，包括上級機關或長官。

2.權源：非基於法律授權之行為

行政規則之權源，屬行政權本身之憲法固有權限，如中央法規標準法第 7 條規定「依其法定職權訂定之命令」，而並非基於法律授權之行為，故非來自立法權授權之衍生權限。❾

就此，釋字第 548 號解釋指出，行政院公平交易委員會【86/05/14】(86) 公法字第 01672 號函發布之「審理事業發侵害著作權、商標權或專利權警告函案件處理原則」，係該會為審理事業對他人散發侵害智慧財產權警告函案件，是否符合公平交易法第 45 條行使權利之正當行為所為之例示性函釋，未對人民權利之行使增加法律所無之限制，於法律保留原則無違，

---

❾ 黃俊杰，《憲法稅概念與稅條款》，第 93 頁以下。

亦不生授權是否明確問題，與憲法尚無牴觸。

3.對象：下級機關或屬官

行政規則之對象，係下級機關或屬官，與法規命令之對象係多數不特定人民，有相當之差異。

就此，釋字第 243 號解釋指出，行政法院（40 判 19 判例）「公務員之身分與人民身分不同，下級公務員對於該管上級官署，就其監督範圍內所發布之命令，有服從之義務，不得援引訴願法提起訴願。依法令委任之中小學職員，受有俸給者，為公務員服務法上之公務員，聘任之教職員則否」，係對公務員服務法第 2 條及第 24 條之適用，所為之詮釋，此項由上級機關就其監督範圍內所發布之職務命令，並非影響公務員身分關係之不利益處分，公務員自不得訴請救濟，此一判例，並未牴觸憲法。

本號解釋所稱由上級機關就其監督範圍內所發布之「職務命令」，亦列入行政規則之範圍。

4.內容：依其權限或職權為規範機關內部秩序及運作之一般抽象規定

行政規則之內容，係依其權限或職權為規範機關內部秩序及運作之一般、抽象之規定。

就一般事項所作抽象規定而言，與法規命令之內容相類似。不過，行政規則係強調依其權限或職權，為規範機關之內部秩序及運作，作為規範內容。

例如，釋字第 383 號解釋指出，對於探採礦產之申請，主管機關本有准駁之裁量權。經濟部【61/08/04】經 (61) 礦字第 21516 號令稱：今後凡被撤銷或註銷礦業權之煤礦，除有特殊原因，可予單獨開放人民申領者，一律應予暫行保留，以備有礦利關係之鄰接礦區調整增區促使擴大規模，趨於合理化經營，而增加保安之管理等語；復於【75/08/15】經 (75) 礦字第 35906 號函，就礦種中包含煤礦者，一併暫予保留，不開放人民申請一事，重申前令，均係中央主管機關依礦業法規定，對下級主管機關就臺灣地區煤礦之探採所為之準則性釋示，與憲法尚無牴觸。❿

---

❿　釋字第 383 號解釋蘇俊雄大法官之不同意見書則謂，礦業法所稱之「停止接受

5.效果：非直接對外發生法規範效力

行政規則之法效性，係非直接對外發生法規範效力，但可能有間接對外發生法規範效力或根本不對外發生法規範效力。至於，法規命令則係對外發生法律效果。

(三)與法規命令之關係

1.相　同

法規命令與行政規則，均係行政機關之單方行政行為，而屬行政機關行政立法權之產物，主要係就一般事項所作抽象規定。

2.差　異

不過，法規命令係法律授權之行政立法，而行政規則屬非法律授權之行政立法；法規命令係對外發生法律效果，而行政規則為規範機關內部秩序及運作，故非直接對外發生法規範效力。

(四)限　制

實務見解認為，行政規則不得與法律牴觸，不得替代法律或法規命令，亦不得增加法律之限制。分析如下：

1.不得與法律牴觸

行政機關為執行法律，得依其職權發布命令，為必要之補充規定，惟應符合法律規定之立法意旨（釋字第 506 號解釋），不得與法律規定內容相牴觸（釋字第 505 號解釋）。

至於，法條使用之法律概念，有多種解釋之可能時，主管機關為執行法律，雖得基於職權，作出解釋性之行政規則，釋字第 586 號解釋謂，然其解釋內容仍不得逾越母法文義可能之範圍。

2.不得替代法律或法規命令

就此，釋字第 524 號解釋謂，法律授權主管機關依一定程序訂定法規命令以補充法律規定不足者，該機關即應予以遵守，不得捨法規命令不用，

聲請」，應有發生對外效力之法律效果，原應以法規命令或行政處分之方式對外發布；今二系爭令函「僅屬行政規則，自與前揭礦業法及行政法理不合，依憲法第 172 條規定之意旨，應停止援用，由經濟部另為適當形式之處分。」

而發布規範行政體系內部事項之行政規則為之替代。

此外，財政部【79/09/06】臺財稅字第 790201833 號函：「遺產及贈與稅法施行細則第 29 條規定『未公開上市之公司股票，以繼承開始日或贈與日該公司之資產淨值估定之』。稽徵機關於核算該法條所稱之資產淨值時，對於公司轉投資持有之上市公司股票價值，應依遺產及贈與稅法施行細則第 28 條規定計算。」釋字第 536 號解釋謂，其係在闡明遺產及贈與稅法施行細則第 29 條之規定，符合遺產及贈與稅法第 10 條第 1 項之立法意旨，與憲法第 19 條所定租稅法律主義及第 15 條所保障人民財產權，尚無牴觸。不過，未上市或上櫃公司之股票價值之估算方法涉及人民之租稅負擔，仍應由法律規定或依法律授權於施行細則訂定，以貫徹上揭憲法所規定之意旨。

3. 不得增加法律之限制

例如，土地稅法第 35 條第 1 項第 1 款所定「自用住宅用地」，依同法第 9 條規定，係指「為土地所有權人或其配偶、直系親屬於該地辦竣戶籍登記，且無出租或供營業用之住宅用地」，並未以須經稽徵機關核准按自用住宅用地稅率課徵地價稅為認定之標準。而財政部【73/12/27】臺財稅第 65634 號函，以「須經稽徵機關核准按自用住宅用地稅率課徵地價稅」為申請退稅之要件部分，係增加土地稅法第 35 條第 1 項第 1 款所無之限制，有違憲法第 19 條租稅法律主義（釋字第 478 號解釋）。

而財政部【64/03/05】臺財稅第 31613 號函謂：生產事業依獎勵投資條例第 6 條第 2 項規定申請獎勵，應在擴展之新增設備開始作業或提供勞務以前，辦妥增資變更登記申請手續。釋字第 505 號解釋指出，核與獎勵投資條例施行細則（第 11 條第 1 項第 2 款）之規定不合，係以職權發布解釋性行政規則對人民依法律享有之權利增加限制之要件，與憲法第 23 條法律保留原則牴觸。

此外，證券交易主管機關基於職權，為有效執行證券交易法而為之解釋性行政規則，固有其實際需要，惟釋字第 586 號解釋指出，該要點（指「證券交易法第 43 條之 1 第 1 項取得股份申報事項要點」）逾越母法關於

「共同取得」之文義可能範圍，增加母法所未規範之申報義務，涉及憲法所保障之資訊自主權與財產權之限制，違反憲法第 23 條之法律保留原則。

二、種　類

㈠第 159 條規定之性質

關於行政規則法定種類之依據，主要係第 159 條第 2 項之規定，惟參酌同條第 1 項「上級機關對下級機關，或長官對屬官，依其權限或職權為規範機關內部秩序及運作」規範之觀點，涉及「其權限或職權」與「規範機關內部秩序及運作」者，似得區分組織性行政規則與作用性行政規則。❶

此外，本法似僅就較常見者作舉例性之規定，而非列舉規定（明示其一，排除其他）之性質，此由第 2 項第 1 款「等」字，亦可得知。惟行政規則僅得就執行法律之細節性、技術性之次要事項為必要之規範（釋字第705 號解釋）。

至於，救濟性之行政規則，亦有存在之可能。但是，行政救濟之主要部分，依權力分立之制度設計，其重心係屬司法權之管轄範圍，其餘部分，亦因關係多數不特定人民之權益事項，應屬法規命令之性質。

㈡組織性行政規則

所謂「組織性行政規則」，係指本條項第 1 款規定：「關於機關內部之組織、事務之分配、業務處理方式、人事管理等一般性規定。」分析如下：

1.機關組織

關於機關內部組織之行政規則，例如，某機關內部之人員編制表。

2.事務分配

關於事務分配之行政規則，例如，縣政府人事室及所屬人事機構人事業務服務網各區組長責任區分配表。

3.業務處理

關於業務處理方式之行政規則，例如，檔案卷宗分類編號處理程序之作業規則。

---

❶　李惠宗，《行政法要義》，2004，第 442 頁以下。

4.人事管理

關於人事管理之行政規則，例如，縣政府所屬公立國民中小學現職護理人員請調作業要點。

㈢作用性行政規則

所謂「作用性行政規則」，係指本條項第 2 款規定：「為協助下級機關或屬官統一解釋法令、認定事實、及行使裁量權，而訂頒之解釋性規定及裁量基準。」❷分析如下：

1.解釋性規定

關於解釋性規定之行政規則，係為協助下級機關或屬官統一解釋法令、認定事實之目的。因此，財政部本於稽徵主管機關之職權，就稅法執行所為解釋性之行政規則，其認定之標準未涉稅基，且未增加法律所無之限制，無違稅法立法意旨及租稅法定主義，自得適用（最高行政法院 100 判 1241）。

⑴統一解釋法令

行政解釋有補充法令之效力，當法律意義不明或不備時，或法條文字雖無明文規定，而依論理顯然含有其意義情況時，均得就法律予以解釋。故釋字第 586 號解釋謂，法條使用之法律概念，有多種解釋之可能時，主管機關為執行法律，得基於職權，作出解釋性之行政規則。

⑵認定事實

例如，最高行政法院（107 判 266）指出，內政部基於耕地租佃主管機關地位，為協助下級行政機關執行耕地三七五減租條例規定，依本法第 159 條第 2 項第 2 款規定，訂立「工作手冊」作為事實認定準則之行政規則，就出租人及承租人均適用同一標準判定，無違立法意旨，鄉（鎮、市、區）公所於處理相關案件時，得予以援用。惟「工作手冊」仍不得違背法令，例如，其與民法「家」之規定不合部分，如於個案之適用上有不合之情，應不予適用，而應依民法關於「家」之規定，予以核實認定。

---

❷　釋字第 265 號解釋，將（動員戡亂時期國家安全法）施行細則之規定內容，當作「提供認定事實之準則，以為行使裁量權之參考……。」

2.裁量基準

關於裁量基準之行政規則，係為協助下級機關或屬官行使裁量權之目的。

最高行政法院（107 判 275）指出，上級機關對下級機關或長官對屬官，為簡化其執行個案之行政裁量，往往會訂頒裁量性準則或指示，其為非直接對外發生法規範效力之行政規則，以供下級行政機關或屬官行使裁量權限時遵循之用。例如，雲林縣空污防制計畫書之性質，係雲林縣政府為簡化其執行個案之行政裁量，所訂頒之裁量性準則或指示的行政規則，以供其屬官行使裁量權限時有所遵循。本件雲林縣政府就許可證之展延進行審查，審視實際污染現況、空氣品質狀況、環境負荷等因素，將雲林縣空污防制計畫書之評估結果、環境影響評估核定內容及所對應因應改善納入考量而作成原處分，其裁量權之行使並未違反空氣污染防制法授權之目的或超越授權之範圍，洵屬有據。

三、訂定與廢止程序

㈠訂定程序

關於行政規則之訂定程序，本法第 160 條規定，得區分為一般程序與特別程序：

1.一般程序：下達

本條第 1 項規定，行政規則應下達下級機關或屬官。

中央法規標準法第 7 條規定「各機關依其法定職權訂定之命令，應視其性質分別下達或發布。」

2.特別程序：簽署並發布

行政機關訂定第 159 條第 2 項第 2 款（為協助下級機關或屬官統一解釋法令、認定事實、及行使裁量權，而訂頒之解釋性規定及裁量基準）之行政規則，本條第 2 項規定，應由其首長簽署，並登載於政府公報發布之。

要求作用性行政規則應經特別程序，係因其與人民權益關係密切，蓋釋字第 525 號解釋指出，行政法規（包括法規命令、解釋性或裁量性行政

規則）之廢止或變更，於人民權利之影響，並不亞於本法所規範行政處分之撤銷或廢止，故行政法規除預先定有施行期間或經有權機關認定係因情事變遷而停止適用，不生信賴保護問題外，制定或發布法規之機關固得依法定程序予以修改或廢止，惟應兼顧規範對象值得保護之信賴利益，而給予適當保障，方符憲法保障人民權利之意旨。❸

㈡廢止程序

關於行政規則之廢止程序，本法第 162 條規定，得區分為廢止機關與適用程序：

1.廢止機關

本條第 1 句規定，行政規則得由原發布機關廢止之。

2.適用程序

本條第 2 句規定，行政規則之廢止，適用第 160 條（訂定程序）之規定。

四、效　力

㈠對內效力

有效下達之行政規則，本法第 161 條規定，具有拘束訂定機關、其下級機關及屬官之效力。蓋依第 159 條第 1 項規定，行政規則係指上級機關或長官，為規範機關內部秩序及運作，依其權限或職權所為非直接對外發生法規範效力之一般、抽象之規定。

例如，最高行政法院指出，退輔會為獎勵該會各榮民總醫院所屬分院工作人員，提高服務精神及醫療水準，依行政院「公立醫療機構人員獎勵金發給要點」，訂有「國軍退除役官兵輔導委員會榮民總醫院所屬分院人員獎勵金發給要點」，係作為實施行政院所頒「公立醫療機構人員獎勵金發給要點」之手段，二者均為行政機關為提高公立醫療機構之服務精神及醫療

---

❸　本號解釋並謂：「相關法規（如各種解釋性、裁量性之函釋）係因主張權益受害者以不正當方法或提供不正確資料而發布，其信賴顯有瑕疵不值得保護者。」

水準，依其職權為規範所屬醫療機構獎勵金發放事宜所訂定之行政規則，退輔會所屬臺北榮民總醫院之分院，有依據獎勵金發給要點核發獎勵金予其所屬現職人員之權力，並有接受退輔會隨時查核之義務，如經查核發現未依規定執行或績效不彰者，得追究相關失職人員之行政責任 （106 判388）。

不過釋字第 715 號解釋指出，國防部令頒「99 年國軍志願役專業預備軍官預備士官班考選簡章」係就有關 99 年國軍志願役專業預備軍官預備士官班之招生考選事項所訂定，並對外發布之一般性法規範，屬司法院大法官審理案件法第 5 條第 1 項第 2 款規定所稱之命令，得為本院違憲審查之客體。該簡章壹、二、㈡規定：「曾受刑之宣告……者，不得報考。……」其對應考試資格所為之限制，逾越必要程度，牴觸憲法第 23 條比例原則，與憲法第 18 條保障人民服公職之權利意旨不符。

㈡對外效力

若依第 159 條第 1 項規定，行政規則係規範機關內部秩序及運作，非直接對外發生法規範效力之一般、抽象之規定。

因此，行政規則並不當然有直接之對外效力，一般而言，係因行政規則作為行政法之法源，經由長期運用行政規則，而累積成行政慣例，在平等原則與行政自我拘束原則之要求下，對以後之相同案例，應為相同之處理。

例如，道路交通管理處罰條例第 9 條第 1 項規定應受罰鍰處罰之行為人接獲違反道路交通管理事件通知單後，得於 15 日內逕依各該條款罰鍰最低額，自動繳納結案。依同條例第 92 條授權訂定之違反道路交通管理事件統一裁罰標準及處理細則第 41 條第 1 項及第 48 條第 1 項，釋字第 511 號解釋指出，僅係就上開意旨為具體細節之規定，並未逾越母法之授權，與法律保留原則亦無違背。至於，上開細則第 41 條第 2 項規定，行為人逾指定應到案日期後到案，另同細則第 44 條第 1 項規定，違反道路交通管理事件行為人未依規定自動繳納罰鍰，或未依規定到案聽候裁決者，處罰機關即一律依標準表規定之金額處以罰鍰，此屬法律授權主管機關就裁罰事宜

所訂定之裁量基準，其罰鍰之額度並未逾越法律明定得裁罰之上限，且寓有避免各行政機關於相同事件恣意為不同裁罰之功能，亦非法所不許。❹

此外，最高行政法院（107判336）指出，廢棄物清理法第4條規定：「本法所稱主管機關：在中央為行政院環境保護署；在直轄市為直轄市政府；在縣（市）為縣（市）政府。」第5條第1項規定：「本法所稱執行機關，為直轄市政府環境保護局、縣（市）環境保護局及鄉（鎮、市）公所。」同法第76條規定：「本法施行細則，由中央主管機關定之。」廢棄物清理法施行細則第2條第2款規定：「本法所定中央主管機關之主管事項如下：……二、全國性廢棄物清理法規之訂定及釋示。」廢棄物清理法施行細則第3條第2款規定：「本法所定直轄市或縣（市）主管機關之主管事項如下：……二、直轄市或縣（市）廢棄物清理自治法規之訂定及釋示。」因此，有關廢棄物清理法之釋示權限為環保中央主管機關之職權，地方主管機關僅對廢棄物清理法自治法規享有釋示權。中央主管機關作成之釋示屬於行政規則，對內具有拘束下級地方主管機關之效力（本法第161條），如經對外發布（本法第160條第2項），基於行政自我拘束原則即發生外部效力，得以作為人民遵循而有所作為之依據。

再者，內政部警政署於【94/06/01】依職權訂定「警察機關候用偵查佐甄試作業規定」，其內容係上級機關對下級機關為規範機關內部業務處理及人事管理，而訂頒之一般性規定，其性質為行政規則；A縣警察局於【100/03/10】依職權訂定「刑事偵查犯罪工作績效評核要點」，其內容係長官對屬官，為規範機關內部業務運作及人事管理，而訂頒之一般性規定，其性質亦為行政規則，均已有效下達，依本法第161條規定，即有「拘束訂定機關、其下級機關及屬官之效力」，且對任何人均應平等適用，又自訂定後迄A縣警察局於【105/04/22】作成原處分止，約11年或逾5年，難謂無反覆實施之慣行而發生外部效力（107判338）。

---

❹ 本號解釋謂：「行為人對主管機關之裁罰不服，法院就其聲明異議案件，如認原裁決有違法或不當之情事，縱行為人有未依指定到案日期或委託他人到案者，仍得為變更處罰之裁判。」換言之，該裁量基準，對法院並無拘束力。

肆、行政命令類型之擴張或混淆？

一、本法之修正

本法於【88/01/15】立法院三讀通過、【88/02/03】總統公布、【90/01/01】施行。惟在施行前（【89/12/27】及【90/06/20】）與施行後（【90/12/28】），在第8章「附則」中，共三度增修第174條之1。

第174條之1規定：「本法施行前，行政機關依中央法規標準法第7條（各機關依其法定職權或基於法律授權訂定之命令，應視其性質分別下達或發布，並即送立法院）訂定之命令，須以法律規定或以法律明列其授權依據者，應於本法施行後2年內，以法律規定或以法律明列其授權依據後修正或訂定；逾期失效。」❶⑤

本條規定，係基於法安定性原則所訂定之過渡條款，縱可作為該法施行前須以法律規定或以法律明列其授權依據訂定之事項，行政機關以職權命令訂定者，於該法施行後2年內繼續有效之法律依據，惟此一不涉及適法與否之效力存續規定，尚不得作為相關職權命令之概括授權法律（釋字第570號解釋）。

二、職權命令之界限

主管機關基於職權所發布之命令，固有其實際需要，惟對人民自由權利之限制，應由法律或經法律明確授權之命令規定。因此，若職權命令未

⑮ 最高行政法院（99判616）指出，該規定所適用者為「須以法律規定或以法律明列其授權依據」之命令而言。至於給付行政措施如未限制人民之自由權利，在無法律規定或授權之情形下，由行政機關依職權訂定規範以資遵循，尚難謂與憲法第23條規定限制人民基本權利之法律保留相違，業經釋字第614號解釋在案。本件臺北自來水事業處職員退休事項，為給付行政事項，既未限制人民之基本權，其由主管機關依職權訂定規範，尚難謂違反法律保留原則而應拒絕適用。

經法律授權，限制人民之自由權利，其影響又非屬輕微，與憲法第 23 條規定之法律保留原則不符，均應不予適用（釋字第 570 號解釋）。例如，內政部為中央警察主管機關，依警察法第 2 條暨第 9 條第 1 款規定，固得依法行使職權發布警察命令。然警察命令內容涉及人民自由權利者，亦應受法律保留原則之拘束。警察法第 2 條規定，警察任務為依法維持公共秩序，保護社會安全，防止一切危害，促進人民福利；同法第 9 條第 1 款規定，警察有依法發布警察命令之職權，僅具組織法之劃定職權與管轄事務之性質，欠缺行為法之功能，不足以作為發布限制人民自由及權利之警察命令之授權依據。

此外，教育部【81/03/11】臺 (81) 參字第 12500 號令修正發布之遊藝場業輔導管理規則，係於法制未臻完備之際，基於職權所發布之命令，固有其實際需要，惟就相關事項已制定法律加以規範，主管機關尤不得沿用其未獲法律授權所發布之命令，蓋此為法治國家依法行政之基本要求（釋字第 514 號解釋）。

三、解釋函令

本條規定之內容，是否造成行政命令類型之擴張或混淆？即法規命令及行政規則以外，是否尚有「未經法律授權，基於法定職權訂定對多數不特定人民發生法律效果之命令」，而被稱為「職權命令」？則頗應質疑。

試以經常被舉例之解釋函令，分析如下：

㈠解釋函令之立法

稅捐稽徵法第 1 條之 1 第 1 項規定：「財政部依本法或稅法所發布之解釋函令，對於據以申請之案件發生效力。但有利於納稅義務人者，對於尚未核課確定之案件適用之。」本條所謂「解釋函令」之性質及效力，引起許多爭論！

㈡解釋函令之憲法地位

1.解釋函令與釋憲案例

人民有依法納稅之義務，為憲法第 19 條所明定。主管機關為執行母法

有關事項之必要，得依法律之授權訂定施行細則，或對母法及施行細則之規定為闡明其規範意旨之釋示（釋字第 536 號解釋）。❶❻因此，解釋函令具有課稅依據之可能性，而得作為稅法之法源。

不過，人民之財產權未經正當法定程序不得侵奪，而行政機關未獲得法律授權所為之稅法解釋函令，亦不得作為侵奪人民財產權之依據。因此，解釋函令作為課稅依據，有其法律界限之範圍。憲法第 19 條及第 23 條之「法律」，是否包括前述之稅法解釋函令？從釋憲者之相關案例觀察，似可區分為否定（違憲之宣告）與肯定（合憲之宣告）兩種見解：

否定之案例，主張作為課稅依據之法律，應從嚴限制，不包括稅法解釋函令。換言之，解釋函令不得作為課稅依據。例如，釋字第 210 號、第 337 號、第 339 號、第 367 號、第 478 號、第 484 號、第 505 號、第 692 號、第 703 號、第 705 號及第 706 號解釋等。

肯定之案例，主張作為課稅依據之法律，包括行政機關訂定之命令及函示。換言之，稅法解釋函令得作為課稅依據。例如，釋字第 247 號、第 252 號、第 267 號、第 315 號、第 343 號、第 359 號、第 361 號、第 385 號、第 397 號、第 424 號、第 427 號、第 441 號、第 458 號、第 460 號、第 493 號、第 496 號、第 500 號、第 506 號、第 508 號、第 519 號、第 693 號、第 697 號、第 698 號及第 700 號解釋等。

從前述釋憲相關案例觀察，無論係否定（違憲之宣告）或肯定（合憲之宣告）之見解，大法官均係主要著重在解釋函令與法律（稅捐法律主義）之關聯，且解釋函令已涉及人民權利（含應稅、減稅或免稅等財產權變動）之限制，故有其一定之法律界限。所謂「法律界限」，包括憲法條文、憲法解釋、憲法基本原則、稅捐法律及其目的、符合稅法授權訂定之辦法或稅法之施行細則等。

釋憲案例指出，解釋函令不論係用於貫徹稅法之執行、基於主管機關之職權、對所屬機關所為之釋示或作為認定事實之準則等，不論係積極性

---

❶❻　至於，未上市或上櫃公司之股票價值之估算方法，涉及人民之租稅負擔，仍應由法律規定或依法律授權於施行細則訂定（釋字第 536 號解釋）。

釋示或消極性釋示，亦不論涉及何種稅捐法律關係之事項，均應符合稅捐法律之規範目的、立法意旨或授權範圍，而不得增加人民之稅捐負擔、增加法律所無之限制、逾越法律規定之意旨或妨害人民權利之行使。此外，若稅法規定本身違憲，縱然解釋函令之內容符合法律意旨，仍然構成違憲。

2.解釋函令作為人民憲法所保障權利遭受不法侵害之依據

司法院大法官審理案件法第 5 條規定：「有左列情形之一者，得聲請解釋憲法：……二、人民、法人或政黨於其憲法上所保障之權利，遭受不法侵害，經依法定程序提起訴訟，對於確定終局裁判所適用之法律或命令發生有牴觸憲法之疑義者。……聲請解釋憲法不合前 2 項規定者，應不受理。」

在稅法上，人民在憲法上所保障權利遭受不法之侵害，主要係因稅捐處分所導致，而釋憲案例之解釋函令，則是作為不法侵害人民憲法所保障權利之依據。就此，大法官針對解釋函令作為憲法訴願之標的，並未依司法院大法官審理案件法第 5 條第 3 項規定予以不受理之決議，而係程序受理並作成實質內容之解釋。因此，解釋函令作為人民憲法所保障權利遭受不法侵害之依據，已受大法官之肯認。

至於，大法官對於解釋函令係採違憲宣告或合憲宣告之見解，係涉及解釋函令法律界限之憲法問題，並不影響解釋函令作為人民憲法所保障權利遭受不法侵害依據之事實。

從前述釋憲案例觀察，解釋函令已涉及人民權利（含應稅、減稅或免稅等財產權變動）之限制，對憲法訴願人而言，具有發生法律效果之法效性已不容質疑。因此，大法官主張，解釋函令不得增加人民之稅捐負擔、增加法律所無之限制、逾越法律規定之意旨或妨害人民權利之行使，應有其一定之法律界限。

3.解釋函令作為確定終局裁判所適用之命令

依司法院大法官審理案件法第 5 條第 1 項第 2 款規定，憲法訴願之標的，係針對「確定終局裁判所適用之法律或命令」發生有牴觸憲法之疑義者，由大法官進行法令違憲之審查。

　　從前述釋憲案例觀察，解釋函令並非司法院大法官審理案件法第 5 條第 1 項第 2 款規定作為確定終局裁判所適用之「法律」，而係作為確定終局裁判所適用之「命令」。就此，釋字第 173 號解釋理由書明確指出：「本件財政部 (67) 臺財稅第 34896 號函，係對於徐明夫【67/05/23】請示之釋答，經該部分知所屬財稅機關，為行政法院 70 判 225 確定終局判決所適用，具有命令性質，聲請人聲請解釋，核與司法院大法官會議法第 4 條第 1 項第 2 款規定相符，應予受理⋯⋯。」❼

　　至於，解釋函令在司法院大法官審理案件法第 5 條第 1 項第 2 款規定「命令」之層級及其效力，從前述釋憲案例觀察，財政部之解釋函令，不得牴觸憲法、法律、稅法授權訂定之辦法或稅法之施行細則等。就此而言，大法官之見解，係符合法位階原則之要求，蓋憲法第 172 條規定：「命令與憲法或法律牴觸者無效。」中央法規標準法第 11 條規定：「法律不得牴觸憲法，命令不得抵觸憲法或法律，下級機關訂定之命令不得抵觸上級機關之命令。」本法第 158 條第 1 項規定：「法規命令，有下列情形之一者，無效：一、牴觸憲法、法律或上級機關之命令者。⋯⋯」因此，違背法位階原則要求之財政部解釋函令，大法官在前述釋憲案例中則宣告其違憲不予援用。

　　但是，釋字第 49 號解釋（非憲法訴願之案件），大法官針對財政部解釋函令之內容❽與院字第 1464 號解釋之見解❾不同，受理行政院函司法院

---

❼　所謂裁判所適用之法律或命令，係指法令之違憲與否與該裁判有重要關聯性而言（釋字第 535 號解釋）。

❽　財政部謂：「⋯⋯查印花稅係行政罰按行政罰一般處罰原則向不問故意抑或過失（例如違警罰法第 9 條即明定不問出於故意或過失均應處罰）依照印花稅法第 36 條第 1 項違反本法第 21 條之規定者按情節輕重未註銷或註銷不合規定之印花稅票數額處 5 倍至 10 倍罰鍰之規定亦無故意與過失之分按印花稅票未經註銷或註銷不合規定之處罰其原意在防止揭下重用茲若認為非出於故意者不罰而違章人向無承認係出於意圖者此例一開印花稅法第 36 條之罰則將無形之失效對於國課之損失亦將不可估計本案嘉義地方法院裁定不罰撥之上述理論及法案似均有未符為杜塞漏對於未經註銷或註銷不合規定之案件似應一律

重行解釋之聲請，且採納財政部解釋函令之見解，並宣告變更院字第 1464 號解釋，謂：「印花稅法所定罰鍰係純粹行政罰納稅義務人如有違法事實應依法按其情節輕重分別科處罰鍰其違法行為之成立並不以故意為要件本院院字第 1464 號解釋係就當時特定情形立論應予變更。」

　　不過，由釋字第 49 號解釋之見解觀察，大法官似過度偏重財政部解釋函令所企求之財政目的，忽略當時嘉義地方法院維護人民權益之意旨，❷⓿ 且未審酌該院院字第 1464 號解釋堅持憲法維護者之努力，僅基於「院字第 1464 號解釋係就當時特定情形立論」即予變更，造成其後之實務見解幾乎不考慮行政罰之主觀責任要件，此種情形，直至釋字第 275 號解釋後才獲得改善。❷① 由此可見，財政部解釋函令對實務見解（甚至大法官解釋）及人民權益之影響，似已逾越「命令」位階之應有效力。

　　此外，大法官在統一解釋方面涉及財政部解釋函令者，於釋字第 46 號解釋即針對行政院（財政部）與監察院（審計部）就「公營事業機關所得額」之（純益額）認定標準，不同「命令」間存在歧異之見解，故由監察院函請統一解釋。綜上所述，大法官不論在統一解釋或憲法解釋，均將財政部解釋函令作為解釋之標的，特別針對憲法訴願之案件，更明白肯認財政部解釋函令作為確定終局裁判所適用之命令。

　　　依印花稅法第 36 條處以罰鍰惟量罰得按情節輕重依法定數額予以伸縮如此其非出於故意者固得處以輕額罰鍰以資警惕其出於意圖者亦獲應有之膺懲而絕流弊……。」

⑲　【25/03/26】院字第 1464 號：「……賬簿上貼用 1 分印花 10 枚。9 枚已蓋印章。1 枚漏未蓋章。如非出自故意。不得適用印花稅法第 19 條第 1 項處罰。否則仍應依該條項處罰之。」

⑳　「……嘉義地方法院……43 罰 483–533 號刑事裁定以被告等不罰其理由為按印花稅法關於貼用印花未經戳銷或戳銷不合規定者應處罰鍰之立法意旨無非以防止不法納稅義務人取巧漏稅故如納稅義務人之未經戳銷或戳銷不合規定行為確非出自故意不得適用該項條文予以處罰院字第 1464 號著有解釋云云……。」

㉑　洪家殷，《行政秩序罰論》，1998，第 97 頁以下。

　　基於解釋函令在事實上亦具有一般性之效力，更係稅捐處分之依據，且常被法院裁判所適用，為避免不受司法審查之法規範存在，造成法治國家之漏洞，故大法官已將解釋函令作為命令違憲審查之標的，以落實維護人民權益之目的及強化憲法訴願之功能，而前述釋憲案例均為例證。就此，釋字第 374 號解釋亦謂，中央或地方機關依其職權所發布之規章或對法規適用所表示之見解，如主管機關就法規所為之函釋，若經法官於確定終局裁判所引用者，❷即屬司法院大法官審理案件法第 5 條第 1 項第 2 款規定所指之命令，得為違憲審查之對象，迭經解釋在案（釋字第 216 號、第 238 號、第 336 號等號解釋），更可作為佐證。

　　歸結言之，解釋函令在憲法訴願之地位，係作為人民憲法所保障權利遭受不法侵害之依據，即作為確定終局裁判所適用之命令，更係作為命令違憲審查之標的。

㈢解釋函令性質之界定

1.實務與多數學者之見解

　　解釋函令之性質，係屬於何種類之命令，則仍有爭執。

　　就此，釋字第 287 號解釋謂：「行政機關基於法定職權，就行政法規所為之釋示，係闡明法規之原意，性質上並非獨立之行政命令。」❷因此，所謂「釋示」，係行政主管機關基於其法定職權，對於行政法規之原有意義加以闡述，使其更為明確者，而其法律性質上並非一獨立之行政命令。而釋字第 505 號解釋，針對財政部【64/03/05】臺財稅第 31613 號函謂「生產事業依獎勵投資條例第 6 條第 2 項規定申請獎勵，應在擴展之新增設備開始作業或提供勞務以前，辦妥增資變更登記申請手續」，認為係以職權發

---

❷　各機關依其職掌就有關法規為釋示之行政命令，法官於審判案件時，固可予以引用，但仍得依據法律，表示適當之不同見解，並不受其拘束；司法行政機關所發司法行政上之命令，如涉及審判上之法律見解，僅供法官參考，法官於審判案件時，亦不受其拘束。惟如經法官於裁判上引用者，當事人即得依法聲請解釋（釋字第 216 號解釋）。

❷　釋字第 137 號及第 216 號解釋，均有提及「釋示」，惟於該二號解釋中，則將其定位為「行政命令」，但於此號解釋則確認其性質上非屬獨立行政命令。

布「解釋性行政規則」對人民依法律享有之權利增加限制之要件，與憲法第 23 條法律保留原則牴觸，應不予適用。

　　關於學者見解部分，目前我國學者大致上均認稅法解釋函令之法律性質為「行政規則」，惟彼等之說明，尚有差異。例如，有認為係解釋性行政規則；有謂為單純解釋性的行政規則，亦即為各行政機關依其法定職權，為闡明稅法之原意，按其性質分別下達或發布之行政規則；有為上級稅務行政機關，根據其行政組織權力及業務指揮監督所發布澄清法律上疑義問題或統一法令解釋適用之行政規則；有謂為上級機關對下級機關，就法規含義或執行方式所為之指示之行政解釋等。

2.本文見解

　　本文以為，解釋函令之法律性質不能全面視為行政規則，而是應以其內容（規定事項之性質）來作為區分標準，若該稅法解釋函令是規範人民權利義務有關之事項者，則其法律性質應屬法規命令。

　　以釋字第 287 號解釋審查之 75 年解釋函令而言，該函令認未辦理財團法人登記之祭祀公業如無營利活動則非屬營利事業，故應免徵營利事業所得稅，改課綜合所得稅部分，因其係為對於納稅主體及稅目之認定，而該認定與人民之權利義務息息相關，故應是屬法規命令；因此，其他與人民權利義務無關之解釋函令，始為行政規則。換言之，解釋函令之性質，應就其內容個別判斷是否涉及規範人民權利義務有關之事項而定。

　　就此，多數學者，均依稅務行政機關為解釋函令毋庸法律授權而認其為行政規則，然而，卻忽視解釋函令內容是否與人民之權利義務相關、稅務行政機關是否有權制定與人民權利義務相關的函令等問題，亦即並未考慮該函令所規範之事項、效力及對人民所產生的影響。故本文以為，稅務行政機關所制定之解釋函令，若與人民之權利義務有關者即為法規命令，且須於法律明確授權時始可為之。至於，未經法律授權卻規範人民權利義務有關之事項者，仍然係法規命令之性質，而係因本法第 158 條第 1 項第 2 款規定：「法規命令，有下列情形之一者，無效：……二、無法律之授權而剝奪或限制人民之自由、權利者。」故為無效之法規命令。

　　在本法制定前，將命令區分為法規命令與行政規則，係因中央法規標準法第 7 條規定：「各機關依其法定職權或基於法律授權訂定之命令，應視其性質分別下達或發布，並即送立法院。」其後段「基於法律授權訂定之命令」，即法規命令，僅係行政權來自立法權授權之衍生權限而已，並非行政權本身之憲法固有權限，故法規命令不得逾越或牴觸法律，憲法第 172 條有明確之限制，因此，法規命令之位階係在法律之下，與法律有隸屬關係。但是，行政規則係屬行政權本身之憲法固有權限，而立法院所制定之中央法規標準法第 7 條前段將其立法定義為「基於法定職權訂定之命令」，似與憲法權力分立之制度設計精神不符，蓋行政規則係規範行政權之內部事項，其範圍及界限應由憲法決定，而非由立法院自行立法認定。不過，基於合憲性解釋原則，若能將第 7 條「基於法定職權」規定之「法」解釋為係憲法本身（而非法律），則立法院僅係宣示行政規則係屬行政權之憲法固有權限而已，並非侵犯行政權之核心領域，而可免除被宣告違憲之危險。此外，既然命令中之行政規則係屬行政權之內部事項，則與法律為立法權事項，並無互相隸屬之關係，而行政規則與法律若發生衝突時，尚須經由憲法解釋來判斷何者逾越其本身之固有權限，並非逕依憲法第 172 條規定宣告行政規則牴觸法律而無效。㉔換言之，憲法第 172 條規定之「命令」，應限縮解釋而僅指法規命令而已，但不包括行政規則在內，否則可能發生憲法體系間矛盾之情形。其次，行政行為適用行政規則所累積之行政先例，行政機關本身應受行政先例之拘束，違反行政先例之行政行為，一般認為具備違法性，但是，此種情形係指行政行為違反行政先例而違法，並非行政規則本身具有違法性。㉕

㉔　釋字第 425 號解釋謂：「行政機關基於職權，執行法律，雖得訂定命令補充法律之規定，惟其內容須符合法律意旨。」

㉕　不過，釋憲者之相關解釋似與本文持相反之見解，而認為行政規則不得違反或牴觸法律，此觀之釋字第 367 號解釋理由書第 1 段自明。關於此部分，並參，翁岳生，〈我國行政法四十年來之發展〉，《法治國家之行政法與司法》，1994，第 281 頁以下。

　　若以中央法規標準法第 7 條規定「基於法律授權訂定之命令」與「基於法定職權訂定之命令」之區分作為解釋函令性質之判斷標準，則常因解釋函令未經授權而無法歸類為「基於法律授權訂定之命令」，卻被歸類為「基於法定職權訂定之命令」。本文以為，前述歸類方式，似過度偏重命令之要件，而忽略命令之效力。

　　目前，本法第 4 章「法規命令及行政規則」，第 150 條第 1 項規定，將法規命令加以立法定義，係指「行政機關基於法律授權，對多數不特定人民就一般事項所作抽象之對外發生法律效果之規定。」此外，第 159 條第 1 項規定，將行政規則加以立法定義，係指「上級機關對下級機關，或長官對屬官，依其權限或職權為規範機關內部秩序及運作，所為非直接對外發生法規範效力之一般、抽象之規定。」兩者主要差異，係關於「法效性（效力）」方面，「法規命令」係「對多數不特定人民就一般事項所作抽象之對外發生法律效果之規定」；而「行政規則」係「非直接對外發生法規範效力之一般、抽象之規定」，且第 161 條更規定，行政規則須有效下達，才具有拘束訂定機關、其下級機關及屬官之效力。

　　至於，未經法律授權卻規範人民權利義務有關事項（即「對外發生法律效果之規定」）之解釋函令，仍然係法規命令之性質，但因本法第 158 條第 1 項第 2 款規定，「無法律授權而剝奪或限制人民自由權利之法規命令無效」，故為無效之法規命令。換言之，規範人民權利義務有關事項之解釋函令，依本法第 150 條第 2 項規定之要求，法規命令之內容應明列其法律授權之依據，並不得逾越法律授權之範圍與立法精神。

　　然而，是否「經法律授權」，僅涉及法規命令之合法要件，並不影響其係法規命令之性質，蓋此等解釋函令作為人民憲法所保障權利遭受不法侵害之依據，已屬「對外發生法律效果之規定」，故應從「效力」來論斷解釋函令之性質，而非偏重命令之「要件」，故其內容若規範人民權利義務事項（即本法第 150 條第 1 項「對外發生法律效果之規定」），則應以法規命令稱之始為妥當。以避免實質上作為確定終局裁判所適用命令之解釋函令，卻因未經法律授權，不符法規命令之合法要件，而被認定為係本法第 159

條第 1 項之「行政規則」或中央法規標準法第 7 條之「基於法定職權訂定之命令」，卻造成人民主張信賴保護之困難，更侵犯人民稅捐規劃之基本權利。

換言之，不得僅因解釋函令未經法律授權即認其為行政規則，相反地，本文以為，應重視解釋函令內容是否與人民之權利義務相關、稅務行政機關是否有權制定與人民權利義務相關的函令等問題，亦即必須考慮該函令所規範之事項、效力及對人民所產生之影響。就此而言，應斟酌人民財產權及稅捐規劃權之憲法保障，即稅務行政機關所制定之解釋函令，若與人民之權利義務有關者即為法規命令，且須於法律明確授權時始可為之，以符合憲法第 19 條稅捐法律主義之要求。

例如，【90/01/03】及【92/06/25】修正公布之所得稅法第 17 條第 1 項第 1 款第 2 目均規定，納稅義務人之子女滿 20 歲以上，而因在校就學受納稅義務人扶養者，納稅義務人依該法規定計算個人綜合所得淨額時，得減除此項扶養親屬免稅額。就此，財政部【84/11/15】臺財稅第 841657896 號函釋：「現階段臺灣地區人民年滿 20 歲，就讀學歷未經教育部認可之大陸地區學校，納稅義務人於辦理綜合所得稅結算申報時，不得列報扶養親屬免稅額。」釋字第 692 號解釋指出，該解釋函令限縮上開所得稅法之適用，增加法律所無之租稅義務，違反憲法第 19 條租稅法律主義。

而釋字第 705 號解釋更明確說明，「行政規則僅得就執行法律之細節性、技術性之次要事項為必要之規範」。因此，解釋函令針對所捐獻之土地原係購入但未能提示土地取得成本確實證據，或原係受贈或繼承取得者，如何依所得稅法第 17 條第 1 項第 2 款第 2 目之 1 規定認列所得稅減除之扣除額，所為之補充規定。惟其所釋示捐贈列舉扣除額金額之計算依財政部核定標準認定，以及非屬公共設施保留地且情形特殊得專案報部核定，或依土地公告現值之百分之 16 計算，皆涉及稅基之計算標準，攸關列舉扣除額得認列之金額，並非僅屬執行所得稅法規定之細節性或技術性事項，而係影響人民應納稅額及財產權實質且重要事項，自應以法律或法律具體明確授權之命令定之，故與憲法第 19 條租稅法律主義不符。

第十二章 行政計畫

綱要導讀

壹、概　念

一、定　義

㈠描述性之定義

㈡檢　討

   1.學者見解

   2.省　思

二、要　素

㈠主　體

㈡期　限

㈢目　的

㈣事前之計畫

貳、類　型

一、有法效性之行政計畫

㈠法規性質

   1.法　律

   2.命　令

㈡處分性質

二、無法效性之行政計畫

參、計畫形成自由與司法審查

一、計畫形成自由

二、司法審查

肆、計畫確定程序

一、意　義

㈠概　念

㈡作　用

   1.核準作用

   2.集中事權作用

   3.形成作用

二、適用範圍

㈠原　因

㈡類　型

   1.一定地區土地之特定利用

   2.重大公共設施之設置

㈢最低程序要求

三、內　容

㈠步　驟

㈡程序之開始及計畫書之內容

㈢擬定計畫之公開

㈣確定計畫之裁決

四、確定計畫裁決之處理程序

㈠確定計畫裁決之送達與公告

㈡不服確定計畫裁決之救濟方法

㈢計畫確定後之實施

㈣計畫確定後之實施時效

㈤計畫完成前之變更

㈥確定計畫裁決之廢棄

㈦多數計畫之競合

本章主要係以行政程序法（以下簡稱「本法」）第 5 章「行政計畫」為討論範圍。

壹、概　念

一、定　義

㈠描述性之定義

本法所稱行政計畫，第 163 條規定，係指「行政機關為將來一定期限內達成特定之目的或實現一定之構想，事前就達成該目的或實現該構想有關之方法、步驟或措施等所為之設計與規劃。」

本條明定行政計畫之意義，所謂計畫係就未來事務所為之一種事前規劃。而規劃之內容則是將來處理該事務擬採之方法、步驟或措施等。由於行政機關擬處理之未來事務，無非要將來達成一定之行政目的或實現之一定構想，因此，在就行政機關所為計畫，即行政計畫作一般性定義時，應將此目的連同屬於概念內涵之「事前規劃」及「擬採之方法、步驟或措施」等特徵，充分表達。❶

㈡檢　討

1.學者見解

（1）刪除說

針對本條就行政計畫之描述性定義，學者批評：「因界定範圍虛無空泛，無助於行政計畫在行政法意義之操作，形同贅文。本條亦不見德、日有關條文之立法體例，似應予刪除。」❷

（2）保留說

本說認為，將行政計畫予以描述性之定義，並無法將行政計畫之具體

---

❶ 本條規定與臺灣大學法律研究所之行政程序法草案第 113 條規定相同。以下參照，《行政程序法之研究》，1990，第 150 頁～第 170 頁。

❷ 董保城，〈行政計畫〉，翁岳生編《行政法》，2000，第 680 頁。

內容加以概念化。蓋行政計畫既然是動態、演進之特徵，欲予靜態、規範性、固定之框框加以描寫，在本質上勢必遭遇到甚大困難。不過，學者指出，困難縱使存在，為建構行政計畫法制之體系，對該法制最基礎之法律概念，仍應嘗試以抽象概念，即應將動態特徵加以規範化，使其法律不安定性減低，進而「確保法之期待」，以保障人民權益，提高行政效能。❸

　　2.省　思

　　本法是行政法總論法典化之成果，行政機關確定行政計畫行為之程序，依本法第 2 條第 1 項規定，係屬本法所稱行政程序之範圍，故將「行政計畫」作為本法法定（正式、形式化）之行政行為類型，係代表個別行政計畫法制應逐漸依循正式之行政程序，而本法似亦預留未來之發展方向。

　　現行法關於個別行政計畫之立法定義，例如，都市計畫法所稱之「都市計畫」，係指在一定地區內有關都市生活之經濟、交通、衛生、保安、國防、文教、康樂等重要設施，作有計畫之發展，並對土地使用作合理之規劃而言（都市計畫法第 3 條）；區域計畫法所稱「區域計畫」，係指基於地理、人口、資源、經濟活動等相互依賴及共同利益關係，而制定之區域發展計畫（區域計畫法第 3 條）。❹

二、要　素

　　行政計畫之要素，分析如下：

㈠主　體

　　行政計畫，亦得稱為計畫行政，係以行政機關為計畫主體。❺

　　於此，所謂「行政機關」，係以個別類型行政計畫涉及之行政機關為標

---

❸　林明鏘，〈行政計畫〉，翁岳生編《行政法》，1998，第 657 頁以下。

❹　國家公園法第 8 條第 3 款規定：「國家公園計畫：指供國家公園整個區域之保護、利用及發展等經營管理上所需之綜合性計畫。」

❺　不過，擬定計畫之主體除行政機關外，亦可能為非行政機關之其他事業，故由事業訂定計畫時，其計畫確定程序似得準用本章之規定。其次，事業之確定計畫機關，似應為該目的事業主管機關，但法律另有規定者，不在此限。

準，並非以單一行政機關為限。蓋行政計畫之流程，從擬定、審議、實施至變更等，經常涉及不同行政機關，甚至，不同行政主體，例如，預算計畫、六年國建計畫或國土綜合開發計畫等，因此，事實上行政計畫係讓相關機關彼此互相協調及行使職權之過程。

(二)期　限

行政計畫，係為將來一定期限內具有實現可能性之計畫，計畫期間應具有可衡量性。

所謂「將來」，係指計畫完成之日期係在未來之時點；至於，「一定期限內」，原則上得從各類型行政計畫之規範依據得知，強調期限具有特定性或實現可能性。例如，都市計畫有其整體性，乃預計 25 年內之發展情形訂定之。 ❻

(三)目　的

行政計畫，係為達成特定之目的或實現一定之構想。因此，目的或構想，應具有特定性或實現可能性。

此外，計畫設計與規劃流程，亦為實現行政責任之重要依據，尤其，行政計畫經常應配合預算之編列與執行，例如，中央政府中程計畫預算編製辦法【103/05/21】第 3 條規定：「本辦法所稱中程計畫預算之實施範圍，係指編列於中央政府總預算與特別預算內之各項支出及支應其所需之財源。」故受到財政責任主義之拘束，更須審慎評估。 ❼

(四)事前之計畫

行政計畫，係事前就達成該目的或實現該構想有關之方法、步驟或措施等所為之設計與規劃。因此，特別強調事前之設計與規劃，而計畫之內

---

❻　釋字第 336 號解釋指出，主管機關為實現都市有計畫之均衡發展，依都市計畫法在都市計畫地區範圍內設置公共設施用地，以為都市發展之支柱。此種用地在未經取得前，為公共設施保留地，其限制土地使用人為妨礙保留目的之使用。公共設施保留地與都市計畫之整體，具有一部與全部之關係。除非都市計畫變更，否則殊無從單獨對此項保留地預設取得之期限，而使於期限屆滿尚未取得土地時，視為撤銷保留，致動搖都市計畫之整體。

❼　黃俊杰，《財政憲法》，2005，第 117 頁以下。

容，則包括就達成該目的或實現該構想有關之方法、步驟或措施等。

　　例如，中央政府中程計畫預算編製辦法第 5 條規定：「中程計畫預算之實施架構，依國家發展長期展望，並參酌中程預算收支推估結果，訂定中程國家發展計畫及中程資源分配方針；再由各主管機關根據中程國家發展計畫及中程資源分配方針，擬訂中程施政計畫；並依中程施政計畫及配合年度歲出概算額度分配情形，擬編年度施政計畫及概算。前述中程施政計畫及年度歲出概算，屬於重要公共建設計畫、科技發展計畫及社會發展計畫部分，應加強先期作業，並依先期作業審議結果及所通過之優先順序，檢討編列。」

貳、類　型

　　行政機關擬定之計畫，態樣繁多，法律效果及性質不一。就行政計畫之性質而言，似與其類型及法律規定內容有關，❽茲以法效性之有無，分析如下：

一、有法效性之行政計畫

　　具有法效性之行政計畫，係指該行政計畫直接發生法規範效力，或具有拘束機關與人民之強制性行政計畫，且經常配合預算之編列與執行。分析如下：

㈠法規性質

1.法　律

　　政府之年度預算，係安排政府各部門之收支及施政重點，性質屬於須經議會審議通過之法律草案，但經議會審議通過後，則具有法律之形式。

　　就此，釋字第 391 號解釋理由書謂，預算案係以具體數字記載政府機關維持其正常運作及執行各項施政計畫所須之經費，每一年度實施一次即失其效力，預算案實質上為行政行為之一種。基於民主憲政之原理，預算

---

❽　李惠宗，《行政法要義》，2004，第 467 頁以下。

案必須由立法機關審議通過而具有法律之形式，❾故有稱之為措施性法律 (Massnahmegesetz) 者，以有別於通常意義之法律。而立法機關審議預算案，則具有批准行政措施即年度施政計畫之性質。❿

2.命　令

行政機關擬定之計畫，有對一般人民之權利義務發生規範效力者。例如，釋字第 513 號解釋指出，都市計畫法制定之目的，依其第 1 條規定，係為改善居民生活環境，並促進市、鎮、鄉街有計畫之均衡發展。都市計畫一經公告確定，即發生規範之效力。除法律別有規定外，各級政府所為土地之使用或徵收，自應符合已確定之都市計畫，若為增進公共利益之需要，固得徵收都市計畫區域內之土地，惟因其涉及對人民財產權之剝奪，應嚴守法定徵收土地之要件、踐行其程序，並遵照都市計畫法之相關規定。

此外，自來水法第 11 條授權行政機關得為「劃定公布水質水量保護區域，禁止在該區域內一切貽害水質與水量之行為」，而主管機關依此授權訂定公告 「翡翠水庫集水區石碇鄉碧山、 永安、 格頭三村遷村作業實施計畫」，其先經行政院核定，並由臺北水源特定區管理委員會 85 年 3 月 6 日 85 北水一字第 1855 號公告，應屬行政命令。蓋行政機關之內部作業計畫，若經公告或發布實施，性質上為法規之一種；其未經公告或發布，但具有規制不特定人權利義務關係之效用，並已為具體行政措施之依據者，則屬對外生效之規範 （釋字第 542 號解釋）。

㈡處分性質

行政機關擬定之計畫，有對特定人或可得確定其範圍之人之權利或義務，直接發生成立、變動、消滅或確定之法律效果，性質屬行政處分者，

❾　釋字第 520 號解釋理由書謂：「預算制度乃行政部門實現其施政方針並經立法部門參與決策之憲法建制，對預算之審議及執行之監督，屬立法機關之權限與職責。預算案經立法院審議通過及公布為法定預算，形式與法律案相當。」

❿　釋字第 391 號解釋理由書謂：「立法機關……審議方式自不得比照法律案作逐條逐句之增刪修改，而對各機關所編列預算之數額，在款項目節間移動增減並追加或削減原預算之項目，實質上變動施政計畫之內容，造成政策成敗無所歸屬，政治責任難予釐清之結果，有違立法權與行政權分立之憲政原理。」

如依平均地權條例所為之土地重劃及工業區之編定，❶依都市更新條例由主管機關核定都市更新事業計畫（釋字第 709 號解釋）等。

　　就此，釋字第 156 號解釋指出，主管機關變更都市計畫，係公法上之單方行政行為，如直接限制一定區域內人民之權利、利益或增加其負擔，即具有行政處分之性質，其因而致特定人或可得確定之多數人之權益遭受不當或違法之損害者，自應許其提起訴願或行政訴訟以資救濟。在本號解釋理由書，則將其限制在都市計畫之個別變更。❷

　　若行政機關擬定之計畫，有就公物之設定、變更、廢止或其一般使用加以決定者，則性質屬一般處分（本法第 92 條第 2 項第 2 句）。

二、無法效性之行政計畫

　　無法效性之行政計畫，係指該行政計畫不直接（間接）發生或不發生法規範效力，即未具任何法拘束力之事實行為。此類型之行政計畫，包括資訊性與影響性等事實行為性質之行政計畫等，例如，各種長短期之經濟計畫，其具有提供一定訊息或行政指導等之功能。

參、計畫形成自由與司法審查

一、計畫形成自由

　　土地為人民生存所不可或缺，國家基於地理、人口、資源、經濟活動等相互依賴及共同利益關係，並配合國家經濟發展及環境保護之政策，應

---

❶　高雄高等行政法院 90 訴 1566；最高行政法院 92 裁 950。並參，103 判 137。

❷　惟釋字第 156 號解釋理由書謂：「都市計畫之擬定、發布及擬定計畫機關依規定 5 年定期通盤檢討所作必要之變更（都市計畫法第 26 條），並非直接限制一定區域內人民之權益或增加其負擔者。」本號解釋陳世榮大法官不同意見書謂：「行政機關擬定之都市計畫或變更都市計畫，經層報核定後，公布實施，此項公告，並非對於特定人所為處分。」

訂定符合社會需要之土地使用保育計畫，區域計畫法即係為合理調整土地上各種不同的使用需求與人民整體利益之均衡考量所制定之法律（釋字第444號解釋）。

由於，區域計畫法對於國家與地方自治團體之計畫高權，已有權限分派之立法決定，而成為中央與地方權限劃分秩序之內涵。該項立法決定，若符合憲法與地方制度法對於地方自治制度保障要求之前提下，相關計畫主體之行政機關，則應負有遵守該等權限分派秩序之義務。就此，釋字第532號解釋蘇俊雄大法官之協同意見書指出：「如果綜合考察計畫法制以及地方制度法制的相關規定，應該肯認用地編定之計畫管制措施及其變更，屬於直轄市及縣（市）政府的自治事項，而且各該地方主管機關在法律以及授權命令的容許範圍內，應享有一定的計畫形成自由，俾滿足地方自治團體的計畫需求。基於這樣的定性，各該自治監督機關當然僅能根據憲法、法律以及授權命令對之為適法性的監督，而且其依法律授權訂定的管制規則，也必須保留給地方主管機關一定的計畫形成餘地，不能以過度嚴格的要件限制架空其計畫高權。」❸

此外，最高行政法院（106判345）指出，關於都市計畫涉及高度專業判斷，其擬定、核定計畫具有相當寬廣之計畫形成自由，得據以從事計畫裁量。並且，都市計畫具有整體性，其任何一部與計畫整體間具有不可分之關係。如擬定、核定計畫機關有完全欠缺法益（公益或私益）之衡量，或對於重要法益未經衡量，或對有關權益為不符比例原則之高估或低估等重大瑕疵情事，即屬裁量濫用。行政機關本於行政權作用而為之裁量行為，除有逾越權限或濫用權力而構成違法之情形外 （行政訴訟法第4條第2

---

❸　釋字第532號解釋蘇俊雄大法官之協同意見書謂：「性質上屬於由省政府發布之職權命令的系爭審查作業要點，並非適格的管制規則，其訂定本身即已牴觸了區域計畫法所定的權限分派秩序，而且其規範內容亦過度限縮、掏空了縣（市）政府依法律及授權命令所享有的計畫形成自由（使其僅能就符合該審查作業要點所定要件的申請案件為變更編定之審酌），應依憲法第172條之規定將之宣告為無效。」

項)，合理性之裁量行為，原則上應予以尊重。

二、司法審查

例如，【83/09/16】發布之臺灣省非都市土地山坡地保育區、風景區、森林區丁種建築（窯業）用地申請同意變更作非工（窯）業使用審查作業要點，❹係臺灣省政府本於職權訂定之命令，其中第 2、3 點規定，山坡地保育區、風景區、森林區丁種建築（窯業）用地若具備㈠廠地位於水庫集水區或水源水質水量保護區範圍內經由政府主動輔導遷廠或㈡供作公共（用）設施使用或機關用地使用等要件之一，並檢具證明已符合前述要件之書件者，得申請同意將丁種建築（窯業）用地變更作非工（窯）業使用。

釋字第 532 號解釋指出，其內容已逾越母法之範圍，創設區域計畫法暨非都市土地使用管制規則關於非都市土地使用分區內使用地變更編定要件之規定，違反非都市土地分區編定、限制使用並予管制之立法目的，且增加人民依法使用其土地權利之限制，與憲法第 23 條法律保留原則有違，應不予適用。

針對本號解釋，蘇俊雄大法官之協同意見書謂：「中央主管機關受法律授權所訂定之實體管制規則，以及各該地方主管機關就用地編定或變更所為之決定，仍應符合區域計畫法所定指導原則；行政機關就此所為之裁量決定，司法機關原則上應予尊重而僅做有限度之審查。」❺

---

❹　該要點係臺灣省政府於【83/09/16】83 府建一字第 161184 號函發布，已於【88/08/04】經該省政府以 88 府法字第 157924 號函示，溯自【88/07/01】起停止適用。

❺　該協同意見書指出，在功能法取向的權限分派秩序上，應該容許立法者對行政機關的規範續造，可以做比較廣泛的授權，而且司法機關對於行政機關就相關實體事項所為「訂定命令之裁量」乃至於「計畫裁量」，原則上亦應予以尊重而僅做比較寬鬆的審查（本席建議原則上可採取「可支持性審查」之標準，於有「區域建設推行委員會」參與作成決定之場合則例外採取「明顯性審查」之標準）。換言之，只要管制規則之實體內容或者個別的計畫決定，符合平等原則的基本規範要求，並且與區域計畫法所定之各項指導原則間存在有適當合理

肆、計畫確定程序

一、意　義

㈠概　念

行政計畫應經一定之程序始為確定者，該程序稱為「計畫確定程序」。

㈡作　用

計畫確定程序之作用，係在藉程序之參與及進行，使利害關係人及有關機關得以表示意見並相互溝通，俾使計畫能集思廣益，考慮更為周詳，而使最終確定之計畫內容合理妥善。

確定計畫裁決之法律效果，包括：[16]

1.核准作用

即確認計畫及其所含有關設施之必要後續措施之適法性。換言之，計畫及其實施所必要之措施，被確認適法可行。

2.集中事權作用

即賦予擬定計畫之機關得以集中事權。申言之，計畫實施時之必要措施或設施之設置等，依法本應得有關主管機關之核准或同意，但該等有關機關在聽證程序時既已表示意見，而此意見，在確定計畫之機關為裁決時必已斟酌，因此，為使確定後之計畫能順利實施，避免再次徵詢有關機關同意等程序之煩瑣，以增加行政效率，故明定擬定計畫之機關於實施計畫而為必要之措施或設施時，可不必再經其他有關主管機關同意之決定。就

的關連而無權限之濫用，其適法性即應受司法機關之肯認；至於其政策內容是否妥當的問題，行政機關應享有一定的計畫形成空間。惟若進而以「可支持性審查」之標準檢視系爭審查作業要點的實體規範內容，其是否具有任何合乎事理並且可以支持該項訂定命令之裁量的合理性基礎，毋寧非常值得懷疑。

[16] 並參，廖義男，〈論行政計畫之確定程序〉，《行政程序法之研究》，臺灣大學法律研究所，1990，第 365 頁～第 423 頁。

此，本法第 164 條第 1 項規定，確定計畫之裁決，有集中事權之效果。

3.形成作用

使當事人間形成新之法律關係。即計畫經確定後，擬定計畫之機關與權利或利益受計畫影響之人間之法律關係，即依確定之計畫內容定之，故確定計畫之裁決亦具形成力。

二、適用範圍

本法第 164 條第 1 項規定，行政計畫係「有關一定地區土地之特定利用或重大公共設施之設置，涉及多數不同利益之人及多數不同行政機關權限者」，確定其計畫之裁決，「應經公開及聽證程序」。分析如下：

㈠原　因

啟動計畫確定程序之原因，主要係因涉及多數不同利益之人及多數不同行政機關之權限，為避免爭執，並收集中事權之效果。

㈡類　型

本法第 164 條第 1 項規定「有關一定地區土地之特定利用或重大公共設施之設置」之行政計畫，係應經計畫確定程序之例示規定。

此外，所謂「一定地區」、「特定利用」、「重大」等用語，均屬不確定法律概念，尚待第 2 項規定由行政院具體其類型。

1.一定地區土地之特定利用

憲法第 146 條規定：「國家應運用科學技術，以興修水利，增進地力，改善農業環境，規劃土地利用，開發農業資源，促成農業之工業化。」而行政計畫之內容或措施，若涉及一定地區土地之特定利用，難免直接影響人民之權利或利益，則計畫之決定，關係人民權益甚大。

因此，基於法治國家原則，在確定計畫之決定之前，應予權利人及利害關係人表示意見之機會，始符合權利保護之精神。而計畫確定程序之設置，目的即在保障其表示意見之機會。❼

---

❼　例如，非都市土地之用地編定的計畫管制，對於人民的土地使用權益構成重大的影響限制，故釋字第 532 號解釋蘇俊雄大法官之協同意見書謂：「相關之管

2.重大公共設施之設置

行政計畫之目的，若為重大公共設施之設置，則將影響地方之開發與發展，涉及人民生活環境與品質及地方之繁榮，故基於民主原則，該計畫之決定應植基於民意，而計畫確定程序之設置，即為彙整此項民意建立之管道。

而本法第 164 條第 1 項「公共設施」之概念，似並非僅以有體物為限。例如，內政部【94/03/04】臺內戶字第 0940072472 號函頒 94 年全面換發國民身分證作業程序執行計畫，係行政機關以戶籍法第 8 條為規範依據，推動之全國性行政計畫。觀察執行計畫之內容，主管機關要求全國人民按捺指紋並錄存人民指紋，將重大影響憲法第 22 條保障人民之基本權利，而國家執行指紋檔案之錄存，須付出一定之人力、物力等行政成本，耗損大量之行政資源，對公益亦有重大影響（釋字第 599 號、第 603 號解釋）。因此，全國人民指紋資料庫之建立、管制與使用等，其影響程度、時限及範圍，根本無法預估，似可謂係「重大公共設施之設置」。❸

㈢最低程序要求

由於行政機關擬定之計畫，態樣繁多，其目的、內容、性質等各有不同，差別甚大，是否皆須經過一定程序始為確定，事實上，現階段似宜由規範各該計畫行為之法律決定之。如規範各該計畫行為之法律，已訂有完備之計畫確定程序者，自當依其規定。

因此，本法僅規定「應經公開及聽證程序」，作為確定計畫裁決之最低程序要求。

然而，實務見解指出，系爭變更都市計畫既已依都市計畫法第 19 條第 1 項規定踐行公開展覽及舉行說明會之法定程序，自無再適用性質上為普

制措施，當然必須符合憲法第 23 條所定的法律保留原則，由法律或授權命令進行規範；基於財產權之組織與程序保障的憲法規範意旨，地方主管機關在為用地編定的計畫形成決定時，更應給予土地權利人及其他利害關係人陳述意見的機會，並對計畫所涉及之私益與公益進行慎重的權衡考量。」

❸ 黃俊杰，〈行政計畫與權利保護〉，《月旦法學雜誌》，第 123 期。

通法之本法第 164 條第 1 項規定為聽證程序之必要（最高行政法院 102 判 469）。

　　就此，以都市更新為例，釋字第 709 號解釋指出，其屬都市計畫之一環，用以促進都市土地有計畫之再開發利用，復甦都市機能，改善居住環境，增進公共利益。為使主管機關於核准都市更新事業概要、核定都市更新事業計畫時，能確實符合重要公益、比例原則及相關法律規定之要求，並促使人民積極參與，建立共識，以提高其接受度，都市更新條例應規定主管機關須設置公平、專業及多元之適當組織以行審議，並應按主管機關之審查事項、處分之內容與效力、權利限制程度等之不同，規定應踐行之正當行政程序，包括應規定確保利害關係人知悉相關資訊之可能性，及許其適時向主管機關以言詞或書面陳述意見，以主張或維護其權利。而於都市更新事業計畫之核定，限制人民財產權及居住自由尤其直接、嚴重，都市更新條例並應規定由主管機關以公開方式舉辦聽證，使利害關係人得到場以言詞為意見之陳述及論辯後，斟酌全部聽證紀錄，說明採納及不採納之理由作成核定，始無違於憲法保障人民財產權及居住自由之意旨。

三、內　容

　　本法第 164 條第 2 項規定：「關於前項行政計畫之擬訂、確定、修訂及廢棄之程序，由行政院另定之。」造成計畫確定程序之核心內容，非屬法律直接明確規定之範圍，而係歸屬命令之層級。

　　針對計畫確定程序之規範內容，提出下列思考方向：❿

㈠步　驟

　　計畫確定程序，似應依下列步驟進行：即⑴擬定計畫之提出；⑵擬定計畫之公開；⑶聽證之預告；⑷聽證之舉行；⑸確定計畫之裁決。⓴

---

❿　參考臺灣大學法律研究所之行政程序法草案第 115 條至第 131 條之規定，1990，《行政程序法之研究》，第 154 頁～第 170 頁；並參，行政計畫擬訂、確定、修訂及廢棄程序辦法草案，陳慈陽，《行政法總論》，2001，第 661 頁以下。

關於聽證之預告與聽證之舉行，適用本法第 1 章第 10 節「聽證程序」之規定。其餘步驟，說明如下：

㈡程序之開始及計畫書之內容

擬定計畫機關擬定計畫時，應事前徵詢有關機關之意見，而該計畫是否必要、可行、合理及妥當，不應由擬定計畫之機關自行認定，為進行計畫之確定，應由其通常之監督機關，即其直接上級機關加以認定，故應將擬定之計畫書送交其直接上級機關。

計畫書應有足以讓人瞭解計畫內容之必要記載，以判斷計畫是否必要、可行、合理及妥當，故除法律另有規定者外，至少應載明下列事項：(1)計畫目的；(2)計畫之緣由及事實背景；(3)擬採之重要措施；(4)涉及土地者，其有關之土地；(5)其他有助瞭解計畫內容之必要事項。

㈢擬定計畫之公開㉑

擬定計畫機關之直接上級機關於接到前述計畫書後，應即指派其內部所屬單位或人員負責聽證，並應將計畫書登載於政府公報公告之，以發揮政府公報應公開傳播有關政府機關行為訊息之功能。惟應注意的是，負責確定計畫之裁決人員避免與負責聽證之人員同一，而使計畫之聽證及裁決，各保持客觀超然之立場。

㉒ 例如，城市區域道路溝渠及其他公共使用之土地，依土地法第 90 條規定，應依都市計畫法預為規定之，都市計畫之市鎮計畫，應先擬定主要計畫書，表明主要道路及其他公眾運輸系統，主要計畫公布實施後，應繼續完成細部計畫，表明道路系統，其主要計畫及細部計畫，均應送由該管政府或鄉鎮（縣轄市）都市計畫委員會審議，在審議前應公開展覽，於公開展覽期間，任何公民或團體均得提出意見，由都市計畫委員會審議，審議結果並應報請上級政府核定後公布實施（釋字第 255 號解釋）。

㉑ 釋字第 532 號解釋蘇俊雄大法官之協同意見書謂：「區域計畫之擬定過程中，行政機關負有公開資訊的程序性義務，以保障人民知的權利，其目的在確保計畫制訂之正確性，透過當事人及利害關係人事前基於充分且完整的資訊，而於計畫程序中為實質的討論，可避免計畫決策的錯誤，以及冗長及繁瑣的事後司法救濟等因決策於未知之中所可能產生的弊端。」

　　此外，擬定之計畫若影響地方之開發與發展或土地之利用者，應使該地方人士有所知曉，故直接上級機關應命擬定計畫之機關將計畫書副本送交該地方政府或公所公開展覽一定期間。地方政府或公所應登報周知其展覽期間及地點。

　　權利或利益受計畫影響之人，得於公告後或公開展覽期滿後一定期間內，向負責聽證之單位或人員，以書面或言詞記載於筆錄之方式提出異議。

　　負責聽證之單位或人員對於計畫之事物涉及其職掌及權限之機關，應主動徵詢其意見，以表示應尊重該機關。此外，對於已知其權利或利益受計畫影響之人，並應以書面通知其得提出異議之意旨及提出異議之期間，以加強保護該等人之權益。

㈣確定計畫之裁決

　　在聽證之預告與聽證之舉行之後，應將聽證記錄送交確定計畫之裁決機關，進行確定計畫之裁決。❷❷

　　擬定計畫機關之直接上級機關，為確定計畫，應斟酌全部聽證程序之結果，作成裁決，蓋聽證程序已將各種有關計畫之不同意見彙整，並盡力調和其間利益之衝突。

　　為前述裁決時，除就擬定之計畫予以確認外，對於聽證程序中經討論而未解決之異議，亦應作成決定。為保護公益或防止他人權利受不利之影響，並應課予擬定計畫機關有採行必要防護措施、設置或維護必要設施之義務，此項負擔之作用，乃欲藉此調和計畫目的所追求之公益與其他利益間之衝突；不能採行、設置或性質與計畫不適合者，例如顯然影響計畫目的之達成者，則對於因而須忍受不利影響之關係人，則得請求相當之金錢

---

❷❷　例如，工業區編定之核准之權限，專屬於經濟部，故僅經濟部有作成編定工業區確定計畫裁決之權限。僅經濟部得依擬定計畫主體申請書內容並斟酌相關行政機關所提出之意見與資料後，最終作出是否核准「確定計畫裁決」之行政處分（高雄高等行政法院 90 訴 1566）；至於，屏東縣政府基於其職務而對於內政部營建署所為之意思表示，而屬於計畫確定程序中之行政內部作為，並非對於人民之具體處分行為，尚非行政處分，自不得對之提起撤銷之訴（最高行政法院 92 裁 950）。

補償。

四、確定計畫裁決之處理程序

確定計畫裁決後，仍應注意下列處理程序：

㈠確定計畫裁決之送達與公告

確定計畫之裁決，發生確認計畫適法可行之效果，並使擬定計畫之機關與權利或利益受計畫影響之人間之公法關係，依確定之計畫內容決定，而具有形成之效果。因此，確定計畫之裁決，應作成書面，記明理由及不服之救濟方法，送達於擬定計畫機關、已知權利或利益受計畫影響之人及其異議經決定之人。

裁決書及確定計畫書之正本，並應送交計畫影響地區之地方政府或公所公開展覽一定期間。展覽地點與時間應公告之。展覽期間屆滿時，裁決書視為已送達於其他關係人。此項效力，應於公告中載明。

應受送達之人過多時，得以公告代替送達。此項公告，應將裁決主文（其內容應包括計畫之主要措施及其影響範圍）、不服之救濟方法、裁決書正本及計畫書正本於地方政府或公所公開展覽之意旨、課予擬定計畫機關有關措施、設施或金錢補償之負擔等事項登載於政府公報，並在計畫影響地區發行之新聞紙刊載之。經公告後，並於公開展覽期滿時，裁決書視為已送達於權利或利益受計畫影響之人及其異議經決定之人。此項效力，應於前述公告中載明。

至於，權利或利益受計畫影響之人及其異議經決定之人，得以書面請求給予確定計畫裁決書。

㈡不服確定計畫裁決之救濟方法

確定計畫之裁決，係經一審慎繁瑣之計畫確定程序始作成。在其程序之設計上，就確保確定計畫之機關，應保持客觀超然，程序進行時應使當事人有充分陳述意見及申辯之機會，以及裁決時應為利益之衡量，兼顧公益與私益等規定，實不亞於訴願救濟程序之規定而與其相當。

因此，如對確定計畫之裁決有所不服，實不必再經過一類似重複之訴

願程序以為救濟。故不服確定計畫之裁決者，似應立法於裁決書送達後之法定期間內，直接向行政法院提起行政訴訟。

㈢計畫確定後之實施

計畫確定後產生排除效果，即確定計畫之裁決已不能訴請撤銷而發生確定力時，則其裁決客體之計畫，亦終局之確定，應按計畫予以實施，因而任何妨礙計畫實施之請求，包括停止計畫之實施、移去或變更有關設施，或停止該設施之利用等之請求均被排除，不得主張。

就此，釋字第 513 號解釋謂：「都市計畫一經公告確定，即發生規範之效力。除法律別有規定外，各級政府所為土地之使用或徵收，自應符合已確定之都市計畫，……並遵照都市計畫法之相關規定，以實現都市計畫之目的。」

計畫確定後，計畫或已確定計畫之配合設施，始對人民權利發生不可預見之影響者，由於該影響不可預見，該關係人無從在計畫確定前之聽證程序表示意見請求防範，為保護該關係人之權利，應容許該關係人得請求確定計畫機關命擬定計畫機關為必要之防護措施、設置或維護用以排除此不利影響之措施。惟不能採行、設置或與計畫不適合者，關係人應於法定期間內，以書面向確定計畫機關提出請求相當之金錢補償。

此外，計畫確定後之實施，亦可能影響計畫以外之範圍，例如，釋字第 255 號解釋指出，在實施都市計畫範圍內，道路規劃應由主管機關依都市計畫法之規定辦理，已依法定程序定有都市計畫並完成細部計畫之區域，其道路之設置，即應依其計畫實施，而在循法定程序規劃道路系統時，原即含有廢止非計畫道路之意，於計畫道路開闢完成可供公眾通行後，此項非計畫道路，無繼續供公眾通行必要時，主管機關自得本於職權或依申請廢止之。

㈣計畫確定後之實施時效

計畫確定後，應有一定之實施時效，藉以督促擬定計畫之機關儘早開始實施。❷❸但是，計畫實施確實有困難者，為免計畫失效而影響建設，或

---

❷❸　計畫確定後應有一定之實施時效，否則，將影響人民權益之保障。並參，釋字

須再履踐繁複之計畫確定程序而影響行政效率，故於失效期間屆滿前，得申請延長計畫之實施年限。惟延長時，最多以原實施時效為限，以避免延後實施之計畫與變遷之社會脫節。

㈤計畫完成前之變更

已確定之計畫於進行中完成前須變更者，因與原來計畫有所不同，對當事人權益之影響亦將有差異變化，故原則上，即應重新進行計畫確定程序。

但是，如計畫之變更並不重要，且不涉及他人利益或經關係人同意其變更者，則無須藉程序之保障以保護其權益，而得免除進行新之計畫確定程序。縱然，如確定計畫之機關仍願重新進行計畫確定程序者，其程序亦可簡化，例如，得不經聽證程序及不須公告確定計畫之裁決，以求行政經濟。

㈥確定計畫裁決之廢棄

已開始實施之計畫，因故終止不再進行者，由於先前已生效之確定計畫之裁決仍然存在，形式上仍有其拘束力，故為使此形式上拘束力亦失其效力，以符合實際，因此，應將確定該計畫之裁決廢棄。不過，廢棄之決定前，似應聽擬定計畫機關之意見。

計畫實施後因終止而不再進行時，如回復原狀或採取其他適當措施，係保護公共利益或防止他人權利受不利益之影響所必要者，確定計畫之機關於為廢棄之決定時，並應課予擬定計畫機關回復原狀或採取其他適當措施之義務，即計畫中輟後之善後工作。

㈦多數計畫之競合

若多數獨立之計畫，其所擬定之事項，全部或一部相競合而須為統一之決定時，就該競合部分應僅進行單一計畫確定程序。

計畫確定程序之管轄及其應適用程序之選擇，係採「重點原則」，即依計畫所擬定措施或設施影響範圍較大者之計畫所應適用之法令定之。

如有疑義時，並得規定由共同直接上級機關或中央主管部、會、署或行政院會議決定，為其解決之方法。

第 406 號解釋。

第十三章　行政罰

綱 要 導 讀

壹、立法之必要性
貳、法　例
　一、適用範圍
　二、處罰種類
　三、行為人
　四、處罰法定主義
　五、效　力
　㈠「時」之效力
　㈡「地」之效力
參、責　任
　一、責任條件
　二、禁止錯誤與責任
　三、責任能力
　四、不作為犯
　五、阻卻違法事由
　㈠依法令之行為
　㈡正當防衛
　㈢緊急避難
肆、共同違法及併同處罰
　一、共同違法
　二、併同處罰
　㈠私法人
　㈡其他私法組織
　㈢公法組織
伍、裁處之審酌加減與擴張

一、比例原則
二、便宜主義
三、裁量追繳
四、沒入與追徵價額
㈠沒入之物
㈡擴張沒入
㈢價額追徵
陸、單一行為及數行為之處罰
一、單一行為
二、數行為
三、刑罰優先
柒、裁處權時效
一、時效與起算
㈠時　效
㈡起　算
二、時效停止
捌、管轄機關
一、地域管轄
二、共同管轄
三、管轄權競合
四、移送管轄
玖、裁處程序
一、執行職務時應有之作為
二、即時制止

三、異　議
四、扣留與救濟
　㈠扣　留
　㈡強制力
　㈢紀　錄
　㈣扣留物之標示
　㈤發　還
　㈥聲明異議
五、陳述意見及聽證
　㈠陳述意見
　　1.原　則
　　2.例　外
　㈡聽　證
　　1.聽證義務
　　2.例　外
　㈢裁處書
拾、過渡條款

人民因違反法律上義務而應受之行政罰，係屬對人民之制裁（釋字第275 號解釋）。

例如，為加強道路交通管理，維護交通秩序，確保道路交通安全，道路交通管理處罰條例對違反該條例之行為即定有各項行政罰（釋字第 511號解釋）。

壹、立法之必要性

為建構完備之行政法體系，落實依法行政，勵行行政革新，保障人民權益，【94/02/05】公布行政罰法（以下簡稱「本法」）；❶並自公布後 1 年施行（第 46 條第 1 項）。❷嗣後，【100/11/23】修正公布第 26、27、32、45、46 條條文；修正條文自公布日施行（第 46 條第 2 項）。

對於違法者之處罰，應依法為之，乃現代民主法治國家之基本原則。然由於政府行政事務龐雜，所欲達成之行政目的多元化，致行政法規繁多，對於違反行政法上義務者之處罰規定，散見於各行政法律及自治條例；且依處罰性質，可區分為行政刑罰與行政罰（又稱行政秩序罰），其中屬於行政刑罰者，因其為刑事特別刑法，適用刑法總則有關規定，由司法機關依刑事訴訟程序追訴、審判及處罰，學術界及實務上並無疑義。❸

---

❶　並參，洪家殷，〈新「行政罰法」簡介〉，《臺灣本土法學雜誌》，第 67 期，第 241 頁以下。

❷　鑑於本法之立法目的，在於為行政機關執法人員所為之行政罰裁處建構一可資共通遵循、符合公平正義之統一性、綜合性法典，以解決目前各機關因參照行政解釋、行政法院判例、判決及司法院解釋或類推適用刑法總則規定，常因時空變遷或具體個案考量，致前後見解分歧、裁罰基準不一所屢生之爭議，而影響行政效能與人民權益至鉅。為免本法之施行對現行行政罰之裁處運作造成重大衝擊，並進而使各機關執法人員熟悉相關之裁處原則，以兼顧人民權益之維護，並使相關行政法規有配合檢討修正或有特別規定必要者得預為法制準備以資因應，是預留 1 年（原草案係 3 年）之相當期間，以供各機關為充分的準備。

　　至於，由行政機關裁處之行政罰，其處罰名稱、種類不一，裁處程序及標準互異，且因缺乏共通適用之法律，致得否類推適用刑法總則或其他刑事處罰法律規定，或引用彼等之法理，理論不一，見解分歧。目前，實務上雖賴司法院解釋、行政法院判例或判決及行政解釋作為依循，惟常因時空變遷或具體個案之考量，亦屢生爭議。

　　因此，行政罰之裁處，如無共通適用之統一性、綜合性法律可資遵循，不但嚴重影響行政效能，斲傷政府威信，更有失公平正義，難以保障人民權益，故制定共通適用之行政罰法，以健全行政法體系，誠有迫切需要。❹

---

❸　然而，立法者亦可能「認為採取行政罰之手段，不足以達成立法目的，而規定以刑罰為管制手段，……與憲法第 23 條之比例原則尚無牴觸」，例如，電信法為維護無線電波使用秩序，徹底有效取締非法使用電波行為（釋字第 678 號解釋）；此外，對未辦理營利事業登記而經營電子遊戲場業者，科處刑罰，其立法目的在於藉由重罰杜絕業者規避辦理營利事業登記所需之營業分級、營業機具、營業場所等項目之查驗，以事前防止諸如賭博等威脅社會安寧、公共安全與危害兒童及少年身心健全發展等情事，其保護之法益符合重要之憲法價值，目的洵屬正當。電子遊戲場業管理條例第 22 條所採刑罰手段，有助於上開目的之達成。雖罰鍰或屬侵害較小之管制方法，惟在暴利之驅使及集團化經營之現實下，徒以罰鍰顯尚不足以達成與限制人身自由之刑罰相同之管制效果。又立法者或可捨棄以刑罰強制事前登記之預防性管制方式，遲至賭博等危害發生時再動用刑罰制裁，惟衡諸立法者藉由本條例第 15 條規定所欲達成之管制目的，涉及普遍且廣大之公共利益，尤其就維護兒童及少年身心健全發展而言，一旦危害發生，對於兒童及少年個人與社會，均將造成難以回復之損害，況依內政部警政署提供之數據，自 85 年起至 96 年止，查獲無照營業之電子遊戲場所中有高達 9 成以上涉嫌賭博行為，另統計 96 年查緝之電子遊戲場賭博案件中，有照營業涉嫌賭博行為者，尚不及一成，而高達九成係無照營業者所犯，顯見未辦理營利事業登記與賭博等犯罪行為間確有高度關聯，故立法者為尋求對法益較周延之保護，毋待危害發生，就無照營業行為，發動刑罰制裁，應可認係在合乎事理而具有可支持性之事實基礎上所為合理之決定。因此，系爭刑罰手段具有必要性，可資肯定（釋字第 646 號解釋）。

❹　參【92/07/09】經第 2847 次行政院會議通過「行政罰法」草案之說明。並參，黃俊杰，《環保行政處罰及案例探討》，第 1 章〈行政處罰理論篇〉，行政院環

貳、法　例

一、適用範圍

　　本法之立法目的，即在於制定共通適用於各類行政罰之統一性、綜合性法典，期使行政罰之解釋與適用有一定之原則與準繩，屬各種行政法律中有關行政罰之一般總則性規定（最高行政法院 100 判 557）。

　　為明確其適用範圍，第 1 條規定：「違反行政法上義務而受罰鍰、沒入或其他種類行政罰之處罰時，適用本法。但其他法律有特別規定者，從其規定。」

　　由此規定得知，本法之適用範圍，限於違反行政法上義務而受罰鍰、沒入或其他種類行政罰之處罰，故不包括行政刑罰、懲戒罰及執行罰在內。並且，本法之性質，係為普通法，而其他法律若有特別之規定者，則應優先適用。於此，所謂「其他法律」，配合第 4 條與第 5 條之規定，似僅指中央法律而言，不包括地方自治條例。

　　不論係受罰鍰、沒入或其他種類行政罰之處罰，均以「違反行政法上義務」為前提。至於，「懲戒罰」與「行政罰」之性質固屬有別，「懲戒罰」著重於某職業內部秩序之維護，是「行政罰法」之規定雖非全然適用於「懲戒罰」，惟如從處罰之組織、程序、要件及種類予以實質觀察，倘該「懲戒罰」非違反行政法上義務，純係因違反內部紀律所為之制裁者，應屬「懲戒罰」；如係因違反行政法上義務而予制裁者，則屬「行政罰」，尚非能以名稱定為「懲戒」，即認其屬「懲戒罰」，排除行政罰法之適用（100 判 557）。因此，懲戒之內容及目的具有違反行政法上義務之制裁性質，而屬於本法第 2 條之裁罰性不利行政處分者，即應有行政罰法規定之適用。例如，會計師法第 11 條所課予會計師執行業務事件，應分別依業務事件主管

　　　　境保護署環境保護人員訓練所印製，環保法制及處罰實務訓練班講義㈠，2004
　　　年 6 月。

機關法令之規定辦理；受託查核簽證財務報告，應依主管機關所定之查核簽證規則辦理之義務，及同法第 41 條規定會計師執行業務不得有不正當行為或違反或廢弛其業務上應盡之義務，並非單純規範會計師職業團體內部之紀律事項，而已具有公法上外部管理規範性質，係屬行政法上義務，且依同法第 62 條第 3 款對於違反者所施予之不利處分，又屬行政罰法第 2 條第 4 款之警告性處分（與告誡相類似之申誡處分），並具有非難性，自屬裁罰性之不利行政處分，應有本法有關裁處權時效規定之適用（103 判 211）。

　　針對罰鍰之裁處而言，由於行政罰鍰係人民違反行政法上義務，經行政機關課予給付一定金錢之行政處分。行政罰鍰之科處，係對受處分人之違規行為加以處罰，若處分作成前，違規行為人死亡者，受處分之主體已不存在，喪失其負擔罰鍰義務之能力，且對已死亡者再作懲罰性處分，已無實質意義，自不應再行科處。若在罰鍰處分後，義務人未繳納前死亡者，其罰鍰繳納義務具有一身專屬性，至是否得對遺產執行，於法律有特別規定者，從其規定。蓋國家以公權力對於人民違反行政法規範義務者科處罰鍰，其處罰事由必然與公共事務有關。而處罰事由之公共事務性，使罰鍰本質上不再僅限於報應或矯正違規人民個人之行為，而同時兼具制裁違規行為對國家機能、行政效益及社會大眾所造成不利益之結果，以建立法治秩序與促進公共利益。行為人受行政罰鍰之處分後，於執行前死亡者，究應優先考量罰鍰報應或矯正違規人民個人行為之本質，而認罰鍰之警惕作用已喪失，故不應執行；或應優先考量罰鍰制裁違規行為外部結果之本質，而認罰鍰用以建立法治秩序與促進公共利益之作用，不因義務人死亡而喪失，故應繼續執行，立法者就以上二種考量，有其形成之空間（釋字第 621 號解釋）。

　　此外，本法所規範行政罰之裁處，性質上為行政處分之一種，有關裁罰之程序或相關事項，依行政程序法第 3 條第 1 項規定，除本法就行政程序事項另有特別規定外，仍應適用行政程序法有關規定，故該法有規定者，除有必要外，本法不再重複規定。例如，公職人員選舉罷免法規定之處罰，屬本法所稱「違反行政法上義務」之行政秩序罰，準此，除選罷法就違反

該法規定義務應受行政罰之責任要件、裁處程序及其他適用法則另有特別規定者，應優先適用選罷法之規定外，仍應適用本法關於責任要件（故意或過失）、裁處之審酌、單一行為及數行為之處罰、時效、管轄機關等規定；且選罷法所規範行政罰之裁處，為行政處分之一種，除選罷法對違反選罷法裁罰之行政程序事項有特別規定外，同有行政程序法相關規定之適用（103 判 212）。

二、處罰種類

因應目前實務需要，並基於維護公益之考量，就納入本法規範之「其他種類行政罰」為定義規定，僅指限制或禁止行為、剝奪或消滅資格或權利、影響名譽或警告性等四大類具有裁罰性之不利處分為限，並以例示及概括方式界定之。

第 2 條規定：「本法所稱其他種類行政罰，指下列裁罰性之不利處分：一、限制或禁止行為之處分：限制或停止營業、吊扣證照、命令停工或停止使用、禁止行駛、禁止出入港口、機場或特定場所、禁止製造、販賣、輸出入、禁止申請或其他限制或禁止為一定行為之處分。二、剝奪或消滅資格、權利之處分：命令歇業、命令解散、撤銷或廢止許可或登記、吊銷證照、強制拆除或其他剝奪或消滅一定資格或權利之處分。三、影響名譽之處分：公布姓名或名稱、公布照片或其他相類似之處分。四、警告性處分：警告、告誡、記點、記次、講習、輔導教育或其他相類似之處分。」

為因應我國目前實務上需要，使各種法律有效達成行政目的，並基於維護公益之考量，本法之適用，除因違反行政法上義務應受罰鍰或沒入之裁處外，亦將行政機關所為之不利處分中具有裁罰性者視為行政罰，由於其名稱種類超過百種，故概稱為「其他種類行政罰」，並參酌釋字第 394號、第 402 號等解釋使用「裁罰性行政處分」之用語，將其適用本法應具備「裁罰性」及「不利處分」之要件予以明定，以界定本法之適用範疇。❺

---

❺　例如，釋字第 418 號解釋指出，道路交通管理處罰條例中所規定之處罰計有罰鍰、吊扣駕駛執照及汽車牌照等，均係行政機關對違反秩序行為之裁罰性行政

本法所稱「其他種類行政罰」，僅限於本條各款所定「裁罰性之不利處分」，並以「違反行政法上之義務」而應受「裁罰性」之「不利處分」為要件。❻因此，如其處分係命除去違法狀態或停止違法行為者，則與行政罰之裁罰性不符，非屬裁罰性之不利處分，故無本法之適用。例如，主管機關因老人福利機構違反應與入住者或其家屬訂定書面契約之規定，依老人福利法所為限期改善之行政處分，係命除去違法狀態（應與入住者或其家屬訂定書面契約而未訂定），不具裁罰性（最高行政法院 102 判 615）；交通部公路總局依公路法第 77 條第 2 項規定文義暨其立法意旨，吊扣或吊銷車輛牌照之目的，係為使該車輛無法再繼續供做違規使用，屬管制性行政處分，不具裁罰性（107 判 45）。

此外，行政機關對違法授益行政處分之撤銷及合法授益行政處分之廢止，是否屬本法所規範之「裁罰性之不利處分」，而有本法規定之適用，應視其撤銷或廢止之原因及適用之法規而定，未可一概而論（100 判 557）。

例如，證券交易法第 59 條第 1 項規定：「證券商自受領證券業務特許證照，或其分支機構經許可並登記後，於 3 個月內未開始營業，或雖已開業而自行停止營業連續 3 個月以上時，主管機關得撤銷其特許或許可」之「撤銷」，即不屬本法所規範的裁罰性之不利處分。

再者，依稅捐稽徵法第 24 條規定所為限制納稅義務人之財產不得移轉或設定他項權利、限制其減資或註銷登記及限制出境之處分，及依海洋污染防治法第 35 條規定所為限制船舶及相關船員離境之處分，均屬保全措施，不具裁罰性，亦非屬「裁罰性之不利處分」，故亦無本法規定之適用。

至於，主管機關依保險法第 149 條第 2 項規定「保險業不遵行前項處

處分。

❻ 例如，對於人民設立工廠而有違反行政法上義務之行為，予以停工或勒令歇業之處分（釋字第 390 號解釋）。其中，「停工」，係禁止行為之處分；「勒令歇業」，係剝奪權利之處分。該 2 種處分，涉及人民權利之限制，依憲法第 23 條及中央法規標準法第 5 條第 2 款規定，應以法律定之；若法律授權以命令為補充規定者，授權之目的、內容及範圍，應具體明確，始得據以發布命令。

分，主管機關應依情節，分別為下列處分：一、撤銷法定會議之決議。二、解除董（理）事、監察人（監事）職務或停止其於一定期間內執行職務。三、其他必要之處置」所為之行政處分，對處分相對人雖可能發生不利益，然其性質為主管機關為維護保險市場秩序，確保保戶權益，以公權力介入所為之「管制性不利處分」，其主要目的，在於行政秩序之維持或回復（103 判 261）。

三、行為人

本法定有行為人規定之條文，如第 15 條第 1 項、第 20 條第 1 項、第 2 項、第 29 條第 1 項、第 4 項、第 30 條、第 33 條、第 34 條第 1 項及第 35 條等，為避免適用發生疑義，故第 3 條規定：「本法所稱行為人，係指實施違反行政法上義務行為之自然人、法人、設有代表人或管理人之非法人團體、中央或地方機關或其他組織。」行政罰之處罰，以違反行政法上義務為前提，而實施處罰構成要件行為之義務主體，自屬依法處罰之對象（釋字第 638 號解釋）。

至於，所指行為人之範圍，則依各該條文之規範性質，個別認定之。惟法律為貫徹立法目的，而設行政罰之規定時，如因處罰對象之取捨，而形成差別待遇者，須與立法目的間具有實質關聯，始與平等原則無違（釋字第 666 號解釋）。故立法者並非不得就他人違反行政法上義務之行為，課特定人防止之義務，並因其違反此防止義務而使其成為行政處罰之對象。而行政處罰之處罰對象規定，亦涉及人民權利之限制，為符合法治國家處罰法定與處罰明確性之要求，除有法律或法律具體明確授權之法規命令為依據外，不得逕以行政命令訂之（釋字第 638 號解釋）。

關於行政法義務之規範，例如，管理外匯條例對攜帶超值外幣之旅客或隨交通工具服務之人員，課予申報義務，而為確保申報制度之實效，對於違反申報義務者，施以強制或處罰，實有必要。至其強制或處罰之措施應如何訂定，宜由立法者兼顧外匯管理政策與人民權利之保護，為妥適之決定。管理外匯條例對於攜帶外幣超值而未申報者，予以沒入，以督促主

動誠實申報，較科處刑罰之方式為輕，且鑑於旅客或隨交通工具服務人員攜帶外幣出入國境之動態與特性，處罰規定尚未牴觸憲法第 23 條之比例原則，而與憲法保障人民財產權之意旨無違（釋字第 672 號等解釋）。

此外，若法律未明定其處罰對象為何人者，例如，爆竹煙火管理條例第 27 條第 1 項第 6 款規定：「有下列各款情事之一者，處新臺幣 30 萬元以上 150 萬元以下罰鍰：……六、違反第 11 條第 1 項、第 2 項、第 14 條第 1 項或第 16 條第 3 項規定。」實務見解指出，依本法第 1 條所揭示處罰客體為違反行政法上義務之行為之意旨，原則上應以行為人作為處罰對象，而依本法第 3 條規定可知私法人亦得為行政法上之義務主體；而專業爆竹煙火製造業者既得作為爆竹煙火管理條例第 16 條第 3 項規定之申報備查義務人，如其係公司組織而違反該行政法上之申報備查義務者，原則上自應以公司為處罰對象；如欲以其負責人為處罰對象，則必須符合本法第 15 條第 1 項「私法人之董事或其他有代表權之人，因執行其職務或為私法人之利益為行為，致使私法人違反行政法上義務應受處罰者，該行為人如有故意或重大過失時，除法律或自治條例另有規定外，應並受同一規定罰鍰之處罰。」或第 2 項「私法人之職員、受僱人或從業人員，因執行其職務或為私法人之利益為行為，致使私法人違反行政法上義務應受處罰者，私法人之董事或其他有代表權之人，如對該行政法上義務之違反，因故意或重大過失，未盡其防止義務時，除法律或自治條例另有規定外，應並受同一規定罰鍰之處罰。」之規定，始得為之（最高行政法院 102 判 345）。

四、處罰法定主義

基於處罰法定主義，對於違反行政法義務者加以處罰，應以行為前法律已有明文規定者為限，此係民主法治國家之基本原則。蓋為使行為人對其違反義務之行為可能遭受之處罰有所認識，俾負法律上應有之責任，自應以其違反義務行為時之法律有處罰之明文為限，方符合處罰法定主義原則（最高行政法院 100 判 844）。因此，第 4 條規定：「違反行政法上義務之處罰，以行為時之法律或自治條例有明文規定者為限。」

　　由此規定得知，為使行為人對其行為有所認識，進而擔負其在法律上應有之責任，自應以其違反行政法上義務行為時之法律有明文規定者為限。而地方制度法施行後，鑑於自治條例係經地方立法機關通過，並由各該行政機關公布，且自治條例亦得就違反屬於地方自治事項之行政義務者處以罰鍰或其他種類之行政罰（地方制度法第 26 條第 2 項、第 3 項），為確定違反行政法上義務規定之範圍，並解決自治條例中罰則之適用問題，故將自治條例予以納入。

　　此外，依釋字第 313 號、❼第 390 號、第 394 號及第 402 號❽等解釋意旨，對於人民違反行政法上義務之行為處以裁罰性之行政處分，涉及人民權利之限制，其處罰之構成要件及法律效果，應由法律定之，以命令為之者，應有法律明確授權，始符合憲法第 23 條法律保留原則之意旨（釋字第 619 號解釋）。因此，本條所指之「法律」，解釋上包含經法律就處罰之

---

❼　對人民違反行政法上義務之行為科處罰鍰，涉及人民權利之限制，其處罰之構成要件及數額，釋字第 313 號解釋指出，應由法律定之。若法律就其構成要件，授權以命令為補充規定者，授權之內容及範圍應具體明確，然後據以發布命令，始符憲法第 23 條以法律限制人民權利之意旨。民用航空法第 87 條第 7款規定：「其他違反本法或依本法所發布命令者」，一律科處罰鍰（同法第 86條第 7 款亦同），對應受行政罰制裁之行為，係作空泛而無確定範圍之授權。

❽　釋字第 394 號解釋謂，凡與限制人民自由權利有關之事項，應以法律或法律授權命令加以規範，方與法律保留原則相符。故法律授權訂定命令者，如涉及限制人民之自由權利時，其授權之目的、範圍及內容須符合具體明確之要件；若法律僅為概括授權時，固應就該項法律整體所表現之關聯意義為判斷，而非拘泥於特定法條之文字；惟依此種概括授權所訂定之命令衹能就執行母法有關之細節性及技術性事項加以規定，尚不得超越法律授權之外，逕行訂定制裁性之條款；本號解釋為維護人民權益，故僅具體授權之命令得限制人民之自由權利，但概括授權之命令則不得為之，用心良苦。然而，所謂授權之「具體」與「概括」，均為不確定法律概念，區分之界限相當模糊，行政機關仍有恣意濫用之可能性。此外，釋字第 402 號解釋重申第 394 號解釋之意旨，認為裁罰性行政處分所依據之法規命令，須經法律就違反義務應予處罰之構成要件與法律效果為具體明確之授權。

構成要件或法律效果為具體明確授權訂定之法規命令，且應符合憲法之意旨，其範圍為合憲之法令。此外，所採用之裁罰手段應為達成行政目的所必要，其裁罰要件及標準均需具體明確，俾使受規範者得預見其行為之可罰，且其規定得經司法審查加以確認，以符憲法第 23 條之比例原則及法律明確性原則之要求（釋字第 585 號解釋）。

因此，主管機關僅得就執行有關大陸地區人民進入臺灣地區從事商務活動之細節性及技術性事項加以規定，尚不得超越臺灣地區與大陸地區人民關係條例授權（概括授權）之外，逕行訂定限制人民自由權利之制裁性條款，否則即有背於憲法第 23 條之法律保留原則，行政法院自得拒絕適用（103 判 169）；此外，以藥師公會全國聯合會訂定之藥學倫理規範，非母法（藥師法）授權訂定之法規，僅屬藥師公會內部參考文件，不具法規命令性質，作為處罰藥師之法律原因，違反授權明確性原則，以之作為限制人民權利之依據，亦違反法律保留原則，並與本法第 4 條之處罰法定主義有違（106 判 745）。

五、效　力

㈠「時」之效力

關於法律或自治條例變更時之適用，第 5 條規定係採「從新從輕」之處罰原則，即於行為後之法律或自治條例有變更者，原則上係「從新」，適用行政機關最初裁處時之法律或自治條例；僅於裁處前之法律或自治條例有利於受處罰者，始例外「從輕」，適用最有利於受處罰者之規定。

所謂行政機關「最初裁處時」，指有權裁處之行政機關為「第一次裁處之時」，且該裁處為「實體法上行政處分」者而言，然不以具備合法性為必要，僅具備有效性（亦即並非無效之行政處分）為已足。故若因其裁處有瑕疵而經訴願管轄機關、行政法院或裁處機關之上級機關等有權機關予以撤銷，並命其為適當之處分而再度為裁處；或依受處罰者之申請，重新進行行政程序，而撤銷或變更原裁處所為之第二次裁決（行政程序法第 128 條、第 129 條），均仍以原來第一次裁處時之法律或自治條例為準。此外，

依行政法立法體例，義務規定與處罰規定經常分開規定，故不論是義務規定或處罰規定之變更，均足以影響行政罰之裁處，從而，所謂法律或自治條例有「變更（法規變更）」，並不以處罰規定為限，更包括行政法上義務之規定在內，簡言之，行政法上義務規定或處罰規定之變更，皆屬本法第5條規定之「法規變更」。至於，新舊法之比較，則必須針對「具體個案何種法規對受處罰者最有利」之整體法律狀態作審查，不可將同一法規割裂適用（最高行政法院103判112）。

　　例如，（107判326）指出，修正後公平交易法第40條對於違反同法第15條「事業不得為聯合行為」所處罰鍰為「10萬元以上5千萬元以下」，較諸修正前即行為時同法第41條第1項前段規定「5萬元以上2千5百萬元以下」為高，對受處罰人不利，故公平交易委員會就甲公司等，合意共同向漁船雇主收取「登記費及介紹費」及「服務費」之相互約束事業活動行為，作成原處分予以處罰時，公平交易法雖已修正，仍應適用有利於受處罰人之行為時法規定（本法第5條但書）。

㈡「地」之效力

　　關於地之效力，第6條係採屬地主義。不論違反行政法上義務之行為人國籍為何，祇要是在中華民國領域內違反行政法上義務應受罰鍰、沒入或其他種類行政罰之處罰者，即有本法之適用。

　　船艦、航空器於該船籍國或航空器國籍登記國領域外或公海、公之空域中，國際公法上向來皆認該船籍國或航空器國籍登記國有管轄權。故如在中華民國船艦或航空器內違反行政法上義務而應受行政罰之處罰者，自應以在中華民國領域內違反論，仍有本法之適用。而我國領域外有依國際公法、國際慣例或有關法律（例如中華民國專屬經濟海域及大陸礁層法、海洋污染防治法），得由我國行使管轄權之區域，如於該區域內違反行政法上義務而應受行政罰之處罰者，則我國自得依法行使管轄權。

　　隨著交通發達，國際往來迅速頻繁，國際貿易蓬勃發展及網際網路通訊科技之日新月異，跨國之違法行為益形猖獗，為防杜不法，有必要針對違反行政法上義務而應受行政罰處罰，係採行為地或結果地予以明確規範，

本法係明定二者兼採之。

因此，外國籍油輪在我國領海內以船舶為工具為外國籍船舶補給油料之行為，仍有石油管理法規定之適用（最高行政法院 102 判 84）。

參、責 任

一、責任條件

為提升人權之保障，國家欲處罰行為人者，應由行政機關就行為人之故意、過失負舉證責任，基於有責任始有處罰之原則，本法不採「推定過失責任」之立法，第 7 條第 1 項規定：「違反行政法上義務之行為非出於故意或過失者，不予處罰。」

關於「違反行政法上義務之行為」，係行政罰之客觀構成要件；「故意或過失」則為行政罰之主觀構成要件。兩者分別存在而各別判斷，尚不能以行為人有「違反行政法上義務之行為」，即推論出該行為係出於「故意或過失」（最高行政法院 103 判 251）。因此，違反行政法上義務之處罰，應以行為人主觀上有可非難性及可歸責性為前提，如行為人主觀上並非出於故意或過失情形，應無可非難性及可歸責性，則不予處罰。❾例如，依所得稅法第 110 條第 1 項規定處罰納稅義務人，以納稅義務人就其應課稅所得額申報之漏報或短報情事，具有故意或過失為必要（釋字第 508 號解釋）。❿茲以娛樂稅案為例，係採自動報繳制，而娛樂稅代徵人依規定本應

---

❾ 釋字第 49 號解釋謂：「印花稅法所定罰鍰，係純粹行政罰，……其違法行為之成立，並不以故意為要件。」嗣後，釋字第 275 號解釋謂：「人民違反法律上之義務而應受行政罰之行為，法律無特別規定時，雖不以出於故意為必要，仍須以過失為其責任條件。但應受行政罰之行為，僅須違反禁止規定或作為義務，而不以發生損害或危險為其要件者，推定為有過失，於行為人不能舉證證明自己無過失時，即應受處罰。」黃俊杰，《納稅者權利保護》，2004，第 151 頁以下。

❿ 依海關緝私條例第 36 條、第 37 條規定之處罰，亦應以行為人之故意或過失為

據實自行辦理代徵報繳娛樂稅手續，其既明知「電動車費」應報繳娛樂稅，惟卻擅自改變列帳方式及報繳內容，未於法定期間內盡其誠實申報之作為義務，匿報應報繳之娛樂稅至臻明確，而漏報期間將近 5 年，其已具「明知並有意使其發生，或預見其發生而其發生不違背其本意」之故意（107 判 335）。

再者，現代國家基於「有責任始有處罰」之原則，對於違反行政法義務之處罰，應以行為人主觀有可非難性及可歸責性為前提，如行為人主觀並非出於故意或過失情形，應無可非難性及可歸責性，不予處罰。惟除對違法構成要件事實認識與意欲之故意、過失之主觀責任態樣外，適用行為罰規定處罰違反行政法義務之人民時，除法律有特別規定外，應按行政罰法及其相關法理所建構之構成要件該當性、違法性（含有無阻卻違法事由）、有責性或可非難性（含有無阻卻責任事由）三個階段分別檢驗，確認已具備無誤後，方得處罰（106 判 585）。❶因此，「……對於應依法補繳營

其責任條件（釋字第 521 號解釋）。

❶　最高行政法院進一步指出，如同刑法之適用，於行政罰領域內，行為人如「欠缺期待可能性」，亦可構成阻卻責任事由。亦即雖認定行為人有故意或過失，亦具備責任能力，惟仍容許有阻卻責任事由之存在，無期待可能性即屬之，縱本法或其他法律未明文，亦當容許此種「超法定之阻卻責任事由」之存在（司法院釋字第 685 號解釋林錫堯大法官提出、許宗力大法官加入之協同意見書）。又凡行政法律關係之相對人因行政法規、行政處分或行政契約等公權力行為而負有公法上之作為或不作為義務者，均須以有期待可能性為前提。因此，公權力行為課予人民義務者，依客觀情勢並參酌義務人之特殊處境，在事實上或法律上無法期待人民遵守時，上開行政法上義務即應受到限制或歸於消滅，否則不啻強令人民於無法期待其遵守義務之情況下，為其不得已違背義務之行為，背負行政上之處罰或不利益，此即所謂行政法上之「期待可能性」(Zumutbarkeit) 原則，乃是人民對公眾事務負擔義務之界限。本件被上訴人為甲國營事業，經濟部為其目的事業主管機關，具有任免甲之重要人員、訂定甲之管理制度、檢查及考核甲之業務等職權（國營事業管理法第 8 條第 1 項第 3 款至第 5 款規定），且經由經濟部指派或任用之甲代表人，與經濟部間之關係，為公法關係（釋字第 305 號解釋），應受代表行政院之行政院人事行政總處及

業稅款之納稅義務人，依營業稅法裁處漏稅罰時，除須納稅義務人之違法行為符合該法之處罰構成要件外，仍應符合行政罰法受處罰者須有故意、過失之規定，並按個案之情節，注意有無阻卻責任、阻卻違法以及減輕或免除處罰之事由，慎重審酌……（釋字第 685 號解釋）。」

此外，現行法律規定或實務上常有以法人、設有代表人或管理人之非法人團體、中央或地方機關或其他組織作為處罰對象者，為明其故意、過失責任，故於同條第 2 項規定以其代表人、管理人、其他有代表權之人或實際行為之職員、受僱人或從業人員之故意、過失，推定該等組織之故意、過失，故不採擬制規定之設計。❷

實務見解認為，本項之規劃，旨在解決現行法律以法人、團體或其他組織作為處罰對象之責任條件問題，明定以代表人等相關自然人之故意、過失，推定為該等組織之故意、過失；蓋法人等團體係透過具有一定權限之自然人為行為，是該自然人行為之故意、過失，應推定為該等團體之故意或過失。因此，甲公司無進貨事實，而 A 擔任經理人期間，利用假交易等方式，以取得不實發票，復以該發票之進項稅額扣抵銷項稅額逃漏稅捐，當有不實申報短漏營業稅之故意，則依前揭規定，應推定為甲公司之故意（107 判 327）。

經濟部的指揮監督，則其等所為函釋，甲代表人如不遵守，除可能遭經濟部依「經濟部所屬事業機構人員考核辦法」予以懲處，或依公務員懲戒法移送懲戒，甚至可能以觸犯貪污治罪條例之圖利他人罪嫌移送檢方偵辦，以遂行其「行政一體」之指揮監督職權。此際，實難以期待甲捨行政院人事行政總處函釋及經濟部函釋而不由，反去遵守勞動基準法第 55 條及第 57 條之規定。易言之，在行政院人事行政總處函釋及經濟部函釋之拘束下，強令甲履行前揭勞動基準法第 55 條及第 57 條所課予之行政法上義務，實屬欠缺期待可能性，而無可非難性，自不應對其加以處罰（106 判 585）。

❷ 黃俊杰，〈地價稅之補徵與罰鍰之裁處〉，《臺灣本土法學雜誌》，第 31 期，第 105 頁以下。

二、禁止錯誤與責任

第 8 條規定：「不得因不知法規而免除行政處罰責任。但按其情節，得減輕或免除其處罰。」係認定行為人因不瞭解法規之存在或適用，進而不知其行為違反行政法上義務時，仍不得免除行政處罰責任。然其可非難程度較低，故規定得按其情節減輕或免除其處罰。❸

惟有實務見解將本法第 7 條第 1 項與第 8 條聯結觀察，指出第 7 條第 1 項所謂「故意」包含「直接故意」與「間接故意」，係指「人民對違反行政法義務行為之事實，明知並有意使其發生者，或預見其發生而其發生並不違背其本意者」；所謂「過失」則涵括「無認識之過失」與「有認識之過失」，意指「人民對於違反行政法義務行為之事實，按其情節應注意，並能注意，而不注意，致其發生，或雖預見其發生而確信其不發生者」而言。故行為人對於構成違規之事實，預見其發生者，縱非故意，亦係有認識之過失。再依本法第 8 條規定：「不得因不知法規而免除行政處罰責任。」違章行為人縱使不認識自己行為乃法規所不許，或誤認其行為係法規所許，仍構成「應注意，並能注意，而不注意」之過失責任條件（最高行政法院 103 判 199）。

例如，財政部關務署高雄關於裁處過程，審酌甲公司有規避檢查之私運情事，且甲公司於成立高雄港自由港區事業時曾派員參加自由港區事業專責人員訓練合格，並有兩名專責人員負責辦理相關業務，對系爭機具應

---

❸　最高行政法院（107 判 3）指出，既然人民不知法規（法律或法規命令）而違反行政法上義務，應負擔行政處罰責任時，按其情節，得減輕或免除其處罰，則對於不知行政函釋者，如仍認不能免除過失責任，豈不更得按其情節，減輕或免除其處罰？故縱認「被繼承人對於單一年度受領如此高額其他所得，竟未先向稅捐機關查詢，俾獲得正確及充分之資訊，即主觀認定就系爭其他所得無須報繳綜合所得稅」，為有過失，惟其過失情節亦極為輕微（主觀應受責難程度甚低），國稅局未依裁罰倍數參考表使用須知規定，注意個案違章情節是否較輕，酌予在法定倍數範圍內減輕其罰，逕依劃一處罰方式，按補徵稅額處 1 倍罰鍰，容有裁量怠惰之違法，自難以維持。

向海關辦理通報事宜，自無不知之理，並不符合本法第 8 條禁止錯誤之構成要件（107 判 242）。

行政罰得予減輕者，似於一定金額（罰鍰）或期間等得以量化之規定時，才有其適用，得參酌本法第 18 條第 3 項、第 4 項之規定，故於無法量化之裁罰類型，行政罰之減輕即無適用餘地。

至於，有關得免除處罰部分，於無法量化之裁罰類型，則仍有適用之餘地。不過，實務上應由行政機關本於職權，依具體個案審酌衡量，加以裁斷。

三、責任能力

關於行為人接受行政處罰之責任能力，就此，經濟部訂定之水利法案件裁罰要點，已將責任能力欠缺作為行政處罰之裁量減輕或免除事項（最高行政法院 102 判 259）。

針對未滿 14 歲之人，其生理及心理發育尚未臻成熟健全，是非善惡之辨別能力尚有未足，故第 9 條第 1 項規定其行為如有違反行政法上義務者，不予處罰。

至於，14 歲以上未滿 18 歲之人，因涉世未深，辨識其行為違法與否之能力較低，思慮有欠周延，故同條第 2 項規定其行為如有違反行政法上義務者，得減輕其處罰。

現行法規中常用「心神喪失」、「精神耗弱」表示精神狀態並用以作為判斷辨識能力欠缺程度之標準，然因欠缺具體內涵，致適用上常生困擾，故第 9 條第 3 項與第 4 項規定：「行為時因精神障礙或其他心智缺陷，致不能辨識其行為違法或欠缺依其辨識而行為之能力者，不予處罰。行為時因前項之原因，致其辨識行為違法或依其辨識而行為之能力，顯著減低者，得減輕處罰。」以較具體之文字說明行為人如已達欠缺可歸責性之程度，則不予處罰；惟尚未達此一程度，僅因此障礙致辨識能力顯著減低者，行為人雖仍應受處罰，但因其可歸責之程度較低，故規定得斟酌情形予以減輕處罰。

不過，行為人如因自己之故意或過失，自行招致於第 3 項、第 4 項情形而違反行政法上義務者，學說上稱為「原因自由行為」，因其仍有可非難性，具可歸責事由，故第 5 項規定於此情形不適用前 2 項不予處罰或得減輕處罰之規定，以免發生制裁上之漏洞。例如，實務見解指出，依環保局稽查紀錄及甲公司（台灣中油股份有限公司）陳述意見書所載，本件違章行為，係因甲公司輕油裂解程序，滑油泵低壓力跳機，輔助滑油泵自行啟動，惟啟動不及，致裂解氣體壓縮機跳車，製程內氣體輸送至燃燒塔以燃燒處理後排放，由於燃燒不完全且未裝置惡臭氣體收集及處理設備，造成廢氣燃燒過程產生刺鼻惡臭，散布於空氣中。並依甲公司廢氣燃燒塔使用事件報告書，發生廢氣燃燒塔使用事件時，甲公司原可適時開啟廢氣回收壓縮機回收廢氣，減少廢氣排放量及減緩排氣流速，避免發生燃燒不完全產生明顯燃燒惡臭散布空氣中，造成污染，足認本件係因輔助滑油泵啟動不及之設計不當及未適時開啟廢氣回收壓縮機之人為操作不當所致。另甲公司曾因相同違章事實，經環保局裁處罰鍰及環境教育講習，未及 1 個月即發生本件相同違規行為，足認本件確屬可歸責於甲公司事由，且此事由可預先防範，則甲公司自不得以其原因自由行為所致之危難結果，另行主張緊急避難而阻卻違法（106 裁 591）。

再者，實務見解認為，行政法律關係之相對人，因行政法規、行政處分或行政契約等公權力行為而負有公法之作為或不作為義務者，均須以有期待可能性為前提。公權力行為課予人民義務者，依客觀情勢並參酌義務人之特殊處境，在事實上或法律上無法期待人民遵守時，前述行政法義務即應受到限制或歸於消滅，故「期待可能性」係人民對公眾事務負擔義務之界限（106 判 585）。

四、不作為犯

對於依法或因自己行為而負有防止違反行政法上義務事實發生之義務，且能防止，而以消極不作為方式不防止者，與因積極行為違反行政法上義務者同具有可非難性，故第 10 條規定：「對於違反行政法上義務事實

之發生，依法有防止之義務，能防止而不防止者，與因積極行為發生事實者同。因自己行為致有發生違反行政法上義務事實之危險者，負防止其發生之義務。」

現行法之依據，例如，動物保護法第 5 條第 2 項規定：「飼主對於所管領之動物，應提供適當之食物、飲水及充足之活動空間，……」（即飼主有防止動物致死之義務），而第 12 條第 1 項規定：「對於動物不得任意宰殺。……」，違反者，依第 31 條第 3 款規定處罰，因此，若飼主以消極不提供食物、飲水予其管領之動物（即能防止動物致死而不防止），而達到積極宰殺之目的，自應依該條款處罰。

就此，實務見解認為，行政罰之處罰構成要件，係以行為人之積極行為（作為）為其要件者，原則上，不能因行為人之消極不作為而符合構成要件。但如行為人「對於違反行政法上義務事實之發生，依法有防止之義務，能防止而不防止者，與因積極行為發生事實者同」（第 10 條第 1 項），於此情形，行為人係以消極不作為之方法，達到積極行為（作為）相同之事實（學理上稱為「不純正不作為」，認其不作為符合積極行為之行政罰構成要件，裁處行政罰）。惟其前提係行為人「依法有防止之義務」，而有別於道德或倫理義務，且須「能防止而不防止」，於個案尤須審慎認定。故適用本法第 10 條之要件為：⑴在行為人之不作為與違反行政法上義務事實之發生間，應有「假設性因果關係」，即假設行為人如採取依法應為之行為，依常理判斷，當可制止第三人實施違反行政法上義務事實之行為；⑵需行為人有採取防止行為之可能；⑶行為人應採取之防止行為，須屬必要之防止行為；⑷對於行為人採取必要之防止行為，有「期待可能」；⑸不作為必須相當於以作為方式實現構成要件。亦即，不作為與作為間具有「等價性」，其判斷應就個案具體情況，視法規規定之構成要件內容及其通常係以如何之作為方式實現，依社會通念判斷之，故如法規規定之處罰要件中，所處罰之積極行為係屬某種特殊作為方式者，則依法防止義務之人之不作為，必須與作為之違反行政法上義務「相當」（或「等價」），始得處罰。例如，依菸害防制法第 18 條第 1 項規定，甲（經營撞球場）固有「勸阻」消

費者在撞球場吸菸之義務；惟菸害防制法並未設有違反第 18 條規定之「勸阻」義務，負責人應負有何種責任之罰則規定。且法律未授與甲「限制」、「禁止」吸菸之消費者不聽勸阻或「驅逐出場」之任何公權力，充其量只有道德勸說之義務，法律並未課予甲應「防止」、能「防止」吸菸消費者在撞球場吸菸、棄置菸蒂於地面之任何義務，第 18 條課予甲「勸阻」消費者在系爭場所吸菸之義務，更無法與第 15 條第 2 項「不得供應與吸菸有關之器物」作相當因果之聯結，而資為甲防止消費者吸菸之法律上義務之依據。易言之，即便甲為求謀生，縱容消費者在系爭撞球場吸菸，恣意棄置菸蒂於地面，其消極之「縱容」，亦不合致前揭與積極作為等價之不純正不作為，要無適用本法第 10 條第 1 項之餘地。此外，更不得將撞球場內任何可以棄置菸蒂之桌、椅、窗垣等大小器物，均認為係甲供應消費者與吸菸有關之器物。眾所周知，臺北市政府交通局監督、管理之所有公車候車亭均屬全面禁菸之場所，且衡諸日常經驗，棄置於候車亭地面之菸蒂，不絕如縷，故臺北市政府衛生局關於系爭場所地面屬於甲供應消費者與吸菸有關之器物之認定，完全不符合社會日常通念與人民感情，更有違經驗法則及論理法則，洵不足採（105 判 66）。

　　至於，所謂依法有防止之義務，並不以法律有明文規定之義務為限，凡基於現行法令衍生之防止義務均屬之。

　　例如，法律雖未禁止 B 公司於推廣、銷售其傳銷商品（骨灰罐）時一併介紹其他非傳銷之商品（生前契約），但如果同時介紹其他非傳銷之商品，可能使消費者誤認該商品亦係傳銷之商品者，即係使 B 公司陷於違反多層次傳銷管理辦法規定之危險，依本法第 10 條第 2 項規定，B 公司對於因自己行為致有發生違反行政法上義務事實之危險，亦負有防止其發生之義務，而應同時主動明確告知參加人該生前契約並非其傳銷商品或勞務。因此，B 公司利用「專業講師訓練講稿」內容，大幅度推銷生前契約的情形下，自無從避免或防止參加人誤認生前契約亦係傳銷商品或勞務，即難謂其已克盡主動、完整、真實及明確告知所傳銷之商品或勞務品項（內容、範圍）之義務（102 判 215）。

五、阻卻違法事由

(一)依法令之行為

第 11 條規定：「依法令之行為，不予處罰。依所屬上級公務員職務命令之行為，不予處罰。但明知職務命令違法，而未依法定程序向該上級公務員陳述意見者，不在此限。」

行為如依據法令，雖違反行政法上之義務，但具有阻卻違法之正當事由，故第 11 條第 1 項規定不予處罰。就此，實務見解認為，阻卻違法事由之適用，本屬法令適用之例外，應從嚴解釋，以防行政罰之規制原則遭行為人透過「誤用法令」阻卻違法而輕易架空。因此，該規定所稱之「法令」，係指行為人「應正確且合比例的適用」之法律、法規命令、行政規則等一般性、抽象性等具有法拘束力之規範而言，如行為人所依據之法令與上位階法規範牴觸而無效（憲法第 172 條），抑或與其所應正確適用之法規範相牴觸而無適用之餘地，然行為人仍執意依據該錯誤之法令為之，或其適用該法令時不符合比例原則，致違反行政法上之義務，自不該當第 11 條第 1 項所定之阻卻違法事由。例如，勞動基準法業已明定勞工退休金之給與標準及勞工工作年資之計算，行政院人事行政總處函釋與經濟部函釋，屬下位階法規範，且其規範內容低於勞動基準法所定之最低標準，自應優先適用勞動基準法之相關規定，故行政機關明知或可得而知上開客觀法規範所形成之法秩序，如對於前揭法規範之解釋適用有未盡明瞭之處，亦應向有權解釋勞動基準法之主管機關諮詢，乃竟援用非有權解釋機關之函釋，即逕予排除其所應正確適用之勞動基準法相關規定，致違反同法第 55 條所定之義務，自難謂係屬第 11 條第 1 項所稱「依法令之行為」（最高行政法院 106 判 585）。

依所屬上級公務員職務命令之行為，❶❹係出於依所屬長官之命令，乃克盡自己之職務，亦具有阻卻違法之正當事由，故同條第 2 項前段規定不

---

❶❹　草案第 11 條說明：「所謂職務命令，係指個別具體之指示而言。」黃俊杰，《環保行政處罰及案例探討》，第 8 頁。

予處罰。❶⑤

公務員服務法第 2 條規定：「長官就其監督範圍以內所發命令，屬官有服從之義務。但屬官對於長官所發命令，如有意見，得隨時陳述。」該條但書所謂屬官對於長官命令之意見陳述，係指公務員對於長官所發之命令，如認有違法、不當或其他不同意見時，得有下情上達之管道，避免發生長官命令恣意獨斷之情形，以期判斷周延；因此，如行為人明知職務命令係違法，卻未依法定程序向其上級公務員陳述意見，而仍罔顧法令之規定，遂為違反行政法上義務之行為者，其本身仍有可非難性，即難認有阻卻違法之正當事由，故本條第 2 項但書規定，此種情形不在此限。

不過，公務人員保障法第 17 條規定：「公務人員對於長官監督範圍內所發之命令有服從義務，如認為該命令違法，應負報告之義務；該管長官如認其命令並未違法，而以書面下達時，公務人員即應服從；其因此所生之責任，由該長官負之。但其命令有違反刑事法律者，公務人員無服從之義務。前項情形，該管長官非以書面下達命令者，公務人員得請求其以書面為之，該管長官拒絕時，視為撤回其命令。」因此，刑事不法之命令，公務人員無服從之義務；行政不法之命令，長官以書面下達，公務人員始應服從，所生之責任，則由該長官負責。

㈡正當防衛

正當防衛係阻卻違法之正當事由，故第 12 條前段規定，如因正當防衛（對於現在不法之侵害，而出於防衛自己或他人權利）之行為而違反行政法上義務者，不予處罰。

但是，如防衛行為過當者，即難認係阻卻違法之正當事由，而不得阻卻違法。惟因情有可原，故同條但書規定，此種情形得減輕或免除其處罰。

就此，經濟部訂定之水利法案件裁罰要點，已將正當防衛及其程度作為行政處罰之裁量減輕或免除事項（最高行政法院 102 判 259）。

---

⑤　黃俊杰，〈中科院扣繳義務人處罰之爭議〉，《月旦法學雜誌》，第 93 期，第 183 頁以下。

㈢緊急避難

緊急避難係阻卻違法之正當事由，故第13條前段規定，如因緊急避難（因避免自己或他人生命、身體、自由、名譽或財產之緊急危難而出於不得已）之行為致違反行政法上義務者，不予處罰。惟若有其他選擇者，自非本條適用。實務見解指出，有線電視公司不能按原規劃內容繼續播出「A得意購」廣告，只要於畫面說明原因即可，其責任自應由「A得意購」負責，無庸為未取得國家通訊傳播委員會許可營運計畫變更，擅自變更頻道規劃之行為，其所為違反行政法上義務行為顯有其他選擇，自無緊急避難免責事由之適用（最高行政法院101判876）。

但是，如避難行為未採取適當手段因而過當者，尚不能認係阻卻違法之正當事由，惟其情可憫，故同條但書規定，避難行為過當者得減輕或免除其處罰。就此，經濟部訂定之水利法案件裁罰要點，已將緊急避難及其程度作為行政處罰之裁量減輕或免除事項（最高行政法院102判259）。

應注意的是，本條規定（立法理由）係參考刑法第24條及德國違反秩序罰法第16條所訂定之本法「緊急避難」法制。緊急避難係阻卻違法之正當事由，倘為避免自己或他人之生命、身體、自由、名譽或財產遭受緊急危難，而出於不得已之行為且未過當者，如因而違反行政法上之義務，應具有阻卻違法之正當事由，惟如避難行為未採取適當手段因而過當者，尚不能認係阻卻違法之正當事由，惟其情可憫，故但書規定避難行為過當者得減輕或免除其處罰。構成本法阻卻違法正當事由之「緊急避難」，其要件包括：⑴須有緊急危難存在：所謂「緊急」，係指倘未立即採取避難措施，即無法阻止危難之發生或擴大。而所謂「危難」，則係指自己或他人之生命、身體、自由、名譽或財產有發生災難之可能性，至其係肇因於自然災害或人為因素，固非所問。惟為避免「緊急避難」制度遭不當濫用，而成為違反行政法義務者之遁詞，倘該危難係因行為人蓄意招致以便遂行其違反行政法義務行為，或行為人事前應防止、能防止而未防止，導致該危難之發生，則均不屬之；⑵避難行為必須客觀上不得已：即緊急避難行為在客觀上須係為達到避難目的之必要手段。行為人因自己或他人之生命、身

體、自由、名譽、財產遭遇緊急危難，若非立即採取避難行為犧牲他人法益，否則無法保全自己或他人法益時，固能主張緊急避難，惟此避難行為須係足以挽救法益陷於急迫危險之「必要手段」，亦即所犧牲之他人法益與所保全之法益間，已呈現不可避免之利益衝突現象，兩者僅能擇一存在，不是喪失所要保全之法益，就是犧牲他人之法益，此時方屬所謂「必要」。而「不得已」，則係指避難行為之取捨，祇此一途，別無選擇而言，如尚有其他可行之方法足以避免此一危難，即非不得已之避難行為；⑶緊急避難行為必須不過當：緊急避難行為在客觀上若已過當者，即已超出緊急避難之範圍，構成避難過當，自不能阻卻違法，僅能減免處罰。而判斷有無過當之標準，係採「保護優越法益原則」，亦即依「法益衡量理論」之觀點（包括法益位階關係、法益受影響之程度、損害發生之可能性、被犧牲者之自主決定權、危難是否來自於被犧牲者、法益對於個別當事者所具有之特別意義及遭人強制之避難狀態等因素），判斷避難者所保護之法益，是否較其所犧牲之他人法益，具有顯著之優越性；⑷避難行為必須出於救助意思：即行為人主觀上須係出於救助自己或他人生命、身體、自由、名譽、財產之緊急危難的意思（106 判 104）。

肆、共同違法及併同處罰

一、共同違法

　　共同實施違反行政法上義務之行為，實務上不易區別其共同違反之態樣，然因其皆具有可非難性，爰就行政義務主體與該義務主體以外之第三人，故意共同實施違反行政法上義務之行為，第 14 條第 1 項規定，依其行為情節之輕重分別處罰（最高行政法院 100 判 279），係採分別處罰之立法原則，除各別行政法規有特別規定，應優先適用其規定外（本法第 1 條但書），行政機關應依各行為人之行為介入程度及其可非難程度，在法定處罰範圍內分別裁量決定對其處罰程度（102 判 259）；所謂「共同實施違反行

政法上義務之行為」，係 2 以上行為人於主觀上基於共同實施違反行政法上義務行為之意思，同時於客觀上並有共同實施違反行政法上義務之行為。因此，倘違反公路法第 77 條第 2 項所定行政法上義務行為（未依該法申請核准而經營汽車或電車運輸業）之事實，係由 2 以上行為人故意共同完成者，即應按各行為人介入之程度及其行為可非難性之高低等因素，分別處罰之（107 判 82）。

因此，如違反同一行政法上義務者有多數人時，本項規定其歸責方式，以按其行為情節之輕重分別處罰為原則。不過，若就其是否應負各平均分擔責任等歸責方式，有為不同於上開原則規定之必要者，涉及人民權利限制之程度，亦應另以法律或法律具體明確授權之法規命令為特別規定，始符合憲法第 23 條之法律保留原則。至各該法律或法規命令之內容，均應符合比例原則（釋字第 638 號解釋）。

第 14 條係行政法上共同違法之規定，不採刑法有關教唆犯、幫助犯之概念，此因行政罰之不法內涵及非難評價不若刑罰，且為避免實務不易區分導致行政機關裁罰時徒生困擾之故。

本條係規定行為主體外部之共同實施，在 2 個以上之自然人間，不生解釋疑義。惟在以私法人作為處罰對象之情形，係指 2 以上不同之私法人（處罰主體）共同實施違反行政法上義務之行為，或私法人與該私法人以外之第三人共同實施違反行政法上義務之行為而言。因此，若僅係基於受處罰主體私法人之內部關係者（如私法人之機關或職員），並不在本條所規定之範圍內。換言之，本條所稱之「共同實施」，係指義務主體與該義務主體以外之第三人共同違反行政法上之義務，並不包括義務主體與該義務主體內部之成員共同違反行政法上義務之情形。

此外，如個別行政作用法中對於共同違反行政法上義務行為之處罰，係採「由數行為人共同分擔」，而非分別均處罰之規定，則依本法第 1 條但書之規定，即應優先適用，而無須依本條第 1 項之規定分別處罰之。

再者，行政法規規定之違反義務行為，係以身分或特定關係為構成要件時，其故意共同實施者中無此種身分或特定關係，因其行為具有可非難

性，第 14 條第 2 項規定仍予以處罰。

至於，因身分或其他特定關係致處罰有重輕或免除時，其無此身分或特定關係者，第 14 條第 3 項規定，仍處以通常之處罰。

二、併同處罰

㈠私法人

私法人得作為行政法上之義務主體，故如發生義務違反之情形時，自得成為行政法上之處罰對象，且行政罰係以罰鍰、沒入或其他種類之行政罰為制裁手段，性質上亦得對私法人為裁處，故私法人得成為行政制裁之對象，在理論及實務運作似無疑義。

為貫徹行政秩序之維護，健全私法人運作，並避免利用私法人違法以謀個人利益，對於違反行政法上義務之私法人本已加以處罰，以期能達到行政目的。惟參酌民法第 28 條規定，該受處罰私法人之董事或其他有代表權之人，係實際上為私法人為行為或足資代表私法人之自然人，其可能為一人，亦可能係多數人，就個別行政法課予私法人之義務，自應負善良管理人注意之義務。

倘因其執行職務或為私法人之利益而為行為，致使私法人違反行政法上義務者，除應對於私法人加以制裁外，該等自然人違反社會倫理意識，如係因故意或重大過失，致未遵守行政法所課予私法人之義務時，本身具有高度可非難性及可歸責性，第 15 條第 1 項規定，自應就其行為與私法人並受同一規定罰鍰之處罰。惟如個別法律或自治條例規定，對於私法人違反行政法上之義務而應受處罰者，亦同時對董事或其他有代表權之人有特別之處罰規定時，則依本條第 1 項除外規定，即應依各該法律或自治條例之規定。

例如，政黨或法人違反公職人員選舉罷免法第 56 條應依同法第 110 條第 5 項、第 6 項併處罰其代表人或行為人，固係本法第 15 條第 1 項所指之特別規定，惟基於「有責任始有處罰」之原則，對於政黨或法人違反選罷法第 56 條規定義務之處罰，仍應以該政黨或法人具有故意或過失為前提

（最高行政法院 103 判 212）；此外，桃園市政府環保局針對系爭土地之廢棄物，發函要求甲公司 A 負責人儘速提出廢棄物清理計畫，惟經嗣後之現場勘查結果，甲公司仍未清除處理系爭廢棄物，故檢送裁處書，以 A 為甲公司之負責人，因執行職務使甲公司違反廢棄物清理法第 36 條第 1 項規定，依本法第 15 條第 1 項及廢棄物清理法第 52 條規定，裁處 A 罰鍰（105 判 125）。

私法人之董事或其他有代表權之人，對於私法人之職員、受僱人或從業人員，本有指揮監督之責，故私法人之職員、受僱人或從業人員，因執行其職務或為私法人之利益為行為，致使私法人違反行政法上義務者，私法人之董事或其他有代表權之人，如對該行政法上義務之違反，疏於監督，未盡其防止之義務時，乃為指揮監督之疏失，第 15 條第 2 項規定，除非法律或自治條例有特別規定外，自應就其疏失擔負責任而與違反行政法上義務之私法人並受同一規定罰鍰之處罰。至於，私法人之董事或其他有代表權之人，對於行政法上義務違反究有無防止義務，其防止義務之範圍如何，則應依該私法人職務上之分工定之，故其處罰對象應視具體個案認定之。不過，該私法人之職員、受僱人或從業人員，除個別法律定有處罰規定外，並非當然依第 2 項規定處罰，俾免株連過廣。

考量行為人雖因其本身之故意或重大過失，或未盡其監督防止義務致依第 1 項或第 2 項規定並受罰鍰之處罰時，其個人資力有限，故於第 15 條第 3 項規定，處罰之金額原則上不得逾新臺幣 100 萬元。但是，如行為人因其本身之故意或重大過失，或未盡其監督防止義務而因此受有財產上利益，且其所得利益逾新臺幣 100 萬元時，因上開限制規定反失公平，故仍得於其所得利益範圍內裁處之，以免形成法律漏洞。

㈡其他私法組織

設有代表人或管理人之非法人團體或法人以外之其他私法組織，雖無權利能力，惟因具有一定成員、目的、名稱、事務所或營業所，且擁有獨立之財產，依行政程序法第 21 條、第 22 條第 1 項規定，亦得成為行政法上之義務主體，如有發生違反行政法上義務之行為時，其受罰能力與處罰

條件應與私法人相當（臺北高等行政法院 100 訴 1065）。

因此，其代表人或管理人對於非法人團體或其他私法組織之運作，亦應負善良管理人之注意義務。故第 16 條規定，有關前條私法人代表權人並受處罰之規定，於設有代表人或管理人之非法人團體或法人以外之其他私法組織，違反行政法上義務者，均準用之。

㈢公法組織

本法係行政罰之總則規定，應將行政處罰之對象規定明確。中央或地方機關或其他公法組織，如有違反行政法上義務之行為時，實務上肯定其有受罰能力而得成為行政制裁之對象，惟仍視法律或自治條例是否將其列為處罰對象而定。

於此，本法為求明確，第 17 條特別加以宣示規定，即依各該法律或自治條例規定處罰之，以免爭議。例如，實務見解認為，度量衡法第 20 條所稱「販賣」，只須行為人對於未經檢定合格、重新檢定合格或最長使用期限屆滿之度量衡器，有購入或賣出之任一行為者，即足當之；另同法第 52 條對於違反第 20 條而應受處罰之對象，復未設有任何限制，則依本法第 17 條之規定，政府機關如違反度量衡法第 20 條所定行政義務，仍應受同法第 52 條規定之處罰。財政部基隆關稅局既將未由經濟部標準檢驗局檢定合格之系爭電度表予以變賣，自係販賣未經檢定合格之法定度量衡器，而違反度量衡法第 20 條規定，故經濟部標準檢驗局依據同法第 52 條規定，處以法定最低額罰鍰 3 萬元（臺北高等行政法院 100 簡 776）。

關於本條規定之目的，除宣示中央或地方機關或其他公法組織有受罰能力而得作為行政制裁之對象外，並特別強調中央或地方機關或其他公法組織違反行政法上之義務時，係依各該法律或自治條例規定處罰，不適用前 2 條之規定，亦即除各該法律或自治條例對於中央或地方機關或其他公法組織違反行政法上義務時，對於該機關或組織之人員設有併罰之規定外，對於該人員並不當然併予處罰。

伍、裁處之審酌加減與擴張

一、比例原則

對人民違反行政法上義務之行為處以罰鍰，其違規情節有區分輕重程度之可能與必要者，應根據違反義務情節之輕重程度為之，使責罰相當。[16] 而裁處罰鍰時為求公平適當並符合比例原則，故第 18 條第 1 項規定裁處罰鍰時應審酌之因素，即「裁處罰鍰，應審酌違反行政法上義務行為應受責難程度、所生影響及因違反行政法上義務所得之利益，並得考量受處罰者之資力。」[17] 因此，行政機關為裁罰處分時，應依具體個案情節為適當考量及裁量，始符合法律授權裁量之意旨（107 判 235）。

若立法者針對特別應予非難之違反行政法上義務行為，為求執法明確，

---

[16] 例如，「加徵滯報金」係對納稅義務人違反作為義務所為之制裁，為罰鍰之一種，係對人民財產權之限制，具行為罰性質，其違規情節有區分輕重程度之可能與必要者，自應根據違反義務本身情節之輕重程度為之。因此，若在納稅義務人已繳納其應納稅款之情形下，行為罰仍依應納稅額固定之比例加徵滯報金，又無合理最高額限制之情況下，則顯已逾越處罰之必要程度而違反憲法第 23 條之比例原則，且與憲法第 15 條保障人民財產權之意旨有違（釋字第 616 號解釋）。

[17] 例如，針對【78/12/30】所得稅法第 114 條第 2 款前段之規定，釋字第 327 號解釋指出：「對於扣繳義務人已將所扣稅款依限向國庫繳清，僅逾期申報或填發扣繳憑單者，仍依應扣繳稅額固定之比例處以罰鍰，又無合理最高額之限制，有導致處罰過重之情形，應由有關機關檢討修正。」釋字第 356 號解釋指出：「在營業人已繳納其應納稅款之情形下，行為罰仍依應納稅額固定之比例加徵滯報金與怠金，又無合理最高額之限制，依釋字第 327 號解釋意旨，主管機關應注意檢討修正。」釋字第 339 號解釋指出：「租稅秩序罰，有行為罰與漏稅罰之分，如無漏稅之事實，而對單純違反租稅法上作為或不作為之義務者，亦比照所漏稅額處罰，顯已逾越處罰之必要程度，不符憲法保障人民權利之意旨。」

以固定之方式區分違規情節之輕重並據以計算罰鍰金額，而未預留罰鍰之裁量範圍者，或非憲法所不許，惟仍應設適當之調整機制，以避免個案顯然過苛之處罰，始符合憲法第 23 條規定限制人民基本權利應遵守比例原則之意旨（釋字第 641 號解釋）。

針對所得稅法第 114 條第 1 款後段，有關扣繳義務人不按實補報扣繳憑單者，應按應扣未扣或短扣之稅額處 3 倍之罰鍰部分，未賦予稅捐稽徵機關得參酌具體違章狀況，按情節輕重裁量罰鍰之數額，其處罰顯已逾越必要程度，就此範圍內，不符憲法第 23 條之比例原則，與憲法第 15 條保障人民財產權之意旨有違，應自本解釋公布之日起停止適用。有關機關對未於限期內按實補報扣繳憑單，而處罰尚未確定之案件，應斟酌個案情節輕重，並參酌稅捐稽徵法第 48 條之 3 之規定，另為符合比例原則之適當處置（釋字第 673 號解釋）。

而裁處罰鍰，除督促行為人注意其行政法上義務外，尚有警戒貪婪之作用，此對於經濟及財稅行為，尤其重要。故如因違反行政法上義務而獲有利益，且所得之利益超過法定罰鍰最高額者，為使行為人不能保有該不法利益，故於第 2 項明定「得於所得利益之範圍內酌量加重，不受法定罰鍰最高額之限制。」❽ 實務見解指出，本法第 18 條第 2 項規定，係依據專業行政法規裁處罰鍰時，授權主管機關得於違章行為人所得利益之範圍內，酌量加重罰鍰處分金額，不受原專業法規所定法定罰鍰最高額限制之一般總則性規定，該條第 2 項所謂「前項所得之利益」，係指罰鍰裁處之考量因素，旨在授予裁罰機關得超過法定罰鍰最高額之裁罰權限，不致構成「裁量逾越」之違法。法定罰鍰本身與本法第 18 條第 2 項規定，均構成行使行政罰裁量之核心，不得分割處理。亦即本法第 18 條第 2 項規定並非授與環保局得於原罰鍰處分以外，尚得另行單獨向違章行為人作成裁處不法利得處分之法律基礎。就此，環保局將其依廢棄物清理法第 52 條之實體法律規定所享有作成一個罰鍰處分之裁處權，分別作成兩個獨立可分之罰鍰處分

---

❽　並參，德國違反秩序罰法第 17 條；黃俊杰、林財生，〈逃漏稅捐罪之研究〉，《軍法專刊》，第 49 卷，第 9 期。

及不法利得裁罰處分，不論係有意無意，顯係誤解本法第 18 條第 2 項之規定（107 判 336）。

行為人違反行政法上義務而應裁處罰鍰時，若有本法所規定減輕或免除其處罰之事由，其減輕之程度，宜有明文規定，以限制行政機關之裁量權，並符合本法減輕或免除處罰之意旨，故第 3 項規定：「依本法規定減輕處罰時，裁處之罰鍰不得逾法定罰鍰最高額之 2 分之 1，亦不得低於法定罰鍰最低額之 2 分之 1；同時有免除處罰之規定者，不得逾法定罰鍰最高額之 3 分之 1，亦不得低於法定罰鍰最低額之 3 分之 1。但法律或自治條例另有規定者，不在此限。」

至於，其他種類行政罰，其處罰如定有期間者，宜準用第 3 項規定，以期公允（同條第 4 項）。

二、便宜主義

所謂「便宜主義」，係就情節輕微之違反行政法上義務行為，有以糾正或勸導較之處以罰鍰更具有效果者，授權行政機關按具體情況妥適審酌而言。

因此，第 19 條規定職權不處罰之要件及其處理程序，即對於違反行政法上義務應受法定最高額新臺幣 3,000 元以下罰鍰之處罰，其情節輕微，認以不處罰為適當者，明定由行政機關按具體情況妥適審酌後，得免予處罰，並得改以糾正或勸導措施，並作成紀錄，命其簽名，俾發揮導正效果。

至於，行為人主動請求依第 19 條規定免予處罰，實務見解認為，行政機關仍有決定裁量之權（最高行政法院 96 裁 96）；至於，依本法第 19 條規定，違反行政法上之義務，得依職權不處罰者，係受有法定最高額罰鍰之限制。因此，A 縣政府以甲公司違反菸害防制法第 9 條第 1 款規定，依同法第 26 條第 1 項規定對其裁處罰鍰，惟其法定最高罰鍰為 2,500 萬元以下，顯與本法第 19 條第 1 項規定得免予處罰之要件不合（105 判 166）。

三、裁量追繳

　　行為人為他人之利益所為之行為，致使他人違反行政法上義務應受處罰時，若行為人因該行為受有財產上利益，而無法對該行為人裁罰，即形成制裁漏洞。為填補制裁之漏洞，並防止脫法行為，故第 20 條第 1 項規定此時得單獨對行為人於其所受財產上利益價值範圍內，酌予追繳，以避免其違法取得不當利益，俾求得公平正義。

　　反之，行為人違反行政法上義務應受處罰，但未受處罰之他人卻因該行為受有財產上利益時，如未剝奪該他人所得之利益，顯失公平正義，故第 2 項規定，得單獨對該他人於其所受財產上利益價值範圍內，酌予追繳，避免他人因而取得不當利益，以防止脫法及填補制裁漏洞。

　　本條所定不當得利之追繳，賦予主管機關裁量權，依個案情形裁處之，其係基於實現公平正義等理念而設，性質上並非制裁，故與責任能力、責任條件等無關。

　　本條所規定之二種追繳情形，為避免發生行政機關究應以行政處分追繳抑或以公法上給付訴訟方式追繳之疑義，故第 3 項規定追繳均應由為裁處之主管機關以行政處分為之，以資明確，並杜爭議。

　　舉例而言，經濟部工業局所屬觀音工業區服務中心（簡稱觀音服務中心）所轄觀音工業區下水道系統聯合污水處理廠曾因違法偷排廢水、廢污泥情事，經行政院環境保護署調查結果，以觀音服務中心違反水污染防治法規定。

　　實務見解指出，因 A 公司就前開違規行為，坐收工業區內廠商廢水及處理費，卻不思改善之道，該公司因設施功能不足偷排而獲有財產上利益，故依本法第 20 條第 1 項規定追繳 A 公司財產上利益；此外，經濟部工業局與 A 公司簽訂之委託經營案契約書約定，該計畫工作產生之累計稅前盈餘乘以回饋金比例即為回饋金金額，該回饋金比例為 4%，且回饋對象及比例如有變更，應報請經濟部工業局核定，足認回饋金係由經濟部工業局所支配，受有回饋金之財產上利益，故依本法第 20 條第 2 項規定，追繳經

濟部工業局上開財產上利益。

於此，本法第 20 條第 2 項所稱「行為人」及「他人」應屬功能概念，經濟部工業局觀音服務中心與經濟部工業局當視為不同規範對象以避免卸責。而經濟部工業局獲取之利益，非因其與觀音服務中心為上下級機關所取得，而係因觀音服務中心違反水污法相關義務所致，自符合本法第 20 條第 2 項之要件；經濟部工業局與 A 公司間簽訂之委託契約，其性質近似分紅，以實際違法情節而言，經濟部工業局與受領之回饋金額，與 A 公司盈餘為固定比例關係，而 A 公司之盈餘，則係因未妥善處理廢污水而有巨幅之增加，故於本案中，A 公司違法行為與經濟部工業局與所受回饋金間，具有顯著之直接性關聯。而本法第 20 條規範意旨，應為對於實際違反行政法上義務之行為人或第三人，若其等依法非屬行政罰之處罰對象，但卻因該違反行政法義務行為而受有不當利益，為填補此制裁漏洞及防止脫法行為，並維公平正義，自應向其等追繳不當利得，即本法第 20 條第 2 項之規定，係為避免他人幕後操作行為人（人頭）而形成制裁漏洞，抑或因法制不周致他人無端受利之情形而擬定。本案水污法係以觀音服務中心為管制主體，然委託契約簽訂後之回饋金係直接歸屬於經濟部工業局，應已符合立法目的之情形。至於，本案追繳處分目的旨在剝奪不法利益，並非行政罰，故應不以行為是否惡意為要件，只要其利益係屬不法，即得追繳（最高行政法院 102 判 304）。

四、沒入與追徵價額

㈠沒入之物

第 21 條規定：「沒入之物，除本法或其他法律另有規定者外，以屬於受處罰者所有為限。」蓋沒入之物須屬於違反行政法上義務而受處罰者所有，始具有懲罰作用，故明定以屬於受處罰者所有為限。

雖依本法第 21 條規定沒入之物，除同法或其他法律另有規定者外，以受處罰者為限，惟因河防安全之維護關係重大公共安全及利益，故於水利法第 93 條之 5 明定，違反水利法第 78 條之 1 情形者，得沒入行為人使用

之設施或機具，即屬本法第 21 條所規定之除外情形（最高行政法院 100 判 1987）。

但是，本條僅係沒入之原則性規定，本法第 22 條另有擴張沒入之例外規定。而個別行政法若基於達成行政目的之考量，而特別規定得就非屬於受處罰者所有之物裁處沒入，自應依其規定。

此外，得為沒入之物，其性質、種類，依現行立法體例，係由相關行政法律或自治條例之罰則予以個別規定，其方式較符合實際需要，故本法毋須為共通性規定。

(二)擴張沒入

不屬於受處罰者所有之物，物之所有人因故意或重大過失，致其所有物成為他人違反行政法上義務行為之工具時，該所有人應為其故意或重大過失負責，故第 22 條第 1 項規定，仍得裁處沒入其所有物。

物之所有人對於其物之所有權，如明知該物因他人違反行政法上義務而得受行政機關沒入之情況下，企圖規避沒入而惡意取得者，該所有人亦具有可非難性，故第 2 項規定仍得就該物裁處沒入。

例如，基於水利法，經濟部之沒入設施或機具作業要點規定：「有下列各款情形之一者，不予沒入：(一)經法院宣告沒收者。(二)經其他行政機關沒入者。(三)經裁量減輕其罰鍰處分為法定罰鍰最低額之 3 分之 1 者。前項第 3 款依罰鍰最低額之 3 分之 1 計算之金額尾數以新臺幣千元為單位，不足千元部分，以千元計之。(四)屬不知法規首度查獲，且採取土石在 150 立方公尺以下或堆置土石在 330 立方公尺以下者。」因此，本件甲就其子乙使用其所有之挖土機，僱用訴外人丙等盜採砂石乙節，如屬故意或重大過失，且其採取土石超過 150 立方公尺以上者，即不能免予沒入（最高行政法院 100 判 1987）。

(三)價額追徵

依前 2 條規定應受沒入之裁處者（得沒入之物，受處罰者或前條物之所有人），如為避免其物被沒入，而於受裁處沒入前，將得沒入之物予以處分、使用或以他法致全部或一部不能裁處沒入或致沒入物之價值減損時，

將無法貫徹裁處沒入之行政目的，顯然未盡公平，故第 23 條第 1 項規定於裁處沒入前有此情形者，得對所有人裁處沒入其物之價額或其物及減損差額，以為代替或補充。

例如，甲公司虛報進口貨物產地事件，經財政部關務署基隆關查驗貨物認為逃避管制之違章成立，惟該系爭貨物於受裁處沒入前已放行，致無法裁處沒入，故依本法第 23 條第 1 項規定，裁處沒入貨物之價額（最高行政法院 103 判 224）。

值得注意的是，本法第 23 條第 1 項前段係規定，「得」裁處沒入其物之價額，並非規定「應」裁處沒入其物之價額，行政機關於裁量是否沒入其物之價額時，自不能違背或逾越其規範目的。本法第 23 條第 1 項之立法理由：「依前 2 條規定應受沒入之裁處者，如為避免其物被沒入，而於受裁處沒入前，將得沒入之物予以處分、使用或以他法致全部或一部不能裁處沒入或致沒入物之價值減損時，將無法貫徹裁處沒入之行政目的，顯然未盡公平，故第 1 項規定於裁處沒入前有此情形者，得對所有人裁處沒入其物之價額或其物及減損差額，以為代替或補充。」可知本條項之立法目的，係為防止「應受沒入之裁處者，為避免其物被沒入，而於受裁處沒入前，將得沒入之物予以處分、使用或以他法致全部或一部不能裁處沒入或致沒入物之價值減損」之情事發生，故以代替性或補充性措施，貫徹裁處沒入之行政目的，並達到與裁處沒入相等的效果，俾符合公平原則。因此，須具有「為避免其物被沒入」之意圖，而於受裁處沒入前，將得沒入之物予以處分、使用或以他法致全部或一部不能裁處沒入或致沒入物之價值減損者，始得「裁處沒入其物之價額或其物及減損差額」；並且，沒入之目的無非要剝奪受處罰者對物持有、使用或處分的利益，如果受處罰者不具「為避免其物被沒入」之意圖，僅係於查獲扣押後受責付保管，該物卻因自然腐敗而遭毀棄者，其對物持有、使用或處分的利益既已不存在（實質效果等同剝奪），即無庸再裁處沒入，亦無裁處沒入其物之價額之必要，以免重複剝奪而逾越裁處沒入之行政目的（107 判 309）。

第 2 項情形，則係已先有裁處沒入之處分後尚未執行前，有前揭致不

能執行沒入或致物之價值減損之情形時，得追徵其物之價額或減損之差額。

　　此項追徵之性質，非本法所稱行政罰之裁處，為避免發生行政機關究應以行政處分追徵或以公法上給付訴訟方式追徵之疑義，故於第 3 項規定，應由裁處沒入之行政機關以行政處分為之。

陸、單一行為及數行為之處罰

一、單一行為

　　針對違反行政法上義務之行為是否為「一行為」，實務見解指出，應依個案具體判斷，就個案具體情節、斟酌法條文義、立法意旨、制裁意義、期待可能與社會通念等因素決定之。至於，所謂「自然一行為」，係指由非法學者之客觀第三人依自然觀察方式可認係單一行為者而言。首先，單一的身體活動屬之；再者，因行為之外在過程之相互關係而構成「意識上單一性」者屬之；但此非指單一決意，而是由客觀觀察行為之外在過程，在意識上認其具有單一性，亦即行為人縱係基於「單一決意」所為，構成違反相同法益之「多次行為」，於行政法上仍得評價為「數行為」。又對於法規所要求之多數作為義務之不作為，僅於應為之作為係同種類之作為義務且基於同一目的，始得認係一行為，如必須有多數作為始能完成多數義務，則通常可認其不作為，已構成數行為違反數個行政法上作為義務，而不問其義務內容是否相同（最高行政法院 105 判 357）。

　　關於違反行政法義務之行為，涉及數處罰規定時可否併合處罰，釋字第 503 號解釋指出，因行為之態樣、處罰之種類及處罰之目的不同而有異。納稅義務人對於同一違反租稅義務之行為，同時符合行為罰及漏稅罰之處罰要件者，例如營利事業依法律規定應給與他人憑證而未給與，致短報或漏報銷售額者，就納稅義務人違反作為義務而被處行為罰與因逃漏稅捐而被處漏稅罰而言，其處罰目的及處罰要件，雖有不同，前者係以有違反作為義務之行為即應受處罰，後者則須有處罰法定要件之漏稅事實始屬相當，

除二者處罰之性質與種類不同，例如一為罰鍰、一為沒入，或一為罰鍰、一為停止營業處分等情形，必須採用不同方法而為併合處罰，以達行政目的所必要者外，不得重複處罰，乃現代民主法治國家之基本原則。**⑲**從而，違反作為義務之行為，如同時構成漏稅行為之一部或係漏稅行為之方法而處罰種類相同者，則從其一重處罰已足達成行政目的時，即不得再就其他行為併予處罰，始符憲法保障人民權利之意旨。**⑳**

　　一行為違反數個行政法上義務規定而應處罰鍰時之法律效果，第 24 條第 1 項規定「依法定罰鍰額最高之規定裁處。但裁處之額度，不得低於各該規定之罰鍰最低額」。所謂一行為違反數個行政法上義務規定而應處罰鍰，例如，在防制區內之道路兩旁附近燃燒物品，產生明顯濃煙，足以妨礙行車視線者，除違反空氣污染防制法第 31 條第 1 項第 1 款規定，應依同法第 60 條第 1 項處以罰鍰外，同時亦符合道路交通管理處罰條例第 82 條第 1 項第 2 款或第 3 款應科處罰鍰之規定。因行為單一，且違反數個規定之效果均為罰鍰，處罰種類相同，從其一重處罰已足達成行政目的，故僅得裁處一個罰鍰，明定依法定罰鍰額最高之規定裁處及裁處最低額之限制。**㉑**

　　違反行政法上義務行為，依所違反之規定，除罰鍰外，另有沒入或其他種類行政罰之處罰時，因處罰之種類不同，第 24 條第 2 項規定「得依該規定併為裁處。但其處罰種類相同，如從一重處罰已足以達成行政目的者，不得重複裁處」。**㉒**因此，得採用不同之處罰方法，以達行政目的，故於沒

---

⑲ 最高行政法院【94/06/21】94 年 6 月份庭長法官聯席會議指出，「一行為不二罰」為現代民主法治國家之基本原則，係避免因法律規定之錯綜複雜，致人民之同一行為，遭受數個不同法律之處罰，而承受過度不利之後果。

⑳ 至於，在具體個案，釋字第 503 號解釋指出，則仍應本於上述解釋意旨予以適用。

㉑ 就此，釋字第 423 號解釋指出，以秩序罰罰鍰數額倍增之形式而科罰，縱有促使相對人自動繳納罰鍰、避免將來強制執行困擾之考量，惟母法既無規定復未授權，交通工具排放空氣污染物罰鍰標準創設相對人於接到違規通知書起 10 日內到案接受裁罰及逾期倍增之規定，與法律保留原則亦屬有違。

入或其他種類行政罰，除其處罰種類相同，不得重複裁處外，應由各該法令之主管機關依所違反之規定裁處。

社會秩序維護法總則章中就違反該法行為之責任、時效、管轄及裁處等事項均有特別規定，依本法第 1 條但書規定，自應從其規定，而該法無特別規定者固仍有本法之適用。惟因依該法裁處之拘留，涉及人身自由之拘束，其裁處程序係由法院為之，❷與本法所定之由行政機關裁罰者不同，因此本法所定之行政罰種類並未將拘留納入規範，致一行為違反社會秩序維護法及其他行政法上義務規定而應受處罰時，實務上究應如何裁處？確有發生競合疑義之可能，故基於司法程序優先之原則，於第 3 項明定為如已裁處拘留者，不再受罰鍰之處罰。

此外，實務見解指出，空氣污染防制法旨在防制空氣污染而維護國民健康、生活環境，以提高生活品質；而都市計畫法則係以改善居民生活環境，並促進有計畫之均衡發展為目的，二者所欲達成之管制目的並不相同。並且，都市計畫法第 79 條第 1 項之裁罰，與空氣污染防制法第 24 條及第 57 條規定之處罰，除有不同構成要件外，亦有各自達成之管制目的，實與本法第 24 條第 1 項，因行為單一且違反數個規定之效果均為罰鍰，處罰種類相同，從其一重處罰已足達成行政目的之情形不同，自無一行為不二罰之情形（最高行政法院 103 裁 651）。

二、數行為

行為人所為數個違反行政法上義務之行為，若違反數個不同之規定，或數行為違反同一之規定時，與前條單一行為之情形不同，第 25 條規定，為貫徹個別行政法規之制裁目的，應分別處罰。此與釋字第 503 號解釋「一

---

❷ 關於「重複處罰」之問題，釋字第 311 號解釋指出，遺產及贈與稅法第 10 條第 1 項之規定，固以杜絕納稅義務人取巧觀望為立法理由，惟其以遺產漲價後之時價為遺產估價之標準，與同法第 44 條之處罰規定並列，易滋重複處罰之疑慮，應從速檢討修正。

❷ 黃俊杰，《弱勢人權保障》，1998，第 2 章〈人身自由與檢警權限之檢討〉。

行為不二罰」之意旨並不相違，該號解釋指出：「如係實質上之數行為違反數法條而處罰結果不一者，其得併合處罰。」

實務見解指出，本條規定係揭示數行為分別處罰原則，而違反行政法上義務之行為個數，必須就具體個案，依據行為人主觀的違章之意、構成要件之實現、受侵害法益及所侵害之法律效果，斟酌被違反行政法上義務條文之文義等意義、期待可能性與社會通念等因素綜合判斷決定之。因此，若數違章情事涉及之行政法義務，均係法規範要求受處分人應以積極作為履行其義務，因其未為履行而違反，實係以數個不作為違反數個行政法之作為義務，故自應以併罰之方式裁處（最高行政法院 101 判 588）。

例如：⑴衛生局針對甲公司稽查 3 項油品（牛油、豬油及椰子油），係因具有高度風險疑慮，且來源及流向均不同，為此而為特定稽查，甲公司就 3 項油品均未完整提供流向資料之不作為，顯然已違反 3 個行政法上之作為義務，構成 3 個違反食品安全衛生管理法第 47 條第 10 款之行為（105 判 357）；⑵乙公司系爭貨輪泊靠鎖港裝貨或卸貨，係以「停靠次數」為計算基準，一旦裝貨或卸貨完成即離港，其泊靠行為即告完成，而為一行為。原判決業就其所確定之事實，依上述相關規定，論明乙公司所有系爭貨輪，分別於不同日期未經澎湖縣政府核准而各別進港之違法行為，性質上屬於各別之數行為，澎湖縣政府予以分別處罰，即無不合（107 判 325）。

釋憲實務之案例，例如：⑴雖然「違規停車」係在禁止停車之處所停車，行為一經完成，即實現違規停車之構成要件，在車輛未離開該禁止停車之處所以前，其違規事實一直存在。惟釋字第 604 號解釋指出，立法者對於違規事實一直存在之行為，如考量該違規事實之存在對公益或公共秩序確有影響，除使主管機關得以強制執行之方法及時除去該違規事實外，並得藉舉發其違規事實之次數，作為認定其違規行為之次數，即每舉發一次，即認定有一次違反行政法上義務之行為發生而有一次違規行為，因而對於違規事實繼續之行為，為連續舉發者，即認定有多次違反行政法上義務之行為發生而有多次違規行為，從而對此多次違規行為得予以多次處罰，並不生一行為二罰之問題，故與法治國家一行為不二罰之原則，並無牴

觸。 **❷** ；(2)最高行政法院 100 年 5 月份第 2 次庭長法官聯席會議有關 ：
「……進口人填具進口報單時，需分別填載進口稅、貨物稅及營業稅相關
事項，向海關遞交，始完成進口稅、貨物稅及營業稅之申報，故實質上為
3 個申報行為，而非一行為。如未據實申報，致逃漏進口稅、貨物稅及營
業稅，合於海關緝私條例第 37 條第 1 項第 4 款、貨物稅條例第 32 條第 10
款暨營業稅法第 51 條第 7 款規定者，應併合處罰，不生一行為不二罰之問
題」 之決議，釋字第 754 號解釋，與法治國一行為不二罰之原則並無牴
觸。**❷** 惟國家基於不同之租稅管制目的，分別制定法規以課徵進口稅、貨

---

❷ 釋字第 604 號解釋：「立法者固得以法律規定行政機關執法人員得以連續舉發
及隨同多次處罰之遏阻作用以達成行政管制之目的，但仍須符合憲法第 23 條
之比例原則及法律授權明確性原則。申言之，以連續舉發之方式，對違規事實
繼續之違規行為，藉舉發其違規事實之次數，評價及計算其法律上之違規次
數，並予以多次處罰，藉多次處罰之遏阻作用，以防制違規事實繼續發生，此
種手段有助於目的之達成，對維護交通秩序、確保交通安全之目的而言，在客
觀條件之限制下，更有其必要性及實效性。惟每次舉發既然各別構成一次違規
行為，則連續舉發之間隔期間是否過密，以致多次處罰是否過當，仍須審酌是
否符合憲法上之比例原則，且鑑於交通違規之動態與特性，進行舉發並不以違
規行為人在場者為限，則立法者欲藉連續舉發以警惕及遏阻違規行為人任由違
規事實繼續存在者，自得授權主管機關考量道路交通安全等相關因素，將連續
舉發之條件及前後舉發之間隔及期間以命令為明確之規範。」

❷ 釋字第 754 號解釋，違反租稅義務之行為，涉及數處罰規定時，如係實質上之
數行為，原則上得分別處罰之。至於，行為數之認定，須綜合考量法規範構成
要件、保護法益及處罰目的等因素。進口稅係對國外進口貨物所課徵之稅捐；
貨物稅乃對國內產製或自國外進口之貨物，於貨物出廠或進口時課徵之稅捐；
營業稅則為對國內銷售貨物或勞務及進口貨物所課徵之稅捐。是進口貨物可能
同時涉及進口稅、貨物稅及營業稅等租稅之課徵。立法者為使主管機關正確核
課租稅，並衡諸核課之相關事實資料多半掌握於納稅義務人手中，關稅法第
17 條第 1 項規定：「進口報關時，應填送貨物進口報單、並檢附發票、裝箱單
及其他進口必須具備之有關文件。」貨物稅條例第 23 條第 2 項規定：「進口應
稅貨物，納稅義務人應向海關申報，並由海關於徵收關稅時代徵之。」營業稅
法第 41 條規定：「貨物進口時，應徵之營業稅，由海關代徵之；其徵收……程

物稅及營業稅，於行為人進口貨物未據實申報時，固得依各該法律之規定併合處罰，以達成行政管制之目的，惟於個案併合處罰時，對人民造成之負擔亦不應過苛，以符合憲法第 23 條比例原則之精神。

三、刑罰優先

違反行政法上義務之制裁究採行政罰抑刑事罰，本屬立法機關衡酌事件之特性、侵害法益之輕重程度以及所欲達到之管制效果，所為立法裁量之權限，苟未逾越比例原則，要不能遽指其為違憲。即對違反法律規定之行為，立法機關本於立法裁量權限，亦得規定不同之處罰，以不依規定入出境而言，入出國及移民法第 59 條固以罰鍰作為制裁方法，但同法第 54 條基於不同之規範目的，亦有刑罰之規定，並非謂對行政法上義務之違反，某法律一旦採行政罰，其他法律即不問保護法益有無不同，而不得採刑事罰（釋字第 517 號解釋）。[26]

惟針對一行為同時觸犯刑事法律及違反行政法上義務規定時，由於刑罰與行政罰同屬對不法行為之制裁，[27]而刑罰之懲罰作用較強，[28]故第 26

序準用關稅法及海關緝私條例之規定辦理。」明定人民於進口應稅貨物時，有依各該法律規定據實申報相關稅捐之義務。納稅義務人未據實申報，違反各該稅法上之義務，如致逃漏進口稅、貨物稅或營業稅，分別合致海關緝私條例第 37 條第 1 項、貨物稅條例第 32 條第 10 款及營業稅法第 51 條第 1 項第 7 款之處罰規定，各按所漏稅額處罰，3 個漏稅行為構成要件迥異，且各有稅法專門規範及處罰目的，分屬不同領域，保護法益亦不同，本得分別處罰。至於為簡化稽徵程序及節省稽徵成本，除進口稅本由海關徵收（關稅法第 4 條）外，進口貨物之貨物稅及營業稅亦由海關代徵，且由納稅義務人填具一張申報單，於不同欄位申報 3 種稅捐，仍無礙其為 3 個申報行為之本質，其不實申報之行為自亦應屬數行為。

[26] 關於妨害兵役之行為，立法機關自得審酌人民服兵役應召集之國防重要性、違背兵役義務之法益侵害嚴重性，以及其處罰對個人權益限制之程度，分別依現役或後備役兵員於平時或戰時之各種徵集、召集類型，為適切之規範（釋字第 517 號解釋）。

[27] 至於，行政罰與刑罰之構成要件各有不同，釋字第 407 號解釋指出：「刑事判

條第 1 項本文規定，依刑事法律處罰，即足資警惕時，實無一行為二罰再處行政罰之必要。且刑事法律處罰，由法院依法定程序為之，較符合正當法律程序，應予優先適用。但是，本條之適用，自以「一行為」同時觸犯刑事法律及違反行政法上義務規定者為限，苟非屬「一行為」，自無適用之餘地（最高行政法院 100 判 1261）。該規定重點在於「一行為」符合犯罪構成要件與行政罰構成要件時，使行政罰（罰鍰）成為刑罰之補充，祇要該行為之全部或一部構成犯罪行為之全部或一部，即有刑罰優先原則之適用，規範目的是否相同，在所不問（107 判 209）。

此外，其行為係應處以其他種類行政罰或得沒入之物而未經法院宣告沒收者，因該等處罰兼具維護公共秩序之作用，為達行政目的，第 1 項但書規定，行政機關仍得併予裁處（100 判 279：沒入未經許可採取土石之大貨車）。前述行為，如經不起訴處分、緩起訴處分確定或為無罪、免訴、不受理、不付審理、不付保護處分、免刑、緩刑之裁判確定者，行政罰之裁處即無一行為二罰之疑慮，故第 2 項規定，此時仍得依違反行政法上義務之規定裁處。

例如，有關違反海關緝私條例事件之處罰期間，倘有一行為同時觸犯刑事法律及違反海關緝私條例上義務而移送司法機關處理者，並因刑事案件部分已為不起訴處分、無罪、免訴、不受理或不付審理之裁判確定，其處罰期間之起算，海關緝私條例未設明文，然海關緝私條例既係行政法之

決與行政處罰可各自認定事實。」

㉘　釋字第 517 號解釋蘇俊雄大法官之部分不同意見書指出，立法者固得衡酌「事件之特性、侵害法益之輕重程度以及所欲達到之管制效果」等因素，而選擇以刑罰方式制裁違反行政法義務之行為；但是，此項衡量決定必須通過比例原則之檢證，才能夠滿足國家動用刑罰這種「最後手段」之正當性要求。而為擔保國家刑罰權之正當行使，「行政附屬刑罰」乃至特別刑法之規範設計，必須服膺於法治國家刑法之基本原則，以明確、嚴謹之構成要件規範，來限定刑罰效果之適用範圍。因此，妨害兵役治罪條例第 11 條第 3 項「以意圖避免召集論罪」之粗略規定，已嚴重違反法治國家刑法之基本原則，無法通過憲法第 23 條所蘊含比例原則之檢證。

範疇，依本法第 1 條但書之規定，自得適用本法第 27 條第 3 項之規定，即其處罰期間應自不起訴處分、無罪、免訴、不受理或不付審理之裁判確定日起算（而非自其情事發生日起算）（100 判 678）。

此外，前述行為經緩起訴處分或緩刑宣告確定且經命向公庫或指定之公益團體、地方自治團體、政府機關、政府機構、行政法人、社區或其他符合公益目的之機構或團體，支付一定之金額或提供義務勞務者，其所支付之金額或提供之勞務，應於依前項規定裁處之罰鍰內扣抵之（第 3 項）；❷❾關於勞務扣抵罰鍰之金額，係按最初裁處時之每小時基本工資乘以義務勞務時數核算（第 4 項）。

針對本法第 26 條第 2 項關於緩起訴處分部分，釋字第 751 號解釋，係於 100 年修正時，為杜實務上關於緩起訴處分是否有該條項適用之爭議所增訂。❸❶緩起訴處分之制度，係為發揮篩檢案件之功能，以作為刑事訴訟制度採行當事人進行主義應有之配套措施，並基於填補被害人之損害、發揮個別預防功能、鼓勵被告自新及復歸社會等目的而設。❸❶故緩起訴處分之本質，係法律授權檢察官為終結偵查所為之處分，其作用並非確認刑罰權之存在，反係終止刑罰權實現之程序性處理方式。就此而言，緩起訴處分既屬對被告不予追訴之決定，亦以聲請再議及交付審判程序作為告訴人之救濟手段（刑事訴訟法第 256 條第 1 項、第 258 條之 1），故實係附條件

---

❷❾ 例如，將人民因緩起訴處分向財團法人犯罪被害人保護協會臺灣澎湖分會繳納之緩起訴處分金，自裁處之罰鍰內扣抵（最高行政法院 103 裁 488）；國立學校（招標機關）辦理工程採購案，有甲乙丙公司等 3 家廠商參與投標，招標機關進行開標時，發現前述 3 家廠商有異常關聯，當場宣布廢標並移送法辦。經地方法院檢察署檢察官認公司代表人涉犯政府採購法「以詐術使開標發生不正確結果未遂罪」，作成緩起訴處分書，緩起訴期間 1 年，並命支付緩起訴處分金 4 萬元。嗣後，移付營造業審議委員會，決議認其違反營造業法第 54 條第 1 項規定，處 100 萬元罰鍰，並廢止其許可，惟依本法第 26 條第 3 項規定扣除緩起訴處分金 4 萬元，應處 96 萬元罰鍰，並廢止其許可（106 判 597）。

❸❶ 立法院公報，第 100 卷，第 70 期，第 185 頁以下。

❸❶ 立法院公報，第 91 卷，第 10 期，第 943 頁及第 948 頁以下。

之便宜不起訴處分。檢察官依刑事訴訟法第 253 條之 2 第 1 項規定，作成緩起訴處分時，得命被告於一定期間內遵守或履行該條項各款所規定之事項，其中第 4 款規定，於一定期間內支付一定金額予國庫、公益團體或地方自治團體（【103/06/04】第 4 款修正為僅向公庫支付）；第 5 款規定向指定之政府機關、政府機構、行政法人、社區或其他符合公益目的之機構或團體提供一定時數之義務勞務（上開二款所規定內容即應履行之負擔）。

應履行之負擔，並非刑法所定之刑罰種類，而係檢察官本於終結偵查之權限，為發揮個別預防功能、鼓勵被告自新及復歸社會等目的，審酌個案情節與公共利益之維護，經被告同意後，命其履行之事項，性質上究非審判機關依刑事審判程序所科處之刑罰。惟應履行之負擔，課予被告配合為一定之財產給付或勞務給付，致其財產或人身自由將受拘束，對人民而言，均屬對其基本權之限制，具有類似處罰之不利益效果。從而國家對於人民一行為先後課以應履行之負擔及行政法之罰鍰，其對人民基本權造成不利益之整體效果，亦不應過度，以符比例原則之要求。

因此，允許作成緩起訴處分並命被告履行負擔後，仍得依違反行政法上義務規定另裁處罰鍰，係立法者考量應履行之負擔，其目的及性質與刑罰不同，如逕予排除行政罰鍰之裁處，對應科處罰鍰之違法行為言，其應受責難之評價即有不足，為重建法治秩序及促進公共利益，允許另得裁處罰鍰，其目的洵屬正當。其所採另得裁處罰鍰之手段，連同應履行之負擔，就整體效果而言，對人民造成之不利益，尚非顯失均衡之過度評價，與目的間具合理關聯性，並未違反比例原則，亦不涉及一行為二罰之問題。尤以立法者為減輕對人民財產所造成之整體不利益效果，以避免過度負擔，於 100 年修正行政罰法時，同時增訂第 26 條第 3 項及第 4 項，規定應履行之負擔得扣抵罰鍰，故更與憲法第 15 條保障人民財產權之意旨無違。為避免被告對緩起訴處分應履行負擔效果之誤解，檢察官擬作成應履行負擔之緩起訴處分，而徵求被告同意時，應併向被告說明，該同一行為如違反行政法上義務規定，行政機關仍可能依法裁處。

再者，依第 2 項規定所為之裁處，有下列情形之一者，由主管機關依

受處罰者之申請或依職權撤銷之,已收繳之罰鍰,無息退還:⑴因緩起訴
處分確定而為之裁處,其緩起訴處分經撤銷,並經判決有罪確定,且未受
免刑或緩刑之宣告;⑵因緩刑裁判確定而為之裁處,其緩刑宣告經撤銷確
定(第5項)。

柒、裁處權時效

　　行政罰裁處權時效之規範目的,本來就是為平衡兼顧保護人民權益與
維護社會公益, 並敦促行政機關及時行使公權力 (最高行政法院103判
211),爰明定行政罰之裁處權時效為3年及分別情形計算其起算點、停止
事由,以杜爭議。

一、時效與起算

㈠時　效

　　第27條第1項規定:「行政罰之裁處權,因3年期間之經過而消滅。」
例如,甲公司係於99年11月間共用部分點交前,擅自將共用部分之設施
設備為變更,其違章行為自係發生於99年11月底之前,則臺北市政府都
市發展局遲至【103/03/26】始作成原處分對甲公司裁罰,顯逾3年裁處權
時效期間,裁處權依法既已消滅,原處分自屬違法(最高行政法院106判
682)。

　　本項係有關行政罰裁處權時效之規定。按行政罰裁處權之行使與否,
不宜懸之過久,而使處罰關係處於不確定狀態,影響人民權益,惟亦不宜
過短,以免對社會秩序之維護有所影響,故定其消滅時效為3年。❸❷

　　本法所謂「裁罰性不利處分」,係以違反行政法上義務而對於過去不法

---

❸❷　關於稅捐裁罰之時效期間,最高行政法院(107判314)指出,依稅捐稽徵法
　　第49條準用同法21條規定,其裁罰權時效期間為7年,且依本法第1條規定
　　(即「……。但其他法律有特別規定者,從其規定」),稅捐稽徵法前開「時效
　　準用」規定,構成本法第27條所定「3年時效期間」之特別規定。

行為所為之制裁。實務見解指出，依政府採購法，如有不當或違法之圍標行為介入，投標廠商所繳納之押標金即得不予發還或予以追繳，自屬「管制性不利處分」，雖係行政法上之不利處分，但押標金之追繳，其性質既非本法所稱之行政罰，自無本法第 27 條第 1 項裁處權時效規定之適用（100 判 865）。

至於，行政罰裁處權時效之統一規定，學者質疑，其未斟酌行政罰之種類與對人民權利侵犯之輕重程度，似非符合平等原則之要求。❸❸

(二)起　算

關於時效之起算點，第 27 條第 2 項規定：「前項期間，自違反行政法上義務之行為終了時起算。但行為之結果發生在後者，自該結果發生時起算。」至於，行政罰之執行時效，則依行政執行法第 7 條第 1 項規定處理。

例如，會計師法第 62 條第 3 款對於違反者所施予之不利處分，屬行政罰法第 2 條第 4 款之警告性處分（與告誡相類似之申誡處分），為裁罰性之不利行政處分，應有行政罰法有關裁處權時效規定之適用，而以會計師出具查核報告日作為其違反行政法上義務之行為終了時點，據此起算裁處權時效（最高行政法院 103 判 211）。

若犯罪行為與違反行政法上義務之行為競合，而其行為經不起訴處分、緩起訴處分確定或為無罪、免訴、不受理、不付審理、不付保護處分、免刑、緩刑之裁判確定者，依前條第 2 項規定，仍得裁處行政罰，此際其時效可能已完成。因此，第 27 條第 3 項規定：「前條第 2 項之情形，第 1 項期間自不起訴處分、緩起訴處分確定或無罪、免訴、不受理、不付審理、不付保護處分、免刑、緩刑之裁判確定日起算。」

此外，原裁處於訴願、行政訴訟或其他救濟程序中被撤銷，諭知另為裁處時，其時效亦可能已完成。因此，第 27 條第 4 項規定：「行政罰之裁

---

❸❸　洪家殷，《新「行政罰法」簡介》，第 246 頁；並參，釋字第 583 號解釋：「對公務員違法失職之行為，公務員懲戒法設有申誡、記過、減俸、降級、休職與撤職輕重不同之懲戒處分，其概以 10 年為懲戒權行使期間，未分別違法之失職行為性質及其懲戒之種類而設合理之規定，與比例原則未盡相符⋯⋯。」

處因訴願、行政訴訟或其他救濟程序經撤銷而須另為裁處者，第 1 項期間自原裁處被撤銷確定之日起算。」

所稱「因訴願……經撤銷而須另為裁處者」，實務見解指出，並未排除原處分機關依訴願法第 58 條第 2 項規定，於訴願期間所為之自行撤銷或變更行政處分在內。故原處分機關如於訴願期間自行撤銷行政處分，變更部分罰鍰金額者，即生 「第 1 項期間自原裁處被撤銷確定之日起算」 效力 （100 判 1055）。

二、時效停止

裁罰權若懸之過久不予行使，將失去其制裁之警惕作用，亦影響人民權益，俾藉此督促行政機關及早行使公權力，惟如行政機關因天災 （如 921 地震）、事變致事實上不能執行職務或法律另有規定之事由，無法開始或進行裁處時，因非屬行政機關之懈怠，故第 28 條第 1 項規定：「裁處權時效，因天災、事變或依法律規定不能開始或進行裁處時，停止其進行。」

由於，本法不採時效中斷制度，因此，第 28 條第 2 項規定：「前項時效停止，自停止原因消滅之翌日起，與停止前已經過之期間一併計算。」換言之，裁處權時效停止原因消滅後，繼續進行之時效應與前已進行之時效合併計算，以符合時效規定之精神。

捌、管轄機關

為期權責分明，並解決管轄權衝突之爭議，明定行政機關對於違反行政法上義務行為之地域管轄、共同管轄及管轄權競合之處理方式與移送管轄；並規定一行為同時觸犯刑事法律及違反行政法上義務規定時應將涉及刑事部分移送該管司法機關，及司法機關就刑事案件為不起訴之處分或為無罪、免訴、不受理、不付審理（少年事件）之裁判確定時之處理程序。

行政罰之管轄機關，原則上係行政機關，不過，釋字第 289 號解釋指出，國家因人民違反稅法而課處罰鍰，雖屬行政處分性質之行政秩序罰，

惟基於立法政策之考量，亦非不可於稅法規定由法院以裁定為之。❸❹

一、地域管轄

違反行政法上義務之行為，第 29 條第 1 項規定行政機關之地域管轄，原則上由行為地、結果地、行為人之住所、居所或營業所、事務所或公務所所在地之主管機關管轄。

在中華民國領域外之中華民國船艦或航空器內違反行政法上義務者，在國際法上咸認有管轄權，故第 2 項規定：「得由船艦本籍地、航空器出發地或行為後在中華民國領域內最初停泊地或降落地之主管機關管轄。」

為使搭乘外國船艦或航空器之人在我國領域外依法得由我國行使管轄權區域內違反行政法上義務之行為有明確管轄機關，例如，於依法由中華民國管轄之鄰接區、專屬經濟海域或大陸礁層，從事污染或未經許可探勘或開發等違反行政法上義務行為，故第 3 項規定：「得由行為後其船艦或航空器在中華民國領域內最初停泊地或降落地之主管機關管轄。」

在我國領域外依法得由我國行使管轄權區域內違反行政法上義務之行為人可能係外國人或非我國人民，且未必以第 3 項之船艦或航空器為之，例如，外國人在人工島嶼或其他海洋設施上違反行政法上義務，在此情形，管轄機關似欠明確，故第 4 項規定：「不能依前 3 項規定定其管轄機關時，得由行為人所在地之主管機關管轄。」

二、共同管轄

故意共同實施違反行政法上義務之行為，其行為地、行為人之住所、居所或營業所、事務所或公務所所在地不在同一管轄區內者，已涉及多數不同管轄主管機關。針對主管機關之共同管轄權，第 30 條規定：「各該行為地、住所、居所或所在地之主管機關均有管轄權。」

例如，臺北高等行政法院（98 簡 660）指出，甲未依法取得地政士證

❸❹ 釋字第 289 號解釋謂：「稅法規定由法院裁定之罰鍰，其處罰及救濟程序自應以法律定之，以符憲法保障人民權利之意旨。」

書，自行招攬登記業務，違反地政士法第 49 條規定，且甲係同時於臺北縣（即新北市）及臺北市進行招攬代書業務之行為，故依照地政士法第 3 條、本法第 30 條以及第 31 條第 1 項之規定，臺北縣政府自有管轄權。

三、管轄權競合

一行為違反同一行政法上義務，數機關均有管轄權者，涉及管轄權競合之問題，第 31 條第 1 項規定管轄權積極衝突之解決方式，由處理在先之機關管轄。不能分別處理之先後者，由各該機關協議定之；不能協議或有統一管轄之必要者，由其共同上級機關指定之。

一行為違反數個行政法上義務而應處罰鍰，數機關均有管轄權者，因有處罰較重之法規時，故第 2 項規定，由法定罰鍰額最高之主管機關管轄。而法定罰鍰額相同者，則依前項規定定其管轄。

一行為違反數個行政法上義務，在罰鍰外另應受沒入或其他種類行政罰者，因其處罰種類不同，為達行政目的，故第 3 項規定，各該主管機關仍保有管轄權，應分別裁處。但是其處罰種類相同者，如從一重處罰已足以達成行政目的者，不得重複裁處。

至於，第 1 項及第 2 項情形，原有管轄權之其他機關，於必要之情形時，應為必要之職務行為，並將有關資料移送為裁處之機關；為裁處之機關，應於調查終結前，通知原有管轄權之其他機關（第 4 項）。

而實務上如發生依第 1 項及第 2 項規定受理在後或法定罰鍰額較低之主管機關先為裁處時，則於受理在先或法定罰鍰額最高之主管機關復為裁處時，受裁罰之人將會依法提出救濟，屆時受理在後或法定罰鍰額較低之主管機關，可依申請撤銷其裁罰；至於，不得裁罰之機關或其上級機關，亦可依職權撤銷其裁罰。因此，受理在後之機關自無法因其先為裁罰，即能取得合法之管轄權（最高行政法院 106 判 652）。

四、移送管轄

依本法第 26 條規定，刑罰與罰鍰不得併為處罰，故遇有一行為同時觸

犯刑事法律及違反行政法上義務規定者之競合時，第 32 條第 1 項規定，應將涉及刑事部分移送該管司法機關。

但是，針對前述移送案件，司法機關就刑事案件為不起訴處分、緩起訴處分確定或為無罪、免訴、不受理或不付審理、不付保護處分、免刑、緩刑、撤銷緩刑之裁判確定，或撤銷緩起訴處分後經判決有罪確定者，則應通知原移送之行政機關對違反行政法上義務行為加以裁處（第 2 項）。

因此，一行為同時觸犯刑事法律及違反行政法上義務規定者，基於一行為不二罰原則及刑罰優先原則，行政機關應先將涉及刑事部分移送該管司法機關，於該行為經不起訴處分、緩起訴處分確定或為無罪、免訴、不受理、不付審理、不付保護處分、免刑、緩刑之裁判確定後，因已無一事二罰疑慮，再對該行為依違反行政法上義務之規定予以裁處。準此，倘一行為同時觸犯刑事法律及違反行政法上義務規定，其刑事部分已在司法機關訴追或審判中，行政機關在刑事偵查或審判程序尚未終局確定前，不得逕就該行為依違反行政法上義務之規定逕科予罰鍰處分；倘行政機關就該行為依違反行政法上義務之規定作成罰鍰處分時，刑事部分尚未在司法機關偵查或審判中，則於事後移送法辦其刑事責任並經處刑罰確定後，該罰鍰處分即因違反第 26 條第 1 項規定、一行為不二罰原則與刑罰優先原則而有違法，應予撤銷（最高行政法院 107 判 209）。

關於前述移送案件及業務聯繫之辦法，係由行政院會同司法院定之（第 3 項）。

玖、裁處程序

一、執行職務時應有之作為

行政機關執行職務之人員於執行職務時，為向行為人表明其為執法人員，以避免行為人之疑慮，進而引發不必要之爭執，第 33 條規定，應主動向行為人出示有關執行職務證明文件或顯示足資辨別之標誌。

所謂證明文件，例如，公務人員之識別證或為行政機關之公函等；所謂足資辨別之標誌，例如，警艇在海上查緝走私，攔阻船隻時，應在警艇上顯示足以辨別其為行政機關之標誌。就此，實務見解指出，甲自承聯合查報時，有警察人員參與，而以為是臨檢，故本件稽查時至少有警察人員著制服足以顯示行政機關之標誌。新北市政府城鄉發展局是接獲聯合查報小組之主辦機關通報後為原處分，核與本法第 33 條規範之立法意旨無違（臺北高等行政法院 99 訴 2182；最高行政法院 100 判 1817）。

此外，為使行為人知悉其違法，並作為執法依據，尚須告知行為人所違反之法規。

二、即時制止

行政機關為防止現行違反行政法上義務行為持續進行造成更嚴重之損害，對現行違反行政法上義務之行為人，第 34 條第 1 項規定得為下列之處置：⑴即時制止其行為；⑵製作書面紀錄；⑶為保全證據之措施。遇有抗拒保全證據之行為且情況急迫者，得使用強制力排除其抗拒；⑷確認其身分。

若現行違反行政法上義務之行為人拒絕或規避身分之查證，經勸導無效，致確實無法辨認其身分且情況急迫者，得令其隨同到指定處所查證身分；其不隨同到指定處所接受身分查證者，得會同警察人員強制為之。

此外，為避免行政機關之恣意強制行為，造成人民權益之損害，故第 2 項規定：「前項強制，不得逾越保全證據或確認身分目的之必要程度。」即其強制方法，應符合比例原則，以保障人權。

三、異　議

行政機關對於行為人所為之強制排除抗拒保全證據或強制到指定處所之處分，係對行為人人身自由等權益之重大限制，故第 35 條第 1 項規定：「行為人對於行政機關依前條所為之強制排除抗拒保全證據或強制到指定處所查證身分不服者，得向該行政機關執行職務之人員，當場陳述理由表

示異議。」而第 2 項規定，行政機關執行職務之人員，認前項異議有理由者，應停止或變更強制排除抗拒保全證據或強制到指定處所查證身分之處置；❸❺認無理由者，得繼續執行。經行為人請求者，應將其異議要旨製作紀錄交付之，以俾利爾後循國家賠償或其他途徑求償之證明。

四、扣留與救濟

㈠扣　留

為保全證據或沒入之執行，故於第 36 條第 1 項規定「得沒入或可為證據之物，得扣留之」，以使各行政機關得依法裁量為扣留之處分。

至於，可為證據之物之扣留範圍及期間，應加以明定，故第 2 項規定「以供檢查、檢驗、鑑定或其他保全證據之目的所必要者為限」，以保障人民權益。

於此，仍應注意其他法律之特別規定，例如水利法第 93 條之 5 已明定違反同法第 78 條第 1 款情形者，主管機關得沒入行為人使用之設施或機具，並得公告拍賣之，並不以有刑事案件確定判決為要件，且刑事案件沒收之要件與違反水利法而予沒入之要件並不相同，二者競合時，後處理之機關就已經沒收或沒入確定者固毋庸再為沒入或沒收，但並非刑事案件有優先為沒收之順位關係。而經濟部沒入設施或機具作業要點，亦僅提示主管機關沒入行為人使用之設施或機具，應注意未經司法機關為沒收判決確定，或其他行政機關為沒入處分始為沒入處分。因此，本件案例既尚無司法為沒收判決確定之情形，則新北市政府水利局依系爭挖土機 1 部及鏟土機 2 部，分別為 A 違法傾倒廢土至寶斗厝溪內填塞河川水路所使用之設施及機具，合於水利法第 93 條之 5 規定得為沒入之規定，而為沒入之處分，於法並無違誤（最高行政法院 100 判 1130）。

---

❸❺　草案第 35 條說明：「強制到指定處所之處置，具有即時性、短暫性之性質，故對異議結果，應無予以再救濟之必要。」　黃俊杰，《環保行政處罰及案例探討》，第 23 頁。

㈡強制力

為有效執行扣留，第 37 條規定，行政機關得要求應扣留物之所有人、持有人或保管人提出或交付應扣留物，且於遇有無正當理由拒絕提出、交付或抗拒扣留者，得以強制力扣留之。

㈢紀　錄

為確保扣留程序合法適當，對於實施扣留者，應課以作成紀錄之義務，以明確責任之歸屬。故第 38 條第 1 項規定：「扣留，應作成紀錄，記載實施之時間、處所、扣留物之名目及其他必要之事項，並由在場之人簽名、蓋章或按指印；其拒絕簽名、蓋章或按指印者，應記明其事由。」

至於，扣留物之所有人、持有人或保管人在場或請求給予扣留物之收據時，第 2 項規定，實施扣留者應製作收據，記載扣留物之名目，交付之，供其執為憑據。本條規定之「紀錄」或「收據」，是否僅以書面為限？得否以錄音、錄影等方式代替？似應衡量其記載之急迫性與可行性，尤其針對第 37 條強制扣留之情形。

㈣扣留物之標示

扣留物應加具識別之標示，並為適當之處理，以確保扣留物之安全。因此，第 39 條第 1 項規定：「扣留物，應加封緘或其他標識，並為適當之處置；其不便搬運或保管者，得命人看守或交由所有人或其他適當之人保管。」例如，實務見解認為，前述規範目的在避免對於扣押（留）物之同一性產生爭議；且司法警察依刑事訴訟法執行搜索、扣押，並不以全程錄音、錄影為要件。因此，甲商行既不爭系爭查扣菸品係於其新營店及下營店所查獲，嗣並經其於搜索扣押筆錄等相關文件補正簽名確認，自無礙該筆錄等相關文件及系爭菸品之證據能力及證明力 （最高行政法院 102 判 568）。

至於，經扣留者若屬得沒入之物，其有毀損之虞或不便保管之情形時，第 2 項規定，得經由拍賣或變賣程序保管其價金。此外，對於易生危險之扣留物，如不便保管亦不宜拍賣或變賣，而有毀棄之必要時，得由行政機關予以毀棄。

(五)發　還

關於扣留物應予發還之時機，第 40 條第 1 項規定，為於案件終結前無留存之必要或案件為不予處罰或未為沒入之裁處者。惟扣留物若已依前條之規定而予拍賣、變賣或毀棄時，因無法發還原扣留物，即應將拍賣或變賣所得之價金發還，於毀棄時則償還其價金。但是，若原扣留物因應沒入或因調查他案而有留存之必要，則應繼續扣留。

不過，扣留物之應受發還人所在不明，或因其他事故不能發還者，仍應予處理，故第 2 項規定，以公告程序決定物之歸屬。惟自公告之日起滿 6 個月，無人申請發還者，以其物歸屬公庫。

所謂「公庫」，係指公庫法第 2 條所定之國庫、市庫及縣庫。

(六)聲明異議

由於，扣留僅係裁處程序之中間決定或處置之性質，其救濟宜有較簡速之程序，以免延宕案件之進行並保障人民權益。故第 41 條第 1 項及第 2 項規定二級行政救濟程序，即物之所有人、持有人、保管人或利害關係人對扣留不服者：(1)得先向扣留機關聲明異議，審酌是否撤銷或變更，扣留機關認聲明異議有理由者，應發還扣留物或變更扣留行為；(2)如認聲明異議無理由，則應加具意見，送直接上級機關決定之。

至於，對於直接上級機關之決定不服者，第 3 項規定，僅得於對裁處案件之實體決定聲明不服時一併聲明之，不得單獨提起訴願或行政訴訟，期達簡速目的。

但是，物之所有人、持有人、保管人或利害關係人依法不得對裁處案件之實體決定聲明不服時，為保障其權益，應准其單獨對第 1 項之扣留，逕行提起行政訴訟，以資救濟。而扣留救濟程序中，關於扣留或裁處程序，第 4 項規定，仍照常進行，而不受影響。

五、陳述意見及聽證

行政罰之裁處，係剝奪、限制人民自由或權利之行政處分，為符合公正、公開與民主之程序，以保障人民權益，自應給予受處罰者陳述意見及

聽證機會等正當行政程序之保障。

(一)陳述意見

第 42 條規定，行政機關於裁處前，應給予受處罰者陳述意見之機會，並基於行政效能之考量，同時規定得不給予陳述意見機會之例外情形。

1.原　則

行政機關於裁處前，第 42 條本文規定，應給予受處罰者陳述意見之機會，以避免行政機關之恣意專斷，並確保受處罰者之權益。

2.例　外

基於行政效能之考量，同條但書規定，得不給予陳述意見機會之例外情形。

即(1)已依行政程序法第 39 條規定，通知受處罰者陳述意見；(2)已依職權或依第 43 條規定，舉行聽證；(3)大量作成同種類之裁處；[36](4)情況急迫，如給予陳述意見之機會，顯然違背公益；(5)受法定期間之限制，如給予陳述意見之機會，顯然不能遵行；(6)裁處所根據之事實，客觀上明白足以確認；(7)法律有特別規定。

實務見解指出，其立法理由為「一本條規定行政機關於裁處前，應給予受處罰者陳述意見之機會，並基於行政效能之考量，同時規定得不給予陳述意見機會之例外情形。二行政機關於裁處前，應給予受處罰者陳述意見之機會，以避免行政機關之恣意專斷，並確保受處罰者之權益。惟……裁處所根據之事實，客觀上已明白且足以確認者，再事先聽取受處罰者之意見，顯然並無任何實益，故亦無須給予受處罰者陳述意見之必要……爰為本條但書各款之規定。」因此，甲公司所屬系爭貨輪未經澎湖縣政府核准，分別於相關日期，擅自進入鎖港泊靠，經巡防總隊查獲，並經該總隊逐次登船檢查，開立違規勸導單及拍照存照等情甚詳，並有相關證據在卷。足認澎湖縣政府所為 26 份裁罰處分，其裁處根據之事實，客觀上明白足以

[36] 就此，原草案第 42 條說明係「基於行政經濟之考慮」，而不給予陳述意見之機會。黃俊杰，《環保行政處罰及案例探討》，第 26 頁；惟似未斟酌受處罰者之權益，是否將有重大影響。

確認，故認合於本法第 42 條第 6 款規定，自無庸於裁罰前，再給予甲公司陳述意見之必要（最高行政法院 107 判 325）。

㈡聽　證

第 43 條規定，行政機關為裁處前應依申請舉行聽證及其例外之情形。

1.聽證義務

行政機關為本法第 2 條第 1 款限制或禁止行為之處分及同條第 2 款剝奪或消滅資格、權利之處分時，對於受處罰者之權益將有重大影響，為避免行政機關恣意專斷之決定，損害受處罰者之權益，故第 43 條本文規定，行政機關於裁處前，應依受處罰者之申請，舉行聽證。

例如，行政機關對甲公司所為裁處「勒令停止違法營業」，影響其自由或權利之內容及程度並非輕微，而「勒令停業」部分屬本法第 2 條第 1 款項規定，故未依本法第 42 條第 1 款通知陳述意見，甲公司自亦無從依本法第 43 條之規定申請舉行聽證，原處分非無剝奪上訴人之基本程序權利即陳述及聲請聽證權之虞（最高行政法院 103 判 232）。

2.例　外

若有前條但書各款情形之一，或影響自由或權利之內容及程度顯屬輕微者，為免影響行政效能，行政機關得不舉行聽證。

此外，行政機關經依行政程序法第 104 條規定，通知受處罰者陳述意見，未於期限內陳述意見者，行政機關亦無舉行聽證之必要。

㈢裁處書

關於行政機關裁處行政罰之方式，第 44 條規定，行政機關為裁處時，應作成裁處書，以與其他行政處分區別。然而，實務見解指出，科技部依其學術倫理要點所為停權處分，因非屬行政罰性質，故未以裁處書方式作成決定並送達計畫申請人 ， 亦與本法第 44 條應作成裁處書規定情形不同（最高行政法院 102 判 80）。

裁處書之應記載事項，係依行政程序法第 96 條之規定，且裁處書應合法送達於受裁處人，以完備行政程序，並保障人民權益。

至於，送達之方式、對象、時間、處所等，均依行政程序法送達之規

定辦理。

拾、過渡條款

法律不溯及既往，乃法律適用之基本原則，如認其事項有溯及適用之必要者，即應以法律明白規定，方有所依據，故第 45 條即本此原則而設。

針對本法施行前違反行政法上義務之行為應受處罰而未經裁處者，於本法施行後裁處時，本法規定如有利於行為人者，基於保障人民權益之考量，自應適用本法，而有規定溯及既往之必要，故第 1 項規定可適用本法裁處之；但是，相較於本法施行前，對行為人不利之第 15 條、第 16 條、第 18 條第 2 項、第 20 條及第 22 條，則予排除適用。

本法施行前違反行政法上義務之行為應受處罰而未經裁處者，於本法施行後裁處時，其裁處權時效，除非個別行政法律另有規定，依其規定外，第 2 項規定，均自本法施行之日起算。至於，有關時效期間之規定，自仍適用本法（最高行政法院 103 判 211；100 判 557）。

此外，本法【100/11/23】修正之第 26 條第 3 項至第 5 項規定，於修正施行前違反行政法上義務之行為同時觸犯刑事法律，經緩起訴處分確定，應受行政罰之處罰而未經裁處者，亦適用之；曾經裁處，因訴願、行政訴訟或其他救濟程序經撤銷，而於修正施行後為裁處者，亦同（第 3 項）。

就此，針對本法第 45 條第 3 項規定，釋字第 751 號解釋，係將【100/11/08】修正增訂之本法第 26 條第 3 項及第 4 項等規定之效力，溯及於修正施行前，應受行政罰之行為而尚未裁處者，亦有適用，屬法律有溯及適用之特別規定。並且，本法第 26 條第 3 項及第 4 項，有關應履行之負擔得扣抵罰鍰之規定，減少人民財產上之不利益，核屬有利於行為人之新規定，自無違法律不溯及既往原則及信賴保護原則。

至於，本法【100/11/23】修正施行前違反行政法上義務之行為同時觸犯刑事法律，於修正施行後受免刑或緩刑之裁判確定者，不適用修正後之第 26 條第 2 項至第 5 項、第 27 條第 3 項及第 32 條第 2 項之規定（第 4 項）。

第十四章　事實行為

綱要導讀

壹、概念與合法性
├一、觀察面向之差異
├二、要　素
│㈠行政機關之行為
│㈡以發生事實效果為主要目的
└三、合法性
　㈠容許性
　㈡救濟途徑
　　1.行政救濟
　　2.國家賠償
貳、行政指導
├一、意　義
│㈠主　體
│㈡事　項
│㈢方　法
│㈣目　的
│　1.特　定
│　2.具　體
├二、限　制
│㈠目　的
│㈡拒絕指導
└三、內容與方式
　㈠內　容
　㈡方　式
　　1.明示之方式
　　2.文書交付之方式

參、陳　情
├一、意　義
│㈠主　體
│㈡內　容
│㈢對　象
├二、方式與更正
├三、處理程序
│㈠處理依據
│㈡處理原則
│　1.法定職責
│　2.法律效果
│　3.保密義務
│㈢處理方式
│　1.適當措施
│　2.移送與告知
└四、請　願
　㈠內　容
　㈡限　制
　㈢對　象
　㈣方　式
　㈤處　理

　　本章主要係以行政程序法（以下簡稱「本法」）第 6 章「行政指導」與第 7 章「陳情」為討論範圍。

壹、概念與合法性

一、觀察面向之差異

　　何謂「事實行為」？學者間見解對其概念之定義，存在相當之差異，蓋觀察面向之不同。❶

　　有著重事實行為與法律行為之差異、或意思表示之有無、或與人民權利義務之關聯、或發生事實效果與法律效果之不同、或得否救濟之差異、或正式（型式化）與非正式（非型式化）行政行為之歸屬等。

二、要　素

　　事實行為，雖然觀察面向之差異，而有不同之定義或說明。惟本文嘗試就其特徵，分析如下：

㈠行政機關之行為

　　事實行為，係行政機關之行為，即行政行為之一種類型。而事實行為之類型，如同事實行為之概念，學者間見解尚非一致。❷

　　至於，當事人之多寡，即係單方或雙方等行政行為，或是行政機關內部或對外之行為，並非事實行為之重要判斷標準。甚至，行政機關是否處於高權（強制力）或對等地位，似亦不影響事實行為之成立。

㈡以發生事實效果為主要目的

　　事實行為，係行政機關以發生事實效果為主要目的之行政行為。例如，釋字第 374 號解釋指出：「依土地法第 46 條之 1 至第 46 條之 3 之規定所為

---

❶　陳春生，〈事實行為〉，翁岳生編《行政法》，2000，第 762 頁以下。

❷　張嫻安，〈行政行為中之事實行為〉，《輔仁法學》，第 9 期，第 92 頁以下；吳庚，《行政法之理論與實用》，2004，第 447 頁以下。

地籍圖重測，純為地政機關基於職權提供土地測量技術上之服務，將人民原有土地所有權範圍，利用地籍調查及測量等方法，將其完整正確反映於地籍圖，初無增減人民私權之效力。」道路之修築及維護，係行政機關基於便利公眾通行及維護交通安全之公共利益所為之行政事實行為（最高行政法院 100 判 433）。

　　行政機關之事實行為，為法定先行程序之行為，例如，實務見解指出，依土地徵收條例第 2 條、第 14 條及第 11 條之規定，認定有核准徵收權限為內政部，具徵收請求權者係需用土地人，而需用土地人在依法請求國家行使徵收權之前，應與所有權人協議，為申請徵收的法定先行程序，故需用土地人於向內政部申請徵收前，與所有權人的協議及向內政部申請辦理徵收，係為發動內政部作成徵收處分之內部行政行為，核係行政事實行為（107 判 60）。

　　此外，執行法令之行政行為，例如，本法第 6 章「行政指導」與第 7 章「陳情」之處理行為，亦屬事實行為。❸ 就此，最高行政法院（102 裁 1790）謂：「地政機關所為鑑界測量，性質上係鑑定行為，其於完成鑑定後發給之複丈成果圖，係鑑定人員表示土地界址所在之專業意見，必經採為行政處分之依據，始生依鑑定內容變動之法律效果，是鑑定結果本身並未對外直接發生法律效果，僅係事實說明，非屬行政處分，自不得對之提起訴願及撤銷訴訟。」

　　再者，單純提供資訊之行為，亦屬行政事實行為。就此，最高行政法院（100 判 719）謂：「……系爭土地既經主管機關限制作為增闢必要通路及設置污染防治設備使用在案，地政機關且於土地登記簿加註，亦僅係行政機關提供資訊之行為，為行政事實行為。此行政事實行為所依據之縣政府函，乃上級機關指示下級機關作成行政事實行為之機關內部行為，尚無從對外直接發生法律效果，亦非行政處分……。」

---

❸　《行政程序法之研究》，臺灣大學法律研究所，1990，第 171 頁，其草案第 132 條規定，本法所稱行政指導，係指行政機關就其主管事務，建議或勸告特定之相對人為一定作為或不作為之「事實行為」。

三、合法性

㈠容許性

行政機關之事實行為,若不違背法令之限制,原則上,應保留給行政機關行使之權限,但仍應遵守法律優越原則之拘束。

至於,是否遵守法律保留原則,則應依據個別事實行為之性質及其法令依據,分別論斷。若係已涉及人民自由權利之限制或其他強制性之措施,例如,行政執行法之即時強制手段,則應符合法律保留原則之要求,亦應注意比例原則之限制。

㈡救濟途徑

事實行為,原則上係行政機關以發生事實效果為主要目的之行政行為,其救濟途徑應依據個別事實行為之性質及其法令依據,分別論斷。

試舉實務見解如下:

1.行政救濟

例如,都市計畫法第 23 條規定,都市計畫之細部計畫核定發布實施後,應於 1 年內,豎立樁誌、計算座標、辦理地籍分割測量等事項。該等事項,係依據法令之事實行為。內政部基於上述規定,乃於【68/05/04】修正發布都市計畫樁測定及管理辦法,依該辦法第 6 條及第 8 條之規定,土地權利關係人如認為樁位測定錯誤時,雖得申請複測及再複測,但第 8 條後段則有「經上級政府再行複測決定者,不得再提異議」之規定。行政法院 77 裁 86,依文義解釋認所謂不得再提異議,含有不得訴願及提起行政訴訟之意。

就此部分而言,釋字第 273 號解釋謂:「足使人民依訴願法及行政訴訟法提起行政救濟之權利受其限制。按因樁位測定錯誤,致特定土地權利關係人之權益遭受侵害時,雖上述辦法已有複測及再複測之救濟途徑,然其限制人民訴願及行政訴訟之權部分,則與憲法保障人民權利之意旨不符,應不予適用。」

此外,人民請求政府針對巷道施作道路銜接新闢道路,為公法上之事

實行為，政府以函文覆知因土地所有權人聲明異議而無法辦理等語，僅屬意思通知性質，並非行政處分，人民如不服，應依行政訴訟法第 8 條第 1 項規定提起一般給付訴訟請求救濟。至於，人民對系爭函文提起訴願，訴願決定不予受理，並無不合（最高行政法院 100 判 433）。

　　再者，地政事務所在土地登記簿標示部其他登記事項欄註記：「本土地涉及違法地目變更，土地使用管制仍應受原『田』地目之限制」，法律並未規定發生如何之法律效果。該註記既未對外直接發生法律效果，自非行政處分。地政事務所拒絕土地所有權人註銷系爭註記之要求，係拒絕作成事實行為之要求，該拒絕行為亦非行政處分。因此，系爭註記事實上影響其所在土地所有權之圓滿狀態，侵害土地所有權人之所有權，土地所有權人認系爭註記違法者，得向行政法院提起一般給付訴訟，請求排除侵害行為即除去系爭註記，回復未為系爭註記之狀態（最高行政法院 99 年 3 月份第 1 次庭長法官聯席會議決議；103 判 54）。但是，仍應注意是否發生法律效果，例如，國家為達成某種政策目的，於必要時由主管機關囑託登記機關於相關土地之登記簿標示部上註記一定資訊，如該註記僅為資訊之揭露，未對外直接發生法律效果，而對人民之自由或權利未形成限制時，應為行政權得行使之範圍，在公益與私益之平衡下，如與比例原則無違，登記機關受行政機關之囑託為註記，縱無法律或授權之法規命令為依據，應難認屬違法。就此，土地登記上之註記，係指在標示部所有權部或他項權利部其他登記事項欄內註記資料之登記，非屬土地法第 37 條第 1 項所指之「土地登記」，並不生不動產取得、設定、喪失及變更之效力。惟若註記仍足以對外發生一定之法律效果，即難謂非行政處分，至於，登記機關於土地登記簿上所為之註記，究為行政處分或為事實行為，端視作成註記之原因事實是否足以使註記發生法律效果而定。針對屬事實行為之註記受有損害之土地所有權人，提起一般給付訴訟請求登記機關排除其侵害行為，該除去該註記之請求是否有理由，仍須視登記機關所為之註記是否違法，及請求排除者是否因違法註記受有損害，以為決定（107 判 74；107 判 28）。

2.國家賠償

例如，稅捐機關以人民欠稅為由，移送行政執行處強制執行，因稅務人員異動緣故，未於人民納稅後馬上撤回執行，致行政執行處對人民及所屬公司核發扣薪命令。縱然稅捐機關於公司實際扣押人民薪資前，已具文向行政執行處撤回執行，該處亦立即撤銷扣薪命令，而該公司事實上並未扣押人民之薪資，惟查封薪水之強制執行行為，客觀上即足使被查封人被指為債信不良，其原所建立之聲望必有減損，信譽勢必因此低落，甚而使人民受公司質疑其信用不良，亦不因稅捐機關事後撤回而得以回復。

因此，在本案中，人民得適用國家賠償法、民法第 184 條第 1 項前段與第 195 條第 1 項之規定，就其名譽權因行政執行行為所受損害，請求非財產上之損害賠償。❹

貳、行政指導

關於行政指導，❺本法於第 6 章「行政指導」（第 165 條至第 167 條規定）規定，分析如下：

一、意　義

本法所稱行政指導，依第 165 條規定，謂行政機關在其職權或所掌事務範圍內，為實現一定之行政目的，以輔導、協助、勸告、建議或其他不具法律上強制力之方法，促請特定人為一定作為或不作為之行為。分析如下：

㈠主　體

行政指導之主體，係行政機關。行政指導規定之事項，法院並不受其拘束（最高行政法院 100 裁 1991）。

是否運用行政指導之行為，屬行政機關之決定權。例如，對於鮮乳市

---

❹　黃俊杰，〈納稅者權利與國家賠償〉，《稅務旬刊》，第 1932 期，第 31 頁以下。
❺　《行政程序法之研究》，臺灣大學法律研究所，1990，第 171 頁以下。

場有相當市場占有率之數家食品公司，共同調高售價，排除彼此間之價格競爭，此等聯合調漲鮮乳價格，已足以影響國內乳品供需之市場功能，因違反公平交易法聯合行為之禁制規定事證明確，且本法並未規定行政機關就具體個案須先為行政指導、行業導正或警示，故行政機關可視具體個案，考慮法律之目的及個案之具體狀況，彈性應變作適當決定，就多種行政作為方式中擇一行為，以達最有效執法之目的並實現個案正義（103 判 294）。

　　因此，行政指導具有任意性、單方性、主動性、優越性與社會性之特色。

㈡事　項

　　行政指導之事項，應限制在行政機關之職權或其所掌事務之範圍內。例如，因人民陳情巷道遭地主（甲公司）以鐵欄桿封閉巷道，擺放花盆、貨櫃及停放貨車予以占用，影響當地居民進出，市政府工務局本於職權會同相關單位與人員至現場會勘，並檢送各該會議紀錄予甲公司表示意見，其會勘結論內容僅係勸誡及促請甲公司自行移除路障，停止違法行為，並告以相關之法律規定，未具體發生任何法律上規制效力，其性質應屬行政指導，而非行政處分（最高行政法院 102 裁 111）。

　　至於，若行政機關行政指導之事項，已逾越其職權或其所掌事務範圍以外者，則似欠缺合理之關聯性。

㈢方　法

　　行政指導之方法，係以輔導、協助、勸告、建議或其他不具法律上強制力之方法。

　　因此，行政指導屬事實行為之性質，其並未對外直接發生公法上之法律效果，自非行政處分。換言之，行政程序中之行政指導，對人民並不具法律上強制力，即便人民不遵該指導，並不影響人民之權利（最高行政法院 100 判 1723）。例如，臺北市營業場所查詢服務，係提供申請人查詢在該市境內營業場所之營業項目使用，是否符合都市計畫、建築管理法令規定之服務。臺北市政府受理公司登記時，倘其登記之營業項目含有該府協助查詢服務作業須知第 5 點所列項目者，由商業處主動查詢，並依其查詢

結果函知申請人，另於公司登記核准函中再次說明宣導。因此，A 公司設立登記核准函中之宣導，應屬臺北市政府為協助申請人瞭解設立登記之營業場所是否符合都市計畫及建築管理相關法令規定，以避免申請人實際營業後因違反法令而受罰，所為之輔導、協助、勸告及建議，核屬行政指導性質。經查，A 公司向臺北市政府申請公司設立登記，不同意該府「營業場所審查與查詢服務櫃檯」審查，經該櫃檯主動審查，臺北市政府都市發展局及建築管理工程處審查結果，均不符合相關法令規定，而建議另擇其他合法營業場所，業經府函給予宣導在案。系爭函說明：「貴公司擬於臺北市〇〇區從事營業項目……，經『營業場所審查與查詢服務櫃檯』主動審查，本府都市發展局審查結果為均不符合土地使用分區管制相關規定；建築管理工程處審查結果(1)不符合建築管理相關規定，同都市發展局意見辦理；(2)申請門牌含 B1 樓、1 樓層，請辦理分戶，為保障貴公司的權益，建議另擇其他合法營業場所……。」核其內容僅係針對 A 公司申請公司設立登記之營業場所，是否符合土地使用分區管制及建築管理等相關規定所為之宣導說明，係為協助 A 公司瞭解待營業之場所是否符合土地使用分區管制與建築管理相關法令，避免其實際營業後違法受罰，其性質應屬行政指導，並未對外直接發生法律效果，非屬行政處分（106 裁 1620）。

再者，私立學校向直轄市政府所屬教育局陳報該校校舍改建計畫，惟教育局函覆質疑其未來發展定位與財務狀況，並說明「……本案建請先行暫擱處理，倘未來貴校發展方向確定後，認為仍有興建觀光科學生實習工場之必要，則建議應就現有財務狀況，考量是否以目前校內基金，自行整修校舍或興建單純之學生實習場所，不引入外資，以平衡預算穩健之方式逐年改建校舍。」從文義上觀之，教育局係以建議方式，促請私立學校於日後確定發展定位後，就現有財務狀況，以不引進外資方式逐年改建校舍，且未附有救濟期間之教示，性質尚與行政處分要件有間，該函應屬行政指導（100 判 1741）。

㈣目　的

1.特　定

行政指導之目的，應屬特定，即為實現一定之行政目的，而採取之行政行為。

2.具　體

行政指導之目的，應有具體之內容，即促請特定人為一定作為或不作為。所謂「特定人」，其相對人並不以單數為限，行政機關基於同一目的對於多數人，亦得實施行政指導。

二、限　制

關於行政指導之限制，依第 166 條規定，分析如下：

㈠目　的

行政機關為行政指導時，本條第 1 項規定，應注意有關法規規定之目的，不得濫用。

由於行政指導係事實行為，故原則上似不須作用法之授權，但仍應遵守法律優越原則，不得逾越相關法規之規定。

基於行政程序之目的與人民權益之維護，行政機關對於相對人之陳述意見，似應予答覆，若認為有理由者，應即更正。

㈡拒絕指導

相對人明確拒絕指導時，本條第 2 項規定，行政機關應即停止，並不得據此對相對人為不利之處置。例如，行政院公共工程委員會基於職權或所掌事務範圍內，促請採購機關辦理相關業務時，應注意投標者之競爭公平性及避免造成對採購程序之疑慮所為一般性單純事實行為及行政指導，採購機關亦可拒絕行政院公共工程委員會之行政指導（最高行政法院 100 判 1305）。

行政指導應於相對人同意或協助下進行，故應容許相對人陳述意見之機會，若其已表明不服從之態度時，即應停止。並且，對該事項如須採取行政處分或其他公權力行為時，則不得導致相對人遭受更不利益之措施。

三、內容與方式

㈠內　容

　　行政機關對相對人為行政指導時，本條第 1 項規定，應明示行政指導之目的、內容、及負責指導者等事項。為求行政指導之公正、妥當，且令當事人得事先知曉行政指導之內容，故所謂「明示」，似指讓相對人得直接明瞭行政指導之方式。例如，行政機關辦理眷村改建事宜，因原眷戶所提意願書及認證書內容有需補正事項，故以公告方式請原眷戶配合辦理（最高行政法院 98 裁判 3037）。

㈡方　式

1.明示之方式

　　由於，行政指導應明示其目的、內容、及負責指導者等事項。此項明示，本條第 2 項規定，得以書面、言詞或其他方式為之。

2.文書交付之方式

　　如行政指導相對人請求交付文書時，除行政上有特別困難外，應以書面為之。

參、陳　情

　　關於陳情，本法於第 7 章「陳情」（第 168 條至第 173 條規定）規定，分析如下：

一、意　義

　　陳情之意義，依本法第 168 條規定：「人民對於行政興革之建議、行政法令之查詢、行政違失之舉發或行政上權益之維護，得向主管機關陳情。」分析如下：

㈠主　體

　　陳情之主體，係人民主動行使，決定陳情與否之權利歸屬人民。

所謂「人民」之概念，除法令有特別規定外，似並無限制之必要。

㈡內　　容

陳情之內容，係針對「行政興革之建議、行政法令之查詢、行政違失之舉發或行政上權益之維護」，因均附加「行政」，故有稱為行政陳情。❻本條係基於從寬原則，將行政事務皆列入陳情之可能範圍，即人民對於行政事項，於主觀上有不滿、請求或意見時，均可提出陳情（最高行政法院 104 裁 1455；106 裁 1940）。

此外，若法令僅規定行政機關之職權行使，並未賦予人民有公法上請求行政機關為行政處分或應為特定內容行政處分之權利者，則人民之請求，係促使行政機關發動職權，為建議、舉發的陳情性質，此時受理陳情機關之函復，僅屬行政機關就該陳情事件所為單純事實敘述與理由之說明，並不因該項敘述或說明而生法律效果，故並非行政處分，人民對之即不得提起課予義務訴訟（103 裁 747；107 裁 668）。

事實上，陳情之內容，在本法之價值，係由人民主動促使行政程序之進行（第 171 條與第 172 條等規定）。因此，稱其為行政陳情，係基於行政程序法之立場。

不過，若將本條之「行政」，解釋為國家整體之概念，則似亦無損及本法之價值。

㈢對　　象

陳情之對象，係「主管機關」。若將本法之陳情，限制為行政陳情，則較容易偏向理解為行政機關。

不過，本法第 171 條與第 172 條之受理機關或其他機關，似無侷限行政機關之必要。

二、方式與更正

陳情之方式，依本法第 169 條之規定，並不限制書面或言詞，係由陳情人自主決定，其得以書面或言詞為之。

---

❻　呂丁旺，《論人民陳情權》，中正大學法學碩士論文，2004，第 5 頁以下。

陳情若採取言詞之方式，則受理機關應作成紀錄，並向陳情人朗讀或使閱覽後命其簽名或蓋章。

至於，陳情人對紀錄有異議者，受理機關應更正之。

三、處理程序

㈠處理依據

關於陳情之處理程序，本法第 170 條第 1 項規定，行政機關對人民之陳情，應訂定作業規定。所謂「作業規定」，即本法關於陳情之處理，要求行政機關應有一定之規範依據，故各機關均有訂定作業規定之法定職責。

至於，關於作業規定之規範層級與密度，本法並無特別之限制規定。因此，將陳情之處理依據，提升至法律或法規命令之規範層級，亦無禁止之必要。例如，中華民國總統府組織法第 8 條第 4 款規定：「公共事務室掌理下列事項：……四、關於民眾陳情之處理事項。」

㈡處理原則

1.法定職責

⑴原　則

行政機關對於人民之陳情，依本法第 170 條第 1 項規定，應指派人員迅速、確實處理之。此項規定之性質，係強調各機關處理陳情之法定職責。

事實上，為處理陳情而指派之人員，宜由專人負責，較能加強處理之效率，有效解決人民之問題，進而確保人民對行政之信賴，並落實陳情制度之功能。

例如，公害糾紛處理法第 48 條規定：「行政院環境保護署、直轄市及縣（市）政府應置專責人員，執行左列各款事務：⑴處理公害陳情；⑵為處理公害陳情所必要之調查、指導及建議；⑶指導陳情人依本法程序申請調處或裁決。鄉（鎮、市、區）公所，得視需要置專責人員，處理前項各款事務。」此外，監察院組織法第 12 條規定，監察院置陳情受理中心主任一人職務列簡任第 10 職等至第 11 職等。

⑵例　外

雖然，行政機關對於人民陳情之處理，係其法定職責。惟依本法第173 條規定，針對人民之陳情案，得不予處理之情形，包括：⑴無具體之內容或未具真實姓名或住址；⑵同一事由，經予適當處理，並已明確答覆後，而仍一再陳情；⑶非主管陳情內容之機關，接獲陳情人以同一事由分向各機關陳情。

例如，聲請人向相對人交通部陳請補發文件，交通部函覆確無該文件，並考量聲請人多次申請，爾後同一事件，將依本法第 173 條第 2 款不予回復（最高行政法院 103 裁 358；100 裁 1736）。

雖然，具備前述情形之一者，原則上，行政機關得不予處理，惟亦得以其無理由，依本法第 171 條第 1 項規定，通知陳情人，並說明其意旨。

至於，本法第 168 條規定，並未賦予人民有請求主管機關就其陳情事項為一定作為或准駁之義務，此觀諸第 171 條第 1 項規定即明。主管機關就人民之陳情意旨有所回覆時，對於陳情人民之權利義務或法律上利益並未發生損害，非屬行政處分；若行政機關未就人民陳情事項予以答復，並非應作為而不作為之行政處分（102 裁 530）。

2. 法律效果

至於，未依陳情規範依據之法律效果，本法並無特別之規定，而係依相關規定辦理。

例如，陸海空軍刑法第 46 條規定：「長官以強暴、脅迫、恐嚇、利誘或其他不正方法阻撓部屬請願、訴願、訴訟、陳情或申訴者，處 3 年以下有期徒刑、拘役或新臺幣 30 萬元以下罰金。有審查或轉呈之職責而犯前項之罪者，亦同。」其中，關於「阻撓部屬請願、陳情或申訴」之部分，則係採取刑事處罰。

3. 保密義務

人民之陳情有保密必要者，依本法第 170 條第 2 項規定，受理機關處理時，應不予公開。

(三)處理方式

1.適當措施

由於得陳情之範圍十分廣泛，且陳情之內容亦屬多樣化，故行政機關對於人民陳情之處理方式，自無法完全相同。

受理機關，應先分析陳情之內容是否已明確，若認為陳情之重要內容不明確或有疑義者，本法第 171 條第 2 項規定，得通知陳情人補陳之。

其次，若認為陳情之重要內容明確且無疑義時，本法第 171 條第 1 項規定，當受理機關認為人民之陳情有理由者，則應採取適當之措施。至於，所謂「適當之措施」，應依個案判斷。

例如，內政部土地徵收審議小組為審查區段徵收案之開發範圍、公益性及必要性評估報告事宜，辦理現場勘查及聽取地方政府簡報、相關陳情人陳述意見，作成初步建議意見，請地方政府依建議意見，補充相關資料並配合修改評估報告。嗣後，「反對區段徵收自救會」數次提出陳情書，就區段徵收案事項陳情，故內政部土地徵收審議小組召開會議以瞭解及廣納民意，並通知自救會列席陳述意見，且於會議決議：「本案原則同意辦理，惟請地方政府就下列事項補充並修正區段徵收可行性暨公益性及必要性評估報告報部審認後，再予核准……。」（最高行政法院 107 裁 668）。

不過，當受理機關認為無理由者，亦應通知陳情人，並說明其意旨。而無理由之情形，兼含程序與實體方面之因素，例如，陳情案間欠缺具體內容，或同一事由，經予適當處理，而仍一再陳情等。

2.移送與告知

陳情之事項，應由何機關處理，陳情人未必知悉，當發生錯誤時，本法第 172 條規定，人民之陳情應向其他機關為之者，受理機關應告知陳情人，促其另行提出陳情。但是，受理機關認為適當時，亦應即移送其他機關處理，並通知陳情人，以達便民之功效。

此外，陳情之事項，依法有其他正式之救濟方法，例如，得提起訴願、訴訟或請求國家賠償者，受理機關亦應告知陳情人，以避免延誤或錯失救濟機會。❼

　　例如，依陳情之事實，係涉及復審案件，故受理並為復審程序之處理（最高行政法院 94 判 648）。

四、請　願

　　請願法【58/12/18】第 1 條規定：「人民請願，依本法之規定。」係落實憲法第 16 條保障人民請願權之具體內容。

　　事實上，行政程序法之「陳情」，亦具有類似請願之功能。例如，行政法院（59 判 580 判例）指出：「若官署基於政策所為一般性之措施，其對象既非特定之個人，自非訴願法規定所稱之處分。人民如有意見陳述，應依請願法之規定或一般陳情之方式，表示其願望，要難依行政救濟程序謀求解決。」

㈠內　容

　　請願，係對國家政策、公共利害或其權益之維護。

　　因此，人民對國家政策或法令若有不滿，應循請願法之規定，表示其願望，而不得循訴願及行政訴訟程序，請求救濟。例如，最高行政法院（102 裁 1263）指出，甲向行政院衛生署提出請願書，其內容係以「洗腎醫療服務品質提升計畫」違反法律保留原則，陳請衛生署宣布系爭計畫無效，僅係意見表達之陳情事項，與人民依據法令之規定，有向機關請求就某一特定具體之事件，為一定處分之權利者不同，非屬行政訴訟法第 5 條第 1 項所規範依法申請之案件。觀諸系爭函文函復意旨，僅係衛生署就甲陳情事項予以函復說明，其性質係屬單純事實通知或理由之說明，並非對甲有所處分，亦不因此發生具體法律效果或造成其權利或利益之損害，非屬行政處分。❽

㈡限　制

　　請願事項，不得牴觸憲法或干預審判。

---

❼　《行政程序法之研究》，臺灣大學法律研究所，1990，第 176 頁謂：「此際，受理機關是否續為陳情之處理，宜由其自由判斷。」

❽　並參，行政法院 50 判 42 判例；58 判 252 判例。

依法應提起訴訟或訴願之事項，不得請願（行政法院 54 判 44 判例）。至於，人民不滿行政區域之變更，應依請願法之規定，表示其願望，不得依訴願及行政訴訟程序，請求救濟（60 裁 233 判例）。

人民請願時，不得有聚眾脅迫、妨害秩序、妨害公務或其他不法情事；違者，除依法制止或處罰外，受理請願機關得不受理其請願。

㈢對　象

請願，係向職權所屬之民意機關或主管行政機關。地方民意機關代表人民向有關民意機關請願時，則準用本法之規定。

例如，針對司法行政部所頒廢止「臺灣省司法書記管理辦法」，並非以特定人為對象，非訴願法上所謂行政處分。對該項措施，如有不服，應依請願途徑，以求解決，不得以行政爭訟程序而提起訴願（行政法院 59 判 294 判例）。❾

至於，行政法院係掌理全國行政訴訟審判事務之司法機關，自無從受理人民之請願（44 裁 24 判例；47 裁 32 判例；53 裁 80 判例）。

㈣方　式

請願，係應備具請願書，且載明一定事項，而集體請願因面遞請願書有所陳述時，則應推代表為之，其代表人數不得逾 10 人。

㈤處　理

請願，係應將其結果通知請願人，如請願事項非其職掌，應將所當投遞之機關通知請願人。

各機關處理請願案件時，得通知請願人或請願人所推代表前來，以備答詢。

受理請願機關或請願人所屬機關之首長，對於請願人不得有脅迫行為或因其請願而有所歧視。

---

❾　並參，行政法院 58 判 252 判例。

第十五章　行政程序

綱要導讀

壹、行政程序法與行政程序
一、行政程序法之立法目的
二、行政程序
  (一)定　義
    1.關於行政機關之行為
    2.關於行政行為之程序
    3.實體正義與程序正義兼備
  (二)案　例
  (三)不服之聲明
三、適用範圍
  (一)原　則
  (二)除外規定
    1.機　關
    2.事　項
  (三)施行前案例之適用
    1.否定案例
    2.肯定案例
貳、當事人
一、種　類
  (一)當事人之定義
    1.特定人
    2.依本法規定參加行政程序之人
  (二)參加為當事人
    1.條　件
    2.程　序
  (三)選定與指定當事人

1.當事人之選定與指定
2.方　式
3.效　力
4.更換或增減
二、能　力
  (一)當事人能力
    1.概　念
    2.類　型
  (二)行為能力
    1.概　念
    2.類　型
三、代理人與輔佐人
  (一)代理人
    1.代理人之委任
    2.代理權之授與與撤回
    3.效　力
  (二)輔佐人
    1.概　念
    2.方　式
    3.效　力
參、迴　避
一、自行迴避：公務員
二、申請迴避：當事人
  (一)事　由
  (二)處理程序
    1.當事人

2.公務員

3.機關之處置

三、命令迴避：所屬機關

肆、程序之開始

一、原則：職權進行

二、例　外

1.義務開始

2.申請開始

伍、調查事實及證據

一、方　式

㈠職權調查

㈡申請調查

二、程　序

㈠紀　錄

㈡陳述意見

㈢提供文書

㈣鑑定與勘驗

1.鑑　定

2.勘　驗

三、判斷事實之準則

陸、資訊公開

一、資訊公開法制

二、閱覽卷宗

㈠申請閱覽卷宗

㈡行政機關之處理

1.原　則

2.例　外

3.更正請求權

三、程序外接觸之禁止

㈠原　則

㈡公開紀錄

柒、期日與期間

一、期間之計算

㈠原　則

1.期間之起算

2.期間之末日

㈡例　外

二、提出申請與回復原狀

㈠法定期間之計算

1.掛號郵寄

2.其他方式

㈡回復原狀

1.事　由

2.限　制

三、處理期間

㈠訂定與公告

㈡期　間

1.決定之性質

2.補充之處理期間

3.期間之延長與通知

4.期間之停止進行

捌、費　用

一、費用之負擔

㈠原則：行政機關

㈡例外：當事人或利害關係人

二、費用之請求

玖、聽證程序

一、本節規定之性質

二、通知、公告與預備聽證

㈠通知與公告

1.時間與事項

2.預先公告

3.聽證期日或場所之變更

㈡預備聽證

  1.時　間

  2.辦理事項與紀錄

─三、聽證原則

㈠原　則

㈡例　外

  1.要　件

  2.處理程序

─四、參與聽證之人員

㈠聽證主持人

  1.產生方式

  2.行使職權

㈡協助人員

㈢當事人

  1.聽證當事人之權利

  2.聲明異議

─五、聽證之進行

㈠聽證之開始

㈡聽證紀錄

  1.紀錄義務

  2.法定記載事項

  3.異議之處理

㈢聽證之終結

  1.要　件

  2.處理程序

㈣再為聽證

拾、送　達

─一、送達原則

─二、送達機關

㈠自行送達

㈡郵政送達

㈢囑託送達

  1.外國或境外之送達：地點

  2.特定對象之送達：人員

─三、應受送達人

㈠本　人

㈡代理人

㈢無行為能力人

㈣代表人或管理人

㈤第三人

㈥不特定人

㈦送達代收人

─四、送達方式與送達處所

㈠直接送達

㈡補充送達

㈢留置送達

㈣寄存送達

㈤公示送達

  1.類　型

  2.文書處理

  3.效　力

─五、送達證書與送達時間

㈠送達證書

  1.已送達

  2.不能送達

㈡送達時間

本章主要係以行政程序法（以下簡稱「本法」）第 1 章「總則」第 3 節至第 11 節為討論範圍。

壹、行政程序法與行政程序

一、行政程序法之立法目的

本法第 1 條規定：「為使行政行為遵循公正、公開與民主之程序，確保依法行政之原則，以保障人民權益，提高行政效能，增進人民對行政之信賴，特制定本法。」

因此，本法之立法目的，包括：⑴使行政行為遵循公正、公開與民主之程序；⑵確保依法行政之原則；⑶保障人民權益，提高行政效能，增進人民對行政之信賴。

正當行政程序為具有憲法位階之法律原則，例如，釋字第 709 號解釋：「……都市更新條例【87/11/11】第 10 條第 1 項有關主管機關核准都市更新事業概要之程序規定，未設置適當組織以審議都市更新事業概要，且未確保利害關係人知悉相關資訊及適時陳述意見之機會，與憲法要求之正當行政程序不符。同條第 2 項（於【97/01/16】修正，同意比率部分相同）有關申請核准都市更新事業概要時應具備之同意比率之規定，不符憲法要求之正當行政程序。都市更新條例【92/01/29】第 19 條規定，並未要求主管機關應將該計畫相關資訊，對更新單元內申請人以外之其他土地及合法建築物所有權人分別為送達，且未規定由主管機關以公開方式舉辦聽證，使利害關係人得到場以言詞為意見之陳述及論辯後，斟酌全部聽證紀錄，說明採納及不採納之理由作成核定，連同已核定之都市更新事業計畫，分別送達更新單元內各土地及合法建築物所有權人、他項權利人、囑託限制登記機關及預告登記請求權人，亦不符憲法要求之正當行政程序。」

此外，針對獎勵土地所有權人辦理市地重劃辦法第 8 條第 1 項發起人申請核定成立籌備會之要件，未就發起人於擬辦重劃範圍內所有土地面積

之總和應占擬辦重劃範圍內土地總面積比率為規定；於以土地所有權人 7 人以上為發起人時，復未就該人數與所有擬辦重劃範圍內土地所有權人總數之比率為規定，與憲法要求之正當行政程序不符。同辦法第 9 條第 3 款、第 20 條第 1 項規定由籌備會申請核定擬辦重劃範圍，以及同辦法第 9 條第 6 款、第 26 條第 1 項規定由籌備會為重劃計畫書之申請核定及公告，並通知土地所有權人等，均屬重劃會之職權，卻交由籌備會為之，與平均地權條例第 58 條第 1 項規定意旨不符，且超出同條第 2 項規定之授權目的與範圍，違反法律保留原則。同辦法關於主管機關核定擬辦重劃範圍之程序，未要求主管機關應設置適當組織為審議、於核定前予利害關係人陳述意見之機會，以及分別送達核定處分於重劃範圍內申請人以外之其他土地所有權人；同辦法關於主管機關核准實施重劃計畫之程序，未要求主管機關應設置適當組織為審議、將重劃計畫相關資訊分別送達重劃範圍內申請人以外之其他土地所有權人，及以公開方式舉辦聽證，使利害關係人得到場以言詞為意見之陳述及論辯後，斟酌全部聽證紀錄，說明採納及不採納之理由作成核定，連同已核准之市地重劃計畫，分別送達重劃範圍內各土地所有權人及他項權利人等，均不符憲法要求之正當行政程序（釋字第 739 號解釋）。

二、行政程序

㈠定　義

　　本法第 2 條第 1 項規定：「本法所稱行政程序，係指行政機關作成行政處分、締結行政契約、訂定法規命令與行政規則、確定行政計畫、實施行政指導及處理陳情等行為之程序。」分析如下：

1.關於行政機關之行為

　　行政機關之行為，即行政行為，包括：(1)法定（典型、形式化）行政行為：以行政處分、行政契約、法規命令與行政規則、行政計畫、行政指導及陳情為例示規定；(2)非法定（未形式化）行政行為：以「等」為概括規定，預留行政行為未來發展之容許性。

本法關於法定之各類行政行為，除行政契約以外，本法第 92 條、第 150 條、第 159 條、第 163 條、第 165 條與第 168 條，分別對行政處分、法規命令與行政規則、行政計畫、行政指導及陳情加以定義。

因此，本法具有行政實體法（作用法）法典化之性質。

2.關於行政行為之程序

行政程序，係指行政機關下列行政行為之程序，包括行政處分之作成程序、行政契約之締結程序、法規命令與行政規則之訂定程序、行政計畫之確定程序、行政指導之實施程序及陳情之處理程序等。

因此，本法亦具有行政程序法法典化之性質，並以事前程序為主要規範對象。

3.實體正義與程序正義兼備

本法之內容或對規範層級之要求，應係兼備實體正義與程序正義之實現，並以憲法維護人民權利之意旨，作為其核心要素。釋字第 520 號解釋強調：「基於法治國原則，縱令實質正當亦不可取代程序合法。」

蓋基於保障人民權利之考量，法律規定之實體內容不得違背憲法，其為實施實體內容之程序及提供適時之司法救濟途徑，亦應有合理規定，方符憲法維護人民權利之意旨；而法律授權行政機關訂定之命令，為適當執行法律之規定，尤須對採取影響人民權利之行政措施時，其應遵行之程序作必要之規範（釋字第 488 號解釋）。

㈡案　例

關於訴訟中所為法律上意見之陳述，最高行政法院（93 判 1023）指出，並非本法規範之範疇，故上訴人主張違背本法，不得溯及既往云云，殊無足採。

此外，訴訟程序中言詞辯論期日之訂定，最高行政法院（92 判 1225）指出，顯非行政程序，而無本法之適用。

㈢不服之聲明

當事人或利害關係人，在行政機關於作成終局之實體決定前，不服行政機關於行政程序中所為之決定或處置，本法第 8 章「附則」第 174 條規

定，原則上僅得於對實體決定聲明不服時一併聲明之。蓋為避免行政程序因程序行為之爭訟而延誤，或因程序行為及本案決定併行二救濟程序，致發生不能調和之歧異（最高行政法院 100 裁 1562）。

　　行政機關於作成完全及終局之決定前，為推動行政程序之進行，所為之指示或要求，學理上稱之為「準備行為」，準備行為未設定有拘束力之法律效果者，因欠缺規制之性質，並非行政處分；如具有規制之性質，亦因其並非完全、終局之規制，為程序經濟計，不得對其單獨進行行政爭訟，而應與其後之終局決定，一併聲明不服。本法第 174 條前段規定，即是本於此意旨而訂定（94 裁 150；97 裁 4559）。

　　所謂「行政程序中所為之決定或處置」，係指行政機關在實施行政程序之過程中以達成實體裁決為目的之相關行為或措施而言。例如：(1)當事人或利害關係人提出依本法第 46 條規定申請閱覽卷宗請求，遭行政機關拒絕時（94 裁 448）；(2)主張有不應歸責於申請人之事由，申請回復原狀者，應同時補行期間內之行政行為，而行政機關以無回復原狀要件之合致，作成逾法定不變期間提出申請效果之決定時，受此不利益決定之當事人倘以其確有申請回復原狀之事由而不服時（107 判 347）；(3)行政程序中，公務員有本法第 32 條所定各款之情形而不自行迴避，或有其他具體事實足認其執行職務有偏頗之虞者，當事人得依第 33 條第 1 項規定申請迴避，當事人如不服行政機關駁回其申請迴避之決定，依第 33 條第 3 項規定，得於 5 日內提請上級機關覆決，惟當事人若對該最終決定仍不服時（100 裁 1562）等，均僅得依本法第 174 條規定，於對實體決定聲明不服時一併聲明之。

　　但是，行政機關之決定或處置得強制執行或本法或其他法規另有規定者，不在此限。例如，車輛拖吊保管之行政執行程序（94 裁 652）。

三、適用範圍

(一)原　則

　　本法第 3 條第 1 項規定：「行政機關為行政行為時，除法律另有規定外，應依本法規定為之。」

　　所謂「法律另有規定」，為實踐本法之立法目的，似應以其他法律有較本法更嚴謹之程序規定為限，而非當然直接適用其他法律之規定。❶惟實務見解謂，本法就相關行政程序事項雖設有規定，於其他法律有特別之規定時，依特別法優於普通法原則，自應從其規定。例如，本法第 32 條及第 33 條之迴避規定，因著作權集體管理團體條例之特別規定，該法律設計制度之原意，即將利益衝突或預設立場之成員，安排在著作權審議及調解委員會內，為權利人及利用人各別主張其利益，故法律明確規定權利人及利用人各推派代表為該會委員供經濟部智慧財產局諮詢意見，瞭解著作利用市場之情況，以利後續智慧財產局決定之處理（107 判 184）。

㈡除外規定

1.機　關

　　本法第 3 條第 2 項規定，不適用本法之程序規定，包括下列機關之行政行為：⑴各級民意機關；⑵司法機關；❷⑶監察機關。❸此 3 種機關，應屬列舉規定之性質。

　　本項機關除外之規定，僅限不適用本法之「程序」規定，蓋該等機關本身已有法律規定，例如，監察法、立法院職權行使法等，且亦得自訂程序之相關規定；然而，若該等機關無程序機制之相關規定，從人民程序保障之觀點而言，似不應當然排除適用本法之程序規定。

　　至於，該機關所為之行政行為，仍應適用本法之「實體」規定，蓋彼等機關既然作成行政行為，則屬實質意義行政之範圍內。❹

---

❶　湯德宗，〈行政程序法〉，翁岳生編《行政法》，2000，第 880 頁謂：「其他法律之程序規定是否較本法嚴格，應從嚴個別認定。」

❷　司法機關之行政行為，既不適用本法之程序規定，則司法機關之審判行為，更不適用該法之程序規定（最高行政法院 94 裁 17）；公務員懲戒委員會依公務員懲戒法規定，對違法失職之公務員，所為之懲戒處分，乃國家對公務員懲戒權之行使，屬司法機關所為司法權之行使，並非行政機關所為之行政處分，要無適用本法之餘地（公懲會 100 再審 1756）。

❸　最高行政法院（93 裁 995）指出：「監察機關與行政機關之性質有別，故監察機關之行政行為不適用本法之程序規定。」

2.事 項

本法第 3 條第 3 項規定「下列事項，不適用本法之程序規定」。所謂「事項」，係作用或行為之概念；事項除外之理由，係因該行為之本質，具有政治性、特殊性、迅速性、隱密性等，或與本法之立法目的無法相容。

此種例外不適用本法之事項，應屬列舉規定之性質，且應限制在符合立法目的之必要範圍內，包括：

　⑴有關外交行為、軍事行為或國家安全保障事項之行為；

　⑵外國人出、入境、難民認定及國籍變更之行為；❺

　⑶刑事案件犯罪偵查程序；

　⑷犯罪矯正機關或其他收容處所為達成收容目的所為之行為；❻

　⑸有關私權爭執之行政裁決程序；

　⑹學校或其他教育機構為達成教育目的之內部程序；

　⑺對公務員所為之人事行政行為；❼

---

❹　最高行政法院 92 判 1021；法務部【91/04/01】法律字第 910010998 號函釋。

❺　最高行政法院（107 判 366）指出，有關外國人入境之行政行為，除優先適用規範其個別事項之法律外，仍適用本法之實體規定。由於入境涉及國家主權之行使，外國人雖未享有憲法第 10 條人民享有居住遷徙自由所保障之入境基本權利，但仍無妨立法者基於國家政治社會經濟狀況，在合乎一般國際文明標準之原則下，以法律規定外國人入境之條件，移民法第 18 條第 1 項既規定「外國人有下列情形之一者，入出國及移民署得禁止其入國」，即賦予外國人經由主管機關在符合一定要件下，裁量後始得不許其入境之權利，惟此裁量仍應受本法所規定一般法律原則（如平等原則、比例原則）之拘束。

❻　最高行政法院（93 判 755）指出，所稱「犯罪矯正機關」，為監獄及少年矯正學校；「其他收容處所」，則指保安處分執行處所、煙毒勒戒所、少年輔育院等處所；其中，法務部矯正署所屬監獄，於受刑人入監後，關於其刑罰權之刑事執行，係依行刑累進處遇條例規定辦理（106 裁 1908）。

❼　最高行政法院（107 判 338）指出，本法第 3 條第 3 項第 7 款所謂「對公務員所為之人事行政行為不適用本法之程序規定」，係指不構成得提起行政爭訟之行政處分之人事行政行為。對公務員所為之人事行政行為，如屬行政處分，既得對之提起訴願（或相類似之復審程序）及行政訴訟以求救濟，則作成此行政

⑻考試院有關考選命題及評分之行為。❽

前述事項，須依個案判斷其排除適用之必要性，且僅限不適用本法之「程序」規定。彼等事項本身經常已有法律規定，例如，刑事訴訟法、監獄行刑法、典試法等，或基於特殊性，根本無法事先按既定程序規範進行。

惟彼等事項，若屬本法行政行為之類型，則不排除適用本法「實體」規定之可能。

㈢施行前案例之適用

本法係自【90/01/01】施行（第 175 條），故其施行前之案例是否適用本法，則有待實務見解之歸納：

1.否定案例

例如，最高行政法院（92 判 197）指出，本件被上訴人核定上訴人退休金之行政處分係於上訴人【78/06/01】退休前完成，當時並未適用本法之程序規定。從而，原審法院未依據本法第 6 條規定審核被上訴人拒絕上訴人請求補發退休金，尚不構成不適用法律或理由不備之違法。

2.肯定案例

本法雖於【90/01/01】施行，惟行政行為須符合信賴保護原則，早為學界及實務所肯認，上揭本法之有關規定，係此原則之明文化，故行為時本法雖未施行，仍得予以參酌適用（高雄高等行政法院 92 訴更 2）。

換言之，本法施行前之法理，經本法予以明文者，於施行前之事件，仍可本於法理辦理。例如，行政機關與人民訂定行政契約，於本法施行前即已為行政機關所採行，法亦無禁止規定，應屬法理所許，是行政機關於

處分時，自應適用本法之程序規定（99 判 218）；至於，本件原處分係將警員降調，為限制其服公職權利之行政處分，自應本法第 102 條之規定。

❽ 最高行政法院（93 判 1190）指出，從「行政保留」的觀點來看，行政機關基於其專業之認知及能力，亦有司法權所不應審查之領域，此謂之不確定法律概念之「判斷餘地」，例如考試成績之評定，多係涉及學術與知識能力之評價，其屬不確定法律概念之部分，乃是「學術之公準」，考試成績之評定乃是「公準」符合之程度之判斷；但考試成績之評定的同時，也是行政裁量的決定，故行政法院應先予以尊重（釋字第 319 號解釋），且排除本法第 3 條之適用。

本法施行前，應可訂定行政契約（最高行政法院 94 判 35）。❾

貳、當事人

一、種　類

㈠當事人之定義

本法第 20 條規定，將本法所稱之當事人，加以定義性界定其範圍。可區分為兩種類型：

1.特定人

特定人，係指啟動行政程序者或其相對人與行政行為之相對人，包括：

⑴申請人及申請之相對人；

⑵行政機關所為行政處分之相對人；

⑶與行政機關締結行政契約之相對人；

⑷行政機關實施行政指導之相對人；

⑸對行政機關陳情之人。

2.依本法規定參加行政程序之人

本條第 6 款規定，「其他依本法規定參加行政程序之人」，為本法所稱之當事人。所謂「其他之人」，係指同條第 1 款至第 5 款規定特定人以外之人。

所謂「依本法規定參加行政程序之人」，應限制依本法規定「已」參加行政程序之人，故並不包括依本法規定「得」參加而尚「未」參加行政程序者。❿

例如，依土壤及地下水污染整治法規定，主管機關是否命採取應變必

---

❾　最高行政法院（92 判 1684）亦謂：「本件行政處分作成時，本法揭示之前開原則，亦為本件行為時應遵守之原則。」

❿　湯德宗，《行政程序法》，第 888 頁以下，似將「參加」之概念，擴大涵蓋行政程序之參與者。

要措施，及命何人採取如何之應變必要措施，有裁量權限。因此，命採取應變必要措施處分之規制效力僅及於受處分人，至非處分相對人縱係控制場址之土地所有人，亦不受採取應變必要措施處分之拘束。本案原處分對象係課甲公司改善污染之作為義務，其規制效力，並不及於 A 土地所有權人，A 不因原處分而負有上開作為義務，自不可能致其權利或法律上利益遭受損害，其非本法第 20 條第 1 款至第 6 款規定之當事人，故主管機關縱於勘驗時未通知 A 到場，並未違反本法第 42 條規定（最高行政法院 105 判 510）。

㈡參加為當事人

1.條　件

有參加為當事人之資格或條件，本法第 23 條規定，係「因程序之進行將影響第三人之權利或法律上利益者」。

因此，若無權利或法律上利益受影響之可能，則不具備參加為當事人之資格。該第三人，係第 20 條規定當事人以外者，其係取得「得」參加為當事人之資格。

2.程　序

參加為當事人之程序，係行政機關「得」依職權或依申請，通知其參加為當事人。從文字觀察，似基於行政機關之裁量權，惟若重視人民權益之維護，似「應」通知參加。❶

從第三人（權利或法律上利益因程序之進行而受影響者）之立場，可區分為主動參加與被動參加。

主動參加，係第三人依申請參加，惟似仍待行政機關通知其參加才為當事人，若行政機關拒絕，得進行課予義務之行政救濟程序。

被動參加，則係行政機關依職權通知參加。例如，區域計畫委員會審查程序進行中，基於本條規定依職權邀請當地鄉鎮公所代表、里鄉長及私有土地地主參與會議，給予陳述意見之機會（最高行政法院 100 判 2248）。

---

❶　陳敏，《行政法總論》，2004，第 752 頁主張，實際上因裁量縮減而「應」通知參加。

㈢選定與指定當事人

1.當事人之選定與指定

⑴自由選定

當事人之自由（主動）選定條件，依本法第 27 條第 1 項規定，包括：⑴存在有多數共同利益當事人之事實；⑵未共同委任代理人者。

選定當事人之限制，係人數之上下限制，為從多數共同利益當事人中選定 1 人至 5 人。

選定當事人之目的，係為全體為行政程序行為。

⑵命令選定與指定

若存在有多數共同利益當事人之事實，未共同委任代理人且未主動選定當事人者，本法第 27 條第 2 項規定，若行政機關認為彼等情形係有礙行政程序之正常進行者，得定相當期限命其選定。

行政機關命令選定後，逾期仍未選定當事人者，則行政機關得依職權直接指定之。

本項命令選定與指定之人數，似仍以 1 人至 5 人為限制。

2.方　式

當事人之選定、更換或增減，係要示行為，本法第 30 條規定，非以書面通知行政機關不生效力。

而行政機關指定、更換或增減當事人者，非以書面通知全體有共同利益之當事人，亦不生效力。但是，通知顯有困難者，得以公告代之。

3.效　力

⑴辭退之限制

經選定或指定為當事人者，本法第 27 條第 3 項規定，非有正當理由不得辭退。

所謂「選定」，應包括自由選定與命令選定。至於，正當理由是否存在，似應由選定或指定者決定之，蓋辭退者本身亦為當事人，且更為全體當事人為行政程序行為。

(2)行政程序之脫離

由於，經選定或指定當事人者，僅得由該當事人為行政程序行為，故本法第 27 條第 4 項規定，其他當事人脫離行政程序。

但是，關於申請之撤回、權利之拋棄或義務之負擔，非經全體有共同利益之人同意，不得為之。

(3)單獨為行政程序行為

選定或指定當事人之人數限制，係 1 人至 5 人，故當選定或指定當事人有 2 人以上時，本法第 28 條規定，均得單獨為全體為行政程序行為。

換言之，被選定或指定之當事人，其職權之行使，係單獨為之，而其行政程序行為之法律效果，則歸屬全體當事人。

4.更換或增減

多數有共同利益之當事人於選定或經指定當事人後，本法第 29 條規定，仍得更換或增減之。故經行政機關指定之當事人，其他當事人亦有更換或增減之自主權。

行政機關對於其指定之當事人，為共同利益人之權益，必要時，亦得更換或增減之。至於，行政機關對於自由選定或命令選定之當事人，則未規定有更換或增減之權。

若因被更換或增減而喪失資格者，其他被選定或指定之人，仍得為全體為行政程序行為。

二、能　力

(一)當事人能力

1.概　念

行政程序之當事人能力，即具有作為行政程序主體之資格者。依本法第 21 條規定，有行政程序之當事人能力者，係依法律規定得為權利義務之主體者。

2.類　型

有行政程序當事人能力者，本法第 21 條係採例示規定與概括規定之方

式。

例示規定者，包括：(1)自然人；(2)法人；(3)非法人之團體設有代表人或管理人者；(4)行政機關。因此，非法人之團體欠缺代表人或管理人者，則無行政程序之當事人能力。

概括規定者，指其他依法律規定得為權利義務之主體者，其係提供行政程序當事人能力之判斷標準，即依法律規定得作為權利義務之主體者。❷

本法第 21 條所謂非法人團體，係指由多數人所組成，雖沒有向主管機關辦理設立登記，但有一定之組織、名稱及目的，且有一定之事務所或營業所為其活動中心，並有獨立之財產，及設有代表人或管理人對外代表團體及為法律行為者而言。例如，參加人海埔教會本身雖沒有向主管機關辦理設立登記為財團法人，但仍然有其一定之組織、名稱及目的，且有一定之事務所或營業所為其活動中心，並有獨立之財產，及設有代表人或管理人對外代表團體及為法律行為，故具有行政程序之當事人能力（最高行政法院 105 判 104）。

(二)行為能力

1.概　念

行政程序之行為能力，指得有效作成行政程序行為之資格者。因此，本法第 22 條規定，無行政程序行為能力者，應由其法定代理人代為行政程序行為。至於，外國人依其本國法律無行政程序之行為能力，而依中華民國法律有行政程序之行為能力者，視為有行政程序之行為能力。

行政程序之行為能力，並非當然以民法規定為唯一判斷標準，亦應斟

---

❷　釋字第 486 號解釋指出，憲法上所保障之權利或法律上之利益受侵害者，其主體均得依法請求救濟。商標法所稱「其他團體」，係指自然人及法人以外其他無權利能力之團體而言，其立法目的係在一定限度內保護該團體之人格權及財產上利益。自然人及法人為權利義務之主體，固均為憲法保護之對象；惟為貫徹憲法對人格權及財產權之保障，非具有權利能力之「團體」，如有一定之名稱、組織而有自主意思，以其團體名稱對外為一定商業行為或從事事務有年，已有相當之知名度，為一般人所知悉或熟識，且有受保護之利益者，不論其是否從事公益，均為商標法保護之對象，而受憲法之保障。

酌行政法律是否已有規定。例如,由父母一方以戶長身分聲請之未成年戶籍遷徙登記,並無本法第 22 條第 2 項及民法第 1086 條、第 1089 條第 1 項適用之餘地。系爭遷徙登記之處分,係屬確認性行政處分,針對遷徙之事實為之,其申辦程序戶籍法有明文規定,依特別法優於普通法原則,應優先適用戶籍法,並排除本法第 22 條第 2 項之適用(最高行政法院 94 判 3)。

2.類　型

有行政程序行為能力者,本法第 22 條係採例示規定與概括規定之方式。

例示規定者,包括:(1)依民法規定,有行為能力之自然人;(2)法人;(3)非法人之團體由其代表人或管理人為行政程序行為者;(4)行政機關由首長或其代理人、授權之人為行政程序行為者。

概括規定者,則依其他法律規定,具有行政程序之行為能力者。

三、代理人與輔佐人

㈠代理人

1.代理人之委任

代理人之委任,本法並未嚴格限制其資格,第 24 條第 1 項本文僅規定,當事人得委任代理人。因此,係採自由委任之立法,即是否委任代理人及代理人之選擇,原則上由當事人自主決定。

其限制如下:

⑴法規與性質之限制

依法規或行政程序之性質不得授權者,例如,兒童接受注射預防針,則不得委任代理人為之。

⑵人數之限制

每一當事人委任之代理人,不得逾 3 人。

⑶方式之限制

行政程序代理人之委任,係要式行為,故應於最初為行政程序行為時,

提出委任書。

例如，商標專用權之註冊、異議及評定等程序為行政程序，依本法第24條第4項規定，則於行政程序法施行後，商標代理人亦應於最初為行政程序時，提出委任書，以明其代理權限。如有欠缺，商標主管機關應通知限期補正。本人或其合法委任之代理人於事後之行政救濟程序中亦可以明示或默示之方法追認其先前之程序而予以補正（最高行政法院 94 判 61）。

2.代理權之授與與撤回

代理權之授與，及於該行政程序有關之全部程序行為。但是，申請之撤回，直接影響本人之權利，故非受特別授權，不得為之。故當事人依法向行政機關提出申請後，在行政機關為核准與否的決定前，提出撤回之申請者，除須遵守法定之程式外，原則上並不加以禁止（最高行政法院 98 判 692）。❸

代理權授與之撤回，經通知行政機關後，始對行政機關發生效力。

3.效 力

⑴單獨代理

由於，行政程序代理人之人數，最多得至 3 人，因此，當代理人有 2 人以上者，本法第 25 條規定，均得單獨代理當事人。

縱然違反前述規定而為委任者，其代理人仍得單獨代理。故每位代理人，除有特別規定者外，代理權之行使，得單獨為之。

⑵複代理

本法肯認複代理制度之存在，第 25 條第 3 項規定其條件，係代理人「經本人同意」時，得委任他人為複代理人。

由於，複代理人之行為，係對於本人直接發生法律效果，故為維護本人權益，事先應經本人同意，原代理人始得委任他人為複代理人。

⑶代理權之存續

代理權之授與，原則上及於該行政程序有關之全部程序行為，因此，

---

❸ 最高行政法院（98 判 692）指出，「撤回」屬於廣義的申請事項，提出撤回之申請者，亦應踐行本法第 35 條規定相同之程序。

本法第 26 條規定 ， 代理權不因本人死亡或其行政程序行為能力喪失而消滅。此外，法定代理有變更或行政機關經裁併或變更者，亦不影響代理權之存續。

㈡輔佐人

1.概　念

輔佐人，依本法第 31 條之規定，係協助當事人或代理人，在行政程序進行中到場陳述之人。

因此，輔佐人應具有一定之陳述能力，且其所為之陳述應與行政程序相關者為限，而行政機關認為不適當時，則得撤銷其許可或禁止其陳述。

2.方　式

⑴許可到場

當事人或代理人經行政機關之許可，得偕同輔佐人到場。

⑵命令到場

行政機關認為必要時，得命當事人或代理人偕同輔佐人到場。

3.效　力

輔佐人所為之陳述，當事人或代理人未立即提出異議者，視為其所自為。輔佐人陳述之效力，主要係拘束當事人或代理人。至於，行政機關並不受其陳述之拘束，蓋本法第 36 條之規定，行政機關應依職權調查證據，不受當事人主張之拘束。

參、迴　避

迴避制度之設立，係在避免公務員因利益衝突或預設立場，致其決定有偏頗之虞，影響公權力行使之公正。而公務員應否迴避，自應以公務員所參與之具體行政程序個案事實予以認定。所謂「公務員」應從最廣義解釋，即凡 「依法令從事公務之人員」 皆有適用 （最高行政法院 106 判558）。迴避之類型與程序主體，分析如下：

一、自行迴避：公務員

公務員在行政程序中，應自行迴避之情形，本法第 32 條規定，包括：⑴本人或其配偶、前配偶、四親等內之血親或三親等內之姻親或曾有此關係者為事件之當事人時；⑵本人或其配偶、前配偶，就該事件與當事人有共同權利人或共同義務人之關係者；⑶現為或曾為該事件當事人之代理人、輔佐人者；⑷於該事件，曾為證人、鑑定人者。❹

最高行政法院指出，本條第 2 款所稱「就該事件與當事人有共同權利人或共同義務人之關係」，係指公務員與當事人就為訴訟標的之法律關係同享權利或同負義務而言；第 3 款所稱「現為或曾為該事件當事人之代理人」，除指當事人之法定代理人外，亦包括法人之代表人（106 判 558）。

二、申請迴避：當事人

㈠事　由

公務員有下列事由存在，即⑴有第 32 條所定應自行迴避之情形而不自行迴避；或⑵有具體事實足認其執行職務有偏頗之虞者，本法第 33 條規定，當事人得申請迴避。

㈡處理程序

1.當事人

當事人申請迴避，應舉其原因及事實，向該公務員所屬機關為之，並應為適當之釋明。例如，師生關係（最高行政法院 92 判 51）；惟迴避制度之設計，原僅為避免執行職務之個別公務員私人，與其執行職務間之利益衝突，倘機關之任務無論由何人擔任，均可能與擔任職務之公職或公務人員之利害相關，則無迴避之必要，亦無迴避之可能（釋字第 601 號解釋；107 判 315）。

❹　最高行政法院（98 判 1355）指出，討論不續聘案時，有關委員迴避事項即明載「甲委員因曾於法院審理上訴人偽造文書案中為證人，於本案進入審查前自行迴避」，應認甲業已迴避。

2.公務員

被申請迴避之公務員，對於該申請得提出意見書。

被申請迴避之公務員，在其所屬機關就該申請事件為准許或駁回之決定前，應停止行政程序，以維護程序之公正性及當事人之權益。但是，有急迫情形，仍應為必要處置。

3.機關之處置

不服行政機關之駁回決定者，得於 5 日內提請上級機關覆決。

受理機關，除有正當理由外，應於 10 日內為適當之處置。

當事人若對該最終決定仍不服時，依第 174 條前段規定，僅得於對實體決定聲明不服時一併聲明之，而不得單獨對迴避申請之駁回決定聲明不服（最高行政法院 100 裁 1562）。

三、命令迴避：所屬機關

公務員有第 32 條所定應自行迴避之情形而不自行迴避，且未經當事人申請迴避者，應由該公務員所屬機關依職權命其迴避。

肆、程序之開始

本法第 34 條規範「行政程序如何開始」，行政程序之發動，得「依職權」，亦可「依人民申請」或「依實證法對行政機關所課予之法定義務」（最高行政法院 103 裁 773）。分析如下：

一、原則：職權進行

行政程序之開始，本法第 34 條本文規定，係由行政機關依職權定之。因此，係採職權進行原則，由行政機關本於職權決定之。

但是，依事件性質，行政程序應基於人民申請或其他原因才能開始者，則亦無由行政機關依職權定之必要。例如，自耕能力證明書之申請核發（釋字第 581 號解釋）。

二、例　外

依本法第 34 條但書規定，例外之情形如下：

1.義務開始

其原因係「依本法或其他法規之規定」有開始行政程序之義務，故法律依據有兩類：

⑴本法之規定

依本法之規定有開始行政程序之義務，例如，第 40 條第 2 項本文規定：「行政機關實施勘驗時應通知當事人到場」，故行政機關有通知當事人到場之義務；第 45 條第 1 項本文規定，行政機關持有或保管「法規命令、行政指導有關文書、許（認）可條件之有關規定、施政計畫、業務統計及研究報告、預算、決算書、公共工程及採購契約、對外關係文書、接受及支付補助金與合議制機關之會議紀錄」等資訊，應主動公開。因此，行政機關有主動公開資訊之義務。

⑵其他法規之規定

依其他法規之規定有開始行政程序之義務，例如，規費法第 21 條規定：「直轄市政府、縣（市）政府、鄉（鎮、市）公所違反第 7 條或第 8 條規定有應徵收之規費而不徵收者，其上級政府得視實際情形，酌予減列或減撥補助款。各機關學校違反第 7 條或第 8 條規定有應徵收之規費而不徵收，或違反第 11 條規定未定期檢討者，經各該上級主管機關限期通知其改正；屆期未改正者，得對該機關學校首長予以懲處。」依此規定，直轄市政府、縣（市）政府、鄉（鎮、市）公所與各機關學校，有開始徵收規費之義務。

2.申請開始

本法第 34 條但書規定，當事人已依法規之規定提出申請者，不在此限。

至於，申請之方式，本法第 35 條規定，當事人依法向行政機關提出申請者，除法規另有規定外，得以書面或言詞為之。其以言詞為申請者，受

理之行政機關應作成紀錄，經向申請人朗讀或使其閱覽，確認其內容無誤後，由其簽名或蓋章。

伍、調查事實及證據

一、方　式

㈠職權調查

本法採職權調查原則，第 36 條規定，行政機關應依職權調查證據，不受當事人主張之拘束。但是，調查證據之職權行使，應對當事人有利及不利事項一律注意，此係行政機關之法定義務。蓋本法第 9 條規定，行政機關就該管行政程序，應於當事人有利及不利之情形，一律注意。也應斟酌調查事實及證據結果，依經驗法則判斷事實之真偽（最高行政法院 98 裁 1812）。

例如，地政事務所為本件建物登記事件之審查時，依本法第 36 條規定，其就增建在屋頂平台上涉及公益之磚造違建，自得實質審查一併斟酌，核與依法行政原則無違（107 判 78；臺北高等行政法院 106 訴更一 6）。

然而，行政機關固應依職權調查事實及證據，不受當事人主張之拘束（本法第 36 條至第 43 條），惟有實務見解（107 判 217）指出：「……行政調查無法行搜索、扣押，對於證人不能強制其到場或為證言，亦不能使其具結擔保證言之真正，故除非當事人或關係人願意配合調查，否則尚難期待行政調查為真實的發現……。」

㈡申請調查

當事人於行政程序中，除得自行提出證據外，本法第 37 條規定，亦得向行政機關申請調查事實及證據。

但是，行政機關認為無調查之必要者，得不為調查，並於第 43 條之理由中敘明之，即行政機關負有說明理由之義務。

例如，針對影響稅捐處分終局判斷結論之重要爭點事實，國稅局沒有

不予調查之正當性。由於，財政部設有財稅資料中心，所有開立之統一發票均已建檔。因此，當事人（納稅者）只需將因不實銷售所開立之統一發票，按其統一發票票號排序建檔（協力義務），即可與財政部財稅資料中心之建檔資料相比對，確認各該統一發票之取得主體及取得原因，進而可以輕易判斷其主張事實之真實性（最高行政法院 107 判 49）。

二、程　序

㈠紀　錄

行政機關調查事實及證據之過程與其結果，本法第 38 條規定，必要時得據實製作書面紀錄。惟為維護程序正義與程序公平，所謂行政機關係「應」據實製作書面紀錄，避免未來之法律爭執。

例如，國家通訊傳播委員會受理甲公司換照申請後，為調查相關事實及證據，發函通知其到會陳述意見，並依據其委任到場人員陳述之意見及承諾事項而製作訪談紀錄，故訪談紀錄係行政機關於行政程序中，因調查事實、證據必要所製作之書面紀錄。至於，國家通訊傳播委員會基於主管機關職權調查事證後，應依衛星廣播電視法之規定及立法目的，全面審酌甲公司原執照有效期間之營運情形及其他法律授權審酌事項，並衡酌公私益後，予以合目的性之裁量決定是否許可換照及附款內容，不受上開訪談紀錄之拘束（最高行政法院 102 判 75）。

㈡陳述意見

行政機關基於調查事實及證據之必要，本法第 39 條規定，得以書面通知相關之人陳述意見。

所謂「相關之人」，並未加以嚴格限制其資格，惟似應與調查事實及證據或進行中之行政程序所必要或利害相關者為限。因此，通知書中應記載詢問目的、時間、地點、得否委託他人到場及不到場所生之效果。

至於，被通知者，是否即負擔到場陳述意見之義務？未到場，得否依行政執行法強制執行？雖有肯定之見解，❶⑤但基於本法第 39 條僅規定「通

---

❶⑤　李建良，〈程序之開始與調查證據〉，《行政程序法實用》，2000，第 79 頁。

知書應記載不到場所生之效果」,故而該效果則仍依個別法規或事件性質加以判斷。

㈢提供文書

行政機關基於調查事實及證據之必要,本法第 40 條規定,得要求當事人或第三人提供必要之文書、資料或物品。

至於,被要求者,是否即負擔提供文書之義務?未提供者,得否依行政執行法強制執行? 雖有肯定之見解, ❻但基於本法第 40 條尚未規定效果,故仍依個別法規或事件性質加以判斷。例如,內政部函釋指出:「……依本法第 40 條規定,人民依祭祀公業條例第 56 條規定申報時,關於祖先牌位、祭祀祖先相關活動之照片、祭祀時間及書面文件資料格式並無限制,惟其內容應記載享祀人、設立人等姓名及祭祀祖先活動事實之情形,俾受理申報之公所依本條例第 10 條第 1 項規定辦理書面審查。實務上必要時,得要求當事人提供相關之文書、資料或物品。至申報人所提出資料之證明程度,請主管機關就個案事實審認,依論理及經驗法則判斷,並依法本權責核處之。……」(最高行政法院 105 判 106;臺北高等行政法院 103 訴 776)。

㈣鑑定與勘驗

1.鑑　定

本法第 41 條規定,行政機關得選定適當之人為鑑定。

所謂「適當之人」,應屬具有與行政機關調查事實及證據相關專業知識或經驗之人,但似並不以自然人為限。例如,聽力或血緣,由醫院鑑定(最高行政法院 94 裁 898;94 判 387);軍人殘等,由國防部軍醫局鑑定(94 判 519);土地界址,由地政事務所鑑定(94 判 51);專利技術,由學術機構鑑定(99 判 636)等。

鑑定之結果,若以書面為鑑定者,行政機關認為必要時,得通知鑑定人到場說明。例如地下水污染物是否超過管制標準,以及其污染來源之判別,事涉專業;如有必要,主管機關、法院可分別依本法、行政訴訟法之

---

❻　李建良,〈程序之開始與調查證據〉,第 79 頁。

規定選定客觀公正具專業能力之人為鑑定，此觀本法第 41 條、行政訴訟法第 156 條至第 161 條之規定自明。至於，當事人於裁判外自行送請私營公司就地下水污染事實提出調查報告書，此種私鑑定文書因欠缺行政訴訟法有關具結、拒卻等程序，無鑑定人所具有之調取證物、訊問證人及當事人之權限，亦無虛偽鑑定刑事處罰之適用，其中立性及專門知識之妥當性皆有疑問（105 判 213）。

2. 勘　驗

　　行政機關為瞭解事實真相，本法第 42 條規定，得實施勘驗。❶❼勘驗為調查證據方法之一，而事實真相如依其他證據方法足以瞭解，並無實施勘驗必要（最高行政法院 94 判 569）。

　　勘驗行為，原則上係就行政事件有管轄權之行政機關親自為之，才得將勘驗結果作為證據，例如，環保公務員於馬路旁要求機車騎士作廢氣排放標準之實際測試，並對未達標準值者科處罰鍰；至於，由無管轄權之行政機關為之者，則為鑑定。❶❽

　　行政機關勘驗時，應通知當事人到場。但是，不能通知者，例如，工廠廢水或廢氣之排放，基於事件之急迫性或事實真相若通知當事人到場才勘驗有可能被遮掩時，則不在此限。

　　此外，最高行政法院指出，本法第 42 條規定所稱勘驗，係指行政機關直接依五官感覺作用，對於認定事實相關之人、地、物勘查其現象及性狀，以其所得結果作為證據資料之調查證據行為，調查所得證據係直接供行政機關判斷事實真偽，並作為行政處分或其他行政行為之基礎，故除有不能通知之情形外，應通知當事人到場陳述意見。而水污染防治法第 26 條規定：「（第 1 項）各級主管機關得派員攜帶證明文件，進入事業、污水下水道系統或建築物污水處理設施之場所，為下列各項查證工作：一、檢查污染物來源及廢（污）水處理、排放情形。二、索取有關資料。三、採樣、

---

❶❼　例如，依專利法規定，專利專責機關得至現場或指定地點實施「勘驗」（最高行政法院 99 判 289）。

❶❽　李惠宗，《行政法要義》，2004，第 296 頁。

流量測定及有關廢（污）水處理、排放情形之攝影。（第2項）各級主管機關依前項規定為查證工作時，其涉及軍事秘密者，應會同軍事機關為之。（第3項）對於前2項查證，不得規避、妨礙或拒絕。（第4項）檢查機關與人員，對於受檢之工商、軍事秘密，應予保密。」為辦理水污染防治業務及監督事業之需要，上開規定係賦予被上訴人行政檢查之權限，且因廢（污）水之排放有其時間性，水污染源極易遭稀釋或滅失，為明瞭水污染及污染物之處理情況，上開行政檢查於性質上通常非必須通知當事人，故法規並無通知當事人到場之要求，期以藉由臨時性、機動性之稽查採樣作為，以達成採樣之時效性及正確性。況上述採樣之結果是否符合水污染防治法之放流水標準，尚須藉由儀器以客觀檢驗之數據呈現，是其本質上具有技術上之公正客觀性而足值信賴，此與行政機關直接依五官感覺作用，對於認定事實相關之人、地、物勘查其現象及性狀之「勘驗」並不相同，故水污染防治法第26條之查證行為係為落實水污染監督機制之規定，屬本法第3條第1項所稱之「法律另有規定」，而非當然適用本法第42條之規定。此外，主管機關人員進入事業、污水下水道系統或建築物污水處理設施之場所進行查證工作時，事業對於查證行為不得規避、妨礙或拒絕，如有規避、妨礙或拒絕查證者，得依水污染防治法第50條規定處罰及強制執行查證工作。主管機關人員攜帶證明文件之目的，即在於使事業明確瞭解其有接受該人員檢查及提供資料之義務，並於事業規避、妨礙或拒絕查證時，得以強制執行查證工作，非謂上開規定係隱含通知事業到場會同之意思（106判757）。

三、判斷事實之準則

關於判斷事實真偽之準則，本法第43條規定，係採自由心證之立法，即行政機關為處分或其他行政行為，應斟酌全部陳述與調查事實及證據之結果，依論理及經驗法則判斷事實之真偽，並將其決定及理由告知當事人。

就此，行政法院（61判40判例）即指出：「認定事實，須憑證據，不得出於臆測。」而違法事實應依證據認定之，無證據則不得以擬制推測之

方法，推定其違法事實，此為司法訴訟及行政程序適用之共通法則。故行政機關本應依職權調查證據以證明違法事實之存在，始能據以對人民作成負擔處分，亦即行政機關對於人民違法事實之存在負有舉證責任，人民本無須證明自己無違法事實。又認定違法事實之證據，係指足以證明行為人確有違法事實之積極證據而言，該項證據必須與待證事實相契合，始得採為認定違法事實之資料，若行政處分所認定之事實，與所採之證據，不相適合，即屬證據上理由矛盾（最高行政法院 94 判 705；98 判 494）。

　　至於，針對專利法第 75 條規定，專利專責機關於舉發審查時，在舉發聲明範圍內，得依職權審酌舉發人未提出之理由及證據，並應通知專利權人限期答辯；屆期未答辯者，逕予審查。最高行政法院指出，專利進步性之審查，在於技術之比對，舉發人於舉發時已提出引證證據，並已在舉發理由書中具體指明該引證案中據以舉發之技術特徵，因引證案專利說明書內作為實施例說明之圖示，在於說明引證案之技術特徵，係舉發人對已提出理由及證據之說明而已，並非該條所謂舉發人未提出之理由及證據，若專利專責機關逕引用該圖示而為審定，係其適用本法第 43 條，斟酌全部陳述與調查事實及證據之結果，依論理及經驗法則判斷事實之真偽，所為之結論，自無該條應通知專利權人限期答辯之適用，訴願機關依訴願法所為訴願決定書亦同（106 判 747）。

陸、資訊公開

一、資訊公開法制

　　關於資訊公開法制，本法第 44 條及第 45 條刪除後，已由政府資訊公開法所取代。

　　政府資訊公開法之立法意旨，係為保障人民知的權利，以便利人民共享及公平利用政府資訊、增進人民對公共事務之瞭解、信賴及監督，並促進民主參與，其公開之對象為一般人民，當然亦包括已終結之個別行政程

序之當事人或利害關係人，係屬「一般性之資訊公開」。故依該法規定申請行政機關提供政府資訊之資訊公開請求權，屬實體權利（法務部【96/03/07】法律決字第 0960005859 號函）。❶基於政府資訊公開法關於檔案及行政資訊提供之規範，係在滿足人民知的權利，使人民在法規規定之要件下，享有請求行政機關提供檔案或行政資訊之權利；依上述規定，依據政府資訊公開法請求行政機關為檔案或行政資訊之提供，行政機關均須依據相關規定為審查，而為准否提供之決定，並通知申請人；換言之，人民依據政府資訊公開法向行政機關請求檔案或行政資訊之提供，性質上係請求行政機關作成准予提供之行政處分，而非僅請求行政機關作成單純提供之事實行為，若行政機關否准申請人依據政府資訊公開法請求行政機關提供檔案或行政資訊時，申請人應循提起訴願及行政訴訟法第 5 條課予義務訴訟之途徑為救濟（最高行政法院 97 裁 4335；98 判 430）。

二、閱覽卷宗

本法第 46 條規定之申請閱覽卷宗請求權，係指特定之行政程序中當事人或利害關係人，為主張或維護其法律上利益之必要，有向行政機關申請閱覽、抄寫、複印或攝影有關資料或卷宗之權利，以行政程序之開始進行為前提，該規定屬於行政程序中之個案資訊公開，此種閱覽卷宗請求權，為程序上之權利。至於，針對人民申請提供政府資訊之情形，倘係發生於行政事件進行中，當事人或利害關係人向該管行政機關申請閱覽卷宗者，應優先適用本法第 46 條規定，而為政府資訊公開法之特別規定（最高行政法院 102 判 807）。

㈠申請閱覽卷宗

主動申請閱覽卷宗，其性質係本法規定人民之權利，本法第 46 條第 1 項規定，當事人或利害關係人得向行政機關申請閱覽、抄寫、複印或攝影

---

❶ 最高行政法院（97 裁 4335），將政府資訊公開法第 5 條「政府資訊應依本法主動公開或應人民申請提供之」規定，賦予人民向政府機關請求公開其持有資訊之權利，稱為「資訊公開請求權」。

有關資料或卷宗。❷但以主張或維護其法律上利益有必要者為限。

　　關於閱覽、抄寫、複印或攝影有關資料或卷宗之要件，可區分為積極要件與消極要件，積極要件包括：(1)申請主體：請求權人係當事人或利害關係人；(2)申請範圍：以主張或維護其法律上利益有必要者為限；至於，消極要件係須以該資料或卷宗於申請閱覽卷宗時尚屬存在為前提。苟該資料或卷宗業已銷燬或滅失，行政機關即無提供之可能（最高行政法院 102 判 807；99 判 476）。如下圖示：

$$申請閱覽卷宗之要件 \begin{cases} 積極要件 \begin{cases} 申請主體：當事人或利害關係人 \\ \\ 申請範圍：維護法律利益之必要 \end{cases} \\ \\ 消極要件：資料或卷宗於申請時存在 \end{cases}$$

　　因此，若就所請求影印之資料，並非個案之當事人或利害關係人，自不能依該條規定請求影印資料（93 判 901）；相對地，若人民主張其係系爭檔案內所實施工程下游農田之所有人，就該工程有利害關係，且機關亦通知其前往閱覽系爭工程卷宗，足見機關亦認其有閱覽該卷宗之利害關係（94 判 163；94 判 412）。

　　得向行政機關申請閱覽、抄寫、複印或攝影有關資料或卷宗之權利，請求權人並非一般大眾，僅限於行政程序中之當事人或利害關係人。所謂當事人，依同法第 20 條規定，係指「(1)申請人及申請之相對人；(2)行政機關所為行政處分之相對人；(3)與行政機關締結行政契約之相對人；(4)行政機關實施行政指導之相對人；(5)對行政機關陳情之人；(6)其他依本法規定參加行政程序之人。」所謂利害關係人，係指因行政程序進行之結果，其權利或法律上之利益將受影響而未參與為當事人之第三人。故必須先有行政程序存在，而該人符合第 20 條規定之身分或屬利害關係人者，始具備申

---

❷　檔案法第 17 條雖僅規定得申請「閱覽」、「抄錄」或「複製」檔案，未規定得影印檔案，但依該條所規定，既得「抄錄」或「複製」檔案，則依舉重明輕之原則，自無不許影印之理（最高行政法院 94 判 163）。

請之資格。苟無先行之行政程序存在，僅為訴訟之須，即不得依本法第46條規定而申請閱覽、抄寫、複印或攝影有關資料或卷宗（99判476）。

(二)行政機關之處理

1.原　則

行政機關對於當事人或利害關係人閱覽卷宗之申請，本法第46條第2項規定，原則上不得拒絕。行政機關若於行政程序中有所決定者，即屬本法第174條所稱之程序行為，依該條前段規定，當事人或利害關係人不服行政機關於行政程序中所為決定或處置，僅得於對實體決定聲明不服時一併聲明之（最高行政法院102判807）。

至於，本法第46條有關卷宗閱覽之規定，是否應有期間之限制？最高行政法院（102判746）指出，得申請之期間，係指該特定行政程序進行中及行政程序終結後法定救濟（包括依本法第128條規定申請行政程序重新進行者）期間經過前而言。故有關人民申請閱覽之卷宗，如屬適用本法規定的「行政機關」及「（行政行為）事項」之程序進行中、或行政程序終結後法定救濟期間經過前之卷宗，即應優先適用本法第46條之規定。❷❶

此外，法務部「行政程序法諮詢小組」對此問題亦有所回應，認為「申請閱覽卷宗之期間，係指行政程序中及行政程序終結後法定救濟（包括依本法第128條申請行政機關重新開啟行政程序者）期間經過前而言；❷❷但

---

❷❶　最高行政法院（102判746）指出，對於公務員所為之人事行政行為，不適用本法之程序規定。故有關公務人員年終考績之評定如係屬服務機關管理措施之人事行政行為，自不得依本法第46條規定申請閱覽該卷宗。惟按政府資訊公開法之立法意旨，係為滿足人民知的權利及促進行政資訊之公開化與透明化而制定，其公開對象為一般人民，屬「一般性之資訊公開」；依該法規定申請行政機關提供行政資訊之權利，為「一般人民」的「實體權利」，當然亦包括已終結之個別行政程序之當事人或利害關係人，從而，公務人員自得依據政府資訊公開法之相關規定，請求服務機關提供年度平時考核表、考績委員會紀錄等資料；至於該請求提供之資料，有無政府資訊公開法所定限制公開或不予提供之情形，則應由受理申請機關本於職權審認之。

❷❷　法務部【98/08/20】法律決字第0980031497號函。

如果依法提起訴願、行政救濟或申請行政程序重新再開者，有關申請閱覽卷宗等事項，則應依各該程序之有關規定辦理之。」❷例如，醫療爭議調處程序業已終結，且當事人間簽立和解書性質上屬私法契約，並無行政程序進行中或行政救濟問題，應非本法第 46 條規定之適用範圍（法務部【98/04/07】法律決字第 0980013381 號）。

2. 例　外

行政機關對當事人或利害關係人閱覽卷宗之申請，得拒絕之情形，包括：⑴行政決定前之擬稿或其他準備作業文件；❷⑵涉及國防、軍事、外交及一般公務機密，依法規規定有保密之必要者；⑶涉及個人隱私、職業秘密、營業秘密，依法規規定有保密之必要者；⑷有侵害第三人權利之虞者；⑸有嚴重妨礙有關社會治安、公共安全或其他公共利益之職務正常進行之虞者。

例如，甲人民聲請閱覽本院案卷中，包含公務人員保障暨培訓委員會再申訴決定擬辦之文稿、準備或審議之文件、相對人（財政部關務署臺北關）所屬人員人事異動之資料、年終考績會會議紀錄暨平時成績考核紀錄表或與考績表之相關紀錄與書證等，而公務人員考績法第 20 條既明定有關考績事項屬業務秘密事務，如將之公開或提供，有致第三人隱私或業務秘密受重大損害之虞，故甲聲請閱覽該部分文書，依上述規定，尚難准許，應予駁回（107 裁聲 439）；依勞動基準法第 74 條第 5 項規定，臺北市政府勞動局應嚴守秘密，不得洩漏，故本件 A 公司員工訪談紀錄，包含申訴人之身分資料，臺北市政府勞動局拒絕供 A 公司閱覽，依本法第 46 條第 2 項第 3 款規定，自屬有據（107 判 169）。

而行政首長依其行政權固有之權能，對於可能影響或干預行政部門有效運作之資訊，例如涉及國家安全、國防或外交之國家機密事項，有關政

---

❷　法務部「行政程序法諮詢小組」第 18 次會議，收錄於《行政程序法解釋及諮詢小組會議紀錄彙編》，2001 年，第 321 頁。

❷　例如，復審程序中作成決定擬辦或準備之文稿，依本法第 46 條第 2 項第 1 款規定不予閱覽，並無不合（最高行政法院 94 判 490）；並參，99 判 177。

策形成過程之內部討論資訊，以及有關正在進行中之犯罪偵查之相關資訊等，均有決定不予公開之權力，係屬行政權本質所具有之行政特權（釋字第 585 號解釋）；而總統依憲法及憲法增修條文所賦予之行政權範圍內，就有關國家安全、國防及外交之資訊，認為其公開可能影響國家安全與國家利益而應屬國家機密者，有決定不予公開之權力，為總統之國家機密特權。其他國家機關行使職權如涉及此類資訊，應予以適當之尊重（釋字第 627 號解釋）。

至於，涉及國防、軍事、外交及一般公務機密與涉及個人隱私、職業秘密、營業秘密等，依法規規定已無保密必要之部分，則仍應准許閱覽。

3.更正請求權

當事人就閱覽前述資料或卷宗之內容，發現關於自身之記載有錯誤者，依本法第 46 條第 3 項規定，得檢具事實證明，請求相關機關更正，此為「更正請求權」。至於，若當事人未依前規定申請閱覽卷宗，而仍知悉資料或卷宗內容關於自身之記載有錯誤，似並不影響其權利之行使。

於此，所謂第 3 項規定「當事人」，與第 1 項規定「當事人或利害關係人」，在用語上雖並非一致，惟似應將第 3 項規定「當事人」解釋包括利害關係人在內，故利害關係人就閱覽前述資料或卷宗內容關於自身之記載有錯誤者，亦得檢具事實證明，請求相關機關更正。

但是，若非當事人或利害關係人，則不得主張申請更正，例如，針對他人「變更志願申請書」署名之記載是否屬實，被認定無礙其本身之利益，依本法第 46 條第 4 項規定，非當事人或利害關係人，故不得主張申請更正（臺北高等行政法院 94 訴 1266）。

再者，針對已經終局確定之資料或卷宗內容，實務見解指出，亦非本法第 46 條第 4 項之適用範圍。例如，行政機關對所屬公務員所為之年終考成及記過處分，均屬管理措施之範疇，該公務員已依法提起申訴及再申訴之救濟並經保訓會為最終決定，自不得請求行政機關更正考成會議紀錄之內容（最高行政法院 95 判 250）；至於，納稅者甲要求國稅局更正之資料，係甲自行申報所提出，並非國稅局依其提供之資料而記載，此與本法第 46

條第 4 項規定之要件不合，則其請求稅捐稽徵機關變更或撤銷課稅處分，自屬無據（100 判 548）。

三、程序外接觸之禁止

(一)原　　則

　　為使行政行為遵循公正與公開之程序，以增進人民對行政之信賴，本法第 47 條第 1 項規定，公務員在行政程序中，不得與當事人或代表其利益之人為行政程序外之接觸，此係程序外接觸禁止原則。

　　本項規定適用之前提，係以公務員在行政程序中與當事人或代表其利益之人為行政程序外之接觸為要件。例如，臺北縣政府受理 A 申訴後，指派所屬勞工局承辦人與甲公司職員接觸一節；惟此項接觸乃臺北縣政府為調查甲公司是否有 A 所申訴之違法情事所必須，要屬行政程序調查之必要，為行政程序內之接觸，而非行政程序外之接觸，苟有相關文件，亦屬行政決定前準備作業之文件，依本法第 46 條第 2 項規定得拒絕閱覽之申請，尤無公開之理，而 A 亦未能提出證明臺北縣政府職員有何與甲公司職員為行政程序外接觸之證據（最高行政法院 93 判 526）。至於，臺南市政府都市發展局 A 承辦人員違法洩漏甲公司之申請資料，供乙公司之受託人閱覽，經臺灣高等法院臺南分院以其違犯無故洩漏因職務持有他人之工商秘密罪，判決確定在案，其顯然違反本法第 47 條第 1 項與當事人行政程序外接觸禁止之規定。此外，A 不僅將甲公司之申請資料洩漏給 B 閱覽，亦以最速件、簡便方式處理其妻 C 之申請案，而拖延甲公司之申請案，明顯有差別待遇，揆諸本法第 6 條之規定及 81 判 1006 判例意旨，故本件核發 C 設置加油站使用證明，已違反平等原則，即有權力濫用之違法，自應予撤銷（96 判 11）。

(二)公開紀錄

　　若基於職務上之必要，在不影響行政程序公正與公開之合理範圍內，則例外得緩和程序外接觸禁止原則之適用限制。

　　當公務員與當事人或代表其利益之人為行政程序外之接觸時，本法第

47 條第 2 項與第 3 項規定，應將所有往來之書面文件附卷，並對其他當事人公開。若前述接觸非以書面為之者，仍應作成書面紀錄，載明接觸對象、時間、地點及內容，以作為行政程序公正性之佐證。

柒、期日與期間

一、期間之計算

㈠原　　則

1.期間之起算

關於期間之起算，本法第 48 條規定起算方式如下：

⑴期間以時計算者，即時起算。

⑵期間以日、星期、月或年計算者，其始日不計算在內。但是，法律規定即日起算者，不在此限。

例如，行政法院【85/06/19】85 年 6 月份庭長評事聯席會議決議：公職人員財產申報法第 3 條規定，係課以公務人員義務應遵行之履行期間，其起算，該條並未有特別規定，……其始日不算入。同法施行細則第 10 條第 2 項規定：「……應於就（到）職之日起 3 個月內申報」，此「之日起」用語，多見於各種行政法令，應屬法令關於期間規定通用之體例，尚難解為具有特別用意。❷⁵

至於，「法律」之範圍，除行政法院聯席會議決議以外，亦包括大法官解釋等在內，例如，釋字第 188 號解釋：「中央或地方機關就其職權上適用同一法律或命令發生見解歧異，本院依其聲請所為之統一解釋，除解釋文內另有明定者外，應自公布當日起發生效力。」

2.期間之末日

期間不以星期、月或年之始日起算者，以最後之星期、月或年與起算

---

❷⁵　《各級行政法院庭長法官聯席會議資料彙編一》（90 年 12 月），第 227～229 頁。

日相當日之前一日為期間之末日。例如，1 月 31 日起算 2 個月，則期間之末日為 3 月 30 日。

但是，以月或年定期間，而於最後之月無相當日者，以其月之末日為期間之末日。例如，1 月 31 日起算 1 個月，則期間之末日為 2 月 28 日（或 29 日）；若起算 3 個月，則期間之末日為 4 月 30 日。

至於，期間之末日為星期日、國定假日或其他休息日者，以該日之次日為期間之末日；期間之末日為星期六者，以其次星期一上午為期間末日。

(二)例　外

期間涉及人民之處罰或其他不利行政處分者，其始日不計時刻以一日論；其末日為星期日、國定假日或其他休息日者，照計。

但是，依第 48 條第 2 項（期間以日、星期、月或年計算者，其始日不計算在內。但法律規定即日起算者，不在此限）、第 4 項（期間之末日為星期日、國定假日或其他休息日者，以該日之次日為期間之末日；期間之末日為星期六者，以其次星期一上午為期間末日）規定計算，對人民有利者，不在此限。

例如，針對新北市政府採購處招標結果通知書不予發還甲公司繳納之押標金，甲公司不服提出異議，異議處理結果經交由郵政機關於【106/01/27】送達至甲公司營業所，並由甲公司受雇人簽收，有送達證書影本附卷可稽，故於【106/01/27】異議處理結果已發生合法送達之效力，因甲公司營業所與新北市政府採購申訴審議委員會同位於新北市，故無扣除在途期間之問題，甲公司對於異議處理結果不服而提出申訴之期限 15 日，應自送達次日即【106/01/28】起算，計算至同年 2 月 11 日屆滿，但因為該末日即同年 2 月 11 日適為星期六，依本法第 48 條第 4 項規定順延至同年 2 月 13 日（星期一），惟甲公司遲至同年 2 月 17 日始提起申訴，故甲公司申訴之提起，顯然已逾 15 日之法定不變期間，甲公司對異議處理結果提出申訴，申訴審議判斷不受理，於法有據（最高行政法院 107 裁 405；臺北高等行政法院 106 訴 970）。

二、提出申請與回復原狀

㈠法定期間之計算

1.掛號郵寄

基於法規之申請，以掛號郵寄方式向行政機關提出者，本法第 49 條規定，係以交郵當日之郵戳為準，即採發信主義。

針對本法第 49 條規定所稱「基於法規之申請」，最高行政法院指出，係人民依法規請求行政機關為特定行政行為之公法上意思表示；而政府採購法第 102 條所定異議及申訴制度係屬法定特別救濟方式，與本法第 49 條所稱 「基於法規之申請」 有別， 應無本法第 49 條規定之適用 （106 裁 2178）；此外，行政訴訟為法定救濟方式，亦與該條規定基於法規之申請有別（106 裁 375）。

2.其他方式

若以其他方式向行政機關提出者，本法第 49 條未規定以何時為準，似得採到達主義，判斷申請人是否遵守法定期間。

㈡回復原狀

1.事　由

申請回復原狀之事由，本法第 50 條規定，係因天災或其他不應歸責於申請人之事由，致基於法規之申請不能於法定期間內提出者。

回復原狀之規定，係指已具備（農民健康保險條例第 23 條規定領取保險給付請求）申請要件者而言，若尚未具申請之要式行為要件，自不符得請領之條件，顯無回復原狀之必要（最高行政法院 92 判 270）。

所謂「法定期間」，例如，土地稅法第 41 條第 1 項「得適用特別稅率之用地，土地所有權人應於每年（期）地價稅開徵 40 日前提出申請」之規定（最高行政法院 92 判 1695）。

2.限　制

⑴時　間

申請回復原狀，係得於其原因消滅後 10 日內為之。如該法定期間少於

10 日者，於相等之日數內得申請回復原狀。

但是，遲誤法定期間已逾 1 年者，不得申請回復原狀。

此外，若未遲誤法定期間，亦無回復原狀之問題（最高行政法院 103 裁 803）。

(2)行　為

申請回復原狀，應同時補行期間內應為之行政程序行為。惟行政機關以無回復原狀要件之合致，作成逾法定不變期間提出申請效果之決定時，受此不利益決定之當事人，倘以其確有申請回復原狀之事由而不服時，依本法第 174 條規定，僅得於對實體決定聲明不服時一併聲明之；換言之，即不得以行政機關未許可回復原狀之申請為行政處分，而單獨對之提起撤銷訴訟。查 A 以其未能於土地徵收條例施行細則第 23 條所規定 30 日期間內對於高雄市政府函提出異議，而遲誤法定期間，函請依本法第 50 條規定回復原狀，行政機關認與回復原狀之要件不符，核係於行政程序中所為之決定，僅得於對實體決定聲明不服時一併聲明之（107 判 347）。

三、處理期間

㈠訂定與公告

行政機關對於人民依法規之申請，本法第 51 條規定，除法規另有規定外，應按各事項類別，訂定處理期間公告之。

實務見解指出，依其法律文義，已明定「人民依法規申請」之事件，故若非人民依法規申請之事件，尚無該條文所定期間之適用（最高行政法院 102 判 80）；針對被徵收土地權利關係人對於徵收補償價額依法以書面敘明不服查處之事實及理由，送直轄市或縣（市）主管機關者，即係依法申請該管直轄市或縣（市）主管機關裁量決定提請地價評議委員會復議或移送訴願。該管直轄市或縣（市）主管機關如認為無必要提請地價評議委員會復議者，應即將土地權利關係人不服查處之事實及理由，移請訴願管轄機關為訴願決定；該管直轄市或縣（市）主管機關如未依本法第 51 條規定之期間依法裁量決定移送訴願或提請地價評議委員會復議者，土地權利

關係人即可直接以查處處分為不服之對象,提起訴願及行政訴訟,並以依法向直轄市或縣(市)主管機關表示不服查處處分時,為提起訴願時(98年6月份第1次庭長法官聯席會議決議;107判347)。

(二)期　間

1.決定之性質

原則上,除法規另有規定外,行政機關應按各事項類別,訂定處理期間。故處理期間長短之決定,係行政機關之權限。惟亦涉及人民權利主張得否有效實踐,而容易引起訟爭(最高行政法院92判1254)。

2.補充之處理期間

行政機關未按各事項類別訂定處理期間,法規亦無特別規定者,其處理期間為2個月,得稱為補充之處理期間。

3.期間之延長與通知

行政機關未能於第1項與第2項所定期間內處理終結者,得於原處理期間之限度內延長之,但以1次為限。

前述情形,應於原處理期間屆滿前,將延長之事由通知申請人。

4.期間之停止進行

行政機關因天災或其他不可歸責之事由,致事務之處理遭受阻礙時,於該項事由終止前,停止處理期間之進行。

捌、費　用

一、費用之負擔

(一)原則:行政機關

行政程序所生之費用,本法第52條第1項本文規定,係由行政機關負擔為原則。

(二)例外:當事人或利害關係人

行政程序所生之費用,係專為當事人或利害關係人利益所支出之費用,

或因可歸責於當事人或利害關係人之事由，致程序有顯著之延滯者，其因延滯所生之費用，本法第 52 條第 1 項但書與第 2 項規定，則由當事人或利害關係人負擔。

例如，甲公司因於行政程序中陳述意見，或提起訴願、行政訴訟或配合法令及行政指導之必要，而向行政機關調閱影印相關卷宗或調整營業行為，核屬個人主張或維護法律上利益之必要行為，如在行政程序中支出者，其費用之性質，可謂本法第 52 條第 1 項但書所稱專為當事人或利害關係人所支出之費用，行政機關依前開規定無須負擔 （最高行政法院 100 裁 2345）。

二、費用之請求

關於費用之請求，本法第 53 條規定，證人或鑑定人得向行政機關請求法定之日費及旅費，鑑定人並得請求相當之報酬。前述費用及報酬，得請求行政機關預行酌給之。

費用及報酬之標準，除法規另有規定外，由行政院定之。

玖、聽證程序

一、本節規定之性質

本法第 1 章「總則」第 10 節係關於「聽證程序」（第 54 條至第 66 條）之規定，依第 54 條規定：「依本法或其他法規舉行聽證時，適用本節規定。」

由於，聽證程序係保障人民之聽證權，故本節規定之性質，理論上應係解釋作為人民聽證權最低限度之保護，其他法規關於聽證有更優厚之規定，應從其規定。至於，本節規定不足之處，則適用本法或其他法規之規定。所謂「依本法」舉行聽證，例如，行政處分（第 107 條）、[26] 法規命令

---

[26] 行政處分既在該本法施行前所為，自無該法舉行聽證規定之適用（臺北高等行

（第 155 條及第 156 條）與行政計畫（第 164 條第 1 項）等；所謂「依其他法規」舉行聽證，例如，環境影響評估法（第 12 條）。

就此，全民健保為強制性之社會保險，於保險對象在保險有效期間，發生疾病、傷害、生育事故時，由保險醫事服務機構提供醫療服務，健保署則依全民健康保險特約支付保險醫事服務機構醫療費用。鑑於全民健康保險醫事服務機構特約及管理辦法之內容，關係全民健保制度之永續健全發展及保險醫事服務機構之權利義務至鉅，主管機關應依本法以公開方式舉辦聽證，使利害關係人代表，得到場以言詞為意見之陳述及論辯後，斟酌全部聽證紀錄，說明採納及不採納之理由作成決定（釋字第 753 號解釋）。

此外，最高行政法院指出，放射性廢棄物處理、貯存或最終處置設施興建之建造執照之發給，除其申請須符合放射性物料管理法第 17 條第 1 項所列 4 款規定外，於審查及作成同意發給建造執照前，應先踐行將申請案公告展示一定期間、舉行聽證之法律程序，俾使利害關係人得於公告展示期間或公開方式舉辦聽證時，為意見之陳述，並由主管機關斟酌聽證紀錄作成決定之參考，以集思廣益、加強溝通，促進參與及提高行政效能（107判 11）。

二、通知、公告與預備聽證

㈠通知與公告

1.時間與事項

行政機關舉行聽證前，依本法第 55 條第 1 項規定，應以書面記載之事項，包括：⑴聽證之事由與依據；⑵當事人之姓名或名稱及其住居所、事務所或營業所；⑶聽證之期日及場所；⑷聽證之主要程序；⑸當事人得選任代理人；⑹當事人依第 61 條所得享有之權利；⑺擬進行預備程序者，預備聽證之期日及場所；⑻缺席聽證之處理；⑼聽證之機關。

所謂「聽證前」，並未特定期間之範圍。不過，本法第 55 條第 3 項規

政法院 90 訴 2935；最高行政法院 92 判 835）。

定，聽證期日及場所之決定，應視事件之性質，預留相當期間，便利當事人或其代理人參與。

因此，關於聽證之書面，應在舉行聽證前（預留相當期間）通知當事人及其他已知之利害關係人，必要時並公告之。

2.預先公告

依法規之規定，舉行聽證應預先公告者，本法第 55 條第 2 項規定，行政機關應將前項所列各款事項，登載於政府公報或以其他適當方法公告之。

3.聽證期日或場所之變更

「聽證期日或場所」，係書面記載事項，因已通知當事人及其他已知之利害關係人，故以原則上不得任意變動。

因此，本法第 56 條規定，行政機關雖得依職權或當事人之申請，變更聽證期日或場所，但以有正當理由為限。而行政機關為前述之變更者，仍應依第 55 條規定通知並公告。

(二)預備聽證

1.時　間

行政機關為使聽證順利進行，本法第 58 條規定，認為必要時，得於聽證期日前，舉行預備聽證。

2.辦理事項與紀錄

預備聽證得辦理之事項，包括：(1)議定聽證程序之進行；(2)釐清爭點；(3)提出有關文書及證據；(4)變更聽證之期日、場所與主持人。

此外，預備聽證之進行，應作成紀錄。

三、聽證原則

(一)原　則

基於聽證之本質，本法第 59 條第 1 項規定，除法律另有規定外，應公開以言詞為之，故係採公開聽證原則與言詞聽證原則。

所謂「法律另有規定」，例如，本法第 59 條第 2 項之規定。

(二)例　外

聽證主持人，認為聽證公開顯然有違背公益之虞或公開對當事人利益有造成重大損害之虞者，得依職權或當事人之申請，決定全部或一部不公開。其要件與處理程序，分析如下：

1.要　件

公開聽證之例外，其要件為：(1)聽證公開顯然有違背公益之虞；或(2)公開對當事人利益有造成重大損害之虞。

例如，因辦理公平交易特殊個案聽證程序之內部作業擬稿等，得拒絕公開資料及限制閱覽（最高行政法院 100 判 608）。

2.處理程序

不公開聽證之處理程序，其發動者，包括：(1)聽證主持人依職權；(2)依當事人申請。

至於，不公開聽證之決定權，係歸屬聽證主持人；而聽證不公開之範圍，則得全部或一部之不公開。

四、參與聽證之人員

(一)聽證主持人

1.產生方式

聽證主持人，依本法第 57 條第 1 項規定，係由行政機關首長或其指定人員為之。

2.行使職權

聽證主持人之主要職權，依本法第 62 條規定，係主持人應本中立公正之立場，主持聽證。

其次，主持人於聽證時，其行使職權之規範設計，係採例示規定與概括規定併列之方式，得採取為順利進行聽證所必要之措施。

例示規定之職權，包括：(1)就事實或法律問題，詢問當事人、其他到場人，或促其提出證據；(2)依職權或當事人之申請，委託相關機關為必要之調查；(3)通知證人或鑑定人到場；(4)依職權或申請，通知或允許利害關

係人參加聽證；(5)許可當事人及其他到場人之發問或發言；(6)為避免延滯程序之進行，禁止當事人或其他到場之人發言；有妨礙聽證程序而情節重大者，並得命其退場；(7)當事人一部或全部無故缺席者，逕行開始、延期或終結聽證；(8)當事人曾於預備聽證中提出有關文書者，得以其所載內容視為陳述；(9)認為有必要時，於聽證期日結束前，決定繼續聽證之期日及場所；(10)如遇天災或其他事故不能聽證時，得依職權或當事人之申請，中止聽證。

概括規定之職權：係得採取其他為順利進行聽證所必要之措施。

此外，主持人認為有必要時，於聽證期日結束前，亦得決定繼續聽證之期日及場所者，惟應通知未到場之當事人及已知之利害關係人。

㈡協助人員

聽證之協助人員，依本法第 57 條第 2 項規定，係必要時得由律師、相關專業人員或其他熟諳法令之人員在場協助之。

㈢當事人

1.聽證當事人之權利

當事人於聽證時得享有之權利，依本法第 61 條規定，包括：(1)陳述意見；(2)提出證據；(3)對機關指定之人員、證人、鑑定人、其他當事人或其代理人發問，惟應經主持人同意後始得為之。

2.聲明異議

當事人認為主持人於聽證程序進行中所為之處置違法或不當者，依本法第 63 條規定，得即時聲明異議。

主持人認為異議有理由者，應即撤銷原處置；認為無理由者，則應即駁回其異議。

五、聽證之進行

㈠聽證之開始

聽證之開始，本法第 60 條規定，係以主持人說明案由為始。

聽證開始時，由主持人或其指定之人說明事件之內容要旨。

(二)聽證紀錄

1.紀錄義務

聽證，依本法第 64 條規定，應作成聽證紀錄。

聽證紀錄，得以錄音、錄影輔助之。

2.法定記載事項

(1)記載內容

聽證紀錄，應載明到場人所為陳述或發問之要旨及其提出之文書、證據，並記明當事人於聽證程序進行中聲明異議之事由及主持人對異議之處理。

(2)簽名或蓋章

聽證紀錄，係當場製作完成者，由陳述或發問人簽名或蓋章；若未當場製作完成者，則由主持人指定日期、場所供陳述或發問人閱覽，並由其簽名或蓋章。

陳述或發問人拒絕簽名、蓋章或未於指定日期、場所閱覽者，應記明其事由。

3.異議之處理

陳述或發問人，對聽證紀錄之記載有異議者，得即時提出。

主持人，認為異議有理由者，應予更正或補充；惟認為異議無理由者，亦應記明其異議。

(三)聽證之終結

關於聽證之終結，規定於本法第 65 條，分析其要件與處理程序如下：

1.要 件

聽證終結之要件，包括：(1)當事人意見業經充分陳述；(2)事件已達可為決定之程度。

2.處理程序

聽證終結之處理程序，係主持人認為當事人意見業經充分陳述，而事件已達可為決定之程度者，應即終結聽證。因此，是否終結聽證，原則上為聽證主持人之職權。

(四)再為聽證

聽證終結後，在決定作成之前，行政機關認為必要時，依本法第 66 條規定，得再為聽證。至於，聽證終結後，是否再為聽證，屬主管機關之裁量權限（最高行政法院 107 判 11）。

拾、送　達

送達，係為使人民確實知悉文書之內容，俾其決定是否為必要之行為，以保障其個人權益。因此，人民應有受合法通知之權利，此項權利應受正當法律程序之保障（釋字第 667 號解釋）。❷⑦

一、送達原則

送達，除法規另有規定外，依本法第 67 條規定，由行政機關依職權為之，故採職權送達為原則。

所謂「除法規另有規定外」，例如，第 77 條第 3 項規定「送達係由當事人向行政機關申請對第三人為之者」與第 83 條第 1 項規定「當事人或代理人經指定送達代收人，向行政機關陳明者，應向該代收人為送達」等，則本於當事人之意思而為送達，故採當事人送達為例外。

---

❷⑦ 釋字第 667 號解釋不同意見書（許玉秀）指出：「依據正當法律程序原則，人民合理、公平參與法律程序之權利應受保障。人民行使參與法律程序之權利，以知悉權利行使之始點為必要，故保障人民獲得行使權利之程序資訊，為正當法律程序對於主觀權利行使可能性之最低保障。」並且，「送達程序，是使法院的裁判、行政機關的行政處分發生效力的途徑，同時在於使受送達人知悉行政機關或法院的作為，以便開始計算人民得進行異議、訴願或訴訟行為的期間。送達效力何時發生，既關係公權力行為的效力，對於人民程序參與權能否啟動，更具有決定性的作用。所以送達效力何時發生，應由法律明文規定，人民行使權利的主觀及客觀可能性，方能獲得有效保障。」

二、送達機關

關於送達之機關,得區分如下:

㈠自行送達

依本法第 68 條規定,原則上,送達由行政機關自行送達。而文書由行政機關自行送達者,以其承辦人員或辦理送達事務人員為送達人。

至於,行政機關之文書,依法規以電報交換、電傳文件、傳真或其他電子文件行之者,視為自行送達。

不過,書面行政處分之送達,如無法規規定,尚不得以傳真行之(最高行政法院 93 判 777)。

㈡郵政送達

送達由行政機關交由郵政機關送達,稱為郵政送達。

由郵政機關送達者,原則上,以一般郵遞方式為之。但是,文書內容對人民權利義務有重大影響者,應為掛號,蓋得作為憑證以杜爭議。所謂「文書內容對人民權利義務有重大影響者」,例如,出境逾 2 年未入境人口辦理遷出登記前之通知書(最高行政法院 94 判 1951)、違章建築拆除通知單(94 裁 1846)、復查決定書(98 裁 2202)等。若應為掛號之文書,未為掛號,則送達不合法(93 判 787)。

文書由行政機關交郵政機關送達者,❷以郵務人員為送達人。

㈢囑託送達

囑託送達之類型,依送達之地點與人員,區分為外國或境外之送達與特定對象之送達。

此外,囑託送達之類型,亦得依受囑託者之身分,區分為機關送達與公務員送達。本法第 90 條規定,受囑託之機關或公務員,經通知已為送達或不能為送達者,行政機關應將通知書附卷。

---

❷ 郵政機關之送達,準用依民事訴訟法施行法第 3 條訂定之郵政機關送達訴訟文書實施辦法。

1.外國或境外之送達：地點

於外國或境外為送達者，本法第 86 條規定，應囑託該國管轄機關或駐在該國之中華民國使領館或其他機構、團體為之。

至於，不能依前述規定為送達者，得將應送達之文書交郵政機關以雙掛號發送，以為送達，並將掛號回執附卷。

不過，實務見解指出，縱令受處分人於美國設有居所之事實屬實，並未至戶籍機關為居住國外之註記，則原處分機關自無從得知其居住國外之事實與確實之地址，自無法依本法第 86 條第 1 項之規定為囑託送達及向國外為公示送達（最高行政法院 99 裁 497）。

2.特定對象之送達：人員

本法第 87 條至第 90 條規定，係對於特定對象之囑託送達。

對於駐在外國之中華民國大使、公使、領事或其他駐外人員為送達者，「應」囑託外交部為之；而於有治外法權人之住居所或事務所為送達者，則係「得」囑託外交部為之。

對於在軍隊或軍艦服役之軍人為送達者，應囑託該管軍事機關或長官為之。

對於在監所人為送達者，應囑託該監所長官為之。若在監所人已提出在監執行證明書附卷，因關係著其提起行政救濟之權益，則對其送達，應囑託該監所長官為之，而本件送達係以郵務送達方式為之，且送達證書蓋監獄收件章及註明管理員代收，故送達方式，於法尚有未合（最高行政法院 97 裁 1687）。

三、應受送達人

㈠本　人

送達，原則上，應向受送達人本人送達。

於應送達處所不獲會晤應受送達人時，本法第 73 條規定，得將文書付與有辨別事理能力之同居人、受僱人或應送達處所之接收郵件人員。但是，前述人員與應受送達人在該行政程序上利害關係相反者，則不適用之。

所謂「受雇人」，即繼續為雇用人服勞務之人；所謂「有辨別事理能力」，依其人身心發展之狀態，在客觀上具有將所收領文書轉交應受送達人之知識者，即為有辨別事理能力之人。至受雇人有無將文書轉交本人，在所不問（最高行政法院 95 裁 1665）。

㈡代理人

對於無行政程序之行為能力人為送達者，本法第 69 條第 1 項及第 3 項規定，應向其法定代理人為之。法定代理人有 2 人以上者，送達得僅向其中之 1 人為之。

此外，行政程序之代理人受送達之權限未受限制者，本法第 71 條規定，送達應向該代理人為之。但是，行政機關認為必要時，得送達於當事人本人。蓋當事人行政程序之行為能力不因委任代理人而喪失，仍得自為行政程序行為而收受文書之送達，且向本人為送達，於該當事人既無不利，即應認已生送達之效力（最高行政法院 96 裁 204；107 裁 99）。

㈢無行為能力人

無行政程序之行為能力人為行政程序之行為，未向行政機關陳明其法定代理人者，本法第 69 條第 4 項規定，於補正前，行政機關得向該無行為能力人為送達。

㈣代表人或管理人

對於機關、法人或非法人之團體為送達者，本法第 69 條第 2 項及第 3 項規定，應向其代表人或管理人為之。代表人或管理人有 2 人以上者，送達得僅向其中之 1 人為之。

不過，應注意其他法令之規定，例如，股份有限公司之新任董事長，係自其就任後生效力，並非經改選即生效，亦非經主管機關准予變更登記後，始生效力（公司法第 12 條、第 195 條第 2 項；最高行政法院 92 裁 1595）。

對於在中華民國有事務所或營業所之外國法人或團體為送達者，本法第 70 條規定，應向其在中華民國之代表人或管理人為之。代表人或管理人有 2 人以上者，送達得僅向其中之 1 人為之。

㈤第三人

送達係由當事人向行政機關申請對第三人為之者，本法第 77 條規定，行政機關應將已為送達或不能送達之事由，通知當事人。

㈥不特定人

行政機關對於不特定人之送達，本法第 75 條規定，得以公告或刊登政府公報或新聞紙代替之。

至於，依本法第 75 條及第 100 條第 2 項規定，一般處分以公告代替送達之情形，如未定有期限時，依本法第 110 條第 2 項規定，自公告日發生效力而應自次日起算訴願期間，且若公告未載明可救濟期間，其救濟期間尚得適用本法第 98 條第 3 項關於 1 年內視為於法定期間內提起之規定（最高行政法院 106 裁 1910）。

㈦送達代收人

當事人或代理人經指定送達代收人，向行政機關陳明者，本法第 83 條規定，應向該代收人為送達。而對指定送達代收人送達，已生送達效力（最高行政法院 97 裁 4269）。郵寄方式向行政機關提出者，以交郵地無住居所、事務所及營業所者，行政機關得命其於一定期間內，指定送達代收人。

如不於前述期間指定送達代收人並陳明者，行政機關得將應送達之文書，註明該當事人或代理人之住居所、事務所或營業所，交付郵政機關掛號發送，並以交付文書時，視為送達時。

不過，若納稅者（公司）向稅捐稽徵機關提出之復查申請書，並未指定送達代收人，則稅捐稽徵機關依復查申請書所載申請人地址送達，並經公司代表人蓋章簽收，即生合法送達之效力（98 裁 2202）。

四、送達方式與送達處所

㈠直接送達

送達，原則上，採直接送達之方式，本法第 72 條規定，於應受送達人之住居所、事務所或營業所為之。但是，在行政機關辦公處所或他處會晤應受送達人時，得於會晤處所為之。

對於機關、法人、非法人團體之代表人或管理人為送達者，應向其機關所在地、事務所或營業所行之。但是，必要時亦得於會晤之處所或其住居所行之。

例如，農會為法人，應向其營業所送達行政處分書，而非向其會員代表、理事、監事及總幹事送達（最高行政法院 93 判 1553）。

此外，應受送達人有就業處所者，亦得向該處所為送達。

㈡補充送達

於應送達處所不獲會晤應受送達人時，本法第 73 條第 1 項規定，得將文書付與有辨別事理能力之同居人、受僱人❷❾或應送達處所之接收郵件人員。

本條所稱「不獲會晤應受送達人」，尚非以應受送達人客觀上未在該受送達處所為必要；而以補充送達方式為合法送達者，則係以該代收人收受時作為文書之送達時（最高行政法院 102 裁 1386）。例如，受公寓大廈管理委員會所僱用，或受公寓大廈管理委員會委任之公寓大廈管理維護公司所僱用之人員，而其所服勞務包括為公寓大廈住戶接收郵件者，均屬本法第 72 條第 2 項及第 73 條第 1 項規定之接收郵件人員；對於此種僱有負責接收郵件人員之住戶為文書送達，其原則上即屬「郵務人員於應送達處所不獲會晤應受送達人」之情形，將文書付與應送達處所之接收郵件人員，即生合法送達之效力；至於，應受送達之本人其後實際上於何時收到文書，並不影響送達之效力（107 裁 405；107 裁 833）。

㈢留置送達

應受送達人或其同居人、受僱人、接收郵件人員無正當理由拒絕收領文書時，本法第 73 條第 3 項規定，得將文書留置於應送達處所，以為送達。

此時，若有張貼原處分文書之現場照片，得作為送達合法之證明（最

---

❷❾ 最高行政法院（99 裁 807）指出：「……本件原處分書之送達，係蓋用抗告人（即應受送達人）之印章，並載明由受雇人代收一節，有送達證書影本附原處分卷可按，於法即無不合。」

高行政法院 93 判 1553）。

㈣寄存送達

送達，不能依第 72 條（直接送達）及第 73 條（補充送達與留置送達）規定為之者，本法第 74 條規定，得將文書寄存送達地之地方自治或警察機關，❸並作送達通知書兩份，一份黏貼於應受送達人住居所、事務所、營業所或其就業處所門首，另一份交由鄰居轉交或置於該送達處所信箱或其他適當位置，以為送達。俾應受送達人知悉寄存之事實，前往領取，缺一均不能謂為合法之送達（最高法院 64 臺抗 481 判例）。此外，送達之處所，雖原為應受送達人之住居所、事務所或營業所，而實際上已變更者，縱令其戶籍登記尚未遷移，該原住居所、事務所或營業所，即非應為送達之處所，自不得於該原處所為寄存送達（最高行政法院 100 裁 1029）。

前述情形，由郵政機關為送達者，得將文書寄存於送達地之郵政機關。❸但是，郵務人員依此規定為寄存送達時，若未將送達通知書黏貼於應受送達人住居所之門首，致該住居所之門首並無黏貼任何送達通知書，則屬未經合法送達（98 裁 3050）。

此外，寄存機關自收受寄存文書之日起，應保存 3 個月。

關於寄存送達效力發生之時點，❸實務見解指出，寄存送達既已使應

---

❸ 最高行政法院（99 裁 893）指出：「……郵寄送達……因未獲會晤本人亦無受領文書之同居人或受僱人，經郵務人員將該文書寄存於送達地之派出所，以為送達，……於該日生合法送達之效力。」

❸ 最高行政法院（95 裁 1823）指出，依此規定為寄存送達，自非以應受送達人簽收為必要。

❸ 釋字第 667 號解釋不同意見書（黃茂榮）指出，行政訴訟法對於具有擬制性質之寄存送達的生效時期未附以法定始期，顯然是出於立法上之失誤。因此，構成之漏洞，應參酌相關之程序法的規定予以補充。其未為補充之規範狀態損及人民之訴願權及訴訟權時，自已構成違憲。而受文書之送達是一個人維護其權利所必須的程序條件，所以在程序法上或訴訟法上，關於送達，如有事實上未交付相對人，而擬制為已對其送達的規定，則因其在結果上有剝奪人民依正當行政程序或訴訟程序維護其權利的可能性。所以應從程序正當性或訴訟權之保

受送達人處於可得迅速知悉其事並前往領取相關文書之狀態，其送達之目的業已實現，則以文書寄存送達完畢時作為發生送達效力之時點，❸❸已得確保人民受合法通知之權利，就整體而言，尚合乎憲法正當法律程序之要求，並與憲法第 16 條保障人民訴願及訴訟權之意旨無違（釋字第 667 號解釋）。❸❹

㈤公示送達

公示送達，為用盡其他送達方式無法達到目的後所採不得已送達方法，因係以公告方式為之，受送達人不易得知送達文書事件，為對當事人不利之送達方式（最高行政法院 97 判 644）。❸❺

障的觀點，依比例原則審查其合憲性。

❸❸ 釋字第 667 號解釋不同意見書（葉百修）指出：⑴寄存送達未設生效緩衝期與正當法律程序之意旨不符；⑵送達之方式，須以確實保障人民受通知權為必要。係以直接送達為原則，寄存送達為最後手段；⑶妥適通知係國家之義務，不得要求人民必須盡注意義務以確認是否受妥適通知。

❸❹ 釋字第 667 號解釋理由書指出：「送達制度攸關憲法保障人民訴願及訴訟權是否能具體落實。鑑於人民可能因外出工作、旅遊或其他情事而臨時不在應送達處所，為避免其因外出期間受寄存送達，不及知悉寄存文書之內容，致影響其權利，【92/02/07】修正公布、同年 9 月 1 日施行之民事訴訟法第 138 條第 2 項，增訂寄存送達，自寄存之日起，經 10 日發生效力之規定，係就人民訴訟權所為更加妥善之保障。立法機關就訴願法及行政訴訟法未與上開民事訴訟法設有相同規定，基於上開說明，行政訴訟法第 73 條規定所設之程序及方式，雖已符合憲法正當法律程序之要求，並無違於平等原則，然為求人民訴願及訴訟權獲得更為妥適、有效之保障，相關機關允宜考量訴願及行政訴訟文書送達方式之與時俱進，兼顧現代社會生活型態及人民工作狀況，以及整體法律制度之體系正義，就現行訴願及行政訴訟關於送達制度適時檢討以為因應……。」

❸❺ 最高行政法院（97 判 644）指出：「……以當事人有利原則而論，本案以受處分人在臺戶籍地為送達處所，由戶籍地之至親即同居人收受送達文書，尚無不合。」

1.類　型

(1)申請公示送達

對於當事人之送達，行政機關得依申請，准為公示送達之情形，本法第 78 條第 1 項規定，包括：(1)應為送達之處所不明；❸⑥(2)於有治外法權人之住居所或事務所為送達而無效；(3)於外國或境外為送達，不能依第 86 條之規定辦理或預知雖依該規定辦理而無效。

(2)職權公示送達

職權公示送達之情形，依本法第 78 條與第 79 條規定，區分如下：

有第 78 條第 1 項所列各款之情形，而無人為公示送達之申請者，行政機關為避免行政程序遲延，認為有必要時，得依職權命為公示送達。針對本法第 78 條第 1 項第 1 款所謂「應為送達之處所不明」，係指依社會一般觀念，不知其應為送達處所，既非以行政機關主觀不明為標準，亦非以客觀之絕對不能為準，而係依一般認為相當之方法探查後，仍不知其應為送達之處所者，即可認為不明。例如，經函詢戶政事務所查詢甲戶籍遷徙事宜，該所函稱甲並未依規定於遷出及遷入時辦理戶籍登記，致承辦人員無法將原處分送達於甲當時登記之戶籍地，已符合本法第 78 條第 1 項第 1 款規定「應為送達之處所不明」之情形，依同條第 2 項規定依職權對之為公示送達，自屬有據（最高行政法院 105 判 128）。

當事人變更其送達之處所而不向行政機關陳明，致有第 78 條第 1 項之情形者，行政機關得依職權命為公示送達。

此外，依第 78 條規定為公示送達後，對於同一當事人仍應為公示送達者，依職權為之。

---

❸⑥　例如，針對稅捐稽徵機關對公同共有人所為核定稅捐之處分，縱使應受送達之已查得之處分相對人中，或有應受送達之處所不明等情形，稅捐稽徵機關不得已時，仍非不能採用公示送達，或其他不致產生過高行政成本，而有利於相對人知悉處分內容之送達方法，以達成送達核定稅捐通知書之目的，故若法律規定剝奪該等相對人應受送達之程序，則對人民訴願、訴訟權之限制，已逾必要之程度（釋 663）。

例如，稅捐稽徵機關將綜合所得稅核定稅額繳款書依納稅義務人於綜合所得稅結算申報書所登載之戶籍地址為寄送，惟屢因遷移新址不明或原址查無此人而遭退回，在查無其薪資所得及勞健保投保資料情形下，顯係行蹤不明，故依本法第 78 條第 1 項及第 3 項規定辦理公示送達 （103 裁667）。

2.文書處理

公示送達，本法第 80 條規定，應由行政機關保管送達之文書，而於行政機關公告欄黏貼公告，告知應受送達人得隨時領取；並得由行政機關將文書或其節本刊登政府公報或新聞紙。

此外，為公示送達者，本法第 82 條規定，行政機關應製作記載該事由及年、月、日、時之證書附卷。

3.效　力

公示送達之生效時點，依本法第 81 條規定，區分如下：

公示送達自第 80 條規定公告之日起，其刊登政府公報或新聞紙者，自最後刊登之日起，經 20 日發生效力。

於依第 78 條第 1 項第 3 款為公示送達者，經 60 日發生效力。

第 79 條之公示送達，自黏貼公告欄翌日起發生效力。

例如，本件甲綜合所得稅結算申報，經國稅局依通報資料，核定應補稅，系爭繳款書及核定通知書經國稅局寄送至甲申報綜合所得稅時填載之退補稅通知送達處所，經郵務機構以「查無此人」退回，國稅局查明寄送地址即甲之戶籍地址，復無其他應為送達處所，故認定應為送達處所不明，依法為公示送達，並於【100/12/05】於都會時報刊登公告，依本法第 81 條前段規定，自刊登之日起經 20 日即發生效力（最高行政法院 103 判 681）。

五、送達證書與送達時間

(一)送達證書

1.已送達

送達人因證明之必要，本法第 76 條規定，得製作送達證書，記載事

項，包括：⑴交送達之機關；⑵應受送達人；⑶應送達文書之名稱；⑷送達處所、日期及時間；⑸送達方法。

送達證書，應由送達人簽名，其得判斷是否逾越行政法定期限（最高行政法院 94 裁 17）。不過，實務見解指出：「送達證書僅為送達之證據方法，與事實上送達之行為，係屬兩事。故送達未作送達證書或其證書不合程式，不得即謂無送達之效力，本院著有 61 裁 156 判例。……系爭駁回通知既已送達抗告人等，雖送達回證因故未尋獲，揆諸前引判例意旨，不得即謂無送達之效力。」（92 裁 1580）因此，「雖無送達證書，然已實際收受稅額核定通知書者，該稅額核定通知書亦已生送達效果。」（99 判 38）

除電子傳達方式之送達外，送達證書應由收領人簽名或蓋章；如拒絕或不能簽名或蓋章者，送達人應記明其事由。

送達證書，應提出於行政機關附卷。不過，實務見解指出，送達證書為送達之證明方法，並非完成送達行為之本體，若送達人已為合法之送達，雖未作成送達證書或作成之送達證書不合法定方式，仍得藉送達證書以外之方法證明之（94 判 22）；針對本法第 76 條送達證書之規定，雖然本法並未將此項證據方法，當成證明送達合法之唯一證據，但卻是所有不同證據方法中，證明力最強之證據。而本案原處分卷內既然有各該送達證書，且各該送達證書內容亦顯示，各該次之寄存送達，均符合法定方式之要求。則本案中之寄存送達符合法定方式，為合法之送達等情，應得認定屬實（100 裁 1029）。

2.不能送達

不能為送達者，本法第 85 條規定，送達人亦應製作記載該事由之報告書，提出於行政機關附卷，並繳回應送達之文書。

㈡送達時間

送達，除第 68 條第 1 項規定交付郵政機關或依第 2 項之規定辦理者外，本法第 84 條規定，不得於星期日或其他休息日或日出前、日沒後為之。但是，應受送達人不拒絕收領者，不在此限。

實務見解指出，本法第 84 條規定避免於星期日、其他休息日送達，旨

在維護應受送達人的生活安寧，但如採「郵務送達」，既不致過於擾亂應受送達人生活安寧，故仍可送達，且縱違反本法送達時間之規定，依該條但書規定，其法律效果僅係受送達人得拒絕受領而已，非送達不合法。本件異議處理結果送達當日固為除夕之休息日，但既係由郵務機關送達，其送達自為合法。甲公司逾期提起申訴，係未經合法申訴程序（最高行政法院 107 裁 405；臺北高等行政法院 106 訴 97）。

第十六章　行政執行

綱 要 導 讀

壹、總　則

一、行政執行之法規適用

(一)行政執行應有法律依據

　　1.行政執行之概念

　　2.行政執行之法律保留

(二)行政執行法之性質

(三)其他法律之性質

二、行政執行之種類

三、執行之機關、筆錄與協助

(一)執行機關

　　1.原處分機關或該管行政機關

　　2.行政執行處或行政委託

(二)執行筆錄

　　1.筆錄之必要性

　　2.筆錄類型與記載事項

(三)執行協助

　　1.要　件

　　2.處理程序與費用負擔

四、行政執行之限制

(一)比例原則

(二)執行時間、文件與在場

　　1.執行時間

　　2.文　件

　　3.在　場

(三)執行時效

　　1.原　則

2.例　外

(四)終止執行

　　1.種　類

　　2.程　序

五、權利保護

(一)聲明異議

　　1.要　件

　　2.聲明異議之處理

(二)債務人異議之訴

(三)第三人異議之訴

(四)損害賠償

(五)損失補償

　　1.要　件

　　2.補償範圍

　　3.請求與救濟

　　4.時　效

貳、公法上金錢給付義務之執行

一、要　件

(一)義務人負有公法上金錢給付義務

　　1.義務人

　　2.公法上金錢給付義務

(二)逾期不履行

(三)經主管機關移送

二、辦理人員與檢附文件

(一)辦理人員

(二)檢附文件

三、執行方法與限制
㈠執行方法
　　1.催繳與自動清繳
　　2.分期繳納
　　3.執行財產或遺產
　　4.撤　回
㈡限制：禁止重複查封
四、執行之保全
㈠保全措施
㈡拒絕保全之處理
　　1.拘提管收
　　2.禁止命令
　　3.執行擔保人財產
五、費用負擔
㈠執行費
㈡必要費用
六、準　用
參、行為或不行為義務之執行
一、類型與要件
㈠行為或不行為義務
　　1.依　據
　　2.種　類
　　3.程　序
　　4.逾期不履行
㈡物之交付義務
二、執行方法
㈠間接強制方法
　　1.代履行
　　2.怠　金
㈡直接強制方法
　　1.原　則
　　2.種　類

三、執行費用
四、準　用
肆、即時強制
一、要　件
㈠行政機關
㈡為阻止犯罪、危害之發生或避免急
　迫危險
㈢有即時處置之必要
二、方　法
㈠對於人之管束
　　1.事　由
　　2.期　限
　　3.執行程序
㈡對於物之扣留、使用、處置或
　限制其使用
　　1.物之扣留
　　2.物之使用、處置或限制其使用
㈢對於住宅、建築物或其他處所之進
　入
三、執行費用

現行之行政執行法（以下簡稱「本法」），係【87/11/11】修正公布全文44條，嗣後經數次修正。❶本書係依【99/02/03】之修正規定內容，分析如下：

壹、總　則

一、行政執行之法規適用

本法第1條規定：「行政執行，依本法之規定；本法未規定者，適用其他法律之規定。」

㈠行政執行應有法律依據

1.行政執行之概念

行政執行，為行政強制執行之簡稱，係行政機關以強制方法實現行政目的之行為。

因此，行政之強制執行作用，對於義務人或被執行者而言，係屬干預（侵犯）行政之類型。而國家運用強制力實現行政目的，係行政執行之核心特徵。

2.行政執行之法律保留

基於行政執行之本質，係強制性之行政作用，故應有法律保留原則之適用。就此，釋字第588號解釋指出，本法係為貫徹行政法令、保障其有效之執行，以國家之強制力，促使人民履行其公法上義務之程序規範。

㈡行政執行法之性質

由本條規定之文義觀察，關於行政執行之法規適用順序，本法規定整體而言，應屬行政執行基本法之性質。❷因此，依本法第1條規定，行政執行係依本法之規定，並非適用強制執行法（最高行政法院94裁968）；至於，法務部基於主管機關之職責而頒訂核定底價注意事項，以供行政執

---

❶　關於修正前行政執行法之評論，城仲模，《行政法之基礎理論》，1985。

❷　蔡震榮，《行政執行法》，2002，第36頁以下。

行機關執行拍賣程序遵循，未逾本法之立法意旨，行政執行機關受理執行事件時，自應依此規定辦理（107 判 234）。

此外，本法修正施行前之行政執行事件，未經執行或尚未執行終結者，本法第 42 條第 2 項規定，自本法修正條文施行之日起，亦係依本法之規定執行之。

㈢其他法律之性質

僅本法未規定之部分，才得適用其他法律之規定，故其他法律係行政執行補充法之性質。

因此，各行政機關處理有關行政執行事項時，除因本法別有規定而應優先適用其他法律規定者外，原則上應優先適用本法之規定。❸

例如，本法第 7 條第 2 項規定，法律有特別規定者，不適用第 1 項之規定，則本法關於執行時效（第 7 條第 1 項）之規定，似為普通法之性質。當然，第 2 項之「法律」，僅以關於執行時效有特別規定者為限。例如，稅捐稽徵法第 23 條之規定。

二、行政執行之種類

本法所稱「行政執行」，指公法上金錢給付義務、行為或不行為義務之強制執行及即時強制（第 2 條）。

當然，行政執行之相對人，如釋字第 588 號解釋之意旨，原則上係針對未履行公法義務者，強制促使其履行公法義務，或實現與履行相同之狀態，故本法行政執行係以有公法義務為前提者，包括公法上金錢給付義務與行為或不行為義務，對其強制執行，稱為狹義之行政執行。

惟本法中即時強制之對象，並不以有公法義務為必要前提，故本法之整體內涵，係廣義之行政執行，較偏重於強制執行方法之程序規範。

茲將本法行政執行之類型與方法，列圖如下：

---

❸ 法務部 【90/06/20】 法 90 律字第 014057 號函，《行政執行法令解釋彙編》，2004，第 1 頁並謂，本法第 1 條、第 7 條第 2 項、第 9 條第 3 項所稱「法律」，依其立法意旨及法條之文義，係指經立法院通過，總統公布之法律。

行政執行
（廣義）
- 行政執行（狹義）
  - 公法上金錢給付義務（第2章）
  - 行為或不行為義務（第3章）
    - 間接強制
      - 代履行
      - 怠金
    - 直接強制
- 即時強制（第4章）：不以有公法義務為前提

三、執行之機關、筆錄與協助

㈠執行機關

1.原處分機關或該管行政機關

行政執行，本法第 4 條第 1 項本文規定，係由原處分機關或該管行政機關為之。

所稱「原處分機關」，其認定以實施行政處分時之名義為準。但是，上級機關本於法定職權所為之行政處分，交由下級機關執行者，以該上級機關為原處分機關。

所稱「該管行政機關」，指相關法令之主管機關或依法得為即時強制之機關。

至於，原處分機關或該管行政機關經裁撤或改組時，以承受其業務之機關為執行機關；無承受其業務之機關者，以其上級機關為執行機關。

本法之執行機關，除金錢給付之執行為法務部行政執行署所屬行政執行處外，其餘事件依其性質分由原處分機關或該管機關為之。而各級法院裁判之執行，以由該管地方法院依強制執行法為之為原則，如法律有特別規定亦得委由行政機關依本法執行 （行政訴訟法第 306 條第 1 項及第 2 項）。遇此情形，有執行權限之行政機關，亦屬本法第 4 條所稱之該管機關（釋字第 559 號解釋）。 ❹

---

❹　最高行政法院（99 裁 3389）指出：「……由本法第 4 條關於執行機關之規定內容觀之，行政機關亦可自為行政執行行為，因此各行政機關與專設之行政執行機關間，如對管轄權限或執行事務之法律意見有衝突時，應循行政內部之協調機制解決，而不得訴請司法救濟。」

2.行政執行處或行政委託

公法上金錢給付義務逾期不履行者，第 4 條第 1 項但書規定，係移送法務部行政執行署所屬行政執行處執行之。❺故公法上金錢給付義務之執行機關，係行政執行處。因此，若法律仍有公法上金錢給付義務移送法院強制執行之規定者，本法第 42 條第 1 項規定，自本法修正條文施行之日起，不適用之。❻

關於公法上金錢給付義務之執行，其執行機關之管轄，原則上應以執行標的物所在地之該管行政執行處為執行機關；其不在同一行政執行處轄區者，得向其中任一行政執行處為之。而應執行之標的物所在地不明者，由義務人之住居所、公務所、事務所或營業所所在地之行政執行處管轄。至於，受理公法上金錢給付義務執行事件之行政執行處，須在他行政執行處轄區內為執行行為時，則應囑託該他行政執行處為之。

此外，法務部行政執行署所屬行政執行處為執行本法第 4 條第 1 項之公法上金錢給付義務事項，得將權限之一部分委託民間團體或個人辦理（本法施行細則第 6 條之 1），稱為「行政委託」。

㈡執行筆錄

1.筆錄之必要性

行政執行涉及執行機關是否合法行使公權力，且影響相對人之權益，故本法施行細則第 9 條規定，應作成執行筆錄。

但是，直接強制或即時強制，因情況急迫或其他原因，不能作成執行

---

❺ 本法第 4 條第 2 項規定：「法務部行政執行署及其所屬行政執行處之組織，另以法律定之。」

❻ 本法修正施行前公法上金錢給付義務移送法院強制執行之事件，本法第 42 條第 2 項規定，未經執行或尚未執行終結者，自本法修正條文施行之日起，移送該管行政執行處繼續執行之。而本法施行細則第 42 條規定：「本法修正施行前之公法上金錢給付義務強制執行事件，於本法修正施行後尚未移送法院強制執行者，由主管機關移送該管行政執行處依本法規定執行之；其已移送法院強制執行尚未終結者，繫屬之法院應維持已實施之執行程序原狀，並將有關卷宗送由該管行政執行處依本法規定繼續執行之。」

筆錄者，得以報告書代之。

2.筆錄類型與記載事項

關於筆錄之類型與其應記載之事項，本法施行細則第 10 條與第 11 條規定如下：

行為或不行為義務之執行及即時強制之執行筆錄，應載明之事項，包括：(1)執行所依據之行政處分或法令規定及其內容；(2)義務人或應受執行人之姓名、性別、出生年月日、國民身分證統一編號、職業及居住所；其為法人或其他設有負責人、管理人或代表人之團體者，其名稱、事務所或營業所，及負責人、管理人或代表人之姓名、性別、出生年月日、國民身分證統一編號、職業及住居所；(3)應執行標的所在地、種類、數量、品質及其他應記明事項；(4)執行方法。轉換執行方法或終止執行者，其事由；(5)聲明異議者，異議人之姓名、關係、異議事由及對聲明異議之處置；(6)請求協助執行者，其事由及被請求協助機關名稱；(7)執行人員及在場之人簽名。在場之人拒簽者，其事由；(8)執行處所及執行之年、月、日、時。

公法上金錢給付義務逾期不履行，經移送行政執行處執行者，其執行筆錄應記載之事項，準用強制執行法有關規定。

此外，執行機關依本法第 5 條第 1 項但書規定於夜間、星期日或其他休息日執行者，應將情況急迫或徵得義務人同意之情形，記明於執行筆錄或報告書。

(三)執行協助

關於「執行協助」，本法規定於第 6 條，與行政程序法第 19 條規定之「職務協助」，並非相同。❼

1.要　件

(1)事　項

執行機關得請求協助之情形，包括：(1)須在管轄區域外執行；(2)無適當之執行人員；(3)執行時有遭遇抗拒之虞；(4)執行目的有難於實現之虞；(5)執行事項涉及其他機關等（第 6 條第 1 項）。

---

❼　蔡震榮，〈行政執行法〉，翁岳生編《行政法》，2000，第 986 頁以下。

⑵時　間

有前述事項之情形發生者，執行機關得於必要時請求協助。

因此，請求協助之時間，係執行機關本於職權認為必要時。

⑶對　象

執行機關請求協助之對象，係「其他機關」。所謂「其他機關」之認定，應依請求協助事項之類型個案判斷之，惟必須是原執行管轄機關以外之機關。

此外，執行機關為依本法第6條規定於必要時請求其他機關協助執行，得視事實需要會商相關機關訂定協調聯繫注意事項。

2.處理程序與費用負擔

⑴處理程序

被請求協助機關，非有正當理由，不得拒絕；其不能協助者，應附理由即時通知請求機關（第6條第2項）。

所謂「正當理由」，似隱含被請求協助機關之說明義務與即時通知義務，惟該被請求協助之機關，有決定是否協助之職權。

⑵費用負擔

被請求協助機關因協助執行所支出之費用，係由請求機關負擔之（第6條第3項）。

四、行政執行之限制

㈠比例原則

行政執行，為典型之干預行政，其應依公平合理之原則，兼顧公共利益與人民權益之維護，以適當之方法為之，不得逾達成執行目的之必要限度（第3條），此為「比例原則」之要求（最高行政法院105裁1571）。

針對本法第3條所定「以適當之方法為之，不得逾達成執行目的之必要限度」，本法施行細則第3條援用行政程序法第7條「比例原則」之規範設計，係指於行政執行時，應依下列原則為之：⑴適合性原則或適當性原則，指採取之執行方法須有助於執行目的之達成；⑵必要性原則或最少損

害原則，指有多種同樣能達成執行目的之執行方法時，應選擇對義務人、應受執行人及公眾損害最少之方法為之；(3)合比例性原則、狹義比例原則或法益權衡原則，指採取之執行方法所造成之損害不得與欲達成執行目的之利益顯失均衡。

㈡執行時間、文件與在場

1.執行時間

關於執行時間之限制，行政執行不得於夜間、星期日或其他休息日為之。但是，執行機關認為情況急迫或徵得義務人同意者，不在此限。此外，日間已開始執行者，得繼續至夜間（第 5 條）。

所稱「其他休息日」，指應放假之紀念日及其他由中央人事主管機關規定應放假之日；所稱「夜間」，指日出前、日沒後。例如，本件查報函之送達，雖係於下午 6 時 30 分所為，惟此乃行政處分之送達，而非行政處分之執行，自無本法第 5 條之適用；依行政程序法第 84 條但書規定，行政處分之送達得於受送達人不拒絕收領時，於夜間為之，故甲主張本件係於夜間執行，違反本法第 5 條，並不足採（最高行政法院 94 判 1265）。

2.文　件

執行人員於執行時，應對義務人出示足以證明身分之文件；必要時得命義務人或利害關係人提出國民身分證或其他文件。

3.在　場

執行人員於行為或不行為義務之強制執行及即時強制時，應由義務人或可為其代表之人在場；如無此等人在場時，得由鄰居或就近自治團體之職員在場。

㈢執行時效

1.原　則

關於執行時效之原則，❽本法第 7 條第 1 項規定，❾得區分為 2 種類

---

❽ 最高行政法院（99 判 1138）指出，本法所規定之行政執行期間，其立法目的在求法律秩序之安定，此項期間之性質，宜解為係法定期間，其非時效，亦非除斥期間，而與消滅時效之本質有別。行政執行期間經過後，法律效果為不得

型：

(1)開始執行之限制

行政執行，自處分、裁定確定之日或其他依法令負有義務經通知限期履行之文書所定期間屆滿之日起，5 年內未經執行者，不再執行。

所謂「未經執行」，係指未開始執行。

(2)執行終結之限制

執行機關於 5 年期間屆滿前已開始執行者，仍得繼續執行。但是，自 5 年期間屆滿之日起已逾 5 年尚未執行終結者，不得再執行。

換言之，符合開始執行之限制，容許其在 5 年期間屆滿後得繼續執行，惟仍應受執行終結（5 年期間屆滿之日起已逾 5 年）之限制。

前述所稱已開始執行，如已移送執行機關者，係指下列情形之一：(1)通知義務人到場或自動清繳應納金額、報告其財產狀況或為其他必要之陳述；(2)已開始調查程序。

2.例 外

關於執行時效之例外，本法第 7 條第 2 項規定，法律有特別規定者，不適用第 1 項之規定。

本項所謂「法律」，係指關於執行時效之法律，有特別規定者而言，而不包括關於實體權利之特別時效規定。例如，社會秩序維護法第 32 條規定：「違反本法行為之處罰，其為停止營業、罰鍰、沒入、申誡者，自裁處確定之日起，逾 3 個月未執行者，免予執行；為拘留、勒令歇業者，自裁處確定之日起，逾 6 個月未執行者，免予執行。分期繳納罰鍰而遲誤者，前項 3 個月之期間，自其遲誤當期到期日之翌日起算。其經易以拘留者，自法院裁定易以拘留確定之日起，逾 3 個月未執行者，免予執行。」❿

再執行或免予執行，並非公法上債權當然消滅，而謂其公法上債權不存在。

❾ 針對本法修正施行前之行政執行事件，未經執行或尚未執行終結者，自本法修正條文施行之日起，其關於第 7 條規定之執行期間，第 42 條第 3 項規定，自本法修正施行日起算。

❿ 陳敏，《行政法總論》，2004，第 811 頁註 30 指出，本法草案第 7 條之說明，

㈣終止執行

1.種　類

執行機關依據執行名義開始關於行政執行後，因執行目的已達成或無繼續執行之必要者，即應終止執行，⓫本法第 8 條規定如下：

首先，係行政執行有「⑴義務已全部履行或執行完畢；⑵行政處分或裁定經撤銷或變更確定；⑶義務之履行經證明為不可能」等情形之一者，執行機關應依職權或因義務人、利害關係人之申請終止執行。

其次，行政處分或裁定經部分撤銷或變更確定者，執行機關應就原處分或裁定經撤銷或變更部分終止執行。

前述之義務已全部履行或執行完畢，係屬執行目的已達成；而行政處分或裁定經撤銷或變更確定與義務之履行經證明為不可能，係屬無繼續執行之必要。

2.程　序

執行機關執行時，應依職權調查有無本法第 8 條第 1 項各款所定情形。若行政執行有本法第 8 條第 1 項各款所定情形之一者，義務人或利害關係人得陳明理由並檢附有關文件，申請執行機關終止執行。

當執行機關終止執行時，則應通知義務人及利害關係人。例如，最高行政法院指出，本件原處分（命繳納代履行費用）之性質，係環保局命甲公司履行廢棄物清理之「代履行」處分，乃延續環保局之前處分（應提出清理計畫書送環保局審查），自應以甲公司負有廢棄物清理之作為義務為前提，則如前處分嗣後經處分機關或法院撤銷，原處分即失所附麗，應隨之撤銷。且依本法第 8 條、第 9 條規定，行政處分或裁定經撤銷或變更確定者，執行機關應依職權或因義務人、利害關係人之申請終止執行；如執行機關未能終止執行，義務人、利害關係人得對執行命令聲明異議，執行機關認其有理由者，應即停止執行，並撤銷或更正已為之執行行為；若執行

以稅捐稽徵法第 23 條、第 39 條與第 40 條為特別規定之例證。事實上，稅捐稽徵法第 23 條，係規定國家稅捐債權之消滅時效。

⓫　李建良，〈行政執行〉，翁岳生編《行政法》，1998，第 883 頁以下。

機關未能停止執行並撤銷已為之執行行為，義務人、利害關係人自得循序提起行政訴訟，請求撤銷之（106 判 322）。

五、權利保護

㈠聲明異議

行政執行貴在迅速有效，始能提高行政效率，故其救濟程序採取簡易之聲明異議方式，本法第 9 條規定係對行政執行之程序行為不服之救濟方法，旨在撤銷、更正或停止執行行為，不涉及行政實體法上判斷，得依上開規定聲明異議之事項，以針對執行命令、執行方法、應遵守之程序等執行程序上之措施為限（最高行政法院 103 判 298）。

1.要 件

關於聲明異議，本法第 9 條第 1 項規定：「義務人或利害關係人對執行命令、執行方法、應遵守之程序或其他侵害利益之情事，得於執行程序終結前，向執行機關聲明異議。」分析如下：

⑴主 體

聲明異議之主體，係義務人或利害關係人。例如，不動產之執行程序既係以強制手段，剝奪義務人（即債務人）之財產並經變價程序，以滿足債權人之債權請求，自應踐行相關規定之程序，始符法律要求。因此，一旦執行程序有瑕疵，利害關係人即得於執行程序終結前聲明異議，並不以其確實受有損害為前提，亦與該等人員是否因可歸責而未能防範執行程序之瑕疵無涉。因此，本件行政執行機關雖已於拍賣期日宣示系爭土地由拍定人得標，然其核定系爭土地底價之程序既有瑕疵，則基於錯誤之底價而為之拍定宣示，亦屬違法之處分，權利移轉證書既未核發，執行程序即尚未終結，遺產管理人（義務人之財產管理人）自得依法異議（最高行政法院 107 判 234）。

⑵事 由

聲明異議之事由，係採例示規定與概括規定併列之方式。

例示規定，係針對執行命令、執行方法、應遵守之程序等侵害義務人

或利害關係人利益之情事。

概括規定，則係前述以外，其他侵害義務人或利害關係人利益之情事。

聲明異議之規定，非僅適用於本法第 2 章「公法上金錢給付義務之執行」，尚包括第 3 章「行為或不行為義務之執行」及第 4 章「即時強制」，而行政執行措施多屬事實行為。

例如，最高行政法院指出，本件原處分（命繳納代履行費用）既係「前處分（應提出清理計畫書送環保局審查）」之延續，而「前處分」既經撤銷確定而溯及失其效力，原處分即失所附麗，應予撤銷；且本件原處分既係「代履行」之性質，而其前提之廢棄物清理作為義務既不存在，則環保局所為代履行之原處分，即等同「欠缺執行名義」所為之行政執行，自屬違法執行，甲公司依據本法第 9 條第 1 項規定聲明異議，自屬有據（106 判322）。

(3)時　　間

聲明異議之時間，係在執行程序終結前。

(4)對　　象

聲明異議之對象，係向執行機關。

(5)方　　式

義務人或利害關係人依本法第 9 條第 1 項規定聲明異議者，應以書面為之。但是，執行時得當場以言詞為之，並由執行人員載明於執行筆錄。

2.聲明異議之處理

(1)執行機關

對於聲明異議，執行機關認其有理由者，應即停止執行，並撤銷或更正已為之執行行為；認其無理由者，應於 10 日內加具意見，送直接上級主管機關於 30 日內決定之。

行政執行，除法律另有規定外，不因聲明異議而停止執行。但是，執行機關因必要情形，得依職權或申請停止之。

(2)直接上級主管機關

直接上級主管機關對於執行機關依本法第 9 條第 2 項規定送請決定之

聲明異議事件，認其異議有理由者，應命執行機關停止執行，並撤銷或更正已為之執行行為；認其異議無理由者，應附理由駁回之。

前述決定，應以書面通知原執行機關及異議人。

不服中央各院之行政執行而聲明異議，經各該院認其異議無理由者，由該院附具理由駁回之，並以書面通知異議人。

至於，所稱「直接上級主管機關」，於公法上金錢給付義務執行事件，係指法務部行政執行署。最高行政法院（103 判 298）則指出，直接上級主管機關係指業務監督之上級機關。

(3)決定與救濟

本法第 9 條規定旨在明定義務人或利害關係人對於執行命令、執行方法、應遵守之程序或其他侵害利益之情事，如何向執行機關聲明異議，以及執行機關如何處理異議案件之程序，並無禁止義務人或利害關係人於聲明異議而未獲救濟後向法院聲明不服之明文規定，自不得以該條規定作為限制義務人或利害關係人訴訟權之法律依據，故在法律明定行政執行行為之特別司法救濟程序之前，義務人或利害關係人如不服該直接上級主管機關所為異議決定者，仍得依法提起行政訴訟，至何種執行行為可以提起行政訴訟或提起何種類型之行政訴訟，應依執行行為之性質及行政訴訟法相關規定，個案認定。其具行政處分之性質者，應依法踐行訴願程序（最高行政法院 97 年 12 月份第 3 次庭長法官聯席會議決議；103 判 298）。

針對 97 年 12 月份第 3 次庭長法官聯席會議決議末句雖載有：「其（執行行為）具行政處分之性質者，應依法踐行訴願程序，自不待言。」然該部分見解，復經 107 年 4 月份第 1 次庭長法官聯席會議決議以：「行政執行依其性質貴在迅速，如果對具行政處分性質之執行命令提起撤銷訴訟，必須依本法第 9 條之聲明異議及訴願程序後始得為之，則其救濟程序，反較對該執行命令所由之執行名義行政處分之救濟程序更加繁複，顯不合本法第 9 條規定之聲明異議，並非向行政執行機關而是向其上級機關為之，此已有由處分機關之上級機關進行行政內部自我省察之功能。是以立法者應無將本法第 9 條所規定之聲明異議作為訴願前置程序之意。……就法律所

規定之行政內部自我省察程序，是否解釋為相當於訴願程序，並不以該行政內部自我省察程序之程序規定有如同訴願程序規定為必要，仍應視事件性質而定。因此，對具行政處分性質之執行命令不服，經依本法第 9 條之聲明異議程序，應認相當於已經訴願程序，聲明異議人可直接提起撤銷訴訟。本院 97 年 12 月份第 3 次庭長法官聯席會議㈢決議末句：『其具行政處分之性質者，應依法踐行訴願程序』，應予變更。」在案。因此，就具行政處分性質之執行行為不服，於依本法第 9 條之聲明異議程序後，應認相當於已經訴願程序，而得提起行政訴訟救濟（107 判 250）。

㈡債務人異議之訴

　　債務人異議之訴，為債務人對執行名義所示之請求權，如具有實體法上之異議事由時，即發生屬於訴訟法上形成權性質之異議權，基於此種異議權，得排除執行名義之執行力。實務見解指出，債務人異議之訴之規範屬性，依國內通說係採「形成訴訟說」，即以程序法上之異議權為訴訟標的，在立基於特定執行名義所發動之強制執行程序未全部終結以前，針對尚未終結之部分（已終結之部分即非屬債務人異議之訴所能救濟者，應另提損害賠償之訴），請求審理法院將「整個」執行程序（而非「各別單一」之執行行為），視異議事由之不同，予以「終局性全部」撤銷（在異議事由為「執行債權消滅」時），或「暫時性全部」停止（在異議事由為「執行債權因妨害事由之存在，而暫時不能行使」時）（最高行政法院 107 判 373）。

　　關於債務人異議之訴，本法並無明文規定，故依本法第 26 條準用強制執行法第 14 條規定，及行政訴訟法第 307 條規定，行政執行名義成立後，如有債權不成立，或消滅或妨害債權人請求事由發生，債務人得於強制執行程序終結前，提起異議之訴，即行政執行名義無確定判決同一效力者，於執行名義成立前，如有債權不成立，或消滅或妨害債權人請求事由發生，債務人亦得於強制執行程序終結前，提起異議之訴。此二者債務人異議之訴，性質上均屬於公法上之爭議，應歸由行政法院裁判。

　　就此，最高行政法院 97 年 5 月份第 1 次庭長法官聯席會議㈠決議：「按行政執行名義成立後，如有消滅或妨礙債權人請求之事由發生，不論

其執行名義為何，於強制執行程序終結前應許債務人提起異議之訴，以排除強制執行。行政訴訟法第 307 條前段規定：『債務人異議之訴，由高等行政法院受理』，應認其係屬行政訴訟法關於債務人異議訴訟類型之規定。雖該條係列於同法第 8 編，但既未明定僅以同法第 305 條第 1 項或第 4 項規定之執行名義為強制執行者為限，始有其適用，則行政處分之受處分人，於行政機關以行政處分為執行名義行強制執行時，如於執行名義成立後有消滅或妨礙債權人請求之事由發生，亦得於強制執行程序終結前，向高等行政法院提起債務人異議之訴。」（100 判 1099）

至於，本法第 18 條係為確保公法上金錢債權之實現，迅速達成執行之目的，參考強制執行法第 23 條規定所制定。故依本法第 18 條規定逕就擔保人之財產執行，其執行名義固屬擔保書，而與對義務人之執行名義有別，然該擔保書既屬為確保義務人之公法上金錢給付義務而為，參諸本法第 4 條規定，應認依該法執行公法上金錢給付義務之法務部行政執行署所屬行政執行處，係屬立於同強制執行法第 23 條所規定執行法院之地位，並非該擔保書執行名義之債權人。因此，擔保人就擔保書之執行名義提起之債務人異議之訴，自應以該擔保書所擔保公法上金錢債權之債權人為被告（106 判 543）。

不過，債務人提起異議之訴，旨在排除債權人基於執行名義而為之執行，故異議之訴應於執行程序開始後終結前提起之。若執行程序已告終結，或尚未開始，因執行程序已無從排除或無執行程序可資排除，均不得提起。又提起異議之訴，雖在執行程序終結前，但在該訴裁判確定前，執行程序已先告終結者，其訴亦難認為有理由（106 判 543）。

㈢第三人異議之訴

公法上金錢給付義務之執行事件，第三人就執行標的物認有足以排除執行之權利時，得於執行程序終結前，依強制執行法第 15 條規定向管轄法院提起民事訴訟（本法施行細則第 18 條）。

因此，執行債務人主張執行債權人就第三人之財產聲請強制執行時，屬實體上認定事項，尚無以聲明異議程序請求救濟之餘地，而該第三人應

依行政訴訟法第 307 條規定，向民事法院提起第三人異議之訴，請求撤銷強制執行程序。本件甲公司前向彰化地院提起第三人異議之訴，經彰化地院 99 年度訴字第 490 號判決駁回確定，則依本院 72 年判字第 336 號判例之意旨，甲公司即不得於本件主張系爭查封動產為其所有為由，於本件撤銷訴訟主張法務部行政執行署彰化分署該查封行為違法 （最高行政法院 102 裁 1374）。

㈣損害賠償

行政執行，係公權力之行使，若有國家賠償法所定國家應負賠償責任之情事者，受損害人得依該法請求損害賠償（第 10 條）。

因此，損害賠償之依據與要件，係依國家賠償法之規定請求。

例如，最高法院（102 台上 982）指出，A 原積欠稅費、罰鍰等，經法務部行政執行署臺北分署 （即行政執行處） 於民國 100 年 1 月 18 日、19 日依據移送機關所送之執行名義等資料，製作、核發扣押命令，禁止 A 於 66,094 元範圍內收取對訴外人聯邦商業銀行、臺北公館郵局之債權或為其他處分，計扣得 912 元，聯邦商業銀行因 A 存款餘額不足清償手續費而不予扣押。A 雖已於同年月 7 日繳清欠款，然法務部行政執行署臺北分署於同年月 19 日據其可查證之資料無從知悉此事，依本法第 8 條規定，尚不得遽予終止執行，而法務部行政執行署臺北分署於同年月 21 日獲悉當日即發函撤銷扣押命令，並無違反職務。且金融機構對於客戶資料有保密義務，系爭執行命令經 2 日即撤銷，難認已使 A 之社會評價發生貶抑結果，又據財團法人金融聯合徵信中心函稱並無 A 存款債權遭扣押紀錄，A 復未能證明其所稱向銀行申貸遭拒或受銀行催討未到期帳款，難認其名譽、信用因此受不良評價，故訴請國家賠償無理由。

然而，類似之案例，甲國稅局以乙欠稅為由，於【90/08/05】移送行政執行處強制執行。惟乙已於【91/11/14】繳納該稅捐，甲國稅局卻因稅務人員異動緣故 ， 未於乙納稅後馬上撤回執行 ， 致行政執行處於【92/10/30】以乙欠稅（含滯納金、利息及執行必要費用） 為由，對其所屬丙公司及乙核發扣薪命令，扣押乙於丙公司之薪資，經乙查詢確認未曾

欠繳稅款，甲國稅局隨即於【92/10/31】具文向行政執行處撤回執行，該處亦於同日立即撤銷執行命令。乙認為其「名譽」受損向甲國稅局主張國家賠償，惟被拒絕。

　　就此案例，臺南地方法院臺南簡易庭（93 南國簡 4）及臺南地方法院（94 國簡上 1）認為，甲國稅局雖於丙公司實際扣押乙薪資前，已具文向行政執行處撤回執行，該處亦立即撤銷扣薪命令，丙公司事實上並未扣押乙之薪資，惟查封薪水之強制執行行為，客觀上即足使被查封人被指為債信不良，其原所建立之聲望必有減損，信譽勢必因此低落，甚而使乙受丙公司質疑其信用不良，亦不因甲國稅局事後撤回而得以回復。因此，縱然乙得另依本法第 9 條規定，向行政執行處聲明異議，或丙公司尚未扣押乙之薪資，惟關於乙名譽之權利，仍實質上已遭受損害，與乙其他法律規定權利是否行使無關，且在本案中，乙僅係主張名譽權利遭受損害，亦與其薪資是否實際上減少並無關聯。

　　本案乙既已於 【91/11/14】 繳納該稅捐 ，則甲國稅局竟因過失遲至【92/10/31】始向行政執行處聲請撤回執行，致該處於【92/10/30】核發上開扣薪命令，扣押乙之薪資，造成其名譽（債信）受損，乙精神上自受有相當之痛苦。因此，乙依國家賠償法、民法第 195 條第 1 項等規定請求賠償非財產上之損害，自屬有據。

㈤損失補償

1.要　件

　　人民因執行機關依法實施即時強制，致其生命、身體或財產遭受特別損失時，得請求補償。但是，因可歸責於該人民之事由者，不在此限（第41 條）。

　　損失補償之要件，主要包括：

⑴執行機關依法實施即時強制

　　所謂「依法實施即時強制」，指執行機關合法行使公權力；若係違法實施即時強制，則非本條規定範圍，而係依第 10 條規定請求損害賠償。

(2)人民之生命、身體或財產遭受特別損失

所謂「特別損失」，係即時強制之相對人，遭受特別犧牲，❷其損失之程度，超過一般人應忍受之範圍。例如，行政機關本於法定職權，為阻止犯罪或危害之發生，或避免急迫危險等公共利益之需要，得不依一般行政程序，而對人、物或處所逕為緊急措施，或為其他基於法定職權之必要處置。但其緊急處置結果，如造成人民之生命、身體或財產之損失，而已超過人民之社會義務容忍之範圍，構成特別犧牲時，即應予補償（最高行政法院 103 判 436）。

至於，特別損失之範圍，為生命、身體或財產，且特別損失之原因，係即時強制所造成者。

例如，釋字第 670 號解釋指出，特定人民身體之自由，因公共利益受公權力之合法限制，諸如羈押、收容或留置等，而有特別情形致超越人民一般情況下所應容忍之程度，構成其個人之特別犧牲者，自應有依法向國家請求合理補償之權利。

(3)非基於可歸責於人民之事由

若即時強制之原因，係可歸責於該人民之事由者，例如，甲意圖自殺，乙警員非管束不能救護其生命，則甲不得請求損失補償。

2.補償範圍

損失補償，應以金錢為之，並以補償實際所受之特別損失為限。

例如，本件遠東航空飛安事故（【92/08/21】遠東航空班機降落交通部民用航空局金門航空站之尚義機場時，因向左側偏離跑道，航機輕度損壞，造成機場封閉），因救災急迫，金門航空站並未先行通知甲公司，即動用甲公司置放於金門航空站內之救災設備；金門航空站當時之緊急應變措施，應核與本法第 36 條、第 39 條規定該當，為即時強制逕行使用甲公司搶救設備之行為，如因而致甲公司財產發生特別損失，得依本法第 41 條規定為請求補償之基礎；至於，甲公司之航機失事搶救設備，因金門航空站強制

---

❷　關於「特別犧牲」之內涵，並參，釋字第 400 號、第 440 號、第 579 號、第 670 號等解釋。

使用其中部分物品，致該套航機失事搶救設備於使用前與使用後交易價格之減損（差額），係因金門航空站依法行使公權力，所致財產上之特別犧牲，則對甲公司為相當補償時，自應考量該套設備經金門航空站使用前後交易價格之減損（差額）（103 判 436）。

3.請求與救濟

(1)請　求

請求特別損失之補償時，請求人或其代理人應以書面載明「⑴請求人之姓名、性別、出生年月日、國民身分證統一編號、職業及住居所；⑵有代理人者，其姓名、性別、出生年月日、國民身分證統一編號、職業及住居所或事務所；⑶請求補償之原因事實、理由及證據；⑷請求補償之金額；⑸執行機關；⑹年、月、日」等事項，並於簽名或蓋章後，向執行機關提出。

執行機關對於特別損失補償之請求，應於收到請求書後 30 日內決定之。執行機關為補償之決定者，應以書面載明補償之金額，通知請求人或其代理人出據具領；至於，為不予補償之決定者，應以書面載明理由，通知請求人或其代理人。

(2)救　濟

依【87/11/11】修正公布前之本法第 9 條規定：「遇有天災、事變及其他交通上、衛生上或公安上有危害情形，非使用或處分其土地、家屋、物品或限制其使用，不能達防護之目的時，得使用或處分，或將其使用限制之。」行政機關依上開規定執行公權力，致人民財產遭受損失者，自應給予相當之財產補償。

在本法修正施行前，人民因執行機關依法實施即時強制，致其生命、身體或財產遭受特別損失時，並無得請求補償之規定，僅能附帶於行政訴訟提起。是以，苟人民主張因行政機關公權力之行使，致其財產受有損害，而請求損失補償，經行政機關以與有關補償費發給之法規不符而函復拒絕，則行政機關拒絕補償之函復，不能謂非針對具體事件，所為足以發生拒絕補償之法律上效果，自屬行政處分，人民即得依法提起訴願及行政訴訟。

目前，本法第 41 條第 3 項規定：「對於執行機關所為損失補償之決定不服者，得依法提起訴願及行政訴訟。」亦明文揭示此意旨。準此，不論行政執行法修正前、後之規定，應解為因行政機關實施即時強制，致人民財產遭受損失，而請求補償者，均應先向行政機關提出申請，於行政機關否准其請求時，方得提起訴願及行政訴訟（最高行政法院 92 判 1709）。

4.時　效

損失補償，應於知有損失後，2 年內向執行機關請求之。但是，自損失發生後，經過 5 年者，不得為之。

所謂「知有損失」，應以請求權人實際知悉損失及補償義務人時起算；至於，「損失發生」，似以客觀上發生損失之時為起算點。

貳、公法上金錢給付義務之執行

一、要　件

關於公法上之金錢給付義務，本法第 11 條規定其執行要件如下：

㈠義務人負有公法上金錢給付義務

1.義務人

義務人之概念，於此係指被課徵公法上金錢給付義務之相對人與依法律規定應承擔責任之人，例如，本法第 15 條、本法第 18 條與第 24 條等規定。

2.公法上金錢給付義務

⑴依　據

公法上金錢給付義務之依據，係義務人⑴依法令；或⑵本於法令之行政處分；或⑶法院之裁定，而負有公法上金錢給付義務。

本項規定「本於法令之行政處分」，即應認行政處分命義務人為金錢給付，應有法令之依據。此處所謂「本於法令」，包括依法令相關規定可得出賦與行政機關作成行政處分權限意旨之情形。惟山坡地保育利用條例並未

賦與主管機關得以行政處分命人民給付該條例第 15 條第 1 項費用之依據，該條例第 15 條第 1 項規定係基於公法上無因管理所發生之請求權，僅明定主管機關因急迫危險而管理山坡地，並進行緊急處理時，主管機關得請求該土地之經營人、使用人或所有人償還其因此支出之費用，尚不得解為主管機關有單方以行政處分裁量命土地之經營人、使用人或所有人返還費用之核定權。因此，本件主管機關既未有得單方以行政處分裁量命被上訴人返還費用之核定權，自須另行提起給付訴訟，以取得執行名義（最高行政法院 107 判 300）。

　　基於法院之裁定者，例如，釋字第 289 號解釋「稅法規定由法院裁定之罰鍰」。❸

　　至於，「依法令」是否負有公法上金錢給付義務？學界認為不可能存在，而應有具體處分為前提。❹不過，擔保人於擔保書狀載明義務人逃亡或不履行義務由其負清償責任者，行政執行處於義務人逾第 17 條第 1 項之限期仍不履行時，本法第 18 條則有得「逕就擔保人之財產」執行之規定。

　　此外，實務見解指出，行政程序法第 127 條雖有請求返還不當得利之規定，然並未有得由行政機關以行政處分核定返還金額之規定。此外，別無得由撤銷、廢止授予利益行政處分之行政機關單方下命人民返還之法令根據。因此，依行政程序法第 127 條規定命繳還不當得利之通知，尚非屬下命行政處分，不得依本法第 11 條第 1 項規定，於義務人逾期不履行時，逕予移送強制執行（最高行政法院 103 判 273）。

---

❸　【80/12/07】釋字第 289 號解釋，嗣後稅捐稽徵法【81/11/23】已有修正，其第 50 條之 2 規定：「依本法或稅法規定應處罰鍰者，由主管稽徵機關處分之，不適用稅法處罰程序之有關規定，受處分人如有不服，應依行政救濟程序辦理。但在行政救濟程序終結前，免依本法第 39 條規定予以強制執行。」第 50 條之 4 規定：「依本法或稅法規定應處罰鍰之案件，於本法修正施行前尚未移送法院裁罰者，依本法之規定由主管稽徵機關處分之；其已移送法院裁罰者，仍依本法修正施行前各稅法之規定由法院裁罰。」

❹　蔡震榮，〈行政執行法〉，2002，第 113 頁註 16。

(2)種　類

關於本法第 2 條公法上金錢給付義務之種類，本法施行細則第 2 條係採例示規定與概括規定併列之方式。

例示規定，包括：(1)稅款、滯納金、滯報費、利息、滯報金、怠報金及短估金；(2)罰鍰及怠金；(3)代履行費用。❶❺

至於，概括規定，指其他公法上應給付金錢之義務。❶❻而最高行政法院（102 判 243）指出，施行細則第 2 條（第 1 款至第 3 款）所定公法上金錢給付義務，均屬行政機關依法單方裁量核定之金錢給付。故本法施行細則第 2 條第 4 款所稱「其他公法上應給付金錢之義務」，應以可由行政機關依法單方裁量核定之金錢給付為限。至於，行政機關本於公法上不當得利法律關係請求受利益之他方返還其利益，係準用民法有關不當得利之規定，其請求權之行使、返還之範圍等均須依民法第 180 條至第 183 條之規定，主管行政機關並無單方裁量之決定權，性質上非屬本法第 11 條之公法上金錢給付義務，行政機關尚不得以行政處分之方式命受領人返還，仍應由行政機關提起一般給付訴訟，以確定不當得利之範圍。從而，該主管行政機關依據不當得利返還請求權，提起一般給付訴訟，程序上並無不合，且具有權利保護之必要。

(二)逾期不履行

逾期不履行，係指負有公法上金錢給付義務之義務人，有(1)其處分文書或裁定書定有履行期間或有法定履行期間；(2)其處分文書或裁定書未定履行期間，經以書面限期催告履行；或(3)依法令負有義務，經以書面通知限期履行等情形之一者，逾越履行期間卻不履行。

---

❶❺　釋字第 746 號解釋：「……逾期繳納稅捐應加徵滯納金係為督促人民如期繳納稅捐，並填補國家財政稅收因人民逾期納稅所造成之公益損害，與怠金相類，兼具遲延利息之性質，與滯報金為行為罰之性質（釋字第 616 號解釋）不同，目的尚屬正當，與憲法並無牴觸。」

❶❻　例如，規費、受益費與特別公課等非稅公課，黃俊杰，《財政憲法》，2005，第 1 頁以下。

第 2 款「催告」與第 3 款「通知」，具有行政處分之性質。**⑰**

原則上，逾期不履行之前提，係應事先以「書面」限期履行之行為；而其對象，係原負有公法上金錢給付義務之義務人，至於，第 18 條規定擔保人之責任，是否應再經書面通知保人限期履行之程序？則似有疑義！蓋實務上之擔保書狀係載明：「具擔保書人○○○為鈞院執行○○年度○○一案，願擔保納稅義務人○○○依照附表所載期間到院繳清應納金額……如被保人逃亡或屆期不履行時，由擔保人負清償責任。如一次遲誤，其後之分期視為全部屆期，任由鈞院依法強制執行。」（高雄高等行政法院 92 訴 9；最高行政法院 94 判 395）

㈢經主管機關移送

負有公法上金錢給付義務之義務人，具有逾期不履行之事實，仍應經主管機關移送，才得由行政執行處就義務人之財產執行之。主管機關移送行政執行處之行為，並未對義務人在原有公法上金錢給付義務以外產生其他法律效果，故非行政處分。

至於，法院依法律規定就公法上金錢給付義務為假扣押、假處分之裁定經主管機關移送者，亦同。本項所謂「依法律規定」，例如，稅捐稽徵法第 24 條第 2 項、所得稅法第 110 條之 1、海關緝私條例第 49 條之 1 等規定。

而公法上金錢給付義務執行事件移送該管行政執行處時，應以一執行名義為一案，並以一案為一號。**⑱**

此外，代履行費用或怠金，逾期未繳納者，本法第 34 條規定，係應移送行政執行處依第 2 章「公法上金錢給付義務之執行」之規定執行之。

---

⑰ 第 2 款「催告」是否為行政處分之性質，仍有爭議。並參，林錫堯，〈論公法上金錢給付義務之強制執行名義〉，《行政法爭議問題研究（下）》，2000，第 840 頁以下。

⑱ 移送機關移送行政執行處執行之移送書及相關文件之格式，由法務部行政執行署定之。

二、辦理人員與檢附文件

㈠辦理人員

　　公法上金錢給付義務之執行事件，由行政執行處之行政執行官、執行書記官督同執行員辦理之，不受非法或不當之干涉。

　　當行政執行處就義務人財產為執行時，移送機關應指派熟諳業務法令之人員協助配合執行。

㈡檢附文件

　　移送機關於移送行政執行處執行時，應檢附之文件，包括：⑴移送書；⑵處分文書、裁定書或義務人依法令負有義務之證明文件；⑶義務人之財產目錄。但移送機關不知悉義務人之財產者，免予檢附；⑷義務人經限期履行而逾期仍不履行之證明文件；⑸其他相關文件。

　　此外，移送書應載明之事項，包括：⑴義務人姓名、年齡、性別、職業、住居所，如係法人或其他設有管理人或代表人之團體，其名稱、事務所或營業所，及管理人或代表人之姓名、性別、年齡、職業、住居所；⑵義務發生之原因及日期；⑶應納金額。

三、執行方法與限制

㈠執行方法

1.催繳與自動清繳

　　催繳，係移送前之措施。本法施行細則第22條規定，公法上金錢給付義務事件移送行政執行處執行前，除法令另有規定或以執行憑證移送執行者外，宜由原處分機關或該管行政機關儘量催繳。

　　自動清繳，則係移送後執行方法之一種。本法第14條規定，行政執行處接到公法上金錢給付義務執行事件之移送後，為辦理該執行事件，得採取之執行方法，包括：⑴通知義務人到場；⑵自動清繳應納金額；⑶報告其財產狀況；或⑷為其他必要之陳述。

　　例如，法務部行政執行署臺南分署為辦理滯納營利事業所得稅之執行

事件，通知甲公司負責人應如期到該分署說明如何清繳，並同時陳報公司之「資產負債表」及「財產目錄」，或為其他必要之陳報（107 判 250）。

2.分期繳納

分期繳納，依移送前後，得區分為 2 類：

移送前之分期繳納，例如，稅捐稽徵法第 26 條規定：「納稅義務人因天災、事變或遭受重大財產損失，不能於法定期間內繳清稅捐者，得於規定繳稅期間內，向稅捐稽徵機關申請延期或分期繳納，其延期或分期繳納之期間，不得逾 3 年。」❶⑨

移送後之分期繳納，若義務人依其經濟狀況或因天災、事變致遭受重大財產損失，無法一次完納公法上金錢給付義務者，本法施行細則第 27 條規定，行政執行處於徵得移送機關同意後，得酌情核准其分期繳納（最高行政法院 94 裁 726）。

不過，經核准分期繳納後，而義務人卻未依限繳納者，行政執行處得廢止之。

3.執行財產或遺產

行政執行處對於主管機關移送之公法上金錢給付義務執行事件，係就義務人財產為執行。而行政執行處依本法第 11 條第 1 項規定，對於主管機關移送之公法上金錢給付義務執行事件，就義務人財產為執行時，施行細則第 21 條規定，移送機關應指派熟諳業務法令之人員協助配合執行。

至於，義務人死亡遺有財產者，行政執行處得逕對其遺產強制執行（本法第 15 條），係就負有公法上金錢給付義務之人死亡後，行政執行處應如何強制執行，所為之特別規定。罰鍰屬公法上金錢給付義務之一種，罰鍰之處分作成而具執行力後，義務人死亡並遺有財產者，依本法第 15 條規定意旨，該基於罰鍰處分所發生之公法上金錢給付義務，得為強制執行，其執行標的限於義務人之遺產。而罰鍰處分生效後、繳納前，受處分人死亡而遺有財產者，依第 15 條規定，該遺產既得由行政執行處強制執行，致對

---

❶⑨　黃俊杰，〈協談請求權與分期繳納〉，《臺灣本土法學雜誌》，第 50 期，第 147 頁以下。

其繼承人依民法第 1148 條規定所得繼承之遺產,有所限制,自應許繼承人以利害關係人身分提起或續行行政救濟(訴願法第 14 條第 2 項、第 18 條,行政訴訟法第 4 條第 3 項、第 186 條,民事訴訟法第 168 條及第 176 條等)(釋字第 621 號解釋)。❷⓪

4.撤　回

公法上金錢給付義務執行事件移送該管行政執行處後,移送機關得於執行終結前撤回之。但是,於拍定後拍賣物所有權移轉前撤回者,應得拍定人之同意。

㈡限制：禁止重複查封

所謂「禁止重複查封」,係執行人員於查封前,發見義務人之財產業經其他機關查封者,不得再行查封。行政執行處已查封之財產,其他機關不得再行查封(第 16 條)。

針對本法第 16 條之規定,分別由本法施行細則第 25 條與第 26 條等,具體化其內涵。

四、執行之保全

㈠保全措施

關於公法上金錢給付 ,該法定義務人經通知等合法程序後 ,釋字第 588 號解釋,本即應自動給付,無待國家之強制,而此項公法上金錢給付之能否實現,攸關國家之財政暨社會、衛生、福利等措施之完善與否,社會秩序非僅據以維護,公共利益且賴以增進,所關極為重大。

然而,義務人有「⑴顯有履行義務之可能,故不履行;⑵顯有逃匿之虞;⑶就應供強制執行之財產有隱匿或處分之情事;⑷於調查執行標的物時,對於執行人員拒絕陳述;⑸經命其報告財產狀況,不為報告或為虛偽

---

❷⓪ 不過,最高行政法院(93 判 169)謂:「國稅局對納稅者發單執行其被繼承人(義務人)所欠贈與稅,乃係(相當於)依本法第 15 條規定依本院確定判決逕對遺產強制執行之執行行為,非屬行政處分,參諸行政訴訟法第 214 條規定,本院 86 判 446 對納稅者亦有效力,故不得對之提起訴願或行政訴訟。」

之報告；(6)經合法通知，無正當理由而不到場」等情形之一者，得命其提供相當擔保，限期履行，並得限制其住居（第 17 條第 1 項）。

然而，義務人有下列情形之一者，不得限制住居：(1)滯欠金額合計未達新臺幣 10 萬元。但義務人已出境達 2 次者，不在此限；(2)已按其法定應繼分繳納遺產稅款、罰鍰及加徵之滯納金、利息。但其繼承所得遺產超過法定應繼分，而未按所得遺產比例繳納者，不在此限（第 17 條第 2 項）。

行政執行處限制義務人之住居者，應通知義務人及有關機關。

㈡拒絕保全之處理

1.拘提管收

「拘提」與「管收」，均係侵犯人身自由之執行措施。

「管收」係就義務人之身體於一定期間內，拘束於一定處所之強制處分，其係在貫徹公法上金錢給付義務，於法定義務人確有履行之能力而不履行時，拘束其身體所為間接強制其履行之措施，亦即對負有給付義務且有履行之可能，卻拒不為公法上金錢給付之人所為促使其履行之強制手段；「拘提」為強制義務人到場之處分，亦為拘束人身自由之一種，本法第 17 條關於對義務人之拘提，係以強制其到場履行、陳述或報告為目的，拘束人身自由為時雖較短暫，與管收之侵害程度尚屬有間，惟亦不可排除憲法第 23 條有關比例原則規定之適用（釋字第 588 號解釋）。

因此，關於拘提、管收，除本法另有規定外，係準用強制執行法、管收條例及刑事訴訟法有關訊問、拘提、羈押之規定。㉑

應注意的是，義務人所負公法上金錢給付義務，並不因管收而免除。

㉑ 釋字第 588 號解釋大法官彭鳳至之一部協同意見書及一部不同意見書指出，準用可以分為㈠構成要件與法律效果準用，又稱法律原因準用；以及㈡單純法律效果準用。本法第 17 條，僅列舉準用的法律，是典型的法律原因之準用，換言之，「立法者就本法待規範的法律事實（拘提管收程序），與強制執行法、管收條例及刑事訴訟法有關拘提、羈押之相關規定所規範的法律事實，是否具有類似性以及是否應具有類似法律效果，已預作肯定的判斷，並據以為準用的明文規定。」

(1)要　件

拘提管收之要件，得區分為積極要件與消極要件。

A. 積極要件

積極要件，係拘提管收之事由，說明如下：

a. 拘提事由

義務人經行政執行處依第 17 條第 1 項規定命其提供相當擔保，限期履行，屆期不履行亦未提供相當擔保，有⑴顯有逃匿之虞；或⑵經合法通知，無正當理由而不到場等情形者，而有強制其到場之必要者，行政執行處得聲請法院裁定拘提之（第 17 條第 3 項）。

b. 管收事由

行政執行官訊問義務人後，認有「⑴顯有履行義務之可能，故不履行；⑵顯有逃匿之虞；⑶就應供強制執行之財產有隱匿或處分之情事；⑷已發見之義務人財產不足清償其所負義務，於審酌義務人整體收入、財產狀況及工作能力，認有履行義務之可能，別無其他執行方法，而拒絕報告其財產狀況或為虛偽之報告」等情形之一，而有管收必要者，行政執行處應自拘提時起 24 小時內，聲請法院裁定管收之（第 17 條第 6 項）。

針對履行能力有無之判斷，應就義務人整體之收入與財產狀況暨工作能力予以觀察，究竟是否可期待其經由工作收入或其他途徑（如處分財產、減少生活費用之支出），以獲得支付（履行）之方法；且其中並應注意維持生計所必需者（本法第 21 條第 1 款），而「工作能力」亦應考慮年齡之大小、健康之狀態與勞動市場供需之情形等。

B. 消極要件

消極要件，係義務人或其他依法得管收之人，有「⑴因管收而其一家生計有難以維持之虞；⑵懷胎 5 月以上或生產後 2 月未滿者；或⑶現罹疾病，恐因管收而不能治療」等情形之一者，則不得管收（第 21 條）。

至於，其情形發生於管收之後者，行政執行處應以書面通知管收所停止管收。

(2)對　象

拘提管收之對象，雖以義務人為原則。

不過，關於義務人拘提管收及應負義務之規定，亦適用於：(1)義務人為未成年人或受監護宣告之人者，其法定代理人；(2)商號之經理人或清算人；合夥之執行業務合夥人；(3)非法人團體之代表人或管理人；(4)公司或其他法人之負責人；❷與(5)義務人死亡者，其繼承人、遺產管理人或遺囑執行人（第 24 條）。

(3)處理程序

拘提、管收之聲請，應向行政執行處所在地之地方法院為之。行政執行處向法院聲請拘提、管收，應具聲請書及聲請拘提、管收所必要之相關證明文件影本，並釋明之。行政執行處向法院聲請管收時，應將被聲請管收人一併送交法院。

法院對於拘提之聲請，應於 5 日內裁定，其情況急迫者，應即時裁定。義務人經拘提到場，行政執行官應即訊問其人有無錯誤，並應命義務人據實報告其財產狀況或為其他必要調查。至於，法院為拘提之裁定後，應將拘票交由行政執行處派執行員執行拘提。

行政執行官訊問義務人後，認有法定情形，而有管收必要者，行政執行處應自拘提時起 24 小時內，聲請法院裁定管收之。

而義務人經通知或自行到場，經行政執行官訊問後，認有法定情形，而有聲請管收必要者，行政執行處亦得將義務人暫予留置；其訊問及暫予留置時間合計不得逾 24 小時。

法院受理管收之聲請後，應即訊問義務人並為裁定，必要時得通知行

---

❷　關於執行機關對義務人公司之負責人為限制住居（限制出境）執行行為之目的，無非在對該營利事業負責人施以壓力，促使該負責人應為公司清繳積欠之稅款，具有保全債權之功能以及督促履行之間接強制執行手段；本質上係對違反行政法上義務之營利事業所為之督促履行義務之保全措施，此非營利事業實際負責人無從履行；然而，限制出境其性質上亦屬剝奪人民行動自由之行政處分，足認其同時具有執行命令及行政處分之性質（最高行政法院 107 判 250）。

政執行處指派執行人員到場為一定之陳述或補正。

行政執行處或義務人不服法院關於拘提、管收之裁定者，得於 10 日內提起抗告；其程序準用民事訴訟法有關抗告程序之規定。

抗告不停止拘提或管收之執行。但准拘提或管收之原裁定經抗告法院裁定廢棄者，其執行應即停止，並將被拘提或管收人釋放。

法院為拘提之裁定後，應將拘票交由行政執行處派執行員執行拘提；法院為管收之裁定後，應將管收票交由行政執行處派執行員將被管收人送交管收所；法院核發管收票時義務人不在場者，行政執行處得派執行員持管收票強制義務人同行並送交管收所。❷❸

⑷期　限

管收期限，自管收之日起算，不得逾 3 個月。

但是，有管收新原因發生或停止管收原因消滅時，行政執行處仍得聲請該管法院裁定再行管收。惟以 1 次為限。

⑸行政執行處之義務

A. 提詢義務

行政執行處應隨時提詢被管收人，每月不得少於 3 次（第 20 條）。

提詢或送返被管收人時，應以書面通知管收所。

B. 釋放義務

拘提後，行政執行處應即釋放義務人之情形，包括：⑴義務已全部履行；⑵義務人就義務之履行已提供相當擔保；⑶不符合聲請管收之要件（第19 條）。

此外，有「⑴義務已全部履行或執行完畢；⑵行政處分或裁定經撤銷或變更確定致不得繼續執行；⑶管收期限屆滿；或⑷義務人就義務之履行

---

❷❸　釋字第 588 號解釋指出，憲法第 8 條第 1 項所稱「非經司法或警察機關依法定程序，不得逮捕、拘禁」之「警察機關」，並非僅指組織法上之形式「警察」之意，凡法律規定，以維持社會秩序或增進公共利益為目的，賦予其機關或人員得使用干預、取締之手段者均屬之，是以本法第 19 條關於拘提、管收交由行政執行處派執行員執行之規定，核與憲法規定之意旨尚無違背。

已提供確實之擔保」等情形之一者，行政執行處亦應即以書面通知管收所釋放被管收人（第 22 條）。

例如，A 公司已依本法第 22 條第 4 款規定，就債務之履行，提供確實之物保及人保，且該公司於【97/10/27】起依分期筆錄給付第 1 筆費用 100 萬元，從而，屏東行政執行署行政執行官從雙方協商分期清償過程，及 A 公司已確實提供相當之物保及人保，於【97/10/27】製作言詞陳述分期筆錄同時，簽發釋票，以釋放甲（被管收人），當屬適法（最高行政法院 102 判 658）。

C. 報告義務

行政執行處執行拘提管收之結果，應向裁定法院提出報告（第 23 條）。

提詢、停止管收及釋放被管收人時，亦同。

2. 禁止命令

義務人為自然人，其滯欠合計達一定金額，❷已發現之財產不足清償其所負義務，且生活逾越一般人通常程度者，行政執行處得依職權或利害關係人之申請對其核發下列之禁止命令（第 17 條之 1），並通知應予配合之第三人：(1)禁止購買、租賃或使用一定金額以上之商品或服務；(2)禁止搭乘特定之交通工具；(3)禁止為特定之投資；(4)禁止進入特定之高消費場所消費；(5)禁止贈與或借貸他人一定金額以上之財物；(6)禁止每月生活費用超過一定金額；(7)其他必要之禁止命令。

行政執行處依規定核發禁止命令前，應以書面通知義務人到場陳述意見。義務人經合法通知，無正當理由而不到場者，行政執行處關於本條之調查及審核程序不受影響。

行政執行處於審酌義務人之生活有無逾越一般人通常程度而核發禁止命令時，應考量其滯欠原因、滯欠金額、清償狀況、移送機關之意見、利害關係人申請事由及其他情事，為適當之決定。

行政執行處於執行程序終結時，應解除禁止命令，並通知應配合之第三人。

---

❷　「一定金額」之範圍，係由法務部定之。

　　至於，義務人無正當理由違反禁止命令者，行政執行處得限期命其清償適當之金額，或命其報告一定期間之財產狀況、收入及資金運用情形；義務人不為清償、不為報告或為虛偽之報告者，視為其顯有履行義務之可能而故不履行，行政執行處得依第 17 條規定處理。

3.執行擔保人財產

　　擔保人於擔保書狀載明義務人逃亡或不履行義務由其負清償責任者，行政執行處於義務人逾第 17 條第 1 項之限期仍不履行時，得逕就擔保人之財產執行之（第 18 條）。

　　實務見解指出，本法第 18 條係為確保公法上金錢債權之實現，迅速達成執行之目的，參考強制執行法第 23 條規定所制定。故依該條規定所訂擔保契約，係擔保人與執行機關所訂定之行政契約，契約當事人為上訴人與執行機關，此由擔保書上明載「此致法務部行政執行署」可證。故依本法第 18 條規定逕就擔保人之財產執行，其執行名義為擔保書，而與對義務人之執行名義有別（最高行政法院 103 判 79）。

五、費用負擔

(一)執行費

　　有關本章（公法上金錢給付義務）之執行，因其強制執行產生之執行費，本法第 25 條本文規定，不徵收執行費，即採執行費不徵收原則。

(二)必要費用

　　針對因強制執行所支出之必要費用，本法第 25 條但書規定，由義務人負擔之。❷❺

　　例如，所謂「必要費用」，本法施行細則第 30 條採取例示規定與概括規定併列之設計，包括：拍賣、鑑價、估價、查詢、登報、保管及其他因強制執行所支出之必要費用。

---

❷❺　例如，【91/07/29】 91 年度水利罰執字第 00001172 號通知義務人繳納新臺幣 90,005 元 （移送金額 90,000 元及執行必要費用 5 元）（最高行政法院 93 裁 880）。

該必要費用，係因義務人未履行義務所造成，惟移送機關應代為預納，並依本法第 25 條但書規定向義務人取償。

例如，甲未於限期內繳納使用牌照稅，A 稅捐稽徵處乃移送法務部行政執行署高雄分署強制執行甲於郵局之存款 2,694 元。包括：⑴手續費（100 元）部分，因屬本法第 25 條所稱應由義務人即甲負擔之因強制執行所支出之必要費用，逕由郵局收取；⑵其餘 2,594 元（本稅 2,237 元、滯納金 335 元及執行費 22 元）部分，則由郵局開具支票乙紙，寄交 A 稅捐稽徵處收取，並解繳入庫（最高行政法院 101 裁 2483）。

六、準　用

關於本章（公法上金錢給付義務）之執行，除本法另有規定外，準用強制執行法之規定（第 26 條）。

因此，本法已有規定之範圍，依第 1 條前段規定，係依本法之規定實施公法上金錢給付義務之執行。

至於，本法未規定之部分，並不採取第 1 條後段「適用其他法律之規定」之方式，而係規定「準用」強制執行法之規定。例如，依本法第 26 條準用強制執行法第 14 條（第 1 項）規定，執行名義成立後，如有消滅或妨害債權人請求之事由發生，債務人得於強制執行程序終結前，提起異議之訴。此即為債務人異議之訴，其訴之聲明通常為：請求撤銷某執行案件之執行程序，如已執行，且可回復原狀時，並回復原狀（最高行政法院 100 裁 367）；此外，準用強制執行法第 14 條第 2 項規定「執行名義無確定判決同一之效力者，於執行名義成立前，如有債權不成立或消滅或妨礙債權人請求之事由發生，債務人亦得於強制執行程序終結前提起異議之訴。」蓋執行名義無與確定判決有同一效力者，故得許債務人就執行名義成立前，有實體上權利義務存否之爭執，提起債務人異議之訴，而其異議之事由，且包括債權不成立之事由（106 判 543）；至於，公法上金錢給付義務之執行，準用強制執行法第 4 條規定，自須有執行名義，方得為之（103 判 273）。

參、行為或不行為義務之執行

一、類型與要件

第 3 章「行為或不行為義務之執行」之適用，主要係針對非公法上金錢給付義務之執行，而與第 2 章不同，其依義務得區分為 2 類，包括：(1)行為或不行為義務；(2)物之交付義務：

㈠行為或不行為義務

依法令或本於法令之行政處分，負有行為或不行為義務，經於處分書或另以書面限定相當期間履行，逾期仍不履行者，本法第 27 條第 1 項規定，由執行機關依間接強制或直接強制方法執行之。

其要件說明如下：

1.依　據

義務之依據，係義務人(1)依法令；或(2)本於法令之行政處分，而負有行為或不行為義務。

本於法令之行政處分而負有行為或不行為義務者，該行政處分本身即得作為執行名義。❷⓺

至於，「依法令」是否負有行為或不行為義務？學界認為仍需行政機關將其義務具體化，始得作為執行名義。❷⓻

---

❷⓺　最高行政法院（99 判 1379）指出：「……人民受有公法上行為或不行為義務者，通常係由行政機關依法以行政處分設定之，此即本法第 27 條所謂『本於法令之行政處分』而負有義務，該行政處分即為行政執行之執行名義，一般稱之為基礎處分，應與執行行為具處分性之執行處分，二者嚴予區辨。……義務人縱得對告戒或執行方法之選擇等事項為爭議，但不得就該基礎處分表彰之實體事項為主張，否則執行義務人若於執行階段再重覆爭執基礎處分之違法性或其表彰之內容，行政處分存續力將盪然無存，殊有礙行政處分所形成法律秩序之安定性。」

❷⓻　李建良，〈行政執行〉，第 913 頁以下；陳敏，《行政法總論》，第 834 頁以下；

2.種　類

義務之種類,包括:(1)行為義務,即積極之作為義務;(2)不行為義務,有消極之不作為義務與容忍義務。

3.程　序

行為或不行為義務執行之前置程序,係須經於處分書或另以書面限定相當期間履行。

前述文書,本法第 27 條第 2 項規定,並應載明不依限履行時將予強制執行之意旨,讓義務人得預見不依限履行之法律效果。❷

例如,直轄市或縣(市)主管機關在被徵收土地或土地改良物應受之補償費發給完竣或核定發給抵價地後,應通知土地權利人或使用人限期遷移完竣。而徵收範圍內應遷移之物件逾期未遷移者,則由直轄市或縣(市)主管機關或需用土地人依本法執行　(土地徵收條例第 28 條第 1 項與第 3項)。

4.逾期不履行

負有行為或不行為義務者,本法第 27 條第 1 項規定,在經於處分書或另以書面限定相當期間履行之後,逾期仍不履行者,才得由執行機關依間接強制或直接強制方法執行之。

所謂「逾期」,指超過處分書或書面限定履行之期限。為維護人民之正當程序權益,處分書或書面限定履行之期限,應給予義務人合理且相當於義務履行所必須之期限。

㈡物之交付義務

關於物之交付義務之強制執行,係依本章「行為或不行為義務之執行」之規定(第 33 條)。

所謂「交付義務」,係行為義務之一種,故對交付義務之強制執行,係

蔡震榮,《行政執行法》,2002,第 153 頁以下。

❷ 例如,高雄市政府工務局以函通知人民於一定期日前自行拆除改善,若逾期未辦,將不定期派工執行拆除等語,核其性質,係屬本法第 27 條行政執行程序前之告誡行為,其性質非屬行政處分(最高行政法院 91 裁 1249)。

屬本章「行為或不行為義務之執行」之規定範圍，而得直接適用之。

　　所謂「物」之概念，主要係指動產與不動產等有體物；至於，氣體、軟體程式或其他電磁記錄等，亦得屬其範圍內。

二、執行方法

　　針對行為或不行為義務之執行方法，本法第 27 條第 1 項規定，執行機關得依間接強制或直接強制方法執行之。因此，執行方法有 2 類：

㈠間接強制方法

　　間接強制方法，本法第 28 條第 1 項規定，包括：⑴代履行；⑵怠金。

1.代履行

　　依法令或本於法令之行政處分，負有行為義務而不為，其行為能由他人代為履行者，本法第 29 條第 1 項規定，執行機關得委託第三人或指定人員代履行之。

　　⑴要　件

　　代履行之要件，包括：

　　A. 依法令或本於法令之行政處分，負有行為義務而不為

　　a. 負有行為義務

　　行為義務之來源，係依法令或本於法令之行政處分。

　　所謂依法令負有行為義務，指其義務係直接基於法令規定而產生。例如，家畜或家禽在道路或其他公共場所便溺者，依廢棄物清理法規定，該一般廢棄物，應由所有人或管理人負有清除義務；化糞池之污物，所有人、管理人或使用人負有清除義務。

　　至於，本於法令之行政處分負有行為義務，例如，公私場所之廢棄物、剩餘土石方或其清除機具、處理設施或設備有嚴重污染之虞，主管機關或其委託之執行機關為行政檢查時，依廢棄物清理法規定，即得命該清除機具、處理設施或設備之所有人或使用人履行限期清除處理之行為義務。

　　b. 不為行為義務

　　依法令或本於法令之行政處分，義務人雖負有行為義務，但卻不為之。

所謂「不為」，係指義務人完全不履行、部分不履行或履行不符合（行為義務依據之）法令或行政處分之意旨或要求等。

例如，4公尺以內之公共巷、弄路面及水溝，依廢棄物清理法規定，相對戶或相鄰戶應分別負有各半清除之義務。而甲乙係相鄰戶，甲竟將家門前公共路面之落葉，掃至乙家。

B. 其行為能由他人代為履行

代履行之重要前提要件，係義務人依法令或本於法令之行政處分所負有之行為義務，必須「其行為能由他人代為履行」，即義務人原應履行之積極作為義務具有可替代性。

例如，廢棄物清理法規定之廢棄物清除與處理義務，係具有可替代性。

(2)履行者之決定

由何者代替義務人履行行為義務，係由執行機關決定履行者，其方式：

A. 委託第三人

執行機關得委託第三人代為履行義務人所負有之行為義務，例如，針對不依規定清除、處理之廢棄物，廢棄物清理法規定，直轄市、縣（市）主管機關或執行機關，得委託適當公民營廢棄物清除處理機構清除、處理之。而公民營廢棄物清除處理機構，即為第三人；因此，所謂「第三人」，係指執行機關與義務人以外者。

本法第29條第1項規定之「委託」第三人，並非公權力之委託，執行機關與第三人間為私法之契約關係，第三人得依該契約對執行機關主張報酬請求權，但第三人不得對義務人主張，蓋第三人與義務人間，在義務人原應自己履行之義務範圍內，並無直接之法律關係，❷❾故受委託之第三人於代履行時，有本法第6條第1項第3款至第5款（執行時有遭遇抗拒之虞者、執行目的有難於實現之虞者、執行事項涉及其他機關者）等規定情事者，應即通知執行機關。

B. 指定人員

---

❷❾　陳敏，《行政法總論》，第837頁以下指出：「義務人基於公法，必須忍受第三人之代履行行為。」

執行機關除得委託第三人以外，亦得指定人員代為履行義務人所負有之行為義務。若由執行機關指定所屬人員代為履行者，實務上稱為直接強制。❸⓪

例如，廢棄物清理法規定，當直轄市、縣（市）主管機關或執行機關命限期清除處理廢棄物，惟屆期不為清除處理時，直轄市、縣（市）主管機關或執行機關即得代為清除、處理，❸① 並向其求償清理、改善及衍生之必要費用。❸②

⑶執行程序

執行機關委託第三人或指定人員代履行時，其執行程序，係應以書面送達於義務人。

該文書，應載明之事項，包括：⑴執行機關及義務人；⑵受委託之第三人或指定之人員；⑶代履行之標的；⑷代履行費用之數額、繳納處所及期限；⑸代履行之期日。

2.怠　金

⑴要　件

怠金，從本法第 30 條規定觀察，係針對依法令或本於法令之行政處分，負有行為義務而不為，其行為不能由他人代為履行者，或負有不行為

---

❸⓪ 法務部【91/12/11】法律字第 0910045357 號函，《行政執行法令解釋彙編》，第 107 頁以下；關於「指定人員」之概念，頗有爭議！陳敏，《行政法總論》，第 839 頁謂：「應係執行機關以其行政權指定所屬之人員。對行政外界之人民（第三人），執行機關應以契約委託其為代履行，並無以公權力為指定之可能。執行機關對非其所屬之他機關人員，亦無權為代履行之指定。」蔡震榮，〈行政執行法〉，2002，第 161 頁則謂：「指定人員應是指非屬本機關之其他機關的公務員而言。」

❸① 直轄市、縣（市）主管機關或執行機關代為清除、處理廢棄物時，得不經土地所有人、管理人或使用人同意，強制進入公私場所進行有關採樣、檢測、清除或處理等相關措施。

❸② 屆期未清償者，移送強制執行；直轄市、縣（市）主管機關或執行機關，得免提供擔保向高等行政法院聲請假扣押、假處分。

義務而為之者，依其情節輕重，科處之公法上金錢負擔，以促使義務人自動達成行政目的之間接強制方法。

(2)類　型

科處怠金之義務類型，包括：

A. 負有行為義務而不為，其行為不能由他人代為履行者

負有行為義務而不為，其行為不能由他人代為履行者，指行為人所未履行之積極作為義務，例如，道路交通管理處罰條例第 24 條第 1 項第 1 款規定，汽車駕駛人違規肇事受吊扣駕駛執照處分者，「應接受道路安全講習」之義務，本身不具有可替代性。❸❸

本法第 29 條「代履行」與第 30 條「怠金」之規定，似非絕對之區別。蓋針對可替代性之行為義務，是否禁止怠金之手段，代履行或怠金是否有主要手段與補充手段之關係，法律並未明文規定，似應斟酌何種手段對公益與人民權益之均衡維護較為有利，由執行機關衡量實際情況加以裁量。而若違反之義務，代履行有客觀不能或不宜代為履行等情事者，似得科以怠金。❸❹

B. 負有不行為義務而為之者

負有不行為義務，例如，商業登記法第 8 條第 3 項規定：「商業不得經營登記範圍以外之業務。」❸❺經營電子遊戲場者，應遵守電子遊戲場業管理條例第 17 條第 1 項第 6 款規定，不得有涉及賭博之經營行為（最高行政法院 92 判 1680）。

(3)怠金額度與連續科處

怠金之額度，本法第 30 條規定，係依其情節輕重，處新臺幣 5 千元以上 30 萬元以下怠金。換言之，怠金之額度，應依義務違反之情節輕重，在

---

❸❸　釋字第 417 號解釋指出，此種義務係為維持社會秩序及公共利益所必需，與憲法尚無牴觸。

❸❹　李惠宗，《行政法要義》，2004，第 555 頁以下。

❸❺　法務部【91/07/31】法律字第 0910700384 號函，《行政執行法令解釋彙編》，第 113 頁以下。

5 千元以上 30 萬元以下之界限內。

由於，怠金係督促義務人自動履行之強制金，性質為行政執行罰，而非就義務人違反義務之行政秩序罰，故義務人仍不履行其義務時連續處以執行罰者，並不適用一行為不二罰。❸因此，本法第 31 條規定，經依規定處以怠金，仍不履行其義務者，執行機關得連續處以怠金。

惟連續處以怠金前，仍應依第 27 條之規定，以書面限期履行。但是，法律另有特別規定者，不在此限。

所謂「法律另有特別規定者」，例如，廢棄物清理法（第 50 條、第 51 條、第 52 條、第 53 條、第 55 條等規定）「按日連續處罰」之規定，而空氣污染防制法及水污染防治法等亦有類似之規定。事實上，「按日連續處罰」之性質，有認為行政執行罰，亦有認為兼具行政執行罰與行政秩序罰等，造成適用上之爭議。❸於此，若以本法性質（第 1 條規定）為考量，相關法規似應配合修正。

⑷執行程序

執行機關處以怠金時，其執行程序，係應以書面送達於義務人。

該文書，應載明之事項，包括：⑴執行機關及義務人；⑵應履行之行為或不行為義務與其依據及履行期限；⑶處以怠金之事由及金額；⑷怠金之繳納期限及處所；⑸不依限繳納時將予強制執行之意旨。

㈡直接強制方法

1.原　則

本法係採「間接強制優先原則」，故第 32 條規定，經間接強制不能達成執行目的，或因情況急迫，如不及時執行，顯難達成執行目的時，執行機關得依直接強制方法執行之。

---

❸ 行政秩序罰，應適用一行為不二罰（釋字第 503 號解釋）。但是，針對違反地方自治事項之行政義務科處罰鍰（秩序罰）時，地方制度法第 26 條第 3 項竟授權自治條例「得規定連續處罰」。

❸ 並參，法務部【88/03/12】法 88 律字第 001389 號函，《行政執行法令解釋彙編》，第 118 頁。

例如，電子遊戲場業者違反電子遊戲場業管理條例第 17 條第 1 項第 6 款規定，經該管機關依同條例第 31 條前段規定為停業處分後仍繼續營業，即屬負有不行為義務而為之情形，主管機關得依本法第 30 條第 2 項、第 31 條規定處以怠金之方法間接強制之，如仍不能達成執行目的，或有因情況急迫，不及時執行，顯難達成執行目的時，主管機關即得以斷水斷電之直接強制方法執行之。❸❽

因此，直接強制，係以實力直接實現與履行義務同一內容狀態之方法，故對於義務人之自由與財產，相對於間接強制（代履行與怠金）之方法，構成較嚴重之侵犯，基於比例原則（必要性或最少損害）之要求，應係最後手段。

而直接強制之行使要件與時間，包括：⑴經間接強制不能達成執行目的；⑵因情況急迫，如不及時執行，顯難達成執行目的。❸❾

其中，「經間接強制不能達成執行目的」，才採取直接強制之手段，係符合必要性原則之要求。❹⓪

但是，「因情況急迫，如不及時執行，顯難達成執行目的」，而採取直接強制之手段，則與即時強制容易發生混淆，蓋兩者似均有即時處置之必要。不過，直接強制係有公法義務存在為必要前提，而即時強制則不以有公法義務為必要前提；直接強制之目的，係為實現與履行義務同一內容狀態，而即時強制則為排除急迫危險。

2. 種　類

直接強制方法，本法第 28 條第 2 項係採例示規定與概括規定併列之方

---

❸❽　法務部【90/10/30】法 90 律字第 040090 號函，《行政執行法令解釋彙編》，第 100 頁以下。

❸❾　例如，非法施設於堤防間行水區內之砂石碎解洗選場，其選洗場之施設，造成河川通洪斷面不足，遇有洪水，將釀成災害，若不拆除，造成洪水之危險，較之拆除致人民財產之損失為重（最高行政法院 93 裁 199）。

❹⓪　釋字第 112 號解釋曾謂：「行政官署對於違反行政執行法所定行為或不行為義務者，經依該法規定，反覆科處罰鍰，而仍不履行其義務時，尚非該法所稱不能行間接強制處分，自難據以逕行直接強制處分。」

式：

例示規定，包括：⑴扣留、收取交付、解除占有、處置、使用或限制使用動產、不動產；⑵進入、封閉、❹拆除住宅、建築物或其他處所；⑶收繳、註銷證照；⑷斷絕營業所必須之自來水、電力或其他能源。

概括規定，係指其他以實力直接實現與履行義務同一內容狀態之方法。

三、執行費用

代履行費用或怠金，係因間接強制方法所產生之公法上金錢給付義務，故逾期未繳納者，係應移送行政執行處依第 2 章「公法上金錢給付義務之執行」之規定執行之（第 34 條）。

其中，關於代履行之費用，本法第 29 條第 2 項規定，由執行機關估計其數額，命義務人繳納；而其繳納數額與實支不一致時，則退還其餘額或追繳其差額。此係為避免執行機關代履行後，義務人無力繳納或拒不繳納費用而失去代履行之目的，故在執行機關代履行前，即得估計其數額，命義務人應先行繳納，如義務人逾期未繳納者，依本法第 34 條規定，移送行政執行處依第 2 章（即公法上金錢給付義務之執行）之規定執行之。本法第 29 條規定代履行執行費用之預估及繳納係在執行程序終結前所為之執行行為，義務人對該執行方法如有不服，應依本法第 9 條規定之特別救濟程序聲明異議（最高行政法院 103 判 298；105 判 449）。❷

四、準　用

強制執行法第 3 章「關於物之交付請求權之執行」、第 4 章「關於行為

---

❹　執行機關執行封閉時，應派員將處分文書及封閉範圍之圖說明顯揭示於該封閉處所，並於各出入口設置障礙物。

❷　最高行政法院指出，執行機關依本法第 29 條第 2 項規定命義務人繳納代履行執行費用之預估金額，核係執行機關在執行程序終結前所為之執行行為，且係執行機關依其公權力之意思決定而使義務人發生公法上金錢給付義務之單方行政行為，並為本法第 34 條明定可據以移送強制執行，足認其同時具有執行命令及行政處分之性質（106 判 588）。

及不行為請求權之執行」之規定，於本章準用之（第 35 條）。

肆、即時強制

一、要　件

行政機關為阻止犯罪、危害之發生或避免急迫危險，而有即時處置之必要時，本法第 36 條第 1 項規定，得為即時強制。其要件，分析如下：

㈠行政機關

本項規定之行政機關，是否應僅限依其法定職權得作成行政處分者，從第 36 條第 2 項第 4 款「依法定職權所為之必要處置」之規定，似採肯定之見解。**[43]**

本文認為，似仍有討論之必要。例如，甲人民於稅捐機關內部意圖吞藥自殺，則乙稅務員應得將其管束以救護其生命。蓋本項規定，主要係對行政機關為得即時強制之授權，故應得從寬認定之。

不過，實務見解主張：「即時強制之機關，必須就該事項有法定職權，並不得逾越其權限範圍而實施。」**[44]**

㈡為阻止犯罪、危害之發生或避免急迫危險

即時強制之立法目的，係為阻止犯罪、危害之發生或避免急迫危險，故排除危險係即時強制之核心要素，兼顧公益與私益之維護。

例如，在風雲詭譎之海域，衡情隨時有可能發生生命、財產之緊急危難，依據本法有關即時強制之規定，自得將漁船全部乘員帶回港口，以防止危害之發生（最高行政法院 100 判 823）。

㈢有即時處置之必要

即時強制係著重危險之即時處置，故不以受即時強制之相對人是否有

---

[43] 陳敏，《行政法總論》，第 858 頁；蔡震榮，〈行政執行法〉，2002，第 215 頁。

[44] 法務部【91/10/08】法律字第 0910039713 號函，《行政執行法令解釋彙編》，第 130 頁。

公法義務存在為前提。

　　所謂「必要」，係指比例原則之要求；至於，「即時」，指處置之迫切性。

二、方　法

　　即時強制方法之規範設計，本法第 36 條第 2 項規定，採例示規定與概括規定併列之方式：

　　例示規定，包括：⑴對於人之管束；⑵對於物之扣留、使用、處置或限制其使用；⑶對於住宅、建築物或其他處所之進入。

　　概括規定，指其他依法定職權所為之必要處置。

㈠對於人之管束

1.事　由

　　對於人之管束，本法第 37 條第 1 項規定其事由，採例示規定與概括規定併列之方式：

　　例示規定，包括：⑴瘋狂或酗酒泥醉，非管束不能救護其生命、身體之危險，及預防他人生命、身體之危險者；⑵意圖自殺，非管束不能救護其生命者；⑶暴行或鬥毆，非管束不能預防其傷害者。

　　概括規定，指其他認為必須救護或有害公共安全之虞，非管束不能救護或不能預防危害者。

　　針對管束之事由，係以合於前述情形之一者即可。

2.期　限

　　對於人之管束，本法第 37 條第 2 項規定，不得逾 24 小時，蓋憲法第 8 條人身自由保障之限制。❹❺

3.執行程序

　　執行對於人之管束時，執行人員應即將管束原因及概略經過報告主管長官；執行機關並應儘速將管束原因，告知本人及其配偶、法定代理人、指定之親友或其他適當之機關（構）。但是，不能告知者，不在此限。

❹❺　黃俊杰，《弱勢人權保障》，1997，第 19 頁以下。

對於人之管束，應注意其身體及名譽。並且執行人員以強制力實施者，不得逾必要之程度。

㈡對於物之扣留、使用、處置或限制其使用

1.物之扣留

關於物之扣留，本法第 38 條規定其對象、期限、執行程序等。

⑴對　象

軍器、凶器及其他危險物，為預防危害之必要，得扣留之。

關於得扣留之物，實務見解認為以軍器、凶器及其他危險物為限。❹
不過，軍器與凶器，係危險物之例示規定；而其他危險物，則屬與軍器、凶器類似之物品。

⑵期　限

扣留之物，除依法應沒收、沒入、毀棄或應變價發還者外，其扣留期間不得逾 30 日。但是，扣留之原因未消失時，得延長之，延長期間不得逾 2 個月。

⑶執行程序

執行物之扣留時，執行機關應製作收據，詳載扣留物之名稱、數量，付與所有人、持有人或保管人。前述扣留物不便保管或搬運者，得予封存，命所有人、持有人或保管人出據看守或保管。

扣留之物無繼續扣留必要者，應即發還；於 1 年內無人領取或無法發還者，其所有權歸屬國庫；其應變價發還者，亦同。

扣留之物，依法應沒收、沒入、毀棄或應變價發還者，執行機關應即自行或移送有關機關依相關法令規定程序辦理，並通知所有人、持有人或保管人。扣留之物，依本法第 38 條第 2 項但書規定延長扣留期間者，應將其原因通知所有人、持有人或保管人。

扣留之物，依本法第 38 條第 3 項規定應發還或變價發還者，執行機關應以書面通知所有人、持有人或保管人出據具領；其經封存者，應予啟封。

❹　法務部【92/03/27】法律字第 0920008219 號函，《行政執行法令解釋彙編》，第 136 頁。

2.物之使用、處置或限制其使用

遇有天災、事變或交通上、衛生上或公共安全上有危害情形，非使用或處置其土地、住宅、建築物、物品或限制其使用，不能達防護之目的時，得使用、處置或限制其使用（第 39 條）。

因此，天災、事變或交通上、衛生上或公共安全上有危害情形之事實，係即時強制之前提要件；而物之使用、處置或限制其使用，係以達到防護目的之必要範圍為限。此外，使用或處置其土地、住宅、建築物、物品或限制其使用，與防護目的之達成，應有合理之關聯性。

㈢對於住宅、建築物或其他處所之進入

對於住宅、建築物或其他處所之進入，以人民之生命、身體、財產有迫切之危害，非進入不能救護者為限（第 40 條）。

因此，人民之生命、身體、財產有迫切危害之事實，係即時強制之前提要件；而對於住宅、建築物或其他處所之進入，係以達到防護目的之必要範圍為限。

三、執行費用

關於即時強制之執行費用，實務見解主張，即時強制既係行政機關基於法定職權之行為，故本法並無經費求償對象之問題。❹如係他機關之法定職務，僅因人力、物力不足而協助緊急處理，且符合行政程序法第 19 條行政協助之要件者，自得依該條第 7 項規定請求所需費用。❹

---

❹　法務部【92/05/23】法律字第 0920017186 號函，《行政執行法令解釋彙編》，第 133 頁。

❹　至於，對於即時強制之相對人，行政機關是否得請求即時強制之執行費用，似得斟酌相對人對於即時強制之存在事由有無可歸責之事證。

第四篇

權利保護

Administrative Law

第十七章　訴　願

綱要導讀

壹、權利保護
- 一、權利保護之理論基礎
- 二、權利保護之類型
- 三、權利保護之必要

貳、憲法第 16 條「訴願權」之範圍
- 一、釋字第 211 號解釋：聲明異議
- 二、釋字第 224 號解釋：申請復查

參、救濟限制之違憲審查
- 一、法令限制
- (一)法律限制
- (二)命令限制
- 二、程序限制
- 三、資力限制

肆、訴願之類型與訴願人
- 一、訴願之類型
- (一)行政處分
  - 1.作成之機關
  - 2.行政處分之概念
- (二)應作為而不作為
- 二、訴願人
- (一)訴願主體與訴願能力
  - 1.訴願主體
  - 2.訴願能力與法定代理
- (二)共同訴願
  - 1.限　制

2.代表人
- (三)參加訴願
  - 1.參加要件
  - 2.參加訴願之要式與效力
- (四)代理人
  - 1.委任自由、人數與代理資格
  - 2.代理之方式與權限
- (五)輔佐人
  - 1.產　生
  - 2.效　力

伍、訴願之管轄、期限、送達與卷宗
- 一、管　轄
- (一)原處分機關之認定標準
- (二)一般管轄
  - 1.上級機關管轄
  - 2.自治監督機關管轄
  - 3.原處分機關管轄
- (三)補充管轄
  - 1.比照管轄
  - 2.共為處分管轄
  - 3.委託、委任與委辦管轄
  - 4.承受管轄
- (四)管轄之確定與移送
  - 1.管轄之確定
  - 2.管轄之移送

二、期日及期間

㈠計算標準

　1.民法之適用

　2.訴願提起之計算

㈡回復原狀

㈢在途期間

三、送　達

㈠職權送達原則

㈡訴願文書

㈢送達對象

　1.本人與訴願代理人

　2.法定代理人、代表人或管理人

　3.外國法人或團體

四、訴願卷宗

㈠保　存

㈡請求閱覽

　1.請求權之主體

　2.拒絕閱覽之請求

陸、訴願之程序

一、訴願之提起

㈠訴願書

　1.要式行為

　2.訴願書之內容

　3.訴願書之補送

　4.訴願書之附件

　5.訴願書之補正

㈡行政機關之處置

　1.原行政處分機關

　2.受理訴願機關

㈢訴願之撤回

　1.處分權主義

2.限　制

二、訴願之審議

㈠訴願審議委員會

　1.組成人員

　2.決　議

　3.紀　錄

　4.迴　避

㈡訴願審議之原則與程序

　1.書面審查為原則

　2.言詞辯論為補充

　3.職權調查原則

三、訴願之決定

㈠訴願決定之類型

　1.不受理決定

　2.無理由決定

　3.有理由決定

　4.情況決定

㈡訴願決定之期間

　1.決定期限

　2.停止訴願之重行起算

㈢訴願決定書

　1.記載事項

　2.教示制度

㈣效　力

　1.停止執行

　2.拘束力

柒、再審程序

壹、權利保護

一、權利保護之理論基礎

人民作為國家之主權者，亦為憲法基本權利之主體，故國家應提供經濟有效符合正當法律程序之權利保護制度。❶

權利保護之理論基礎，係有權利即有救濟、無救濟者非權利、救濟應完整且無漏洞、救濟公平迅速且無過度限制等。蓋憲法保障人民之司法受益權，不僅指人民於其權利受侵害時得提起訴訟請求權利保護，尤應保障人民於訴訟上有受公正、迅速審判，獲得救濟之權利，俾使人民不受法律以外之成文或不成文例規之不當限制，以確保其訴訟主體地位（釋字第446號解釋）。

二、權利保護之類型

依直接提供權利保護之規範層級，得區分為憲法之權利保護與法律之權利保護。憲法之權利保護，例如，憲法第16條「請願、訴願及訴訟權」與第24條「國家賠償請求權」之規定；法律之權利保護，例如，海關緝私條例之「聲明異議」與稅捐稽徵法之「申請復查」等。❷

依主張權利保護之順序及目的，得區分為第一次權利保護與第二次權

❶ 釋字第418號解釋謂：「受處分人因交通事件對行政機關處罰而不服者，應由普通法院之交通法庭審理，而非如一般行政爭訟事件循訴願、再訴願及行政訴訟程序，請求救濟。此係立法機關基於行政處分而受影響之權益性質、事件發生之頻率及其終局裁判之急迫性以及受理爭訟案件機關之負荷能力等因素之考量，進而兼顧案件之特性及既有訴訟制度之功能而為設計。上開法條，既給予當事人申辯及提出證據之機會，並由憲法第80條所規定之法官斟酌事證而為公平之裁判，顯已符合正當法律程序，與憲法第16條保障人民訴訟權之意旨尚無牴觸。」

❷ 黃俊杰，《稅捐正義》，2002，第1頁以下。

利保護。第一次權利保護,當人民遭受公權力侵犯時,首先係主張排除侵犯,例如,憲法第 16 條「訴願及訴訟權」;第二次之權利保護,係就其權利所受侵犯之程度請求填補,例如,憲法第 24 條「國家賠償請求權」。

依提供權利保護之機關是否為法院,得區分為法院之權利保護與法院外之權利保護。法院之權利保護,係由法院就人民之爭議或主張予以決定,例如,憲法第 16 條「訴訟權」;法院外之權利保護,則係由法院以外之機關,就人民之爭議或主張予以決定,例如,憲法第 16 條「請願及訴願權」。

依機關作成決定拘束力之差異,得區分為正式(有拘束力)之權利保護與非正式(無拘束力)之權利保護。正式之權利保護,機關作成之決定有直接拘束力者,例如,訴願法第 95 條「訴願決定效力」與行政訴訟法第 212 條以下「行政訴訟裁判效力」之規定;❸非正式之權利保護,機關作成決定並無直接之拘束力,例如,行政程序法第 171 條「陳情處理」之規定。

三、權利保護之必要

人民提起行政訴訟,須其爭訟有權利保護之必要。所謂權利保護之必要,最高行政法院(98 裁 3026)謂,係指「尋求權利保護者,經由向法院請求的方式,得以實現其所要求的法律保護之利益的意思」。而權利保護必要,係基於誠實信用原則,即訴訟制度濫用之禁止。故請求法院裁判均應以有權利保護必要為前提,如原告所受之損害已不存在,則其訴訟並無值得保護之價值,應視為欠缺權利保護要件,依行政訴訟法第 107 條第 1 項第 10 款「起訴……不備其他要件」之規定,而應予駁回。而院字第 2810 號解釋謂:「為訴願決定時,已屬無法補救者,其訴願為無實益,應不受理,應予駁回。」係在闡釋提起行政爭訟,必須其爭訟有權利保護之必要,即具有爭訟之利益為前提,倘對於當事人被侵害之權利或法律上利益,縱經審議或審判結果,亦無從補救,或無法回復其法律上之地位或其他利益者,即無進行爭訟而為實質審查之實益。

---

❸ 並參,釋字第 368 號解釋。

　　例如，A 美國籍人士曾因性猥褻案件經美國法院判決有罪確定，其自美國出發來臺，內政部警政署經國際刑警組織華盛頓中央局電函通知後，通報內政部移民署。嗣 A 至桃園國際機場欲入境我國，移民署依入出國及移民法禁止 A 入國（原處分）。而原處分之規制內容，為禁止 A 入國，易言之，原處分係針對 A 所為入國申請而作成，而原處分之規制效力已因禁止 A 入國，在 A 返國後而終結，則 A 是否有提起本件課予義務訴訟之權利保護之必要，即非無疑（107 判 366）。

　　惟所謂被侵害之權利或利益，經審議或審判結果，無從補救或無法回復者，並不包括依國家制度設計，性質上屬於重複發生之權利或法律上利益，諸如參加選舉、考試等，人民因參與或分享，得反覆行使之情形（釋字第 546 號解釋）。

　　因此，當事人所提出之爭訟事件，縱因時間之經過，無從回復權利被侵害前之狀態，然而，基於合理之期待，未來仍有同類情事發生之可能時，即非無權利保護必要，自應予以救濟，以保障其權益。

　　例如，人民申請為公職人員選舉候選人，因主管機關認其資格與規定不合而予核駁處分，申請人不服而提起行政爭訟時，雖選舉已辦理完畢，但其經由選舉而擔任公職係憲法所保障之權利，且性質上得反覆行使，除非該項選舉已不復存在，則審議或審判結果對其參與另次選舉成為候選人資格之權利仍具實益，並非無權利保護必要者可比。故受理爭訟之該管機關或法院，仍應為實質審查，若原處分對申請人參選資格認定有違法或不當情事，應撤銷原處分或訴願決定，俾其後申請為同類選舉時，不致再遭核駁處分。

貳、憲法第 16 條「訴願權」之範圍

　　以釋字第 211 號及第 224 號解釋為例，其均以憲法第 16 條作為法律違憲之基準，但兩者之釋憲對象並非針對名稱為「請願」、「訴願」或「訴訟」之權，而係海關緝私條例之「聲明異議」與稅捐稽徵法之「申請復查」。換

言之,「聲明異議」與「申請復查」,亦為憲法第 16 條所保障人民基本權利之涵蓋範圍內。分析如下:

一、釋字第 211 號解釋:聲明異議

釋字第 211 號解釋理由書謂:「……海關緝私條例第 49 條……聲明異議案件……。此項規定雖使受處分人之救濟機會,受有限制,但……為貫徹海關緝私政策、增進公共利益所必要,與憲法……第 16 條尚無牴觸。」由此觀之,「聲明異議」,亦為憲法第 16 條所保障人民基本權利之涵蓋範圍內。不過,憲法第 16 條規定,人民有「請願」、「訴願」及「訴訟」之權,而「聲明異議」係歸屬何種基本權利?似有爭議!

就此問題,劉鐵錚於本號解釋之不同意見書謂:「……海關緝私條例所訂之聲明異議制度,乃原處分機關之自我反省,屬於自省救濟制度,訴願、再訴願乃促使原處分機關之上級機關或有權管轄機關之行政監督,屬於階級救濟制度。海關緝私條例擴充憲法上之救濟程序,規定受處分人應先向原處分機關聲明異議,屬於行政救濟之第一階段,且為訴願之先行程序,對人民而言,雖屬利弊互見,但如因受處分人不繳納或無力繳納保證金,致不能進入異議程序,從而不能提起訴願、再訴願與行政訴訟,以為請求對原處分作有無理由之審查,則徒有擴充憲法上行政救濟之名,實際上無疑剝奪人民有請求原處分機關之上級機關,審查原處分是否適當之憲法上所保障之權利。準此,則海關關於緝私案件,無疑大權獨攬,為異議標的之原處分,縱有違法或不當之情形,也難有救濟途徑,較之於一般案件,如有一審終結為人所詬病者,實猶有過之。……」其似乎認為聲明異議制度本非憲法所直接保障之救濟程序,憲法所保障之訴願權,僅屬向原處分機關之上級機關表示不服之權。

惟本文以為訴願究應採取「自省救濟制度」或「階級救濟制度」,憲法本身並無明文規定或限制,仍有待立法者加以具體化,且其內涵亦有發展及變更之可能性,例如,釋字第 439 號解釋謂:「就訴願而言,係在人民之權益遭受公權力侵害時可循國家依法所設之程序尋求救濟,使作成行政處

分之機關或其上級機關經由此一程序自行矯正其違法或不當處分。」釋字
第 295 號解釋亦謂：「憲法保障人民之訴願權，其目的在使為行政處分之機
關或其上級機關自行矯正其違法或不當處分，以維護人民之權益。若法律
規定之其他行政救濟途徑，已足達此目的者，則在實質上即與訴願程序相
當，自無須再踐行訴願程序。」

　　換言之，若從前述實務見解觀察，則以訴願之目的來解釋訴願權之行
使，並不以名為「訴願」為必要；而且訴願之管轄機關，似得為原處分機
關或其上級機關。因此，凡人民權益受有損害而得向行政機關表示不服之
權利，似均得為憲法第 16 條訴願權所涵蓋。所以，聲明異議或其他向原處
分機關表示不服之制度，似亦屬憲法第 16 條規定之訴願權範疇。

二、釋字第 224 號解釋：申請復查

　　釋字第 224 號解釋謂：「稅捐稽徵法關於申請復查，以繳納一定比例之
稅款或提供相當擔保為條件之規定，使未能繳納或提供相當擔保之人，喪
失行政救濟之機會，係對人民訴願及訴訟權所為不必要之限制……，與憲
法第 16 條之意旨有所不符。」由此觀之，「申請復查」，亦為憲法第 16 條
所保障人民基本權利之涵蓋範圍內。不過，憲法第 16 條規定，人民有「請
願」、「訴願」及「訴訟」之權，而「申請復查」係歸屬何種基本權利？似
有爭議！參酌前述之說明，「申請復查」似亦屬憲法第 16 條規定之訴願權
範疇。

　　至於，「申請復查」與「聲明異議」，在法律形式及外觀上，其規範依
據及法律用語方面似有差異。就此，本號解釋李鐘聲之不同意見書謂：
「……海關緝私條例第 49 條規定之……聲明異議，……與關稅法第 23 條
規定行政救濟之文字：『以書面向海關聲明異議，請求復查』對照，聲明異
議即複查，複即復（說文解字『複』字段玉裁註：『復或作複』）。……雖聲
明異議與申請復查用詞有殊，然在法律上性質相類而相同，均為行政救濟
程序規定。」

　　不過，若從兩者之性質及人民權利保護之觀點，均係由人民循行政救

濟程序向原處分機關主張不服之權利行使，故在實質內容上均屬憲法第 16 條規定訴願權之內涵。

參、救濟限制之違憲審查

基於有權利即有救濟之原則，人民權利遭受侵害時，必須給予向法院提起訴訟，請求依正當法律程序公平審判，以獲及時有效救濟之機會，此乃訴訟權保障之核心內容（釋字第 396 號、第 574 號解釋參照），不得因身分之不同而予以剝奪（釋字第 243 號、第 266 號、第 298 號、第 323 號、第 382 號、第 430 號、第 462 號、第 653 號解釋）。至於，訴訟權之具體內容，應由立法機關制定合乎正當法律程序之相關法律，始得實現。而相關程序規範是否正當，除考量憲法有無特別規定及所涉基本權之種類外，尚須視案件涉及之事物領域、侵害基本權之強度與範圍、所欲追求之公共利益、有無替代程序及各項可能程序之成本等因素，綜合判斷而為認定（釋字第 639 號、第 663 號、第 667 號、第 681 號解釋）。而立法機關衡量訴訟案件之種類、性質、訴訟政策目的及司法資源之有效配置等因素，而就訴訟救濟應循之審級、程序及相關要件，以法律或法律授權主管機關訂定命令限制者，應符合憲法第 23 條規定，方與憲法保障人民訴訟權之意旨無違（釋字第 160 號、第 378 號、第 393 號、第 418 號、第 442 號、第 448 號、第 466 號、第 512 號、第 574 號、第 629 號、第 639 號、第 653 號解釋）。

關於救濟限制違憲審查之案例：

一、法令限制

訴願法第 1 條第 1 項規定，人民對於中央或地方機關之行政處分，認為違法或不當，致損害其權利或利益者，得依本法提起訴願。但法律另有規定者，從其規定。

因此，訴願法具有普通法之性質，而但書所謂另有規定之「法律」，則係特別法，故先從其規定。

　　不過，行政救濟之特別法，除有其事件性質之特殊性與必要性之外，似應逐漸簡化行政救濟之種類與層級，以便利人民權利保護之主張。

㈠法律限制

　　立法者對於訴願制度與法律體系之形成，雖有廣泛之形成自由，但若因而限制或剝奪人民訴願權之行使，仍應受到憲法之拘束。

　　例如，釋字第384號解釋指出，檢肅流氓條例第5條規定，經認定為流氓受告誡者，如有不服，得於收受告誡書之翌日起10日內，以書面敘述理由，經由原認定機關向內政部警政署聲明異議，對內政部警政署所為決定不服時，不得再聲明異議。其排除行政爭訟程序之適用，顯然違反憲法第16條保障人民訴願及訴訟之權。

㈡命令限制

　　關於憲法第16條規定人民有訴願及訴訟之權，釋字第273號解釋指出，係指人民於其權益受侵害時，有提起訴願或訴訟之權利，受理訴願之機關或受理訴訟之法院亦有依法決定或裁判之義務而言。此項權利，不得以行政命令予以限制。

　　都市計畫法第23條規定，都市計畫之細部計畫核定發布實施後，應於1年內，豎立樁誌、計算座標、辦理地籍分割測量等事項，內政部基於上述規定，乃於【68/05/04】修正發布都市計畫樁測定及管理辦法。依該辦法第6條及第8條之規定，土地權利關係人如認為樁位測定錯誤時，雖得申請複測及再複測，但第8條後段則有「經上級政府再行複測決定者，不得再提異議」之規定。

　　行政法院（77裁86），依文義解釋認所謂不得再提異議，含有不得訴願及提起行政訴訟之意，就此部分而言，足使人民依訴願法及行政訴訟法提起行政救濟之權利受其限制。

　　按因樁位測定錯誤，致特定土地權利關係人之權益遭受侵害時，雖上述辦法已有複測及再複測之救濟途徑，然其限制人民訴願及行政訴訟之權利部分，則與憲法保障人民權利之意旨不符，故應不予適用。

二、程序限制

以稅捐救濟為例，有非先向原處分機關踐行申請復查之程序時，則不得提起訴願及行政訴訟，在此種意義下之復查程序，具有訴願及行政訴訟先行程序之性質，故似得稱為「復查前置主義」，❹蓋行政法院（60 判 743 判例）指出：「……如未經法定程序申請復查而逕行提起訴願及行政訴訟，自為法所不許。」

此外，有實務見解甚至強調，在訴願程序前若未踐行申請復查之特定程序時，則不能得法律上之救濟。❺以如此嚴格之救濟程序管制來限制人民憲法訴願權之主張，是否符合憲法維護人權之本旨？似應有斟酌之必要。

蓋復查程序是由法律規定所建構之制度，訴願權則是憲法第 16 條所保障人民之基本權利，並藉此建構訴願制度之憲法基礎。❻因此，若欲以法律規定所建構之復查制度，來限制憲法第 16 條所保障人民之訴願權，則必須該法律制度與合憲秩序之要求相符。

三、資力限制

針對修正前稅捐稽徵法第 35 條至第 38 條第 1 項關於申請復查，以繳納一定比例之稅款或提供相當擔保為條件，及不服復查決定始得提起訴願、行政訴訟之規定。對於此等規定之可能效用，釋字第 224 號解釋指出，「雖使部分稅款迅獲清償或擔保」，不過，卻造成「僅有資力之人，得享行政救濟之利益，而未能繳納一定比例之稅款或提供相當擔保者則喪失行政救濟

---

❹　並參，顏慶章，《租稅法》，1998，第 157 頁以下；蔡志方，〈訴願制度〉，翁岳生編《行政法》，1998，第 946 頁。

❺　行政法院（48 判 61 判例）：「對稽徵機關核定之所得稅額，納稅義務人如有不服，應申請復查，為所得稅法所定在訴願程序前必先踐行之特定程序，非依此規定，不能得法律上之救濟。對於稽徵機關核定補徵之稅額，並無例外。」並參，49 判 29 判例。

❻　並參，蔡志方，〈論訴願與行政訴訟之關係〉，《當代公法理論》，1993，第 761 頁。

機會」。

　　所謂「雖使部分稅款迅獲清償或擔保」，似僅是指前述稅捐稽徵法之規定，其目的係在於便利稅捐目的實現之可能程度及其範圍之大小而已，並非指係為維護課稅處分之正確性或合法性及其與稅捐目的實現程度之合理關聯性。換言之，前述稅捐稽徵法規定之首要價值，似僅係著眼於形式外觀之公益實現之目的，而不考慮課稅處分是否違法與其侵犯人民基本權利之可能性及危害程度。甚至，縱然課稅處分已明顯違法，只要人民未履行繳納一定比例之稅款或提供相當擔保之法律要求，則仍將完全剝奪其主張權利保護之機會。

　　事實上，租稅國與法治國並非對立的，而係緊密結合的，法治國之憲法原則，在稅法中亦扮演著重要角色。法治國固然亦為立法國，但這並不表示國家應容忍立法者恣意立法，相反地，在一個實質法治國中，立法權有其憲法界限，尤其是應受到基本權利與正義之拘束。任何民主之多數決定，必須重視基本權利作為具有拘束力之價值秩序，而不容許立法者恣意立法及隨意課徵。❼此外，過度推崇立法者之多數權威性格，最後將形成「法律就是法律（Gesetz ist Gesetz！）」之結論。

　　因此，前述規範設計，由於忽略多數決不能背離正義之基本要求，終究導致「惡法亦法」之後果，違背稅捐正義及維護人權之憲法意旨。

　　所謂「僅有資力之人，得享行政救濟之利益，而未能繳納一定比例之稅款或提供相當擔保者則喪失行政救濟機會」，係指前述稅捐稽徵法之規定，造成行政救濟機會不平等之差別待遇，❽且以「貧富」階級之劃分，作為差別待遇之判斷標準，顯然欠缺合理性之基礎，而違反稅捐公平原則，亦不符正義原則之要求。

---

❼　基本權利可以拘束所有之國家權力，當然包括課稅權在內。而平等權係憲法所保障人民之基本權利，因此，稅捐立法者有義務制定合乎稅捐公平之法律，以符合稅捐正義之要求。

❽　翁岳生，〈憲法解釋與人民權利之保障〉，《第二屆「憲法解釋理論與實務」學術研討會會議論文㈠》，1999，第 13 頁。

　　蓋富者（指有資力之人，即能繳納一定比例之稅款或提供相當擔保者）才得享行政救濟之利益，此時法律成為偏袒富者之工具，故僅有富者在克服稅捐救濟限制之後，才能取得與原處分機關爭執課稅處分瑕疵之資格；而貧者（指無資力之人，即未能繳納一定比例之稅款或提供相當擔保者），縱然課稅處分已明顯違法，但此時法律成為偏袒原處分機關巧取公益之工具，並不保護弱勢地位之貧者，❾故其仍將因無法克服稅捐救濟限制而喪失行政救濟之機會。換言之，該等立法之規範設計，已造成階級對立之違憲狀態，不符合憲法第 7 條消除階級對立作為有效實現平等權內涵之基本要求，且忽略憲法第 16 條所保障無漏洞權利保護請求權之憲法意旨。❿

　　因此，依釋字第 224 號解釋之見解觀察，稅捐稽徵法第 35 條至第 38 條第 1 項等復查相關規定，已造成有資力者與無資力者間不公平且不合理之差別待遇，甚至造成無資力者完全無法行使憲法所保障之訴願權及訴訟權。對於未能繳納一定比例之稅款或提供相當擔保之人，本號解釋謂係「喪失」行政救濟之機會，故似非僅解釋所稱係對人民訴願及訴訟權所為「不必要之限制」而已，蓋此時其不僅係未保留該基本權利之本質內涵，更應構成違背基本權利禁止剝奪之憲法保障。蓋依憲法第 23 條規定，對人民自由權利係得加以「……必要……限制」，而不得予以「剝奪」。

---

❾　黃俊杰，《弱勢人權保障》，1998，第 1 頁以下。

❿　就此，釋字第 746 號解釋：「依稅捐稽徵法第 39 條第 1 項及第 2 項第 1 款規定，納稅義務人如合法申請復查，或對復查決定補徵之應納稅額於補繳期限內繳納半數並依法提起訴願，暫緩移送強制執行，係我國對行政處分之執行不因提起行政爭訟而停止（本法第 93 條第 1 項及行政訴訟法第 116 條第 1 項規定）之例外規定。因此，稽徵機關就合法申請復查者，暫緩移送強制執行，無督促履行之必要，納稅義務人就復查決定如未提起訴願致案件確定，其逾復查決定另定之補繳期限而仍未繳納者，有督促履行之必要，應依法加徵滯納金。納稅義務人就復查決定如依法提起訴願，且如期繳納該應納稅額半數者，暫緩移送強制執行，無督促履行之必要；如逾期始繳納該應納稅額半數者，即不暫緩移送強制執行，故應就該半數依法加徵滯納金。」

肆、訴願之類型與訴願人

訴願法（以下簡稱為「本法」）係訴願制度之主要依據，分總則、訴願審議委員會、訴願程序、再審與附則，共 5 章。

一、訴願之類型

訴願之標的，得區分為程序標的與決定標的。訴願之程序標的，指訴願人在訴願程序攻擊之對象；訴願之決定標的，指訴願人依本法第 56 條第 1 項第 4 款規定在訴願書載明之「訴願請求事項」，係訴願審議委員會依法應審議決定者。❶

至於，訴願事件之類型，得依訴願之程序標的作為劃分標準：

㈠行政處分

1.作成之機關

人民對於中央或地方機關之行政處分，認為違法或不當，致損害其權利或利益者，本法第 1 條第 1 項本文規定，得依本法提起訴願。

各級地方自治團體或其他公法人對上級監督機關之行政處分，認為違法或不當，致損害其權利或利益者，第 1 條第 2 項規定「亦同」，即亦得依本法提起訴願。

例如，行政院曾撤銷臺北市政府延期辦理里長選舉之行為，釋字第 553 號解釋指出，係中央主管機關認有違法情事而干預地方自治團體自治權之行使，涉及中央法規適用在地方自治事項時具體個案之事實認定、法律解釋，屬於有法效性之意思表示，係行政處分，並非行政機關相互間之意見交換或上級機關對下級機關之職務上命令。上開爭議，涉及中央機關對地方自治團體基於適法性監督之職權所為撤銷處分之行為，地方自治團體對其處分不服者，自應循行政爭訟程序解決之。❷

---

❶　蔡志方，《行政救濟法新論》，2001，第 60 頁以下。

❷　釋字第 553 號解釋指出：「其爭訟之標的，為中央機關與地方自治團體間就地

此外，公務人員因違法或不當處分，若涉有刑事或行政責任者，由最終決定之機關，於決定後責由該管機關依法辦理（第 100 條）。蓋要求訴願最終決定機關負其行政監督之責，且涉及者為追究公務人員之刑事或行政責任，前者由檢察官追訴，由刑事法院審判，後者如應予懲戒，由公務員懲戒委員會或公務人員之主管長官為之，如應予懲處，由公務人員服務之機關為之，非由行政法院負處理之責（最高行政法院 94 裁 2364）。

2.行政處分之概念

本法所稱行政處分，第 3 條第 1 項規定：「係指中央或地方機關就公法上具體事件所為之決定或其他公權力措施而對外直接發生法律效果之單方行政行為。」

例如，各級公私立學校依有關學籍規則或懲處規定，對學生所為退學或類此之處分行為，足以改變學生身分及損害學生受教育之機會（釋字第 382 號解釋）；兵役體位判定，係徵兵機關就役男應否服兵役及應服何種兵役所為之決定而對外直接發生法律效果之單方行政行為，此種判定役男為何種體位之決定行為，不問其所用名稱為何，對役男在憲法上之權益有重大影響（釋字第 459 號解釋）；各大學校、院、系（所）教師評審委員會對教師升等通過與否之決定，與教育部學術審議委員會對教師升等資格所為之最後審定，於教師之資格等身分上之權益有重大影響（釋字第 462 號解釋）等，故均應為本法及行政訴訟法上之行政處分。

而行政法院（62 裁 41 判例）指出：「官署所為單純的事實敘述或理由說明，並非對人民之請求有所准駁，既不因該項敘述或說明而生法律上之效果，非本法之行政處分，人民對之提起訴願，自非法之所許。」❸

方自治權行使之適法性爭議，且中央監督機關所為適法性監督之行為是否合法，對受監督之地方自治團體，具有法律上利益。為確保地方自治團體之自治功能，本件臺北市之行政首長應得代表該地方自治團體，依本法第 1 條第 2 項、行政訴訟法第 4 條提起救濟請求撤銷，並由訴願受理機關及行政法院就上開監督機關所為處分之適法性問題為終局之判斷，受訴法院應予受理。」

❸ 釋字第 230 號解釋指出，行政法院 62 裁 41 判例，係（釋憲當時）本法條文之當然詮釋，並未違背本院釋字第 156 號解釋意旨，亦未限制人民依本法應享之

本法與行政程序法之行政處分（第 92 條第 1 項規定：「係指行政機關就公法上具體事件所為之決定或其他公權力措施而對外直接發生法律效果之單方行政行為。」），兩者之差異，本法係「中央或地方機關」，而行政程序法係「行政機關」。

此外，機關決定或措施之相對人雖非特定，而依一般性特徵可得確定其範圍者與有關公物之設定、變更、廢止或一般使用者，本法第 3 條第 2 項規定：「亦為行政處分」與「亦同（行政處分）」，行政程序法第 92 條第 2 項則規定：「為一般處分」與「亦同（一般處分）」。

(二)應作為而不作為

本法第 2 條第 1 項規定：「人民因中央或地方機關對其依法申請之案件，於法定期間內應作為而不作為，認為損害其權利或利益者，亦得提起訴願。」

例如，甲為籌設加油站，經縣政府核發建造執照，並核准籌建加油站。嗣甲申請變更設計，縣政府遲延未決，甲得依本法第 2 條規定以資救濟（最高行政法院 103 判 171）。❶❹

若行政機關對人民依法申請之案件，有作成行政處分之義務，如其應作為而不作為，致人民之權利或法律上利益受損害者，人民須先循訴願程序後，始得提起課予義務訴訟（行政訴訟法第 5 條），不得直接提起一般給付訴訟（行政訴訟法第 8 條），否則因起訴不備其他要件，自為法所不許。

例如，人民土地，因受重金屬污染，經公告為「雲林縣虎尾鎮北平段、竹圍子段農地重金屬污染控制場址」，並限制耕作在案。嗣不服被核撥之補償數額，基於對公法上給付之請求，未依本法第 2 條第 1 項規定之訴願程序，即逕行提起請求發給補償費之給付訴訟，自有起訴不備其他要件之不合法，依行政訴訟法第 107 條第 1 項第 10 款之規定，應予駁回（94 判

權利，與憲法第 16 條自無牴觸。

❶❹ 最高行政法院（103 判 171）並謂，若非怠於作為，致逾越建築期限而建照失其效力，故此時再就縣政府對變更設計申請案之處理程序為爭執，亦無從為有利於甲之判斷。

729)。

第 2 條第 1 項所謂「法定期間」，係指法律規定之期間，惟法令未規定期間者，係自機關受理申請之日起為 2 個月（第 2 條第 2 項）。

針對本法第 2 條之怠為處分訴願，根本不必行政處分之存在。換言之，行政處分是否存在，並非提起課予義務訴訟之要件，此觀之本法第 2 條之怠為處分訴願及行政訴訟法第 5 條第 1 項怠為處分課予義務訴訟，並不以行政處分存在為前提自明（96 判 994）。

二、訴願人

㈠訴願主體與訴願能力

1.訴願主體

訴願主體，係指得提起訴願者，其得區分為行政處分之相對人及利害關係人（第 18 條），包括：⑴自然人、法人、非法人之團體或其他受行政處分之相對人；及⑵利害關係人。

因此，得提起訴願者，並不以單獨之個人為限。行政處分相對人以外之利害關係第三人，認為行政處分違法損害其權利或利益，固得依上開法條提起訴願及撤銷訴訟。至於，是否為利害關係第三人，行政法院（75 判 362）判例：「所謂利害關係乃指法律上之利害關係而言，不包括事實上之利害關係在內。」故須因法律上利益受到侵害之人，❺始能以利害關係第三人資格就他人之行政處分提起撤銷之訴，若僅有事實上利害關係，而不具備法律上利害關係，自不得任意主張他人行政處分違法侵害其權益而提起行政爭訟。所謂「法律上利害關係」之判斷，係以「保護規範理論」為界定利害關係第三人範圍之基準。如法律已明確規定特定人得享有權利，或對符合法定條件而可得特定之人，授予向行政主體或國家機關為一定作為之請求權者，其規範目的在於保障個人權益；如法律雖係為公共利益或一般國民福祉而設之規定，但就法律之整體結構、適用對象、所欲產生之

---

❺ 最高行政法院（99 判 336）指出，所謂法律上之利害關係，應指因行政處分致其權利或法律上利益直接受損害者而言。

規範效果及社會發展因素等綜合判斷，可得知亦有保障特定人之意旨時，即應許其依法請求救濟（釋字第 469 號解釋）。因此，非處分相對人起訴主張其所受侵害者，若可藉由保護規範理論判斷為其法律上利益受損害，固可認為具有訴訟權能，而得透過行政訴訟請求救濟；但若非法律上利益，而僅係單純政治、經濟、感情上等反射利益受損害，則不許提起訴願或行政訴訟（最高行政法院 107 判 134）。至於，夫妻各自為權利義務之主體，配偶之一方因行政機關作成違法或不當之行政處分，致其權利或法律上之利益受有損害，他方配偶並非當然為上開規定之利害關係人（102 裁 1717）。

　　此外，訴願人死亡者，由其繼承人或其他依法得繼受原行政處分所涉權利或利益之人，承受其訴願。法人因合併而消滅者，由因合併而另立或合併後存續之法人，承受其訴願（第 87 條第 1 項與第 2 項）。❻

　　依規定承受訴願者，應於事實發生之日起 30 日內，向受理訴願機關檢送因死亡繼受權利或合併事實之證明文件（第 87 條第 3 項）。此時，繼承人承受訴願後，仍應注意被繼承人之訴願行為是否有待補正，例如，尚未補具訴願書，則應於訴願機關未駁回前補送訴願書。本件國防部聯合後勤司令部於【97/07/29】作成撤銷甲眷舍居住權之處分，其於【97/08/05】具狀向總政治作戰局及聯合後勤司令部表示不服，合於本法第 14 條第 1 項所定法定期間，應視為已於法定期間內向訴願管轄機關即國防部提起訴願。嗣後，於甲死亡後，甲之繼承人依本法第 87 條第 1 項規定承受訴願，並於訴願機關未駁回前之【98/10/27】補具訴願書，本件訴願未於 30 日內補送訴願書之程序不合，已屬補正（100 判 2104）。

　　此外，行政處分對相對人授益之同時，對第三人產生負擔之結果者，為學理上所稱之第三人效力處分。該第三人雖非行政處分之受處分人，但既主張其權利或法律上之利益因該處分而受侵害，為法律上之利害關係人，自得依訴願法第 1 條第 1 項「人民對於中央或地方機關之行政處分，認為

---

❻　受讓原行政處分所涉權利或利益之人，得檢具受讓證明文件，向受理訴願機關申請許其承受訴願。

違法……，致損害其權利或利益者，得依本法提起訴願」，提起訴願，並因不服訴願結果，續依行政訴訟法第 4 條第 1 項規定，提起撤銷訴訟（99 判 212；107 判 134）。

2.訴願能力與法定代理

本法對於訴願能力之認定標準，係以能獨立以法律行為負義務者，有訴願能力（第 19 條）。

至於，無訴願能力人，則應由其法定代理人，代為訴願行為。而地方自治團體、法人、非法人之團體，應由其代表人或管理人，為訴願行為。至於，訴願之法定代理，係依民法之規定（第 20 條）。

例如，甲公司之訴願書記載，係以 A 為代表人，惟依公司設立登記表之記載，代表人係 B，故以 A 為代表人提起訴願，與本法第 20 條第 2 項及第 56 條第 1 項第 1 款之規定自有不合。訴願審議委員會依第 62 條規定通知於文到 20 日內補正，惟甲公司未依限補正，其既未由合法之代表人為訴訟行為，訴願程序自不合法，則訴願決定予以不受理，依法並無不合（最高行政法院 100 裁 1896；93 判 1253）。

㈡共同訴願

1.限　制

訴願之提起，並不以單獨 1 人訴願為必要。惟共同訴願之提起，有一定之限制。

即：⑴2 人以上；⑵對於同一原因事實之行政處分；⑶共同訴願之提起，以同一機關管轄者為限（第 21 條）。

2.代表人

⑴選定或指定

共同提起訴願者，本法第 22 條規定，得選定其中 1 人至 3 人為代表人。換言之，代表人之選定，係共同訴願人之自主行為。不過，選定代表人應於最初為訴願行為時，向受理訴願機關提出文書證明。被選定為代表人者，即有收受送達之權限，因此，訴願文書之送達，自應向選定之代表人為之，並於送達代表人即發生送達之效力（最高行政法院 94 裁 388；97

裁 3773）。

不過，前述文書須得作為代表人選定記載之證明，若訴願書及授權書等均無選定代表人進行訴願之記載，則不生選定代表人之效力 （102 裁 261）。

至於，共同提起訴願，未選定代表人者，受理訴願機關得限期通知其選定；逾期不選定者，得依職權指定之（第 23 條）。依職權指定之代表人，訴願機關即得將訴願決定書送達該代表人（92 裁 865）。

然而，依第 23 條選任代表人之目的，在於達到訴訟經濟，惟究否命共同訴願人選任代表人，係屬訴願機關依職權為之。故實務見解指出，從而即便訴願機關未通知當事人選定代表人，亦無違法（95 判 1230）。

⑵權限與更替

代表人經選定或指定後，由其代表全體訴願人為訴願行為。但是，撤回訴願，非經全體訴願人書面同意，不得為之（第 24 條）。

代表人經選定或指定後，仍得更換或增減之。但是，代表人之更換或增減，非以書面通知受理訴願機關，不生效力（第 25 條）。

代表人有 2 人以上者，均得單獨代表共同訴願人為訴願行為。並且，代表人之代表權，不因其他共同訴願人死亡、喪失行為能力或法定代理變更而消滅（第 26 條與第 27 條）。

㈢參加訴願

1.參加要件

參加訴願，得區分為申請參加 （第 28 條第 1 項第 1 句） 與通知參加 （第 28 條第 1 項第 2 句與第 2 項）。

參加主體，包括：⑴與訴願人利害關係相同之人；及⑵訴願決定因撤銷或變更原處分而權益受影響之第三人。

申請參加訴願之資格，係與訴願人利害關係相同之人，經受理訴願機關允許，得為訴願人之利益參加訴願，此亦為主動參加或協助參加。因此，參加要件有三：⑴與訴願人利害關係相同之人；⑵經受理訴願機關允許；⑶為訴願人之利益而參加訴願。

其次，受理訴願機關認有必要時，亦得通知其參加訴願，則為通知參加或被動參加。其參加要件，似仍應與訴願人利害關係相同之人。經受理訴願機關通知，似表示已同意參加之內涵。至於，其是否須為訴願人之利益而參加訴願？或被通知後係為訴願人之不利益而參加訴願時，受理訴願機關得否事後表示拒絕?若從參加效力及參加訴願者個人權利保護之觀點，似無禁止之必要。

再者，訴願決定因撤銷或變更原處分，足以影響第三人權益者，受理訴願機關應於作成訴願決定之前，通知其參加訴願程序，表示意見。其立法意旨在於行政機關之行政處分，係根據人民之申請所作成，此時如因第三人不服原處分提起訴願，原申請人反成為訴願程序當事人以外之第三人，如訴願決定撤銷或變更原處分時，勢必影響該原申請人之權益，為免該原申請人（第三人）因訴願決定撤銷或變更原處分致遭受不測之損害，對於此類情形，受理訴願機關應於作成訴願決定前，通知該有利害關係之第三人表示意見，以協助發見真實，作成正確決定，並維護第三人權益（最高行政法院 103 判 160；100 判 2088）。

2.參加訴願之要式與效力

對於參加訴願，本法係採要式行為之規範設計。

申請參加訴願，應以書面向受理訴願機關為之。參加訴願書面應記載之事項，包括：(1)本訴願及訴願人；(2)參加人與本訴願之利害關係；(3)參加訴願之陳述（第 29 條）。

通知參加訴願，則應記載訴願意旨、通知參加之理由及不參加之法律效果，送達於參加人，並副知訴願人。而受理訴願機關為前述通知之前，得通知訴願人或得參加訴願之第三人以書面陳述意見（第 30 條）。

至於，參加訴願之效力，係指訴願決定對於參加人亦有效力。此外，經受理訴願機關通知其參加或允許其參加而未參加者，訴願決定對其亦有效力（第 31 條）。

㈣代理人

1.委任自由、人數與代理資格

本法關於訴願代理制度，並非採取強制代理主義，而係基於訴願人或參加人之委任自由，訴願人或參加人得委任代理人進行訴願。不過，每一訴願人或參加人委任之訴願代理人，不得超過 3 人（第 32 條）。

得為訴願代理人者，依受理訴願機關得否禁止作為區別標準（第 33條），分為：⑴不得禁止者：包括律師與依法令取得與訴願事件有關之代理人資格者；⑵認為不適當時，得禁止者：包括具有該訴願事件之專業知識者、因業務或職務關係為訴願人之代理人者或與訴願人有親屬關係者。惟當受理訴願機關認為不適當而禁止時，則應以書面通知訴願人或參加人。

2.代理之方式與權限

關於代理之方式，訴願代理人應於最初為訴願行為時，向受理訴願機關提出委任書（第 34 條），故為要式行為。所謂「應於最初為訴願行為時」，係指第一次為訴願人或參加人行使訴願代理行為之事實發生時。

此外，關於訴願委任之解除，應由訴願人、參加人或訴願代理人以書面通知受理訴願機關（第 39 條），亦屬要式行為。然而，訴願委任之解除，係由訴願代理人提出者，因影響訴願人或參加人之權利或利益，故自為解除意思表示之日起 15 日內，仍應為維護訴願人或參加人權利或利益之必要行為，屬於訴願代理人解除訴願委任權之限制（第 40 條）。

原則上，訴願代理人就其受委任之事件，得為一切訴願行為。但是，撤回訴願，非受特別委任不得為之。撤回訴願之特別委任，亦屬要式行為，應在委任書或其他書面上明確記載（第 35 條）。

訴願代理人有 2 人以上者，均得單獨代理訴願人，故採取訴願單獨代理原則。縱然，違反前述規定而為委任者，其訴願代理人仍得單獨代理（第 36 條）。

關於訴願代理人事實上之陳述，經到場之訴願人本人即時撤銷或更正者，不生效力。因此，訴願代理人之代理，不得違背訴願人本人之意思（第 37 條）。

訴願代理權之效力，不因訴願人本人死亡、破產或喪失訴願能力而消滅。法定代理有變更、機關經裁撤、改組或公司、團體經解散、變更組織者，亦同（第38條），故採取訴願代理權持續之原則。❼

㈤輔佐人

1.產　生

訴願輔佐人之產生，本法第41條規定，依受理訴願機關權限之行使，有兩種方式：⑴許可：訴願人、參加人或訴願代理人經受理訴願機關之許可，得於期日偕同輔佐人到場；⑵命令：受理訴願機關認為必要時，亦得命訴願人、參加人或訴願代理人偕同輔佐人到場。

2.效　力

輔佐人之主要功能，係於期日偕同訴願人、參加人或訴願代理人到場，並協助訴願人、參加人或訴願代理人在訴願程序當場之陳述，故具有一定之法律效力。❽輔佐人到場所為之陳述，訴願人、參加人或訴願代理人不即時撤銷或更正者，視為其所自為（第42條）。

所謂「陳述」，似非以案件事實之說明為限，亦不以口頭說明為限，而係關於訴願審議所及之相關事項。

至於，輔佐人陳述之界限，係受理訴願機關認為不適當時，得廢止其許可或禁止其續為輔佐。

伍、訴願之管轄、期限、送達與卷宗

一、管　轄

㈠原處分機關之認定標準

原行政處分機關之認定，本法第13條規定，係以實施行政處分時之名義為準（最高行政法院106裁586），係採取顯名主義。但是，上級機關本

---

❼　蔡志方，《行政救濟法新論》，第53頁。

❽　例如，在申請永久居留事件中協助外國人陳述（最高行政法院93判1219）。

於法定職權所為之行政處分，交由下級機關執行者，以該上級機關為原行政處分機關。

例如，本件徵收處分係行政院依土地法規定之職權加以核定，交由臺北市政府執行，依前開規定，自應以行政院為原處分機關（92 判 756）；而農地重劃土地面積有無計算錯誤應否重行測量、更正登記，係由縣政府決定，既係上級機關（彰化縣政府）本於法定職權所為之行政處分，交由下級機關（彰化溪湖地政事務所）執行，揆諸前開規定，應以該上級機關（彰化縣政府）為原處分機關，雖該函之受文單位為溪湖地政事務所，並未直接通知上訴人，仍不影響其為行政處分之性質（92 判 359）。

㈡一般管轄

一般管轄，依機關之差異，得將本法第 4 條規定之內容分為三類：

1.上級機關管轄

即在同一行政主體之各級行政機關，下級行政機關之行政處分，由其上級機關管轄，包括：

⑴不服縣（市）政府所屬各級機關之行政處分者，向縣（市）政府提起訴願。

⑵不服直轄市政府所屬各級機關之行政處分者，向直轄市政府提起訴願。

⑶不服中央各部、會、行、處、局、署所屬機關之行政處分者，向各部、會、行、處、局、署提起訴願。

⑷不服中央各部、會、行、處、局、署之行政處分者，向主管院提起訴願。

2.自治監督機關管轄

即在不同行政主體之行政機關，下級行政主體行政機關之行政處分，由自治監督機關管轄（並參，地方制度法第 75 條），❶⑨包括：

⑴不服鄉（鎮、市）公所之行政處分者，向縣（市）政府提起訴願。

---

❶⑨　行政法人法【100/04/27】第 39 條規定：「對於行政法人之行政處分不服者，得依訴願法之規定，向監督機關提起訴願。」

⑵不服縣（市）政府之行政處分者，向中央主管部、會、行、處、局、署提起訴願。

⑶不服直轄市政府之行政處分者，向中央主管部、會、行、處、局、署提起訴願。

3.原處分機關管轄

不服中央各院之行政處分者，向原院提起訴願。蓋中央各院本身已係最高行政機關，而無上級機關得作為管轄機關。

(三)補充管轄

將訴願法第 4 條一般管轄以外之規定，稱為補充管轄。

1.比照管轄

人民對於本法第 4 條規定（一般管轄）以外之中央或地方機關之行政處分提起訴願時，應按其管轄等級，比照該條之規定為之（第 5 條）。然而，關於訴願管轄，若法律另有規定依其業務監督定之者，則從其規定。

2.共為處分管轄

對於二以上不同隸屬或不同層級之機關共為之行政處分，應向其共同之上級機關提起訴願（第 6 條）。

3.委託、委任與委辦管轄

⑴委託管轄

無隸屬關係之機關辦理受託事件所為之行政處分，係視為委託機關之行政處分，而其訴願之管轄，則比照第 4 條之規定，向原委託機關或其直接上級機關提起訴願（第 7 條）。[20]例如，農民健康保險與老年農民福利津貼之發放，自應視其行政處分之法律性質與所行使權限之依據，而分別認定其處分機關。原住民敬老福利生活津貼，其由不相隸屬之機關將權限之一部分委託勞工保險局執行之情形，與老年農民福利津貼之核發相同，分別以中央主管機關內政部或行政院原住民族委員會為被告機關（最高行政法院 94 年 3 月份庭長法官聯席會議決議）。

---

[20] 例如，臺北市政府建設局所為本案撤銷公司變更登記之處分，視同經濟部之行政處分，故被告應為經濟部（最高行政法院 92 判 504）。

此外，政府採購法第 40 條第 1 項明定「政府機關之採購得洽其他具有專業能力之機關代辦」，故政府機關、公立學校、公營事業辦理採購案，依前述規定委託臺灣銀行或受臺灣銀行合併前之中央信託局辦理採購業務，因彼此無隸屬關係，臺灣銀行或中央信託局乃受委託而為行政處分，應視為委託機關之行政處分。如對該處理結果，有所不服，應以委託之機關為原處分機關（100 判 2120）。

至於，依法受中央或地方機關委託行使公權力之團體或個人，以其團體或個人名義所為之行政處分，其訴願之管轄，係向原委託機關提起訴願（第 10 條）。

(2)委任管轄

有隸屬關係之下級機關依法辦理上級機關委任事件所為之行政處分，為受委任機關之行政處分，其訴願之管轄，比照第 4 條之規定，向受委任機關或其直接上級機關提起訴願（第 8 條）。

(3)委辦管轄

直轄市政府、縣（市）政府或其所屬機關及鄉（鎮、市）公所依法辦理上級政府或其所屬機關委辦事件所為之行政處分，為受委辦機關之行政處分，其訴願之管轄，比照第 4 條之規定，向受委辦機關之直接上級機關提起訴願（第 9 條）。

4.承受管轄

原行政處分機關裁撤或改組，應以承受其業務之機關，視為原行政處分機關，比照前 7 條（第 4 條至第 10 條）之規定，向承受其業務之機關或其直接上級機關提起訴願（第 11 條）。

(四)管轄之確定與移送

1.管轄之確定

若數機關於管轄權有爭議或因管轄不明致不能辦明有管轄權之機關者，由其共同之直接上級機關確定之（第 12 條第 1 項）。

2.管轄之移送

針對無管轄權之機關就訴願所為決定，其上級機關應依職權或依申請

撤銷之,並命移送於有管轄權之機關(第 12 條第 2 項)。❷

二、期日及期間

㈠計算標準

1.民法之適用

本法關於期間之計算,除法律另有規定外,依民法之規定(第 17 條)。

2.訴願提起之計算

訴願之提起,應自行政處分達到或公告期滿之次日起 30 日內為之(第 14 條)。故逾越 30 日之不變期間而提起訴願,自為法所不許(行政法院 62 判 583 判例;最高行政法院 94 裁 614);惟若處分書未為合法之送達,則訴願期間無從起算,自不發生訴願逾期與否之問題(91 判 13)。

由利害關係人提起訴願者,前述期間,係自知悉時起算。但是,自行政處分達到或公告期滿後,已逾 3 年者,不得提起。

訴願之提起,以原行政處分機關或受理訴願機關收受訴願書之日期為準。故採到達主義,而非發信主義;而訴願期間係法定不變期間,不得任意伸長或縮短之(94 裁 290)。

訴願人誤向原行政處分機關或受理訴願機關以外之機關提起訴願者,以該機關收受之日,視為提起訴願之日。

㈡回復原狀

訴願人因天災或其他不應歸責於已之事由,致遲誤第 14 條之訴願期間者,於其原因消滅後 10 日內,得以書面敘明理由向受理訴願機關申請回復原狀。但是,遲誤訴願期間已逾 1 年者,不得為之。至於,申請回復原狀,應同時補行期間內應為之訴願行為(第 15 條)。

---

❷ 例如,原處分為行政院海岸巡防署海洋巡防總局之處分,不服該處分應向其上級機關行政院海岸巡防署提起訴願,海洋巡防總局於收受訴願書後,應以管轄不合,移送有管轄權之機關即行政院海岸巡防署依法受理,其未為移送而自為訴願決定,於法即有未合(最高行政法院 91 裁 462)。

(三)在途期間

訴願人不在受理訴願機關所在地住居者,計算法定期間,應扣除其在途期間(第 16 條)。❷例如,訴願文書之送達,因有在途期間扣除之規定,故法定期間之計算,係採到達主義,而非採發信主義,必須以文書到達時間計算法定期間(最高行政法院 94 裁 859)。

但是,有訴願代理人住居受理訴願機關所在地,得為期間內應為之訴願行為者,不在此限。故若委任住居於臺北市之訴願代理人,該代理人得為期間內應為之訴願行為即得依法提起訴願,不因訴願人現在所在或委任行為地是否在國內而受影響(93 裁 1227)。

三、送 達

(一)職權送達原則

本法關於送達之規定,係採職權送達原則(第 43 條),即除別有規定外,由受理訴願機關依職權為之。

(二)訴願文書

訴願文書之送達,應註明訴願人、參加人或其代表人、訴願代理人住、居所、事務所或營業所,交付郵政機關以訴願文書郵務送達證書發送(第 47 條)。

不過,訴願文書不能為前述送達時,得由受理訴願機關派員或囑託原行政處分機關或該管警察機關送達,並由執行送達人作成送達證書。 ❷

---

❷ 扣除在途期間辦法,依訴願法第 16 條第 2 項之規定,係由行政院定之。

❷ 訴願文書之送達,依本法第 47 條第 3 項之規定,除該條前 2 項規定外,準用行政訴訟法第 67 條至第 69 條、第 71 條至第 83 條之規定。因此,得採寄存送達等方式;其中,依本法第 47 條第 3 項準用行政訴訟法第 72 條第 1 項所規定之補充送達,係指「送達於住居所、事務所、營業所或機關所在地不獲會晤應受送達人時,將文書付與有辨別事理能力之同居人、受雇人或願代為收受而居住於同一住宅之主人」之方法,如所交付之對象並非應受送達人之同居人、受雇人(或視為同居人或受雇人)或願代為收受而居住於同一住宅之主人,即難謂為合法的補充送達,必須至應受送達人實際受領該訴願文書時始生送達之效

㈢送達對象

關於送達對象，依本法第 44 條至第 46 條之規定，區分如下：

1.本人與訴願代理人

送達之對象，原則上係送達於訴願人或參加人本人。惟若彼等有訴願代理人時，除受送達之權限受有限制者外，送達應向該代理人為之。

但是，受理訴願機關認為必要時，仍得送達於訴願人或參加人本人。例如，發現向訴願代理人送達有不利於本人之情形時，仍得不向訴願代理人送達而逕行送達於訴願人本人，並於送達於訴願人本人時，發生送達之效力（最高行政法院 101 裁 259）。

當事人於訴願程序委任代理人，如對其代理權未加限制，應有代收送達之權限，訴願機關送達訴願決定既向聲請人委任之代理人為之，即應於送達完畢時，發生送達之效力，其代理人於收受送達後，曾否將訴願決定轉交聲請人，於送達之效力並無影響，故難謂其送達不合法或不生送達之效力（94 裁 291）。

2.法定代理人、代表人或管理人

若係對於無訴願能力人為送達者，應向其法定代理人為之；不過，若未經陳明法定代理人者，得向該無訴願能力人為送達。

對於法人或非法人之團體為送達者，應向其代表人或管理人為之（最高行政法院 94 判 132）。

此外，法定代理人、代表人或管理人有 2 人以上者，送達得僅向其中 1 人為之。

3.外國法人或團體

對於在中華民國有事務所或營業所之外國法人或團體為送達者，應向其在中華民國之代表人或管理人為之。

而該外國法人或團體之代表人或管理人，有 2 人以上者，送達得僅向其中 1 人為之。

力（最高行政法院 106 裁 629）。

四、訴願卷宗

㈠保　存

關於訴願事件之文書，受理訴願機關應保存者，應由承辦人員編為卷宗（第 48 條）。例如，訴願書、送達證書正本等（最高行政法院 94 裁495）。

㈡請　求　閱　覽

1.請求權之主體

閱覽訴願卷宗之請求權主體，可分為兩類：⑴訴願人、參加人或訴願代理人（第 49 條）；❷⑵第三人（第 50 條）。

⑴訴願人、參加人或訴願代理人：其得向受理訴願機關請求閱覽、抄錄、影印或攝影卷內文書，或預納費用請求付與繕本、影本或節本。❷

⑵第三人：經訴願人同意或釋明有法律上之利害關係，經受理訴願機關許可者，亦得為前述請求。

2.拒絕閱覽之請求

受理訴願機關應拒絕閱覽請求之文書，包括：⑴訴願決定擬辦之文稿；⑵訴願決定之準備或審議文件；⑶為第三人正當權益有保密之必要者；⑷其他依法律或基於公益有保密之必要者（第 51 條）。

---

❷　並參，最高行政法院 92 裁 1123（考試院於訴願程序內准許聲請人閱覽訴願卷宗）。

❷　收費標準，由主管院定之。

陸、訴願之程序

一、訴願之提起

㈠訴願書

1.要式行為

訴願之提起，係要式之公法行為，故本法第 56 條規定，為應具備一定內容之書狀。❷❻

2.訴願書之內容

訴願應具訴願書，由訴願人或代理人簽名或蓋章。

訴願書應載明之事項，包括：⑴訴願人之姓名、出生年月日、住、居所、身分證明文件字號。如係法人或其他設有管理人或代表人之團體，其名稱、事務所或營業所及管理人或代表人之姓名、出生年月日、住、居所；⑵有訴願代理人者，其姓名、出生年月日、住、居所、身分證明文件字號；⑶原行政處分機關；⑷訴願請求事項；⑸訴願之事實及理由；⑹收受或知悉行政處分之年、月、日；⑺受理訴願之機關；⑻證據。其為文書者，應添具繕本或影本；⑼年、月、日等事項。

3.訴願書之補送

縱然在視為訴願之類型，例如，訴願人在第 14 條第 1 項所定期間向訴願管轄機關或原行政處分機關作不服原行政處分之表示者，視為已在法定期間內提起訴願，但仍應於 30 日內補送訴願書（第 57 條）。當然，提起訴願之期間，應扣除在途期間後計算。

此外，訴願人誤向訴願管轄機關或原行政處分機關以外之機關作不服原行政處分之表示者，視為自始向訴願管轄機關提起訴願。收受之機關，

---

❷❻ 本法第 98 條規定，依本法規定所為之訴願、答辯及應備具之書件，應以中文書寫；其科學名詞之譯名以國立編譯館規定者為原則，並應附註外文原名。前述書件原係外文者，並應檢附原外文資料。

應於 10 日內將該事件移送於原行政處分機關，並通知訴願人。而訴願人若尚未依法填具訴願書，仍應補送（第 61 條）。

　　例如，向司法院所為之釋憲聲請，釋字第 553 號解釋指出，可視為不服原行政處分之意思表示，不生訴願期間逾越之問題（院字第 422 號解釋），其期間應自本解釋公布之日起算。

4.訴願書之附件

　　原行政處分書影本，係訴願應附之文件。至於，依第 2 條第 1 項規定提起訴願者，前述訴願書應載明「原行政處分機關與收受與知悉行政處分之年、月、日」之事項，則載明應為行政處分之機關、提出申請之年、月、日，並附原申請書之影本及受理申請機關收受證明。

5.訴願書之補正

　　關於訴願書之補正，受理訴願機關認為訴願書不合法定程式，而其情形可補正者，應通知訴願人於 20 日內補正（第 62 條）。例如，未提出訴願書之附件者，得令補正，逾期不補正者，訴願機關得予不受理之決定。

　　惟有實務見解指出，未依第 57 條但書補正訴願書者，訴願不合法，且無須命補正，訴願機關固可以訴願不合法予以駁回。惟如訴願人於訴願機關駁回前補具訴願書，此項未於 30 日內補送訴願書之程序不合，已屬補正（最高法行政院 100 判 2104）。至於，針對苗栗縣西湖鄉公所原處分之作成，係於【104/06/03】，當時甲祭祀公業法人之代表人為 A，甲至【105/06/12】（訴願機關收文為【105/06/15】）始委任代理人 B 提起訴願，惟甲之原代表人即管理人 A，已於【104/11/06】死亡，然訴願機關未依本法第 56 條第 1 項第 1 款、第 62 條命甲補正此項未經合法代表人之欠缺，亦未依本法第 77 條第 5 款之規定予以不受理決定，訴願決定卻於【105/10/28】仍將甲代表人列為 A 逕自對之為實體決定即有違法（106 裁 1882）。

㈡行政機關之處置

1.原行政處分機關

　　原則上，訴願人應繕具訴願書，經由原行政處分機關，向訴願管轄機

關提起訴願。

因此，原行政處分機關，對於訴願之提起，本法第 58 條規定，應先行重新審查原處分是否合法妥當，其認訴願為有理由者，得自行撤銷或變更原行政處分，並陳報訴願管轄機關。

但是，原行政處分機關，不依訴願人之請求撤銷或變更原行政處分者，應儘速附具答辯書，並將必要之關係文件，送於訴願管轄機關。❷而當原行政處分機關檢卷答辯時，亦應將答辯書抄送訴願人。

因此，國家通訊傳播委員會未依前開規定為之，逕自為訴願決定，已牴觸本法第 4 條第 7 款訴願管轄規定及第 58 條提起訴願程序規定，而有程序上之嚴重瑕疵，其所為之訴願決定，自非合法（最高行政法院 99 判 393）。

2.受理訴願機關

訴願人若向受理訴願機關提起訴願者，受理訴願機關應將訴願書影本或副本送交原行政處分機關（第 59 條）。

此時，原行政處分機關之處置方式，係對於訴願之提起，仍應先行重新審查原處分是否合法妥當，其認訴願為有理由者，得自行撤銷或變更原行政處分，並陳報訴願管轄機關。而原行政處分機關不依訴願人之請求撤銷或變更原行政處分者，應儘速附具答辯書，並將必要之關係文件，送於訴願管轄機關。當原行政處分機關檢卷答辯時，仍應將答辯書抄送訴願人。

(三)訴願之撤回

1.處分權主義

訴願提起後，發生訴願繫屬之效力，本應依法定程序進行訴願之審議，惟於訴願決定書送達前，訴願人得決定是否撤回之（第 60 條），蓋訴願權係歸屬訴願人，係處分權主義之表徵。

2.限　制

訴願經撤回後，不得復提起同一之訴願。

---

❷　最高行政法院（94 裁 154）指出，此為原行政處分機關依法應踐行之職責。

二、訴願之審議

㈠訴願審議委員會

1.組成人員

各機關辦理訴願事件，應設訴願審議委員會，❷❽其組成人員以具有法制專長者為原則。

本法第 2 章「訴願審議委員會」（第 52 條至第 55 條），係主管院規定訴願審議委員會組織規程及審議規則之授權基礎。訴願審議委員會之「組織規程」，係組織法；而「審議規則」，則為訴願審議委員會之作用法或行為法。訴願審議委員會之委員，係由本機關高級職員及遴聘社會公正人士、學者、專家擔任之；其中，社會公正人士、學者、專家人數不得少於 2 分之 1。

事實上，各機關辦理之訴願事件，均有其特殊性，故所謂「法制專長」或「學者專家」等，應與各機關職掌事項相符合。

關於訴願之審議，除訴願審議委員會主任委員得指定委員聽取訴願人、參加人或利害關係人到場之陳述以外，原則上，係採取全體委員集中審議之合議制。惟訴願事件之類型複雜且繁多，委員們是否得完全掌握且善盡行政審查與監督之功能，似值斟酌。

2.決 議

訴願決定，應經訴願審議委員會會議之決議，其決議以委員過半數之出席，出席委員過半數之同意行之。

3.紀 錄

訴願審議委員會審議訴願事件，應指定人員製作審議紀錄附卷。委員於審議中所持與決議不同之意見，經其請求者，應列入紀錄。❷❾

---

❷❽ 訴願係主張權利或利益遭受行政處分損害之人民，向原處分機關之上級機關請求救濟之方法。各機關辦理訴願事件，固應設訴願審議委員會，惟受理訴願之機關仍為「上級機關」，並非「上級機關訴願審議委員會」（最高行政法院 94 裁973）。

訴願審議經言詞辯論者，應另行製作筆錄，編為前項紀錄之附件，並準用民事訴訟法第 212 條至第 219 條關於「言詞辯論筆錄」之規定。

4.迴　避

為確保訴願審議委員會之公正性與獨立性，訴願審議委員會主任委員或委員對於訴願事件有利害關係者，應自行迴避，不得參與審議。

針對本法第 55 條所稱「不得參與審議」之法律解釋，最高行政法院指出，應指「不可參與案件之討論及其處理決議」；至於，單純在會議現場之情形，應非屬前開條文所稱之「參與審議」。因為，其實質上沒有對訴願決定之形成，產生任何影響。本院固然明瞭，採取上述法律解釋，會產生「應迴避案件之訴願委員因為留在審議會現場，使其有私下實質參與討論及決議之機會，但案件當事人卻苦無知悉管道」之「資訊不對稱」風險。不過，鑑於現行訴願審議委員會之審議會議作業模式，乃是一次會議同時審理多個訴願事件，很難做到「應迴避特定個案之訴願委員自始即不報到與會」之地步，如果要求應迴避之訴願委員，連至訴願審議委員會「報到」及「在場」之情況也不許可，將大幅增加訴願機關之審查成本。因此，本院認為，在現行實務作業模式下，如果書面資料已顯示特定訴願委員沒有參與訴願事件之討論及決議，即無違反迴避義務可言，除非另有其他事證足以證明「其私下確有參與訴願事件之討論與決議」，方得推翻前開事實認定。至於，本法第 55 條所定「利害關係」，卻未對之作成明確定義。此時應參考行政程序法或行政訴訟法之相關「迴避」規定，用以界定「利害關係」之抽象定義，及其在本案中之法律涵攝（106 判 410）。

---

❷⁹ 訴願決定之不同意見，係作為多數決原則之核心要素，其目的主要係保護少數意見，並促成多元意見之自由競爭。目前，國內各級訴願審議委員會紀錄不同意見並送達訴願人者，仍有待繼續努力之空間。相關實例，黃俊杰，《納稅者權利保護》，2004；並參，最高行政法院 94 判 119（保訓會 92 公審決字第 0140 號復審決定書所附委員之不同意見書）。

㈡訴願審議之原則與程序

1.書面審查為原則

訴願之審議，係以書面審查為原則，訴願係就書面審查決定之（第63條）。

此外，受理訴願機關基於職權認為必要時，得通知訴願人、參加人或利害關係人，到達指定處所陳述意見。惟若訴願人或參加人請求陳述意見而有正當理由者，則應予到達指定處所陳述意見之機會。❸⓿

訴願審議委員會之主任委員，亦得指定委員，聽取訴願人、參加人或利害關係人到場之陳述（第64條）。至於，是否指定委員聽取陳述，係主任委員之程序指揮權，應依訴願事件性質個別決定之。不過，當指定委員聽取陳述後，該受指定之委員，應負有出席報告與參與審議之職責。

實務上，陳述意見係作為書面審查之補充，但並非變更為言詞審理或辯論主義。因此，依本法第63條第1項、第2項及第65條等規定，是否通知當事人到場陳述意見或進行言詞辯論屬受理訴願機關之職權，非一經當事人請求即應給予到場陳述意見之機會，本件行政處分所根據之事實，客觀上已明白確認，訴願機關未給予甲公司到場陳述意見、言詞辯論，於法尚無不合，亦無違反平等原則之情事（最高行政法院107判25）。

但是，陳述意見確實有助於真實之發現，且得增加訴願審議委員會對於案例之瞭解，同時達到依法行政與確保人權之功能。

2.言詞辯論為補充

受理訴願機關，應依訴願人、參加人之申請或於必要時，得依職權通知訴願人、參加人或其代表人、訴願代理人、輔佐人及原行政處分機關派員於指定期日到達指定處所言詞辯論（第65條）。

因此，是否舉行言詞辯論，訴願人與參加人雖有申請權，但僅係作為書面審查之補充，而受理訴願機關若未舉行言詞辯論，似應敘明拒絕之具體事由，蓋影響其訴願程序之參與權。

---

❸⓿　至於，利害關係人請求陳述意見，而受理訴願機關認為有正當理由者，亦得基於職權通知到達指定處所陳述意見。

關於言詞辯論之程序（第 66 條），規定如下：(1)受理訴願機關陳述事件要旨；(2)訴願人、參加人或訴願代理人就事件為事實上及法律上之陳述；(3)原行政處分機關就事件為事實上及法律上之陳述；(4)訴願或原行政處分機關對他方之陳述或答辯，為再答辯；(5)受理訴願機關對訴願人及原行政處分機關提出詢問。至於，前述辯論尚未完備者，受理訴願機關仍得再為辯論。

3.職權調查原則

⑴證　據

關於證據之調查，係採職權調查證據。即受理訴願機關，應依職權或囑託有關機關或人員，實施調查、檢驗或勘驗，不受訴願人主張之拘束（第 67 條）。所謂「證據」，包括人證與物證。

此外，受理訴願機關應依訴願人或參加人之申請，調查證據。但是，就其申請調查之證據中認為不必要者，不在此限。因此，最後決定申請調查證據是否具備必要性，似係受理訴願機關之職權範圍內，惟為避免該機關濫用職權，故拒絕申請時，仍應敘明具體事由。

受理訴願機關依職權或依申請調查證據之結果，非經賦予訴願人及參加人表示意見之機會，不得採為對之不利之訴願決定之基礎。本法第 67 條第 3 項為有關證據調查，認定事實應遵守之程序。因此，事實兩造並無爭議（於機關服務，其職務及年資），所爭議者為法律解釋或適用問題，自不涉及應給予表示意見機會之問題。此外，訴願採書面審查制度，是否有必要通知相關人員陳述意見，為訴願進行程序中訴願機關之裁量權限（最高行政法院 99 判 694）。

針對證據書類或證物，訴願人或參加人得主動提出。但是，受理訴願機關限定於一定期間內提出者，則應於該期間內提出（第 68 條）。

至於，原行政處分機關，則應將據以處分之證據資料，提出於受理訴願機關。而訴願人、參加人或訴願代理人得請求，對於此等證據資料之閱覽、抄錄或影印。就此證據資料之閱覽、抄錄或影印，受理訴願機關應指定日、時、處所，且非有正當理由，不得拒絕（依第 75 條）。

⑵鑑　定

訴願之鑑定人，係由受理訴願機關指定之（第 69 條），具有專門知識經驗者。

原則上，受理訴願機關得依職權或依訴願人、參加人之申請，囑託有關機關、學校、團體或有專門知識經驗者為鑑定。❸但是，受理訴願機關認無鑑定之必要，而訴願人或參加人願自行負擔鑑定費用時，得向受理訴願機關請求准予交付鑑定。❸此時，受理訴願機關非有正當理由不得拒絕，故拒絕請求交付鑑定時，應敘明具體事由。

由於訴願決定係行政自我審查功能，為提起行政訴訟之前置程序，並非行政訴訟之前審，故受理訴願機關依本法第 69 條所送請鑑定者，並非行政訴訟審判程序中之鑑定，訴願決定係以該鑑定引為證據而為認定事實之依據者，應係行政法院審查訴願決定所調查事實採認證據事項違法與否之範圍，行政法院應盡職權調查義務，以查明事實真相，自不得以受理訴願機關未提示鑑定報告予訴願當事人，即率予認定訴願決定違法（最高行政法院 99 判 89）。

鑑定所需資料在原行政處分機關或受理訴願機關者，受理訴願機關應告知鑑定人准其利用。但其利用之範圍及方法得限制之。鑑定人因行鑑定，得請求受理訴願機關調查證據。

鑑定人應具鑑定書陳述意見。必要時，受理訴願機關得請鑑定人到達指定處所說明（第 70 條）。而鑑定人有數人者，得共同陳述意見。但是，若有意見不同之情形者，受理訴願機關應使其分別陳述意見。

⑶文　書

關於訴願審議所需之文書，受理訴願機關，得依職權或依訴願人、參加人之申請，命文書或其他物件之持有人提出該物件，並得留置之（第 73

---

❸　鑑定所需費用由受理訴願機關負擔，並得依鑑定人之請求預行酌給之。

❸　若其交付鑑定所得結果，據為有利於訴願人或參加人之決定或裁判時，訴願人或參加人得於訴願或行政訴訟確定後 30 日內，請求受理訴願機關償還必要之鑑定費用。

條）。

公務員或機關掌管之文書或其他物件，受理訴願機關得調取之。該公務員或機關，除有妨害國家機密者外，不得拒絕。

(4)勘　驗

受理訴願機關得依職權或依訴願人、參加人之申請，就必要之物件或處所實施勘驗。但是，實施勘驗時，受理訴願機關應將日、時、處所通知訴願人、參加人及有關人員到場（第 74 條）。

至於，是否實施勘驗，為受理訴願機關之職權事項。例如，甲公司是否有向第三人進貨，於本件營利事業所得稅結論並無影響，其請求現場勘驗，至多僅能證明有進貨之事實，但不足以證明確係向乙等公司進貨，訴願機關未予勘驗，難謂違反本法第 74 條規定（最高行政法院 95 判 612）。

三、訴願之決定

基於訴願經濟原則，針對分別提起之數宗訴願，若係基於同一或同種類之事實上或法律上之原因者，受理訴願機關得合併審議，並得合併決定（第 78 條）（並參，最高行政法院 100 判 1319；106 判 216）。

一般訴願事件之審查，包括合法性與妥當性，惟涉及地方自治團體之地方自治事務者，其受理訴願之上級機關，僅就原行政處分之合法性進行審查決定（第 79 條第 3 項）。

以下針對訴願決定之類型、期間、訴願決定書與效力，說明如下：

(一)訴願決定之類型

訴願審議之程序，❸如下圖所示，係「先程序，後實體」。原則上，「程序不法，實體不究」。

程序不合法，得分為不能補正之不合法與能補正之不合法；能補正之

---

❸ 訴願審議，係程序性質，故採程序從新，本法第 99 條規定，本法修正施行前，尚未終結之訴願事件，其以後之訴願程序，依修正之本法規定終結之。至於，本法修正施行前，尚未終結之再訴願案件，其以後之再訴願程序，準用修正之本法有關訴願程序規定終結之。

不合法，應定期間通知補正，若逾期仍不補正，則程序為不合法，應予不受理決定；當然，不能補正之不合法，亦予不受理決定。

　　能補正之不合法，若在期間內已補正，則程序為合法。程序合法之訴願，則繼續審查其實體有無理由，分別予無理由決定、有理由決定與情況決定。

　　實體之審查對象，基於行政一體與行政監督（行政→行政）之設計，包括行政處分之違法性與妥當性。

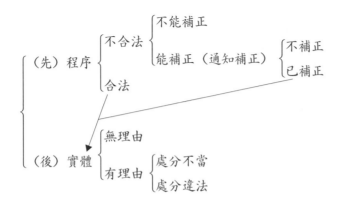

1.不受理決定

　　訴願事件，應為不受理決定之情形（第77條），包括：

　　⑴訴願書不合法定程式不能補正或經通知補正逾期不補正者；

　　⑵提起訴願逾法定期間或未於第57條但書所定期間內補送訴願書者；**㉞**

　　⑶訴願人不符合第18條之規定者；**㉟**

㉞　依據本法第57條，訴願人之此視為提起訴願之不服原行政處分之表示，如未於30日內補送訴願書，因本法第77條第2款之「提起訴願逾法定期間或未於第57條但書所定期間補送訴願書者」，並無如第1款有「不能補正或經通知補正逾期不補正」規定，作為訴願不受理決定之要件，是未依第57條但書補正訴願書者，訴願不合法，且無須命補正，訴願機關固可以訴願不合法予以駁回。惟如訴願人於訴願機關駁回前補具訴願書，此項未於30日內補送訴願書之程序不合，已屬補正（最高行政法院100判2104）。

(4)訴願人無訴願能力而未由法定代理人代為訴願行為,經通知補正逾期不補正者;

(5)地方自治團體、法人、非法人之團體,未由代表人或管理人為訴願行為,經通知補正逾期不補正者;

(6)行政處分已不存在者;㊱

(7)對已決定或已撤回之訴願事件重行提起訴願者;

(8)對於非行政處分㊲或其他依法不屬訴願救濟範圍內之事項提起訴願者。㊳

提起訴願因逾法定期間而為不受理決定時（第 77 條第 2 款）,若原行政處分顯屬違法或不當者,則原行政處分機關或其上級機關仍得依職權撤銷或變更之。但是,因(1)其撤銷或變更對公益有重大危害者;或(2)行政處分受益人之信賴利益顯然較行政處分撤銷或變更所欲維護之公益更值得保護者,則不得為之（第 80 條）。不過,僅指原行政處分機關或其上級機關,本於行政監督功能,「得」依職權變更或撤銷,並非「應」依職權變更或撤銷。因此,是否依職權變更或撤銷,原行政處分機關或其上級機關有裁量權限,如原行政處分機關或其上級機關不予裁量變更或撤銷,僅屬當或不當,尚非違法,人民對之不得提起行政訴訟（最高行政法院 94 裁 102）。

此外,行政處分之受益人,有「(1)以詐欺、脅迫或賄賂方法,使原行政處分機關作成行政處分者;(2)對重要事項提供不正確資料或為不完全陳述,致使原行政處分機關依該資料或陳述而作成行政處分者;或(3)明知原行政處分違法或因重大過失而不知者」等情形之一者,其信賴係不值得保護。

㉟　例如,訴願人死亡,已無權利能力,依本法第 18 條規定,其應非屬得提起訴願之主體（最高行政法院 93 判 427）。

㊱　例如,原處分經處分機關或上級機關依職權撤銷而不存在（最高行政法院 100 裁 1252）。

㊲　例如,就陳情所為答復（最高行政法院 94 裁 196）、觀念通知（重申先前所為確定之處分,並未重為實質之決定）（94 裁 71）等。

㊳　例如,私權之爭執（最高行政法院 94 裁 536）。

　　至於，行政處分之受益人，值得保護之信賴利益，因原行政處分機關或其上級機關依撤銷或變更原行政處分而受有損失者，則應予補償。但是，其補償之額度，不得超過受益人因該處分存續可得之利益。

2.無理由決定

　　訴願無理由者，受理訴願機關應以決定駁回之（第 79 條）。

　　此外，原行政處分所憑理由雖屬不當，但依其他理由認為正當者，應以訴願為無理由。

3.有理由決定

　　訴願有理由者，受理訴願機關應以決定撤銷原行政處分之全部或一部，並得視事件之情節，逕為變更之決定或發回原行政處分機關另為處分。但是，於訴願人表示不服之範圍內，不得為更不利益之變更或處分（第 81 條），即「不利益變更禁止原則」，其適用對象係受理訴願機關，至於，原處分機關自可本於職權依法重新審查而為處分。

　　而當訴願決定係撤銷原行政處分，發回原行政處分機關另為處分時，應指定相當期間命其為之。此時，原行政處分機關須重為處分者，應依訴願決定意旨為之，並將處理情形以書面告知受理訴願機關（第 96 條）。

　　對於人民因中央或地方機關對其依法申請之案件，於法定期間內應作為而不作為，認為損害其權利或利益者而提起之訴願，若受理訴願機關認為有理由者，則應指定相當期間，命應作為之機關速為一定之處分（第 82 條）。

　　但是，受理訴願機關未為前述決定前，應作為之機關已為行政處分者，則應作為而不作為之情形已不復存在，受理訴願機關應認訴願為無理由，以決定駁回之。

　　實務見解指出，自程序保障及訴訟經濟觀點，本法第 82 條第 2 項所謂「應作為之機關已為行政處分」，係指有利於訴願人之處分而言，至全部或部分拒絕當事人申請之處分，應不包括在內。故於訴願決定作成前，應作為之處分機關已作成行政處分非全部有利於訴願人時，無須要求訴願人對於該處分重為訴願，訴願機關應續行訴願程序，對嗣後所為行政處分併為

實體審查，如逕依本法第 82 條第 2 項規定駁回，並非適法（最高行政法院 101 年 2 月份庭長法官聯席會議決議）。因此，行政機關對於人民依法申請之案件，怠為處分，訴願人倘已提起課予義務訴願，請求行政機關應為行政處分或特定內容行政處分，則行政機關嗣於訴願程序中始作出否准或非全部有利於訴願人之處分，既尚未滿足訴願人之請求，且訴願人仍持續進行訴願程序（甚至循序提起行政訴訟），自應解為訴願人有不服該處分之意思，參照上開決議意旨，自人民程序保障及程序經濟觀點，無須要求訴願人對於該處分重為訴願，應由該受理課予義務訴願之訴願機關續行訴願程序，對該處分併予處理（102 判 711）。例如，甲公司以【96/03/27】申請函，向交通部民用航空局金門航空站請求作成給予徵用補償之處分，並以金門航空站逾 2 個月怠為處分為由，依本法第 2 條規定提起訴願，金門航空站固於訴願期間以【96/07/25】函復，惟並非全部有利於甲公司，且甲公司亦持續進行訴願程序，參照本院 101 年 2 月份庭長法官聯席會議決議意旨，無須要求甲公司對於該處分重為訴願，而應由訴願機關續行訴願程序，對金門航空站嗣後所為之處分，一併處理；詎交通部【96/09/29】訴願決定以金門航空站業無「不作為」之態樣存在，逕依本法第 82 條第 2 項規定駁回甲公司之訴願，核非適法。故甲公司訴請撤銷該訴願決定，自屬有據（103 判 436）。

4.情況決定

　　所謂「情況決定」，係受理訴願機關發現原行政處分雖屬違法或不當，但其撤銷或變更於公益有重大損害，經斟酌訴願人所受損害、賠償程度、防止方法及其他一切情事，認原行政處分之撤銷或變更顯與公益相違背時，得駁回其訴願（第 83 條）。

　　至於，原處分業經訴願決定依本法前揭規定駁回訴願，並同時諭知原處分違法，若不服訴願決定中關於其不利部分即以情況決定駁回其訴願部分，提起行政訴訟，則原審法院自應審查訴願決定以情況決定駁回上訴人訴願部分是否違誤（最高行政法院 101 判 394；106 判 357）。

　　在情況決定之情形，受理訴願機關應於決定主文中載明原行政處分違

法或不當，並得斟酌訴願人因違法或不當處分所受損害，於決定理由中載明由原行政處分機關與訴願人進行協議，該項協議，與國家賠償法之協議有同一效力（第84條）。

㈡訴願決定之期間

1.決定期限

訴願之決定，自收受訴願書之次日起，應於3個月內為之；必要時，得予延長，並通知訴願人及參加人。延長以1次為限，最長不得逾2個月（第85條）。❸❾

不過，若係依第57條但書規定補送訴願書者，前述期間則自補送之次日起算，未為補送者，自補送期間屆滿之次日起算；若其係依第62條規定通知補正者，自補正之次日起算；未為補正者，自補正期間屆滿之次日起算。

2.停止訴願之重行起算

訴願之決定，若以他法律關係是否成立為準據，而該法律關係在訴訟或行政救濟程序進行中者，於該法律關係確定前，受理訴願機關得停止訴願程序之進行，並即通知訴願人及參加人（第86條）。

此時，前述所定訴願決定期間，則自該法律關係確定之日起，重行起算。

㈢訴願決定書

1.記載事項

訴願決定書，係公法之要式行為，其應載明事項（第89條），包括：(1)訴願人姓名、出生年月日、住、居所、身分證明文件字號。如係法人或其他設有管理人或代表人之團體，其名稱、事務所或營業所，管理人或代表人之姓名、出生年月日、住、居所、身分證明文件字號；(2)有法定代理人或訴願代理人者，其姓名、出生年月日、住、居所、身分證明文件字號；

---

❸❾　訴願決定之法定期間，最長似為5個月，惟訴願實務上，若訴願人及參加人同意延長，亦可能存在超過5個月卻尚未訴願決定者；並參，最高行政法院94裁109。

(3)主文、事實及理由。其係不受理決定者，得不記載事實；(4)決定機關及其首長；(5)年、月、日。❹

至於，訴願決定書之正本，應於決定後 15 日內送達訴願人、參加人及原行政處分機關。

2.教示制度

所謂「教示制度」，係訴願決定書應附記，如不服決定，得於決定書送達之次日起 2 個月內，向行政法院提起行政訴訟（第 90 條）。❹

對於得提起行政訴訟之訴願決定，因訴願決定機關附記錯誤，而向非管轄機關提起行政訴訟，該機關應於 10 日內，將行政訴訟書狀連同有關資料，移送管轄行政法院，並即通知原提起行政訴訟之人。此種情形，行政訴訟書狀提出於非管轄機關者，視為自始向有管轄權之行政法院提起行政訴訟（第 91 條）。

此外，訴願決定機關附記提起行政訴訟期間錯誤時，應由訴願決定機關以通知更正之，並自更正通知送達之日起，計算法定期間。而訴願決定機關未依規定為附記，或附記錯誤而未通知更正，致原提起行政訴訟之人遲誤行政訴訟期間者，如自訴願決定書送達之日起 1 年內提起行政訴訟，視為於法定期間內提起（第 92 條）。

例如，甲教師雖於本件訴訟中請求撤銷 89 年不續聘處分，惟其再申訴決定係於【91/11/28】作成，其視同訴願決定，縱未依本法第 90 條規定附記「如不服再申訴決定，得於決定書送達之次日起 2 個月內向行政法院提起行政訴訟」，依法得認甲如於收受再申訴決定之日起 1 年內提起行政訴訟，視為於法定期間內提起，惟甲係於【106/09/25】就該 89 年不續聘處

---

❹ 訴願決定書，如經載明作成訴願決定之機關，並經訴願審議委員會會議之決議者，即屬合法有效。至於，訴願決定書所載「訴願審議委員會」，誤載為「訴願委員會」，自屬「誤寫」之顯然錯誤，顯然不影響該訴願決定書之效力（最高行政法院 94 裁 973）。

❹ 至於，訴願人或參加人對受理訴願機關於訴願程序進行中所為之程序上處置不服者，應併同訴願決定提起行政訴訟。

分再次提起行政訴訟，顯已逾 1 年期間，且自再申訴決定送達後，亦已逾 3 年。因此，甲訴請撤銷 89 年不續聘處分部分，顯已逾越法定期限且無從補正，應裁定駁回（最高行政法院 107 裁 848）。

㈣效　力

1.停止執行

行政救濟之進行，關於原行政處分之執行，除法律另有規定外，❷不因提起訴願而停止（第 93 條）。

但是，原行政處分之合法性顯有疑義者，或原行政處分之執行將發生難以回復之損害，且有急迫情事，並非為維護重大公共利益所必要者，受理訴願機關或原行政處分機關，得依職權或依申請，就原行政處分之全部或一部，停止執行。此項情形，行政法院亦得依聲請，停止執行。

就此，最高行政法院指出，本法第 93 條第 2 項既規定受處分人得申請受理訴願機關或原處分機關停止執行，則如果能由上開機關獲得救濟者，即無逕向行政法院聲請之必要，且行政法院係審查行政處分違法性之最終機關，受處分人若不提起訴願，或雖已提起訴願，卻不向訴願機關申請，而逕向行政法院聲請停止執行，或已向訴願機關申請停止執行，又再向行政法院聲請，無異規避訴願救濟程序，而請求行政法院直接為行政處分之審查，均非所宜，故適用本法第 93 條第 3 項或行政訴訟法第 116 條第 3 項規定逕向行政法院聲請停止執行者，必其執行在客觀上可以預期將發生難於回復之損害，且情況緊急，非即時由行政法院予以處理，則難以救濟者，始得為之。然如已向原處分機關或受理訴願機關申請而未獲救濟（包括申請被駁回，或原處分機關或受理訴願機關不於適當期間內為准駁），即有向行政法院聲請停止執行之必要（107 裁 654）。

---

❷　修正前之稅捐稽徵法於第 38 條第 3 項及第 39 條規定，申請復查者，須於復查、訴願或行政訴訟確定後，始予強制執行，釋字第 224 號解釋指出，其「致申請復查者反可於繳納應繳稅款之半數或 3 分之 1 或提供相當擔保後，利用行政救濟程序，長期拖欠未繳部分或趁機隱匿財產，以逃漏其餘稅款，亦難達防止流弊之目的，係對人民訴願及訴訟權所為不必要之限制。」

　　至於，停止執行之原因消滅，或有其他情事變更之情形，受理訴願機關或原行政處分機關，得依職權或依申請撤銷停止執行；而原裁定停止執行之行政法院，亦得依聲請，撤銷停止執行之裁定（第 94 條）。

2.拘束力

　　關於訴願決定之拘束力，訴願之決定確定後，就其事件，有拘束各關係機關之效力；因委託行使公權力而提起訴願之事件，對於受委託行使公權力之團體或個人，亦有拘束力（第 95 條），惟僅係個案拘束，且訴願決定亦係行政機關之行政處分之一種，但並無拘束法院之效力，至多僅係法院判決時心證形成時之參考而已（最高行政法院 102 判 525）。

　　此外，原行政處分經撤銷後，原行政處分機關須重為處分者，應依訴願決定意旨為之（行政訴訟法第 216 條與釋字第 368 號解釋），並將處理情形以書面告知受理訴願機關（第 96 條）。因此，在訴願決定撤銷原處分（含稅務行政救濟中復查前置程序所為之復查決定），將該事件發回重為處分時，原處分機關原則上即應以訴願決定所為撤銷理由之法律上判斷為其處分基礎（102 判 128）。

　　再者，訴願程序為行政程序之一種，係行政體系內部自省之救濟程序，原處分機關為訴願程序之相對機關，並非本法第 1 條第 1 項所稱之「人民」，亦非同法條第 2 項所規定處分相對人之自治團體或公法人。此外，行政訴訟法對於原處分機關之地位，依該法第 24 條「經訴願程序之行政訴訟，其被告為左列機關：一、駁回訴願時之原處分機關；二、撤銷或變更原處分時，為撤銷或變更之機關」之規定，其為被告。因此，不論本法或行政訴訟法之體制，原處分機關縱認訴願決定違法時，亦不允許其對於訴願機關提起撤銷訴訟。亦即原處分機關對上級之訴願決定，本即應受訴願決定之拘束（本法第 95 條前段），自不得再為不服之表示，以符行政一體性原則之適用（106 年 6 月份第 2 次庭長法官聯席會議決議；107 判 89）。

柒、再審程序

對於未確定訴願決定不服者，係向高等行政法院提起行政訴訟，已如前述。

對於確定訴願決定，本法第 4 章「再審程序」（第 97 條）規定，訴願人、參加人或其他利害關係人，得向原訴願決定機關申請再審（最高行政法院 103 裁 359；100 裁 1848）；本法之再審制度，係就確定之訴願決定申請再審，於行政機關體系內以謀救濟（100 裁 6）。但是，訴願人、參加人或其他利害關係人，已依行政訴訟主張其事由或知其事由而不為主張者，不在此限。

再審事由，包括：⑴適用法規顯有錯誤者；⑵決定理由與主文顯有矛盾者；⑶決定機關之組織不合法者；⑷依法令應迴避之委員參與決定者；⑸參與決定之委員關於該訴願違背職務，犯刑事上之罪者；⑹訴願之代理人，關於該訴願有刑事上應罰之行為，影響於決定者；⑺為決定基礎之證物，係偽造或變造者；⑻證人、鑑定人或通譯就為決定基礎之證言、鑑定為虛偽陳述者；⑼為決定基礎之民事、刑事或行政訴訟判決或行政處分已變更者；⑽發見未經斟酌之證物或得使用該證物者。

聲請再審，應於 30 日內提起。其期間，自訴願決定確定時起算。但是，再審之事由發生在後或知悉在後者，則自知悉時起算。❸

針對訴願再審所欲救濟之確定訴願決定，實務見解指出：「原已不得謀求行政訴訟救濟，若訴願再審決定結果，並未變更原確定訴願決定，無非確認原訴願決定確定之效力，自無另啟行政訴訟予以救濟之必要。且依現行法，並無對於訴願再審決定不服之救濟規定，應不許就訴願再審駁回或不受理之決定提起撤銷訴訟。若竟提起，不備撤銷訴訟之要件，起訴為不合法，又不能補正，應依行政訴訟法第 107 條第 1 項第 10 款駁回之（100

---

❸ 若聲請再審逾期，則以再審之訴不合法，裁定駁回其再審之聲請（最高行政法院 94 裁 153）。

裁 6）。」

　　換言之，行政救濟程序經訴願決定確定後，當事人即應遵守，不容輕易變動；至於受理訴願再審之機關，依本法第 97 條規定而作成之再審決定，與通常之訴願決定，在程序標的及聲請原因上，仍有所不同，尚不得謂再審決定即屬行政訴訟法第 4 條所稱之訴願決定而得藉此提起撤銷訴訟。此觀行政訴訟法第 4 條所謂之訴願決定，係指「人民因中央或地方機關之違法行政處分，認為損害其權利或法律上之利益，經依訴願法提起訴願」之訴願決定，而非指「對於確定訴願決定，申請再審」之再審決定即明。又訴願再審決定依本法或行政訴訟法並無救濟程序之規定，且本法上之再審，既係在通常救濟程序之外所提供之非常救濟程序，其係以已確定且不得再提起行政訴訟之訴願決定為標的，有別於通常之訴願決定，自不宜再成為行政訴訟之標的而允准其對之提起行政訴訟（106 裁 2040；103 裁 359）。

　　再者，對訴願決定之「再審」，規定於本法第 97 條。因此，訴願人如認為確定訴願決定有再審事由，應依屬特別規定性質之本法第 97 條規定，向原訴願決定機關聲請再審，而不得依行政程序法第 128 條規定，向原訴願決定機關申請重開行政程序，更不得依該規定提起訴願，否則，受理訴願機關應以其「依法不屬訴願救濟範圍內之事項」為由，依本法第 77 條第 8 款規定為不受理之決定（107 裁 198）。

第十八章　行政訴訟

綱要導讀

壹、總　則

一、行政訴訟事件

㈠立法目的
1. 保障人民權益
2. 確保行政權合法行使
3. 增進司法功能

㈡審判權之範圍
1. 公法上之爭議
2. 民刑訴訟與行政訴訟之關係

㈢訴訟種類
1. 撤銷訴訟
2. 給付訴訟
3. 確認訴訟
4. 公益訴訟及選罷訴訟

二、行政法院

㈠管轄恆定與訴訟移送
㈡管轄之種類
1. 普通審判籍
2. 特別審判籍
3. 指定管轄
㈢法官之迴避

三、當事人

㈠當事人之範圍及其能力
1. 當事人之範圍
2. 當事人能力及訴訟能力
㈡選定當事人

1. 選定或指定
2. 效　力
3. 通知及文書
4. 限　制

㈢共同訴訟
1. 要　件
2. 效　力

㈣訴訟參加
1. 種　類
2. 效　力

㈤訴訟代理人及輔佐人
1. 訴訟代理人之限制
2. 委任及終止
3. 訴訟代理人之權限
4. 輔佐人

四、訴訟程序

㈠當事人書狀
1. 應記載事項
2. 簽　名
㈡送　達
1. 送達人
2. 送達區域
3. 送達對象
4. 送達處所
5. 送達時間
6. 公示送達

㈢期日及期間
　1.期　日
　2.期　間
　3.回復原狀
㈣訴訟卷宗
　1.保　存
　2.利用及限制
㈤訴訟費用
　1.費　用
　2.訴訟救助

貳、第一審程序
一、高等行政法院通常訴訟程序
㈠起　訴
　1.訴狀與期間
　2.訴訟要件之審查及補正
　3.訴狀卷證與辯論期日
　4.當事人恆定與承當訴訟
　5.訴之變更、追加、反訴與撤回
㈡停止執行
　1.分　類
　2.裁定程序、效力與救濟
㈢言詞辯論
　1.審判長之職權
　2.言詞辯論之進行
　3.言詞辯論筆錄
㈣證　據
　1.職權調查原則
　2.舉證責任之分配
　3.證　人
　4.鑑　定
　5.文　書
　6.保全證據

㈤訴訟程序之停止
　1.裁定停止
　2.當然停止
　3.合意停止
㈥裁　判
　1.要　件
　2.種　類
　3.裁判之宣示與公告
　4.判決書
　5.判決之確定與效力
㈦和　解
　1.要件與效力
　2.繼續審判
　3.參加和解
二、地方法院行政訴訟庭簡易訴
　　訟程序
㈠適用範圍
　1.例示規定
　2.概括規定
㈡審　理
　1.獨任法官
　2.言詞起訴、聲明或陳述
　3.得不經言詞辯論
　4.簡化判決書
㈢上訴或抗告
三、交通裁決事件訴訟程序
四、收容聲請事件程序
參、上訴審程序
一、上訴之範圍與期間
㈠範　圍
　1.高等行政法院之終局判決

2.判決前之裁判

㈡期　間

二、上訴之捨棄與撤回

㈠捨　棄

1.時　間

2.方　式

㈡撤　回

1.時　間

2.方　式

三、上訴之理由

㈠判決違背法令

㈡類　型

1.一般違背法令

2.當然違背法令

3.兩者之關聯

四、上訴程式與原審處置

㈠上訴程式

㈡原審處置

1.上訴不合法

2.上訴合法

五、最高行政法院之審理與裁判

㈠審　理

1.限制之範圍

2.書面審理

3.法律審

㈡裁　判

1.裁　定

2.判　決

肆、抗告程序

一、類　型

㈠抗　告

㈠準抗告

㈢擬制抗告或異議

二、抗告法院與期間

三、抗告之提起、捨棄與撤回

㈠提　起

㈡捨棄與撤回

伍、再審程序

一、再審之類型與事由

㈠類　型

㈡事　由

1.列舉之再審事由

2.確定終局判決所適用法律或命令牴觸憲法

3.為判決基礎之裁判有再審事由

二、再審之管轄、期間與程式

㈠管　轄

㈡期　間

㈢程　式

三、再審之審理與效力

㈠審　理

㈡效　力

陸、重新審理

一、重新審理之聲請與撤回

㈠聲　請

1.事　由

2.管　轄

3.程　式

㈡撤　回

二、聲請之處置

㈠裁定事項

㈡回復原訴訟程序

Chapter 18

└─三、效　力
柒、保全程序
┌─一、假扣押
│　㈠要　件
│　㈡管　轄
│　㈢效　力
│　　　1.提起給付之訴
│　　　2.損害賠償
└─二、假處分
　　㈠類　型
　　　　1.保全處分
　　　　2.定暫時狀態處分
　　㈡管轄與處置
　　　　1.管　轄
　　　　2.處　置
捌、強制執行
┌─一、撤銷判決之執行？
├─二、給付裁判與執行名義
├─三、執行機關
├─四、執行程序
└─五、救濟之管轄

行政訴訟法（以下簡稱為「本法」），共計9編，其中，第9編「附則」，係本法之施行日期。其他8編之規定，分析如下：

壹、總 則

一、行政訴訟事件

㈠立法目的

行政訴訟，係以保障人民權益，確保國家行政權之合法行使，增進司法功能為宗旨（第1條）。故其宗旨有三：

1.保障人民權益

從人民訴訟權係作為第一次權利保護請求權之觀點，行政訴訟係立法者落實憲法第16條之制度設計，以保障人民權益，當人民主張權利遭受公權力之侵害，自應許其依正當法律程序請求法院救濟為其核心內容，國家應提供有效之制度保障，以謀其具體實現，除立法機關須制定法律，為適當之法院組織及訴訟程序之規定外，法院於適用法律時，亦須以此為目標，俾人民於其權利受侵害時，有及時、充分回復並實現其權利之可能，以符有權利即有救濟之法理（釋字第546號、第573號、第629號解釋）。

2.確保行政權合法行使

法治國家之行政權，應確保其合法行使，即遵守依法行政原則或行政合法性原則之拘束，而由行政法院掌管之行政訴訟，即具有審查行政行為是否合法之司法功能。

3.增進司法功能

訴願，係就行政事件之爭執，請求訴願管轄機關加以審查，其基於行政一體或行政監督之功能，得審查合法性與妥當性；而行政訴訟，則係就行政事件之爭執，請求行政法院加以審查，其基於權力分立之制度設計，履行司法之功能。

㈡審判權之範圍

1.公法上之爭議

公法上之爭議,係作為行政訴訟審判權之範圍,而除法律別有規定外,得依本法提起行政訴訟(第 2 條)。所謂「公法上之爭議」,除憲法爭議由大法官掌理不在行政訴訟審判範圍外,係指行政機關行使行政權所生之爭議而言。此由行政法院❶審判行政訴訟行司法審查,以行政決定為對象,及本法第 1 條規定行政訴訟以確保國家行政權之合法行使為目的等,可以得知。❷

例如:(1)主管教育行政機關依私立學校法程序解除董事職務(資格),係行政機關就公法上具體事件所為決定而對外直接發生法律效果之單方行政行為,屬行政處分性質,受解除董事職務(資格)之董事對該行政處分不服,屬公法上之爭議(最高行政法院 103 判 267);❸(2)關於申請承購、承租或貸款者,經主管機關認為依相關法規或行使裁量權之結果不符合該當要件,而未能進入訂約程序之情形,既未成立任何私法關係,此等申請人如有不服,須依法提起行政爭訟(釋字第 540 號解釋)❹;(3)行政機關不予假釋之決定,具有行政行為之性質,依照本法第 2 條以下有關規定,此類爭議由行政法院審理(釋字第 691 號解釋);(4)行政院農業委員會林務局所屬各林區管理處對於人民依據國有林地濫墾地補辦清理作業要點申請訂立租地契約未為准許之決定,具公法性質,申請人如有不服,應依法提

---

❶ 本法第 3 條之 1 規定:「辦理行政訴訟之地方法院行政訴訟庭,亦為本法所稱之行政法院。」

❷ 最高行政法院(93 裁 995)指出:「對於監察權之行使發生爭議,並非行政法院審判之範圍。」

❸ 惟因該行政處分致生私法上董事職務關係之存在與否發生爭執,仍屬私法之爭議性質;至於,私立學校董事會本於私立學校法規定就當屆任期中董事予以解聘,使該董事喪失其董事資格(職務),該受解聘董事對之爭執,屬私法上委任關係存否之爭議(最高行政法院 103 判 267)。

❹ 獎勵民間投資興建之國民住宅,承購人與住宅興建業者,屬於單純之私法關係(釋字第 540 號解釋)。

起行政爭訟以為救濟，其訴訟應由行政法院審判（釋字第 695 號解釋）。

　　不過，在本法實施前，若干屬於公法性質之事件，因行政訴訟欠缺適當之訴訟種類，而法律又未就其另行設計其他訴訟救濟途徑，遂長期以來均循民事訴訟解決，例如公務人員保險給付事件（釋字第 466 號解釋）、釋字第 524 號解釋公布前之全民健康保險法第 5 條被保險人與保險醫事服務機構間之爭議事件等，均其適例，此類事件嗣後自無再由民事法院審理之理由。此外，雖具公法性質，但法律已明確規定其歸屬於其他審判權時，不因行政訴訟改制擴張訴訟種類，而成為行政法院管轄之公法事件，例如選舉無效事件及當選無效事件（公職人員選舉罷免法第 101 條）等。此類事件，釋字第 540 號解釋指出，即本法第 2 條所稱公法事件「法律別有規定」，而不屬於行政法院審判之情形。

　　此外，國家賠償法第 12 條規定，亦屬本法第 2 條所稱之法律別有規定之情形，在國家賠償法未修訂前（屬立法政策之問題），依本法第 2 條立法理由明載：「人民之訴訟權為憲法所保障，私權爭執，得提起民事訴訟；公法上爭議，除法律另有規定，應依其他訴訟程序救濟，例如公職人員選舉罷免訴訟、國家賠償訴訟……等事件外，得依本法提起行政訴訟……。」因此，國家賠償事件雖具公法爭議之屬性，然因國家賠償法已有特別規定之故，而屬本法第 2 條所稱不得依本法提起行政訴訟之公法上爭議事件。亦即依國家賠償法提起之損害賠償訴訟，應向適用民事訴訟法之管轄民事爭議事件之普通法院提起，行政法院並無受理訴訟之權限（107 裁 435）。

2.民刑訴訟與行政訴訟之關係

　　由於公法上之爭議，原則上係依本法提起行政訴訟。因此，民事或刑事訴訟之裁判，若係以行政處分是否無效或違法為據者，應依行政爭訟程序確定之（第 12 條）。

　　並且，行政爭訟程序已經開始者，於其程序確定前，民事或刑事法院應停止其審判程序。

　　關於民事訴訟法之規定，除本法已規定準用者外，與行政訴訟性質不相牴觸者，亦準用之（第 307 條之 1）。本條立法理由：「本法準用民事訴

訟法之方式，原係採取列舉準用，除在個別法條明定準用民事訴訟法之法條外，並在個別編章節末以一條文列舉準用民事訴訟法之法條。此方式固有助於法律明確性及可預見性，惟有掛一漏萬之虞，又無法及時因應民事訴訟法之修正。再者，因採取列舉準用而排除類推適用，則本法將無法因應民事訴訟法立法變動及理論發展。爰參酌德、日立法例，增訂概括性準用規定。增訂本條後，本條之前之準用規定即為例示規定。」

就此，實務見解指出，民事訴訟法立法變動或理論發展新規定，與行政訴訟性質不相牴觸者，自亦得準用之；反之則不能準用。並且，無論係法律效果之準用或法律構成要件之準用，自得在與行政訴訟性質不牴觸時有準用之餘地。

針對【106/06/14】修正公布民事訴訟法第 254 條第 1 項、第 5 項、第 6 項前段、第 7 項分別規定「（第 1 項）訴訟繫屬中為訴訟標的之法律關係，雖移轉於第三人，於訴訟無影響。……（第 5 項）訴訟標的基於物權關係，且其權利或標的物之取得、設定、喪失或變更，依法應登記者，於事實審言詞辯論終結前，原告得聲請受訴法院以裁定許可為訴訟繫屬事實之登記。（第 6 項）前項聲請，應釋明本案請求。……（第 7 項）前項釋明如有不足，法院得定相當之擔保，命供擔保後為登記。其釋明完足者，亦同。」其規範之旨在藉由將訴訟繫屬事實予以登記之公示方法，使第三人知悉訟爭情事，及避免確定判決效力所及之第三人受不測之損害，且其訴訟標的限於基於物權關係者，以免過度影響被告及第三人之權益。惟依民事訴訟法第 254 條第 5 項規定法院許可為訴訟繫屬事實之登記者，須原告起訴係基於「物權關係」作為訴訟標的，始足當之；若原告起訴主張非以物權關係為訴訟標的，縱使其聲明之內容或請求給付之「標的物」為得、喪、設定、變更依法應經登記者，因與上開規定之要件不符，自不能裁定許可。

至於，本法第二編第一審程序第一節起訴，雖其第 110 條規定：「（第 1 項）訴訟繫屬中，為訴訟標的之法律關係雖移轉於第三人，於訴訟無影響。……」惟該節第 115 條規定準用民事訴訟法之條文，迄未亦無準用民

事訴訟法第 254 條。

因此，抗告人依據系爭協議書第 3 條規定為本件請求，核其權利即訴訟標的係屬請求履行行政契約之請求權，並非基於物權關係請求，與民事訴訟法第 254 條第 5 項之要件不符，原審自無從依本法第 307 條之 1 準用民事訴訟法第 254 條第 5 項規定為許可訴訟繫屬事實之登記（最高行政法院 107 裁 395）。

㈢訴訟種類

公法上之爭議，得依本法提起行政訴訟之種類，指撤銷訴訟、確認訴訟及給付訴訟（第 3 條）。此外，本法尚有公益訴訟及選罷訴訟等。

1. 撤銷訴訟

關於撤銷訴訟，係人民因中央或地方機關之違法行政處分，認為損害其權利或法律上之利益，經依訴願法提起訴願而不服其決定，或提起訴願逾 3 個月不為決定，或延長訴願決定期間逾 2 個月不為決定者，得向行政法院提起撤銷訴訟（第 4 條第 1 項）。

撤銷訴訟之提起，除須經由訴願程序未獲救濟外，係以人民認為有違法之行政處分存在，且主張該違法行政處分損害人民權利或法律之利益為要件。❺因此，提起撤銷訴訟，須以經過合法訴願為其前提，其未經過訴願程序，提起行政訴訟，自非法所許。至於，人民於合法提起訴願後，縱使訴願決定從程序上予以不受理，嗣經提起行政訴訟，請求撤銷原行政處分，行政法院就該處分是否適法，依法仍可予以審查。

經依訴願法提起訴願而不服其決定，向行政法院提起撤銷訴訟者，原則上係以訴願決定維持行政處分為要件。蓋以撤銷行政處分為目的之訴訟，係以行政處分之存在為前提，如在起訴時或訴訟進行中，該處分事實上已不存在時，自無提起或續行訴訟之必要。惟行政處分因期間之經過或其他事由而失效，其失效前所形成之法律效果，如非隨原處分之失效而當然消

---

❺ 撤銷訴訟既因人民主張違法行政處分損害其權益而請求撤銷該行政處分，可知撤銷訴訟之本質即包含確認行政處分是否違法損害人民（原告）權益在內（最高行政法院 94 判 106）。

滅者，當事人因該處分之撤銷而有可回復之法律上利益時，仍應許其提起或續行訴訟（釋字第 213 號解釋）。

第 4 條所謂「權利」或「（法律）利益」，係指權利主體所感受之各式各樣主觀利益中以法規範之力量，來加以保障或提供實現手段（權利）之特定範圍利益。而得提起撤銷訴訟者，並非侷限於訴願人，故訴願人以外之利害關係人，認為第 1 項之訴願決定，損害其權利或法律上之利益者，亦得向行政法院提起撤銷訴訟（第 4 條第 3 項）。至於，所謂「利害關係人」，係指違法行政處分之結果致其現已存在之權利或法律上保護之利益受影響者而言，若僅具經濟上、情感上或其他事實上之利害關係者則不屬之（最高行政法院 103 判 222；106 判 503）。❻

至於，第三人得否就以他人為相對人之行政處分提起撤銷訴訟，實務見解指出，應探求法律規範保障之目的：⑴法律明確規定特定人得享有權利，或對符合法定條件而可得特定之人，授予向行政主體或國家機關為一定作為之請求權者，其規範目的在於保障個人權益，該受法律保障之個人認為（主張）行政機關之行政處分損害其「權利或法律上利益」者，自得提起撤銷訴訟；⑵法律雖係為公共利益或一般國民福祉而設之規定，但就法律之整體結構、適用對象、所欲產生之規範效果及社會發展因素等綜合判斷，可得知亦有保障特定人之意旨時，該特定人（第三人）認為（主張）以他人為相對人之行政處分損害其「權利或法律上利益」者，該特定人即有法律上之利害關係，而得提起撤銷訴訟。申言之，判斷法規範除維護公共利益外，是否亦有保護特定第三人之意旨，應斟酌以下事項：(i)一個法規是否具有保護特定第三人之規範目的，不能只著眼該法規本身，與該法規相關聯的規範結構及制度性之周邊條件亦應一併納入斟酌，從客觀上理解規範之目的；(ii)不能僅因法律只言及「公共利益」、「公共安全」及「公

---

❻　原告（及利害關係人）提起撤銷訴訟，只須表明其權利或法律上之利益，有因其所主張之違法行政處分受損害，即符合特別訴訟要件，至於其權利或法律上之利益是否確實因違法行政處分而受損害，則屬其訴有無理由之問題（最高行政法院 103 判 222）。

共秩序」，即逕行否定其有保護第三人利益之意旨。倘依該法規範之整體架
構，已要求行政機關必須特別斟酌特定第三人之利益，並調和行為人與第
三人之利益以求其均衡；或就該法規範適用對象、所欲產生之規範效果及
社會發展因素等整體觀察，足以確定仍有部分範圍可得特定之受益者，因
其規範執行而享有之利益與所謂大眾利益具有清楚之區隔，不宜全盤委由
行政機關代為維護時，即可認定該法規具有保護第三人規範之性質；(3)應
就個案中行政處分對第三人事實上影響結果之具體情況而為觀察 （102 判
613）。

人民提起撤銷訴訟之目的，係在解除行政處分之規制效力，故提起撤
銷訴訟須行政處分之規制效力存在，始有提起撤銷訴訟之必要與實益。再
者，行政處分之作成機關以處分違法依行政程序法第 117 條規定，將原處
分撤銷另為新處分者，先前之處分因撤銷而消滅，行政處分之相對人或其
利害關係人對行政機關對該特定事件所為之決定不服，應對新作成之處分
提起撤銷訴訟，不得再以已撤銷之先前處分為程序標的；倘仍對已消滅之
行政處分提起撤銷訴訟，其訴即難謂合法（107 判 347）。

行政法院關於撤銷訴訟之司法審查功能，基於權力分立與制衡（司法
→行政）之設計，原則上係針對行政處分之違法性，不含行政處分之妥當
性。至於，逾越權限或濫用權力之行政處分，則係以違法論（第 4 條第 2
項）。因此，行政機關依裁量權所為之行政處分，如有逾越權限或濫用權力
者，不論其為積極的作為或消極的不作為，均以違法論，行政法院得加以
審查及撤銷（107 判 305）。

2.給付訴訟

給付訴訟之種類，尚得區分如下：

(1)一般給付訴訟

一般給付訴訟，係人民與中央或地方機關間，因公法上原因發生財產
上之給付或請求作成行政處分以外之其他非財產上之給付，得提起給付訴
訟。因公法上契約發生之給付，亦同（第 8 條第 1 項）。

例如，中央健康保險局就辦理全民健康保險醫療服務有關事項，與各

醫事服務機構締結全民健康保險特約醫事服務機構合約，約定由特約醫事服務機構提供被保險人醫療保健服務，此項合約具有行政契約之性質。締約雙方如對契約內容發生爭議，屬於公法上爭訟事件，依本法第 2 條、第 8 條第 1 項規定，應循行政訴訟途徑尋求救濟（釋字第 533 號解釋）。

一般給付訴訟所稱「公法上之給付」，並不包括國家賠償之請求（最高行政法院 106 裁 1115）；且提起一般給付訴訟，以人民在公法上有上開給付之請求權存在為其前提要件（100 判 1305；100 判 65）。若無公法請求權存在，則係欠缺權利保護必要。此外，若其財產上之給付須經行政機關核定（行政處分）始能給付，但尚未經行政機關依實體法規定作成行政處分加以確定者，則於提起財產給付訴訟前，應先提起課以義務訴訟（第 5 條），請求行政法院判令行政機關作成該確定財產上請求權之行政處分（103 判 215）。

此外，針對預防性不作為訴訟（人民向行政法院請求判命行政機關未來不得作成損害其權利之行政行為之不作為訴訟），是否為本法所容認，實務採肯定見解，認為對行政機關請求法院判命不得為一定行為具有法律上利益以得依本法第 8 條規定，提起預防性不作為訴訟。惟提起此種訴訟，須以因行政機關之作為有對其發生重大損害之虞時，始認具有權利保護必要，但對損害之發生，得期待以其他適當方法避免者，不在此限（98 判 1515）；至於，以此行政訴訟禁止之行為，除行政機關之事實行政行為外，也包括將作成之行政處分。然而，對於行政機關以行政處分作為行政上採取措施的手段，原則上是在行政處分作成後，依限提起訴願及撤銷訴訟請求救濟，配合以行政處分的溯及撤銷，以及停止執行等措施，通常已經足以為充分的保護。且預防性不作為訴訟具有事前審查性質，為免司法權過早介入行政權的決定空間，因此，只有在訴願及撤銷訴訟不能達成有效權利保護，如不許可人民預防地發動行政訴訟程序以阻止行政處分的作成，權利無從及時受到保護時，才例外的允許提起此類訴訟（107 判 114）。❼

---

❼　最高行政法院指出，行政機關將作成之行政處分或其他公權力行為，實際上對人民權利義務有直接影響或變動時，倘具備下列訴訟要件及本案勝訴要件，得

第 8 條第 2 項規定：「前項給付訴訟之裁判，以行政處分應否撤銷為據者，應於依第 4 條第 1 項或第 3 項提起撤銷訴訟時，併為請求。原告未為請求者，審判長應告以得為請求。」因此，一般給付訴訟，相對於其他訴訟類型，特別是以「行政處分」為中心之撤銷訴訟及課予義務訴訟，係具有「備位」性質，故若有其他訴訟類型得提供人民權利救濟時，即無許其提起一般給付訴訟之餘地。因此，國家侵害行為如屬負擔行政處分，受害人民得主張該行政處分違法，損害其權益，依本法第 4 條規定提起撤銷訴訟，以排除該侵害行為；國家侵害行為如屬行政事實行為，此項侵害事實即屬本法第 8 條第 1 項所稱「公法上原因」，受害人民得主張該行政事實行為違法，損害其權益，依本法第 8 條第 1 項規定提起一般給付訴訟，請求

對該行政行為提起預防性行政訴訟，以資救濟：(1)人民事前可預知行政機關將作成行政處分或其他公權力行為具有高度可能性（蓋然性）；(2)人民因行政機關將作成之行政處分或其他公權力行為，而有發生重大損害之虞，至行政法院判斷重大損害性時，尚須審查行政處分或其他公權力行為之內容與性質、損害之性質與程度、以及損害之回復程度等事項（重大損害性）；(3)在預防性行政訴訟制度未臻成熟前，不宜貿然放寬預防性行政訴訟補充性之要件，故目前須在事後救濟已無實益之情形下，始有事前救濟之必要性（補充性）；(4)為避免司法權對行政權有過度干預之情形，僅在人民具有特別權利保護之必要性之情形下，司法權始可事前介入審判（特別權利保護之必要性）；(5)「原告適格」係指處分之相對人及利害關係人，依釋字第 469 號解釋意旨，實務上目前係採新保護規範理論，大幅擴張利害關係人之認定，而「訴訟權能」為原告之權利或法律上利益受有損害之情形（原告適格與訴訟權能）；(6)提起預防性行政訴訟時，行政處分尚未作成或尚無其他公權力行為，且其內容並不明確，導致人民之請求難以具體特定，故人民請求內容，僅要求人民提出大概能防止重大損害發生之手段、方法等，即為已足，故只要人民之請求不妨礙行政機關防禦權之行使，以及強制執行之進行，不宜過度嚴格認定不作為請求之特定性（請求之特定性）；(7)行政機關將作成行政處分之違法性判斷，須視行政處分之性質而定，若行政處分為羈束處分時，行政處分之作成違反法律之規定，行政法院應命行政機關不得為該行政處分，若行政處分為裁量處分時，行政機關倘有裁量逾越或濫用之情形，行政法院應命行政機關不得為一定內容之行政處分（本案勝訴要件）（103 判 329）。

行政機關作成行政處分以外之其他非財產上給付，以排除該侵害行為（103 裁 92）。

(2)課予義務訴訟

課予義務訴訟，係人民因中央或地方機關，對其依法申請之案件，於法令所定期間內應作為而不作為，認為其權利或法律上利益受損害者，經依訴願程序後，得向行政法院提起請求該機關應為行政處分或應為特定內容之行政處分之訴訟（第 5 條第 1 項）。課予義務訴訟之主要目的，既係在於除去不作成授益處分之規制效力，故而行政處分之規制效力存在，且因該規制效力而權利或法律上利益受影響者，始有提起課予義務訴訟之權利保護必要（最高行政法院 107 判 366）。人民就其請求事項，若法令並無賦予人民申請權，或其所請求行政機關作成者並非行政處分，人民自不得提起課予義務訴訟，否則其起訴亦應認不備要件（107 裁 55）。

至於，人民因中央或地方機關對其依法申請之案件，予以駁回，認為其權利或法律上利益受違法損害者，經依訴願程序後，亦得向行政法院提起請求該機關應為行政處分或應為特定內容之行政處分之訴訟（第 5 條第 2 項）。而人民依本項規定，向行政法院提起課予義務訴訟之目的，既在請求該機關應為行政處分或應為特定內容之行政處分，則如果嗣後該機關已作成符合其申請意旨之行政處分，原告起訴即喪失實益而欠缺權利保護必要（100 判 324）。

所謂「依法申請之案件」，係指人民依據法令之規定，有向機關請求就某一特定具體之事件，為一定處分之權利者；所謂「應作為而不作為」，係指行政機關對於人民之申請負有法定作為義務，卻違反此作為義務。提起課予義務訴訟，以主張其權利或法律上利益，因行政機關違法之不為行政處分，或拒為行政處分而受損害為要件，此即學說所稱原告必須具有「訴訟權能」，其提起訴訟始能謂適格。在撤銷訴訟，通常行政處分之相對人即具有訴訟權能，此即學說所謂「相對人理論」。惟在課予義務訴訟，申請行政機關作成一定行政處分遭拒絕者（即否准處分之相對人），尚不能僅因其申請遭拒絕，即認其有訴訟權能，亦即撤銷訴訟原告適格之「相對人理論」

在課予義務訴訟並不適用。必須申請人依其所申請事實觀之，其對行政機關可能具有公法上請求權時，始能認其有提起課予義務訴訟之訴訟權能。因此，如果依課予義務訴訟原告所主張事實觀之，其對被告機關顯無公法上請求權，則其無提起課予義務訴訟之訴訟權能，其訴因屬當事人不適格，即應予駁回（100 判 772；107 裁 668）。因此，本項規定為人民經由依法申請程序之公法上請求權無法實現所設之課予義務訴訟救濟類型 （103 判 268）。

第 8 條第 1 項規定之一般給付訴訟，其與第 5 條課以義務訴訟之共通點，係二者皆為實現公法上給付請求權而設。關於二者之區別，實務見解指出，在於一般給付訴訟之適用範圍，限於給付訴訟中，課以義務訴訟所未包括之領域，亦即公法上非屬行政處分之公權力行政行為，故一般給付訴訟對於課以義務訴訟而言，具有補充性。因此，爭議事件如可直接作為課以義務訴訟之訴訟對象者，即不得提起一般給付訴訟，換言之，人民對於系爭案件如能透過課以義務訴訟而獲得救濟者，即不得提起一般給付訴訟。例如，針對人民請求行政機關為行政行為，如係請求為公法上事實行為，則行政機關所為無法辦理之復函，僅屬意思通知性質，人民如不服，應依第 8 條第 1 項提起一般給付訴訟請求救濟（107 判 283）。

(3)合併請求損害賠償

提起行政訴訟，亦得於同一程序中，合併請求損害賠償或其他財產上給付（第 7 條），其非屬同法第 111 條第 3 項第 5 款規定應許為訴之變更或追加之情形（最高行政法院 107 判 236）。

由於本法第 7 條並未明定「合併提起訴訟」，故實務見解指出，其文義上並不僅限於客觀訴之合併之情形。斟酌該條之立法過程，在使當事人於提起行政訴訟時得「附帶」提起不同審判系統之訴訟，以連結行政訴訟與國家賠償訴訟審判權，而達訴訟經濟目的之意旨，並參照該條立法理由第三點明文闡述：「向行政法院『附帶』提起損害賠償之訴，自應適用行政訴訟程序，而其實體上之法律關係，仍以民法有關規定為依據……。」故本法第 7 條規定所謂「合併請求」損害賠償或其他財產上給付，其訴訟法上

之意義，依本法與國家賠償法之規範體系而言，不宜限制解釋為客觀訴之合併，而應包含當事人於提起行政訴訟時，就同一原因事實請求之國家賠償事件，得適用行政訴訟程序「附帶」提起損害賠償或其他財產上給付訴訟，行政法院並於此情形取得國家賠償訴訟審判權之意，以符合立法意旨及立法理由，復可與國家賠償法第 11 條但書規定：「但已依行政訴訟法規定，『附帶』請求損害賠償者，就同一原因事實，不得更行起訴。」配合適用（最高行政法院 98 年 6 月份庭長法官聯席會議決議）。

基於前述決議，實務見解進一步指出：「……依本條規定，既係得於提起其他行政訴訟時，合併請求，自應以其他訴訟已合法起訴為前提，倘非合法，則合併請求損害賠償或其他財產上給付，非可單獨提起之行政訴訟，因而失所附麗，不應准許，自得一併裁定駁回（107 裁 179；107 裁 289）。」

依本法第 7 條規定，提起行政訴訟，係得合併提起損害賠償之訴。針對所謂訴之預備合併，係指原告預慮其提起之訴訟（先位之訴）為無理由，而同時提起不能並存之他訴（預備之訴）為備位，以備先位之訴無理由時，請求就預備之訴為審判之合併而言。法院為審理時，應按其所列聲明之順序依序審判，即應先就先位之訴為裁判，須先位之訴為無理由，始得就預備之訴為調查及裁判。本件甲公司原僅訴請撤銷原處分不利部分，並請求臺北市政府為准許延展之處分；嗣後為訴之追加，合併提起損害賠償之訴，其先位及備位聲明均請求臺北市政府給付相同金額，然前者係以先位聲明中之課予義務訴訟勝訴為要件，後者則是以備位聲明中確認訴訟勝訴為要件，兩者不同，依上開說明，符合訴之預備合併之要件（107 判 174）。

3.確認訴訟

確認訴訟，係確認行政處分無效及確認公法上法律關係成立或不成立之訴訟，非原告有即受確認判決之法律上利益者，❽不得提起之。其確認已執行而無回復原狀可能之行政處分或已消滅之行政處分為違法之訴訟，

---

❽ 得提起確認行政處分無效之訴者，不以受行政處分之相對人為限，利害關係人亦得提起（93 判 74）。

亦同（第 6 條第 1 項）。

　　確認訴訟，係以行政處分無效、公法上法律關係或行政處分之違法性為其標的。

　　所謂「公法上法律關係」，實務見解指出，係指特定生活事實之存在，因法規之規範效果，在兩個以上權利主體（人）間所產生之權利義務關係，或產生人對權利客體（物）間之利用關係。而公法上法律關係之成立，有直接基於法規規定者，亦有因行政處分、行政契約或事實行為而發生者，但法規、行政行為及事實行為均非法律關係本身，故皆不得以其存否為確認訴訟之標的（最高行政法院 99 裁 1153）。此外，確認對象之「公法上法律關係」，包括過去之公法上法律關係。換言之，對過去之公法上法律關係存在或不存在，如有即受確認判決之法律上利益，除法律另有限制規定外，亦得依本法第 6 條第 1 項提起確認訴訟（98 判 963）。

　　由本法第 6 條第 1 項規定可知，提起確認行政處分違法之訴訟，原告必須有即受確認判決之法律上利益，而所謂有即受確認判決之法律上利益，係指原告目前所處之不確定法律狀態，若不起訴請求判決予以確認，即將受不利益之效果而言。例如，甲因原處分而無法受領之低收入戶家庭生活補助費，已由臺南市北區區公所補發而獲滿足，故甲所提確認原處分違法之訴，並無即受確認判決之法律上利益（107 判 257）。至於，行政處分如已執行完畢或因其他事由而消滅者，原告如有即受確認判決之法律上利益，即得提起確認行政處分為違法之訴訟。而提起撤銷訴訟之要件，以行政處分經撤銷後，其規範效力有回復之可能為前提，如行政處分規範效力已因法律上或事實上理由消滅者，原告仍有可回復之法律上利益者，則應依第 6 條第 1 項之規定，提起確認行政處分為違法之訴訟（100 判 398）。

　　此外，確認行政處分無效之訴訟，須已向原處分機關請求確認其無效未被允許，或經請求後於 30 日內不為確答者，始得提起之（第 6 條第 2 項）。因此，確認行政處分無效之訴訟，應以有核准職權之機關為原處分機關，當事人始為適格（92 判 756）。

　　確認訴訟，於原告得提起或可得提起撤銷訴訟、課予義務訴訟或一般

給付訴訟者，不得提起之。但確認行政處分無效之訴訟，不在此限（第 6 條第 3 項）。蓋基於確認訴訟補充性原則，除非已無法以撤銷訴訟、課予義務訴訟或一般給付訴訟尋求救濟時 ， 確認訴訟始具有訴訟利益 （103 判 267）。因此，當事人因逾越起訴期限或因未經訴願程序，而已不得提起撤銷訴訟或課予義務訴訟者，不得以提起確認訴訟之方式，而免除遵守撤銷訴訟或課予義務訴訟之法定要件 。 蓋憲法第 16 條雖明文保障人民之訴訟權，然而人民的訴訟權並非毫無限制而得任意利用法院，人民於訴訟程序應選擇最迅速有效之訴訟種類解決紛爭。據此，關於公法上法律關係成立與否之爭議，當事人得以提起撤銷訴訟達到相同之權利保護時，應不得提起確認訴訟。例如，A 市政府工務局認定系爭巷道為具公用地役關係之現有巷道，係對於該巷道法律地位為拘束性之確認，除公用地役關係之成立，限制土地所有權人，使其受拘束，不得反於公眾通行目的而使用土地外，也直接影響巷道相鄰土地所有權人對於使用土地建築之財產權行使，係就公法上具體事件所為之決定或其他公權力措施而對外直接發生法律效果之單方行政行為，性質屬確認處分，如有不服，自得提起撤銷訴訟以為救濟。

土地所有權人如有不服，原則上應提起撤銷訴訟以為救濟，基於確認訴訟之補充性原則 ， 應不許逕行提起公用地役關係不存在確認訴訟 （107 判 354）。

至於，應提起撤銷訴訟、課予義務訴訟，誤為提起確認行政處分無效之訴訟，其未經訴願程序者，行政法院應以裁定將該事件移送於訴願管轄機關，並以行政法院收受訴狀之時，視為提起訴願（第 6 條第 4 項）。其立法意旨在於行政處分無效或得撤銷之救濟途徑不同，惟其區辨非人民所易知，如人民應提起撤銷訴訟誤為提起確認行政處分無效之訴訟，之後欲重行救濟，其未經訴願程序者，恐已遲誤提起訴願期間而不可得，始規定行政法院應以裁定將該事件移送於訴願管轄機關，並以行政法院收受訴狀之時，視為提起訴願之時，以維其權益。可見行政法院受理確認行政處分無效之訴訟，應先審查有無應提起撤銷訴訟之情形，如有此情形，法律既已明定應移送訴願管轄機關受理 ， 即不作確認行政處分無效訴訟處理 （100

判 454)。此外，本法第 6 條第 4 項規定，須行政法院收受訴狀時，人民尚得合法循訴願程序請求救濟，始有其適用（103 判 585）。

4.公益訴訟及選罷訴訟

公益訴訟，係人民為維護公益，就無關自己權利及法律上利益之事項，對於行政機關之違法行為，得提起行政訴訟。但以法律有特別規定者為限（第 9 條）。故若非行政機關之違法行為，或無人民得提起公益訴訟之特別規定，則屬不合要件；換言之，依本法第 9 條規定，人民提起「維護公益訴訟」，以其所援引指摘行政機關「違法行為」之該「法律」有特別規定人民得依據該法律提起「維護公益訴訟」者為限。例如，公寓大廈管理條例並無一般人民得提起公益訴訟之特別規定（最高行政法院 106 裁 1941）。

再者，依本法第 9 條規定，提起行政爭訟，原則上須其主觀權利受到公權力侵害，始得為之，僅在法律有特別規定之情形，始可為維護公益，就與自己權利或法律上利益無關之事項提起行政爭訟。而公民投票法所規範之公民投票行為，目的在補民主代議制度功能上之不足，著重在國民多數意見之呈現，而非國民個人法益之保護，故無法結合保護規範理論，而導出「投票權人依公民投票法而享有爭執舉辦公民投票決定行政作為之主觀公權利」。再衡酌公民投票權人對於公民投票案，可自行決定是否要到場投票，及投票時所圈選內容為何，其個人意志之表達並不受任何外力掌控。因此，金門縣選舉委員會針對「金門縣公民投票案（「為振興金門經濟，開創金門的前途 ， 您是否贊成設立國際渡假區並於其中開放 5％觀光博弈？」）成立及投票日期等事項」之公告，至多僅表示相對人金門選委會已經審查連署人名冊合格而將金門縣公民投票案已成立等事項，公告周知予金門縣縣民知悉，難謂其對金門縣民之權利或法律上利益有何侵害。而公民投票法並未特別規定人民為維護公益，就無關自己權利及法律上利益之事項 ， 對各該選舉委員會所為之公告行為 ， 得提起行政訴訟 （106 裁 1885）。

而以公益為目的之社團法人或以公益為目的之非法人之團體，若於其章程所定目的範圍內，由多數有共同利益之社員，就一定之法律關係，授

與訴訟實施權者，得為公共利益提起訴訟。❾惟此等公益訴訟實施權之授與，應以文書證之（第 35 條）。

關於選舉罷免事件之爭議，除法律別有規定外，得依本法提起行政訴訟（第 10 條）。所謂「法律別有規定」，例如，公職人員選舉罷免法第 108 條關於管轄法院之規定。至於，公民投票事件，並非本法第 10 條所稱之「選舉罷免事件」（106 裁 1885）。

前述（第 9 條、第 10 條）訴訟，係就原告之適格、起訴之條件及選舉罷免事件另設特別之規定，若依各該訴訟所為判決之事項加以區分，仍分別屬於本法第 3 條所列之撤銷訴訟、確認訴訟及給付訴訟等 3 種訴訟型態之性質（最高行政法院 102 判 165），故依其性質，係準用撤銷、確認或給付訴訟有關之規定（第 11 條）。

二、行政法院

㈠管轄恆定與訴訟移送

定行政法院之管轄，係以起訴時為準（第 17 條），稱管轄恆定原則。依此，有管轄權法院之認定，應於當事人起訴時，依當時之法律規定為確定，不因起訴後情事變更，或當事人主張之改變，再為更動（106 裁 2114）。

起訴時法院有受理訴訟權限者，不因訴訟繫屬後事實及法律狀態變更而受影響。訴訟繫屬於行政法院後，當事人不得就同一事件向其他不同審判權之法院更行起訴（第 12 條之 1）。

行政法院認其有受理訴訟權限而為裁判經確定者，其他法院受該裁判之羈束。行政法院認其無受理訴訟權限者，應依職權以裁定將訴訟移送至有受理訴訟權限之管轄法院。❿數法院有管轄權而原告有指定者，移送至

---

❾ 公益訴訟，係準用第 33 條（選定當事人訴訟行為之限制）之規定。

❿ 例如：⑴私立學校創辦人主張其與私立學校間「當然董事」職務關係依然成立，屬私法關係之爭執，應由普通法院審判（最高行政法院 103 判 267）；⑵屏東縣政府所為函文係本於土地管理機關之地位,代表國庫請求甲給付相當於

指定之法院。移送之裁定確定時，受移送之法院認其亦無受理訴訟權限者，應以裁定停止訴訟程序，並聲請司法院大法官解釋。受移送之法院經司法院大法官解釋無受理訴訟權限者，應再行移送至有受理訴訟權限之法院。當事人就行政法院有無受理訴訟權限有爭執者，行政法院應先為裁定。前述裁定，得為抗告。行政法院為前述裁定前，應先徵詢當事人之意見（第12條之2）。**⓫**

移送訴訟前如有急迫情形，行政法院應依當事人聲請或依職權為必要之處分。移送訴訟之裁定確定時，視為該訴訟自始即繫屬於受移送之法院。前述情形，行政法院書記官應速將裁定正本附入卷宗，送交受移送之法院（第12條之3）。**⓬**

行政法院將訴訟移送至其他法院者，依受移送法院應適用之訴訟法定其訴訟費用之徵收。移送前所生之訴訟費用視為受移送法院訴訟費用之一部分。應行徵收之訴訟費用，行政法院未加徵收、徵收不足額或溢收者，受移送法院應補行徵收或退還溢收部分（第12條之4）。

其他法院將訴訟移送至行政法院者，依本法定其訴訟費用之徵收。移送前所生之訴訟費用視為行政法院訴訟費用之一部分。應行徵收之訴訟費

租金之不當得利之管理行為，其所為並非行政機關就公法上具體事件所為對外直接發生法律效果之行政處分，甲對之為爭執，核屬私權爭議，非屬行政法院權限之事件。故原審法院以其並無受理之權限，依本法第12條之2第2項規定，將之移送至有受理訴訟權限之臺灣屏東地方法院，核無不合（107裁172）。

⓫ 最高行政法院指出，本法第12條之2第7項雖規定：「行政法院為第2項及前項之裁定前，應先徵詢當事人之意見。」惟該規定為訓示規定（96年12月份庭長法官聯席會議決議第3則）。故甲主張依國家賠償法第2條提起損害賠償訴訟，有數管轄法院，原審法院未依該項規定，先徵詢甲意見，逕予裁定移送至臺灣新北地方法院，應予廢棄云云，尚難據之而主張其抗告有理由（106裁1830）。

⓬ 最高行政法院指出，依本法第12條之3第2項規定，移送訴訟之裁定確定時，視為該訴訟自始即繫屬於受移送之法院。新竹地院因98訴656裁定之移送而受理A之民事訴訟，並已裁判確定，本院亦應受拘束（101裁323）。

用，其他法院未加徵收、徵收不足額或溢收者，行政法院應補行徵收或退還溢收部分（第 12 條之 5）。

㈡管轄之種類

管轄之行政法院，依下列方式定之：

1.普通審判籍

⑴法人之普通審判籍

關於法人之普通審判籍（第 13 條），區分如下：

對於公法人之訴訟，由其公務所所在地之行政法院管轄。其以公法人之機關為被告時，由該機關所在地之行政法院管轄。

對於私法人或其他得為訴訟當事人之團體之訴訟，由其主事務所或主營業所所在地之行政法院管轄。

對於外國法人或其他得為訴訟當事人之團體之訴訟，由其在中華民國之主事務所或主營業所所在地之行政法院管轄。

例如，職業災害勞工保護法第 8 條規定之補助，屬社會保障之一環，具社會救助性質，非屬本法第 15 條之 2 規定之公法上保險事件。因此，應依本法第 13 條第 1 項規定，定其管轄法院。而本案請求金額，其訴訟標的金額未達 40 萬元，依本法第 229 條第 2 項第 3 款規定，應適用簡易訴訟程序事件，依同條第 1 項規定，應以地方法院行政訴訟庭為第一審管轄法院（最高行政法院 102 裁 1781）；此外，甲不服相對人金門縣烏坵鄉公所就其曠職日數之相關認定，向臺中高等行政法院（原審）提起有關公務人員請假規則之行政訴訟，原審認本件機關所在地為金門縣烏坵鄉大坵村 1 號，屬於臺北高等行政法院之管轄區域，原審並無管轄權，而為移轉臺北高等行政法院管轄之裁定，依本法第 13 條第 1 項規定，並無不合 （106 裁 1217）。

⑵自然人之普通審判籍

關於自然人之普通審判籍（第 14 條），區分如下：

本法第 13 條（對於公法人、私法人或其他得為訴訟當事人之團體、外國法人或其他得為訴訟當事人之團體）以外之訴訟，由被告住所地之行政

法院管轄，其住所地之行政法院不能行使職權者，由其居所地之行政法院管轄。

被告在中華民國現無住所或住所不明者，以其在中華民國之居所，視為其住所；無居所或居所不明者，以其在中華民國最後之住所，視為其住所；無最後住所者，以中央政府所在地，視為其最後住所地。

訴訟事實發生於被告居所地者，得由其居所地之行政法院管轄。

2.特別審判籍

因不動產徵收、徵用或撥用之訴訟，係專屬不動產所在地之行政法院管轄。除前述情形外，其他有關不動產之公法上權利或法律關係涉訟者，得由不動產所在地之行政法院管轄（第 15 條）。

例如，甲公司申請承租 A 國有土地，經財政部國有財產署北區分署認未符得逕予出租之規定，以函註銷申租案。甲公司不服，依本法第 15 條第 2 項之規定，以系爭土地位於臺北市中正區，應由臺北高等行政法院管轄並為實體審理，而提起行政訴訟。惟臺北高等行政法院以兩造間之爭議屬私權爭執，應由民事法院審判，而以裁定移送至臺灣臺北地方法院（最高行政法院 104 裁 2156）。

關於公務員職務關係之訴訟，得由公務員職務所在地之行政法院管轄（第 15 條之 1）。其立法理由指明：「有關公務員職務關係之訴訟，包括公務員職務關係是否發生，及因職務關係所生之訴訟。」故公職人員因假借職務上之權力、機會或方法，圖其本人或關係人之利益，經主管機關依公職人員利益衝突迴避法規定處以罰鍰之行政爭訟，尚非屬因公務員職務關係是否發生，或因職務關係所生之訴訟，自無適用本法第 15 條之 1 規定之餘地，此乃基於上述規定之當然解釋（100 裁 2139）。

因公法上之保險事件涉訟者，得由為原告之被保險人、受益人之住居所地或被保險人從事職業活動所在地之行政法院管轄。前述訴訟事件於投保單位為原告時，得由其主事務所或主營業所所在地之行政法院管轄（第 15 條之 2）。其立法理由為：「公教人員保險、勞工保險、農民健康保險及全民健康保險等公法上之保險事件，具有社會安全功能，故因此種公法上

保險事件涉訟者，為便利人民就近尋求行政法院之權利保護，於第 1 項規定得由其住居所地或被保險人從事職業所在地之行政法院管轄。」至於，本件人壽保險爭議事件，並非本法第 15 條之 2 第 1 項立法理由所謂「公教人員保險、勞工保險、農民健康保險及全民健康保險等公法上之保險事件」，顯非該條項所指「公法上之保險事件」，自無該條項有關管轄法院規定之適用（104 裁 1558）。

3.指定管轄

指定管轄（第 16 條），係直接上級行政法院應依當事人之聲請或受訴行政法院之請求為之。

指定管轄之原因及要件，包括：(1)有管轄權之行政法院因法律或事實不能行審判權；(2)因管轄區域境界不明，致不能辨別有管轄權之行政法院；(3)因特別情形由有管轄權之行政法院審判，恐影響公安或難期公平。

前述聲請，得向受訴行政法院或直接上級行政法院為之。惟聲請人依第 16 條第 1 項規定聲請指定管轄，應於聲請時說明其欲提起行政訴訟之種類、請求之內容、以何機關為被告及本應由何行政法院管轄等事項，並敘明有何特別情事，致由該有管轄權之行政法院審判，恐影響公安或難期公平之情形，以供行政法院審酌之（最高行政法院 103 裁聲 123；106 裁聲 679）。

(三)法官之迴避

法官應自行迴避之規範目的，係為保持法官客觀超然之立場，維護審級之利益及裁判之公平，以確保人民受公平審判之訴訟權益（釋字第 256 號解釋）。換言之，法官迴避制度之目的有二：其一是為確保人民得受公平之審判，並維繫人民對司法公正性之信賴，而要求法官避免因個人利害關係，與其職務之執行產生利益衝突（釋字第 601 號解釋）；其二是要求法官避免因先後參與同一案件上下級審判及先行行政程序之決定，可能產生預斷而失去訴訟救濟之意義。綜上，可認法官迴避制度實乃確保法官公正審判，維繫訴訟救濟本旨所不可或缺，而屬憲法第 16 條訴訟權保障之核心內容（釋字第 761 號解釋）。❸

　　為維護審判之公正性，行政法院法官❹應自行迴避之原因（第 19 條），包括：⑴民事訴訟法第 32 條第 1 款至第 6 款情形之一者；⑵曾在中央或地方機關參與該訴訟事件之行政處分或訴願決定者；⑶曾參與該訴訟事件相牽涉之民刑事裁判者；⑷曾參與該訴訟事件相牽涉之公務員懲戒事件議決者；⑸曾參與該訴訟事件之前審裁判者；或⑹曾參與該訴訟事件再審前之裁判者。但其迴避以一次為限。

　　前述所謂「法官曾參與該訴訟事件相牽涉之公務員懲戒事件議決」，係指法官承辦行政訴訟之裁判牽涉公務員之懲戒處分，而該公務員懲戒事件承辦行政訴訟之法官又曾參與議決而言。而所謂「法官曾參與該訴訟事件之前審裁判」，係指同一事件在下級審參與裁判後，又再參與其上級審之裁判（最高行政法院 100 判 417；107 裁 831）；至於，所稱「曾參與該訴訟

---

❸　至於，智慧財產案件涉及高度專業知識，智慧財產法院設技術審查官室，置技術審查官，承法官之命，辦理案件之技術判斷、技術資料之蒐集、分析及提供技術之意見，並依法參與訴訟程序（智慧財產法院組織法第 15 條第 1 項及第 4 項）。智慧財產案件審理法第 4 條規定，法院於必要時，得命技術審查官基於專業知識，對當事人為說明或發問，對證人或鑑定人為直接發問，或就本案向法官為意見之陳述。又智慧財產案件審理細則第 16 條規定，法院得命技術審查官就其執行職務之成果，製作報告書；法院因技術審查官提供而獲知之特殊專業知識，經當事人辯論後，得採為裁判之基礎。故技術審查官之意見仍可能影響案件審判之結果，為確保人民得受公平之審判，並維繫人民對司法公正性之信賴，技術審查官於智慧財產案件審理程序執行職務，根據憲法第 16 條保障人民訴訟權之意旨，亦應有迴避制度之適用。至於，其迴避之具體內容，則有待相關機關進一步規定。就此，智慧財產案件審理法第 5 條規定「技術審查官之迴避，依其所參與審判之程序，分別準用民事訴訟法、刑事訴訟法、本法關於法官迴避之規定」，與法律保留原則及法律明確性原則尚無牴觸；同法第 34 條第 2 項規定「辦理智慧財產民事訴訟或刑事訴訟之法官，得參與就該訴訟事件相牽涉之智慧財產行政訴訟之審判，不適用本法第 19 條第 3 款之規定」，與憲法第 16 條保障訴訟權之意旨亦無牴觸（釋字第 761 號解釋）。

❹　行政法院之司法事務官、書記官及通譯，準用法官迴避之規定（本法第 21 條；107 裁聲 266）。

事件再審前之裁判，但其迴避以 1 次為限」，係指該訴訟事件經裁判後提起再審，曾參與再審前裁判之法官，不得參與第 1 次再審之裁判而言（65 裁 327 判例；105 年 2 月份庭長法官聯席會議決議；107 裁 831）。

法官應自行迴避者，不得執行職務。

至於，本法第 20 條規定「民事訴訟法第 33 條至第 38 條之規定，於本節準用之」，而民事訴訟法第 33 條遇有下列情形，當事人得聲請法官迴避：「……二、法官有前條所定以外之情形，足認其執行職務有偏頗之虞者。」故行政訴訟當事人如遇承辦事件之法官有應自行迴避而不自行迴避者，或足認法官執行職務有偏頗之虞者，固得依法聲請該等法官迴避，惟當事人聲請法官迴避，係以所聲請之事件尚由該等承辦法官「審理中」為限，苟該事件業已審結，參與審判之法官已無從迴避，自無聲請法官迴避之實益（107 裁聲 325）。❶❺

三、當事人

㈠當事人之範圍及其能力

1.當事人之範圍

行政訴訟當事人，包括原告、被告及（依第 41 條與第 42 條）參加訴訟之人（第 23 條）。所謂「當事人適格」，指當事人就特定訴訟標的有實施訴訟之權能而言，衹須主張自己為權利人，而對其主張之義務人提起，即為當事人適格，亦即當事人是否適格，應依原告起訴主張之事實為斷，而非依審判結果定之（最高行政法院 100 判 454）。

關於行政訴訟之原告，釋字第 40 號解釋曾謂：「僅人民始得為行政訴訟之原告。臺灣省物資局依其組織規程係隸屬於臺灣省政府之官署，與院解字第 2990 號解釋所稱之鄉鎮自治機關不同，自不能類推適用此項解釋。至海關緝私條例第 32 條對於提起行政訴訟之原告，並無特別規定，要非官

---

❶❺ 最高行政法院（107 裁聲 209）指出，當事人聲請法官迴避時，係以所聲請迴避之法官乃承辦案件之法官，苟該案件並非聲請人所聲請迴避之法官承辦，自無聲請法官迴避可言。

署所得引為提起行政訴訟之根據。」惟此見解，已不符現行行政訴訟制度之要求。

至於，作為被告機關之類型（第 24 條至第 26 條），包括：⑴經訴願程序之行政訴訟，其被告機關，駁回訴願時為原處分機關，❶撤銷或變更原處分時為撤銷或變更之機關（103 判 222）；⑵人民與受委託行使公權力之團體或個人，因受託事件涉訟者，以受託之團體或個人為被告；❶⑶被告機關經裁撤或改組者，以承受其業務之機關為被告機關；無承受其業務之機關者，以其直接上級機關為被告機關。

2.當事人能力及訴訟能力

當事人能力，係指得為行政訴訟主體之能力，亦即得提起行政訴訟或受訴之能力。有行政訴訟當事人能力者，指自然人、法人、中央及地方機關、非法人之團體（第 22 條）。當事人能力之有無，原則上以權利能力之有無為準。凡有權利能力者，均有當事人能力。非法人之團體雖無權利能力，但事實上常因對外活動，而有權利義務之發生，若不許其為訴訟主體，將使主張權利之第三人因此而受損害，團體本身亦將發生主張權利之困難，故規定非法人之團體亦有當事人之能力（最高行政法院 103 裁 9）。

所謂「非法人團體」，係指由多數人所組成，雖未向主管機關辦理設立登記，但有一定之組織、名稱及目的，且有一定之事務所或營業所為其活動中心，並有獨立之財產，而設有代表人或管理人對外代表團體及為法律行為者始屬之（107 裁 668）。例如，依 A 自救會於原審提出之章程及會員名冊，固足以認定自救會並非法人，而係由多數人所組成之團體，並具有一定之名稱及目的，惟原審未就自救會是否符合非法人團體之要件，而具有當事人能力，予以調查審認，徒以其起訴不備要件，即裁定駁回其訴，

---

❶ 蓋因撤銷訴訟係以行政處分或訴願決定為對象，故訟爭之原行政處分經訴願決定維持時，其適格之被告為原處分機關（最高行政法院 101 判 986）。

❶ 釋字第 269 號解釋謂：「依法設立之團體，如經政府機關就特定事項依法授與公權力者，在其授權範圍內，既有政府機關之功能，以行使該公權力為行政處分之特定事件為限，當有行政訴訟之被告當事人能力。」

難認適法。

而能獨立以法律行為負義務者，有訴訟能力（第 27 條）。因此，受監護宣告之人為無行為能力之人，故受監護宣告之人為訴訟當事人時，應由其監護人即法定代理人為訴訟行為。

法人、中央及地方機關、非法人之團體，因均不能自為訴訟行為，應由其代表人或管理人為訴訟行為。至於，依法令得為訴訟上行為之代理人，則準用之。所稱有依法令得代為訴訟上行為之人，例如民法第 555 條規定：「經理人就所任之事務，視為有代表商號為原告或被告或其他一切訴訟上行為之權。」（101 判 1128）

對於無訴訟能力人為訴訟行為，因其無法定代理人，或其法定代理人不能行代理權，恐致久延而受損害者，則得聲請受訴法院之審判長選任特別代理人（本法第 28 條準用民事訴訟法第 51 條第 1 項）。

㈡選定當事人

1.選定或指定

選定當事人之方式，包括自由選定與命為選定，至於，行政法院依職權指定，則為最後之手段（第 29 條）。

⑴自由選定

多數有共同利益之人，得由其中選定 1 人至 5 人，為全體起訴或被訴，為自由選定。

⑵命為選定

訴訟標的對於多數有共同利益之人，必須合一確定，而未為前述選定者，行政法院得限期命為選定。

⑶職權指定

行政法院已限期命為選定，逾期仍未選定者，行政法院得依職權指定之。

2.效　力

依其對象，得區分為兩方面：

⑴其他當事人：脫離訴訟

訴訟繫屬後，經選定或指定當事人者，其他當事人脫離訴訟（第 29 條第 3 項）。

⑵被選定或被指定之人：更換增減與訴訟行為

多數有共同利益之人，於選定當事人或由行政法院依職權指定當事人後，得經全體當事人之同意更換或增減之。行政法院職權指定之當事人，如有必要，亦得依職權更換或增減之。經更換或增減者，原被選定或指定之當事人喪失其資格（第 30 條）。實務見解指出，當事人一經全體選定後，非經全體當事人同意，不得撤銷、更換或增減被選定人（最高行政法院 103 判 197）。

至於，被選定或被指定之人中有因死亡或其他事由喪失其資格者，其他被選定或被指定之人，仍得為全體為訴訟行為（第 31 條）。

3.通知及文書

訴訟當事人之選定、指定及其更換、增減，將影響他造當事人之權益與訴訟之進行，故應通知他造當事人，且應以文書證之（第 32 條、第 34 條）。

4.限　制

被選定之人，雖得為全體為訴訟行為，惟其他當事人脫離訴訟，故其行使權利應有一定之限制（第 33 條），即非得全體之同意，不得為捨棄、認諾、撤回或和解。

但是，訴訟標的對於多數有共同利益之各人，若非必須合一確定，則經原選定人之同意，得就其訴之一部為撤回或和解者，蓋不會影響其他當事人之權利。惟「捨棄」與「認諾」之部分，雖未明文規定，然應視是否影響其他當事人之權利。

㈢共同訴訟

1.要　件

共同訴訟（第 37 條），係 2 人以上得為共同訴訟人，一同起訴或一同被訴。

得為共同訴訟之情形，包括：(1)為訴訟標的之行政處分，係 2 以上機關共同為之者；(2)為訴訟標的之權利、義務或法律上利益，為其所共同者；(3)為訴訟標的之權利、義務或法律上利益，於事實上或法律上有同一或同種類之原因者。其中，因同種類之事實上或法律上原因行共同訴訟者，以被告之住居所、公務所、機關、主事務所或主營業所之所在地，在同一行政法院管轄區域內者為限。

2.效　力

(1)共通效力

符合共同訴訟要件者，得一同起訴或一同被訴。

共同訴訟人，各有續行訴訟之權。因此，行政法院指定期日者，應通知各共同訴訟人到場，以維護共同訴訟人之權益（第 40 條）。

(2)個別效力

依共同訴訟種類之不同，而有差異：

普通共同訴訟：共同訴訟中，一人之行為或他造對於共同訴訟人中一人之行為及關於其一人所生之事項，除別有規定外，其利害不及於他共同訴訟人（第 38 條）。

必要共同訴訟：即訴訟標的對於共同訴訟之各人，必須合一確定者，共同訴訟人中一人之行為有利益於共同訴訟人者，其效力及於全體；不利益者，對於全體不生效力。他造對於共同訴訟人中一人之行為，其效力及於全體。共同訴訟人中之一人，生有訴訟當然停止或裁定停止之原因者，其當然停止或裁定停止之效力及於全體（第 39 條）。

前述共同訴訟人中一人之行為，有利益於共同訴訟人或不利益於共同訴訟人，係指於行為當時就形式上觀之，有利或不利於共同訴訟人而言，非指經法院審理結果有利者其效力及於共同訴訟人，不利者其效力不及於共同訴訟人而言。故共同訴訟人中之一人，對於下級法院之判決聲明不服提起上訴，在上訴審法院未就其內容為審判前，難謂其提起上訴之行為對於他共同訴訟人不利，其效力應及於共同訴訟人全體，即應視其上訴為共同訴訟人全體所為（最高行政法院 103 判 197）。

㈣訴訟參加

參加訴訟，須以訴訟標的對於第三人及當事人一造必須合一確定，或撤銷訴訟之結果，第三人之權利或法律上利益將受損害者為要件。

1.種　類

⑴必要共同訴訟之獨立參加

訴訟標的對於第三人及當事人一造必須合一確定者，行政法院係「應」以裁定命該第三人參加訴訟（第 41 條）。**⓲**

本條規定所稱「訴訟標的對於第三人及當事人一造必須合一確定」，指當事人主張之實體法上法律關係，對於第三人及當事人一造間訴訟標的之法律關係具有同一性，須合一確定。本條之訴訟參加，係指固有必要共同訴訟之參加，須共同訴訟人全體一同起訴或被訴，否則當事人不適格，故明定行政法院應依職權命第三人參加訴訟。至類似必要共同訴訟，因不以共同訴訟人全體一同起訴或被訴為必要，行政法院自無依職權命未起訴或被訴之第三人參加訴訟之必要，而非本條所規範之範疇（最高行政法院 107 判 237）。

⑵利害關係人之獨立參加

行政法院認為撤銷訴訟之結果，第三人之權利或法律上利益將受損害者，係「得」依職權命其獨立參加訴訟，並得因該第三人之聲請，裁定允許其參加。此外，訴願人已向行政法院提起撤銷訴訟，利害關係人就同一事件再行起訴者，視為參加（第 42 條）。

前述第三人聲請參加訴訟者，應向本訴訟繫屬之行政法院提出參加書狀，書狀中應表明之事項，包括：⑴本訴訟及當事人；⑵參加人之權利或法律上利益，因撤銷訴訟之結果將受如何之損害；⑶參加訴訟之陳述。

行政法院認為聲請不合規定者，應以裁定駁回之，針對駁回之裁定，得為抗告。惟在駁回參加之裁定未確定前，參加人得為訴訟行為（第 43 條）。

至於，聲請參加訴訟為有理由，則應予准許。例如，最高行政法院

⓲　必要共同訴訟之獨立參加訴訟，準用第 39 條（必要共同訴訟效力）之規定。

（103 裁聲 99）指出，經查本件上訴之結果，若經本院廢棄原判決並撤銷
訴願決定，則原處分否准參加人申請之效力回復，參加人之權利或法律上
利益將受損害，故參加人有參加訴訟之必要；此外，A 為系爭商標廢止案
之申請人，智慧局准其申請而作成系爭商標應予廢止之原處分，甲公司不
服，向原審提起行政訴訟，而原處分如經撤銷或變更，A 因原處分取得之
法律上利益將受損害，故 A 聲請於上開訴訟事件參加訴訟，為有理由，應
予准許（107 裁聲 721）。

(3)輔助參加

行政法院認其他行政機關有輔助一造之必要者，係「得」命其參加訴
訟。而前述之行政機關或有利害關係之第三人，亦得主動聲請參加（第 44
條）。

而第三人聲請參加訴訟，必須就兩造之訴訟有法律上之利害關係始得
為之。

第三人依本法第 42 條第 1 項及第 44 條第 2 項規定，聲請參加訴訟，
須訴訟之結果，將損害該第三人之權利或法律上之利益者，始得為之。若
該第三人之權利或法律上之利益與訴訟之結果無關，而僅具經濟上或其他
事實上之利害關係者，即非屬之（最高行政法院 102 裁 1077；75 判 362 判
例）。

2.效　力

(1)命參加之裁定

行政法院命參加之裁定（第 45 條），應記載訴訟之程度及命參加之理
由，並送達於訴訟當事人。

而行政法院為前述裁定之前，應命當事人或第三人，以書狀或言詞為
陳述。但是，對於命參加訴訟之裁定，則不得聲明不服。

(2)判　決

行政法院之判決，對於經其依第 41 條（必要共同訴訟之獨立參加）及
第 42 條（利害關係人之獨立參加）規定，裁定命其參加或許其參加而未為
參加者，亦有效力（第 47 條），為本訴訟判決效力之擴張。

　　就此，最高行政法院指出，第三人依第 42 條獨立參加訴訟後，即為訴訟當事人（第 23 條），其權利或法律上利益既因訴訟結果而直接受到影響，而為判決效力所及（第 47 條），故其不服原判決自得提起上訴。至於，其法律上利益是否遭受判決之損害，除涉及公法上之法律地位外，亦包括私法上之法律地位（例如：民法上請求權）。惟同一行政處分之各別相對人，倘均已依法提起訴願及行政訴訟，則其訴訟權均已獲得確保，則為免同一行政處分有二個以上之訴訟，致裁判發生歧異，依第 42 條第 4 項規定，應視為同條第 1 項之參加，而就同一事件為合併辯論及合併裁判，而無另依同條第 1 項裁定命其參加之必要（106 判 558）。

㈤訴訟代理人及輔佐人

1.訴訟代理人之限制

　　所謂「委任訴訟代理人」，係當事人授與訴訟代理人以代理權，使其代為或代受訴訟行為（最高行政法院 100 判 701）。而行政訴訟之進行，本法並非採取強制代理制度（第 49 條）。

　　因此，當事人得（自由）委任代理人為訴訟行為。但是，每一當事人委任之訴訟代理人，不得逾 3 人，此為人數之限制。

　　原則上，行政訴訟應以律師為訴訟代理人。

　　至於，非律師得為訴訟代理人之資格，包括：⑴稅務行政事件，具備會計師資格；⑵專利行政事件，具備專利師資格或依法得為專利代理人；⑶當事人為公法人、中央或地方機關、公法上之非法人團體時，其所屬專任人員辦理法制、法務、訴願業務或與訴訟事件相關業務；⑷交通裁決事件，原告為自然人時，其配偶、三親等內之血親或二親等內之姻親；原告為法人或非法人團體時，其所屬人員辦理與訴訟事件相關業務。

　　委任前述之非律師為訴訟代理人者，應得審判長許可。惟非律師為訴訟代理人，審判長許其為本案訴訟行為者，視為已有前述之許可。

　　不過，前述之許可，審判長得隨時以裁定撤銷之，並應送達於為訴訟委任之人。

　　至於，訴訟代理人委任複代理人者，不得逾 1 人。而前述之規定，於

複代理人適用之。

2.委任及終止

⑴委　任

訴訟代理人之委任（第 50 條），係應於最初為訴訟行為時，提出委任書。委任書，係證明當事人授與訴訟代理權之文書；當事人作成委任書，僅須表明授與代理權之意旨及所授權限之範圍為已足（最高行政法院 100 判 701）。

但是，由當事人以言詞委任，並經行政法院書記官記明筆錄者，則不須提出委任書。若欲對於訴訟代理人之代理權加以限制者，應於委任書或筆錄內表明。

⑵終　止

訴訟代理人委任之終止（第 54 條），則應以書狀提出於行政法院，由行政法院送達於他造。

不過，若係由訴訟代理人終止委任者，則自為終止之意思表示之日起 15 日內，仍應為防衛本人權利所必要之行為。

3.訴訟代理人之權限

訴訟代理人之權限（第 51 條），原則上就其受委任之事件，有為一切訴訟行為之權，即全部代理權。

但是，關於捨棄、認諾、撤回、和解、提起反訴、上訴或再審之訴及選任代理人，非受特別委任不得為之。至於，強制執行之行為或領取所爭物，若非受特別委任亦不得為之。

訴訟代理人擁有各別（單獨）代理權（第 52 條），即代理人有 2 人以上者，均得單獨代理當事人。違反前述規定而為委任者，仍得單獨代理之。

訴訟代理人之代理權，具有持續效力（第 53 條），即不因本人死亡、破產或訴訟能力喪失而消滅。法定代理有變更或機關經裁撤、改組者，亦同。

4.輔佐人

輔佐人，係當事人或訴訟代理人於期日偕同到場為訴訟行為之人。

輔佐人到場之方式（第 55 條），得區分為 2 類：

⑴主動到場：當事人或訴訟代理人，經審判長之許可，得主動於期日偕同輔佐人到場。但人數不得逾 2 人。

⑵被動到場：審判長認為必要時，得命當事人或訴訟代理人，偕同輔佐人到場。

不論主動到場或被動到場，若審判長認為輔佐人不適當時，均得撤銷其許可或禁止其續為訴訟行為。

例如，甲與臺北市政府間之國家賠償事件，於抗告程序中欲將原所列訴訟代理人 A 及 B 改列「輔佐人」。最高行政法院指出，因本件抗告程序並未定期日，故渠等不符本法第 55 條第 1 項之要件，無從為甲之輔佐人（106 裁 2035；104 裁 666）。

四、訴訟程序

㈠當事人書狀

1.應記載事項

當事人書狀，除別有規定外，其應記載之事項，包括：(1)當事人姓名、性別、年齡、身分證明文件字號、職業及住所或居所；當事人為法人、機關或其他團體者，其名稱及所在地、事務所或營業所；(2)有法定代理人、代表人或管理人者，其姓名、性別、年齡、身分證明文件字號、職業、住所或居所，及其與法人、機關或團體之關係；(3)有訴訟代理人者，其姓名、性別、年齡、身分證明文件字號、職業、住所或居所；(4)應為之聲明；(5)事實上及法律上之陳述；(6)供證明或釋明用之證據；(7)附屬文件及其件數；(8)行政法院；(9)年、月、日（第 57 條）。

本條規定，為一般書狀應記載之事項。

針對原審法院（臺北高等行政法院 106 訴 197）之命補正裁定列有「一、依行政訴訟法第 98 條第 2 項前段規定，應徵第一審裁判費新臺幣 4,000 元。二、起訴狀應依行政訴訟法第 57 條第 1 款、第 2 款規定，記載被告及其代表人之姓名（與機關之關係），本件如係提起撤銷或課與義務訴

訟，應以拒絕或怠為處分之『處分機關』為被告，原告應另行提出合於程式之補正書狀正本及繕本各 1 份。」等語，並載明限抗告人於該裁定送達之日起 7 日內補正，否則駁回訴訟，該裁定已送達，有送達證書附該案卷。因此，最高行政法院指出：「原裁定以抗告人起訴，未據繳納裁判費，未以原處分機關為被告，誤列法務部為被告，經原審法院審判長裁定命於裁定送達之日起 7 日內補繳，抗告人逾期未補正，起訴不合法為由，駁回其訴」，於法並無違誤（106 裁 1539）。

2.簽　名

當事人、法定代理人、代表人、管理人或訴訟代理人，應於書狀內簽名或蓋章；其以指印代簽名者，應由他人代書姓名，記明其事由並簽名（第 58 條）。

民事訴訟法第 116 條第 3 項、第 118 條至第 121 條之規定，於本節準用之（第 59 條）。

於言詞辯論外，關於訴訟所為之聲明或陳述，除依本法應用書狀者外，得於行政法院書記官前以言詞為之。就此情形，行政法院書記官應作筆錄，並於筆錄內簽名（第 60 條）。

㈡送　達

送達之區別標準與類型，分析如下：

1.送達人

送達，除別有規定外，由行政法院書記官依職權為之（第 61 條），稱為「職權送達」。**⓳**

送達，由行政法院書記官交執達員或郵政機構行之。由郵政機構行送達者，以郵務人員為送達人（第 62 條）。

2.送達區域

於管轄區域外之送達，稱為「囑託送達」，本法第 63 條、第 77 條至第 80 條規定，區分如下：

⓳ 行政法院書記官於法院內將文書付與應受送達人者，應命受送達人提出收據附卷。

(1)得囑託

行政法院得向送達地之地方法院為送達之囑託。

(2)應囑託

於外國或境外為送達者，應囑託該國管轄機關或駐在該國之中華民國使領館或其他機構、團體為之。惟不能辦理者，行政法院得將應送達之文書，交付郵政機構以雙掛號發送，以為送達。

對於駐在外國之中華民國大使、公使、領事或其他駐外人員為送達者，應囑託外交部為之。

對於在軍隊或軍艦服役之軍人為送達者，應囑託該管軍事機關或長官為之。

對於在監所人為送達者，應囑託該監所長官為之。

3.送達對象

關於送達對象，本法第 64 條至第 70 條規定，區分如下：

(1)對於無訴訟能力人之送達

對於無訴訟能力人為送達者，應向其全體法定代理人為之。但法定代理人有 2 人以上，如其中有應為送達處所不明者，送達得僅向其餘之法定代理人為之。然而，無訴訟能力人為訴訟行為，卻未向行政法院陳明其法定代理人者，於補正前，行政法院得向該無訴訟能力人為送達。

對於法人、中央及地方機關或非法人之團體為送達者，應向其代表人或管理人為之。若代表人或管理人有 2 人以上者，送達得僅向其中 1 人為之。

(2)對外國法人之送達

對於在中華民國有事務所或營業所之外國法人或團體為送達者，應向其在中華民國之代表人或管理人為之。其代表人或管理人有 2 人以上者，送達得僅向其中 1 人為之。

(3)對訴訟代理人之送達

訴訟代理人，除受送達之權限受有限制者外，送達應向該代理人為之。但是，審判長認為必要時，亦得命送達於當事人本人。

⑷指定送達代收人及付郵送達

當事人或代理人經指定送達代收人，向受訴行政法院陳明者，應向該代收人為送達。但是，審判長認為必要時，仍得命送達於當事人本人。

若當事人或代理人於受訴行政法院所在地無住居所、事務所及營業所者，審判長得命其於一定期間內，指定送達代收人。惟如不於該期間內指定送達代收人而陳明者，行政法院書記官得報經審判長許可，將應送達之文書，註明該當事人或代理人之住居所、事務所或營業所，交付郵政機構以掛號發送，以交付文書時視為送達之時。⓴

送達代收人經指定陳明後，其效力及於同地之各級行政法院。但是，該當事人或代理人別有陳明者，不在此限。

當事人或代理人於中華民國無住居所、事務所及營業所者，應指定送達代收人向受訴行政法院陳明。而當事人或代理人未依規定指定送達代收人者，行政法院得將應送達之文書交付郵政機構以掛號發送。

4.送達處所

送達之處所，原則上於應受送達人之住居所、事務所或營業所行之。但是，在他處會晤應受送達人時，得於會晤處所行之。對於法人、機關、非法人之團體之代表人或管理人為送達者，應向其事務所、營業所或機關所在地行之，惟必要時亦得於會晤之處所或其住居所行之。應受送達人有就業處所者，亦得向該處所為送達（第 71 條）。

雖已送達於住居所、事務所、營業所或機關所在地，惟不獲會晤應受送達人者，得將文書付與有辨別事理能力之同居人、⓴受雇人㉒或願代為

⓴　依此規定為送達者，行政法院書記官應作記載該事由及年、月、日、時之證書附卷。

㉑　至於，本法第 72 條第 2 項規定「前條所定送達處所之接收郵件人員，視為前項之同居人或受雇人」，係指同法第 71 條所定送達處所（應受送達人之住居所、事務所、營業所、就業處所或機關所在地）之接收郵件人員，視為同法第 72 條第 1 項之同居人或受雇人，亦得對之行補充送達。其中，對於自然人之住居所而言，必須經應受送達人明示或默示授權代為接收郵件者，始得謂為該處所接收郵件人員（最高行政法院 106 裁 629）。

收受而居住於同一住宅之主人，稱為「補充送達」。至於，在所定送達處所之接收郵件人員，視為前項之同居人或受僱人。但是，如同居人、受僱人、居住於同一住宅之主人或接收郵件人員為他造當事人者，則不適用補充送達之規定（第 72 條）。

若送達不能依前述規定為之者，則得將文書寄存於送達地之自治或警察機關，並作送達通知書 2 份，1 份黏貼於應受送達人住居所、事務所或營業所門首，1 份交由鄰居轉交或置於應受送達人之信箱或其他適當之處所，以為送達，稱為「寄存送達」。而如係以郵務人員為送達人者，得將文書寄存於附近之郵務機構。寄存送達，自寄存之日起，經 10 日發生效力。寄存之文書，自寄存之日起，寄存機關或機構保存 3 個月（第 73 條）。

此外，應受送達人拒絕收領而無法律上理由者，應將文書置於送達處所，以為送達，稱為「留置送達」。惟如有難達留置情事者，係準用寄存送達之規定（第 74 條）。

5.送達時間

關於送達時間之限制（第 75 條），除由郵務機構行之者外，非經審判長或受命法官、受託法官或送達地地方法院法官之許可，不得於星期日或其他休息日或日出前、日沒後為之。但應受送達人不拒絕收領者，不在此限。

前述許可，書記官應於送達之文書內記明。

6.公示送達

行政法院得依聲請或依職權為公示送達之事由（第 81 條），係對於當

---

❷ 最高行政法院（106 裁 2061；106 裁 1651）指示，一般公寓大廈多設有管理處、管理服務中心或管理委員會等，以統一處理大廈內各種事務，並僱用管理員或委由專業保全公司負責大廈之安全事宜及代收文件等工作，該管理員或保全人員之性質，即依本法第 72 條第 2 項規定得視為受僱人。因此，應送達大廈內住戶之訴訟文書，倘經大廈內管理員於送達證書上蓋大廈管理委員會圓戳代收，並一併由該管理員以應送達處所接收郵件人員身分簽名或蓋章者，即已交付受僱人，自生合法送達之效力。至於，應受送達之本人實際上於何時收到文書，並非所問。

事人之送達有下列情形：(1)應為送達之處所不明；(2)於有治外法權人住居所或事務所為送達而無效；或(3)於外國為送達，不能依第 77 條之規定辦理或預知雖依該條規定辦理而無效。

公示送達之生效時期（第 82 條），係自將公告或通知書黏貼牌示處之日起，公告於法院網站者，自公告之日起，其登載公報或新聞紙者，自最後登載之日起，經 20 日發生效力；於依第 81 條第 3 款（於外國為送達，不能依第 77 條之規定辦理或預知雖依該條規定辦理而無效者）為公示送達者，經 60 日發生效力。但是，對同一當事人仍為公示送達者，自黏貼牌示處之翌日起發生效力。

(三)期日及期間❷❸

1.期　日

(1)指定與限制

期日之指定，除別有規定外，係由審判長依職權定之，且除有不得已之情形外，不得於星期日或其他休息日定之（第 84 條）。

(2)告知程序

期日之指定，影響訴訟關係人之權益，故審判長定期日後，行政法院之書記官，應製作通知書，並送達於訴訟關係人（第 85 條）。

但是，經審判長面告以所定之期日命其到場，或訴訟關係人曾以書狀陳明屆期到場者，與送達有同一之效力。

(3)處所與進行

期日應為之行為，原則上係於行政法院內為之。但是，在行政法院內不能為或為之而不適當者，不在此限（第 86 條）。

期日之進行，係以朗讀案由為開始。惟如有重大理由，期日得變更或延展之。變更或延展期日之職權，除別有規定外，亦由審判長裁定之（第 87 條）。

---

❷❸ 受命法官或受託法官關於其所為之行為，得定期日及期間。第 84 條至第 87 條、第 88 條第 1 項、第 2 項及第 90 條之規定，於受命法官或受託法官定期日及期間者，準用之。

2. 期　間

(1)酌定與起算

期間，除法定者外，係由行政法院或審判長酌量情形定之（第 88 條）。

行政法院或審判長所定之期間，自送達定期間之文書時起算；無庸送達者，自宣示定期間之裁判時起算。

(2)計　算

期間之計算，係依民法之規定。例如，期間之末日為星期日，依民法第 122 條之規定，應以休息日之次日為屆滿日。

若當事人不在行政法院所在地住居者，計算法定期間，應扣除其在途之期間。❷❹但是，有訴訟代理人住居行政法院所在地，得為期間內應為之訴訟行為者，不在此限（第 89 條）。

期間，除不變期間外，如有重大理由，得伸長或縮短之。期間之伸長或縮短，原則上係由行政法院裁定，但期間係審判長所定者，則由審判長裁定（第 90 條）。

3. 回復原狀

關於回復原狀之聲請要件與處理程序（第 91 條至第 93 條），分析如下：

(1)聲請要件

回復原狀之事由，係因天災或其他不應歸責於己之事由，❷❺致遲誤不變期間者，故於其原因消滅後 1 個月內，如該不變期間少於 1 個月者，於相等之日數內，得聲請回復原狀。惟該期間不得伸長或縮短之。

回復原狀之聲請，應以書狀為之，並釋明遲誤期間之原因及其消滅時

---

❷❹　至於，應扣除之在途期間，由司法院定之。

❷❺　最高行政法院（107 裁 848）指出：「本法第 91 條第 1 項所謂不應歸責於己之事由，係指與天災性質相同之意外、戰亂等，或其他依客觀之標準，以通常人之注意，而不能預見或不可避免之事由（97 裁 2499 判例），本件抗告人縱使返鄉照顧病母，尚非不能指定他人代收送達及委任他人代為訴訟行為，其未為指定及委任致遲誤不變期間，難謂非屬應歸責於己之事由，當無回復原狀可言。」

期。

至於，遲誤不變期間已逾 1 年者，不得聲請回復原狀，遲誤提起撤銷訴訟之起訴期間已逾 3 年者，亦同。

(2)處理程序

因遲誤上訴或抗告期間而聲請回復原狀者，係向為裁判之原行政法院為之；遲誤其他期間者，則向管轄該期間內應為訴訟行為之行政法院為之。

聲請回復原狀，應同時補行期間內應為之訴訟行為。

回復原狀之聲請，由受聲請之行政法院與補行之訴訟行為合併裁判之。但是，原行政法院認其聲請應行許可，而將上訴或抗告事件送交上級行政法院者，應由上級行政法院合併裁判。

若因回復原狀而變更原裁判者，則準用第 282 條（再審判決效力）之規定。

四 訴訟卷宗

1.保　存

當事人書狀、筆錄、裁判書及其他關於訴訟事件之文書，行政法院應保存者，應由行政法院書記官編為卷宗。

2.利用及限制

得向行政法院書記官請求閱覽、抄錄、影印或攝影卷內文書，或預納費用請求付與繕本、影本或節本者，包括：(1)當事人；(2)第三人經當事人同意或釋明有法律上之利害關係，經行政法院裁定許可者。

但是，裁判草案及其準備或評議文件，除法律別有規定外，不得交當事人或第三人閱覽、抄錄、影印或攝影，或付與繕本、影本或節本；裁判書在宣示前，或未經法官簽名者，亦同。

五 訴訟費用

1.費　用

(1)訴訟費用之徵收

訴訟費用指裁判費及其他進行訴訟之必要費用，由敗訴之當事人負擔。但為第 198 條之判決（情況判決）時，由被告負擔。

起訴，按件徵收裁判費新臺幣 4 千元。適用簡易訴訟程序之事件，徵收裁判費新臺幣 2 千元；上訴，依前述規定，加徵裁判費 2 分之 1；再審之訴，按起訴法院之審級，依前述規定徵收裁判費。惟抗告或對於確定之裁定聲請再審者，徵收裁判費新臺幣 1 千元。❷⑥

發回或發交更審再行上訴，或因高等行政法院無管轄權而廢棄原判決且移送於管轄行政法院，經判決後再行上訴者，免徵裁判費；以一訴主張數項標的，或為訴之變更、追加或提起反訴者，不另徵收裁判費。

聲請或聲明，不徵收裁判費。但下列聲請，徵收裁判費新臺幣 1 千元：(1)聲請參加訴訟或駁回參加；(2)聲請回復原狀；(3)聲請停止執行或撤銷停止執行之裁定；(4)起訴前聲請證據保全；(5)聲請重新審理；(6)聲請假扣押、假處分或撤銷假扣押、假處分之裁定。

至於，影印費、攝影費、抄錄費、翻譯費、運送費、公告法院網站費及登載公報新聞紙費，證人及通譯之日費、旅費，鑑定人之日費、旅費、報酬及鑑定所需費用，其他進行訴訟及強制執行之必要費用等之徵收，除法律另有規定外，其項目及標準由司法院定之。而郵電送達費及行政法院人員於法院外為訴訟行為之食、宿、交通費，不另徵收。

(2)費用負擔與徵納

裁判費除法律別有規定外，當事人應預納之。其未預納者，審判長應定期命當事人繳納；逾期未納者，行政法院應駁回其訴、上訴、抗告、再審或其他聲請。

因可歸責於參加人之事由致生無益之費用者，行政法院得命該參加人

---

❷⑥ 最高行政法院指出：聲請人以確定判決具有本法第 273 條第 1 項第 1、13 及 14 款規定情形為由，向原審提起再審之訴。案經原審依同法第 275 條規定，就聲請人主張有同法第 273 條第 1 項第 13 款及第 14 款之再審事由部分，自為判決；另就聲請人主張原確定判決有本法第 273 條第 1 項第 1 款再審事由部分裁定移送本院管轄，此乃兩個再審事件。依同法第 98 條之 3 第 1 項規定「再審之訴，按起訴法院之審級，依第 98 條第 2 項及前條第 1 項規定徵收裁判費。」，則本院裁定命聲請人就其向本院提起再審之訴部分，補繳裁判費，亦無適用法規顯有錯誤情事（97 裁 5313）。

負擔其全部或一部。

輔助參加（依第 44 條參加訴訟）所生之費用，由參加人負擔。❷

進行訴訟之必要費用，審判長得定期命當事人預納。逾期未納者，由國庫墊付，並於判決確定後，依職權裁定，向應負擔訴訟費用之人徵收之。此項裁定得為執行名義。

交通裁決事件之裁判費，第 2 編第 3 章別有規定者，從其規定。

2. 訴訟救助

(1)聲請要件

當事人無資力支出訴訟費用，且非顯無勝訴之望者，❷行政法院應依聲請，以裁定准予訴訟救助。

所謂無資力，則係指窘於生活，且缺乏經濟上之信用（最高行政法院 106 裁 382）。

(2)程序與效力

聲請人，對於無資力支出訴訟費用之事由，應釋明之；該釋明得由受訴行政法院管轄區域內有資力之人出具保證書代之。

而保證書內，應載明具保證書人於聲請訴訟救助人負擔訴訟費用時，代繳暫免之費用。

准予訴訟救助者，則暫行免付訴訟費用。

貳、第一審程序

第一審程序，得分為高等行政法院通常訴訟程序、地方法院行政訴訟庭簡易訴訟程序、交通裁決事件訴訟程序與收容聲請事件程序。

---

❷ 但他造當事人依第 98 條第 1 項及準用民事訴訟法第 79 條至第 84 條規定應負擔之訴訟費用，仍由該當事人負擔。

❷ 例如，不服普通法院檢察署檢察官之刑事偵查及普通法院民事審判等事項，卻向行政法院提起行政訴訟，即非合法，而屬顯無勝訴之望（最高行政法院 106 裁 382）。

一、高等行政法院通常訴訟程序

適用通常訴訟程序之事件，以高等行政法院為第一審管轄法院。適用通常訴訟程序之事件，因訴之變更或一部撤回，致其訴之全部屬於簡易訴訟程序或交通裁決事件訴訟程序之範圍者，高等行政法院應裁定移送管轄之地方法院行政訴訟庭（第 114 條之 1）。

㈠起　訴

1.訴狀與期間

⑴訴狀內容

起訴，係要式行為，故應以訴狀，提出於行政法院為之（第 105 條）。

起訴，應表明訴之要素及其有關之原因事實，藉以確定訴訟羈束暨判決確定之效力範圍（最高行政法院 103 判 267）。訴狀應表明之事項，包括：「⑴當事人；⑵起訴之聲明；❷⑶訴訟標的及其原因事實。」此為起訴狀應特別記載之事項，法律均採逐一列舉之規定，俾資當事人遵循。其中，起訴之程式應以訴狀表明「訴訟標的及其原因事實」，乃因訴訟標的之涵義，必須與原因事實相結合，以使訴狀所表明請求法院審判之範圍更加明確。則於判斷既判力之客觀範圍時，自應依原告起訴主張之原因事實所特定之訴訟標的法律關係為據，凡屬確定判決同一原因事實所涵攝之法律關係，均應受其既判力之拘束（107 裁 591）。

此外，訴狀內宜記載適用程序上有關事項、證據方法及其他準備言詞辯論之事項；其經訴願程序者，並附具決定書。

⑵提起期間

第 4 條（撤銷訴訟）及第 5 條（課予義務訴訟）訴訟之提起，除本法

---

❷ 所謂「聲明」，係當事人請求法院為一定行為，即要求法院為如何裁判之意思表示，其內容必須「具體、明確」。而行政法院之判決，應本於當事人之聲明為之；行政法院判決僅得於當事人聲明之範圍為限，不得反於其意思，就當事人未經聲明之事項為判決，否則即屬違法之訴外裁判（最高行政法院 103 判 267）。

另有規定外，應於訴願決定書送達後 2 個月之不變期間內為之。❸⓪訴願人以外之利害關係人知悉在後者，自知悉時起算。但是，前述訴訟，自訴願決定書送達後，已逾 3 年者，不得提起。

不經訴願程序即得提起第 4 條或第 5 條第 2 項之訴訟者，應於行政處分送達或公告後 2 個月之不變期間內為之。

不經訴願程序即得提起第 5 條第 1 項之訴訟者，於應作為期間屆滿後，始得為之。但於期間屆滿後，已逾 3 年者，不得提起（第 106 條）。

2.訴訟要件之審查及補正

⑴不合法：裁定駁回

訴訟要件之審查，係「先程序，後實體」。原則上，「程序不法，實體不究」；至於，訴之合法性，為法院應依職權調查之事項（107 裁 668）。

程序不合法，得分為不能補正之不合法與能補正之不合法；其情形能補正之不合法，審判長應定期間先命補正，若逾期仍不補正，則程序為不合法，應予裁定駁回；當然，不能補正之不合法，自無命補正之必要，即予裁定駁回。

原告之訴，依其所訴之事實，在法律上顯無理由者，行政法院得不經言詞辯論，逕以判決駁回之。

行政法院應以裁定駁回原告之訴之情形（第 107 條第 1 項），❸❶包括：⑴除本法別有規定者外，訴訟事件不屬行政訴訟審判之權限者；❸❷⑵訴訟

---

❸⓪ 提起行政訴訟之法定不變期間，仍應注意扣除在途期間（最高行政法院 102 裁 1783）。

❸❶ 撤銷訴訟及課予義務訴訟，原告於訴狀誤列被告機關者，準用第 107 條第 1 項之規定。

❸❷ 例如，刑事訴訟法對於刑事案件之偵查、起訴或不起訴、裁判、執行等程序及救濟方法均有明定，故刑事案件係本法第 2 條所指法律別有規定之情形，如有爭議，應依刑事訴訟法規定辦理，不得提起行政訴訟（最高行政法院 107 裁 543）；司法院大法官所為解釋憲法或審理政黨違憲解散案件，亦屬本法第 2 條所稱法律別有規定之情形。司法院大法官依據「司法院大法官審理案件法」之規定，行使釋憲權，屬司法權之行使，非行政機關行使公權力可比，當事人對

事件不屬受訴行政法院管轄而不能請求指定管轄，亦不能為移送訴訟之裁定者；⑶原告或被告無當事人能力者；❸❸⑷原告或被告未由合法之法定代理人、代表人或管理人為訴訟行為者；❸❹⑸由訴訟代理人起訴，而其代理權有欠缺者；❸❺⑹起訴逾越法定期限者；❸❻⑺當事人就已起訴之事件，於訴訟繫屬中更行起訴者；❸❼⑻本案經終局判決後撤回其訴，復提起同一之

❸❸　之若有爭議，即非屬行政法院之審判權範圍（107 裁 414）。

❸❸　當事人能力是訴訟當事人自起訴訴訟終結，均應具備的訴訟要件。當事人死亡時，當事人能力即行喪失，因此，當事人於抗告程序中死亡，如其訴訟標的之法律關係為專屬當事人一身，不得作為繼承之對象，其繼承人即無從承受其訴訟，屬無從補正事項，應認抗告為不合法予以駁回（最高行政法院 107 裁 718）；此外，再審聲請時顯已死亡而無當事人能力，且其情形係不能補正，自不得為再審聲請事件之當事人，故其再審聲請為不合法，應予駁回（106 裁 2135）。

❸❹　原告之訴如未由合法之代表人為訴訟行為，審判長應定期間先命補正，如逾期未補正，行政法院得以裁定駁回之。因此，抗告人起訴狀未列代表人，核有本法第 107 條第 1 項第 4 款之欠缺（最高行政法院 105 裁 557）；此外，未滿 20 歲者，為無訴訟能力人，復未由合法之法定代理人為訴訟行為，且經原審法院審判長裁定命補正，迄未補正，故其聲請不合法，應依本法第 107 條第 1 項第 4 款規定予以駁回（105 裁 557）。

❸❺　該條款所指之起訴不合法事由（即「由訴訟代理人起訴，而其代理權有欠缺者」），指起訴之始，表明為訴訟代理人身分之人，其實際上沒有取得當事人（原告）為「起訴」訴訟行為之授權。此等起訴行為之瑕疵，可由當事人（原告）事後之補正行為來補正（最高行政法院 97 裁 4844）。

❸❻　例如，本件訴願決定書係於【106/08/22】以寄存送達方式送達抗告人，有送達證書附卷可稽，依訴願法第 47 條第 3 項準用本法第 73 條第 3 項規定，自【106/09/01】午後 12 時發生送達效力，則提起行政訴訟期間應自【106/09/02】零時起算，扣除在途期間 10 日，應計至【106/11/11】（星期六），惟因期間之末日為假日，遞延至【106/11/13】（星期一）止，即告屆滿，抗告人遲至【106/11/23】（原審收文日）始向原審提起行政訴訟，已逾法定不變期間，原裁定依本法第 107 條第 1 項第 6 款規定，以其起訴不合法而裁定駁回，並無違誤（最高行政法院 107 裁 752）。

❸❼　例如，若認抗告人於原審所提行政訴訟聲請狀（附帶起訴狀）係就原審（106

訴者；❸(9)訴訟標的為確定判決或和解之效力所及者；❸(10)起訴不合程式或不備其他要件者。

第 1 項第 10 款所謂「不備其他要件」，係指第 1 款至第 9 款所定及第 10 款起訴不合程式以外之情形，例如，司法院所屬各級法院聘用法官助理之行為，性質係公法上契約。而各法院單方面為解聘之意思表示，乃行使終止聘約之權利，其性質非行政處分。如雙方對終止權是否成立有爭執，致聘用關係是否繼續存在有所不明，應循確認訴訟救濟之，故提起撤銷訴訟請求撤銷該「解聘處分」，即非適法，其起訴本不備其他訴訟要件，應以裁定駁回（95 判 19；107 裁 863）；至於，當事人未經合法訴願而提起行政訴訟，其起訴即屬不備其他要件，而所謂「未經合法訴願」，包括提起訴願逾越法定期間者在內（100 裁 1523；107 裁 1008）。

當然，行政法院對於當事人提出之訴狀所載事項，依有關法律之規定，予以審查，認為不應提起行政訴訟或其提起違背法定程序者，為使當事人明瞭緣由，應附述理由（釋字第 170 號解釋）。

(2)顯無理由：判決駁回

能補正之不合法，若在期間內已補正，則程序為合法。程序合法之訴

訴 1317）釋憲事件之同一原因事實再行起訴，亦有違本法第 107 條第 1 項第 7 款重複起訴禁止之規定（最高行政法院 107 裁 177）。

❸ 針對甲併為聲明回復其撤職前之原狀等，查與甲前於臺灣桃園地方法院（101 國 1）國家賠償訴訟之聲明仍有不同，非屬同一之訴，縱該件於桃園地院終局判決後經甲撤回起訴，核非屬本法第 107 條第 1 項第 8 款不合法之情形（最高行政法院 102 裁 856）。

❸ 最高行政法院（102 裁 1607）指出，訴訟標的於確定之終局判決中經裁判者有確定力（即既判力），本法第 213 條定有明文。本件抗告人爭議之被繼承人張丁炎遺產稅課稅處分既經本院判決確定，就該遺產稅額有確定力（既判力），在確定力（既判力）之基準時即原審言詞辯論終結時之前所得提出之攻擊防禦方法遭遮斷，敗訴之一方不得再持以對既判事項為爭執，此乃確定力（既判力）之遮斷效，為敗訴一方之人民違反而提起之訴訟，係違反一事不再理原則，法院應依本法第 107 條第 1 項第 9 款駁回其訴。

訟，則審查其實體有無理由。

　　但是，原告之訴，依其所訴之事實，在法律上顯無理由者，行政法院得不經言詞辯論，逕以判決駁回之。

3. 訴狀卷證與辯論期日

　　行政法院，除依因程序不合法裁定駁回或顯無理由判決駁回原告之訴或移送者外，應將訴狀送達於被告。並得命被告以答辯狀陳述意見。惟有關命被告以答辯狀陳述意見之規定，並非強行規定。此外，原處分機關、被告機關或受理訴願機關經行政法院通知後，應於 10 日內將卷證送交行政法院（第 108 條）。

　　此時，若審判長認已適於為言詞辯論時，則應速定言詞辯論期日。而言詞辯論期日，除有急迫情形者外，距訴狀之送達，至少應有 10 日為就審期間，以利言詞辯論之準備（第 109 條）。本條規定應留之就審期間，係為保障「被告」之訴訟防禦權，使被告準備辯論及到場辯論之期間。至於，本件上訴人在原審身為原告，並無就審期間之適用（最高行政法院 105 判 41）。

　　為達集中審理原則之訴訟經濟要求，❹原告因準備言詞辯論之必要，應提出準備書狀，而被告因準備言詞辯論，亦宜於未逾就審期間 2 分之 1 以前，提出答辯狀（第 120 條）。❹並且，行政法院為使辯論易於終結，認為必要時，得於言詞辯論前，為第 121 條各款之處置。

4. 當事人恆定與承當訴訟

(1)當事人恆定原則

　　所謂「當事人恆定原則」，係指訴訟繫屬中，為訴訟標的之法律關係雖移轉於第三人，於訴訟無影響（第 110 條）。因此，原告或被告不因為訴訟標的（爭訟中之標的物或權利）之法律關係，於行政訴訟繫屬中，移轉於

---

❹　蔡志方，《行政救濟法新論》，2001，第 272 頁。

❹　此項規定，旨在促使當事人於言詞辯論時，得為適當完全之辯論。如原告對於被告遲延提出答辯狀並無異議，亦未請求延展言詞辯論期日，而為本案之言詞辯論者，尚難遽指該言詞辯論程序為違法。

第三人而影響關於為訴訟標的之法律關係之要件 （最高行政法院 105 判 638）；蓋為求訴訟程序之安定，以避免增加法院之負擔，並使移轉之一造能保有原訴訟遂行之成果，本於當事人恆定主義之原則，該移轉人仍為適格之當事人，自可繼續以本人之名義實施訴訟行為，屬於法定訴訟擔當之一種（106 裁聲 590）。

(2)承當訴訟

訴訟繫屬中，為訴訟標的之法律關係移轉於第三人，此時第三人如經兩造同意，得代當事人承當訴訟。因此，承當訴訟之聲請，以訴訟繫屬為必要，若無訴之存在，即無從為承當訴訟之聲請（106 裁聲 536；106 裁聲 603）。

至於，僅他造不同意者，移轉之當事人或第三人，得聲請行政法院以裁定許第三人承當訴訟。該項裁定，得為抗告。

而行政法院知悉訴訟標的有移轉者，應即以書面將訴訟繫屬情形通知第三人。而訴願決定後，為訴訟標的之法律關係移轉於第三人者，得由受移轉人提起撤銷訴訟。

前述受移轉訴訟標的法律關係之第三人如經兩造同意，固得聲請代當事人承當訴訟，或在僅他造不同意其承當訴訟之情形下，聲請行政法院以裁定許其承當訴訟，惟均須以訴訟繫屬中為訴訟標的之法律關係全部移轉於第三人，始有其適用（106 裁聲 561；106 裁聲 590）。

5.訴之變更、追加、反訴與撤回

(1)訴之變更或追加

原則上，在訴狀送達後，原告不得將原訴變更或追加他訴。而得將原訴變更或追加他訴之要件，係經被告同意，或行政法院認為適當者。❷ 至於，被告於訴之變更或追加無異議，而為本案之言詞辯論者，則視為同意變更或追加（第 111 條第 1 項與第 2 項）。

---

❷　關於原告訴之變更或追加「適當」與否，行政法院應就訴訟資料利用之可能、當事人之利益、訴訟經濟、原告未於起訴時主張有無故意或重大過失及公益等具體情事予以衡量。

　　訴之變更或追加應予准許之法定類型（第 111 條第 3 項），包括：⑴訴訟標的對於數人必須合一確定，追加其原非當事人之人為當事人；⑵訴訟標的之請求雖有變更，但其請求之基礎不變；⑶因情事變更而以他項聲明代最初之聲明；⑷應提起確認訴訟，誤為提起撤銷訴訟；⑸依第 197 條（撤銷訴訟之代替判決）或其他法律之規定，應許為訴之變更或追加。

　　因此，起訴狀送達被告後，原告為訴之變更或追加他訴，非經被告同意，或無異議為本案之言詞辯論，或行政法院認為適當者外，以有本法第 111 條第 3 項各款情形為限，始得由原告為訴之變更或追加他訴。至於，針對本法第 37 條第 1 項第 2 款（2 人以上於下列各款情形，得為共同訴訟人，一同起訴或一同被訴：……二、為訴訟標的之權利、義務或法律上利益，為其所共同者）之規定，最高行政法院指出，依本法第 111 條第 3 項第 1 款規定，仍須所追加被告就訴訟標的與原被告有合一確定之必要，始為相當（106 判 18）。

　　此外，前述第 1 項至第 3 項關於訴之變更或追加之規定，於變更或追加之新訴為撤銷訴訟而未經訴願程序者不適用之。

　　針對行政法院以訴為非變更追加，或許訴之變更追加之裁判，不得聲明不服。但是，撤銷訴訟，主張其未經訴願程序者，則得隨同終局判決聲明不服。

⑵反　訴

　　關於反訴之要件（第 112 條），係被告於言詞辯論終結前，得在本訴繫屬之行政法院提起反訴。由於，原告對於反訴，不得復行提起反訴。因此，反訴成為被告訴訟權之行使範圍，惟被告意圖延滯訴訟而提起反訴者，行政法院得駁回之。

　　不得提起反訴之情形，包括：⑴原告對於反訴，不得復行提起反訴；⑵對於撤銷訴訟及課予義務訴訟，不得提起反訴；⑶反訴之請求，如專屬他行政法院管轄，或與本訴之請求或其防禦方法不相牽連者，不得提起。

　　例如，甲為臺東監獄之作業導師，於【105/05/24】具狀提起反訴（公法上不當得利事件），訴請臺東監獄為一定給付，經原審法院依本法第 112

條規定予以准許。就此，最高行政法院指出，依同法第 115 條準用民事訴訟法第 263 條第 1 項但書規定，反訴固不因本訴撤回而失其效力，然苟臺東監獄撤回本訴無礙公益維護而發生撤回效力，則本訴已不存在，而甲提起之反訴，屬簡易程序之案件，依本法第 229 條第 1 項規定應由地方法院行政訴訟庭管轄。準此，臺東監獄撤回本訴之訴訟，是否發生撤回效力，足以影響反訴部分應依何種訴訟程序進行之結果，爰將反訴部分除確定部分外，併予廢棄發回，由原審法院併為審理（106 判 78）。

(3)撤　回

原告，於判決確定前得撤回訴之全部或一部。但於公益之維護有礙者，不在此限。

撤回之限制，包括：(1)被告已為本案之言詞辯論者，應得其同意；(2)訴之撤回於公益之維護有礙者，不得為之（第 113 條、第 114 條）。

訴之撤回，係應以書狀為之。但是，在期日得以言詞為之。以言詞所為之撤回，應記載於筆錄，如他造不在場，應將筆錄送達。

訴之撤回，被告於期日到場，未為同意與否之表示者，自該期日起；其未於期日到場或係以書狀撤回者，自前述筆錄或撤回書狀送達之日起，10 日內未提出異議者，視為同意撤回。

行政法院就訴之撤回認有礙公益之維護者，應以裁定不予准許。前述裁定不得抗告。

例如，最高行政法院指出，依原審（公法上不當得利事件）卷證資料可知，本案經原審法院受命法官於【105/02/16】行準備程序並諭知準備程序終結，嗣由審判長定期於同年 6 月 2 日下午 14 點 45 分行言詞辯論程序（實際辯論時間為當日下午 14 點 48 分），雖臺東監獄於言詞辯論時口頭陳述欲撤回本訴部分之訴訟，甲（臺東監獄之作業導師）表示不同意，然臺東監獄於言詞辯論進行前即先行具狀撤回訴訟，並由原審法院於同日下午 13 點收受。足見臺東監獄於甲為言詞辯論前即已撤回訴訟，依上開規定，似不必經甲同意。則本件臺東監獄於言詞辯論終結前之撤回，是否因有礙公益之維護而不應准許，攸關其訴訟是否因撤回而發生繫屬消滅之效力，

原審法院就此部分未先行審酌，即為判決，判決理由亦未就此論明，即有不適用法規與判決理由不備之違誤，臺東監獄據以指摘，尚非無據（106判78）。

㈡停止執行

從規範體系架構之觀點，本法「暫時權利保護」法制之分類，即⑴行政處分之停止執行（第116條至第119條）與⑵保全程序（第293條至第303條）（最高行政法院106裁1446）。

關於原處分或決定之執行，除法律另有規定外，原則上，不因提起行政訴訟而停止（第116條）。❹❸

所謂「法律另有規定」，例如，第116條第2項與第3項關於停止執行事由之規定。停止執行制度係對尚未確定，仍可爭訟之行政處分或決定，在爭訟過程中，其執行並不因而停止，賦予當事人在本案訴訟終局裁判之前，得請求法院裁定限制原行政處分或決定之執行，以阻止其效力之發生，用以排除因該處分或決定之執行而生之不利益。故依第116條第2項、第3項規定，聲請停止原處分或原決定之執行，係指未確定之行政處分或決定之執行而言。如行政處分業已確定，當事人既不能再以通常之救濟途徑（訴願及行政訴訟），加以變更或撤銷，當事人即不得假藉聲請停止執行程序以阻止原處分之執行（98裁2325）。此外，停止執行係以具有執行效力之行政處分為對象，始能達保護原告之權利或法律上利益之目的（99裁1346）。

1.分　類

關於停止執行之事由，依其時間，得區分為2類：

⑴訴訟繫屬中

行政訴訟繫屬中，行政法院認為原處分或決定之執行，將發生難於回復之損害，且有急迫情事者，得依職權或依聲請裁定停止執行。但於公益有重大影響，或原告之訴在法律上顯無理由者，則不得為之（第116條第

---

❹❸　第116條「停止執行」之規定，於確認行政處分無效之訴，準用之（第117條）。

2 項），為行政訴訟程序中權利暫時保護之規定。旨在確保向行政法院尋求
權利保護之人民，能獲得有效之權利保護。其立法目的在避免原告於日後
縱使獲得勝訴判決，其因原處分或決定之執行所生損害，亦已難以回復（最
高行政法院 102 裁 1554）。

　　得為停止執行之事由為：⑴積極條件：須因原處分或決定之執行將發
生難於回復之損害，且有急迫情事；❹⑵消極條件：須無「於公益有重大
影響」或「原告之訴在法律上顯無理由」（102 裁 1554；103 裁 1451）。

　　所謂 「原處分或原決定之執行」，係指未確定之行政處分或決定之執
行；惟原行政處分如已確定，除法律另有規定外，原則上即不得停止執行。
若行政處分已執行完畢，則已無從停止其執行，受處分人不可能藉由聲請
停止執行，以保護其權益，其聲請停止執行，即屬欠缺權利保護必要（107
裁 130）。至於，提起行政訴訟，是否停止原處分或原決定之執行，以避免
對人民造成不能回復之損害，實際上是取決於即時執行的公共利益，以及
停止執行對處分相對人的利益間的利益權衡，依比例原則決定當事人私益
與公益孰為優先保護之對象 （103 裁 1451）。

　　所謂「難於回復之損害」，係指其損害不能回復原狀，或不能以金錢賠
償， 或在一般社會通念上 ， 如為執行可認達到回復困難之程度 （103 裁
354；106 裁 1489），或雖得以金錢賠償，但依損害之性質、態樣等如僅以
金錢賠償，於社會一般觀念不能謂已填補之情形而言（100 裁 1854）。

　　實務見解認為下列情形非「難於回復之損害」，例如：⑴僅當事人主觀
上認為難於回復之損害 （103 裁 354）；⑵若屬金錢給付義務，則並非不能
以金錢賠償回復其損害 （106 裁 1489）；⑶原處分之執行，縱有損害工作
權，在一般社會通念上，領有專業證照者，其經廢止專業證照而遭停止執
行業務，所受之損害並非不能以金錢賠償為回復原狀，故原處分縱嗣後被
撤銷，仍難謂將發生難以回復之損害 （99 裁 934） 等。

　　所謂「行政處分之合法性顯有疑義」，係指行政處分之違法係明顯、不

---

❹　最高行政法院 （103 裁 354） 指出，所謂 「原處分或決定之執行，將發生難於
　　回復之損害，且有急迫情事」，係指 「須有避免難於回復損害之急迫必要性」。

待調查即得認定而言，若行政處分須經審查始能得知是否為違法即不屬之。若所指原處分合法性顯有疑義之處，尚須綜合審認判斷雙方各自主張及審視相關證據，並無原處分之違法係明顯、不待調查即得認定之情事，則原處分之合法性亦難謂顯有疑義（99 裁 934）。

由於停止執行程序係緊急程序，對於構成停止執行要件之事實證明程度，以釋明為已足，不要求完全之證明。換言之，行政法院依兩造提出之證據資料，及可即時依職權調查所得，就停止執行要件事實之存在，得蓋然心證，即得准予停止執行。此外，暫時權利保護制度既為保障本案所請求之權利不至於因訴訟或訴願之進行曠日費時，以致於權利已遭侵害而難以回復。因此，暫時權利保護之當事人適格自應同於本案訴訟之當事人適格（102 裁 1554；106 裁 1489）。

⑵起訴前

為謀公共利益與個人利益之調和，而受處分人或利害關係人又能釋明其一經執行將有不能回復之重大損害，應否許其在提起行政訴訟前，聲請行政法院就其所爭執之法律關係定暫時狀態，釋字第 353 號解釋指出：「應於行政訴訟制度改進時，一併循立法途徑解決之，以資兼顧。」

目前，除訴願法第 93 條第 2 項與第 3 項之規定外，本法第 116 條第 3 項亦明定於行政訴訟起訴前，受處分人或訴願人得聲請行政法院裁定停止原處分或決定之執行，其要件：⑴原處分或決定之執行將發生難於回復之損害；⑵須有急迫情事；❹⑶於公益無重大影響。

訴願法第 93 條第 2 項既規定受處分人得申請受理訴願機關或原處分機關停止執行，則如果能由上開機關獲得救濟者，即無逕向行政法院聲請之必要，且行政法院係審查行政處分違法性之最終機關，受處分人若不提起訴願，或雖已提起訴願，卻不向訴願機關申請，而逕向行政法院聲請停止執行，或已向訴願機關申請停止執行，又再向行政法院聲請，無異規避訴願救濟程序，而請求行政法院直接為行政處分之審查，均非所宜，故適

---

❹　例如，主張「牌位於鬼月不宜搬遷」，僅屬民間習俗，尚難謂有何急迫情事（最高行政法院 93 裁 1269）。

用訴願法第 93 條第 3 項或本法第 116 條第 3 項規定逕向行政法院聲請停止執行者，必其執行在客觀上可以預期將發生難於回復之損害，且情況緊急，非即時由行政法院予以處理，則難以救濟者，始得為之。然如已向原處分機關或受理訴願機關申請而未獲救濟（包括申請被駁回，或原處分機關或受理訴願機關不於適當期間內為准駁），即有向行政法院聲請停止執行之必要（107 裁 654）。

實務見解認為，系爭函文通知拆除之標的為系爭建物，雖影響人民之財產權，惟依一般社會通念，尚非不能回復原狀或不能以金錢賠償填補其損害，自無將發生難於回復之損害情事，與本法第 116 條第 3 項規定之停止執行要件不合（107 裁 370）；至於，人民係以系爭擋土牆如被執行拆除，即無法防止後山土石因雨水沖刷崩落，將危及其生命及房屋之安全，而發生難以回復之損害為由，向原審聲請停止執行。原裁定僅說明原處分之執行即拆除系爭擋土牆部分，內容僅係對所有人財產權之侵害，縱使事後認定原處分違法，其所受損害依一般社會通念，仍得以金錢予以計算、賠償，本件停止執行並無「難於回復之損害」可言等情。惟系爭擋土牆或可日後以金錢補償重建，但因拆除後無法防止後山土石崩落，何以不致危及人民之生命、財產，而無「難於回復之損害」？原裁定則全未論述，亦有理由不備之違法，故執此指摘原裁定違誤，自屬有據（107 裁 178）。

2.裁定程序、效力與救濟

⑴程　序

行政法院為停止執行之裁定前，應先徵詢當事人之意見。如原處分或決定機關已依職權或依聲請停止執行者，應為駁回聲請之裁定。

停止執行之原因消滅，或有其他情事變更之情形，行政法院得依職權或依聲請撤銷停止執行之裁定。

⑵效　力

停止執行之裁定，係得停止原處分或決定之效力、處分或決定之執行或程序之續行之全部或部分。

(3)救　濟

針對行政法院停止執行或撤銷停止執行之裁定，得為抗告。

(三)言詞辯論

關於高等行政法院第一審訴訟程序，除簡易訴訟程序（第 133 條第 1 項）外，原則上，其裁判應經言詞辯論程序。蓋本法第 243 條第 2 項第 5 款規定，違背言詞辯論公開之規定，其判決當然違背法令。

1.審判長之職權

言詞辯論之開始、指揮及終結，係審判長之職權，其並宣示行政法院之裁判。審判長對於不服從言詞辯論之指揮者，得禁止發言。而言詞辯論須續行者，審判長應速定其期日（第 124 條）。

審判長應注意使當事人得為事實上及法律上適當完全之辯論。其應向當事人發問或告知，令其陳述事實、聲明證據，或為其他必要之聲明及陳述；當事人所為之聲明或陳述有不明瞭或不完足者，應令其敘明或補充之，為審判長之「闡明權」。❹而陪席法官於告明審判長後，亦得向當事人發問或告知（第 125 條第 2 項至第 4 項）。❹

目前，我國行政訴訟有撤銷訴訟、課予義務訴訟、確認訴訟及一般給付訴訟等不同類型，而訴訟種類之選擇，攸關人民得否在一次訴訟中達到請求法院保護其權利之目的，縱使受有專業訓練之人亦難保能正確的選擇訴訟種類，故遇有當事人於事實及法律上之陳述未明瞭或不完足之處，或訴訟種類選擇錯誤時，均應由審判長行使本法第 125 條第 3 項規定之闡明權（最高行政法院 107 判 283）。

---

❹　闡明權為審判長之職權，亦為其義務（最高行政法院 100 裁 367）為期發見真實，並使當事人在言詞辯論時有充分攻擊或防禦之機會，審判長自應行使闡明權，使當事人得為事實上及法律上適當完全之辯論，俾訴訟關係臻於明瞭（103 判 267）；如未盡闡明義務，訴訟程序即構成重大瑕疵而有違誤（103 判 269）。

❹　行政法院為使訴訟關係明確，必要時得命司法事務官就事實上及法律上之事項，基於專業知識對當事人為說明。而行政法院因司法事務官提供而獲知之特殊專業知識，應予當事人辯論之機會，始得採為裁判之基礎（第 125 條之 1）。

凡依本法使受命法官為行為者，由審判長指定之。行政法院應為之囑託，除別有規定外，由審判長行之（第126條）。

2.言詞辯論之進行

言詞辯論，係以當事人聲明起訴之事項為開始。當事人應就訴訟關係為事實上及法律上之陳述。原則上，當事人不得引用文件以代言詞陳述，但若以舉文件之辭句為必要時，得朗讀其必要之部分（第122條）。

針對分別提起之數宗訴訟，若係基於同一或同種類之事實上或法律上之原因者，行政法院得命合併辯論（第127條第1項）。

3.言詞辯論筆錄

行政法院之書記官，應作言詞辯論筆錄，記載辯論進行之要領與法定事項（第128條、第129條），作為認定言詞辯論有無瑕疵之證明。

筆錄或筆錄內所引用附卷或作為附件之文書，應依聲請於法庭向關係人朗讀或令其閱覽，並於筆錄內附記其事由。關係人對於筆錄所記載有異議者，行政法院書記官得更正或補充之。惟如以異議為不當，應於筆錄內附記其異議（第130條）。

此外，當事人、代理人之所在處所或所在地法院與行政法院間，有聲音及影像相互傳送之科技設備而得直接審理者，行政法院認為適當時，得依聲請或依職權以該設備審理之。❹前述情形，其期日通知書記載之應到處所為該設備所在處所（第130條之1）。

㈣證　據

1.職權調查原則

職權調查原則，係指行政訴訟採取職權探知主義。蓋基於第125條第1項與第133條規定，行政訴訟首重於裁判實體之正確性及真實性等公共利益之要求，為實現此等公共利益之要求，法院於必要時，有權限亦有義務不顧當事人之陳述及行為或證據聲明，而依職權探知事實，並納入辯論

---

❹　依此規定進行程序之筆錄及其他文書，須陳述人簽名者，由行政法院傳送至陳述人所在處所，經陳述人確認內容並簽名後，將筆錄及其他文書以電信傳真或其他科技設備傳回行政法院。

及確定實體之真實（最高行政法院 94 判 182）。

就「事實關係」部分：行政法院應依職權調查事實關係，不受當事人主張之拘束（第 125 條第 1 項）。

就「證據」部分：行政法院於撤銷訴訟，應依職權調查；於其他訴訟，為維護公益者，亦同（第 133 條）。至於，當事人於訴訟中主張之事實，雖經他造自認，行政法院仍應調查其他必要之證據（第 134 條）。

因此，行政法院在審理案件時應盡職權調查義務，以查明事實真相。而關於證據之證明力，事實審法院有衡情斟酌之權，斟酌全辯論意旨及調查證據之結果，不得違背論理法則或經驗法則。所謂「證據」，包含直接證據與間接證據。稱「直接證據」，凡得逕行證明應證事實之證據均屬之；反之，謂「間接證據」，指依其他已證明之事實，間接的推知應證事實真偽之證據屬之。所謂「證據法則」，係指法院調查證據認定事實所應遵守之法則。法院採為認定事實之證據，必須於應證事實有相當之證明力者，始足當之；所謂「論理法則」，係指依立法意旨或法規之社會機能就法律事實所為價值判斷之法則。例如，依證書之記載確定事實時，必須該證書之記載或由其記載當然推理之結果，與所確定之事實，在客觀上能符合者始足當之，若缺此符合即屬違背論理法則；所謂「經驗法則」，係指由社會生活累積的經驗歸納所得之法則而言，凡日常生活所得之通常經驗及基於專門知識所得之特別經驗均屬之。因此，審理事實之法院，其認定事實所憑之證據，並不以直接證據為限，間接證據亦包括在內，凡綜合調查所得之各種直接及間接證據，本於論理暨經驗法則得其心證，而為事實之判斷，當事人即不容任意指為違法。簡言之，證據之取捨與當事人所希冀者不同，致其事實之認定異於該當事人之主張者，尚不得謂原判決因此有違背法令之情形（最高行政法院 105 判 197；100 判 188）。

行政法院調查證據，除別有規定外，係於言詞辯論期日行之，而當事人應依第 2 編第 1 章第 4 節「證據」之規定，聲明所用之證據（第 123 條）。

不過，當事人因妨礙他造使用，故意將證據滅失、隱匿或致礙難使用

者，行政法院得審酌情形，認為他造關於該證據之主張或依該證據應證之事實為真實。而若發生前述情形，行政法院於裁判前，應令當事人有辯論之機會（第 135 條）。

關於證據調查權之行使，係行政法院之職權，惟其得囑託普通法院或其他機關、學校、團體調查證據（第 138 條）；此外，行政法院認為適當時，亦得使庭員一人為受命法官或囑託他行政法院指定法官調查證據（第 139 條）。

若受訴行政法院於言詞辯論前調查證據，或由受命法官、受託法官調查證據者，行政法院之書記官，應製作調查證據筆錄。而受託法官應將調查證據筆錄，送交受訴行政法院（第 140 條）。

調查證據之結果，應告知當事人為辯論（第 141 條）。蓋訴訟程序之目的即在發見真實，實現正義，而證據為使事實明顯之原因，關係重大。故提出於訴訟之證物，其真偽與證明力，當事人應於訴訟程序進行中，為適當完全之辯論，使法院判斷事實所憑之證據臻於確實，而達裁判合於真實之目的（釋字第 393 號解釋）。

若於受訴行政法院外調查證據者，當事人應於言詞辯論時陳述其調查之結果。但審判長得令行政法院書記官朗讀調查證據筆錄代之。

2. 舉證責任之分配

行政法院在審理案件時應盡闡明義務，使當事人盡主張事實及聲明證據之能事，並盡職權調查義務，以查明事實真相，避免真偽不明之情事發生，惟如已盡闡明義務及職權調查義務後，事實仍真偽不明時，則作舉證責任之分配，使應負舉證責任之人負擔該不利之結果。

關於舉證責任之分配，除本法有規定者外，得準用民事訴訟法第 277 條（當事人主張有利於己之事實者，就其事實有舉證之責任。但法律別有規定，或依其情形顯失公平者，不在此限）之規定（第 136 條）。

至於，習慣及外國之現行法，若為行政法院所不知者，則當事人負有舉證之責任。但是，行政法院仍得依職權調查之（第 137 條）。

3.證　人

(1)作證義務

所謂「作證義務」，係指不問任何人，除法律別有規定外，於他人之行政訴訟有作為證人之義務（第 142 條）。❹

作證義務本身，具有應到場之強制性，即證人受合法之通知，無正當理由而不到場者，行政法院得以裁定科處（新臺幣 3 萬元以下）罰鍰。證人已受罰鍰之裁定，經再次通知仍不到場者，得再處（新臺幣 6 萬元以下）罰鍰，並得拘提之。❺但是，科處證人罰鍰之裁定，得為抗告，抗告中應停止執行。

惟若以公務員、中央民意代表或曾為公務員、中央民意代表之人為證人，或以受公務機關委託承辦公務之人為證人者，而就其職務上應守秘密之事項加以訊問者，則應得該監督長官或民意機關之同意。前述同意，除有妨害國家高度機密者外，不得拒絕（第 144 條）。

(2)拒絕證言

證人恐因陳述致自己、證人之配偶、前配偶或四親等內之血親、三親等內之姻親或曾有此親屬關係或與證人訂有婚約者或證人之監護人或受監護人，受刑事訴追或蒙恥辱者，得拒絕證言（第 145 條）。

至於，證人因本身事由得拒絕證言之情形，包括：(1)第 144 條之情形；(2)為醫師、藥師、藥商、助產士、宗教師、律師、會計師或其他從事相類業務之人或其業務上佐理人或曾任此等職務之人，就其因業務所知悉有關他人秘密之事項受訊問；(3)關於技術上或職業上之秘密受訊問，得拒絕證言。但是，證人因本身事由得拒絕證言之情形，若於證人秘密之責任已經免除者，則不適用之（第 146 條）。

有上述情形得拒絕證言者，審判長應於訊問前或知有該項情形時告知

---

❹　不過，行政法院應發給證人法定之日費及旅費；證人亦得於訊問完畢後請求之。但被拘提或無正當理由拒絕具結或證言者，不在此限。

❺　拘提證人，準用刑事訴訟法關於拘提被告之規定；證人為現役軍人者，應以拘票囑託該管長官執行。

之（第 147 條）。而證人不陳明拒絕之原因事實而拒絕證言，或以拒絕為不當之裁定已確定而仍拒絕證言者，行政法院得以裁定處（新臺幣 3 萬元以下）罰鍰。惟該裁定得為抗告，抗告中應停止執行（第 148 條）。

(3)具結義務

證人之具結義務，係審判長於訊問前，應命證人各別具結。但若其應否具結有疑義者，則於訊問後行之。審判長於證人具結前，應告以具結之義務及偽證之處罰。惟證人以書狀為陳述者，不適用前述規定（第 149 條）。

證人具結義務之例外情形，包括：(1)不得令其具結：以未滿 16 歲或因精神障礙不瞭解具結意義及其效果之人為證人者；(2)得不令其具結：證人為當事人之配偶、前配偶或四親等內之血親、三親等內之姻親或曾有此親屬關係或與當事人訂有婚約、有第 145 條情形而不拒絕證言或以當事人之受雇人或同居人為證人；(3)得拒絕具結：證人就與自己或第 145 條所列之人，有直接利害關係之事項，而受訊問者（第 150 條至第 152 條）。

(4)發 問

對於證人，當事人得就應證事實及證言信用之事項，聲請審判長為必要之發問，或向審判長陳明後自行發問。審判長認為當事人聲請之發問，與應證事實無關、重複發問、誘導發問、侮辱證人或有其他不當情形，審判長得依聲請或依職權限制或禁止。

關於發問之限制或禁止有異議者，行政法院應就其異議為裁定（第 154 條）。

4.鑑 定

鑑定，係就特定訴訟事件進行專業研究，除別有規定外，係準用本法關於人證之規定（第 156 條）。

所謂「別有規定」，例如，本法第 157 條至第 162 條之規定，分析如下：

(1)鑑定之義務與權利

行政訴訟之鑑定人，係就特定訴訟事件有專業研究能力者。

從事於鑑定所需之學術、技藝或職業，或經機關委任有鑑定職務者，於他人之行政訴訟，有為鑑定人之義務。

行政法院囑託機關、學校或團體陳述鑑定意見或審查之者，準用第 160 條及民事訴訟法第 335 條至第 337 條關於鑑定之規定。其鑑定書之說明，由該機關、學校或團體所指定之人為之。

行政法院認有必要時，得就訴訟事件之專業法律問題徵詢從事該學術研究之人，❺以書面或於審判期日到場陳述其法律上意見。前述意見，於裁判前應告知當事人使為辯論。

惟行政法院固得就訴訟事件之專業法律問題徵詢從事該學術研究之人陳述其法律意見或送請鑑定，然以認有必要為前提，行政法院就當事人爭議之事項，依有關卷證資料即可逕行判斷認定者，自無徵詢從事學術研究之人陳述法律上意見之必要（最高行政法院 99 判 1300）。

鑑定人於法定之日費、旅費外，得請求相當之報酬。鑑定所需費用，得依鑑定人之請求預行酌給之。前述請求之裁定，得為抗告。

(2)拒絕鑑定

鑑定人若拒絕鑑定，雖其理由不合於本法關於拒絕證言之規定，如行政法院認為正當者，亦得免除其鑑定義務，且鑑定人亦不得拘提。

5.文　書❺

(1)提出與調取

當事人負有提出文書義務之範圍，包括：(1)該當事人於訴訟程序中曾經引用；(2)他造依法律規定，得請求交付或閱覽；(3)為他造之利益而作；(4)就與本件訴訟關係有關之事項所作；❺(5)商業帳簿（第 163 條）。

---

❺ 陳述意見之人，準用鑑定人之規定。但不得令其具結。

❺ 本法關於文書之規定，於文書外之物件，有與文書相同之效用者，準用之。文書或前述物件，須以科技設備始能呈現其內容或提出原件有事實上之困難者，得僅提出呈現其內容之書面並證明其內容與原件相符（第 173 條）。

❺ 最高行政法院（100 判 608）指出，本款規定，係因該等文書與訴訟結果有關，為期有助於發現真實，故課予訴訟當事人有提出之義務。

公務員或機關掌管之文書，行政法院得調取之。如該機關為當事人時，除有妨害國家高度機密者外，不得拒絕調取，並有提出之義務（第 164 條）。

聲明書證係使用第三人所執之文書者，應聲請行政法院命第三人提出或定由舉證人提出之期間。❺文書為第三人所執之事由及第三人有提出義務之原因，應釋明之（第 166 條）。

此外，行政法院認應證之事實重要且舉證人之聲請正當者，應以裁定命第三人提出文書或定由舉證人提出文書之期間。行政法院為裁定前，應使該第三人有陳述意見之機會（第 167 條）。

⑵拒絕之效果

當事人無正當理由不從提出文書之命令者，行政法院得審酌情形認為他造關於該文書之主張或依該文書應證之事實為真實。但是，應於裁判前令當事人有辯論之機會（第 165 條）。

第三人無正當理由不從提出文書之命令者，行政法院得以裁定科處（新臺幣 3 萬元以下）罰鍰；於必要時，並得為強制處分。❺針對該裁定得為抗告，抗告中應停止執行（第 169 條）。

⑶文書之核對

文書之真偽，得依核對筆跡或印跡證之。行政法院得命當事人或第三人提出文書，以供核對。核對筆跡或印跡，適用關於勘驗之規定（第 171 條）。

無適當之筆跡可供核對者，行政法院得指定文字，命該文書之作成名義人書寫，以供核對。❺因供核對所書寫之文字應附於筆錄；其他供核對之文件不須發還者，亦同（第 172 條）。

---

❺ 第三人得請求提出文書之費用、日費及旅費。

❺ 強制處分之執行，適用第 306 條規定。

❺ 文書之作成名義人無正當理由不從前述之命令者，準用第 165 條或第 169 條關於拒絕提出命令效果之規定。

6.保全證據

關於保全證據之聲請，在起訴後，向受訴行政法院為之；在起訴前，向受訊問人住居地或證物所在地之地方法院行政訴訟庭為之。惟遇有急迫情形時，於起訴後，亦得向前述地方法院行政訴訟庭聲請保全證據（第175條）。

行政法院於保全證據時，得命司法事務官協助調查證據（第175條之1）。

㈤訴訟程序之停止

訴訟程序之停止（第177條以下），得分類如下：

1.裁定停止

⑴原　　因

裁定停止之原因，依行政法院應否裁定停止，得再區分如下：

A. 應裁定停止

應裁定停止，依行政法院是否立即有後續行為，得分為2類：

a. 單純裁定停止

行政訴訟之裁判，須以民事法律關係是否成立為準據，而該法律關係已經訴訟繫屬尚未終結者，行政法院應以裁定停止訴訟程序，而暫時無後續行為。

b. 並聲請解釋

行政法院就其受理訴訟之權限，如與普通法院確定裁判之見解有異時，應以裁定停止訴訟程序，並聲請司法院大法官解釋。

為貫徹本法第178條規定之意旨，司法院解釋對該個案審判權歸屬所為之認定，應視為既判事項，各該法院均須遵守，自不得於後續程序中再行審究。❺❼

---

❺❼ 事件若經司法院解釋係民事事件，普通法院先前以無審判權為由駁回之裁定，係屬對受理事件之權限認定有誤，其裁判顯有瑕疵，應不生拘束力（釋字第115號解釋）。向司法院聲請解釋之行政法院除裁定駁回外，並依職權將該民事事件移送有審判權限之普通法院，受移送之法院應遵照司法院解釋對審判權

再者，行政法院就其受理事件，對所適用之法律，確信有牴觸憲法之疑義時，得聲請司法院大法官解釋。此等情形，行政法院應裁定停止訴訟程序。

B. 得裁定停止

除單純（應）裁定停止之情形外，而有民事、刑事或其他行政爭訟牽涉行政訴訟之裁判者，行政法院在該民事、刑事或其他行政爭訟終結前，得以裁定停止訴訟程序。

於此，停止與否，行政法院有裁量權。

(2)效　力

訴訟程序裁定停止之效力，係行政法院及當事人，均不得為關於本案之訴訟行為。

訴訟程序裁定停止者，期間停止進行；且自停止終竣時起，其期間更始進行。

2.當然停止

(1)原則：承受訴訟前當然停止

本於一定資格，以自己名義為他人任訴訟當事人之人，喪失其資格或死亡者，訴訟程序在有同一資格之人承受其訴訟以前當然停止。

此外，依第29條規定選定或指定為訴訟當事人之人全體喪失其資格者，訴訟程序在該有共同利益人全體或新選定或指定為訴訟當事人之人承受其訴訟以前，亦當然停止。

訴訟程序當然停止後，依法律所定之承受訴訟之人，於得為承受時，應即為承受之聲明。他造當事人，亦得聲明承受訴訟。

(2)例外：有訴訟代理人

前述承受訴訟前當然停止之情形，於有訴訟代理人時，則不適用之。

但是，行政法院仍得酌量情形，裁定停止其訴訟程序。

認定之意旨，回復事件之繫屬，依法審判，俾保障人民憲法上之訴訟權（釋字第540號解釋）。

⑶效 力

訴訟程序當然停止之效力，係行政法院及當事人，均不得為關於本案之訴訟行為。但是，於言詞辯論終結後當然停止者，本於其辯論之裁判，仍得宣示之。

訴訟程序當然停止者，期間停止進行；自停止終竣時起，其期間更始進行。

3.合意停止

合意停止，得分為一般合意停止與擬制合意停止：

⑴一般合意停止

當事人得以合意停止訴訟程序。但於公益之維護有礙者，不在此限。前述合意，應由兩造向受訴行政法院陳明。行政法院認合意有礙公益之維護者，應於兩造陳明後，1 個月內裁定續行訴訟。對於行政法院之裁定，不得聲明不服。

至於，不變期間之進行，不因合意停止而受影響。

除行政法院認為合意有礙公益維護而於兩造陳明後 1 個月內裁定續行訴訟外，合意停止訴訟程序之當事人，自陳明合意停止時起，如於 4 個月內不續行訴訟者，視為撤回其訴；續行訴訟而再以合意停止訴訟程序者，以一次為限。如再次陳明合意停止訴訟程序，視為撤回其訴。

⑵擬制合意停止

當事人兩造無正當理由遲誤言詞辯論期日者，除有礙公益之維護者外，視為合意停止訴訟程序。

如於 4 個月內不續行訴訟者，視為撤回其訴。惟行政法院認為必要時，得依職權續行訴訟。而兩造如無正當理由仍不到者，視為撤回其訴。

行政法院認前述停止訴訟程序有礙公益之維護者，除別有規定外，應自該期日起，1 個月內裁定續行訴訟。對於裁定，不得聲明不服。

㈥裁 判

裁判，係行政法院就訴訟程序進行所為之決定或判斷。

1.要　件

⑴形式要件：言詞辯論、言詞審理與直接審理

第一審行政訴訟，原則上係採言詞辯論與言詞審理原則（第188條），故除別有規定外，應本於言詞辯論而為裁判。因此，法官非參與裁判基礎之辯論者，不得參與裁判，則屬直接審理原則之表徵，惟無須言詞辯論者，則無上開規定之適用。

例外之情形，包括：⑴裁定得不經言詞辯論為之（第188條第3項），但亦得經言詞辯論而為裁定。若裁定前不行言詞辯論者，除別有規定外，得命關係人以書狀或言詞為陳述；⑵行政訴訟有關公益之維護者，當事人兩造於言詞辯論期日無正當理由均不到場者，行政法院得依職權調查事實，不經言詞辯論，逕為判決（第194條）。

⑵實質要件：自由心證與強制敘明理由

行政法院為裁判時，除別有規定者外，係應斟酌全辯論意旨及調查證據之結果，且依論理及經驗法則判斷事實之真偽（第189條），故採自由心證原則。本條規定意旨，在要求行政法院為裁判時，應斟酌當事人提出之全部訴訟資料及一切調查證據所得之結果，本於客觀之論理及經驗法則，而判斷事實之真偽，若當事人已證明受有損害而不能證明其數額或證明顯有重大困難者，法院應審酌一切情況，依所得心證定其數額。

至於，依前述判斷而得心證之理由，則應記明於判決，故行政法院負擔強制敘明理由之義務，且得心證之理由間不得互相矛盾，或與判決主文衝突。蓋本法第243條第2項第6款規定，判決不備理由或理由矛盾判決者，為當然違背法令。

2.種　類

⑴裁判之方式

關於裁判之方式，除依本法應用判決者外，係以裁定行之（第187條）。

$$
裁判 \begin{cases} 程序：裁定 \\ 實體：判決 \end{cases}
$$

由上圖可知，裁判之方式，與訴訟要件之審查有關。其中，裁定，係程序裁判；判決，係實體裁判。

⑵終局、一部與中間裁判

終局判決，係指行政訴訟達於可為裁判之程度者，行政法院應為終局判決（第 190 條）。

一部終局判決（第 191 條），係指訴訟標的之一部，或以一訴主張之數項標的，其一達於可為裁判之程度者，行政法院得為一部之終局判決；至於，命合併辯論之數宗訴訟，係得合併裁判之（第 127 條第 2 項），惟其一達於可為裁判之程度者，亦得準用前述（一部終局判決）之規定。

中間判決，係指各種獨立之攻擊或防禦方法，達於可為裁判之程度者，行政法院得為中間判決；請求之原因及數額俱有爭執時，行政法院以其原因為正當者，亦同（第 192 條）。

中間裁定，係指行政訴訟進行中所生程序上之爭執，達於可為裁判之程度者，行政法院得先為裁定（第 193 條）。

⑶勝訴與敗訴判決

實體之裁判，行政法院認原告之訴為有理由者，除別有規定外，應為其勝訴之判決；認為無理由者，應以判決駁回之（第 195 條第 1 項）。所謂「別有規定」，例如，第 198 條第 1 項之情況判決。

當事人於言詞辯論時為訴訟標的之捨棄或認諾者，以該當事人具有處分權及不涉及公益者為限，行政法院得本於其捨棄或認諾為該當事人敗訴之判決（第 202 條）。

⑷撤銷、給付與確認判決

A. 撤銷判決

針對撤銷訴訟之判決，原則上係撤銷判決。行政機關依裁量權所為之行政處分，以其作為或不作為逾越權限或濫用權力者為限，行政法院得予

撤銷。

實務見解（最高行政法院 99 判 326）指出，行政裁量，係法律許可行政機關行使職權時，得為之自由判斷，但裁量並非完全放任，行政機關行使裁量權限仍須遵守法律原則，所為之個別判斷，亦應避免違背誠信原則、平等原則、比例原則等一般法的規範，如裁量係基於法律條款之授權時，更不得違反授權之目的或超越授權之範圍，凡此均屬裁量時應遵守之義務。裁量與上述義務有悖者，構成裁量瑕疵，其裁量處分即欠缺合法性，行政法院自得予以審查。所謂裁量逾越或裁量濫用之具體類型，參酌相關司法院解釋，包括：(1)行政機關所為之判斷，出於錯誤之事實認定或不完全之資訊；(2)法律概念涉及事實關係時，其涵攝有明顯錯誤；(3)對法律概念之解釋有明顯違背解釋法則或牴觸既存之上位規範；(4)行政機關之判斷，違反一般公認之價值判斷標準；(5)行政機關之判斷，出於與事物無關之考量，亦即違反不當連結之禁止；(6)行政機關之判斷，違反法定之正當程序；(7)作成判斷之行政機關，其組織不合法或無判斷之權限；(8)行政機關之判斷，違反相關法治國家應遵守之原理原則，如平等原則、公益原則等（釋字第382 號、第 462 號、第 553 號解釋）。

當行政處分已執行完畢，行政法院為「撤銷行政處分判決」時，經原告聲請，行政法院並認為適當者，則得於判決中命行政機關為回復原狀之必要處置。而撤銷訴訟進行中，原處分已執行而無回復原狀可能或已消滅者，於原告有即受確認判決之法律上利益時，行政法院得依聲請，確認該行政處分為違法（第 196 條）。❺❽此外，本法第 196 條第 2 項，係以「撤銷

---

❺❽　最高行政法院（106 判 582）指出，本法第 196 條第 1 項規定，雖係參考德國行政法院法第 113 條立法例所為之規定，惟與德國行政法院法第 113 條第 1 項所定要件須「行政機關得回復原狀」、「回復原狀已達可為裁判者」相比，我國法文僅用「行政法院認為適當者」，實較為簡略，故於解釋所謂「行政法院認為適當者」時，宜參考德國條文之要件及其學說與實務見解，認為須行政機關在法律上及事實上得回復原狀，且回復原狀已達可為裁判之程度，始足當之。因此，本件高市衛生局在法律上及事實上並無不得返還 A 公司所繳納罰鍰之情形，且裁判之待證事實已臻明確，高市衛生局對於返還上開罰鍰亦無裁量權

訴訟進行中」原處分始消滅為要件之規定，在起訴時行政處分已消滅之情形，並無該條項規定之適用，事實審行政法院亦無向起訴之原告闡明是否改提確認行政處分違法訴訟之義務（107 判 347）。

撤銷訴訟之判決，如係變更原處分或決定者，不得為較原處分或決定不利於原告之判決（第 195 條第 2 項），稱為「不利益變更禁止原則」。

此外，行政法院受理撤銷訴訟，發現原處分或決定雖屬違法，但其撤銷或變更於公益有重大損害，經斟酌原告所受損害、賠償程度、防止方法及其他一切情事，認原處分或決定之撤銷或變更顯與公益相違背時，得駁回原告之訴，惟應於判決主文中諭知原處分或決定違法，稱為「情況判決」（第 198 條）。行政法院為情況判決時，應依原告之聲明，將其因違法處分或決定所受之損害，於判決內命被告機關賠償。原告未為前述聲明者，得於判決確定後 1 年內，向行政法院訴請賠償（第 199 條）。

B. 給付判決

針對給付訴訟之判決，係給付判決。惟撤銷訴訟，其訴訟標的之行政處分涉及金錢或其他代替物之給付者，行政法院得以確定不同金額之給付代替之（第 197 條）。❺❾

行政法院對於人民依第 5 條規定（課予義務訴訟）請求應為行政處分或應為特定內容之行政處分之訴訟，應為下列方式之裁判：⑴原告之訴不合法者，應以裁定駁回之；⑵原告之訴無理由者，應以判決駁回之；⑶原告之訴有理由，且案件事證明確者，應判命行政機關作成原告所申請內容之行政處分；⑷原告之訴雖有理由，惟案件事證尚未臻明確或涉及行政機關之行政裁量決定者，應判命行政機關遵照其判決之法律見解對於原告作成決定（第 200 條）。

限或判斷餘地，故並無原判決所指「准予返還即非適當」之情形，應予辨明。

❺❾　本條立法說明：「原告提起撤銷訴訟為有理由者，如原行政處分違法情形只涉及金額或數量時，應許行政法院在原告聲明之範圍內自行判決加以糾正，不必撤銷原處分而發回原處分機關重為處分，以免原處分機關或有拖延不結，甚至置諸不理之情形。」

　　關於課予義務訴訟之裁判方式，當原告之訴有理由時，法院應依其情形分別適用第 200 條第 3 款或第 4 款規定之判決方式。如法院依其中第 4 款方式裁判者，雖於主文併諭知原告其餘之訴駁回，惟因其係針對單一課予義務訴訟所為之裁判，在事物本質上屬單一裁判權之行使，而具有裁判上不可分之性質，當事人就原審判決不利於己之部分提起上訴時，上訴審法院基於單一課予義務訴訟具有裁判上一致性及單一裁判權之行使，而具有裁判上不可分之理由，仍應就事件之全部予以審酌。至於，第 200 條第 4 款所稱應判命行政機關遵照其判決之法律見解對於原告作成決定者，當然包括實體上之法律見解及作成決定程序上之法律見解 （最高行政法院 107 判 63）。❻⓿

　　此外，公法上契約成立後或因公法上其他原因發生之財產上給付，情事變更，非當時所得預料，而依其原有效果顯失公平者，行政法院得依當事人聲請，為增、減給付或變更、消滅其他原有效果之判決（第 203 條），

---

❻⓿　針對否准處分之課予義務訴訟類型乃人民因中央或地方機關對其依法申請之案件，予以駁回，認為其權利或法律上利益受違法損害者，經依訴願程序後，得向行政法院提起請求該機關應為行政處分或特定內容行政處分之訴訟。最高行政法院指出，其訴訟目的在於取得其依法申請之行政處分或特定內容之行政處分，而非在於撤銷否准處分，故其訴之聲明通常除請求判命被告機關應作成原告所申請內容之行政處分外， 另附屬聲明請求將訴願決定及否准處分均撤銷，惟並不構成撤銷訴訟與課予義務訴訟之合併。當原告所提起之課予義務訴訟具備訴訟成立要件，行政法院即應先實體審理課予義務訴訟本案聲明有無理由，並以原告所主張之請求權基礎於裁判時是否有效存在為斷，當課予義務訴訟有理由時，則行政法院判決主文除依情形分別適用第 200 條第 3 款或第 4 款規定之方式判決外，因其亦具有排除否准處分之效力，實務上併諭知將其附屬聲明之訴願決定及否准處分均撤銷，以求法律關係明確，避免存在一個與判決主旨不符之否准處分。易言之，課予義務訴訟並非先行審究附屬聲明其否准處分之合法性，如僅因否准處分違法，即逕行認定課予義務訴訟為有理由，而適用第 200 條第 3 款或第 4 款之規定為判決，卻未審理課予義務訴訟本案聲明有無理由，遽為判決課予義務訴訟全部勝訴或部分勝訴，即有將課予義務訴訟之本案聲明與附屬聲明混淆或倒置之嫌（107 判 63）。

稱為「情事變更判決」。而為當事人之行政機關，因防止或免除公益上顯然重大之損害，亦得為前述之聲請。

C. 確認判決

針對確認訴訟之判決，係確認判決。惟撤銷訴訟，其訴訟標的之行政處分涉及金錢或其他代替物之確認者，行政法院得以不同之確認代替之。

3.裁判之宣示與公告

裁判，係要式行為，其宣示（公告）及效力（第 204 條至第 208 條），分析如下：

⑴判　　決

經言詞辯論之判決，應宣示之；宣示判決，應於辯論終結之期日或辯論終結時指定之期日為之。前述指定之宣示期日，自辯論終結時起，不得逾 2 星期。

至於，不經言詞辯論之判決，則應公告之；判決經公告者，行政法院書記官應作記載該事由及年、月、日、時之證書附卷。

宣示判決之效力，係不問當事人是否在場，均有效力。判決經宣示後，其主文仍應於當日在行政法院牌示處公告之。判決經宣示或公告後，當事人得不待送達，本於該判決為訴訟行為。

關於判決之羈束力，判決經宣示後，為該判決之行政法院受其羈束；其不宣示者，經公告主文後，亦同。

⑵裁　　定

經言詞辯論之裁定，應宣示之；裁定經宣示後，為該裁定之行政法院、審判長、受命法官或受託法官受其羈束。至於，終結訴訟之裁定，則應公告之。

裁定不宣示者，除關於指揮訴訟或別有規定者外，經公告或送達後受其羈束。

4.判決書

關於判決書之應記載事項、送達與教示制度（第 209 條至第 211 條），分析如下：

(1)應記載事項

判決，應作成判決書，其記載事項，包括：(1)當事人姓名、性別、年齡、身分證明文件字號、住所或居所；當事人為法人、機關或其他團體者，其名稱及所在地、事務所或營業所；(2)有法定代理人、代表人、管理人者，其姓名、住所或居所及其與法人、機關或團體之關係；(3)有訴訟代理人者，其姓名、住所或居所；(4)判決經言詞辯論者，其言詞辯論終結日期；(5)主文；(6)事實（應記載言詞辯論時當事人之聲明及所提攻擊或防禦方法之要領。必要時，得以書狀、筆錄或其他文書作為附件）；(7)理由（應記載關於攻擊或防禦方法之意見及法律上之意見）；(8)年、月、日；(9)行政法院。

判決如有誤寫、誤算或其他類此之顯然錯誤者，法院得依聲請或依職權以裁定更正；其正本與原本不符者，亦同，民事訴訟法第 232 條第 1 項定有明文。此項規定，依本法第 218 條規定，於行政訴訟之裁判準用（最高行政法院 100 裁正 19）。

(2)送　達

判決，應以正本送達於當事人。

前述送達，自行政法院書記官收領判決原本時起，至遲不得逾 10 日。**❻❶**

(3)教示制度

對於判決得為上訴者，應於送達當事人之正本內告知其期間及提出上訴狀之行政法院，稱為「教示制度」。

告知期間有錯誤時，若告知期間較法定期間為短者，以法定期間為準；告知期間較法定期間為長者，應由行政法院書記官於判決正本送達後 20 日內，以通知更正之，並自更正通知送達之日起計算法定期間。行政法院未依規定為告知，或告知錯誤未依規定更正，致當事人遲誤上訴期間者，視為不應歸責於己之事由，得自判決送達之日起 1 年內，適用第 91 條之規定，聲請回復原狀。

---

❻❶　此規定之性質，實務見解認屬係訓示規定，縱有違背，亦不得據以認定裁判違法（最高行政法院 94 裁 334）。

　　至於，不得上訴之判決，不因告知錯誤而受影響。

5.判決之確定與效力

　　⑴判決之確定

　　判決，於上訴期間屆滿時確定，但於上訴期間內有合法之上訴者，阻其確定。

　　不得上訴之判決，於宣示時確定；不宣示者，於公告主文時確定（第212條）。

　　⑵判決之效力

　　訴訟標的於確定之終局判決中經裁判者，有確定力（第213條）。確定終局判決有關訴訟標的之判斷，成為規範當事人間法律關係之基準。嗣後同一事件於訴訟中再起爭執時，當事人即不得為與該確定判決意旨相反之主張，法院亦不得為與該確定判決意旨相反之判斷，其積極作用在避免先後矛盾之判斷，消極作用則在禁止重複起訴。至於，是否為同一事件，應就訴訟當事人、訴訟標的及訴之聲明是否相同為斷，有一不同即非同一事件（最高行政法院 103 判 59；107 裁 591）。

　　對人之效力：確定判決，除當事人外，對於訴訟繫屬後為當事人之繼受人者及為當事人或其繼受人占有請求之標的物者，亦有效力。對於為他人而為原告或被告者之確定判決，對於該他人亦有效力（第214條）。至於，撤銷或變更原處分或決定之判決，對第三人亦有效力（第215條）。

　　對機關之效力：撤銷或變更原處分或決定之判決，就其事件有拘束各關係機關之效力。原處分或決定經判決撤銷後，機關須重為處分或決定者，應依判決意旨為之。前述判決，如係指摘機關適用法律之見解有違誤時，該機關即應受判決之拘束，不得為相左或歧異之決定或處分。前述規定，於其他訴訟，亦準用之（第216條）。蓋為保障人民依行政訴訟程序請求救濟之權利得獲終局解決，行政法院之判決，原機關自有加以尊重之義務；原機關有須重為處分者，亦應依據判決之內容為之，以貫徹憲法保障原告因訴訟而獲得救濟之權利或利益（釋字第 368 號解釋）。即如判決係指摘：⑴事件之事實尚欠明瞭：應由被告機關調查事證另為處分時，該機關即應

依判決意旨或本於職權調查事證；❻❷(2)適用法律之見解有違誤：該管機關即應受行政法院判決所示法律見解之拘束，不得違背。

(七)和　解

若當事人就訴訟標的具有處分權，❻❸且不違反公益者，應予肯認和解制度（第 219 條以下）之價值。

1.要件與效力

當事人就訴訟標的具有處分權且其和解無礙公益之維護者，行政法院、受命法官或受託法官，不問訴訟程度如何，得隨時試行和解。❻❹因試行和解，得命當事人、法定代理人、代表人或管理人本人到場。

試行和解而成立者，應作成和解筆錄。❻❺和解筆錄，應於和解成立之日起 10 日內，以正本送達於當事人及參加和解之第三人。

和解成立者，兼具訴訟法（終結訴訟程序）與實體法（締結行政契約）之雙重性質，其效力則準用第 213 條、第 214 條及第 216 條（判決效力）之規定。

2.繼續審判

和解有無效或得撤銷之原因者，當事人得請求繼續審判。

請求繼續審判，應自和解成立時起算，於 30 日之不變期間內為之。若無效或得撤銷之原因知悉在後者，則自知悉時起算。至於，和解成立後經過 3 年者，除當事人主張代理權有欠缺者外，則不得請求繼續審判。

請求繼續審判不合法者，行政法院應以裁定駁回之；請求繼續審判顯

---

❻❷　此時，倘依重為調查結果認定之事實，認前處分適用法規並無錯誤，仍得維持已撤銷之前處分見解（釋字第 368 號解釋）。

❻❸　盛子龍，〈當事人對訴訟標的之處分權作為行政訴訟上和解之容許性要件〉，《臺灣本土法學雜誌》，第 71 期，第 52 頁以下。

❻❹　甚至於最高行政法院準備庭時，得由承審法官諭知試行和解，兩造當庭同意和解（最高行政法院 94 和 1）；至於，本件既以再審之訴無理由予以駁回，故再審原告聲請本院開庭試行和解，自無從准許（106 判 185）。

❻❺　第 128 條至第 130 條、民事訴訟法第 214 條、第 215 條、第 217 條至第 219 條之規定，於和解筆錄準用之。

無理由者，得不經言詞辯論，以判決駁回之。

因請求繼續審判而變更和解內容者，準用第 282 條（再審判決效力）之規定。

3.參加和解

第三人經行政法院之許可，得主動參加和解。行政法院認為必要時，亦得通知第三人參加。第三人參加和解成立者，得為執行名義。

當事人與第三人間之和解，有無效或得撤銷之原因者，得向原行政法院提起宣告和解無效或撤銷和解之訴。於此情形，準用前述請求繼續審判之規定，當事人亦得請求就原訴訟事件合併裁判。

二、地方法院行政訴訟庭簡易訴訟程序

適用簡易訴訟程序之事件，以地方法院行政訴訟庭為第一審管轄法院。簡易訴訟程序除本章別有規定外，仍適用通常訴訟程序之規定。

㈠適用範圍

除本法別有規定外，適用本章所定簡易程序之行政訴訟事件，得區分為例示規定與概括規定：

1.例示規定

⑴標的價額在新臺幣 40 萬元以下者

標的價額在新臺幣 40 萬元以下者，❻包括：⑴關於稅捐課徵事件涉訟，所核課之稅額在新臺幣 40 萬元以下者；⑵因不服行政機關所為新臺幣 40 萬元以下罰鍰處分而涉訟者；⑶其他關於公法上財產關係之訴訟，其標的之金額或價額在新臺幣 40 萬元以下者。

前述行政訴訟事件所定數額，司法院得因情勢需要，以命令減為新臺幣 20 萬元或增至新臺幣 60 萬元；此外，若因訴之變更，致訴訟標的之金額或價額逾新臺幣 40 萬元者，其辯論及裁判改依通常訴訟程序之規定；追加之新訴或反訴，其訴訟標的之金額或價額逾新臺幣 40 萬元，而以原訴與

---

❻ 所定數額，司法院得因情勢需要，以命令減為新臺幣 20 萬元或增至新臺幣 60 萬元。

之合併辯論及裁判者，亦同。

因此，適用簡易訴訟程序，係以當事人起訴所得受之利益是否逾一定之金額或價額，而決定其提起行政訴訟時應適用通常訴訟程序或簡易訴訟程序之標準，乃立法者衡酌行政訴訟救濟制度之功能及訴訟事件之屬性，避免虛耗國家有限之司法資源，促使公法上爭議早日確定，以維持社會秩序所為之正當合理之限制，與憲法第 16 條、第 23 條規定尚無違背（釋字第 629 號解釋）。

例如，原告訴之聲明第 2 項請求被告給付 3 萬元部分，固屬「其他關於公法上財產關係之訴訟，其標的之金額在 40 萬元以下」之情形，原應適用簡易訴訟程序，惟原告訴之聲明第 1 項請求確認原處分、異議結果及審議判斷違法部分，非屬本法第 229 條第 2 項所定應適用簡易訴訟程序之事件，而應適用通常訴訟程序。參以通常訴訟程序係採法官 3 人合議（行政法院組織法第 3 條第 1 項），程序更為嚴謹，與簡易訴訟程序由獨任法官審理迥異（本法第 232 條），為保障原告之訴訟權，避免訴訟事件割裂審理，本件自應全部適用通常訴訟程序，並依本法第 104 條之 1 規定，以高等行政法院為第一審管轄法院。復因被告所在地在臺北市，依本法第 13 條第 1 項後段規定，應由臺北高等行政法院管轄，故依職權移送至有管轄權限之臺北高等行政法院（臺灣臺北地方法院行政訴訟 107 簡 11）。

⑵輕微處分

即因不服行政機關所為告誡、警告、記點、記次、講習、輔導教育或其他相類之輕微處分而涉訟者。

例如，中華民國婦女聯合會不服提起本件行政訴訟者，核係屬因不服行政機關所為警告處分而涉訟者，依本法第 229 條第 2 項第 4 款規定，屬應適用簡易訴訟程序之事件，依同條第 1 項規定，應以地方法院行政訴訟庭為第一審管轄法院。茲內政部所在地係設於臺北市，依本法第 13 條第 1 項規定，本件自應由本院行政訴訟庭管轄（臺灣臺北地方法院行政訴訟 106 簡 49）。

(3)行政收容事件

關於內政部入出國及移民署之行政收容事件涉訟，或合併請求損害賠償或其他財產上給付者。

行政收容事件，由受收容人受收容或曾受收容所在地之地方法院行政訴訟庭管轄，不適用第 13 條之規定。但未曾受收容者，由被告機關所在地之地方法院行政訴訟庭管轄。

2.概括規定

即其他依法律之規定，應適用簡易訴訟程序者。

例如，監獄行刑法第 6 條及同法施行細則第 5 條第 1 項第 7 款之規定，不許受刑人就監獄處分或其他管理措施，逾越達成監獄行刑目的所必要之範圍，而不法侵害其憲法所保障之基本權利且非顯屬輕微時，得向法院請求救濟之部分，逾越憲法第 23 條之必要程度，與憲法第 16 條保障人民訴訟權之意旨有違。相關機關至遲應於本解釋公布之日起 2 年內，依本解釋意旨檢討修正監獄行刑法及相關法規，就受刑人及時有效救濟之訴訟制度，訂定適當之規範。修法完成前，受刑人就監獄處分或其他管理措施，認逾越達成監獄行刑目的所必要之範圍，而不法侵害其憲法所保障之基本權利且非顯屬輕微時，經依法向監督機關提起申訴而不服其決定者，得於申訴決定書送達後 30 日之不變期間內，逕向監獄所在地之地方法院行政訴訟庭起訴，請求救濟。其案件之審理，準用本法簡易訴訟程序之規定，並得不經言詞辯論（釋字第 755 號解釋）。

(二)審　理

1.獨任法官

簡易訴訟程序，係在獨任法官前行之。蓋法院組織法第 3 條第 1 項規定：「地方法院審判案件，以法官 1 人獨任或 3 人合議行之。」

2.言詞起訴、聲明或陳述

適用簡易訴訟程序之行政訴訟事件，其起訴及其他期日外之聲明或陳述，概得以言詞為之。其以言詞起訴者，應將筆錄送達於他造。

3.得不經言詞辯論

簡易訴訟程序之裁判，得不經言詞辯論為之。而行言詞辯論者，其言詞辯論期日之通知書，應與訴狀或第 231 條第 2 項之筆錄一併送達於他造。

4.簡化判決書

簡易訴訟程序判決書內之事實、理由，得不分項記載，並得僅記載其要領。

㈢上訴或抗告

對於簡易訴訟程序之裁判不服者，除本法別有規定外，得上訴或抗告於管轄之高等行政法院。

前述上訴或抗告，非以原裁判違背法令為理由，不得為之。對於簡易訴訟程序之第二審裁判，不得上訴或抗告。❻

高等行政法院受理前述訴訟事件，認有確保裁判見解統一之必要者，應以裁定移送最高行政法院裁判之。❻就此裁定，不得聲明不服。

最高行政法院認高等行政法院裁定移送之訴訟事件，並未涉及裁判見解統一之必要者，應以裁定發回。受發回之高等行政法院，不得再將訴訟事件裁定移送最高行政法院。

對於簡易訴訟程序之裁判提起上訴或抗告，應於上訴或抗告理由中表明下列事由之一，提出於原地方法院行政訴訟庭為之：⑴原裁判所違背之法令及其具體內容；⑵依訴訟資料可認為原裁判有違背法令之具體事實。

至於，應適用通常訴訟程序之事件，第一審誤用簡易訴訟程序審理並為判決者，受理其上訴之高等行政法院應廢棄原判決，逕依通常訴訟程序為第一審判決。但當事人於第一審對於該程序誤用已表示無異議或無異議

---

❻　簡易訴訟程序之上訴，除第 241 條之 1 規定外，準用第 3 編規定。簡易訴訟程序之抗告、再審及重新審理，分別準用第 4 編至第 6 編規定。

❻　本法第 235 條之 1 規定之立法理由，係為避免簡易訴訟程序事件因以高等行政法院為終審，而衍生原裁判所持之法律見解與裁判先例歧異之問題，有確保裁判見解統一之必要者，高等行政法院應以裁定移送本院裁判之（最高行政法院 107 裁 871）。

而就該訴訟有所聲明或陳述者，不在此限；此種情形，高等行政法院應適用簡易訴訟上訴審程序之規定為裁判。

三、交通裁決事件訴訟程序

本法【100/11/23】增訂第 2 編第 3 章章名「交通裁決事件訴訟程序」及第 237 條之 1 至之 9。

本法所稱交通裁決事件如下：⑴不服道路交通管理處罰條例第 8 條及第 37 條第 5 項之裁決，而提起之撤銷訴訟、確認訴訟；⑵合併請求返還與前款裁決相關之已繳納罰鍰或已繳送之駕駛執照、計程車駕駛人執業登記證、汽車牌照。

至於，合併提起前述以外之訴訟者，應適用簡易訴訟程序或通常訴訟程序之規定。而第 237 條之 2、第 237 條之 3、第 237 條之 4 第 1 項及第 2 項規定，於前述情形準用之（第 237 條之 1）。

關於交通裁決事件，得由原告住所地、居所地、所在地或違規行為地之地方法院行政訴訟庭管轄（第 237 條之 2）。

交通裁決事件訴訟之提起，應以原處分機關為被告，逕向管轄之地方法院行政訴訟庭為之。交通裁決事件中撤銷訴訟之提起，應於裁決書送達後 30 日之不變期間內為之。前述訴訟，因原處分機關未為告知或告知錯誤，致原告於裁決書送達 30 日內誤向原處分機關遞送起訴狀者，視為已遵守起訴期間，原處分機關應即將起訴狀移送管轄法院（第 237 條之 3）。

地方法院行政訴訟庭收受前述起訴狀後，應將起訴狀繕本送達被告。被告收受起訴狀繕本後，應於 20 日內重新審查原裁決是否合法妥當，並分別為如下之處置：⑴原告提起撤銷之訴，被告認原裁決違法或不當者，應自行撤銷或變更原裁決。但不得為更不利益之處分；⑵原告提起確認之訴，被告認原裁決無效或違法者，應為確認；⑶原告合併提起給付之訴，被告認原告請求有理由者，應即返還；⑷被告重新審查後，不依原告之請求處置者，應附具答辯狀，並將重新審查之紀錄及其他必要之關係文件，一併提出於管轄之地方法院行政訴訟庭。被告依前述⑴至⑶規定為處置者，應

即陳報管轄之地方法院行政訴訟庭；被告於第一審終局裁判生效前已完全依原告之請求處置者，以其陳報管轄之地方法院行政訴訟庭時，視為原告撤回起訴（第 237 條之 4）。

交通裁決事件，按下列規定徵收裁判費：⑴起訴，按件徵收新臺幣 300 元；⑵上訴，按件徵收新臺幣 750 元；⑶抗告，徵收新臺幣 300 元；⑷再審之訴，按起訴法院之審級，依⑴、⑵徵收裁判費；對於確定之裁定聲請再審者，徵收新臺幣 300 元；⑸本法第 98 條之 5 各款聲請，徵收新臺幣 300 元。依前條第 3 項規定，視為撤回起訴者，法院應依職權退還已繳之裁判費（第 237 條之 5）。

因訴之變更、追加，致其訴之全部或一部，不屬於交通裁決事件之範圍者，地方法院行政訴訟庭應改依簡易訴訟程序審理；其應改依通常訴訟程序者，並應裁定移送管轄之高等行政法院（第 237 條之 6）。

交通裁決事件之裁判，得不經言詞辯論為之（第 237 條之 7）。例如，甲駕駛自用小客車，因有「駕車行經有燈光號誌管制之交岔路口闖紅燈」之違規事實，被員警當場攔停，而製發違反道路交通管理事件通知單，予以舉發。甲向臺北市交通事件裁決所陳述意見，經函請舉發機關就甲陳述事項查明，舉發機關函復違規屬實，舉發無誤，臺北市交通事件裁決函復本案仍依法裁處。甲向臺北市交通事件裁決裁罰櫃檯申請開立裁決書（裁處罰鍰 2,700 元，並記違規點數 3 點），因不服而提起行政訴訟。本件依本法第 237 條之 1 規定，應適用交通裁決事件訴訟程序，本院並依同法第 237 條之 7 規定，爰不經言詞辯論，逕為判決（臺灣士林地方法院行政訴訟 107 交 110）。

行政法院為訴訟費用之裁判時，應確定其費用額。前述情形，行政法院得命當事人提出費用計算書及釋明費用額之文書（第 237 條之 8）。依本法第 237 條之 9 第 2 項準用第 237 條之 8 第 1 項規定，交通裁決事件之上訴，行政法院為訴訟費用之裁判時，應確定其費用額。因此，本件上訴人對於交通裁決事件之上訴，為有理由，則第一審裁判費 300 元及上訴審裁判費 750 元，均應由被上訴人負擔（107 判 349）。

　　交通裁決事件，除本章別有規定外，準用簡易訴訟程序之規定。交通裁決事件之上訴，準用第 235 條、第 235 條之 1、第 236 條之 1、第 236 條之 2 第 1 項至第 3 項及第 237 條之 8 規定。交通裁決事件之抗告、再審及重新審理，分別準用第 4 編至第 6 編規定（第 237 條之 9）。

　　就此，本法第 235 條之 1 規定，依第 237 條之 9 第 2 項，於交通裁決事件亦有準用。例如，關於經逕行舉發之汽車所有人，未依道路交通管理處罰條例第 85 條第 1 項規定於舉發通知單應到案日期前告知應歸責人之法律效果為何，原裁定法院見解已有分歧（104 交上 4 與 103 交上 42），原裁定法院與臺北高等行政法院、臺中高等行政法院所表示之見解亦確有歧異（104 交上 4 與臺北高等行政法院 102 交上 141、104 交上 98、106 交上 105、臺中高等行政法院 106 交上 36）。因此，原裁定認有確保裁判見解統一必要，裁定移送本院裁判，核無不合（107 判 349）。

　　惟若高等行政法院裁定移送之訴訟事件，其所涉法律見解並未涉及裁判見解統一之必要，或業經本院以裁判統一見解在案，即無由本院再為統一之必要。因此，原裁定所述法律見解之歧異，業經本院（107 判 345）統一確定在案，於本案即無所涉見解歧異之情事，即無統一裁判見解之必要，爰將原裁定廢棄，發回移送法院依本院所表示之見解，依法裁判（107 裁 871；107 裁 873）。

　　此外，當事人對於地方法院交通裁決事件之判決上訴，如依本法第 237 條之 9 第 2 項準用第 236 條之 2 第 3 項、第 243 條第 1 項規定，以判決有不適用法規或適用不當為理由時，其上訴狀或理由書應表明原判決所違背之法令及其具體內容；若係成文法以外之法則，應揭示該法則之旨趣，倘為司法院解釋或最高行政法院之判例，則為揭示該判解之字號或其內容。如以本法第 237 條之 9 第 2 項準用第 236 條之 2 第 3 項、第 243 條第 2 項所列各款情形為理由時，其上訴狀或理由書，應揭示合於該條項各款之事實。因此，上訴狀或理由書如未依此項方法表明者，即難認為已對交通裁決事件之判決之違背法令有具體之指摘，其上訴自難認為合法（臺北高等行政法院 107 交上 181）。

四、收容聲請事件程序

本法【103/06/18】增訂第 2 編第 4 章章名「收容聲請事件程序」及第 237 條之 10 至之 17。增訂本章，係因應釋字第 708 號❻❾及第 710 號解釋❼⓿，要求應賦予受收容之外國人及大陸地區人民，對於移民署作成之暫予收容處分，有立即聲請法院迅速審查決定之救濟機會，以及逾越暫予收容期間之收容，應由法院審查決定之意旨而增訂。

本法所稱收容聲請事件如下：(1)依入出國及移民法、臺灣地區與大陸地區人民關係條例及香港澳門關係條例提起收容異議、聲請續予收容及延長收容事件；(2)依本法聲請停止收容事件（第 237 條之 10）。

收容聲請事件，以地方法院行政訴訟庭為第一審管轄法院。前述事件，由受收容人所在地之地方法院行政訴訟庭管轄，不適用第 13 條之規定（第 237 條之 11）。

行政法院審理收容異議、續予收容及延長收容之聲請事件，應訊問受收容人；入出國及移民署並應到場陳述。行政法院審理前述聲請事件時，得徵詢入出國及移民署為其他收容替代處分之可能，以供審酌收容之必要性（第 237 條之 12）。

行政法院裁定續予收容或延長收容後，受收容人及得提起收容異議之人，認為收容原因消滅、無收容必要或有得不予收容情形者，得聲請法院停止收容。行政法院審理前述事件，認有必要時，得訊問受收容人或徵詢入出國及移民署之意見，並準用前條第 2 項之規定（第 237 條之 13）。

❻❾　釋字第 708 號解釋指出，【96/12/26】入出國及移民法第 38 條第 1 項「外國人有下列情形之一者，入出國及移民署得暫予收容⋯⋯」之規定，其因遣送所需合理作業期間之暫時收容部分，未賦予受暫時收容人即時之司法救濟；又逾越上開暫時收容期間之收容部分，非由法院審查決定，均有違憲法第 8 條第 1 項保障人民身體自由之意旨

❼⓿　釋字第 710 號解釋指出，【92/10/29】修正公布之臺灣地區與大陸地區人民關係條例，就強制大陸地區人民出境，未予申辯機會，就暫予收容未明定事由及期限，以及強制出境辦法所定收容事由未經法律明確授權，均屬違憲。

　　行政法院認收容異議、停止收容之聲請為無理由者，應以裁定駁回之。認有理由者，應為釋放受收容人之裁定。行政法院認續予收容、延長收容之聲請為無理由者，應以裁定駁回之。認有理由者，應為續予收容或延長收容之裁定（第 237 條之 14）。

　　例如，法院依法訊問受收容人，且由內政部移民署人員到場陳述，並審閱相關證據資料後，認受收容人之收容原因仍然存在，無入出國及移民法第 38 條第 2 項可為收容替代處分之情形，復無同法第 38 條之 1 第 1 項各款得不予收容情形，認有續予收容之必要。因此，本件內政部移民署聲請為有理由，受收容人應准續予收容（臺灣宜蘭地方法院行政訴訟 107 續收 1887）。

　　行政法院所為續予收容或延長收容之裁定，應於收容期間屆滿前當庭宣示或以正本送達受收容人。未於收容期間屆滿前為之者，續予收容或延長收容之裁定，視為撤銷（第 237 條之 15）。

　　聲請人、受裁定人或入出國及移民署對地方法院行政訴訟庭所為收容聲請事件之裁定不服者，應於裁定送達後 5 日內抗告於管轄之高等行政法院。

　　例如，抗告人既於其所提出之收容異議狀中表明其係受收容人之「表姐」，且於本件抗告狀中係陳稱其為受收容人之「堂姐」，則依抗告人上開陳述可知，其並非受收容人之「配偶、直系親屬、法定代理人、兄弟姊妹」，即非依法得提起收容異議之人，則抗告人即使補正提出任何證明文件亦無足以證明其為前述得提起收容異議之人，故原裁定以抗告人之聲請要件不備且不能補正而駁回其聲請，於法並無不合，本件抗告為無理由，應予駁回（臺北高等行政法院 107 收抗 5）。

　　對於抗告法院之裁定，不得再為抗告。抗告程序，除依前述規定外，準用第 4 編之規定。收容聲請事件之裁定已確定，而有第 273 條之情形者，得準用第 5 編之規定，聲請再審（第 237 條之 16）。

　　行政法院受理收容聲請事件，不適用第 1 編第 4 章第 5 節訴訟費用之規定。但依第 98 條之 6 第 1 項第 1 款之規定徵收者，不在此限。收容聲請

事件，除本章別有規定外，準用簡易訴訟程序之規定（第 237 條之 17）。

收容期間之區分：包括移民署作成「暫予收容處分」（最長不得逾 15日）、法院裁定「續予收容」（最長不得逾 45 日）及「延長收容」（最長不得逾 60 日）3 段期間。

收容聲請事件類型之區分：包括「收容異議」、「續予收容」、「延長收容」及「停止收容」4 種。收容異議係受收容人或其一定關係親屬，對於暫予收容處分不服而於暫予收容期間提出；續予收容及延長收容則係移民署認有繼續收容必要，於收容期間屆滿前向法院聲請；停止收容則為受收容人或其一定關係親屬，於法院裁定續予或延長收容後，認有收容原因消滅、無收容必要或有得不予收容之情形，向法院聲請。

例如，聲請人受有強制驅逐出境之處分，仍屬有效存續中，且依聲請人之聲請理由，亦無得不予收容之事由，復無得不予收容之法定事由存在，且無得為適當有效可行之收容替代處分，故內政部移民署暫予收容聲請人，依法有據，自無違誤。本件收容異議之聲請，為無理由，應予駁回（臺灣宜蘭地方法院行政訴訟 107 收異 1）。

參、上訴審程序

關於上訴審程序，除本編「上訴審程序」別有規定（第 238 條至第263 條）外，前編「高等行政法院第一審訴訟程序」第 1 章「通常訴訟程序」之規定，於上訴審程序準用之。對於高等行政法院判決上訴，上訴人原則上應委任律師為訴訟代理人，係採行律師強制代理制度，如無本法第241 條之 1 第 1 項但書及第 2 項情形，上訴人應委任律師為訴訟代理人（105 裁 471）。[71]

---

[71] 依行政訴訟法第 241 條之 1 第 1 項第 1 款規定：「對於高等行政法院判決上訴，上訴人應委任律師為訴訟代理人。但有下列情形之一者，不在此限：一、上訴人或其法定代理人具備律師資格或為教育部審定合格之大學或獨立學院公法學教授、副教授者。……」因此，上訴人依上開規定，聲請自行兼任訴訟代理

一、上訴之範圍與期間

㈠範　　圍

1.高等行政法院之終局判決

對於高等行政法院之終局判決，除本法或其他法律別有規定外，係得上訴於最高行政法院（高等行政法院之上級審法院）。不過，於上訴審程序，不得為訴之變更、追加或提起反訴。**⓻**因此，針對原審判決於駁回抗告人在原審之訴後，抗告人提出「行政訴訟抗告狀」，主張原審判決嚴重違誤不當等語，核屬對原審判決不服，抗告人雖表明「抗告」之旨，為保障抗告人之權益，仍應視為提起上訴，而依上訴程序調查裁判（105 裁 471）。

所謂「法律別有規定」，例如，第 262 條第 2 項規定：「撤回上訴者，喪失其上訴權。」第 235 條第 1 項規定，對於適用簡易程序之裁判提起上訴者，須先經最高行政法院之許可。

此外，得提起上訴之人，自以受原審法院不利判決之當事人為限。如非有上訴權之人，自無對原審判決聲明不服之餘地。

2.判決前之裁判

對於高等行政法院之終局判決前之裁判，牽涉該判決者，除依本法不得聲明不服或得以抗告聲明不服者外，並受最高行政法院之審判。

㈡期　　間

提起上訴，應於高等行政法院判決送達後 20 日之不變期間內為之。但是，宣示或公告後送達前之上訴，亦有效力。

關於不變期間之計算，當事人郵遞上訴狀者，應以上訴狀到達法院之日，為提出於法院之日。

人，已提出律師證書，釋明其已有專業素養，應無再強制其委任律師為訴訟代理人之必要，應予准許（最高行政法院 103 裁 609；105 裁 471）。

⓻　例如，若追加或變更之部分，不在原審訴訟及判決範圍，顯係於上訴審為訴之追加或變更，難謂合法，應予駁回（最高行政法院 94 裁 892）。

二、上訴之捨棄與撤回

㈠捨 棄

1.時 間

當事人於高等行政法院判決宣示、公告或送達後，得捨棄上訴權。

2.方 式

當事人於宣示判決時，以言詞捨棄上訴權者，應記載於言詞辯論筆錄；如他造不在場，應將筆錄送達。

㈡撤 回

1.時 間

上訴人於終局判決宣示或公告前，得將上訴撤回。

撤回上訴者，喪失其上訴權。

2.方 式

上訴之撤回，原則上應以書狀為之。

但是，在言詞辯論時，得以言詞為之，惟於言詞辯論時所為上訴之撤回，應記載於言詞辯論筆錄，如他造不在場，應將筆錄送達。

三、上訴之理由

㈠判決違背法令

對於高等行政法院判決之上訴，非以其違背法令為理由，不得為之。因此，對於高等行政法院判決上訴，若未具體說明原判決違背何項法令、不適用或如何適用不當之具體情事，即非主張原判決違背法令以為上訴理由。

此外，僅以判決違背法令，作為高等行政法院判決上訴之理由，此係為合理利用訴訟程序之限制，❼❸且隱含著上訴審程序，係法律審之救濟制度。

---

❼❸ 並參，釋字第 302 號解釋。

㈡類　型

1.一般違背法令

所謂「違背法令」，本法第 243 條第 1 項規定：「判決不適用法規或適用不當者，為違背法令」，此係一般或抽象之違背法令，亦得稱為相對之上訴理由，在適用上須因不適用法規或適用不當致（顯然）影響判決之作成。**❼❹**

所謂「不適用法規」，包括積極不適用法規、消極不適用法規與拒絕適用法規等；**❼❺**所謂「適用不當」，包括錯誤適用法規、違背論理或經驗法則等。**❼❻**

2.當然違背法令

判決當然違背法令之情形，亦得稱為絕對之上訴理由，依本法第 243 條第 2 項規定，包括：⑴判決法院之組織不合法；⑵依法律或裁判應迴避之法官參與裁判；⑶行政法院於權限之有無辨別不當或違背專屬管轄之規定；⑷當事人於訴訟未經合法代理或代表；**❼❼**⑸違背言詞辯論公開之規定；⑹判決不備理由或理由矛盾。**❼❽**

---

❼❹ 釋字第 177 號、第 181 號解釋；陳敏，《行政法總論》，2004，第 1548 頁以下。

❼❺ 並參，釋字第 177 號解釋。

❼❻ 並參，釋字第 135 號、第 146 號、第 181 號解釋。

❼❼ 本款所稱「當事人於訴訟未經合法代理者」，係指當事人無訴訟能力，未由法定代理人代理或其法定代理人無代理權或未受必要之允許，或訴訟代理人之代理權有欠缺（最高行政法院 100 判 1248）。

❼❽ 最高行政法院（105 判 197；106 判 558）指出，所謂「判決理由矛盾」，係指判決理由前後牴觸或判決主文與理由不符情形；「判決不備理由」，係指判決全然未記載理由，或雖有判決理由，但其所載理由不明瞭或不完備，不足使人知其主文所由成立之依據；所謂判決不備理由，應以欠缺判決主文所由生不可或缺之理由為限，若其理由並不影響判決主文者，並不包括在內。判決書理由項下記載法律上之意見，祇須依其記載得知所適用者為如何之法規即可，縱未列舉法規之條文，亦不得謂判決不備理由。法院就當事人提出之各項攻擊或防禦方法及聲明之證據，僅就其中主要者予以調查審認，而就非必要者漏未斟酌，祇須漏未斟酌部分並不影響判決基礎，不得指為違法。換言之，倘證據所證明

3.兩者之關聯

第 243 條第 2 項規定「當然違背法令」，係第 1 項規定「違背法令」之具體類型，故若有第 2 項各款事由存在，依具體規定優先抽象規定適用之原則，應優先適用具體規定，而第 1 項規定則係補充或備位之地位。

當事人提起上訴，如以高等行政法院判決有不適用法規或適用不當（第 1 項）為理由時，其上訴狀或理由書應有具體之指摘，並揭示該法規之條項或其內容；若係成文法以外之法則，應揭示該法則之旨趣；倘為司法院解釋或本院之判例，則應揭示該判解之字號或其內容。如以高等行政法院判決有第 2 項規定所列各款情形之當然違背法令為理由時，其上訴狀應揭示合於該款之事實（最高行政法院 103 裁 620）。

四、上訴程式與原審處置

㈠上訴程式

提起上訴，應以上訴狀添具關於上訴理由之必要證據，提出於原高等行政法院為之。上訴狀應表明之事項，包括：(1)當事人；**⑦⑨**(2)高等行政法院判決，及對於該判決上訴之陳述；(3)對於高等行政法院判決不服之程度，及應如何廢棄或變更之聲明；(4)上訴理由，若上訴狀內未表明上訴理由者，上訴人應於提起上訴後 20 日內（判決宣示或公告後送達前提起上訴者，該期間應自判決送達後起算），提出理由書於原高等行政法院。

㈡原審處置

1.上訴不合法

上訴不合法而其情形不能補正者，原高等行政法院應以裁定駁回之。

不能補正之類型，似得區分為依事物性質不能補正及依法律規定不能補正，前者例如逾越上訴之不變期間，後者例如（第 245 條第 1 項規定）

之事項，不能動搖原判決所確定之事實；或顯與已調查之證據重複；或待證事項已臻明瞭，無再行調查必要之證據等情形，事實審法院縱未予以調查，應認為不影響裁判之結果，當事人自不得憑以指為判決理由不備。

⑦⑨ 本款所謂「當事人」，係指受原審法院裁判之原告、被告或參加訴訟之人而言。

上訴狀內未表明上訴理由者，上訴人亦未於提起上訴後 20 日內（判決宣示或公告後送達前提起上訴者，該期間應自判決送達後起算），提出理由書於原高等行政法院者，則毋庸命其補正，由原高等行政法院以裁定駁回之。

上訴不合法而其情形可以補正者，原高等行政法院應定期間命其補正；如不於期間內補正，原高等行政法院應以裁定駁回之。例如，原告由訴訟代理人起訴，惟未於訴狀表明以「當事人」起訴之名義，其情形既非不可補正，故應先定期間命為補正，不可逕行駁回。❽⓪

此外，針對不服原審判決對之提起抗告（視為提起上訴），惟未提出委任律師或得為訴訟代理人者之委任狀，亦未繳納上訴裁判費（本法第 98 條之 2 第 1 項規定，上訴應繳納裁判費）。最高行政法院指出，因原審裁定命於收受裁定送達後 10 日內補正，然均未補正，亦未依訴訟救助規定聲請行政法院選任律師為其訴訟代理人，故得以逾期未補正，認其上訴不合法（105 裁 471）。

2.上訴合法

上訴未因不合法而駁回者，高等行政法院應速將上訴狀送達被上訴人。

被上訴人原則上得於上訴狀或第 245 條第 1 項理由書送達後 15 日內，提出答辯狀於原高等行政法院，惟被上訴人在最高行政法院未判決前仍得提出答辯狀及其追加書狀於最高行政法院，且上訴人亦得提出上訴理由追加書狀。最高行政法院認有必要時，得將前述書狀送達於他造。

高等行政法院送交訴訟卷宗於最高行政法院，應於收到答辯狀或前述期間已滿，及各當事人之上訴期間已滿後為之。❽①

五、最高行政法院之審理與裁判

(一)審　理

1.限制之範圍

由於上訴之聲明不得變更或擴張之，故最高行政法院應於上訴聲明之

---

❽⓪　並參，釋字第 306 號解釋。

❽①　應送交之卷宗，如為高等行政法院所需者，應自備繕本、影本或節本。

範圍內調查之。此外，最高行政法院若依職權或依聲請行言詞辯論，其言詞辯論亦應於上訴聲明之範圍內為之。不過，最高行政法院調查高等行政法院判決有無違背法令，並不受上訴理由之拘束。

2.書面審理

最高行政法院之判決，原則上不經言詞辯論為之，故係採書面審理原則。

但是，因有：(1)法律關係複雜或法律見解紛歧，有以言詞辯明之必要；(2)涉及專門知識或特殊經驗法則，有以言詞說明之必要；或(3)涉及公益或影響當事人權利義務重大，有行言詞辯論之必要，則最高行政法院得依職權或依聲請行言詞辯論。

至於，是否具備本法第 253 條第 1 項各款規定之情形，屬最高行政法院之職權範圍。例如，其在（107 判 273）指出：「……查本件所涉法律關係並不複雜，亦不涉專門知識，雖影響上訴人權利義務重大，但事證明確，相關之法律適用已經本院說明如上，並無上述各款規定之情形，無行言詞辯論之必要。」

3.法律審

最高行政法院之上訴審程序，原則上係法律審之救濟制度，即除別有規定外，應以高等行政法院判決確定之事實為判決基礎。因此，於高等行政法院判決後，似已不得主張新事實或提出新攻擊方法與新證據方法而作為上訴之理由（最高行政法院 100 判 1044）。唯在有一定情形時，最高行政法院始依職權或依聲請行言詞辯論，並斟酌由言詞辯論闡明或補充訴訟關係之資料，斯時始兼具事實審性質（106 判 710）。

所謂「別有規定」，例如，第 254 條第 2 項與第 3 項之規定，即以違背訴訟程序之規定為上訴理由時，所舉違背之事實，及以違背法令確定事實或遺漏事實為上訴理由時，所舉之該事實，最高行政法院仍得斟酌之。而依第 253 條第 1 項但書規定，行言詞辯論所得闡明或補充訴訟關係之資料，最高行政法院亦得斟酌之。

此外，解釋契約，係以探求當事人間訂約之正確內容為目的，屬於事

實認定之範圍；苟其解釋不違背法令或悖於論理法則或經驗法則，當事人不得以其解釋不當為理由，向最高行政法院提起上訴。反之，事實審對契約之解釋，如有違背論理法則或經驗法則者，當事人自得以其解釋不當為理由，向最高行政法院提起上訴（103 判 165）。

㈡裁　判

最高行政法院之裁判，亦得區分為程序裁判與實體裁判。

1.裁　定

程序裁判，即裁定。

上訴不合法者，最高行政法院應以裁定駁回之。但是，其情形可以補正者，審判長應定期間先命補正。不過，上訴不合法之情形，已經原高等行政法院命其補正而未補正者，得不行先命補正之程序。

2.判　決

實體裁判，即判決。可再區分為二類：

⑴無理由之判決

最高行政法院認為上訴為無理由者，應為駁回之判決。

若原判決依其理由雖屬不當，而依其他理由仍認為正當者，應以上訴為無理由。

⑵有理由之判決

原則上，最高行政法院認為上訴為有理由者，就該部分應廢棄原判決。而因違背訴訟程序之規定廢棄原判決者，其違背之訴訟程序部分，視為亦經廢棄。至於，應適用簡易訴訟程序或交通裁決訴訟程序之事件，最高行政法院不得以高等行政法院行通常訴訟程序而廢棄原判決。前述情形，應適用簡易訴訟或交通裁決訴訟上訴審程序之規定。

但是，除違背專屬管轄之規定者外，最高行政法院不得以高等行政法院無管轄權而廢棄原判決。❷就因高等行政法院無管轄權而廢棄原判決者，

---

❷ 但若有相關事項未明，最高行政法院無從自為裁判，則係將原判決廢棄，發回原審法院重為審理後，另為適法之裁判（最高行政法院 103 判 267）。例如，原判決有應調查而未予調查，或不予調查或採納，卻未說明其理由，構成判決

應以判決將該事件移送於管轄行政法院。

　　此外，除第 243 條第 2 項第 1 款至第 5 款之情形外，若高等行政法院判決違背法令而不影響裁判之結果者，則不得廢棄原判決。

　　經廢棄原判決者，除別有規定外，最高行政法院應將該事件發回原高等行政法院或發交其他高等行政法院。當發回或發交判決時，就高等行政法院應調查之事項，最高行政法院應詳予指示。而受發回或發交之高等行政法院，應以最高行政法院所為廢棄理由之法律上判斷為其判決基礎。❽

　　所謂「法律上判斷」，最高行政法院指出，係指依該個案事實應如何適用法令而言；而法院適用法令除詮釋條文概念外，尚及於具體事實應否涵攝於法律構成要件之論述，上開規定所稱之法律上判斷固不包括最高行政法院廢棄判決關於應調查事項之指示，但如其就個案之具體事實應如何涵攝於法律構成要件，已明確表示法律見解者，高等行政法院更審時，如未為相異事實之認定者，即應受其法律見解拘束，並據為判決基礎。易言之，受發回之高等行政法院，應受本院就個案之具體事實應如何涵攝於法律構成要件所表示法律見解的拘束，但高等行政法院更審時，如為相異事實之認定，則不在此限。又對於撤銷訴訟而言，原處分之適法性係以處分作成時之事實狀態為準，並非以處分作成時之證據資料為據，故事實審法院自得以原處分作成後發現之證據資料，佐證原處分作成時之事實狀態（107 判 242）。

　　所謂「別有規定」，例如，最高行政法院應就該事件自為判決（第 259

不備理由之違法情事。惟因原處分是否合法之基礎事實，尚未經原審依法調查認定致事證尚有未明，本院尚無從自為判決，故將原判決廢棄，發回原審更為適法之裁判（107 判 186）。

❽　第 260 條第 3 項之拘束效力，僅限法律上判斷，不及於事實之調查。從而，受發回或發交之高等行政法院依最高行政法院廢棄理由之法律見解，本於職權調查事證，重為判決之結果，縱與已發回或發交前判決持相同之見解，於法亦非有違（釋字第 368 號解釋；行政法院 60 判 35 判例）；此外，為發回或發交之判決者，最高行政法院應速將判決正本附入卷宗，送交受發回或發交之高等行政法院。

條)，其情形包括：(1)因基於確定之事實或依法得斟酌之事實，不適用法規或適用不當廢棄原判決，而事件已可依該事實為裁判；(2)因事件不屬行政法院之權限，而廢棄原判決；(3)依第 253 條第 1 項行言詞辯論。

例如，關於稅捐罰鍰部分，原處分於法既有不合，且依原審確定（含兩造不爭）之事實，本院已可自為判決，爰將原判決關於罰鍰部分廢棄，並撤銷訴願決定及原處分（即復查決定）（107 判 3）。

肆、抗告程序

對於尚未確定之裁定不服者，係進行抗告程序（第 264 條至第 272 條)。故如對已確定裁定提起抗告，係依聲請再審事件處理。❽❹

一、類　型

㈠抗　告

對於尚未確定之裁定不服者，即抗告人之權益因裁定而受不利之影響者，除別有不許抗告之規定者外，原則上得為抗告。

所謂「別有不許抗告之規定」，例如，第 265 條規定：「訴訟程序進行中所為之裁定，除別有規定外，不得抗告。」❽❺第 266 條第 1 項本文規定：「受命法官或受託法官之裁定，不得抗告。」

㈡準抗告

受命法官或受託法官之裁定，如係受訴行政法院所為，而依法得為抗告者，得向受訴行政法院提出異議。此項異議，準用對於行政法院同種裁

---

❽❹ 最高行政法院，係終審行政法院，管轄不服高等行政法院裁判而上訴或抗告之事件。繫屬行政法院之事件，經最高行政法院判決或裁定者，即為確定，如對於最高行政法院之確定終局判決或裁定不服，而具有本法第 273 條各款情形之一者，得對之提起再審之訴（確定判決）或聲請再審（確定裁定）。

❽❺ 例如，訴訟程序進行中，受訴法院審判長關於起訴程式上之欠缺所為補正之裁定，本法第 107 條並無得抗告之規定，則審判長就起訴程式上之欠缺所為補正之裁定，即不得抗告（最高行政法院 94 裁 353）。

定抗告之規定，稱為「準抗告」。因此，異議係對於受命法官或受託法官所為裁定不服，即限於其裁定係受訴行政法院所為，而依法得為抗告者為限，始得聲明不服。

受訴行政法院就異議所為之裁定，得依本編之規定抗告。

繫屬於最高行政法院之事件，受命法官、受託法官所為之裁定，得向受訴行政法院提出異議。其不得上訴最高行政法院之事件，高等行政法院受命法官、受託法官所為之裁定，亦同。

㈢擬制抗告或異議

依本編規定，應為抗告而誤為異議者，視為已提起抗告，稱為「擬制抗告」；應提出異議而誤為抗告者，視為已提出異議，稱為「擬制異議」。

二、抗告法院與期間

抗告，由直接上級行政法院裁定。對於抗告法院之裁定，不得再為抗告。

提起抗告，應於裁定送達後 10 日之不變期間內為之。但是，送達前之抗告亦有效力。

三、抗告之提起、捨棄與撤回

㈠提　起

提起抗告，應向為裁定之原高等行政法院或原審判長所屬行政法院，提出抗告狀為之。

關於訴訟救助提起抗告，及由證人、鑑定人或執有證物之第三人提起抗告者，得以言詞為之。

㈡捨棄與撤回

關於捨棄上訴權及撤回上訴之規定，於抗告準用之。

伍、再審程序

　　再審程序，係針對已確定裁判之非常救濟程序，向裁判之原行政法院聲明不服之程序（第 273 條至第 283 條）。

　　為確保判決之確定力，顧及法律秩序之安定性，對於提起再審之要件，自應作相當之限制，而以列舉方式臚列再審要件，係立法機關為平衡法律之安定性與裁判之正確性所作之決定（釋字第 244 號、第 393 號解釋）。**❽❻** 至於，對個案所制定之再審理由，則違反法律平等適用之法治國家基本原則（釋字第 585 號解釋）。

一、再審之類型與事由

㈠類　型

　　再審之訴，係已確定終局判決之當事人或繼受人對該判決聲明不服之方法，故需其訴訟標的業經確定終局判決者，始得為之（最高行政法院 102 判 44）。至於，裁定已經確定，而有第 273 條之情形者，得準用本編之規定，聲請再審，稱為「準再審」。**❽❼**

㈡事　由

　　再審之事由，得區分如下：

1.列舉之再審事由

　　下列再審事由，得提起再審之訴之限制，係當事人未依上訴主張其事

---

❽❻　釋字第 244 號解釋並謂，行政法院（55 裁 36 判例）之主要意旨，係在揭示法律上之見解，與物之存在或狀態為資料之物證有別，不得以之作為發見未經斟酌之證物而提起再審之訴，並非不許依法定再審理由提起再審之訴，與憲法自無牴觸。

❽❼　最高行政法院（103 裁 547）指出：「對於本院裁定聲請再審，依本法第 283 條準用同法第 277 條第 1 項第 4 款之規定，必須表明再審理由及關於再審理由並遵守不變期間之證據。所謂表明再審理由，必須指明其所再審之裁定，有如何合於本法第 273 條第 1 項、第 2 項所定再審事由之具體情事始為相當。」

由或知其事由而不為主張者，包括：

(1)適用法規顯有錯誤；❽❽

(2)判決理由與主文顯有矛盾；❽❾

(3)判決法院之組織不合法；

(4)依法律或裁判應迴避之法官參與裁判；❾⓿

(5)當事人於訴訟未經合法代理或代表；

(6)當事人知他造之住居所，指為所在不明而與涉訟者。但他造已承認其訴訟程序，不在此限；

(7)參與裁判之法官關於該訴訟違背職務，犯刑事上之罪；

(8)當事人之代理人、代表人、管理人或他造或其代理人、代表人、管理人關於該訴訟有刑事上應罰之行為，影響於判決；

(9)為判決基礎之證物係偽造或變造；

---

❽❽ 所謂「適用法規顯有錯誤者」，最高行政法院指出，係指確定判決所適用之法規顯然不合於法律規定，或與司法院現尚有效之解釋，或本院尚有效之判例顯然違反者而言；至於法律上見解之歧異，或在學說上諸說併存尚無法規判解可據者，再審原告對之縱有爭執，要難謂為適用法規顯有錯誤而據為再審之理由，本院亦分別著有 62 判 610 及 97 判 360 與 395 判例足參（107 判 233）。

❽❾ 所謂「判決理由與主文顯有矛盾」，係指判決依據當事人主張之事實，認定其請求或對造抗辯為有理由或無理由，而於主文為相反之諭示，且其矛盾為顯然者而言（最高行政法院 106 判 710）。

❾⓿ 最高行政法院（107 判 135）指出，本法第 19 條第 6 款及第 243 條第 2 項第 2 款分別規定：「法官有下列情形之一者，應自行迴避，不得執行職務：……六曾參與該訴訟事件再審前之裁判。但其迴避以 1 次為限。」「有下列各款情形之一者，其判決當然違背法令：……二依法律或裁判應迴避之法官參與裁判。」因此，受理再審訴訟案件之法官，如為該訴訟事件再審前之裁判法官而未迴避者，所為之判決，即當然違背法令（釋字第 256 號解釋；65 裁 327 判例）。就此，原判決係由 A 審判長及 B 與 C 法官組成之合議庭受理上訴人對於 400 號及 39 號判決之再審事件，而 A 審判長及 C 法官亦為參與 400 號判決之審判長及法官，依上開規定即有法官應迴避而未迴避之判決違背法令情事，上訴人據以指摘，求為廢棄，核屬有理，爰將原判決此部分予以廢棄發回。

⑽證人、鑑定人或通譯就為判決基礎之證言、鑑定或通譯為虛偽陳述；

⑾為判決基礎之民事或刑事判決及其他裁判或行政處分，依其後之確定裁判或行政處分已變更；

⑿當事人發見就同一訴訟標的在前已有確定判決或和解或得使用該判決或和解；(91)

⒀當事人發見未經斟酌之證物或得使用該證物。但以如經斟酌可受較有利益之裁判者為限；(92)

⒁原判決就足以影響於判決之重要證物漏未斟酌。(93)

前述⑺至⑽之情形，係以宣告有罪之判決已確定，或其刑事訴訟不能開始或續行非因證據不足者為限，才得提起再審之訴。蓋判決一經確定，紛爭即因之而解決，法律秩序亦賴之而安定。(94)

再審事由之範圍，原為立法者具體化訴訟權保障之形成自由，而前述

(91) 所謂「同一訴訟標的在前已有確定判決或和解或得使用該判決或和解者」，係指同一訴訟標的在前業於確定之終局判決中裁判或與確定判決有相同效力之訴訟上和解而言（最高行政法院 99 裁 3056）。

(92) 所謂「當事人發見未經斟酌之證物者」，係指該證物在前訴訟程序事實審之言詞辯論終結前業已存在，而為當事人所不知或不能使用，致未經斟酌，現始知悉或得予利用而言，並以如經斟酌可受較有利益之裁判者為限（最高行政法院 100 判 1044）。

(93) 所謂「重要證物漏未斟酌者」，係指當事人在前訴訟程序已經提出於事實審法院之證物，事實審法院漏未加以斟酌，且須該項證物如經斟酌，原判決將不致為如此之論斷者，始足當之。如已於前訴訟程序提出主張，而為原判決所不採者，即非此所謂發見未經斟酌之證物，亦非漏未斟酌之證物。所謂「證物」，係指用以證明待證事實之證書及與證書有相同效力之物件或勘驗物而言（最高行政法院 100 判 1044；107 判 135）。

(94) 因此，於判決確定後，雖有為判決基礎之證物係偽造或變造之情形者，仍得據以提起再審之訴，但此係指該證物確係偽造或變造而言，非謂僅須再審原告片面主張其係偽造或變造，即應重開訴訟程序而予再審。而所謂證物確係偽造或變造，則又以其偽造或變造經宣告有罪之判決已確定，或其刑事訴訟不能開始或續行，非因證據不足者為限（釋字第 393 號解釋）。

⑴與⑵之情形，似應屬上訴救濟之瑕疵；⑶至⑹之情形，涉及確定終局判決之程序瑕疵顯然嚴重，該再審之訴屬無效之訴之性質；⑺至⒁之情形，涉及判決基礎之顯然不正確或不完備，該再審之訴屬回復之訴之性質。 **⑨⑤**

原則上，裁判確定後，當事人即應遵守，不容輕易變動，故再審之事由，應以法律所明定者為限。 **⑨⑥**

2.確定終局判決所適用法律或命令牴觸憲法

確定終局判決所適用之法律或命令，經司法院大法官依當事人之聲請解釋為牴觸憲法者，其聲請人亦得提起再審之訴。

針對本法第 273 條第 2 項規定，釋字第 725 號解釋：「並不排除確定終局判決所適用之法令經本院解釋為牴觸憲法而宣告定期失效之情形，與本院釋字第 177 號、第 185 號及本解釋所示，聲請人得依有利於其之解釋就原因案件請求依法救濟之旨意，並無不符，亦不生牴觸憲法之問題。」 **⑨⑦**

3.為判決基礎之裁判有再審事由

為判決基礎之裁判，如有第 273 條所定之情形者，得據以對於該判決提起再審之訴（第 274 條）。主張確定判決有本條所定再審事由者，須就何者為確定判決基礎之裁判，及該裁判有如何之再審事由，予以具體指明。

---

⑨⑤ 陳敏，《行政法總論》，第 1564 頁；吳庚，《行政爭訟法》，1999，第 258 頁；劉宗德、彭鳳至，〈行政訴訟制度〉，翁岳生編《行政法》，2000，第 1283 頁以下。

⑨⑥ 針對行政法院 （46 裁 41 判例） 謂：「行政訴訟之當事人對於本院所為裁定，聲請再審經駁回後，不得復以同一原因事實，又對駁回再審聲請之裁定，更行聲請再審。」釋字第 154 號解釋指出，係對於當事人以原裁定之再審事由，再對認該事由為不合法之裁定聲請再審，認為顯不合於行政訴訟之規定者而言，旨在遏止當事人之濫訴，無礙訴訟權之正當行使，與憲法並無牴觸。

⑨⑦ 釋字第 741 號解釋：「凡本院曾就人民聲請解釋憲法，宣告聲請人據以聲請之確定終局裁判所適用之法令，於一定期限後失效者，各該解釋之聲請人均得就其原因案件據以請求再審或其他救濟，檢察總長亦得據以提起非常上訴，以保障釋憲聲請人之權益。本院釋字第 725 號解釋前所為定期失效解釋之原因案件亦有其適用。本院釋字第 725 號解釋應予補充。」

　　針對再審之訴，若經行政法院認無再審理由，判決駁回後，不得以同一事由對於原確定判決或駁回再審之訴之確定判決，更行提起再審之訴（第274條之1）。

二、再審之管轄、期間與程式

㈠管　　轄

　　再審之訴，專屬為判決之原行政法院管轄。

　　對於審級不同之行政法院，就同一事件所為之判決，提起再審之訴者，專屬上級行政法院合併管轄之。

　　對於最高行政法院之判決，若本於第273條第1項第9款至第14款事由聲明不服者，涉及判決基礎事實之認定，故專屬原高等行政法院管轄。而誤向最高行政法院提起再審之訴者，則得依職權裁定移送於管轄法院。

㈡期　　間

　　再審之訴，應於30日之不變期間內提起，該期間自判決確定時起算。但是，判決於送達前確定者，自送達時起算；其再審之理由知悉在後者，則自知悉時起算。

　　當事人主張再審之事由，發生在後或知悉在後者，應由法院依職權調查認定之。而行政法院（61裁23判例）謂，原判決適用法規有無錯誤，當事人於收受判決之送達時，即已知悉，不生知悉在後之問題。❾❽

　　依第273條第2項（確定終局判決所適用法律或命令牴觸憲法）提起再審之訴者，前述期間，自解釋公布當日起算。

　　再審之訴自判決確定時起，如已逾5年者，不得提起。但是，以第273條第1項第5款、第6款或第12款情形為再審之理由者，不在此限。

　　對於再審確定判決不服，復提起再審之訴者，前述所定期間，自原判決確定時起算。但再審之訴有理由者，自該再審判決確定時起算。

---

❾❽　釋字第197號解釋指出：「此項判例，並未涉及本院就確定終局裁判適用之法規依人民聲請而為解釋後，該聲請人據以依法請求再審期間之計算，尚不發生牴觸憲法問題。」

㈢程　式

再審之訴，應以訴狀，並添具確定終局判決繕本，提出於管轄行政法院為之。

訴狀應表明之事項，包括：⑴當事人；⑵聲明不服之判決及提起再審之訴之陳述；⑶應於如何程度廢棄原判決及就本案如何判決之聲明；⑷再審理由及關於再審理由並遵守不變期間之證據。 **❾**

再審訴狀內，宜記載準備本案言詞辯論之事項。

三、再審之審理與效力

㈠審　理

再審之審理，除本編別有規定外，再審之訴訟程序，係準用關於各該審級訴訟程序之規定。

所謂「本編別有規定」，例如，第 273 條規定：「本案之辯論及裁判，以聲明不服之部分為限。」

關於再審之訴之裁判，包括：⑴再審之訴不合法者，行政法院應以裁定駁回之；⑵再審之訴顯無再審理由者，得不經言詞辯論，以判決駁回之；⑶再審之訴雖有再審理由，行政法院如認原判決為正當者，應以判決駁回之。

實務見解指出，訴訟案件之審理，係採先程序後實體之原則，再審事

---

❾ 最高行政法院指出，再審門檻事由，均屬違法情節「明顯重大」之情形，因此，參與前階段訴訟程序之判決當事人，原則上均可從取得之判決書中「輕易發覺」該事由之存在。只有少數基於實證上之事務法則，該等再審事由於判決作成當下「尚不存在」或「無法立即發覺」，方有例外考量其再審法定不變期間「起算點」之必要。而立法者則明文規定「均自知悉時起算」。在再審法制架構下，有關「適用法規顯有錯誤」再審事由，是「違法情節明顯重大」之再審事由，並不存在「發生」或「知悉」在後之問題，因此根本沒有第 276 條第 2 項後段規定之適用，而應直接適用同項前段之規定，逕以「判決確定時點起算再審期間」。此即第 276 條第 2 項前段規定及改制前行政法院 61 裁 23 判例意旨之所在（107 裁 266）。

件亦同，觀諸本法第 278 條規定再審之訴不合法者，行政法院應以裁定駁回之，若無再審理由者，應以判決駁回即明，案經發回，應注意及之（最高行政法院 107 判 135）；由於再審程序係要求法院廢棄既有之確定裁判，試圖推翻已生「既判力」之法律狀態。如果再審成立，案件重新審理，原來訴訟活動的努力即歸於徒勞，並對法律安定狀態的維持形成重大衝擊，因此實證法要求，需先進行門檻審查。無法通過門檻之審查者，再審法院即無須進一步對本案進行實體審理。稱「再審門檻」者，即是指第 273 條第 1 項各款及同條第 2 項與第 274 條規定之「再審事由」。再審之訴應先具備「再審事由」，通過門檻審查，方可重啟審理程序，全面回復至一般通常訴訟程序審理之（107 裁 266）。

　　此外，再審訴訟之起訴是否合法，固為受理再審訴訟之法院應依職權審查事項。然而，如果審查結果，合法與否仍有不明時，仍有「事實不明不利益應由何方負擔」之舉證責任（更精確之描述應為舉證負擔）配置議題產生。舉證責任客觀配置之規範判準，學理上以規範說為通說。首由依實證法所定構成要件主張權利成立之人，對權利成立要件事實負擔舉證責任（即負擔事證不明之不利益）。依此通說標準，提起再審訴訟之主體，應對「再審程序標的存在再審事由」以及「再審訴訟之提起未逾越法定不變期間」等待證事實，負擔事證不明之終局不利益。其中，主張「事後方『知悉』再審事由，故從『知悉』時起算，其再審訴訟之提起未逾法定不變期間」者，更應對「事後知悉」之確切時點為充分之證明，不能證明其事者，即應承擔其事證不明之不利益。因此，本案抗告人如主張「其『知悉』原確定判決適用法規顯有錯誤之時點在原確定判決作成後」，應對「『實際知悉』原確定判決適用法規顯有錯誤之時點」及「起訴時點距離知悉時點未逾 30 日」等待證事實，負擔客觀舉證責任（即負擔待證事實事證不明之不利益）（107 裁 266）。

㈡效　力

　　再審之訴之判決，對第三人因信賴確定終局判決以善意取得之權利無影響（釋字第 362 號解釋）。但是，顯於公益有重大妨害者，不在此限（釋

字第 552 號解釋)。

陸、重新審理

重新審理,係未參加訴訟之第三人,對於確定終局判決聲明不服之程序(第 284 條至第 292 條)。

一、重新審理之聲請與撤回

㈠聲 請

1.事 由

因撤銷或變更原處分或決定之判決,而權利受損害之第三人,如非可歸責於己之事由,未參加訴訟,致不能提出足以影響判決結果之攻擊或防禦方法者,得對於確定終局判決聲請重新審理。

故得聲請重新審理之要件,包括:⑴須為因撤銷或變更原處分或決定之判決;⑵須為權利受損害之第三人;⑶須非可歸責於己之事由,致未參加該確定判決作成前之訴訟程序。因此,若確定判決係維持原處分及原訴願決定之判決,則並非撤銷或變更原處分或決定之判決。前述聲請,應於知悉確定判決之日起 30 日之不變期間內為之。但是,自判決確定之日起已逾 1 年者,不得聲請。

因此,非因撤銷或變更原處分或決定之判決而權利受損害之第三人,即無根據前開規定於行政訴訟判決確定後,聲請重新審理之可言(最高行政法院 107 裁 413);此外,如為行政訴訟之當事人,於法院判決確定後聲請重新審理,或對非撤銷或變更之終局判決聲請重新審理,均非合法,行政法院應以裁定駁回(107 裁 573)。

2.管 轄

重新審理之聲請,準用第 275 條第 1 項、第 2 項(再審)管轄之規定。

3.程 式

聲請重新審理,應以聲請狀,提出於管轄行政法院為之。

聲請狀，應表明之事項，包括：⑴聲請人及原訴訟之兩造當事人；⑵聲請重新審理之事件，及聲請重新審理之陳述；⑶就本案應為如何判決之聲明；⑷聲請理由及關於聲請理由並遵守不變期間之證據。

聲請狀內，宜記載準備本案言詞辯論之事項。

㈡撤　　回

聲請人於第 287 條（聲請不合法）與第 288 條（聲請合法）之裁定確定前，得撤回其聲請。聲請之撤回，得以書狀或言詞為之。

撤回聲請者，喪失其聲請權。

二、聲請之處置

㈠裁定事項

聲請重新審理不合法者，行政法院應以裁定駁回之。

行政法院認為重新審理之聲請有理由者，應以裁定命為重新審理；認為無理由者，應以裁定駁回之。

㈡回復原訴訟程序

開始重新審理之裁定確定後，應即回復原訴訟程序，依其審級更為審判。

聲請人於回復原訴訟程序後，當然參加訴訟。蓋聲請人係原未參加訴訟之第三人，對於確定終局判決聲明不服。

三、效　　力

聲請重新審理，無停止原確定判決執行之效力。但是，行政法院認有必要時，得命停止執行。

再審判決效力（第 282 條）之規定，於重新審理準用之。

柒、保全程序

保全程序，係為保全得實施強制執行目的之規範設計，得分為假扣押

（第 293 條至第 297 條）與假處分（第 298 條至第 303 條）。

除本法規定者外，民事訴訟法關於假扣押（第 523 條、第 525 條至第 528 條及第 530 條）與假處分（第 535 條及第 536 條）之規定，分別於本編假扣押與假處分程序準用之。

一、假扣押

㈠要 件

為保全公法上金錢給付之強制執行，得聲請假扣押。

前述聲請，就未到履行期之給付，亦得為之。但是，債權人聲請假扣押，應使法院信其請求及所主張假扣押之原因大致為正當，故仍應盡其釋明責任。準此，稽徵機關聲請假扣押者，應就所得稅法第 110 條之 1 所定假扣押之法定要件，亦即納稅義務人「有應補徵之稅款且經核定稅額送達繳納通知」及「有隱匿或移轉財產逃避執行跡象」，予以釋明，必符合上開要件，始應准許其免提擔保而對納稅義務人之財產為假扣押，以保全稅捐債權。因此，針對 A 公司所提財政部解除其代表人 B 限制出境函記載「……A 公司前滯欠稅捐……茲因該公司限制出境案之欠稅業經復查決定註銷為零，爰解除台端限制出境」，以及國稅局向本院所提撤回對 A 公司營利事業所得稅假扣押執行聲請，有關「因該筆稅款業已註銷，請准予撤回假扣押執行」之記載，則尚難認 A 公司具有假扣押法定要件。因此，本件假扣押聲請，於法未合，不應准許（最高行政法院 107 裁 148）。

此外，依本法第 297 條準用民事訴訟法第 527 條規定：「假扣押裁定內，應記載債務人供所定金額之擔保或將請求之金額提存，得免為或撤銷假扣押」。例如，甲公司因違反海關緝私條例等規定，經裁處罰鍰 1,083,517 元，並追徵所漏稅款 723,064 元，合計 1,806,581 元。茲因扣除抵繳之押金 88,630 元後，甲就尚欠之未繳稅款及罰鍰計 1,717,951 元，未提供適當擔保且未經扣押貨物，主管機關認為防止其隱匿或移轉財產而逃避執行，有假扣押之必要，而聲請免提擔保假扣押，原審法院依規定裁定准許，並諭知甲如為主管機關供擔保 1,717,951 元或將相同金額提存後，得免

為或撤銷假扣押，於法有據，並無不合（107 裁 688）。

㈡管　轄

假扣押之聲請，由管轄本案之行政法院或假扣押標的所在地之地方法院行政訴訟庭管轄。

管轄本案之行政法院，為訴訟已繫屬或應繫屬之第一審行政法院。

假扣押之標的如係債權，以債務人住所或擔保之標的所在地，為假扣押標的所在地。

㈢效　力

1.提起給付之訴

假扣押裁定後，尚未提起給付之訴者，應於裁定送達後 10 日內提起；逾期未起訴者，行政法院應依聲請撤銷假扣押裁定。

2.損害賠償

假扣押裁定因自始不當而撤銷，或因第 295 條（逾期未提起給付之訴）及民事訴訟法第 530 條第 3 項（債權人聲請撤銷）之規定而撤銷者，債權人應賠償債務人因假扣押或供擔保所受之損害。

若假扣押所保全之本案請求已起訴者，則前述賠償，行政法院於言詞辯論終結前，應依債務人之聲明，於本案判決內命債權人為賠償；債務人未聲明者，應告以得為聲明。

二、假處分

㈠類　型

假處分之類型（第 298 條），包括保全處分與定暫時狀態處分。⑩但得依第 116 條請求停止原處分或決定之執行者，則不得為第 298 條之假處分。假處分，依其功能之分類：⑴具「保全功能」之假處分；⑵具「暫時止爭功能」之假處分。此二種功能分述如下（最高行政法院 106 裁 1446）：

---

⑩　並參，馬鴻華，《行政訴訟上假處分決定之實體審查標準》，中正法學碩士論文，2005，第 37 頁以下。

1.保全處分

具保全功能之假處分，即本法第 298 條第 1 項所定「公法上之權利，因現狀變更，有不能實現或甚難實現之虞者，為保全強制執行，得聲請假處分。」之情形。聲請人請求法院作成之假處分內容，特徵為「現狀之維持」（例如「主張徵收無效，發還徵收土地」之聲請人，聲請「禁止行政機關對該被徵收之土地為事實上或法律上處分行為」之假處分，以便將來獲得勝訴判決後能夠取回該筆土地）（106 裁 1446）。

2.定暫時狀態處分

具暫時止爭功能之假處分，即本法第 298 條第 2 項所定「於爭執之公法上法律關係，為防止發生重大之損害或避免急迫之危險而有必要時，得聲請為定暫時狀態之處分。」之情形。聲請人請求法院作成之假處分內容，特徵為「現狀之改變」（例如「請領社會救濟金遭拒」之聲請人，以目前生活困難，如果不立即取得當月份之救濟金，其生活即可能陷入絕境，而聲請「命發給機關暫為當月份給付」之假處分，如果將來聲請人本案訴訟敗訴確定，則須將已領得之救濟金返還予發給機關）（106 裁 1446）。❶再者，依第 302 條準用第 297 條關於準用民事訴訟法第 526 條第 1 項之規定，假處分請求及原因，應釋明之。因而聲請人對爭執之公法上法律關係及定暫時狀態之必要，應為釋明，否則其聲請即難以准許（105 裁 1168）。

前述處分，得命先為一定之給付。

(二)管轄與處置

1.管　轄

假處分之聲請，由管轄本案之行政法院管轄。但是，有急迫情形時，得由請求標的所在地之地方法院行政訴訟庭管轄。

2.處　置

行政法院為假處分裁定前，得訊問當事人、關係人或為其他必要之調查。

關於假扣押之規定，除別有規定外，於假處分準用之。所謂「別有規

❶　並參，釋字第 585 號、第 599 號解釋。

定」，例如，第 301 條規定：「關於假處分之請求及原因，非有特別情事，不得命供擔保以代釋明。」換言之，聲請人對於假處分之請求及原因，必須提出可供法院即時調查之證據以為釋明（最高行政法院 101 裁 882；105 裁 1168）。

捌、強制執行

一、撤銷判決之執行？

撤銷判決確定者，本法第 304 條規定，關係機關應即為實現判決內容之必要處置。

蓋行政處分經提起撤銷訴訟，於判決撤銷確定後，即溯及失其效力，關係機關自應以判決所示之見解為依據，重為處分或決定，或為必要之處置（最高行政法院 106 判 593）。例如，現職警察人員如經刑事確定判決宣告褫奪公權者，自主刑執行完畢或赦免之日起，雖當然褫奪其為警察人員之資格，惟仍須經主管機關依規定對該警察人員予以免職，始得以消滅該警察人員與國家間之職務上法律關係，俾實現該刑事確定判決宣告褫奪公權之內容。故該免職處分，核屬有權機關為實現刑事確定判決關於宣告褫奪公權內容所為之必要處置，性質上類似本法第 304 條所定就撤銷（形成）判決確定後之後續執行行為（106 判 134）。

此外，撤銷原處分之判決係屬形成判決，即判決本身已發生所欲形成之法律關係，故無第 305 條第 1 項所定得向高等行政法院聲請強制執行之規定，而行政處分經判決撤銷確定後，溯及失其效力，原不生強制執行問題。

二、給付裁判與執行名義

關於給付裁判之執行（第 305 條），係指行政訴訟之裁判命債務人為一定之給付，經裁判確定後，債務人不為給付者，債權人得以之為執行名義，

聲請地方法院行政訴訟庭強制執行。

地方法院行政訴訟庭應先定相當期間通知債務人履行；逾期不履行者，強制執行。債務人為中央或地方機關或其他公法人者，並應通知其上級機關督促其如期履行。

而依本法成立之和解，及其他依本法所為之裁定得為強制執行者，或科處罰鍰之裁定，均得為執行名義。

因此，關於執行名義之類型，包括：⑴行政訴訟之裁判係命債務人為一定之給付；⑵依本法成立得為強制執行之和解；⑶依本法所為之裁定得為強制執行者；⑷依本法科處罰鍰之裁定。

至於，當事人就公法上法律關係締結行政契約，並約定自願接受執行者，債權人如以該行政契約為執行名義聲請強制執行時，應依行政程序法第 148 條第 3 項準用本法第 305 條規定，向該管地方法院行政訴訟庭為之（最高行政法院 106 裁 725）。

三、執行機關

地方法院行政訴訟庭為辦理行政強制執行事務，本法第 306 條規定，得囑託民事執行處或行政機關代為執行。

債務人對前述囑託代為執行之執行名義有異議者，由地方法院行政訴訟庭裁定之。

四、執行程序

執行程序，除本法別有規定外，應視執行機關為法院或行政機關而分別準用強制執行法或行政執行法之規定。

所謂「本法別有規定」，例如，第 305 條第 2 項與第 3 項之規定，即地方法院行政訴訟庭應先定相當期間通知債務人履行；逾期不履行者，強制執行。而債務人為中央或地方機關或其他公法人者，並應通知其上級機關督促其如期履行。

例如，本件執行機關為法院，依本法第 306 條第 2 項規定，應準用強

制執行法之規定。而依強制執行法第 18 條規定，強制執行程序開始後，原則上不停止執行，以免執行程序長期延宕有損債權人之權益；同條第 2 項所以例外規定得停止執行，係因回復原狀等訴訟，如果勝訴確定，據以強制執行之執行名義將失其效力，為避免債務人發生難以回復之損害，受訴法院必於認有必要時，始得裁定停止執行。如無停止執行必要，僅因債務人聲明願供擔保，即裁定停止執行，無異許可債務人憑一己之意思，即可達到停止執行之目的，不僅與該條所定原則上不停止執行之立法意旨有違，且無法防止債務人濫行訴訟以拖延執行。故受訴法院准許債務人提供擔保停止執行，須表明有如何停止執行之必要性，始得謂當。至於，所謂必要情形，應就債務人回復原狀之聲請或所提再審或異議之訴等在法律上是否顯無理由，以及如不停止執行，將來是否難於回復執行前之狀態；又若倘予停止執行，是否無法防止債務人濫訴以拖延執行，致債權人之權利無法迅速實現等各種情形予以斟酌，以資平衡兼顧債務人及債權人之利益（最高行政法院 107 裁 664）。

五、救濟之管轄

債務人對囑託代為執行之執行名義有異議者，係由地方法院行政訴訟庭裁定之。

債務人異議之訴，依其執行名義係適用簡易訴訟程序或通常訴訟程序，分別由地方法院行政訴訟庭或高等行政法院受理。

至於，其餘有關強制執行之訴訟，例如第三人異議之訴、參與分配之訴、分配表異議之訴、關於外國船舶優先權之訴及債權人對第三人之聲明認為不實之訴等，則係就執行標的物或執行債權之歸屬等之爭執，性質上屬私權之爭訟，由普通法院受理。❿❷

---

❿❷　行政執行法施行細則第 18 條規定：「公法上金錢給付義務之執行事件，第三人就執行標的物認有足以排除執行之權利時，得於執行程序終結前，依強制執行法第 15 條規定向管轄法院提起民事訴訟。」

第十九章　國家賠償

綱要導讀

壹、國家責任理論
├─一、國家無責任論
├─二、國家代位責任論
└─三、國家自己責任論
貳、國家賠償之法律體系
├─一、母法與子法
├─二、普通法與特別法
└─三、基本法與補充法
　　㈠實體規定之補充法：民法
　　㈡程序規定之補充法：民事訴訟法
參、國家賠償之責任類型
├─一、「公權力」之國家賠償責任
㈠公務員作為行為主體？
　　1.公務員之立法解釋
　　2.公務員之範圍
㈡執行職務行使公權力
　　1.積極之作為
　　2.怠於執行職務
㈢故意或過失
㈣行為不法
㈤人民自由或權利受損害
　　1.「人民」之範圍
　　2.自由或權利受損害
㈥相當因果關係
└─二、「公物」之國家賠償責任

㈠公有公共設施
　　1.公共設施
　　2.公　有
㈡因設置或管理有欠缺
㈢致人民生命、身體或財產受損害
　　1.人　民
　　2.保護客體之爭議
㈣相當因果關係
肆、時　效
├─一、賠償請求權時效
㈠時效規定之適用
㈡時效完成之效果
　　1.請求權消滅說
　　2.請求權抗辯說
㈢時效之起算
　　1.自知有損害時起
　　2.自損害發生時起
└─二、求償權時效
㈠時效之起算
㈡求償權之要件
伍、賠償義務機關
陸、程　序
├─一、書面協議先行程序
└─二、損害賠償之訴

壹、國家責任理論

關於國家責任之理論，學者間對其類型及範圍廣狹之見解不一，❶本文擬以下列分類簡介之：

一、國家無責任論

國家無責任論，以國家擁有絕對主權為基礎，人民相對於國家，係權力服從之不對等關係，故並不承認國家應對公務員職務上之違法行為負責。

國家要求公務員執行公權力，則其職務上之合法行為，效果歸屬國家；但是，公務員職務上之違法行為，應由公務員自行負責。

二、國家代位責任論

國家代位責任論，並不承認國家擁有絕對主權，且人民相對於國家亦非權力服從之不對等關係。

國家賠償責任之成立，以個別公務員對人民之可歸責行為應負賠償責任為前提。❷此時，為避免應負賠償責任公務員之資力不足，導致被害人民無法獲得充分賠償，故對於公務員違法執行職務之行為，先由國家代位公務員負擔賠償責任，以保障被害人民獲得充分之賠償。

當國家代位公務員負擔賠償責任之後，在一定條件之下，得向公務員行使求償權。

---

❶ 葉百修，〈國家賠償法〉，翁岳生編《行政法》，2000，第 1326 頁以下；董保城，《國家責任法》，2002，第 39 頁以下。

❷ 最高法院（86 台上 977）指出：「……本法第 2 條第 2 項規定因公務員執行職務行使公權力時，不法侵害人民自由或權利而生之國家賠償責任，係採國家代位責任，應以公務員依法應負損害賠償責任為前提。倘公務員所為之行政處分依法不負賠償責任，則國家即無代位賠償可言。」

三、國家自己責任論

國家代位責任論，係以個別公務員之可歸責行為（過失責任）為前提；國家自己責任論，則對於公務員職務上之不法行為或國家機構之瑕疵行為，基於可歸責性之推定（客觀化），❸由國家整體對於被害人民直接負責，因此，並不以個別公務員對人民之可歸責行為應負賠償責任為前提。

國家對於被害人民直接賠償之財政需求，最後由全體國民公平分擔，因此，或可稱為危險責任。

至於，該公務員因職務上之不法行為，是否應自行負擔個人行為所造成之國家財政責任，則係其與國家之內部關係。

由於，國家自己責任論，並不強調個別公務員之歸責事由，故得採為過失責任或無過失責任，但仍取決於立法機關之形成自由。

貳、國家賠償之法律體系

一、母法與子法

國家賠償法（以下簡稱「本法」）第 1 條規定：「本法依中華民國憲法第 24 條制定之。」因此，憲法第 24 條係國家賠償法之母法。

憲法第 24 條規定：「凡公務員違法侵害人民之自由或權利者，除依法律受懲戒外，應負刑事及民事責任。被害人民就其所受損害，並得依法律向國家請求賠償。」本條規定於憲法第 2 章「人民之權利義務」之中，屬於人民基本權利之性質，稱為「第二次權利保護請求權」，其針對「公務員違法侵害人民之自由或權利者」，明確指出「被害人民就其所受損害，得依法律向國家請求賠償」；而與憲法第 16 條人民有訴訟權之「第一次權利保護請求權」相對稱。國家賠償立法之功能，主要應係作為人民權利之保護

---

❸　李惠宗，《行政法要義》，2004，第 680 頁指出，此時將舉證責任轉換由公務員負擔。

法，此亦得作為解釋本法之憲法基準。❹

　　憲法第 24 條就公務員違法侵害人民自由或權利之行為，並未明確規定行為態樣，亦未要求違法公務員之主觀歸責事由，似僅是提供立法機關形成自由之最低保護之憲法界限。❺換言之，關於國家賠償之立法，若立法機關擴大行為主體之範圍不以公務員為限、擴大賠償主體之範圍或訂定多數有利人民請求國家賠償之法律等，原則上並不發生牴觸憲法第 24 條之問題。

　　例如，被害人民就其所受損害得依法律請求賠償之對象，即「國家」之範圍，依本法第 7 條第 2 項規定：「前項賠償所需經費，應由各級政府編列預算支應之。」即編列預算支應賠償所需經費之各級政府，而本法施行細則第 24 條規定：「賠償義務機關得在一定金額限度內，逕行決定賠償金額。前項金額限度，中央政府各機關及省政府，由行政院依機關等級定之；縣（市）、鄉（鎮、市），由縣（市）定之；直轄市，由其自行定之。」此外，本法第 14 條規定：「本法於其他公法人準用之。」❻擴大賠償主體之範圍，包括國家（含地方自治團體）以外之其他公法人。

　　當然，可能發生數個賠償主體連帶負損害賠償責任，以實務見解為例

---

❹　釋字第 487 號解釋指出：「依憲法第 24 條規定，立法機關據此有制定有關國家賠償法律之義務，而此等法律對人民請求各類國家賠償要件之規定，並應符合憲法上之比例原則。因羈押而生之冤獄賠償，尤須尊重憲法保障人身自由之精神。冤獄賠償法第 2 條第 2 款前段，僅以受害人之行為違反公共秩序或善良風俗為由，剝奪其請求賠償之權利，未能以其情節是否重大，有無逾越社會通常觀念所能容忍之程度為衡量標準，與前述憲法意旨未盡相符，應不予適用。」

❺　釋字第 469 號解釋謂：「憲法第 24 條規定公務員違法侵害人民之自由或權利，人民得依法律向國家請求賠償，係對國家損害賠償義務所作原則性之揭示，立法機關應本此意旨對國家責任制定適當之法律，且在法律規範之前提下，行政機關並得因職能擴大，為因應伴隨高度工業化或過度開發而產生對環境或衛生等之危害，以及科技設施所引發之危險，而採取危險防止或危險管理之措施，以增進國民生活之安全保障。」

❻　例如，農田水利會（最高法院 103 台上 422）。

（最高法院 103 台上 422）說明如下：

甲騎乘腳踏車，因腳踏車車身不穩倒地，跌落道路旁下方之排水溝渠內而死亡，道路之設置管理機關為花蓮縣吉安鄉公所，就本件事故發生地點未設置防護措施；而臺灣花蓮農田水利會為吉安圳之設置及管理機關，其就事故發生地點之水圳清淤口未設置防護網，亦有管理之欠缺。

本案吉安鄉公所及臺灣花蓮農田水利會之設置及管理欠缺，與甲之死亡有相當因果關係，故應依本法第 3 條第 1 項、民法第 185 條第 1 項規定，連帶負損害賠償責任。

二、普通法與特別法

憲法第 24 條規定，被害人民就其所受損害，並得依「法律」❼向國家請求賠償，惟並未要求立法機關訂定人民請求國家賠償之法律僅限單數。事實上，目前同時存在多數國家賠償之法律。

自【70/07/01】施行之本法（第 17 條），由於自憲法施行【36/12/25】至本法公布【69/07/02 總統臺統㈠義字第 3720 號令】，期間已超過 30 年，故學界認為應屬立法懈怠；然而，事實上，在此期間，應係欠缺一般性或較為完整性之國家賠償規定，❽蓋仍有部分國家賠償責任立法之存在。

---

❼　至於，本條之「法律」，在國家賠償法之前，實務曾解釋包括民法在內（最高法院 57 台上 2276），例如，最高法院【50/03/14】民刑庭總會決議：「國家行政處分因違法侵害私人權利，除執行人之故意過失有依侵權行為之規定，負賠償責任外，即國家亦有民法第 28 條或第 188 條之賠償責任，又此項賠償責任，被害人可依民事訴訟法獨立起訴請求。」此等解釋，提供人民請求國家賠償之機會，卻混淆公法與私法區分之法律體系，因而引起爭論。嗣後，最高法院【62/10/30】民刑庭總會決議改變前述態度，判決見解亦謂，公務員執行職務為公法行為，與其任用機關間無私法僱傭關係之存在，自無民法第 188 條規定之適用，而國家非私法人，其任用之公務員顯與法人之董事或職員有別，民法第 28 條規定，亦無從遽予援用（67 台上 1196）。關於此段時期之論爭，廖義男，《國家賠償法》，1992，第 1 頁以下。

❽　例如，修正前之行政訴訟法第 2 條規定：「提起行政訴訟，在訴訟程序終結前，

　　由於本法第 6 條:「國家損害賠償,本法及民法以外其他法律有特別規定者,適用其他法律。」所謂國家損害賠償之「其他法律有特別規定者」,必須是本法及民法以外之其他法律,針對國家損害賠償之內容,與本法及民法之規定內容不同,有優先適用之必要者,始得成為本法及民法之特別法。例如,土地法 (第 68 條至第 71 條)、❾ 冤獄賠償法 (現已修正為「刑事補償法」)、❿ 核子損害賠償法 (第 11 條)、警械使用條例 (第 10 條)、⓫ 鐵路法 (第 62 條)、羈押法 (第 30 條) 等。

　　相對於國家損害賠償其他法律之特別規定,「本法及民法之規定內容」,即屬普通法。不過,若就國家損害賠償之問題,其他法律之特別規定並不完整,則就欠缺之處,仍應有適用本法及民法規定內容之可能。

　　　得附帶請求損害賠償。前項損害賠償,除適用行政訴訟之程序外,準用民法之
　　　規定,但民法第 216 條規定之所失利益不在此限。」此條規定,限制人民請求
　　　損害賠償之範圍 (僅限「所受損害」),且當時之行政訴訟,係針對違法行政處
　　　分之撤銷之訴。目前,行政訴訟法第 7 條已規定:「提起行政訴訟,得於同一
　　　程序中,合併請求損害賠償或其他財產上給付。」

❾　　最高法院 (103 台上 1119;106 台上 2938) 指出:「因登記錯誤遺漏或虛偽致
　　　受損害者,除能證明其原因應歸責於受害人者外,由該地政機關負損害賠償責
　　　任,土地法第 68 條第 1 項定有明文。此項規定係本法之特別規定,依本法第
　　　6 條規定,自應優先適用。」

❿　　釋字第 487 號解釋:「冤獄賠償法為國家賠償責任之特別立法。」釋字第 624
　　　號解釋:「冤獄賠償法第 1 條規定,就國家對犯罪案件實施刑事程序致人民身
　　　體自由、生命或財產權遭受損害而得請求國家賠償者,依立法者明示之適用範
　　　圍及立法計畫,僅限於司法機關依刑事訴訟法令受理案件所致上開自由、權利
　　　受損害之人民,未包括軍事機關依軍事審判法令受理案件所致該等自由、權利
　　　受同等損害之人民,係對上開自由、權利遭受同等損害,應享有冤獄賠償請求
　　　權之人民,未具正當理由而為差別待遇,若仍令依軍事審判法令受理案件遭受
　　　上開冤獄之受害人,不能依冤獄賠償法行使賠償請求權,足以延續該等人民在
　　　法律上之不平等,自與憲法第 7 條之本旨有所牴觸。」

⓫　　李惠宗,《行政法要義》,第 675 頁,將警械使用條例第 10 條第 2 項:「警察人
　　　員依本條例使用警械,因而傷人或致死者,其醫藥費或埋葬費由各該級政府負
　　　擔。」與本法第 3 條稱為「公法上危險責任」之規定。

例如，土地法就該賠償請求權既未規定其消滅時效期間，即應依本法第 8 條第 1 項規定，據以判斷損害賠償請求權是否罹於時效而消滅。故不論上訴人依本法第 2 條第 2 項或土地法第 68 條第 1 項規定行使請求權，均有本法第 8 條第 1 項規定之適用　（最高法院 103 台上 1119 ； 106 台上 1740）。

三、基本法與補充法

本法之性質，兼具實體法與程序法之性質，但其規定相當簡略，故立法者就本法未規定之情形（第 5 條與第 12 條），規範設計民法與民事訴訟法作為本法之補充法或輔助法。❷

事實上，並非本法未規定者，就必須以民法與民事訴訟法作為本法之補充法或輔助法且均一律加以適用，而係應衡量性質上與本法相符或不衝突者為限。

㈠實體規定之補充法：民法

本法第 5 條規定 ：「國家損害賠償 ， 除依本法規定外 ， 適用民法規定。」

就國家損害賠償之問題，本法或民法之規定若有差異，則如何正確適用法規，將成為重要課題。

依第 5 條規定，民法規定之適用，係本法未規定之情形。因此，本法或民法之規定若有差異，則仍適用本法規定之內容，例如，本法第 7 條第 1 項規定：「國家負損害賠償責任者，應以金錢為之。但以回復原狀為適當者，得依請求，回復損害發生前原狀。」國家賠償之方法，係以金錢賠償為原則，回復原狀為例外；而民法（第 213 條至第 215 條）規定之損害賠償方法，則似以回復原狀為原則，金錢賠償為例外。此外，本法第 8 條第 1 項規定賠償請求權之消滅時效，亦與民法（第 125 條以下）規定有差異。

至於，民法之其他規定，尤其是關於權利義務內容之實體規定，而屬本法未規定且未牴觸國家賠償意旨者，似得作為本法之補充法或輔助法。

❷　李惠宗，《行政法要義》，第 707 頁指出，本法就民法規定而言，屬特別法。

例如，損害賠償之範圍，包括所受損害與所失利益（第 216 條）、被害人民與有過失，得減輕賠償責任（第 217 條）⑬，以及民法第 129 條第 1 項及第 131 條規定，消滅時效因請求、承認、起訴而中斷；時效因起訴而中斷者，若因不合法而受駁回之裁判，其裁判確定，視為不中斷（107 台上 1019）等。此外，針對非財產上之損害，加害人應負相當之賠償責任，是否相當，應斟酌實際加害及所受損害情形，與被害人之身分、地位及加害人之經濟狀況等關係定之（最高法院 99 台上 586）。

甚至，民事特別法之規定，亦有作為本法補充法之可能，就此，最高法院（92 台上 213）指出：「國家賠償與民法侵權行為規定，同係填補被害人損害之目的。故國家賠償事件，除本法規定外，適用民法之規定。而人民對國家請求賠償之權利，除人格權受侵害之精神慰藉金請求權為專屬權外，既非不得扣押之權利，應得讓與。而保險之目的，除填補被保險人之損害，移轉其財產損失之風險外，亦可減免被保險人因保險事故所引起各

---

⑬　損害之發生或擴大，被害人與有過失者，法院得減輕賠償金額，或免除之，民法第 217 條定有明文，例如：⑴車禍肇事之原因，行政機關「手孔」高出路面，雖有過失，惟被害人騎機車經過該處修路路段，本應減速慢行，預防危險發生，而其車速極快，對事故之發生，與有過失（最高法院 92 台上 731）；⑵被害人無照騎乘機車，未減速慢行及注意車前狀況，亦未採取必要之安全措施，致發生事故，為與有過失（99 台上 319）；⑶道路未設置防護措施及水圳清淤口未設置防護網，雖有管理之欠缺，惟酒後騎車並提早右轉，致跌落道路旁下方排水溝渠內而死亡（103 台上 422）等。

然而，與有過失之程度，仍應在具體個案中判斷，例如：依客觀之觀察，一般有智識之成年人就攀爬搖晃手球門，將導致手球門傾倒而發生危險，固可認知，惟未滿 8 歲之稚齡兒童，雖有注意能力，然其在操場上把玩學校所提供之設備，本較無戒心，如科以過重之注意義務，實悖常情（100 台上 821）。

至於，民法第 217 條第 1 項之規定，旨在謀求加害人與被害人間之公平，倘被害人於事故之發生或損害之擴大亦有過失時，由加害人負全部賠償責任，未免失諸過苛，因賦與法院得減輕其賠償金額或免除之職權。所謂被害人與有過失，只須其行為為損害之共同原因，且其過失行為並有助成損害之發生或擴大者，即屬相當（106 台上 2938）。

種請求賠償程序之不便或風險，但並非被保險人受有保險給付，其造成損害之人即可免責，而將所有保險事故之損失一概由保險人承擔，亦即保險人就其應負保險責任，已經給付賠償金額後，被保險人對於第三人之損失賠償請求權，於保險人賠償金額範圍內，依法當然讓與保險人，由保險人代位行使被保險人對於第三人之請求權，以尋求最終應負賠償責任之人，俾符合保險之經濟性及社會性。再按民法上之代位權，債權人得代位行使之債務人權利，不問私權或公權（如代位債務人提起訴訟）均得為之，而保險法第 53 條實為被保險人將其對第三人之損害賠償請求權讓與之規定，除禁止扣押或讓與之權利外，均非不得為讓與標的。」

㈡程序規定之補充法：民事訴訟法

立法者將國家損害賠償之法律問題，因為立法當時之法制狀態，故將國家賠償之公法性質，規定得適用民法規定（第 5 條），且損害賠償之訴係得適用民事訴訟法（第 12 條），並由普通法院作成民事判決。因此，從本法規定內容觀察其性質，似成為具有私法規定之公法、具有程序規定之實體法。

針對程序規定部分，本法第 12 條規定：「損害賠償之訴，除依本法規定外，適用民事訴訟法之規定。」故民事訴訟法規定之適用，係本法未規定之情形。因此，本法或民事訴訟法之規定若有差異，則仍適用本法規定之內容，例如，第 10 條規定：「依本法請求損害賠償時，應先以書面向賠償義務機關請求之。賠償義務機關對於前項請求，應即與請求權人協議。協議成立時，應作成協議書，該項協議書得為執行名義。」係採「書面協議先行主義」或「協議前置程序」（最高法院 99 台上 1740），而賠償義務機關拒絕賠償，或自提出請求之日起逾 30 日不開始協議，或自開始協議之日起逾 60 日協議不成立時，請求權人得提起損害賠償之訴。（第 11 條第 1 項本文）

此時之損害賠償之訴，依第 12 條規定，除依本法規定外，則適用民事訴訟法之規定。而民事訴訟法之其他規定，尤其是關於人民實現國家損害賠償權利義務內容之程序規定，屬本法未規定且未牴觸國家賠償意旨者，

似得作為本法之補充法或輔助法。

參、國家賠償之責任類型

本法將其責任類型區分為兩種，即「人（公務員之行為）」與「物（公共設施之設置或管理）」之國家賠償責任。此種分類，似基於本法規定內容之理解，故最高法院（90台上371）判決指出，本法第2條第2項前段所定國家應負損害賠償責任，應具備「行為人須為公務員」之要件。

不過，是否「行使公權力」，才是本法應關注之焦點，故似得修正為「公權力」與「公物」之國家賠償責任。

分別說明其要件如下：

一、「公權力」之國家賠償責任

㈠公務員作為行為主體？

所謂「人」之國家賠償責任，本法係指公務員而言。蓋憲法第24條規定，違法侵害人民之自由或權利者，係以公務員作為行為主體，惟憲法第24條本身並未界定公務員之範圍。

1.公務員之立法解釋

本法所稱公務員者，謂依法令從事於公務之人員（第2條第1項）。本項之立法解釋，採取最廣義之見解。

本法係作為人民權利之保護法，立法機關擴大行為主體之範圍，原則上並不發生牴觸憲法第24條之問題。

依法令從事於公務之人員，而非屬視同公務員與偵審公務員者，似得列入一般公務員之範圍。因此，依法令從事於立法公務之人員，即民意代表，似得屬本法第2條第1項規定公務員之範圍內，至於，其立法之作為與不作為，是否成立國家賠償責任，似仍應依本法第2條第2項規定要件個別判斷，不過，學界見解仍有爭議！❹

---

❹ 李惠宗，《行政法要義》，第703頁以下，針對「立法作為違憲」中「違憲立法

　　值得注意的是，在本法之公務員，雖然立法解釋為「依法令從事於公務」之人員，但國家賠償責任之重心，係其行使公權力時，不法侵害人民自由或權利。換言之，本法應關注人民自由權利係因國家「不法行使公權力」之侵害，故「從事於公務」或「行使公權力」，才是國家賠償責任之重要判斷要素，❶而非嚴格界定本法公務員之成立要件僅限於「依法令」。進一步而言，是否「行使公權力」，才是本法應關注之焦點，至於，行使公權力由何人為之，似僅屬次要之問題。

2.公務員之範圍

　　本法針對公務員之範圍，主要區分為三類，即一般公務員（第 2 條）、視同公務員（第 4 條）與偵審公務員（第 13 條）。分別規定其構成要件：

　　針對一般公務員，第 2 條第 2 項規定：「公務員於執行職務行使公權力時，因故意或過失不法侵害人民自由或權利者，國家應負損害賠償責任。公務員怠於執行職務，致人民自由或權利遭受損害者亦同。」關於公務員行為之國家賠償責任，可區分為作為（執行職務行使公權力）與怠於執行職務兩類。

　　偵審公務員（第 13 條），亦為本法第 2 條第 1 項規定公務員之範圍內，僅因其審判或追訴職務之特殊性，而規定：「有審判或追訴職務之公務員，因執行職務侵害人民自由或權利，就其參與審判或追訴案件犯職務上之罪，經判決有罪確定者，適用本法規定。」最高法院（75 台再 115）就人民對於有審判或追訴職務之公務員，因執行職務侵害人民自由或權利，而欲請求該公務員所屬之機關賠償損害時，主張：「第 13 條既係特別規定，須該公務員就參與審判或追訴案件犯職務上之罪，經判決有罪確定者，始得為

不經執行，人民權利即受損害者」之部分，採取肯定見解。至於，「立法不作為」與「違憲立法而經個案執行，人民權利始受損害」之部分，偏向質疑之見解；董保城，《國家責任法》，第 146 頁以下則偏向否定見解，認為：「立法機關之立法職務行為並非屬於對（特定）第三人應執行之職務義務，而僅具保護一般大眾利益之目的。由於欠缺對特定人應執行職務之性質不符合國家賠償就被害特定個人彌補其損害之條件。」

❶　廖義男，《國家賠償法》，第 25 頁以下。

之，自不能僅依第 2 條第 2 項規定，請求該有審判或追訴職務之公務員所隸屬機關賠償其所受損害。」蓋釋字第 228 號解釋指出：「第 13 條規定，係針對審判與追訴職務之特性所為之特別規定，尚未逾越立法裁量範圍，與憲法並無牴觸。」⑯不過，此等見解，似違背國家賠償立法之功能，主要應係作為人民權利保護法之意旨。事實上，為維護審判獨立及追訴不受外界干擾，只要嚴格限制國家對偵審公務員求償權行使之要件即可，例如，僅限故意或重大過失始得為之，而非限制人民請求國家賠償權利之行使。就此，釋字第 228 號解釋劉鐵錚大法官之不同意見書指出，憲法第 24 條對國家賠償制度，雖具有原則規範之性質，人民不得逕據本條而為賠償之請

---

⑯ 釋字第 228 號解釋指出：「根據憲法第 24 條規定而有國家賠償之立法，此項立法，自得就人民請求國家賠償之要件為合理之立法裁量。本法第 2 條第 2 項前段係國家就公務員之侵權行為應負損害賠償責任之一般規定。而第 13 條則係國家就有審判或追訴職務之公務員之侵權行為應負損害賠償責任之特別規定。依現行訴訟制度，有審判或追訴職務之公務員，其執行職務，基於審理或偵查所得之證據及其他資料，為事實及法律上之判斷，係依其心證及自己確信之見解為之。各級有審判或追訴職務之公務員，就同一案件所形成之心證或見解，難免彼此有所不同，倘有心證或見解上之差誤，訴訟制度本身已有糾正機能。關於刑事案件，復有冤獄賠償制度，予以賠償。為維護審判獨立及追訴不受外界干擾，以實現公平正義，上述難於避免之差誤，在合理範圍內，應予容忍。不宜任由當事人逕行指為不法侵害人民之自由或權利，而請求國家賠償。唯其如此，執行審判或追訴職務之公務員方能無須瞻顧，保持超然立場，使審判及追訴之結果，臻於客觀公正，人民之合法權益，亦賴以確保。至若執行此等職務之公務員，因參與審判或追訴案件犯職務上之罪，經判決有罪確定時，則其不法侵害人民自由或權利之事實，已甚明確，非僅心證或見解上之差誤而已，於此情形，國家自當予以賠償，方符首開憲法規定之本旨。按憲法所定平等之原則，並不禁止法律因國家機關功能之差別，而對國家賠償責任為合理之不同規定。本法針對審判及追訴職務之上述特性，而為前開第 13 條之特別規定，為維護審判獨立及追訴不受外界干擾所必要，尚未逾越立法裁量範圍，與憲法第 7 條、第 16 條、第 23 條及第 24 條並無牴觸。」此外，最高法院指出，其旨在維護審判之獨立性及追訴職務之公務員不受外界干擾之目的 （107 台上 1129）。

求，猶須依據法律為之。然此「法律」絕不可限縮國家之責任，嚴格國家賠償之要件，而犧牲人民基本權利之保障，故此所謂「依法律」，並非法律保留之意義，乃為國家無責任原則之拋棄的表示。因而本法第 13 條宥於舊日國王不能為非、官尊民卑之觀念，而為排除國家應負賠償責任之規定，自屬違背憲法。

至於，受委託行使公權力之團體，第 4 條第 1 項規定，其執行職務之人於行使公權力時，視同委託機關之公務員。受委託行使公權力之個人，於執行職務行使公權力時亦同。本項規定將以自己名義獨立行使公權力之行政受託者視同公務員之目的，係決定賠償義務機關之歸屬，以利人民請求國家賠償。❶❼至於，受行政機關指揮協助完成公務（非以自己名義獨立行使公權力）之行政助手，不法侵害人民自由或權利者，則適用第 2 條第 2 項之規定請求國家賠償。此外，私人依據法律規定履行扣繳或代徵之強制義務，實務見解認為，不適用第 2 條第 2 項與第 4 條第 1 項之規定。❶❽

㈡執行職務行使公權力

1.積極之作為

⑴執行職務

執行職務之判斷標準，尚有爭執：

主觀說認為行為是否執行職務，必須以行為之目的與職務之作用間內部上存有密切之關聯為必要。至於，利用公家汽車為私人性質之郊遊，或

---

❶❼ 例如，最高法院（92 台上 1642）指出：「刑事訴訟法第 140 條第 1 項、第 2 項規定扣押物，因防其喪失或毀損，應為適當之處置。不便搬運或保管之扣押物，得命人看守，或命所有人或其他適當之人保管。是檢察官實施扣押之強制處分後，為防止扣押物喪失或毀損，自應盡其注意義務，為適當之處置，如有必要並得命其他適當之人保管。此際，受檢察官之委託保管扣押物者，即該當於本法第 4 條所謂之受委託行使公權力之個人。倘受委託執行職務之人，因故意過失不法侵害人民自由或權利者，參照本法第 2 條第 2 項前段、第 4 條第 2 項之規定，自應由委託之檢察官所屬之檢察署負損害賠償責任，而非受委託之人。」

❶❽ 《國家賠償法令解釋彙編》，1986，第 1 頁以下。

警員利用其執勤之槍械從事私人報復之行為，此等職務予以機會之行為，並不能認為是執行職務。❶⑨

由於主觀說之見解，似容易造成被害人民請求賠償時，舉證之困難，有違國家賠償立法應係作為人民權利保護法之意旨。因此，客觀說主張，若從職務行為之外形標準觀察，依社會通念認為係職務行為本身或與職務行為有牽連不可分之行為者，則屬執行職務之範圍。

不過，客觀說之見解仍有些許差異：有謂，縱然公務員執行職務並非其法定職務，其執行亦該當於職務行為，故假公濟私之濫權侵害人民權利之行為，被害人即可請求國家賠償，而賠償義務機關賠償後，自可依本法第 2 條第 3 項規定，對應負責之人行使求償權；❷⑳惟針對公務員本身並非居於該職務之地位，亦未具有一般職務權限，有謂，其所為行為根本不屬居於職務地位所掌理事項，竟冒充該職位行使職權，例如，刑警冒充稅務人員對旅客課稅，此等僭稱職務行為，原則上不屬於執行職務之範圍。❷①

(2)行使公權力

本法第 2 條第 2 項所謂行使公權力，實務見解指出，係指公務員居於國家機關之地位，行使統治權作用之行為而言，並包括運用命令及強制等手段干預人民自由及權利之行為，以及提供給付、服務、救濟、照顧等方法，增進公共及社會成員之利益，以達成國家任務之行為（最高法院 106 台上 2041）。

因此，垃圾車司機定時駕駛垃圾車至各指定地點收集垃圾，而民眾亦須依規定於定時定點放置垃圾，不得任意棄置，此為國家福利行政（給付行政）範圍，為公務員行使公權力之行為；故環境保護局之司機，駕駛系爭垃圾車收集垃圾執行職務致車禍發生,得依本法第 2 條規定請求賠償（最高法院 93 台上 255）。

至於，國家機關如僅立於私法主體之地位，從事一般行政之輔助行為

---

❶⑨　廖義男，《國家賠償法》，第 30 頁。

❷⑳　李惠宗，《行政法要義》，第 688 頁。

❷①　董保城，《國家責任法》，第 86 頁以下。

者，即與行使公權力有間，不生本法適用之問題（106 台上 2041）。例如，系爭活動由體育會主辦，非主管機關依行政程序編列預算、確定權責局處、人力規劃及經費籌措所為之給付行政行為，故非屬其行使公權力行為，僅由其補助經費，則不負國家賠償責任。

2.怠於執行職務

釋字第 469 號解釋指出，凡公務員職務上之行為符合：行使公權力、有故意或過失、行為違法、特定人自由或權利所受損害與違法行為間具相當因果關係之要件，而非純屬天然災害或其他不可抗力所致者，被害人即得分就積極作為或消極不作為，依第 2 條第 2 項規定前段或後段請求國家賠償，該條規定之意旨甚為明顯，並不以被害人對於公務員怠於執行之職務行為有公法上請求權存在，經請求其執行而怠於執行為必要。❷針對公務員怠於執行職務，倘人民主張國家機關有違反作為義務之違法致其受有損害，並就該損害已為適當之證明，且依經驗法則及社會一般通念，足認國家機關之違反作為義務與人民之損害間具有相當之因果關係，而國家機關抗辯其縱未怠於執行職務，人民仍不免發生損害者，依舉證責任分配之原則，自應由國家機關證明，方可免責。而所謂證明，乃指當事人提出之證據方法，足使法院產生堅強之心證，可以確信其主張為真實者，始足當之（106 台上 1077）。

因此，針對最高法院（72 台上 704 判例）謂：「第 2 條第 2 項後段所謂公務員怠於執行職務，係指公務員對於被害人有應執行之職務而怠於執行者而言。換言之，被害人對於公務員為特定職務行為，有公法上請求權存在，經請求其執行而怠於執行，致自由或權利遭受損害者，始得依上開規定，請求國家負損害賠償責任。若公務員對於職務之執行，雖可使一般人民享有反射利益，人民對於公務員仍不得請求為該職務之行為者，縱公

---

❷　司法院【91/11/04】法院辦理國家賠償事件應行注意事項第 8 點規定：「公務員怠於執行職務，致人民自由或權利遭受損害時，以公務員因故意或過失怠於行使公權力時，國家始應負損害賠償責任。如其所怠於執行之職務，並非公權力之行使，仍非本法第 2 條第 2 項後段所稱怠於執行職務。」

務員怠於執行該職務，人民尚無公法上請求權可資行使，以資保護其利益，自不得依上開規定請求國家賠償損害。」釋字第 469 號解釋指出，對於符合一定要件，而有公法上請求權，經由法定程序請求公務員作為而怠於執行職務者，自有其適用，惟與前開意旨不符部分，則係對人民請求國家賠償增列法律所無之限制，有違憲法保障人民權利之意旨，應不予援用。❷❸ 蓋國家責任成立之要件，從法律規定中已堪認定，則適用法律時不應限縮解釋，以免人民依法應享有之權利無從實現。

惟法律之種類繁多，其規範之目的亦各有不同，有僅屬賦予主管機關推行公共事務之權限者，亦有賦予主管機關作為或不作為之裁量權限者，對於上述各類法律之規定，該管機關之公務員縱有怠於執行職務之行為，或尚難認為人民之權利因而遭受直接之損害，或性質上仍屬適當與否之行政裁量問題，既未達違法之程度，亦無在個別事件中因各種情況之考量，例如：斟酌人民權益所受侵害之危險迫切程度、公務員對於損害之發生是否可得預見、侵害之防止是否須仰賴公權力之行使始可達成目的而非個人之努力可能避免等因素，已致無可裁量之情事者，自無成立國家賠償之餘地。

倘法律規範之目的係為保障人民生命、身體及財產等法益，且對主管機關應執行職務行使公權力之事項規定明確，該管機關公務員依此規定對可得特定之人負有作為義務已無不作為之裁量空間，猶因故意或過失怠於執行職務或拒不為職務上應為之行為，致特定人之自由或權利遭受損害，被害人自得向國家請求損害賠償。

至於，前開法律規範保障目的之探求，應就具體個案而定，如法律明

---

❷❸ 孫森焱大法官不同意見書則謂，最高法院 72 台上 704 判例係專就本法第 2 條第 2 項後段之規定而為闡釋，並未增加法律所無之限制，與憲法第 24 條規定並無違背。蓋判決之見解具有創新意義者，採為判例，賦予拘束法院之效力。因此，關於判例所採法律見解，除有明顯違背憲法保護人民權利意旨之情形外，不應因對條文為相異之解釋，執判例文義之一端，指為牴觸憲法之規定，置判例所欲闡述之精義於不顧。

確規定特定人得享有權利，或對符合法定條件而可得特定之人，授予向行政主體或國家機關為一定作為之請求權者，其規範目的在於保障個人權益，固無疑義；如法律雖係為公共利益或一般國民福祉而設之規定，但就法律之整體結構、適用對象、所欲產生之規範效果及社會發展因素等綜合判斷，可得知亦有保障特定人之意旨時，則個人主張其權益因公務員怠於執行職務而受損害者，即應許其依法請求救濟。

茲以金帥旅社（莫拉克颱風期間）倒塌案之實務見解（最高法院 103 台上 711）為例說明：

甲所有之金帥旅社及其基地，係在「水道治理計畫用地範圍線」內，部分土地屬河川管理辦法所稱「河川區域」，知本溪屬縣管河川。莫拉克颱風期間（民國 98 年 8 月 8 日至 9 日）雨量在臺東地區已達「超大豪雨」標準，臺東縣政府所轄知本溪河水暴漲封橋後，所屬負責搶險人員應就知本溪河防建造物有無發生險象或發生損壞加以注意，當右岸（金帥旅社所在地）堤防發生險象時，即負有搶險之義務，應為防止險象、損壞擴大之緊急搶救措施，惟當時僅就左岸進行搶險作業，疏未注意右岸險象之發生，至金帥旅社倒塌前，均未就右岸有任何搶險作為。

知本溪右岸前之綠帶及消波塊設置，旨在保護知本溪河床安全，屬廣義之河防建造物，若須因堤防本身受溪水沖擊始可認為河防建造物發生險象，勢必錯失搶險良機。

本案依水利法及河川管理辦法等規定，臺東縣政府負有就其轄區內之河道於天然災害時進行搶險之義務，除藉以保障人民生命財產安全外，並兼有保障特定人免因河道水患而遭受損害之意旨，其對甲不作為之裁量空間因而萎縮至零，自有積極作為之義務。至於，河防建造物何時發生險象而有搶險之必要，雖有判斷餘地，惟仍不得違反法令或悖於一般公認之價值標準。

此外，依⑴經濟部水利署（臺東縣）莫拉克颱風水利工程勘災紀錄，金帥旅社倒塌災害原因：「知本溪中上游因洪水量大又夾帶大量土石及漂流木，直衝堤防掏空堤防基腳，撞擊護岸前坡導致護岸、土地流失及金帥飯

店倒塌」；及⑵監察院莫拉克颱風調查報告：「知本溪右岸堤防位處水流直衝攻擊面，較之左岸更易致災，莫拉克颱風引發洪流，卑南鄉公所搶救左岸堤防，卻疏忽右岸堤基掏刷之潛在危險，致失防災搶險機先，難辭疏失之咎。」

搶險人員未適時就洪流直衝之右岸進行搶險，應有怠於執行職務之疏失。而公務員怠於執行職務，不必為損害發生之唯一原因，如與自然事實如地震、颱風、大雨、洪水等相結合而發生損害之結果者，亦具有相當因果關係，即應負國家損害賠償責任，不得以天災不可抗力主張免責。

因此，金帥旅社之倒塌，係臺東縣政府所屬公務員就已發生險象之右岸堤防，怠於執行搶險之職務所致，依本法第 2 條第 2 項後段規定，甲自得請求損害賠償。

損害賠償之範圍及計算：⑴建築物價值（依火災保險單所載保險標的物價值及不動產估價師事務所鑑價結果，至少值 11,970,000 元）；⑵生財器具損失（因金帥旅社倒塌後即就地拆除已滅失，欲證明此等損失顯有重大困難，參諸其 95 年度至 98 年度營利事業所得稅結算申報之資產負債表、損益及稅額計算表等件，以平均法計扣折舊後，依民事訴訟法第 222 條第 2 項酌情認定此部分損失金額為 1,005,869 元）；⑶營業損失（依同上期間之營利事業所得稅結算申報資料之損益及稅額計算表「課稅所得額」核算其每年平均可得營業利益為 62,423 元，以其重建期間 2 年計，可得請求之營業損失為 124,846 元）。

合計：13,100,715 元本息（即 11,970,000+1,005,869+124,846）。

㈢故意或過失

憲法第 24 條就公務員違法侵害人民自由或權利之行為，並未要求違法公務員之主觀歸責事由，似僅是提供立法機關形成自由之最低保護之憲法界限，已如前述。❷❹

---

❷❹ 就此，釋字第 228 號解釋劉鐵錚大法官之不同意見書指出，憲法第 24 條僅規定公務員「違法」侵害人民之自由或權利，國家即應負賠償責任，並未提及故意或過失之問題。是本條所採者，究為無過失責任主義，抑過失責任主義，非

　　惟國家依本法第 2 條第 2 項前段規定所負損害賠償責任，實務見解指出：「係就公務員職務上侵權行為所負之間接責任，必先有特定之公務員於執行職務行使公權力時，因故意或過失不法侵害人民之自由或權利，該特定公務員之行為已構成職務上之侵權行為時，國家始應對該受損害之人民負賠償之責任。」因此，公務員個人之主觀歸責事由，似屬是否成立國家賠償相當重要之要件，至少採取過失責任主義。

　　就此，本文以為，歸責事由之存在，應以公務員所屬機關之整體作為判斷對象，而非著重公務員個人之主觀歸責事由。

　　至於，「故意或過失」之概念，得借用刑法第 13 條「行為人對於構成犯罪之事實，明知並有意使其發生者，為故意。行為人對於構成犯罪之事實，預見其發生而其發生並不違背其本意者，以故意論。」與第 14 條「行為人雖非故意，但按其情節應注意，並能注意，而不注意者，為過失。行為人對於構成犯罪之事實，雖預見其能發生而確信其不發生者，以過失論。」之立法解釋，包括直接故意、間接故意、無認識之過失與有認識之過失。

　　此外，「過失」之種類，民法有重大過失（欠缺一般人之注意義務）與輕過失，而輕過失可再分為具體輕過失（欠缺與處理自己事務同一之注意義務）與抽象輕過失（欠缺善良管理人之注意義務）。從國家賠償立法作為人民權利保護法之觀點，應以抽象輕過失為已足。至於，純屬天然災害或其他不可抗力所致者，釋字第 469 號解釋則認為並不包括在內。㉕

　　此外，本法第 2 條第 2 項所定之國家賠償責任，固採過失責任主義，且得依「過失客觀化」及「違法推定過失」法則，以界定過失責任之有無，然於是項事件具體個案，衡酌訴訟類型特性與待證事實之性質、當事人間

　　無爭議，本人姑採通說，以過失責任主義為不同意見書之立論基礎。

㉕　最高法院（99 台上 837）謂：「……死亡係颱風於災害地點帶來龐大雨量，坡地無法負荷而致土石滑落造成，乃人力所不能抗拒之天然災害，並非執行公權力故意、過失或怠於執行職務，或對於公有公共設施之設置或管理欠缺所致，自不符國家賠償法第 2 條第 2 項及第 3 條第 1 項規定。」

能力、財力之不平等、證據偏在一方、蒐證之困難、因果關係證明之困難及法律本身之不備等因素，倘人民已主張國家機關有違反作為義務之違法致其受有損害，並就該損害為適當之證明時，揆之民事訴訟法第 277 條但書規定，自應先由國家機關證明其有依法行政之行為，而無不作為之違法，始得謂為無過失，並與該條但書所揭依誠實信用及公平正義原則定其舉證責任之本旨無悖（99 台上 836）。

再者，在法律構成要件之認知及具體事實是否符合該構成要件之認定時，有所謂「不確定之法律概念」，意指法規之用語係屬涵義不確定或有多種可能之解釋，例如「必要」、「情節重大」、「危害公共安全」等。最高法院（92 台上 556）指出，因「不確定之法律概念」本身欠缺明確性、統一性，行政機關在適用時，難免產生「法律拘束相對性」之結果，亦即同一之不確定法律概念適用於同一事件時，因法律適用者之不同，其解釋與認定即可能有不同之結果。由於適用「不確定之法律概念」於具體事實時，不太可能產生單一正確之絕對結果，因此，應承認行政機關此時享有「判斷餘地」，亦即將「不確定之法律概念」適用於具體之事實關係時，行政機關得自由作判斷。蓋立法者既然採用「不確定之法律概念」作為法律構成要件，並賦予行政機關依其職掌所具有之專門知識加以認定，則其因適用「不確定之法律概念」而產生之不同意見，均應認為法所容許。因此，公務員係適用「不確定之法律概念」於具體之事實，難免產生「法律拘束相對性」之結果，是其本於專業智識判斷，對妨害風化觀念作較嚴格之認定，應為法所容許。縱令嗣後其判斷經行政法院撤銷，亦不能因此即認定該公務員有過失。換言之，行政處分被撤銷與承辦公務員是否構成職務上侵權行為，分屬兩事，故作成系爭行政處分之公務員是否有故意過失，仍應依憑證據認定（103 台上 644）。

但是，此等見解似忽略國家責任之成立，係以維護人民權利為目的。

此外，如不合於本法第 2 條第 2 項前段所定之成立要件，即難謂有國家賠償請求權存在。例如，系爭內政部函釋係內政部基於其為地方制度法之主管機關，依職權就該法第 57 條第 1 項所指「任期 4 年，連選得連任 1

次」，依據行政程序法第 159 條第 2 項第 2 款規定所為抽象性函釋，供該機關或下級機關公務員行使職權時之依據。因此，原審以中選會就甲得否參選 16 屆竹南鎮長，係遵照系爭內政部函釋之意旨而為，縱該函釋就地方制度法第 57 條第 1 項有關「任期 4 年，連選得連任 1 次」所採見解與系爭判決不同，難謂主管機關所屬公務員有何故意、過失不法侵害上訴人之權利可言，而認甲依本法第 2 條第 2 項規定請求損害賠償責任，係不應准許（106 台上 150）。

(四)行為不法

針對本法第 2 條第 2 項「不法」之規定，釋字第 469 號解釋指出，係公務員職務上之行為符合「行為違法」之要件。換言之，行為「不法」係「違法」之意。

本文以為，行為不法係指違法行使公權力，而與合法行使公權力有所區分，蓋「違法」行使公權力造成國家賠償責任，「合法」行使公權力則屬損失補償之範圍。

「違法」之判斷，主要應以公權力行為是否符合法拘束性之要求作為標準，但由於本法關於公權力行為之類型，並不以行政行為為限，尚包括司法行為（第 13 條）等在內，故應依各類型公權力行為之法拘束性要求，就其表徵於外界之客觀事實個別認定之。❷❻此外，人民對於行政處分有所不服，釋字第 290 號解釋謂，應循訴願及行政訴訟程序請求救濟。惟本法對於涉及前提要件之行政處分是否違法，其判斷應否先經行政訴訟程序，未設明文，致民事判決有就行處分之違法性併為判斷者，本件既經民事確定終局判決，故仍予受理解釋。

---

❷❻ 公權力行為是否構成違法，可區分為行為違法說（著重行為無價值：以公權力行為本身作為是否違法之基礎）與結果違法說（著重結果無價值：以公權力行為所生之結果是否為法規所容許為基礎）。傾向採取行為違法說者，例如，葉百修，〈國家賠償法〉，第 1367 頁；李惠宗，《行政法要義》，第 690 頁並謂：「如被害人民主張該執行職務之行為有不法性，應負舉證之責。」；不過，若從國家賠償立法之功能，主要應係作為人民權利保護法之觀點，似應採結果違法說為當。

關於公權力之違法行為，被害人民僅須證明加害行為存在即可，不必證明其係違法，而賠償義務機關則應證明阻卻違法行為存在，才得免責。

㈤人民自由或權利受損害

1.「人民」之範圍

依憲法第 24 條規定，就其所受損害得依法律請求賠償之「被害人民」，即基本權利主體之範圍，並不以本國人為限，本法第 15 條規定：「本法於外國人為被害人時，以依條約或其本國法令或慣例，中華民國人得在該國與該國人享受同等權利者為限，適用之。」故根據平等互惠相互保護之原則，外國人亦得適用國家賠償法。

不過，本法第 15 條規定，其將外國人排除在第 2 條「人民」之外。換言之，第 2 條之「人民」，參酌同法第 15 條之規定，不包括外國人，法務部對此曾有函示，認為係指對稱於國家以外，而得為權利義務主體之人，原則上為中華民國人民，包括自然人與依法設立之法人在內。❷❼

就此，釋字第 469 號解釋指出，符合「特定人自由或權利受損害」等之要件，「被害人」得依法請求國家賠償。故自由或權利受損害之人民，係特定人，❷❽而得依法請求國家賠償之「被害人」，則係國家賠償之請求權人。原則上，「特定人」等同於「請求權人」，不過，有些情形則兩者似有差異，例如，人民生命權受損害時，此時喪葬費（第 11 條第 2 項）等權利之請求權人，不一定係自由或權利直接受損害之特定人。

此外，最高法院（90 台上 371）謂：「第 2 條第 2 項前段所謂人民，乃指應受公權力支配之一般人民，即指居於國家主權作用下一般統治關係者而言。至於特別權力關係（特別服從關係），在一定範圍內國家對相對人有

---

❷❼ 法務部【99/06/25】法律字第 0999028017 號函指出，依本法第 15 條之規定，國家賠償事件於外國人為被害人時，該國人本國之法令或慣例為法院或賠償義務機關所不知者，該被害人固有舉證責任，但法院或賠償義務機關亦得依職權調查之。

❷❽ 董保城，《國家責任法》，第 115 頁謂：「國家賠償責任……，應僅限於直接之被害人，若被害人不具直接性，則尚不構成國家賠償責任。」

概括之命令強制之權利，另一方面相對人即負有服從義務，與國家基於主權之作用，對其管轄所及之一般人民行使公權力，與人民發生一般關係者不同，應非第 2 條第 2 項前段所謂之『人民』。是以，本法係以一般人民為保護對象之法律，此觀第 2 條第 2 項之文義自明。」

此種見解，似不符本法應係作為人民權利保護法之功能。本文以為，憲法第 24 條規定人民有國家賠償之權，係屬於提供人民第二次權利保護之基本權利，人民之權利或法律上之利益遭受損害，不得僅因身分或職業關係，即限制其依法律所定程序請求國家賠償之權。因此，除非有重大公益之正當理由，並經由憲法第 23 條法律具體明確規定且符合比例原則及本質內涵之保障，否則，不得僅基於公務員之身分及職業關係或特別權力關係等，即將公務員排除在憲法第 24 條「人民」之外。❷⁹

就此，法務部 【100/02/21】 法律字第 1000700110 號函謂：「行政機關所歸屬之行政主體如立於與一般人民相同之財產權主體地位，因受不同行政主體所屬行政機關之違法行使公權力或公有公共設施設置或管理有欠缺所造成之侵害，並符合本法規定之要件時，亦得成為國家賠償之請求權人，而依本法請求國家賠償。」

2.自由或權利受損害

關於公權力違法行為之侵害對象，係人民之「自由或權利」，此在憲法第 24 條與本法第 2 條均有相同之規定用語。

「自由或權利」，應從廣義加以理解，代表其範圍原則上不受限制，亦

---

❷⁹ 翁岳生，〈行政法與國家賠償法〉，《法治國家之行政法與司法》，1994，第 193 頁以下指出：「人民之第一次權利保護（行政救濟），與第二次權利保護（國家賠償）的觀念須互相配合。……通常在第一次權利保護不允許的事項，在第二次權利保護也不會被允許的。不過，本法採納有權利必有救濟之新理念，與行政救濟受傳統理論支配者，顯然不同。……關於特別權力關係的事情，不能提起訴願或行政訴訟；但本法既無特別限制，自不能因第一次與第二次權利保護之配合而否定人民依法向國家請求賠償之權利。」並參，黃俊杰，〈特別權力關係與國家賠償──評臺北地院 71 國 012 及臺灣高院 71 上國 12 民事判決〉，《月旦法學雜誌》，第 29 期，第 118 頁以下。

不僅以憲法或法律明確肯認者為限。❸但是，對於何種自由或權利受損害及其損害程度等，受公權力違法侵害之人民，應負舉證之責（最高法院100 台上 1062）。

至於，人民主張權利受損害（被補徵土地增值稅），是否同時獲有利益（逾核課期間而不能再課徵贈與稅）？有無損益相抵原則之適用？若有爭議，屬法院職權調查範圍（99 台上 739）。

㈥相當因果關係

釋字第 469 號解釋指出，公務員職務上之行為符合「自由或權利所受損害與違法行為間具相當因果關係」等之要件，而非純屬天然災害或其他不可抗力所致者，被害人即得依本法第 2 條第 2 項規定請求國家賠償。故就因果關係之判斷，並不區分前段或後段，均採相當因果關係之見解。❸

但是，相當因果關係之存在，需有證據作為佐證（最高法院 98 台上 2360）。苟有行使公權力之行為，惟按諸一般情形，不適於發生此項損害，即無相當因果關係。行為與行為後所生之條件相競合而生結果，二者倘無必然結合之可能，行為與結果，仍無相當因果關係之可言。例如，最高法院（92 台上 2369）指出：「戶政事務所承辦人員縱疏未注意審核申請人提出之文件或資料而核發戶籍謄本及印鑑證明，惟查該項過失行為並不必然發生上訴人受詐害之結果，尚須結合上訴人疏未辨識身分及調查債信等行為，歹徒偽造土地所有權狀暨上訴人與該歹徒共同申請設定抵押權登記之行為，始有發生被詐害結果之可能。故上訴人主張之損害結果與戶政事務所之行為間，尚難認有相當因果關係存在，上訴人主張戶政事務所應依本法第 2 條第 2 項前段規定，負損害賠償責任，即屬無據。」

---

❸　臺中地方法院（92 國 23）則謂：「所謂之權利，固包含財產權，然稱財產權者如物權、債權、智慧財產權（即無體財產權）、準物權（如漁業權、水權等）等，惟難謂包括純粹經濟上損失（即純粹財產上損害）。」

❸　李惠宗，《行政法要義》，第 693 頁以下則主張，第 2 條第 2 項前段「因故意或過失不法侵害人民自由或權利」係採直接因果關係，而後段「怠於執行職務，『致』人民自由或權利遭受損害」，則採相當因果關係之見解。

二、「公物」之國家賠償責任

本法第 3 條第 1 項規定:「公有公共設施因設置或管理有欠缺致人民生命、身體或財產受損害者,國家應負損害賠償責任。」

係針對「公物」之國家賠償責任,實務見解指出,該項規定之國家賠償責任,係採無過失責任賠償主義,不以故意或過失為責任要件,即以該公共設施之設置或管理有欠缺,並因此欠缺致人民受有損害為其構成要件,非以管理或設置機關有過失為必要(最高法院 85 台上 2776 判例)。因此,國家既設公路供公眾通行使用,即應保持暢通無阻,無往來之危險 (106 台上 1271)。惟若僅歸屬於颱風天然災害之原因,則無損害賠償責任。例如,經法院現場履勘及土木技師公會鑑定及說明,系爭土地上之土方、樹木嚴重流失,集水井及農路等設備亦遭受破壞之受損,係因颱風來襲降雨太多,洪峰流量過大造成沖刷引致 (103 台上 795)。

其要件分析如下: **㉜**

㈠公有公共設施

1.公共設施

公共設施,為現行法之用語,例如,行政程序法第 164 條、地方制度法第 4 條及第 16 條與都市計畫法第 42 條以下之規定等。

於此之公共設施,原則上主要係指具有公開性與供用性之有體物。不過,國家資源所建構之網路資料庫,係具有公開性與供用性之無體物,就科技行政 e 政府之快速發展而言,似應斟酌列入公共設施之範圍。然而,兩者在適用上是否應有區別,則有待立法者審查其差異性。

至於,該設施是否以完工驗收為前提?仍有爭論!

行政院採肯定見解認為,指已設置完成並已開始供公眾使用而言,蓋「國家或地方自治團體,為供公務需用或公眾使用之各種公有公共設施,如道路、橋樑、公園……等,必須已經建造完成,驗收合格並開始使用者,

---

㉜ 法務部【85/08/27】臺 85 律字第 21948 號函。法務部,《國家賠償法令解釋彙編》,2004,第 66 頁以下。

始足當之,其僅在施工建造中,尚未完成以供公務或公眾使用者,既不成為『設施』,自無適用該條項之餘地。」㉝

最高法院（91 台上 1092）則持否定見解指出:「按公有公共設施之結構基礎如已完工,且已開放供公眾使用,縱尚未正式驗收,仍應認有本法第 3 條之適用,方足以保護大眾之利益。本件事故發生時,系爭道路工程固尚未經正式驗收,惟倘已開放供公眾使用通行,仍應認有本法第 3 條之適用。」此外,最高法院（96 台上 434）指出,本法第 3 條第 1 項所謂之「公有公共設施」,係指已設置完成並開始供公眾使用之設施而言,施工中之建築物或工作物,固非此之「公有公共設施」。然施工中不能認為公共設施者,應係指新建工程尚未完工開放供一般民眾使用,或舊有之公共設施因修繕或擴建暫時封閉不供公眾使用之情形而言。如舊有公共設施並未封閉,一面修繕或擴建,一面仍供使用者,則仍有國家賠償法之適用。系爭道路早經設置供公眾使用,既未因本件改善及拓寬工程而封閉,其工程縱未完工,依上說明,仍屬「公有公共設施」,而有本法之適用。

2.公　有

公有公共設施,為本法之特有用語。而地方制度法第 16 條規定:「直轄市民、縣（市）民、鄉（鎮、市）民之權利如下:……三、對於『地方公共設施』有使用之權。」

觀察法條文義,公有之公共設施,似強調公共設施所有權之歸屬,且配合本法之規範設計,則國家（含編列國家賠償預算之各級政府）或其他公法人所有之公共設施,應係主要之規範對象。

但是,過度強調公共設施所有權之歸屬,將限制人民請求國家賠償之可能範圍,引起學界之批評。就此,法務部指出:「第 3 條所謂『公有』,並非專指國家或其他公法人所有,凡公共設施由國家或地方自治團體設置或事實上處於管理狀態,即有本法之適用。」㉞即凡供公共使用或供公務

㉝　行政院【71/07/20】臺 71 法字第 12226 號函並謂:「若於建造中發生損害情事,僅得依民法（例如第 189 條）所定侵權行為責任處理。」法務部,《國家賠償法令解釋彙編》,第 51 頁以下。

使用之設施，事實上處於國家或地方自治團體管理狀態者，均有本法第 3 條之適用，並不以國家或地方自治團體所有為限，以符合國家賠償法之立法本旨（最高法院 94 台上 2327 判例；99 台上 428）。

㈡因設置或管理有欠缺

本法第 3 條第 1 項國家賠償責任之發生，須有公共設施之設置或管理有欠缺為前提。

所稱之公共設施「設置」有欠缺，係指公共設施建造之初，即存有瑕疵而言，所稱「瑕疵」，指該公共設施欠缺通常之安全性，其是否欠缺通常安全性，應從整體性加以考慮，不以該公共設施自體無欠缺為已足，與該公共設施相關之附屬物是否足以使該公共設施具備通常之安全性，亦在判斷之列。❸❺

至於，所謂公共設施「管理」欠缺，係指公共設施建造後之維持、修繕及保管不完全，不具備通常應有之狀態、作用或功能，致缺乏安全性而言，此安全性有無欠缺，應依通常情況，考量各項客觀因素認定之，即應綜合公共設施之構造、用法、場所之環境及利用狀況等情事，客觀、具體、個別決定。例如，道路開放通行使用，應符合一般可供通行之狀態，如有

---

❸❹　法務部【75/03/28】法 75 律字第 3567 號函並謂：「查既成道路之土地雖屬私人所有，但既供公眾使用通行多年，已因時效完成而有公用地役關係之存在，此項道路之土地，即已成為他有公物之公共用物，行政法院 45 判 8 著有判例，本案肇事地點之產業道路如符合前揭要件，又確有道路主管機關負責管理與養護，其行政主體亦因公用地役關係之存在而取得該道路之管理權，貴府來函說明二認為宜有本法第 3 條第 1 項之適用，本部敬表贊同。」法務部，《國家賠償法令解釋彙編》，第 55 頁以下。

❸❺　臺灣高等法院（90 上國 1）並謂，照明設備之目的，在使夜間或光線不足之道路用路人加強視覺，看清路幅及增加辨識距離，利於確認與控制行進方向，以促進交通安全。故照明設備是否必要設置，係公路主管機關本於其專業及對道路調查幾何條件、路況、交通量、肇事及周邊環境等條件分析後所為之決定，自應尊重其專業判斷之裁量權，僅於其判斷違反設置規定或顯然不當致不具通常之安全性時，始應認其設置有欠缺。

不適於通行或特殊情形，道路設置或管理機關應設置必要之標誌警示，以維護道路使用人車安全（最高法院 100 台上 308）。

此外，本法第 3 條所定公共設施設置或管理欠缺所生國家賠償責任之立法，最高法院（92 台上 2672）指出，旨在使政府對於提供人民使用之公共設施，負有維護通常安全狀態之義務，重在公共設施不具通常應有之安全狀態或功能時，其設置或管理機關是否積極並有效為足以防止危險或損害發生之具體行為，倘其設置或管理機關對於防止損害之發生，已為及時且必要之具體措施，即應認其管理並無欠缺，自不生國家賠償責任，故第 3 條公有公共設施之管理有無欠缺，須視其設置或管理機關有無及時採取足以防止危險損害發生之具體措施為斷。❸❻

例如，河道因中彰快速道路及經濟部水利署防洪牆設置東岸，並有河道縮減，致西岸有水患之虞，而經濟部水利署就桃芝颱風侵襲，未另對系爭河道附近居民廠商提出警告及協助防災，為原審所確定（98 台上 2489）。

至於，設置或管理機關與私人公司簽訂交通安全維持之工程合約，仍不影響損害賠償責任之成立。例如，臺灣高等法院臺中分院（88 上國 6）謂：「公路局管理之道路路旁所堆置之廢土石，既有影響機車靠右行駛之交通安全，又未設立必要之警告標誌，公路局對於公有公共設施之管理即有疏失。……至公路局與甲公司簽訂工程合約，並給付交通安全維持費予甲公司，此僅係公路局與甲公司間之關係，公路局所管理之公有公共設施既有疏失，依本法第 3 條第 1 項之規定，自應負本件之損害賠償責任，不因其與甲公司間之契約應由甲公司負擔道路交通安全之維持責任而免責，本件因甲公司於施工過程對既成道路未做好警告標誌，乃屬公路局依第 3 條第 2 項之規定得對甲公司求償之問題，……」。

---

❸❻ 就此，最高法院（92 台上 731）指出，本件肇事之「手孔」，設置機關負有管理維護之責，且於施工中，發包單位亦有隨時監督承攬廠商依規定設置警示標誌之責任，發包單位均未注意及此，因而造成人民死亡，自應負國家賠償之責任。

㈢致人民生命、身體或財產受損害

1.人　民

本法第 3 條規定生命、身體或財產受損害之「人民」，實務見解認為，係指對稱於國家以外，而得為權利義務主體之人，包括自然人與依法設立之法人在內，有公務員身分之人，解釋上自亦包括在內。❸❼

前述見解，就公務員與一般人民而言，符合權利保護共通性之見解。惟就自然人以外者而言，若僅限依法設立之法人者，似仍不符現況之需要。

2.保護客體之爭議

本法第 3 條規定國家應負損害賠償責任要件之一，係公有公共設施因設置或管理有欠缺「致人民生命、身體或財產受損害者」。有爭議的是，人民之「生命」、「身體」或「財產」受損害，屬於例示規定或列舉規定？

採例示見解者，認為就憲法第 24 條保護人民「自由或權利」之意旨，本法第 3 條將保護客體限於「生命、身體或財產」，與該憲法條文之精神有違，且第 3 條採無過失責任主義，與應保護客體之範圍，並無必然之關連。❸❽

採列舉見解者，認為本法第 2 條與第 3 條之要件不同，且第 3 條採無過失責任主義，故責任之成立不宜過廣。❸❾

本文以為，應以例示規定之性質為當，蓋生命、身體或財產之損害，僅係因公共設施設置或管理欠缺所生國家賠償責任之常見類型，且國家對於被害人民直接賠償之財政需求，最後係由全體國民公平分擔，此等國家賠償立法作為人民權利保護法之功能，應得作為解釋本法之憲法基準。但根本解決方法，係將第 3 條之「生命、身體或財產」，修改為「自由或權利」。

---

❸❼　法務部【83/06/25】法 83 律字第 13311 號函，法務部，《國家賠償法令解釋彙編》，第 63 頁以下。

❸❽　廖義男，《國家賠償法》，第 80 頁以下。

❸❾　李惠宗，《行政法要義》，第 706 頁。

㈣相當因果關係

人民之損害，與公共設施設置或管理之欠缺，須有相當之因果關係。就此，最高法院（98 台上 2430）指出，南投縣政府於事故發生時，並未將凹凸不平佈滿坑洞之路面填平修補，亦未將中斷傾倒之混凝土造連續壁護欄修復，或於該路段設置路障、燈光標誌或圍籬，以警告用路人，致被害人駕駛自小貨車途經該路段時，未能提早預知注意，致自護欄中斷處連人帶車摔落深谷而死亡，縣政府就該公有公共設施管理之欠缺，與被害人之死亡間有相當因果關係。

此外，最高法院（100 台上 821）指出，學校運動架具之設置或保管，應求其安全為第一要務，尤其國民小學學生活潑好動，學校設施如設置或保管有欠缺，即易肇事端。A 國民小學手球門使用說明規則規定：「嚴禁小朋友以不當方法使用球門，如以手攀登、或以手搖晃」，顯見 A 就其所設置之手球門，已預見小學生年少而好動、不明利害，會有攀爬、搖晃取樂之行為致生危險。A 明知平常不使用時，須將手球門放倒或加以固定，以防學生攀爬傾倒發生危險，其竟將手球門放置於草坪鬆軟之處，復未加以放倒或固定，其管理顯有缺失，其缺失並與 B 學生之受傷有相當因果關係，B 依本法規定請求 A 賠償損害，核屬有據。

至於，是否存在相當因果關係之事實，則可能以鑑定報告等作為佐證（94 台上 616）。

肆、時　效

依本法第 8 條規定，可區分為兩種時效：

一、賠償請求權時效

第 8 條第 1 項規定：「賠償請求權，自請求權人知有損害時起，因 2 年間不行使而消滅；自損害發生時起，逾 5 年者亦同。」由此得知，具備國家賠償要件時，是否行使國家賠償請求權，仍取決於人民之自由意志。

㈠時效規定之適用

土地法第 68 條第 1 項規定「因登記錯誤、遺漏或虛偽致受損害者，由該地政機關負損害賠償責任」，係就職司土地登記事務之公務員因過失不法侵害人民權利，而由該公務員所屬地政機關負損害賠償責任之規定，為本法之特別規定。然土地法就該賠償請求權既未規定其消滅時效期間，就此，最高法院（103 台上 1119）指出，即應適用本法第 8 條第 1 項之規定，採取直接適用之見解。❹

㈡時效完成之效果

1.請求權消滅說

臺灣高等法院（90 上國易 6）謂：「逾本法第 8 條第 1 項前段所規定之 2 年行使權利期間，其請求權自已罹於時效而消滅。」最高法院（100 台上 293）亦指出：「……請求國家賠償者，應自知有損害時起算 2 年間行使，若其行使權利時已逾損害發生時起算 5 年期間，不論其是否知悉受有損害及何人為賠償義務人，均已罹於請求權消滅期間。」

2.請求權抗辯說

對於臺灣高等法院（90 上國易 6）之見解，最高法院（92 台上 2336）謂：「按民法第 144 條第 1 項規定時效完成後，債務人得拒絕給付。是消滅時效完成之效力，不過發生拒絕給付之抗辯權，並非使請求權當然消滅。債務人若不行使其抗辯權，法院自不得以消滅時效業已完成，即認請求權已歸消滅（本院 29 上 1195 判例參照）。查被上訴人於第一審及原審審理中，似均未提出上訴人之請求權已罹於時效而消滅之抗辯，……並據此為上訴人不利之認定以觀，亦有適用法規錯誤之違法。」

㈢時效之起算

1.自知有損害時起

第 8 條所謂「知有損害」，最高法院指出，所謂知有損害時起，參酌同

---

❹　過去，最高法院（92 台上 2028）曾採取類推適用之見解：「土地法第 68 條之規定，屬國家賠償法之性質，關於請求權時效，土地法並未規定，自應類推適用第 8 條規定。」

法施行細則第 3 條之 1 之規定，係指知有損害之事實及國家賠償責任之原因事實，係以主觀判斷為基準；蓋消滅時效，係權利人就已發生並得行使之請求權，長時間的不行使，在一定期間經過後，發生權利人因此喪失或不得行使該請求權之法律效果，其規範目的，一方面在於維持法的和平與安定，另方面則在於避免債務人長時間陷入法律關係不安定的窘境，此種債務人利益優先於債權人保護之思想，乃以債權人遲未主張其已知悉之請求權，違反自己利益，為其正當化之基礎，故因土地登記錯誤、遺漏或虛偽而請求國家賠償時，人民不僅必須知悉其受有損害，更須知悉其所受損害係肇因於公務員違法行使公權力，方得開始起算其損害賠償請求權之 2 年消滅時效（106 台上 1740）。

例如，「本件飛安事故業經平面及電子媒體大肆報導，有上訴人提出報紙剪報與網站資料及函文為憑，並經上訴人稱經由新聞報導知悉系爭調查報告結論。且負責調查系爭事故之行政院飛航安全委員會以新聞稿方式公布『GE543 飛航事故調查事實資料分組報告』，復將該新聞稿及報告同時登載於其網站，上訴人因系爭事故而致體傷，對各大媒體競相報導追究該事故，不致漠不關心，仍得於平面及電子媒體之相關報導，知悉上開分組報告有關國家賠償責任之原因事實。」（最高法院 98 台上 2311）

2. 自損害發生時起

第 8 條第 1 項後段所稱自損害發生時起，最高法院（98 台上 2200）謂：「係指無論請求權人之知有損害及賠償義務人與否均在所不問，純以客觀上發生損害之時為起算點。」

此 5 年期間之規定，類似民法第 197 條第 1 項請求權行使期間限制之規定，故損害發生已逾 5 年者，縱請求權人不知受有損害或何人為賠償義務人，亦不影響時效之完成，俾使國家賠償義務早日確定（103 台上 1119）。原則上，5 年時效之規定，固自損害發生時起算，惟基於土地登記之公信力，在未就錯誤、遺漏或虛偽之土地登記之行政處分撤銷、廢止或因其他事由而失效者，原土地登記之效力與拘束力仍然存在（行政程序法第 110 條第 3 項），尚難認損害確已發生（106 台上 1740）；至於，損害發

生後損害額變更於請求權消滅時效之進行並無影響（106 台上 1189）。

二、求償權時效

第 8 條第 2 項規定：「第 2 條第 3 項（賠償義務機關對有故意或重大過失之公務員）、第 3 條第 2 項（賠償義務機關對就損害原因有應負責任之人）及第 4 條第 2 項（賠償義務機關對受委託團體或個人有故意或重大過失之執行職務者）之求償權，自支付賠償金或回復原狀之日起，因 2 年間不行使而消滅。」

㈠時效之起算

求償權時效之起算，臺灣臺中地方法院（92 建 69）謂：「第 3 條第 2 項之求償權，自支付賠償金或回復原狀之日起，因 2 年間不行使而消滅，第 8 條第 2 項亦定有明文，……賠償義務機關得行使求償權之期限，係自其實際上對被害人支付賠償金之日起算之 2 年期間……。」

㈡求償權之要件

行使求償權之要件，首先係賠償義務機關已履行賠償義務。例如，臺灣臺中地方法院（92 建 69）謂：「第 3 條第 2 項之求償權，……於賠償義務機關對於被害人支付損害賠償金額或為其他免責行為（如抵銷、代物清償或其他回復原狀等行為）以前，求償權尚不存在，必須對被害人支付賠償金額或為其他免責行為，始可行使求償權，……此乃因賠償義務機關之求償權係於實際支付賠償金額後始得發生。」（最高法院 91 台上 1816）

其次，公務員之主觀歸責事由，由賠償義務機關負舉證責任。例如，臺灣高等法院臺中分院（91 上 85）謂：「……公務員有故意或重大過失時，賠償義務機關對之有求償權。本件被上訴人固經臺灣桃園地方法院 86 國 1 確定應負損害賠償責任，然其據本法第 2 條第 3 項欲對上訴人行使求償權，而上訴人既已否認就本件被害人之死亡有故意或重大過失，則被上訴人自應就上訴人之故意或重大過失負舉證之責。」

此外，賠償義務機關固負賠償責任，惟臺灣高等法院臺中分院（91 上國 8）指出，仍應審查公務員之失職行為是否係直接導致國家賠償事件之

原因，亦即該失職行為（不法行為）與人民自由及權利受損害間是否存在相當因果關係。若僅單純法律見解有誤，尚難直接認定有故意或重大過失。

至於，應負賠償義務之機關，對故意或重大過失之公務員，得依本法第 2 條第 3 項行使求償權，如就損害賠償有應負責任之人時，釋字第 469 號解釋指出，賠償義務機關對之亦有求償權，乃屬當然。因此，本法第 2 條第 3 項國家求償權規定之性質，並非法定之債權移轉，而係賠償義務機關與其公務員間之內部求償（103 台上 347）。

關於土地法第 68 條第 1 項規定，核其性質固屬國家賠償法之特別規定。惟地政機關為賠償後，土地法既無關於其得對所屬公務員求償之規定，最高法院（98 台上 1977）指出，即應依本法第 2 條第 3 項所定：「前項執行職務行使公權力之公務員有故意或重大過失時，賠償義務機關對之有求償權」之旨，並參酌土地法第 70 條第 2 項關於：「地政機關所負之損害賠償，如因登記人員之重大過失所致者，由該人員償還，撥歸登記儲金。」之規定，據以判斷該地政機關對於其所屬公務員是否得為求償。準此，地政機關因其所屬登記人員之登記錯誤而對遭致損害者為賠償後，須以該登記人員有故意或重大過失之情形為限，始得對之求償。所謂重大過失，則以是否顯然欠缺普通人之注意定之（42 台上 865 判例）。

再者，若國家機關就「公有公共設施因設置或管理有欠缺」有過失責任，依民法規定須與該損害原因有應負責任之第三人負共同過失之連帶賠償責任時，如國家機關或該應負責任之第三人已為全部或一部賠償，且超過其自己應分擔部分，致該第三人或國家機關同免責任者，自僅得依本法第 5 條及民法第 185 條、第 281 條第 1 項規定，請求該他人或國家機關償還超過其應分擔之部分，並自免責時起之利息。又連帶債務人於對外關係，乃各負全部之債務，在內部關係，係依各自分擔之部分而負義務，故連帶債務人中之一人為自己分擔部分以上之清償時，即係就他人之債務為免責行為，若同免責任之數額未超過該債務人自己應分擔部分，就連帶債務人內部關係而言，祇係履行其自己之債務，即不在得依民法第 281 條第 1 項規定對他債務人行使求償權之列（98 台上 1130）。

伍、賠償義務機關

本法第 9 條規定：「依第 2 條第 2 項請求損害賠償者，以該公務員所屬機關為賠償義務機關。依第 3 條第 1 項請求損害賠償者，以該公共設施之設置或管理機關為賠償義務機關。**❹** 前 2 項賠償義務機關經裁撤或改組者，以承受其業務之機關為賠償義務機關。無承受其業務之機關者，以其上級機關為賠償義務機關。不能依前 3 項確定賠償義務機關，或於賠償義務機關有爭議時，得請求其上級機關確定之。**❷** 其上級機關自被請求之日起逾 20 日不為確定者，得逕以該上級機關為賠償義務機關。」

就此，法務部【98/09/14】法律字第 0980036780 號函指出，本法所稱之「賠償義務機關」，係指民眾請求國家賠償時，依其所主張之事實受理其請求而應開啟行政程序之機關而言，該被指定或確定之機關是否就原因事實所致生之損害結果，負國家賠償責任，仍應視所主張之事實是否符合本法第 2 條第 2 項或第 3 條第 1 項規定之要件為斷，非謂一經上級機關指定為賠償義務機關，即須負完全之損害賠償責任；又如有其他應負責任之機關，仍應依本法施行細則第 15 條規定，通知該機關共同參與國家賠償之協議，審認是否應負國家賠償責任。

依第 9 條規定，係採國家機關賠償之制度，亦即雖以國家為賠償主體，但仍以各級行政機關為賠償義務人，**❹** 關於賠償義務人之資格，最高法院（86 台上 2431）謂：「如有獨立之編制及組織法之依據，且有決定國家意思並對外表示之權限，自得為賠償義務人。」例如，各縣市之警察局、衛生局等。

---

❹ 例如，縣政府為系爭路段之管理機關，為國家賠償義務機關（最高法院 99 台上 418）。

❷ 若無賠償義務機關有爭議之情形，則無請求其上級機關確定之必要（最高法院 94 台上 136）。

❹ 蓋國家賠償所需經費，係應由各級政府編列預算支應之（第 7 條第 2 項）。

此外，第 1 項所謂「公務員所屬機關」，法務部【107/06/29】法律字第 10703509600 號函謂：「當事人依本法第 2 條第 2 項規定請求國家賠償時，仍須先確定請求權人請求之賠償事由，係何種職務行為不法侵害其自由或權利，再以執行該職務之公務員所屬機關為賠償義務機關。」最高法院（91 台上 713）謂：「係指將行使公權力之職務託付該公務員執行之機關而言，亦即該公務員任職及支領俸給或薪資之機關。」例如，以法官執行職務侵害其權利為由，訴請國家賠償，應以其服務機關（法院）為被告，故對法官提起訴訟，於法未合（99 台聲 1318）；再者，新北地院民事執行處司法事務官 A 為本法第 2 條第 2 項所規定依法令從事於公務之人員，人民 B 若欲請求國家賠償，應以 A 所屬新北地院為賠償義務機關，並踐行協議先行程序，是其對 A 訴請國家賠償，自非合法（106 台上 2837）。

至於，本法第 3 條第 1 項所稱「管理機關」，依法務部【102/06/24】法律字第 10203505850 號函，係指法律所定之管理機關或依法律代為管理之機關；惟如有無法律所定之管理機關或依法律代為管理之機關時，始由事實上之管理機關為賠償義務機關。有關因道路之設置或管理有欠缺致生人民生命身體財產遭受損害之國家賠償事件，其賠償義務機關之認定，基於管轄法定原則，應依⑴法律；⑵法規命令；⑶已依法定程序合法完成之管轄權限移轉者判斷之。上開所謂「已依法定程序合法完成之管轄權限」，例如：依法規規定將其權限之一部分，委任所屬下級機關執行，或依地方制度法第 2 條第 3 款委辦之規定，由地方自治團體依法律、上級法規或規章規定，在上級政府指揮監督下，執行上級政府交付辦理之非屬該團體事務，而負其行政執行責任之事項，以取得管理之權限者，亦屬本法第 9 條所稱之「管理機關」。

此外，針對本法第 9 條第 4 項規定：「不能依前 3 項確定賠償義務機關，或於賠償義務機關有爭議時，得請求其上級機關確定之。……」法務部【98/09/14】法律字第 0980036780 號函指出，其目的在於請求權人不能確定賠償義務機關或於賠償義務機關有爭議時，為便於民眾能迅速明瞭請求賠償之對象，得請求其上級機關確定之，俾使請求權人仍有救濟之途，

故依本法第 9 條第 4 項請求確定賠償義務機關者，應限於國家賠償請求權人及其代理人（含法定代理人及訴訟代理人），不包括政府機關。

但機關經裁撤或改組，應以承受其業務之機關為賠償義務機關，例如，最高法院（86 台上 2431）指出：「本件肇事巡邏艇 PBC5509 號，3501 號巡邏艇，原係隸屬於海軍巡邏大隊，依本法第 9 條第 1 項之規定，肇事巡邏艇所屬機關似為海上巡邏大隊；且該海上巡邏大隊已於 82 年 12 月 1 日移編內政部警政署屬保七總隊。原審未查明海上巡邏大隊是否有賠償義務人之資格，及海上巡邏大隊移編保七總隊後，有無第 9 條第 3 項賠償義務機關經裁撤或改組者，以承受其業務機關為賠償義務機關規定之適用，遽認海軍總部為加害公務員之所屬機關，進而謂海軍總部之民事賠償責任早已確定，不因海上巡邏大隊移編有受影響，自嫌率斷。」

陸、程　序

關於國家賠償之程序，除下列本法規定者外，係適用民事訴訟法（第 12 條）。

一、書面協議先行程序

依本法請求損害賠償時，第 10 條規定，應先以書面向賠償義務機關請求之（最高法院 106 台抗 1304），此即「書面協議先行程序」。

賠償義務機關對於前述請求，應即與請求權人協議。協議成立時，應作成協議書，該項協議書得為執行名義。

至於，本法施行細則第 38 條規定：「請求權人就同一原因事實所受之損害，同時或先後向賠償義務機關請求協議及向公務員提起損害賠償之訴，或同時或先後向賠償義務機關及公務員提起損害賠償之訴者，在賠償義務機關協議程序終結或損害賠償訴訟裁判確定前，法院應以裁定停止對公務員損害賠償訴訟程序之進行。」法務部【99/03/18】法律字第 0999011713 號函謂：「係指國家賠償請求權人如向賠償義務機關請求協議或賠償，復向

公務員提起損害賠償之訴時，法院應裁定停止對公務員損害賠償訴訟程序之進行，非謂賠償義務機關得俟請求權人向公務員之損害賠償訴訟確定後再為國賠決定。」

法官辦理國家賠償事件，如發現原告於言詞辯論終結前，業與被告機關達成協議，作成協議書時，應以其訴無保護之必要，以判決駁回之。因此，應於起訴時提出該機關逾期不協議、協議不成立或拒絕賠償之證明文件，此為訴權存在必備之要件（本法第 10 條第 1 項及施行細則第 37 條；106 台抗 583）。

二、損害賠償之訴

賠償義務機關拒絕賠償，或自提出請求之日起逾 30 日不開始協議，或自開始協議之日起逾 60 日協議不成立時，本法第 11 條規定，請求權人得提起損害賠償之訴。但是，已依行政訴訟法規定，附帶請求損害賠償者，就同一原因事實，不得更行起訴。

就此，法務部【99/03/18】法律字第 0999011713 號函謂：「請求權人以書面向賠償義務機關請求國家賠償時，除有本法施行細則第 19 條所定得不經協議逕行拒絕賠償之情形外，賠償義務機關應即進行協議，不待公務員刑事判決確定，以避免有本法第 11 條第 1 項所定逾期不開始協議或協議不成立之情事發生。」

第一審法院對於原告提起之損害賠償之訴在指定期日前，應調查原告已否以書面向被告機關請求，並具備本法第 11 條第 1 項前段規定之情形，如經調查結果，發現原告迄未以書面向被告機關請求或未具備本法第 11 條第 1 項規定之情形者，應依民事訴訟法第 249 條第 1 項第 6 款規定，以其起訴不備其他要件裁定駁回其訴。

至於，依本法請求損害賠償時，法院得依聲請為假處分，命賠償義務機關暫先支付醫療費用或喪葬費，惟應注意民事訴訟法有關保全程序規定之適用，而賠償義務機關於收到假處分裁定時，應立即墊付。賠償義務機關暫先支付之醫療費用或喪葬費，應於給付賠償金額時扣除之。此項假處

分，其性質係屬民事訴訟法第 538 條所謂定暫時狀態之處分 （最高法院 100 台抗 145）。

　　本法第 11 條第 2 項規定之立法理由，旨在考量醫療費及喪葬費之支出，往往刻不容緩，為避免判決確定後始支付緩不濟急之虞，特制定此定暫時狀態假處分之規定。準此，上開規定之假處分有臨時救急之性質；則解釋上，得依上開規定聲請對賠償義務機關為假處分者，自應以權利人係依本法規定求償，且賠償義務機關應暫先支付之項目，屬權利人因賠償事故所生有即刻支付必要之「醫療費」及「喪葬費」為限，倘權利人所請求之損害，並非因賠償事故所生之緊急性負擔，即無類推適用之餘地（99 台抗 952）。

第二十章　損失補償

綱要導讀

壹、國家責任與損失補償制度
一、損害賠償與損失補償
二、人民權益保障與特別犧牲
　㈠財產權之特別犧牲
　㈡非財產權之特別犧牲
貳、徵收之依據與原則
一、徵收之依據
　㈠立法徵收
　　1.法律徵收
　　2.命令徵收
　㈡行政徵收
二、徵收之原則
　㈠徵收法定原則
　㈡比例原則
　㈢正當程序原則
　㈣徵收聯結補償原則
參、土地徵收條例之規範設計
一、徵收方式與人民權益
　㈠徵收方式
　　1.徵　收
　　2.取得地上權
　　3.徵　用
　　4.限　制
　㈡人民權益
　　1.收回權
　　2.優先購買權

二、徵收程序
　㈠申請許可
　㈡協議與查勘
　　1.協議先行
　　2.調查勘測
　㈢審核程序
　　1.徵收計畫書
　　2.審議與核准
　　3.核定原則
　　4.通知與公告
　㈣補償費
　　1.負擔與轉發
　　2.補償費之發給
　㈤爭議之處理
　㈥執　行
　　1.救濟不停止執行
　　2.進入使用
　　3.限期遷移
　㈦被徵收土地之限制
　　1.權利之限制
　　2.權利之記載
三、徵收補償
　㈠土地補償
　　1.一般土地
　　2.公共設施保留地
　　3.市價評定及調整

㈡改良物補償
　　1.建築改良物
　　2.農作改良物
　　3.補償費估定
㈢合法營業損失補償
㈣遷移費及安置計畫
㈤負擔補償
四、區段徵收
㈠申請與核准
㈡補　償
　　1.現金補償
　　2.發給抵價地
　　3.土地之處理
五、撤銷及廢止徵收
㈠撤銷及廢止之原因
㈡辦理程序
　　1.申請權人
　　2.審查與爭議之處理
㈢核准撤銷或廢止徵收後之作業

壹、國家責任與損失補償制度

一、損害賠償與損失補償

國家公權力行為損及人民權益，除前章「違法」且「有責」造成人民之「損害」應負「賠償」責任以外，若係「合法」且「無責」造成人民之「損失」則應負「補償」責任，❶此為本章討論之重心。

因此，行政上之損害賠償與損失補償不同，前者係以不法行為為前提，為公法上之侵權行為；後者係對合法行為而生之補償，以彌補相對人之損失。

損失補償，傳統上指國家基於公益需要，依法行使公權力，致特定人發生財產上之特別犧牲，從全體之公平負擔觀點，調整該犧牲所為之財產補償。故損失補償係在填補受補償人為公益所受之損失，而非使其受利益（最高行政法院100判1065）。例如，行政機關基於公益考量，撥用公有土地與需地機關，致公有土地管理機關依法終止其與人民間所訂定非公用財產之租約者，宜認屬依法行使公權力造成特別犧牲之損失補償之一種態樣（95判697）。

二、人民權益保障與特別犧牲

人民權益保障之特別犧牲，❷依下列實務見解，似得區分為財產權與非財產權之特別犧牲。

㈠財產權之特別犧牲

憲法第15條規定，人民之財產權應予保障。惟國家行使公權力於造成人民損失而應負擔補償責任，原因並非單一，❸似以「特別犧牲」為最受

---

❶　關於「損失補償」之用語與性質，並參，釋字第508號解釋。

❷　王服清，〈論財產權特別犧牲損失補償原則在行政救濟之實踐問題〉，《興大法學》，第14期，第95頁以下。

重視之部分。人民受憲法保障之財產權，因公益需要而受特別犧牲者，應由國家依法律予以補償（釋字第 652 號解釋）。

釋字第 579 號解釋謂：「國家因公用或其他公益目的之必要，得依法徵收人民之財產，對被徵收財產之權利人而言，係為公共利益所受之特別犧牲，國家應給予合理之補償，且補償與損失必須相當。國家依法徵收土地時，對該土地之所有權人及該土地之其他財產權人均應予以合理補償。」❹ 蓋徵收補償是因公益上之必要，致使被徵收人發生財產上特別犧牲之損失所給予之彌補（最高行政法院 107 判 14）。❺

就此，德國基本法第 14 條規定，人民財產權之行使，應同時有助於公共利益。對於人民財產權之徵收，必須為公共利益且依法始得為之，其執行必須根據法律始得為之，而該徵收之法律，應規定補償之種類與範圍。至於，徵收補償之決定，應就公益與人民利益予以合理之衡量。

例如，針對既成道路符合一定要件而成立公用地役關係者，釋字第 400 號解釋認為：「其所有權人對土地既已無從自由使用收益，形成因公益而特別犧牲其財產上之利益」，故國家自應依法律之規定辦理徵收給予補償。此外，釋字第 440 號解釋指出：「主管機關對於既成道路或都市計畫道路用地，在依法徵收或價購以前埋設地下設施物妨礙土地權利人對其權利之行使，致生損失，形成其個人特別之犧牲，自應享有受相當補償之權利。」

㈡非財產權之特別犧牲

人民受憲法第八條保障身體之自由，乃行使其憲法上所保障其他自由權利之前提，為重要基本人權，尤其應受特別保護。因此，特定人民身體

---

❸ 廖義男，《國家賠償法》，1992，第 16 頁以下；李建良，〈損失補償〉，翁岳生編《行政法》，2000，第 1427 頁以下。

❹ 關於徵收補償之方式，立法機關有一定之自由形成空間（釋字第 579 號解釋）。

❺ 就此，釋字第 487 號解釋劉鐵錚大法官不同意見書指出：「損失補償制度既係由於公益而特別犧牲，除財產權之外，實應包括其他權利，如生命、身體及健康等，如因政府干預構成特別犧牲時，國家必須給予人民一定之補償，始符合憲法保障人民權利之本旨。」

之自由，因公共利益受公權力之合法限制，諸如羈押、收容或留置等，而有特別情形致超越人民一般情況下所應容忍之程度，構成其個人之特別犧牲者，自應有依法向國家請求合理補償之權利，以符合憲法保障人民身體自由及平等權之意旨（釋字第 670 號解釋）。❻

因此，本號解釋已擴大國家對個人權利特別犧牲之保障範圍，包括憲法第 8 條保障人民身體自由（非財產權）之特別犧牲。

就此，行政執行法第 41 條第 1 項規定：「人民因執行機關依法實施即時強制，致其生命、身體或財產遭受特別損失時，得請求補償。……」其中，人民之「生命、身體」及「財產」，因執行機關依法實施即時強制遭受特別損失時，均得請求補償。

貳、徵收之依據與原則

一、徵收之依據

以徵收之法源為標準，可將徵收分為「立法徵收」與「行政徵收」兩種：❼

㈠立法徵收

立法徵收之依據，包括法律與法律授權之法規命令兩種：

---

❻　針對受無罪判決確定之受害人，因有故意或重大過失行為致依刑事訴訟法第 101 條第 1 項或軍事審判法第 102 條第 1 項受羈押者，依冤獄賠償法第 2 條第 3 款規定，不得請求賠償。釋字第 670 號解釋：「並未斟酌受害人致受羈押之行為，係涉嫌實現犯罪構成要件或係妨礙、誤導偵查審判，亦無論受害人致受羈押行為可歸責程度之輕重及因羈押所受損失之大小，皆一律排除全部之補償請求，並非避免補償失當或浮濫等情事所必要，不符冤獄賠償法對個別人民身體之自由，因實現國家刑罰權之公共利益，受有超越一般應容忍程度之特別犧牲時，給予所規範之補償，以符合憲法保障人民身體自由及平等權之立法意旨，而與憲法第 23 條之比例原則有違。」

❼　李惠宗，《行政法要義》，2004，第 657 頁以下。

1.法律徵收

法律徵收，係指在財產權限制之容許範圍內，直接由法律限制人民財產權之行使，此等立法徵收，係屬一般性之侵犯，因此，若未形成其個人特別犧牲之程度，原則上不發生補償之問題。

例如，平均地權條例【78/10/30】第 11 條第 1 項規定：「依法徵收或照價收買之土地為出租耕地時，除由政府補償承租人為改良土地所支付之費用，及尚未收穫之農作改良物外，並應由土地所有權人，以所得之補償地價，扣除土地增值稅後餘額之 3 分之 1，補償耕地承租人。」依該項規定，直接依據法律將「土地所有權人之補償地價」部分強制移轉給「耕地承租人」。❽

蓋耕地承租人之租賃權，係對他人所有耕地耕作、收益之權利，屬憲法上保障之財產權，於耕地被徵收時隨同所有權而消滅，乃耕地承租人為公共利益而受之財產權特別犧牲，國家亦應予耕地承租人合理補償（釋字第 579 號解釋）。

就該補償之性質，釋字第 508 號解釋謂，依法徵收之土地為出租耕地時，依前述規定應給與承租人之土地補償費，乃佃農因法定事由致其耕地租賃權消滅而獲得，性質上與承租人依平均地權條例第 77 條規定所獲得之補償費相同。惟釋字第 508 號解釋蘇俊雄大法官之部分不同意見書指出：「……此種承租人得請求補償的規定，係基於保護社會經濟上弱勢承租人（佃農）之社會政策考量，雖以補償稱之，性質上實為國家對佃農的經濟扶助規定，與一般法律概念下填補損失的補償有所不同（參照釋字第 163

---

❽ 釋字第 508 號解釋蘇俊雄大法官之部分不同意見書謂：「平均地權條例第 11 條第 1 項規定土地所有權人因耕地被徵收所得之補償費，應以 3 分之 1 數額補償承租人，查其立法目的在於使非因自願終止租賃關係之耕地承租人，於失去耕作權後，生計上得有補助。同條例第 63 條第 2 項關於市地重劃及第 77 條第 1 項關於耕地出租人收回耕地時，皆有『3 分之 1 補償』之相類規定。……此處承租人得請求之補償費係因法律規定，於國家徵收私有耕地時，所有人以其所得補償費部分轉加補償承租人而來；此時，承租人之所以獲得補償費，已非單純市場交易行為即得解釋，而有強烈國家介入的色彩。」

號解釋）。」

此外，平均地權條例第 11 條規定之合憲性，亦引起相當之爭執！釋字第 579 號解釋認為：「係就徵收耕地補償地價之核發程序與分配額所為之規定，符合憲法保障財產權、保護農民之意旨及補償與損失相當之原則，並未逾越立法機關就徵收補償方式自由形成之範圍，於土地所有權人財產權之保障，尚不生侵害問題。」❾

然而，本號解釋廖義男大法官不同意見書認為：「應明白宣告平均地權條例第 11 條之規定違憲。」蓋租賃權固為承租人財產權之一種，但租賃契約之承租人，係以支付租金為對價，而取得租賃標的物之使用、收益權能。租賃標的物如因國家為公用或公益目的之必要而予以徵收，則該租賃標的物即客觀不能再供原來約定使用目的之用，租賃契約即因此客觀不能而歸於無效。承租人使用收益租賃標的物之租賃權固然因此而消滅，但同時亦免除其給付租金之義務，因租賃權與給付租金義務係居於對價關係，價值相同，故承租人之總財產權實質上並不因徵收而受有損失。耕地租賃，亦屬租賃，亦同此法理，從而耕地承租人之總財產權既無損失，國家何以須為補償？

此外，本號解釋許宗力大法官不同意見書謂：「耕地租賃權因物權化之結果而形同耕地之負擔，尚不足以充當合憲之基礎。」蓋租賃標的物如遭國家徵收，依現行法相關規定，國家給予所有權人之徵收補償亦是「全額」補償，並不要求其必須將補償費之一部分，「補償」承租人。是系爭平均地權條例第 11 條第 1 項規定依法徵收之土地為出租耕地時，土地所有權人應以所得之補償地價，扣除土地增值稅後，餘額之 3 分之 1，「補償」耕地承租人，即有違反體系正義，牴觸平等權之虞。

2.命令徵收

命令徵收，係指在財產權限制之容許範圍內，由法律授權之法規命令

---

❾　釋字第 579 號解釋謂：「惟近年來社會經濟發展、產業結構顯有變遷，為因應農地使用政策，上開為保護農民生活而以耕地租賃權為出租耕地上負擔並據以推估其價值之規定，應儘速檢討修正，以符憲法意旨。」

限制人民財產權之行使，此等命令徵收仍係屬一般性之侵犯，因此，若未形成其個人特別犧牲之程度，原則上不發生補償之問題。

例如，建築法【89/12/20】修正公布前第 101 條規定：「省（市）政府得依據地方情形，分別訂定建築管理規則，報經內政部核定後實施。」據此，臺灣省建築管理規則第 20 條規定人民建築有設置騎樓之義務。學者指出，強制設置騎樓係由法規命令加諸之「法定公用地役義務」，並不發生補償問題。❿

就此，行政法院（69 判 345）謂：「臺灣省建築管理規則為臺灣省政府本於建築法第 101 條之授權依據地方情形所訂定，送經臺灣省議會議決通過發布施行，其就臺灣省內所有之建築，無論新建築之申請許可或已有舊建築之管理，均有其適用。原告建築物既係違章建築，被告機關為整頓市容，訂定打通騎樓地計畫，報經上級主管機關核准，通知原告限期拆除，核與該管理規則第 32 條之規定相符，與本院 52 判 321 判例亦無違背。」⓫

鑑於騎樓所有人既為公益負有社會義務，國家已提供不同形式之優惠如賦稅減免等，以減輕其負擔。因此，釋字第 564 號解釋指出，人民財產權因此所受之限制，尚屬輕微，自無悖於憲法第 23 條比例原則之要求，亦未逾其社會責任所應忍受之範圍，更未構成個人之特別犧牲，難謂國家對其有何補償責任存在，與憲法保障人民財產權之規定並無違背。

㈡行政徵收

行政徵收，係指行政機關基於公益目的，⓬依據法律規定限制或強制

---

❿　李惠宗，《行政法要義》，第 657 頁。

⓫　《行政法院判例要旨彙編》，第 688 頁。本則判例經最高行政法院 91 年 10、11、12 月份庭長法官聯席會議決議嗣後不再援用，並經司法院以【91/12/13】(91) 院臺廳行一字第 31707 號函、【91/12/23】 (91) 院臺廳行一字第 32470 號函、【92/01/03】(92) 院臺廳行一字第 00267 號函准予備查。

⓬　徵收之概念，可分為「公用徵收」與「公益徵收」。古典之公用徵收，係指行政機關基於公用目的，強制移轉人民土地之所有權。不過，目前之徵收概念，並非僅限於公用徵收之範圍，而係著重公共利益之實踐，故非以公用為唯一目的，得稱為公益徵收。

移轉❸人民財產權❹之行政行為。

由於土地徵收條例（以下簡稱「本條例」）第 1 條第 3 項規定：「其他法律有關徵收程序、徵收補償標準與本條例牴觸者，優先適用本條例。」故本條例具有優先適用之地位，以下將以本條例為中心，分析其內涵。

至於，土地徵收之定義，釋字第 425 號解釋謂：「係國家因公共事業之需要，對人民受憲法保障之財產權，經由法定程序予以剝奪之謂。」❺釋字第 534 號解釋，則將釋字第 425 號解釋之「剝奪」，改以「強制取得」稱之（最高行政法院 102 判 371）。

二、徵收之原則

由於土地徵收係經由強制徵收，於被徵收土地（或土地改良物）應受之補償費發給完竣或核定發給抵價地後，直轄市或縣（市）主管機關即應通知土地權利人或使用人限期遷移完竣，逾期未遷移者，由直轄市或縣（市）主管機關或需用土地人依行政執行法執行。因此，土地徵收係國家對受憲法保障人民財產權所為具目的性之強制侵害，屬國家為實現所欲興辦公共事業之公益的最後不得已措施，故其徵收，無論一般徵收或區段徵收，除應確實遵守相關法律規定之徵收要件及程序外，並應符合憲法第 23 條及行政程序法第 7 條規定之必要性與比例原則，俾所欲實現之公益暨現

---

❸　徵收之方式，亦不限於強制移轉所有權，亦包括限制財產權在內。例如，森林法規定，主管機關對於保安林所有人得限制或禁止其使用收益。

❹　目前徵收之標的，亦非以土地為限，例如，戒嚴法【38/01/14】第 11 條第 11 款規定：「在戒嚴地域內，民間之食糧物品及資源可供軍用者，……必須徵收者，應給予相當價額。」

❺　本文以為，人民為公共利益所受特別犧牲之「土地徵收」與國家給予合理相當之「損失補償」之間，係屬人民財產權之替換效果，並非國家「剝奪」人民受憲法保障之財產權，仍為基本權利「限制」之範圍，蓋人民之財產權並未因土地徵收而完全喪失其經濟價值。因此，本號解釋所稱「對人民受憲法保障之財產權予以剝奪」之用語，與憲法第 23 條基本權利「限制」之意旨不符，有變更之必要。黃俊杰，《憲法稅概念與稅條款》，1997，第 84 頁以下。

存續中之公益與私益維護得以兼顧（最高行政法院 102 判 371）。❶

　　關於徵收之原則，分析如下：

㈠徵收法定原則

　　土地徵收係基於興辦有利於公益之公共事業之需要，始得由國家依法律所定程序為之（最高行政法院 103 裁 740；99 判 319）。故「為規範土地徵收，確保土地合理利用，並保障私人財產，增進公共利益」，特制定本條例（第 1 條第 1 項）。

　　釋字第 409 號解釋謂：「徵收土地對人民財產權發生嚴重影響，舉凡徵收土地之各項要件及應踐行之程序，法律規定應不厭其詳。有關徵收目的及用途之明確具體、衡量公益之標準以及徵收急迫性因素等，均應由法律予以明定。」此即徵收法定原則之表徵，其作用係讓行政主管機關處理徵收事件及司法機關為適法性審查有所依據，主要目的是維護人民權益。

　　就此，本條例第 1 條第 2 項規定：「土地徵收，依本條例之規定，本條例未規定者，適用其他法律之規定。」故在土地徵收之際，應有法律規定作為依據。

　　至於，地方自治條例就本條例未規定或未牴觸本條例已規定之部分，得為徵收程序之順利進行，另訂優惠之規範內容。例如，嘉義市拆遷補償救濟自治條例係為供嘉義市政府執行公共工程用地內建築改良物補償救濟所訂定，其規定給付項目並不限於經核准徵收建築改良物之補償，凡公共工程用地內建築改良物之補償、救濟均循該條例規定辦理。其中以非屬合

---

❶　就此，實務見解指出，徵收私有土地應具備：⑴公益性：因興辦公共事業而徵收私有土地，有助於該公共事業公益目的之達成；⑵必要性：上開公共事業所欲達成之公益目的，其事業用地之取得，應先以協議價購或聯合開發、設定地上權、捐贈等與所有權人協議方式為之，協議不成，始予強制徵收；⑶符合比例原則：因興辦公共事業徵收私有土地所欲達成之公益目的，與徵收強制剝奪人民財產造成人民財產權損害之私益及未徵收所維持之公益中利益，相互權衡輕重後，確認因興辦公益事業所造成之損害與欲達成目的之利益並無顯失均衡之情形，始符合憲法第 23 條及行政程序法第 7 條規定之比例原則，其強制徵收私有土地，始為適法（最高行政法院 102 判 371）。

法房屋之違建物為發放標的之救濟金部分，非本條例規定之補償項目，係嘉義市基於順利執行土地利用目的之考量（103 判 206）。

再者，主管機關為公用或公益之目的而以徵收方式剝奪人民財產權後，如續將原屬人民之財產移轉為第三人所有，易使徵收權力遭濫用及使人民產生圖利特定第三人之疑慮。是如因情事變更，主管機關有依其時相關法律規定，將所徵收大眾捷運系統需用之土地，納入後續計畫，辦理聯合開發之情形，仍應有法律明確規定主管機關得將之移轉予第三人所有，始得為之，以符憲法保障人民財產權之意旨（釋字第 743 號解釋）。

(二)比例原則

人民之財產權應受國家保障，釋字第 409 號解釋指出：「國家因公用需要得依法限制人民土地所有權或取得人民之土地，此觀憲法第 23 條及第 143 條第 1 項之規定自明。徵收私有土地，給予相當補償，即為達成公用需要手段之一種，而徵收土地之要件及程序，憲法並未規定，係委由法律予以規範，此亦有憲法第 108 條第 1 項第 14 款可資依據。土地法第 208 條第 9 款及都市計畫法第 48 條係就徵收土地之目的及用途所為之概括規定，但並非謂合於上述目的及用途者，即可任意實施徵收，仍應受土地法相關規定及土地法施行法第 49 條（徵收土地於不妨礙徵收目的之範圍內，應就損失最少之地方為之，並應儘量避免耕地）比例原則之限制。」❶❼

此外，釋字第 564 號解釋謂：「基於增進公共利益之必要，對人民依法取得之土地所有權，國家並非不得以法律為合理之限制，此項限制究至何種程度始逾人民財產權所應忍受之範圍，應就行為之目的與限制手段及其所造成之結果予以衡量，如手段對於目的而言尚屬適當，且限制對土地之利用至為輕微，則屬人民享受財產權同時所應負擔之社會義務，國家以法律所為之合理限制即與憲法保障人民財產權之本旨不相牴觸。」❶❽

---

❶❼　徵收係為實現公益需要之不得已措施，是侵害財產權之最後不得已手段，故公用徵收須符比例原則（最高行政法院 99 判 319）。

❶❽　釋字第 564 號解釋指出：「主管機關依道路交通管理條例第 82 條第 1 項第 10 款之規定公告禁止在特定路段設攤，係以提高罰鍰以加強交通管理，雖皆非為

　　土地徵收係為達成公益目的之行政行為，本條例第 3 條規定，國家因公益需要興辦事業，得徵收私有土地，但徵收之範圍，應以其事業所必須者為限。因此，應依行政程序法第 7 條之比例原則為之，尤其若有多種同樣能達成公益目的之方法時，應選擇其他對人民權益侵犯最少者，故徵收應屬最後手段。就此，釋字第 534 號解釋謂：「相關法律所規定之徵收要件及程序，應符合憲法第 23 條所定必要性之原則。」

　　例如，針對臺北市政府【64/08/22】發布之臺北市市區道路管理規則第 15 條規定：「既成道路或都市計畫道路用地，在不妨礙其原有使用及安全之原則下，主管機關埋設地下設施物時，得不徵購其用地，但損壞地上物應予補償。」釋字第 440 號解釋謂：「關於都市計畫保留地得予徵收或購買已有相關法律可資適用，主管機關基於增進公共利益之必要，依法使用計畫道路用地時，應否予以徵購，須考量其侵害之嚴重性，是否妨礙其原來之使用及安全等因素而為決定。對既成道路或都市計畫用地，主管機關在依據法律辦理徵購前，固得依法加以使用，如埋設電力、自來水管線及下水道等地下設施物，惟應依比例原則擇其損失最少之處所及方法為之；對土地權利人因此所受損失，並應給與相當之補償，以保護其財產上之利益。」因此，前述管理規則第 15 條對使用該地下部分，既不徵購又未設補償規定，與上開意旨不符者，應不再援用。

　　此外，國家以徵收方式剝奪人民土地所有權，甚而影響土地上合法居住者之居住自由，如非為公用，則須符合其他公益之正當目的。徵收捷運交通事業所必須之土地，屬為興辦交通事業公用之目的；而主管機關辦理毗鄰地區土地之開發，係在有效利用土地資源、促進地區發展並利大眾捷運系統建設經費之取得，固有其公益上之目的。然國家為利用土地資源、促進地區發展並利建設經費之取得等目的，依法報請徵收交通事業所必須者以外之毗鄰地區土地，將使土地資源之利益重新分配或移轉予國家或其他私人享有，造成原土地所有權人遭受土地損失之特別犧牲。另為達利用

限制人民財產權而設，然適用於具體個案則有造成限制人民財產權之結果。故於衡酌其限制之適當性外，並應考量所造成損害之程度。」

土地資源、促進地區發展並利建設經費之取得等目的，非不得以適當優惠方式與土地所有權人合作進行聯合或共同開發、以市地重劃之方式使原土地所有權人於土地重新整理後仍分配土地、以區段徵收使原土地所有權人取回與原土地同價值之土地、或以其他適當且對土地所有權侵害較小之方式達成（釋字第 732 號解釋）。

㈢正當程序原則

國家因公用或其他公益目的之必要，固得經由法定程序徵收人民之土地，惟徵收人民土地，屬對人民財產權最嚴重之侵害手段，基於憲法正當程序之要求，國家自應踐行最嚴謹之程序。此程序保障不僅及於徵收前（例如於徵收計畫確定前，國家應聽取土地所有權人及利害關係人之意見，釋字第 409 號解釋），並及於徵收時（例如辦理徵收時，應嚴格要求國家踐行公告及書面通知之程序，以確保土地或土地改良物所有權人及他項權利人知悉相關資訊，俾適時行使其權利；徵收之補償應儘速發給，否則徵收土地核准案即應失其效力，釋字第 516 號及第 731 號解釋）。

至於，土地徵收完成後，是否亦有正當程序之適用，則須視徵收完成後，原土地所有權人是否仍能主張憲法財產權之保障而定。按土地徵收後，國家負有確保徵收土地持續符合公用或其他公益目的之義務，以貫徹徵收必要性之嚴格要求，且需用土地人應於一定期限內，依照核准計畫實行使用，以防止徵收權之濫用，而保障人民私有土地權益（釋字第 236 號解釋）。因此，徵收後，如未依照核准計畫之目的或期限實行使用，徵收即喪失其正當性，人民因公共利益而忍受特別犧牲之原因亦已不存在，基於憲法財產權保障之意旨，原土地所有權人原則上即得申請收回其被徵收之土地，以保障其權益。

此項收回權，係憲法財產權保障之延伸，乃原土地所有權人基於土地徵收關係所衍生之公法上請求權，應受憲法財產權之保障。為確保收回權之實現，國家於徵收後仍負有一定之程序保障義務。

需用土地人依法取得被徵收土地所有權後，是否有不再需用被徵收土地或逾期不使用而無徵收必要之情事，通常已非原土地所有權人所得立即

知悉及掌握。基於憲法要求之正當行政程序，該管直轄市或縣（市）主管機關應自徵收完成時起一定期限內，定期通知原土地所有權人，使其適時知悉被徵收土地之後續使用情形；若有不能個別通知之情事，應依法公告，俾其得及時申請收回土地。

針對土地法第 219 條第 1 項規定：「私有土地經徵收後，有左列情形之一者，原土地所有權人得於徵收補償發給完竣屆滿 1 年之次日起 5 年內，向該管直轄市或縣（市）地政機關聲請照徵收價額收回其土地：一、徵收補償發給完竣屆滿 1 年，未依徵收計畫開始使用者。二、未依核准徵收原定興辦事業使用者。」

釋字第 763 號解釋指出，固係人民憲法上收回權之具體落實，然逕以「徵收補償發給完竣屆滿 1 年之次日」為時效起算點，就被徵收土地之後續使用情形，並未規定應定期通知原土地所有權人或依法公告，致人民無從及時獲知充分資訊，俾判斷是否行使其收回權，不符憲法要求之正當行政程序，於此範圍內，有違憲法第 15 條保障人民財產權之意旨。❶❾

此外，本條例第 10 條第 2 項規定：「需用土地人於事業計畫報請目的事業主管機關許可前，應舉行公聽會，聽取土地所有權人及利害關係人之意見。但因舉辦具機密性之國防事業或已舉行公聽會或說明會者，不在此限。」故由需用土地人於踐行法定程序（諸如：舉辦公聽會、徵收前之協議，申請目的事業主管機關之許可等等）後，提出徵收計畫書，由徵收主管機關衡量所涉公益與私益之重要性，予以准駁（最高行政法院 103 裁740）。

---

❶❾　因此，有關機關應於本解釋公布之日起 2 年內，基於本解釋意旨，妥為檢討修正。增訂通知義務時，為兼顧人民財產權之保障及法律關係安定性之要求，應依通知義務是否履行，分別規定短期或長期之合理時效期間。至於，該短期及長期時效期間，應如何相互配合，則屬立法裁量之範圍。於本解釋公布之日，原土地所有權人之收回權時效尚未完成者，時效停止進行；於該管直轄市或縣（市）主管機關主動依本解釋意旨通知或公告後，未完成之時效繼續進行；修法完成公布後，依新法規定（釋字第 763 號解釋）。

㈣徵收聯結補償原則

徵收應與補償相聯結，釋字第 425 號解釋謂：「規定土地徵收及其程序之法律，應於相當期間內給予合理之補償。」而本條例第 19 條規定：「徵收土地或土地改良物應發給之補償費，由需用土地人負擔，並繳交該管直轄市或縣（市）主管機關轉發之。」

就此，釋字第 579 號解釋謝在全大法官協同意見書，對於徵收與補償聯結原則內涵之詮釋：「土地徵收應於相當期間內給予合理之補償，且土地徵收對被徵收土地之所有權人而言，係為公共利益所受之特別犧牲，是補償費之發給不宜牽延過久，應儘速為之。否則將影響徵收處分之效力，此為有徵收即有補償，補償之發給與徵收土地之間，具有不可分之一體性所必然。學說上稱之為徵收與補償聯結原則，或唇齒條款（結合條款），亦即有徵收即有補償，無補償即無徵收，俾使憲法保障之財產權，其財產所產生之財富價值得予以確保（財產價值之保障）。……國家徵收土地時，對該土地所有人因徵收而被剝奪之所有權，固應給予合理之補償，就存在於該土地上之其他物權或債權性質之用益權，例如租賃、使用借貸等，即因其權利標的物被徵收，而同受剝奪，歸於消滅，國家對此等權利人自亦應給予合理之補償，方符憲法保障財產權之意旨。……基於徵收與補償聯結原則，徵收之法律必須有補償條款，方能合憲有效，立法機關亦有規定補償條款之義務，非謂立法機關可制定徵收時，得不予補償或制定補償未盡合理之法律……。」事實上，縱然無補償法律依據之實質徵收處分，仍應提供人民補償，始符合憲法保障財產權之意旨。 ❷⓿

關於補償之程度，釋字第 400 號解釋謂：「國家機關雖得依法徵收人民之財產，但應給予相當之補償，方符憲法保障財產權之意旨。」其理由書謂：「憲法第 15 條關於人民財產權應予保障之規定，旨在確保個人依財產之存續狀態行使其自由使用、收益及處分之權能，並免於遭受公權力或第三人之侵害，俾能實現個人自由、發展人格及維護尊嚴。惟個人行使財產

---

❷⓿　李震山，〈行政損失補償法定原則〉，《臺灣本土法學雜誌》，第 71 期，第 143 頁以下。

權仍應依法受社會責任及環境生態責任之限制，其因此類責任使財產之利用有所限制，而形成個人利益之特別犧牲，社會公眾並因而受益者，應享有相當補償之權利。至國家因興辦公共事業或因實施國家經濟政策，雖得依法律規定徵收私有土地，但應給予相當之補償，方符首開憲法保障財產權之意旨。」此外，釋字第 440 號解釋謂：「國家機關依法行使公權力致人民之財產遭受損失，若逾其社會責任所應忍受之範圍，形成個人之特別犧牲者，國家應予合理補償。」

由前述解釋觀察，係採「相當補償」與「合理補償」之見解，❷即基於財產權之存續保障，認為土地徵收之特別犧牲，僅是實體財產權受到損害，而不是基於財產權之價值保障，故並非完全補償徵收之實質損失與將來可預期之損失。即釋字第 579 號解釋所稱：「補償與損失相當之原則」。換言之，如因公用或其他公益目的之必要，國家機關依法徵收人民之財產，形成個人之特別犧牲者，國家應給予相當、合理之補償，方符憲法保障財產權之意旨（釋字第 400、425、440、516、652 號解釋），足見國家機關徵收人民之財產，雖非給予完全滿足之補償，但仍應給予相當、合理之補償（最高行政法院 100 判 163）。所謂合理補償，雖不以完全之補償為必要，然在具體之徵收時，國家機關所為之補償，須依法律規定或法律所授權規定之方式為之，始為合法；否則，即難謂對人民因徵收所受之損害已為補償（103 判 180）。

過去實務之見解，應係衡量國家在財政困境之給付能力，例如，釋字第 400 號解釋謂：「各級政府如因經費困難不能對前述道路全面徵收補償，亦應參酌行政院【84/10/28】發布之臺 84 內字第 38493 號函及【84/10/11】內政部臺 84 內營字第 8480481 號函之意旨，訂定確實可行之期限籌措財源

---

❷ 釋字第 215 號解釋謂：「市區道路條例第 11 條規定，對於妨礙建築道路之建築物，特別明定其處理程序，為土地法第 215 條之特別規定。惟仍明定應給予補償，此項補償，應依有關法令辦理，求其合理相當，且對拆除遷讓之通知及補償行為，依法均許利害關係人提起訴願及行政訴訟，以求救濟，足以兼顧人民權利之保障，與憲法第 15 條及第 143 條並無牴觸。」

逐年辦理，或以其他方法彌補其損失，諸如發行分期補償之債券、採取使用者收費制度、抵稅或以公有土地抵償等以代替金錢給付。」但是，從人民權利保障之觀點，似應採「完全補償說」。目前，例如針對被徵收之土地，係應按照徵收當期之市價（已非過去之公告土地現值），補償其地價。

　　關於補償之差別待遇，釋字第 336 號解釋謂，都市計畫法第 26 條規定，每 5 年至少應通盤檢討一次。其中公共設施保留地，經通盤檢討，如認無變更之必要，主管機關本應儘速取得之，以免長期處保留狀態。若不為取得（不限於徵收一途），則土地所有權人既無法及時獲得對價，另謀其他發展，又限於都市計畫之整體性而不能撤銷使用之管制，致減損土地之利用價值。其所加於土地所有權人之不利益將隨時間之延長而遞增。雖同法第 49 條至第 50 條之 1 等條文設有加成補償、許為臨時建築使用及免稅等補救規定，然非分就保留時間之久暫等情況，對權利受有個別損害，而形成特別犧牲者，予以不同程度之補償。

參、土地徵收條例之規範設計

一、徵收方式與人民權益

㈠徵收方式

1.徵　收

⑴一般徵收

一般徵收，原則上係指全部徵收。

　　國家因公益需要，興辦事業，得徵收私有土地。徵收之範圍，應以其事業所必須者為限。興辦事業之範圍，包括：⑴國防事業；⑵交通事業；⑶公用事業；⑷水利事業；⑸公共衛生及環境保護事業；⑹政府機關、地方自治機關及其他公共建築；⑺教育、學術及文化事業；⑻社會福利事業；⑼國營事業；⑽其他依法得徵收土地之事業（本條例第 3 條）。

　　徵收之土地，得於徵收計畫書載明以信託、聯合開發、委託開發、委

託經營、合作經營、設定地上權或出租提供民間機構投資建設。

至於，需用土地人興辦公益事業，應按事業性質及實際需要，勘選適當用地及範圍，並應儘量避免耕地及優先使用無使用計畫之公有土地或國營事業土地。

對於經依都市計畫法、區域計畫法或國家公園法劃設或變更後，依法得予徵收或區段徵收之農業用地，於劃設或變更時，應經目的事業主管機關考量徵收之公益性及必要性。

需用土地人勘選用地內之農業用地，免經區域計畫擬定機關許可者，於變更為非農業使用時，應先徵得直轄市或縣（市）農業主管機關同意。

特定農業區農牧用地，除零星夾雜難以避免者外，不得徵收。但國防、交通、水利事業、公用事業供輸電線路使用者所必須或經行政院核定之重大建設所需者，不在此限。

此外，需用土地人興辦事業徵收土地時，應依下列因素評估興辦事業之公益性及必要性，並為綜合評估分析：⑴社會因素：包括徵收所影響人口之多寡、年齡結構及徵收計畫對周圍社會現況、弱勢族群生活型態及健康風險之影響程度；⑵經濟因素：包括徵收計畫對稅收、糧食安全、增減就業或轉業人口、徵收費用、各級政府配合興辦公共設施與政府財務支出及負擔情形、農林漁牧產業鏈及土地利用完整性；⑶文化及生態因素：包括因徵收計畫而導致城鄉自然風貌、文化古蹟、生活條件或模式發生改變及對該地區生態環境、周邊居民或社會整體之影響；⑷永續發展因素：包括國家永續發展政策、永續指標及國土計畫；⑸其他：依徵收計畫個別情形，認為適當或應加以評估參考之事項。

⑵區段徵收

所謂「區段徵收」，謂於一定區域內之土地，應重新分宗整理，而為全區土地之徵收（土地法第 212 條第 2 項）。換言之，係對一定區域內之私有土地為全部徵收後，再重新規劃、整體開發之綜合性土地改良事業（最高行政法院 102 判 371）。

至於，得為區段徵收之情形，包括：⑴新設都市地區之全部或一部，

實施開發建設者；(2)舊都市地區為公共安全、衛生、交通之需要或促進土地之合理使用實施更新者；(3)都市土地之農業區、保護區變更為建築用地或工業區變更為住宅區、商業區者；(4)非都市土地實施開發建設者；(5)農村社區為加強公共設施、改善公共衛生之需要或配合農業發展之規劃實施更新者；(6)其他依法得為區段徵收者。

(3)一併徵收

一併徵收，似得區分為義務徵收與申請徵收：

A. 義務徵收

義務徵收，係需用土地人之徵收義務，其得再區分為兩類：

首先，徵收土地時，其土地改良物應一併徵收。對於應徵收之土地改良物，得視其興辦事業計畫之需要，於土地徵收公告之日起 3 年內徵收之。但是，土地改良物所有權人於需用土地人報請徵收土地前，請求同時一併徵收其改良物時，需用土地人應同時辦理一併徵收。

徵收土地時，其改良物固應一併徵收，惟既得於徵收土地後再徵收土地之改良物，則徵收土地部分及一併徵收土地改良物部分，即無不可分割之關係。徵收處分因執行徵收機關直轄市或縣（市）主管機關之公告而對外發生效力（土地法第 227 條、本條例第 18 條），而以同一徵收處分徵收土地及其改良物，因該二者並無不可分割之關係，自可因其各別公告而分別對外生效（最高行政法院 99 判 355）。

至於，一併徵收之例外，包括：(1)土地改良物所有權人要求取回，並自公告期滿之日起 15 日內自行遷移者；(2)墳墓及其他紀念物必須遷移者；(3)建築改良物依法令規定不得建造者；(4)農作改良物之種類或數量與正常種植情形不相當者，其不相當部分；㉒(5)其他法律另有規定者。

㉒　針對臺北市辦理徵收土地農林作物及魚類補償遷移費查估基準，釋字第 344 號解釋指出，係臺北市政府基於主管機關之職權，為執行土地法第 241 條之規定而訂定，其中有關限制每公畝種植花木數量，對超出部分不予補償之規定，乃為預止土地所有人於徵收前故為搶植或濫種，以取得不當利益而設，為達公平補償目的之行為所必要，與憲法並無牴觸。但如有確切事證，證明其真實正常種

前述⑶及⑷之土地改良物，於徵收土地公告期滿後，由該管直轄市或縣（市）主管機關通知其所有權人或使用人限期遷移或拆除之，不予補償；屆期不拆遷者，由該管直轄市或縣（市）主管機關會同有關機關逕行除去。

B. 申請徵收

依本條例第 3 條、第 13 條第 1 項、第 14 條及第 19 條規定，土地徵收僅有國家始為徵收權之主體，是否實施公用徵收，相關機關具有行政裁量權，一般人民除法律別有規定外（如本條例第 8 條），尚無請求國家徵收其所有土地之公法上請求權（最高行政法院 103 裁 740）。針對土地所有權人之系爭土地，既未列入徵收計畫書而屬遺漏徵收之土地，即未經國家依法徵收，在補辦徵收前，無給予徵收補償可言，且並無請求國家徵收其所有土地並予補償之公法上請求權（107 判 19）。❷❸然而，因有關機關確未於釋字第 747 號解釋公布之日起 1 年內，基於該解釋意旨，修正土地徵收條例相關規定，此為眾所周知之事實。既然有關機關已逾期未完成修法，依釋字第 747 號解釋所諭示，則土地所有權人得依該解釋意旨，請求需用土地

植狀況與基準相差懸殊時，仍應由主管機關依據專業知識與經驗，就個案妥慎認定之；而最高行政法院（94 判 175）指出：「釋字第 344 號解釋係揭示個案正義原則，惟此原則應係適用於法規就發生法律效果應備之要件所為規定未臻具體確定，有待於個案中為具體認定之事件，苟法規已就發生法律效果之要件為具體明確之規定，即無再適用該原則之餘地。」

❷❸ 至於，公法上不當得利返還請求權，係於公法之法律關係中，受損害者對無法律上之原因而受利益者，請求其返還所受利益之權利，以調整當事人間不當的損益變動。最高行政法院指出，公法上不當得利，目前尚無實定法加以規範，其意涵應藉助民法不當得利制度予以釐清。參酌民法第 179 條規定：「無法律上原因而受利益，致他人受損害者，應返還其利益。雖有法律上之原因，而其後已不存在者，亦同。」可認公法上不當得利返還請求權需具備以下要件：⑴須為公法關係之爭議；⑵須有一方受利益，他方受損害；⑶受利益與受損害之間須有直接因果關係；⑷受利益係無法律上原因。因此，倘若系爭道路確屬臺南市市區道路，而系爭土地未經協議價購或徵收，即開闢為道路使用，因未支付對價而使用系爭土地並受有利益者，則尚難逕謂臺南市政府非受有利益之人（107 判 19）。

人向主管機關申請徵收地上權。亦即釋字第 747 號解釋就本條例明文規定外，創設「土地所有權人得請求需用土地人向主管機關申請徵收地上權」之請求權（107 判 337）。

而土地所有權人，因徵收土地之殘餘部分面積過小或形勢不整，致不能為相當之使用者或徵收建築改良物之殘餘部分不能為相當之使用者，得於徵收公告之日起 1 年內向該管直轄市或縣（市）主管機關申請一併徵收，逾期不予受理。❷❹所稱「殘餘部分」，係指接壤一連而供同一性質使用之土地，經部分徵收後所剩餘之土地而言。因此，該接壤一連之土地，不以土地登記簿上所載之一筆土地為必要，如同一所有權人有兩筆以上土地，地界相連，實際已合併為同一性質之使用，其中一筆被徵收，剩餘之一筆亦屬殘餘部分。至若同一所有權人所有之數筆土地，縱地界相連，但未合併為同一性質使用時，其中一筆被徵收後其使用之結果，致剩餘土地不能為從來利用之損失時，則屬所有權人得否依土地法第 216 條請求損失補償之範圍，無一併徵收規定之適用（99 判 356）。

申請徵收，係土地所有權人之徵收申請權之行使，其申請應以書面為之。但得於補償費發給完竣前，得以書面撤回之。

此外，就一併徵收之土地或建築改良物殘餘部分，應以現金補償之。

2. 取得地上權

需用土地人因興辦（第 3 條）事業，需穿越私有土地之上空或地下，得就需用之空間範圍協議取得地上權。

當協議不成時，則準用徵收規定取得地上權。但是，應選擇其損害最少之處所及方法為之。

前述土地因事業之興辦，致不能為相當之使用時，土地所有權人得自施工之日起至完工後 1 年內，請求需用土地人徵收土地所有權，需用土地人不得拒絕。至於，土地所有權人就原設定地上權取得之對價，則應在徵

---

❷❹ 釋字第 322 號解釋指出：「土地所有權人要求一併徵收，自不能無期間之限制，……否則需地機關無從於法定期間內依核准之徵收計畫實行使用，於增進公共利益，迅速確定人民權利，均有妨礙。」

收補償地價內扣除之。

就此，釋字第 747 號解釋，需用土地人因興辦本條例第 3 條規定之事業，穿越私有土地之上空或地下，致逾越所有權人社會責任所應忍受範圍，形成個人之特別犧牲，而不依徵收規定向主管機關申請徵收地上權者，土地所有權人得請求需用土地人向主管機關申請徵收地上權。【89/02/02】制定公布同條例第 11 條規定：「需用土地人申請徵收土地……前，應先與所有人協議價購或以其他方式取得；所有人拒絕參與協議或經開會未能達成協議者，始得依本條例申請徵收。」（【101/01/04】修正公布同條第 1 項主要意旨相同）第 57 條第 1 項規定：「需用土地人因興辦第 3 條規定之事業，需穿越私有土地之上空或地下，得就需用之空間範圍協議取得地上權，協議不成時，準用徵收規定取得地上權。……」未就土地所有權人得請求需用土地人向主管機關申請徵收地上權有所規定，與上開意旨不符。有關機關應自本解釋公布之日起 1 年內，基於本解釋意旨，修正本條例妥為規定。逾期未完成修法，土地所有權人得依本解釋意旨，請求需用土地人向主管機關申請徵收地上權。

3. 徵　用

國家因興辦臨時性之公共建設工程，得徵用私有土地或土地改良物。

徵用期間逾 3 年者，或 2 次以上徵用，期間合計逾 3 年者，需用土地人應於申請徵用前，以書面通知；土地或土地改良物所有權人於收到通知書之日起 30 日內，得請求需用土地人徵收所有權，需用土地人不得拒絕。但是，請求徵收土地或土地改良物所有權者，不得再依（第 9 條）規定申請收回其土地。

至於，第 2 章關於徵收程序之規定，於徵用土地或土地改良物時，準用之。但是，因情況緊急，如遲延使用土地或土地改良物，公共利益有受重大危害之虞者，得經中央主管機關核准後，先行使用該土地或土地改良物。

徵用土地或土地改良物，應自公告徵用之日起計算使用補償費，並於公告期滿後 15 日內一次發給所有權人、地上權、典權、不動產役權、農育

權、永佃權或耕作權人；其每年補償費，土地依徵用公告期滿第 15 日之公告土地現值百分之 10 計算，土地改良物依徵收補償費百分之 10 計算。徵用期間不足 1 年者，按月計算之；不足 1 月者，按日計算之。

前述使用補償費，經應受補償人同意者，得延期或分期發給。

因徵用致土地改良物必須拆除或未能回復為徵用前之使用者，準用（第 31 條）建築改良物及農作改良物補償費之規定給予補償。但其使用方式經徵得所有權人同意者，不在此限。

4.限　制

申請徵收之土地遇有古蹟、遺址或登錄之歷史建築，應於可能範圍內避免之；其未能避免者，需用土地人應先擬訂保存計畫，徵得目的事業主管機關之同意。

(二)人民權益

1.收回權

被徵收之土地，除區段徵收及本條例或其他法律另有規定外，因徵收補償費發給完竣屆滿 3 年未依徵收計畫開始使用者、㉕未依核准徵收原定興辦事業使用者或依原徵收計畫開始使用後未滿 5 年不繼續依原徵收計畫使用者，㉖原土地所有權人得於徵收公告之日起 20 年內，向該管直轄市或縣 （市） 主管機關申請照原徵收補償價額收回其土地，不適用土地法第 219 條之規定。㉗

㉕ 若因不可歸責於需用土地人之事由者，不得申請收回土地；所稱「開始使用」，指興辦事業之主體工程動工。但依其事業性質無需興建工程者，不在此限（本條例第 9 條第 3 項與第 4 項）。

㉖ 例如，系爭土地作為楠梓陸橋立體交流道工程之綠地使用，在原徵收計畫工程範圍內，核與本案徵收計畫書所載，興辦該工程在於發展交通、美化市容景觀及改善環境衛生之目的相符，故不合收回要件（最高行政法院 94 判 97）。

㉗ 針對土地法第 219 條規定：「徵收私有土地後，不依核准計畫使用，或於徵收完畢 1 年後不實行使用者，其原土地所有權人得照原徵收價額收回其土地。」釋字第 236 號解釋指出，所謂「不依核准計畫使用」或「不實行使用」，應依徵收目的所為土地使用之規劃，就所徵收之全部土地整體觀察之，在有明顯事

該管直轄市或縣（市）主管機關收受申請後，經查明合於前述規定時，應報原核准徵收機關核准後，通知原土地所有權人於 6 個月內繳還原受領之補償地價及地價加成補償，逾期視為放棄收回權。

關於收回權之規範目的，釋字第 534 號解釋謂：「需用土地人依土地法所定徵收程序辦理徵收時，應預先依土地法第 224 條規定擬具詳細徵收計畫書，附具相關文書，依同法第 222 條規定聲請核辦，於合法取得人民之私有土地所有權後，即應按照徵收計畫開始使用，以實現公用需要之徵收目的。土地法第 219 條第 1 項第 1 款規定，私有土地經徵收後，自徵收補償發給完竣屆滿 1 年，未依徵收計畫開始使用者，原土地所有權人得於徵收補償發給完竣屆滿 1 年之次日起 5 年內，向該管市、縣地政機關聲請照徵收價額收回其土地，即係防止徵收機關對不必要之徵收或未盡周詳之徵收計畫率行核准、或需用土地人遷延興辦公共事業，致有違徵收之正當性或必要性，因而特為原所有權人保留收回權。需用土地人未於上開 1 年期限內，依徵收計畫開始使用徵收之土地，如係因可歸責於原土地所有權人或為其占有該土地之使用人之事由所致，即不得將遷延使用徵收土地之責任，歸由需用土地人負擔；其不能開始使用係因可歸責於其他土地使用人之事由所致，而與原土地所有權人無涉者，若市、縣地政機關未會同有關機關於徵收補償發給完竣 1 年內，依土地法第 215 條第 3 項規定逕行除去改良物，亦未依同法第 238 條規定代為遷移，開始使用土地；需用土地人

實，足認屬於相關範圍者，不得為割裂之認定，始能符合公用徵收之立法本旨。行政法院 68 判 52 判例及行政院【53/06/30】臺 53 內第 4534 號令，即係本此意旨，與憲法第 15 條並不牴觸。

不過，本號解釋劉鐵錚大法官之不同意見書謂，行政法院（68 判 52 判例）就土地法第 219 條所謂「徵收私有土地後，不依核准計畫使用」，認為係對於所徵收土地之整體，不依原核准計畫使用而言，若就徵收之土地已按原核准計畫逐漸使用，雖尚未達到該土地之全部，但與不依核准計畫使用之情形有間，應無該條之適用。則有變更土地法第 219 條「徵收私有土地後，不依核准計畫使用……其原土地所有權人得照原徵收價額收回其土地」法律效果之嫌，牴觸憲法第 15 條保障人民財產權之規定，依憲法第 172 條，應為無效。

於市、縣地政機關在上開期間內怠於行使公權力而為強制執行時，復未依徵收計畫之使用目的提起必要之訴訟，以求救濟，是以市、縣地政機關既未積極推行計畫內容，需用土地人又怠於行使權利，此際原土地所有權人若不得聲請收回土地，不啻將此不利益歸由原土地所有權人負擔，自應不妨礙收回權之行使。土地法第 219 條第 3 項規定之適用，於上開意旨範圍內不生牴觸憲法問題。」㉘

　　此外，依本條例第 61 條規定：「本條例施行前公告徵收之土地，其申請收回，仍依施行前之規定辦理。」於本條例施行前已公告徵收之土地，以需用土地人未依徵收計畫開始使用，申請收回，應依該條例施行前之規定辦理。最高行政法院指出，依都市計畫法指定之公共設施保留地以徵收取得者，關於申請收回徵收土地，應優先適用都市計畫法第 83 條之規定，其使用期限應依照其呈經核准之計畫期限辦理，不受土地法第 219 條之限制，即需用土地人不依照核准計畫期限使用者，原土地所有權人始得照原徵收價額收回其土地；僅都市計畫法未特別規定者，諸如收回被徵收土地之請求權時效、收回程序及歸責事由等事項，有土地法第 219 條規定之適用。因此，依都市計畫法徵收之公共設施保留地，應於土地徵收計畫書內敘明使用期限，逾越該計畫期限仍未施工使用者，即屬不依照計畫期限使用，原土地所有權人得收回其土地，其聲請期限，依照土地法第 219 條規定，自該使用期限屆滿之次日起算 5 年（106 判 735）。

2.優先購買權

　　私有土地經依徵收計畫使用後，依法變更原使用目的，土地管理機關標售該土地時，應公告 1 個月，被徵收之原土地所有權人或其繼承人有依同樣條件優先購買權。但是，優先購買權人未於決標後 10 日內表示優先購

㉘　釋字第 534 號解釋並謂：「本件聲請人據以聲請解釋涉及之土地經徵收後，如依本解釋意旨，得聲請收回其土地時，若在本解釋公布前，其土地已開始使用，闢為公用財產而為不融通物者，倘其收回於公益有重大損害，原土地所有權人即不得聲請收回土地，惟得比照開始使用時之徵收價額，依法請求補償相當之金額。」

買者,其優先購買權視為放棄。

依(第 8 條第 1 項)規定一併徵收之土地,須與原徵收土地同時標售時,適用前述規定。

但是,前述規定,於區段徵收不適用之。

二、徵收程序

㈠申請許可

需用土地人興辦之事業,依法應經目的事業主管機關許可者,於申請徵收土地或土地改良物前,應將其事業計畫,報經目的事業主管機關許可。

需用土地人於事業計畫報請目的事業主管機關許可前,應舉行公聽會,聽取土地所有權人及利害關係人之意見。但是,因舉辦具機密性之國防事業或已舉行公聽會或說明會者,不在此限。㉙

至於,特定農業區經行政院核定為重大建設須辦理徵收者,若有爭議,應依行政程序法舉行聽證。

需用土地人興辦之事業無須報經目的事業主管機關許可者,除有因舉辦具機密性之國防事業或已舉行公聽會或說明會情形外,應於與所有權人協議價購或以其他方式取得前,先舉行公聽會。

㈡協議與查勘

1.協議先行

需用土地人申請徵收土地或土地改良物前,除國防、交通或水利事業,因公共安全急需使用土地未及與土地所有權人協議者外,應先與所有權人協議價購或以其他方式取得;所有權人拒絕參與協議或經開會未能達成協議且無法以其他方式取得者,始得依本條例申請徵收。

依本條例第 11 條第 1 項規定,徵收前之協議,屬土地徵收之合法要件。最高行政法院指出,協議價購程序,即係徵收程序比例原則必要性之

㉙ 最高行政法院(100 判 310)指出,需用土地人於事業計畫報經目的事業主管機關許可前,應舉行公聽會或說明會,旨在使土地所有權人等利害關係人瞭解事業計畫,並使其就土地徵收一事,有陳述意見之機會。

具體體現之制度。協議程序既經法律明訂為土地徵收行政程序之一環，該需用土地人所踐行之協議價購程序，至少應達到法律規定「協議價購或其他方式取得」事業用地目的之最基本要求，不得徒以形式上開會協議，而無實質之意義與內容，始與正當法律程序無違。本條例所以作此規定，無非以私有財產權益應予尊重，非有必要，應儘可能避免徵收。依本條例第11條第1項規定，需用土地人於申請徵收前，應先行協議價購或以其他方式取得程序，究應如何選擇，固屬需用土地人之裁量權。因為，土地徵收並非國家取得土地所有權之方法，而是最後不得已之手段，土地徵收僅在無其他法律上或經濟上得替代之更溫和之方法可資利用時始係合法，若土地徵收所要實現之目的，得以其他較輕微侵害財產權人權利之方式達成時，例如經由私法買賣契約、公有土地互易可取得土地之利用，或以物之負擔或行政契約、聯合開發捐贈方式可代替土地徵收等等，需用土地人自應選擇被徵收土地所有權人損害最少之方式為之，若需用土地人選擇最不利被徵收土地所有權人之方式為取得土地之方法，即係裁量之濫用，自為法所不許（107 判 2）。

　　前述協議之內容應作成書面，並應記明協議之結果。如未能達成協議，應記明未達成協議之理由，於申請時送交中央主管機關。

　　所指「協議價購」，最高行政法院（103 裁 740）指出，係為達成因公益需要興辦事業取得私有土地之目的，屬徵收之法定先行且必經之程序，為徵收程序之一環，自以需用土地人已有徵收計畫，始須踐行此一程序。

　　協議價購，依其他法律規定有優先購買權者，無優先購買權之適用；協議價購，應由需用土地人依市價與所有權人協議。所稱市價，係指市場正常交易價格。

2.調查勘測

　　需用土地人經協議不成時，為申請徵收土地或土地改良物之需，得洽請直轄市或縣（市）主管機關會同有關人員進入公、私有土地或土地改良物內實施調查或勘測，其所有權人、占有人、使用人或管理人不得拒絕或阻撓。但進入建築物或設有圍障之土地調查或勘測，應於 7 日前通知其所

有權人、占有人、使用人或管理人。

為實施調查或勘測，而須遷移或拆除地上障礙物，致所有權人或使用人遭受之損失，應先予適當之補償，其補償價額以協議為之。

㈢審核程序

1.徵收計畫書

申請徵收土地或土地改良物，應由需用土地人擬具詳細徵收計畫書，並附具徵收土地圖冊或土地改良物清冊及土地使用計畫圖，送由核准徵收機關核准，並副知該管直轄市或縣（市）主管機關。

2.審議與核准

中央主管機關審核徵收計畫時，應審查下列事項：⑴是否符合徵收之公益性、必要性及是否適當與合理；⑵需用土地人是否具有執行該事業之能力；⑶該事業計畫申請徵收之土地是否符合現行都市計畫、區域計畫或國土計畫；⑷該事業計畫是否有助於土地適當且合理之利用；⑸該事業計畫之財務評估是否合理可行；⑹依本條例第 34 條之 1 提出之安置計畫是否合理可行；⑺其他依法應為或得為審查之事項。

需用土地人有國防、交通及水利事業，因公共安全急需先行使用之情形者，應一併載明於徵收計畫書送交審核。

中央主管機關收受徵收計畫之申請後，視需要得會同利害關係人進行現場勘查並作成勘查紀錄。勘查紀錄作成後應於 14 日內寄送利害關係人。

徵收土地或土地改良物，由中央主管機關核准之。

中央主管機關為審議徵收案件，應遴聘（派）專家學者、民間團體及相關機關代表，以合議制方式辦理之。前述專家學者應由地政、環境影響評估、都市計畫、城鄉規劃等專業領域學者組成，其中專家學者及民間團體代表不得少於 2 分之 1。

至於，土地徵收條例所稱之主管機關：在中央為內政部；在直轄市為直轄市政府；在縣（市）為縣（市）政府。

就此，最高行政法院（103 判 137）指出，土地徵收之核准權限，係專屬中央主管機關即內政部，土地徵收行政處分乃內政部所為，直轄市或縣

（市）主管機關即直轄市或縣（市）政府乃執行徵收機關，至需用土地人則為土地徵收之申請人。因此，土地徵收之法律關係，除法律另有規定外，僅屬國家與需用土地人間之申請土地徵收關係，以及國家與原土地所有權人（即被徵收人）間徵收私有土地之二面關係。至於，需用土地人與原土地所有權人則無徵收法律關係之存在。

3.核定原則

同一土地有 2 以上需用土地人申請徵收時，以其興辦事業性質之輕重為核定原則。其性質相同者，以其申請之先後為核定原則。

4.通知與公告

中央主管機關於核准徵收土地或土地改良物後，應將原案通知該管直轄市或縣（市）主管機關。直轄市或縣（市）主管機關於接到中央主管機關通知核准徵收案時，應即公告，並以書面通知土地或土地改良物所有權人及他項權利人。前述公告之期間，為 30 日。

關於公告之效力，釋字第 513 號解釋謂：「依土地法辦理徵收未依法公告或不遵守法定 30 日期間者，自不生徵收之效力。若因徵收之公告記載日期與實際公告不符，致計算發生差異者，非以公告文載明之公告日期，而仍以實際公告日期為準，故應於實際徵收公告期間屆滿 30 日時發生效力。」

至於，被徵收土地或土地改良物之所有權已登記者，以公告之日土地登記簿或建築改良物登記簿記載之所有權人及他項權利人姓名、住所辦理公告及通知；其效力並及於公告前因繼承、強制執行或法院之判決已取得土地或土地改良物所有權或他項權利，而尚未辦竣登記之人。

㈣補償費

1.負擔與轉發

徵收土地或土地改良物應發給之補償費，應於公告期滿後 15 日內發給之。但徵收補償價額經復議、行政救濟結果有變動或補償費經依法發給完竣，嗣經發現原補償價額認定錯誤者，發給應補償價額之差額者，應於其結果確定之日起 3 個月內發給之。

　　需用土地人未於公告期滿 15 日內將應發給之補償費繳交該管直轄市或縣（市）主管機關發給完竣者，該部分土地或土地改良物之徵收從此失其效力。但是，例外之情形，包括：(1)於公告期間內因對補償之估定有異議，而由該管直轄市或縣（市）主管機關提交地價評議委員會復議；(2)經應受補償人以書面同意延期或分期發給；(3)應受補償人拒絕受領或不能受領；(4)應受補償人所在地不明。

2. 補償費之發給

(1)期　限

　　徵收土地或土地改良物應發給之補償費，應於公告期滿後 15 日內發給之。但是，徵收補償價額經復議、行政救濟結果有變動或補償費經依法發給完竣，嗣經發現原補償價額認定錯誤者，發給應補償價額之差額者，其應補償價額差額，應於其結果確定之日起 3 個月內發給之。

　　就此，釋字第 516 號解釋：「補償乃因財產之徵收，對被徵收財產之所有人而言，係為公共利益所受之特別犧牲，國家自應予以補償，以填補其財產權被剝奪或其權能受限制之損失。故補償不僅需相當，更應儘速發給，方符憲法第 15 條規定，人民財產權應予保障之意旨。準此，土地法第 233 條明定，徵收土地補償之地價及其他補償費，應於『公告期滿後 15 日內』發給。此項法定期間，雖或因對徵收補償有異議，由該管地政機關提交評定或評議而得展延，然補償費額經評定或評議後，主管地政機關仍應即行通知需用土地人，並限期繳交轉發土地所有權人，其期限亦不得超過土地法上述規定之 15 日（院字第 2704 號、釋字第 110 號解釋）。倘若應增加補償之數額過於龐大，應動支預備金，或有其他特殊情事，致未能於 15 日內發給者，仍應於評定或評議結果確定之日起於相當之期限內儘速發給之（依【89/02/02】本條例第 22 條第 4 項為 3 個月），否則徵收土地核准案，即應失其效力。」❸⓪

---

❸⓪　針對行政法院【85/01/17】庭長評事聯席會議決議謂：「釋字第 110 號解釋第 3項，固謂徵收土地補償費額經標準地價評議委員會評定後，主管機關通知並轉發土地所有權人，不得超過土地法第 233 條所規定之 15 日期限，然縱已逾 15

　　本號解釋解釋理由書進一步指出：「徵收程序之嚴格要求，乃在貫徹國家因增進公共利益為公用徵收時，亦應兼顧確保人民財產權益之憲法意旨（釋字第 409 號解釋）。對於土地法第 227 條所公告，被徵收土地應補償之費額，應受補償人有異議，而拒絕受領，依土地法第 237 條第 1 項第 1 款規定，得將款額提存之，但該項應補償之費額，如於提交評定或評議後，認應增加給付時，應增加發給之補償數額，倘未經依法發給，徵收處分即不得謂已因辦理上述提存而不影響其效力。此為有徵收即有補償，補償之發給與徵收土地核准處分之效力間，具有不可分之一體性所必然。觀諸土地法第 235 條前段規定，『被徵收土地之所有權人，對於其土地之權利義務，於應受補償發給完竣時終止』亦明。」❸❶

　　此外，倘原補償處分已因法定救濟期間經過而確定，且補償費業經依法發給完竣，嗣後直轄市或縣（市）政府始發現其據以作成原補償處分之地價標準認定錯誤，原發給之補償費短少，致原補償處分違法者，自應於相當期限內依職權撤銷該已確定之補償處分，另為適法之補償處分，並通知需用土地人繳交補償費差額轉發原土地所有權人。逾期未發給補償費差額者，原徵收土地核准案即應失其效力（釋字第 652 號解釋）。

　　　　日期限，無從使已確定之徵收處分溯及發生失其效力之結果。」釋字第 516 號解釋指出，其與本解釋意旨不符部分，於憲法保障人民財產權之旨意有違，應不予適用。

❸❶　釋字第 425 號解釋指出，被徵收土地之所有權人於補償費發給或經合法提存前雖仍保有該土地之所有權，惟土地徵收對被徵收土地之所有權人而言，係為公共利益所受特別犧牲，是補償費之發給不宜遷延過久。本此意旨，土地法第 233 條明定補償費應於「公告期滿後 15 日內」發給。此法定期間除對徵收補償有異議，已依法於公告期間內向該管地政機關提出，並經該機關提交評定或評議或經土地所有權人同意延期繳交者外，應嚴格遵守（釋字第 110 號解釋）。內政部【78/01/05】臺內字第 661991 號令發布之「土地徵收法令補充規定」，係主管機關基於職權，為執行土地法之規定所訂定，其中第 16 條規定：「政府徵收土地，於請求法律解釋期間，致未於公告期滿 15 日內發放補償地價，應無徵收無效之疑義」，與土地法第 233 條之規定未盡相符，於憲法保障人民財產權之意旨亦屬有違，其與本解釋意旨不符部分，應不予適用。

⑵效　力

被徵收土地或土地改良物之所有權人，對於其土地或土地改良物之權利義務，於應受之補償費發給完竣時終止。㉜因此，徵收土地或建築改良物（不動產）乃原始取得，非以登記為取得被徵收土地或建築改良物（土地改良物）所有權之要件；申言之，經政府合法徵收之土地或建築改良物，祇須對所有人之補償費發放完竣，即由需用土地人取得被徵收土地或建築改良物之所有權，至該土地或建築改良物是否已登記為需用土地人所有，在所不問（最高行政法院 100 判 1099）。

不過，在補償費未發給完竣前，得繼續為從來之使用。但合於國防、交通或水利事業，因公共安全急需先行使用者，不在此限。

被徵收之土地或土地改良物，所有權人死亡未辦竣繼承登記，其徵收補償費得由部分繼承人按其應繼分領取之；其已辦竣公同共有繼承登記者，亦同。至於，本條例施行前尚未領取徵收補償費之土地或土地改良物，亦適用之。

此外，土地徵收補償費之發給，土地法明文規定其期限，惟違反此給付期限之效果，乃需用土地人未取得徵收之土地，不得使用徵收之土地，且徵收處分將因而失其效力，無徵收機關應給付遲延利息之規定。故最高行政法院（94 判 2）指出：「遲延利息之給付義務，乃為彌補債權人未能及時取得金錢之損害，而於土地徵收場合，土地所有權人未受領徵收補償，其並無移轉土地所有權，亦未交付其土地，即無受損害之可言，自無以遲延利息彌補其損害之必要。是徵收土地之所有權人尚無因土地徵收補償費發給有所遲延，而主張適用或類推適用民法有關遲延利息給付之規定，向徵收機關請求給付補償費之遲延利息之權。」㉝惟此等見解，似未注意土地所有權人其他合法權益之損失。

㉜ 釋字第 425 號解釋指出：「……物權變動之效力，須待補償費發給完畢始行發生。」

㉝ 最高行政法院（103 判 274）指出：「……補償費利息及使用系爭土地之費用，有民法第 216 條之 1 之適用……。」

⑶保管專戶

直轄市或縣（市）主管機關，應於國庫設立土地徵收補償費保管專戶，保管因受領遲延、拒絕受領或不能受領之補償費，不適用提存法之規定。❸

直轄市或縣（市）主管機關，應於本條例規定應發給補償費之期限屆滿次日起 3 個月內存入專戶保管，並通知應受補償人。自通知送達發生效力之日起，逾 15 年未領取之補償費，歸屬國庫。保管專戶儲存之補償費，應給付利息，以實收利息照付。針對未受領之徵收補償費，依規定繳存專戶保管時，視同補償完竣。

㈤爭議之處理

土地權利關係人對於核准徵收案之公告有異議者，應於公告期間內向該管直轄市或縣（市）主管機關以書面提出。

該管直轄市或縣（市）主管機關接受異議後應即查明處理，並將查處情形以書面通知權利關係人。

權利關係人對於徵收補償價額有異議者，得於公告期間屆滿之次日起 30 日內以書面向該管直轄市或縣（市）主管機關提出異議，該管直轄市或縣（市）主管機關於接受異議後應即查明處理，並將查處情形以書面通知權利關係人。

權利關係人對於前述查處不服者，該管直轄市或縣（市）主管機關，得提請地價評議委員會復議，權利關係人不服復議結果者，得依法提起行政救濟。

就此，本條例施行細則第 23 條規定：「權利關係人對於徵收補償價額，不服直轄市或縣（市）主管機關依本條例第 22 條第 2 項規定所為查處者，應於查處通知送達之日起 30 日內，以書面敘明不服查處之事實及理由，送直轄市或縣（市）主管機關。」最高行政法院指出，土地徵收之直轄市或縣（市）主管機關於接到中央主管機關通知核准徵收案時，本條例第 18 條規定應予公告，依本條例施行細則第 21 條規定，徵收公告應記載事項，包括「徵收之土地或土地改良物及應補償之費額」，故同一公告揭示之內容包

---

❸　關於未受領補償費保管辦法，係由中央主管機關定之。

含徵收處分與補償處分；而本條例第 22 條第 2 項，係對於作為補償處分基礎之徵收補償價額不服救濟之規定，依該規定，土地權利關係人，得於公告期間屆滿之次日起 30 日內以書面提出異議，該管直轄市或縣（市）主管機關接受異議所為之查處結果通知異議之土地權利關係人，並經復議程序，始得提起行政救濟，該異議、復議程序屬土地權利關係人對於徵收補償價額不服時，提起行政救濟前之必要先行程序。再者，被徵收土地權利關係人對於徵收補償價額依法以書面敘明不服查處之事實及理由，送直轄市或縣（市）主管機關者，即係依法申請該管直轄市或縣（市）主管機關裁量決定提請地價評議委員會復議或移送訴願。該管直轄市或縣（市）主管機關如認為無必要提請地價評議委員會復議者，應即將土地權利關係人不服查處之事實及理由，移請訴願管轄機關為訴願決定；該管直轄市或縣（市）主管機關如未依行政程序法第 51 條規定之期間依法裁量決定移送訴願或提請地價評議委員會復議者，土地權利關係人即可直接以查處處分為不服之對象，提起訴願及行政訴訟，並以依法向直轄市或縣（市）主管機關表示不服查處處分時，為提起訴願時（本院 98 年 6 月份第 1 次庭長法官聯席會議決議）。至於，主管機關未依法裁量決定移送訴願或提請地價評議委員會復議，發生土地權利關係人得直接以查處處分為不服之對象，提起訴願及行政訴訟效果者，自以土地權利關係人業於 30 日期限內合法提出書面敘明不服查處之事實及理由為限（107 判 347）。❸❺

㈥執　行

1.救濟不停止執行

　　直轄市或縣（市）主管機關依規定發給補償費完竣後，徵收計畫之執

---

❸❺　至於，主管機關以土地權利關係人提出書面敘明不服查處之事實及理由，已逾法定期間，所為不予受理之決定，係行政機關就公法上具體事件所為之決定，而對外直接發生法律效果之單方行政行為，為行政處分；至於，依本條例第 22 條第 2 項規定對於徵收補償價額所為之異議，係就直轄市、縣（市）政府地價評議委員會評定之當期市價核算之補償價額為爭執，直轄市或縣（市）主管機關所為查處處分，則非對被徵收土地應補償之費額直接為決定（最高行政法院 107 判 347）。

行，不因權利關係人提出異議或提起行政救濟而停止。

2.進入使用

需用土地人應俟補償費發給完竣或核定發給抵價地後，始得進入被徵收土地內工作。此時，主管機關並應通知土地權利人或使用人限期遷移完竣，若逾期未遷移者，由主管機關或需用土地人依行政執行法執行（最高行政法院 100 裁 1854）。

但是，國防、交通及水利事業，因公共安全急需先行使用者，不在此限。

3.限期遷移

直轄市或縣（市）主管機關，在被徵收土地或土地改良物應受之補償費發給完竣或核定發給抵價地後，應通知土地權利人或使用人限期遷移完竣。

惟應受領遷移費人無可考或所在地不明，致其應遷移之物件未能遷移者，直轄市或縣（市）主管機關應公告 30 日限期遷移完竣。

若徵收範圍內應遷移之物件逾期未遷移者，由直轄市或縣（市）主管機關或需用土地人依行政執行法執行。

而主管機關或需用土地人就徵收範圍內應遷移物件所為之遷移或拆除，係基於確定之徵收處分及補償處分，所為之執行行為，惟立法者賦予主管機關於執行前有通知土地權利人或使用人限期自動遷移完竣之義務，是該等通知，並非行政處分（最高行政法院 100 裁 321）。

至於，徵收範圍內應行遷葬之墳墓，需用土地人應申請當地墳墓主管機關依殯葬管理條例規定辦理，並將情形詳細記載列冊，報請直轄市或縣（市）政府備案。

(七)被徵收土地之限制

1.權利之限制

被徵收之土地或土地改良物自公告日起，除於公告前因繼承、強制執行或法院之判決而取得所有權或他項權利，並於公告期間內申請登記者外，不得分割、合併、移轉或設定負擔。土地權利人或使用人並不得在該土地

為建築改良物之新建、增建、改建或採取土石、變更地形或為農作改良物之增加種植。其於公告時已在工作中者，應即停止。

共有分管之耕地，部分被徵收者，土地所有權人得於徵收補償地價發給完竣前或核定發給抵價地前，申請共有物分割登記或應有部分交換移轉登記，不受不得分割、移轉規定之限制。

2. 權利之記載

被徵收土地或建築改良物之所有權或他項權利，以公告之日土地登記簿或建築改良物登記簿記載者為準。但是，於公告前因繼承、強制執行、法院之判決或其他依法律規定取得土地或建築改良物之所有權或他項權利而未經登記完畢者，其權利人應於徵收公告期間內，向該管直轄市或縣（市）主管機關申請將其權利備案。

被徵收土地因申請共有物分割或應有部分交換移轉而辦理登記，其權利以登記後土地登記簿記載者為準。

三、徵收補償

徵收補償之類型，分析如下：

㈠土地補償

1. 一般土地

被徵收之土地，應按照徵收當期之市價，補償其地價。

2. 公共設施保留地

在都市計畫區內之公共設施保留地，應按毗鄰非公共設施保留地之平均市價，補償其地價。

3. 市價評定及調整

市價，由直轄市、縣（市）主管機關提交地價評議委員會評定之。

各直轄市、縣（市）主管機關應經常調查轄區地價動態，每 6 個月提交地價評議委員會評定被徵收土地市價變動幅度，作為調整徵收補償地價之依據。

至於，查估市價之地價調查估計程序、方法及應遵行事項等辦法，由

中央主管機關定之。

　　依本條例第 30 條及其施行細則第 30 條，土地徵收制度對於被徵收之土地，訂有調查估計程序及方法，為具體化其徵收當期市價之方法（最高行政法院 107 判 347）；換言之，被徵收土地之當期市價，應依本條例第 30 條第 4 項授權訂定之查估辦法規定加以確定（107 判 79）。

㈡改良物補償

1.建築改良物

　　建築改良物之補償費，按徵收當時該建築改良物之重建價格估定之。

2.農作改良物

　　農作改良物之補償費，於農作改良物被徵收時與其孳息成熟時期相距在 1 年以內者，按成熟時之孳息估定之；其逾 1 年者，按其種植及培育費用，並參酌現值估定之。

3.補償費估定

　　建築改良物及農作改良物之補償費，由直轄市或縣（市）主管機關會同有關機關估定之。❸❻

　　徵收土地公告前已領有建築執照或於農地上為合法改良土地，自公告

---

❸❻　最高行政法院（107 判 14）指出，關於建築改良物之徵收補償，本條例第 31 條第 1 項、第 3 項規定「建築改良物之補償費，按徵收當時該建築改良物之重建價格估定之。」、「建築改良物及農作改良物之補償費，由直轄市或縣（市）主管機關會同有關機關估定之；其查估基準，由中央主管機關定之。」而查估基準係依本條例第 31 條第 3 項授權訂定，該基準第 4 條規定：「建物重建價格之核算以拆除面積乘以重建單價計算。其拆除面積之計算，以建物各層外牆或外柱面以內面積計算，重建單價依建物主體構造材料及裝修材料由直轄市或縣（市）政府另定之。」第 7 條規定：「直轄市或縣（市）政府應依本基準並參酌當地實際狀況，自行訂定該直轄市或縣（市）辦理建物徵收補償費查估之依據。」就此，地方政府經授權訂定辦理建物徵收補償費查估之依據，其目的就是為正確估計建築改良物在徵收當時的重建單價，故計算得出的重建單價，如與市場上重新建築同樣建築物之每平方公尺所需的工料費用相當，即符合本條例第 31 條第 1 項的規範意旨。

日起，土地權利人或使用人停止在該土地為建築改良物之新建、增建、改建或採取土石、變更地形或為農作改良物增加種植之工作，其已支付之土地改良費用，應給予補償。

㈢合法營業損失補償

土地或土地改良物原供合法營業之用，因徵收而致營業停止或營業規模縮小之損失，應給予補償。補償基準，由中央主管機關定之。

㈣遷移費及安置計畫

徵收土地或土地改良物時，應發給遷移費之情形，包括：⑴土地改良物所有權人要求取回，並自公告期滿之日起 15 日內自行遷移者或墳墓及其他紀念物必須遷移者；⑵徵收公告 6 個月前設有戶籍之人口必須遷移者。但因結婚或出生而設籍者，不受 6 個月期限之限制；⑶動力機具、生產原料或經營設備等必須遷移者；⑷因土地一部分之徵收而其改良物須全部遷移者；⑸水產養殖物或畜產必須遷移者。

至於，徵收公告 1 年前有居住事實之低收入戶或中低收入戶人口，因其所有建築改良物被徵收，致無屋可居住者，或情境相同經直轄市或縣（市）政府社會工作人員查訪屬實者，需用土地人應訂定安置計畫，並於徵收計畫書內敘明安置計畫情形。前述安置，包括安置住宅、購置住宅貸款利息補貼、租金補貼等。

㈤負擔補償

被徵收之土地或建築改良物應有之負擔，包括他項權利價值及依法應補償耕地三七五租約承租人之地價，除申請發給抵價地者依規定辦理外，其款額計算，以該土地或建築改良物應得之補償金額為限，由該管直轄市或縣（市）主管機關於發給地價補償費或建築改良物補償費時為清償結束之。

被徵收之土地或建築改良物原設定之他項權利，因徵收而消滅。其款額計算，該管直轄市或縣（市）主管機關應通知當事人限期自行協議，再依其協議結果代為清償；協議不成者，其補償費依第 26 條（設立保管專戶）規定辦理。

四、區段徵收

㈠申請與核准

　　需用土地人申請區段徵收土地，應檢具區段徵收計畫書、徵收土地圖冊及土地使用計畫圖，送由當地直轄市或縣（市）主管機關邀集需用土地人及土地所有權人舉行公聽會後，報請中央主管機關核准。❸❼

㈡補　償

1.現金補償

　　區段徵收土地時，應依規定補償其地價。除地價補償得經土地所有權人申請，以徵收後可供建築之抵價地折算抵付外，其餘各項補償費，依改良物補償、合法營業損失補償與遷移費之規定補償之。

　　抵價地總面積，以徵收總面積百分之 50 為原則。因情況特殊，經上級主管機關核准者，不在此限。但是，不得少於百分之 40。曾經農地重劃者，該重劃地區部分不得少於百分之 45。

2.發給抵價地

⑴申請與處理程序

　　實施區段徵收時，原土地所有權人不願領取現金補償者，應於徵收公告期間內，檢具有關證明文件，以書面向該管直轄市或縣（市）主管機關申請發給抵價地。該管直轄市或縣（市）主管機關收受申請後，應即審查，並將審查結果，以書面通知申請人。

　　土地所有權人依前述規定申請發給抵價地時，得就其全部或部分被徵

---

❸❼　至於，內政部申請區段徵收時，則報請行政院核准。此外，最高行政法院（107 裁 668）指出，為辦理先行區段徵收，依本條例第 4 條第 2 項規定，需用土地人須向內政部申請核定區段徵收開發範圍，嗣核定區段徵收範圍後，需用土地人尚須依同條例第 10 至 13 條之 1 踐行相關徵收程序（包括事業計畫之申請許可、協議價購、擬具徵收計畫書並檢附相關證明文件等），相對人始得依法審議徵收案件應否核准，如經中央主管機關核准徵收，直轄市或縣（市）主管機關尚應依同條例第 18 條辦理公告及書面通知，俾使權利關係人得依同條例第 22 條提起行政救濟。

收土地應領之補償地價提出申請。

申請發給抵價地者，對其土地之權利義務，於接到該管直轄市或縣（市）主管機關核定發給抵價地通知時終止。經核定發給抵價地或已領竣徵收補償地價之土地所有權人，得向直轄市或縣（市）主管機關申請，改按原徵收補償地價發給現金補償或發給抵價地，經直轄市或縣（市）主管機關徵得需用土地人同意後核准。

申請發給抵價地者，直轄市或縣（市）主管機關，不受第 20 條第 1 項（徵收土地或土地改良物應發給之補償費，應於公告期滿後 15 日內發給之。但依第 22 條第 5 項規定發給應補償價額之差額者，不在此限）發給期限之限制。

經核定發給抵價地者，其應領之抵價地由該管直轄市或縣（市）主管機關於規劃分配後，囑託該管登記機關逕行辦理土地所有權登記，並通知原土地所有權人定期到場接管。未按指定期限接管者，視為已接管。

⑵原有土地權利之處理

土地所有權人申請發給抵價地之原有土地上設定有抵押權或典權者，原土地所有權人及該他項權利人得申請於發給之抵價地設定抵押權或典權，申請時並應提出同意塗銷原有土地抵押權或典權之證明文件；而其權利範圍、價值、次序等內容，由原土地所有權人及他項權利人協議定之；至於，應設定之抵押權或典權，應於抵價地登記時，同時登記；並應於登記後通知該他項權利人。

此外，土地所有權人申請發給抵價地之原有土地上訂有耕地租約或設定他項權利或限制登記者，直轄市或縣（市）主管機關應通知申請人限期自行清理，並依規定期限提出證明文件。但是，申請人未依規定辦理者，直轄市或縣（市）主管機關應核定不發給抵價地，並應於核定之次日起 15 日內發給現金補償。

3.土地之處理

⑴禁止使用

區段徵收範圍勘定後，該管直轄市或縣（市）主管機關得視實際需要，

報經上級主管機關核定後，分別或同時公告禁止建築改良物之新建、增建、改建或重建及採取土石或變更地形。

　　但是，禁止期間，不得超過 1 年 6 個月。

　　⑵統籌規劃

　　區段徵收範圍內之公有土地，管理機關應以作價或領回土地方式撥供該管區段徵收主管機關統籌規劃開發、分配。

　　惟區段徵收前已作為道路、溝渠、公園、綠地、兒童遊樂場、廣場、停車場、體育場所及國民學校用地使用者，應無償撥供主管機關統籌規劃開發。

　　區段徵收範圍內得規劃配設農業專用區，供原土地所有權人以其已領之現金地價補償費數額申請折算配售土地，作為農業耕作使用。

　　⑶個別處理

　　區段徵收範圍內土地，經規劃整理後，除配回原管理機關及配售外，其處理方式如下：

　　抵價地發交被徵收土地所有權人領回。其應領回抵價地之面積，由該管直轄市或縣（市）主管機關按其應領地價補償費與區段徵收補償地價總額之比率計算其應領之權利價值，並以實際領回抵價地之單位地價折算之。

　　道路、溝渠、公園、綠地、兒童遊樂場、廣場、停車場、體育場所及國民學校用地，無償登記為當地直轄市有、縣（市）有或鄉（鎮、市）有。

　　前述以外之公共設施用地，得由主管機關依財務計畫需要，於徵收計畫書載明有償或無償撥供需地機關或讓售供公營事業機構使用。

　　國民住宅用地、安置原住戶或經行政院專案核准所需土地得以讓售。其餘可供建築土地，得予標售、標租或設定地上權，但其期限不得逾 99 年。

五、撤銷及廢止徵收

㈠撤銷及廢止之原因

　　已公告徵收之土地，❸需用土地人應切實按核准計畫及所定期限使用。

在未依徵收計畫完成使用前，需用土地人應每年檢討其興辦事業計畫，並由其上級事業主管機關列管。

有下列情形之一者，應辦理撤銷徵收：⑴因作業錯誤，致原徵收之土地不在工程用地範圍內；⑵公告徵收時，都市計畫已規定以聯合開發、市地重劃或其他方式開發者。但以聯合開發方式開發之土地，土地所有權人不願參與聯合開發者，不在此限。

有下列情形之一者，應廢止徵收：⑴因工程變更設計，致原徵收之土地不在工程用地範圍內；⑵依徵收計畫開始使用前，興辦之事業改變、興辦事業計畫經註銷、開發方式改變或取得方式改變；⑶已依徵收計畫開始使用，尚未依徵收計畫完成使用之土地，因情事變更，致原徵收土地之全部或一部已無徵收之必要。

前述辦理撤銷或廢止徵收之土地或土地改良物，其已一併徵收之殘餘部分，應同時辦理撤銷或廢止。但該殘餘部分已移轉或另有他用者，不在此限。

㈡辦理程序

1.申請權人

撤銷或廢止徵收，由需用土地人向中央主管機關申請之。

但是，需用土地人未申請者，原土地所有權人得向該管直轄市或縣（市）主管機關請求之。

2.審查與爭議之處理

該管直轄市或縣（市）主管機關收受申請後，應會同需用土地人及其他有關機關審查，其符合前述規定者，由需用土地人向中央主管機關申請

---

❸8　關於土地撤銷或廢止徵收之規定，於土地改良物撤銷或廢止徵收時準用之。土地撤銷或廢止徵收後，原一併徵收之土地改良物應一併辦理撤銷或廢止徵收。但該土地改良物已滅失者，不在此限。至於，土地改良物與徵收當時相較已減輕其價值，而仍得為相當之使用者，原需用土地人得就其現存部分酌定價額，一併辦理撤銷或廢止徵收。此外，撤銷或廢止徵收之土地與一併辦理撤銷或廢止徵收之土地改良物原所有權人相同者，應同時繳清土地及其土地改良物應繳納回之徵收價額後，發還其原有之土地及現存之土地改良物。

之；其未符合規定者，該管直轄市或縣（市）主管機關應將處理結果函復原土地所有權人。

原土地所有權人不服處理結果時，應於直轄市或縣（市）主管機關函復送達之日起 30 日內向中央主管機關請求撤銷或廢止徵收。其合於規定者，由中央主管機關逕予撤銷或廢止；不合規定者，由中央主管機關將處理結果函復原土地所有權人。原土地所有權人不服處理結果者，依法提起行政救濟。

已公告徵收之土地有應撤銷或廢止徵收之情形，而需用土地人未申請撤銷或廢止徵收者，由該管直轄市或縣（市）主管機關會同需用土地人及其他有關機關審查後向中央主管機關申請撤銷或廢止徵收。

因此，已公告徵收之土地，需用土地人已依徵收計畫開始使用，尚未依徵收計畫完成使用之土地，有因情事變更，致原徵收土地之全部或一部無徵收必要之情事發生時，需用土地人應向土地徵收主管機關內政部申請廢止該部分土地之徵收；法律並賦與原土地所有權人於此情形，得向該管直轄市或縣（市）主管機關申請處理，並於不服處理結果時，得向中央主管機關內政部請求廢止徵收之權利，而最高行政法院指出，原土地所有權人依此所為之申請或請求，屬行政程序法第 131 條第 1 項規定之「公法上請求權」。本條例第 49 條第 2 項第 3 款所稱「情事變更」，係指土地徵收所應具備之基礎事實，於完成徵收後發生非徵收當時所能預見之變動而言。因此，於完成徵收後，已依徵收計畫開始使用，尚未依徵收計畫完成使用之土地，如原核准徵收計畫所載興辦事業之許可，經目的事業主管撤銷或廢止；或因都市計畫之變更致徵收取得之土地不得作為原計畫興辦事業使用等情形，固屬此所謂「情事變更」；然若僅因都市計畫之修正改變，致需用土地人為興辦事業內容之部分調整，原核准徵收計畫所載興辦事業之性質並未改變，而不影響土地徵收所應具備之基礎，尚非此所稱「情事變更」（107 判 160）。

至於，依本條例第 50 條規定申請或請求撤銷、廢止徵收之請求權未有消滅時效之規定，依行政程序法第 131 條第 1 項：「公法上之請求權，於請

求權人為行政機關時,除法律另有規定外,因 5 年間不行使而消滅;於請求權人為人民時,除法律另有規定外,因 10 年間不行使而消滅。」規定,故請求廢止土地徵收其請求權之時效期間,應有行政程序法第 131 條第 1 項規定之適用(107 判 160)。

㈢核准撤銷或廢止徵收後之作業

中央主管機關於核准撤銷或廢止徵收後,應將原案通知該管直轄市或縣(市)主管機關。直轄市或縣(市)主管機關於收到中央主管機關通知核准撤銷或廢止徵收案時,應公告 30 日,並通知原土地所有權人於一定期間內繳清應繳納之價額,❸發還其原有土地。未於一定期間繳清者,不發還其土地,並不得申請收回該土地。❹

撤銷或廢止徵收後,徵收前原設定之他項權利及耕地租約不予回復。但依第 42 條規定由原土地所有權人及他項權利人申請於發給之抵價地設定抵押權或典權者,其原抵押權或典權准予回復。

至於,土地徵收處分經⑴中央主管機關依行政程序法撤銷或廢止、⑵相對人或利害關係人依行政程序法第 128 條規定向行政機關申請後予以撤銷或廢止、或⑶行政救濟結果撤銷或廢止,其徵收補償費之繳清、土地之發還、原設定他項權利及耕地租約之處理,準用前述之規定。

---

❸ 所稱「應繳回之徵收價額」,指徵收補償地價、地價加成補償及遷移費。但第 34 條第 1 項規定之人口或物件已遷移者,無須繳納遷移費。前述徵收補償地價,於徵收前設定有他項權利或耕地租約者,包括他項權利人或耕地承租人原受領之價金。

❹ 所謂「一定期間」,不得少於 6 個月。

▍證券交易法導論　廖大穎／著

　　本書係配合最新修正證券交易法條文的修訂版，前後共分三篇，即證券市場的緒論、本論及財經刑法三大部門所構成。前者的緒論與本論部分，就證券發行市場、流通（交易）市場的規制、證券法制與企業秩序、證券交易機關之構造及相關證券投資人保護法等主軸，依照現行法典所規範的內容撰寫而成；至於後者財經刑法部分，乃證券交易法制實務上最具爭議的問題之一，本書特別邀請交通大學林志潔教授執筆，針對現行法上證券犯罪的各種類型，乃至於刑事政策與犯罪所得的議題，作系統性的專業解析，期待這是一本淺顯而易懂、引領入門的參考書籍。

▍最新公證法論　賴來焜／著

　　全書內容五編二十章共六十萬言。「公證基礎論」係說明基本概念，其中「公證法學之基本原則」一章特別值得注意；「公證主體論」研究公證當事人、法院公證人、民間公證人與公證人公會四者，內容十分豐富；「公證客體論」探究公證請求權、公證權、公認證標的之適格性、公認證案件之合法性與公證費用之具體內涵；「公證程序論」論述公證程序、認證程序、救濟程序、特別公認證程序；「公證效果論」解析公認證效力（實體法效力、民事訴訟法證據力、強制執行法執行力）、公證民事責任、行政責任（監督與懲戒）與刑事責任（刑罰），特別是民事「公證賠償制度」與「雙重強制責任保險制度」，更為本世紀公證法學之重心。

■ 行政救濟法　黃俊杰／著

　　人民之訴願權及訴訟權，為憲法明文保障之基本權利，行政救濟法（訴願法及行政訴訟法），構成人權保護法律體系之核心，屬第一次權利保護法制，係具體化之憲法，故其立法與適用應以人權保障作為主軸，而公權力機關遵守依法行政係為確保達成法治國家維護人權之目的。

　　本書嘗試以淺顯之圖表及法規分析，搭配相關之實務案例，期待減輕初學者、基層民眾、公務員與準備國家考試人員，掌握行政救濟法之辛勞。